자본시장법강의

김택주 저

국민대학교 출판부
KOOKMIN UNIVERSITY PRESS

자본시장에서의 금융혁신과 경쟁을 촉진하여 경쟁력 있는 투자은행이 출현할 수 있는 제도적 기반을 마련하고, 투자자 보호를 선진화하여 자본시장에 대한 신뢰를 높이는 것을 목적으로 2007년 「자본시장 및 금융투자업에 관한 법률」(자본시장법)이 제정되었다. 이에 따라 자본시장에 대한 규제는 기존의 「증권거래법」, 「선물거래법」, 「간접투자자산운용업법」, 「신탁업법」, 「종합금융회사에 관한 법률」 등이 폐지되고 새로운 단일의 법률로 통합됨으로써 그 규율체제는 획기적인 변화를 맞이하게 되었다.

자본시장의 변화에 발맞추어 자본시장법은 2013년 대폭 개정이 이루어졌으며, 이후에도 크라우드펀딩의 도입, 시장질서 교란행위에 대한 규제, 사모펀드의 개편 등 지속적으로 변경이 가해졌다.

저자는 1994년 "기업매수의 방어에 관한 연구"로 박사학위를 받은 이래 자본시장 관련법에 지속적인 관심을 가져왔다. 대학에서도 자본시장법을 강의하면서 학생들을 위한 교재편찬에 관심을 가지게 되어 2013년 「자본시장법」을 발간한 바 있다.

그러나 이 책은 분량이 많고, 지속적인 자본시장법 개정을 개정판에 반영하는데 한계가 있어서 이번에 대학에서 강의교재에 쓰기에 적합하도록 조정하여 새롭게 「자본시장법 강의」를 발간하게 되었다.

이 책은 자본시장법의 기본적인 내용의 이해를 목표로 하고 있다. 따라서 자본시장법 규정 체계에 따라 최대한 기본내용은 담고자 하였다. 자본시장법 내용을 충분히 숙지하기 위해서는 상법이라든지, 재무관련 내용을 터득하는 것이 전제가 된다. 그러나 이 책은 이러한 전문가적 지식 취득을 목표로 하지 않고 자본시장법의 초보 입문자를 위해서 기술하는 것에 초점을 두었다. 그러나 일정 부분 저자의 한계로 위 취지가 잘 반영되지 못한 부분도 있다는 것을 인정할 수밖에 없고 이 부분 독자들이 이해해 주길 바란다.

2022. 2.

저자 씀

Contents

제1편 총설

Contents

Contents

Contents

Contents

Contents

Contents

Contents

Contents

Contents

Contents

제1편

총설

제1장 개설

Ⅰ. 자본시장법의 제정목적

세계의 금융시장은 금융자유화와 금융겸업화의 경향을 띠고 있고, 이러한 추세에 발맞추어 이에 적합한 법적 환경을 조성한다는 취지에서 자본시장에 관한 법률을 통합하여 「자본시장 및 금융투자업에 관한 법률」(자본시장법)을 제정하게 되었다.[1)]

제정이유에서도 밝힌 바와 같이, 이는 자본시장에서의 금융혁신과 경쟁을 촉진하여 경쟁력 있는 투자은행이 출현할 수 있는 제도적 기반을 마련하고, 투자자 보호를 선진화하여 자본시장에 대한 신뢰를 높이는 것을 목적으로 하고 있다. 이에 따라 기존의 「증권거래법」, 「선물거래법」, 「간접투자자산운용업법」, 「신탁업법」, 「종합금융회사에 관한 법률」 등 자본시장 관련 금융법은 폐지되고 새로운 단일의 법률로 통합됨으로써 자본시장에 대한 규율체제는 획기적인 변화를 맞이하게 되었다.

Ⅱ. 자본시장법의 특징

자본시장법은 자본시장의 규제개혁과 투자자 보호의 강화를 기본 취지로 하고 있다. 이를 반영하는 주요 특징적인 부분으로 금융투자상품 개념에 대한 포괄주의 도입과 금융투자업에 대한 기능별 규율체제의 도입, 업무범위의 확대와 투자자 보호제도의 선진화를 들 수 있다.

구체적으로 볼 때, 포괄주의의 도입은 금융투자회사의 취급 가능 상품의 확대를 가져오고, 이는 자본시장법의 적용 범위를 넓히게 됨으로써 투자자 보호에 관한 규정

---

1) 자본시장법은 2007년 8월 3일 제정되어 2009년 2월 4일부터 시행되었다. 구 자본시장법에 대하여 2013년 대폭 개정이 이루어졌으며, 2015년에도 크라우드펀딩의 도입, 사모펀드의 개편 등의 재개정이 이루어지는 등 지속적으로 변경이 가해진다.

의 적용 대상을 대폭 확대하게 되며, 결과적으로 투자자 보호의 사각지대를 없애는 의미를 가지게 된다.

금융투자업에 대한 기능별 규율체제의 도입으로 금융투자업, 금융투자상품, 투자자를 축으로 해서 경제적 실질에 따라서 이를 분류하게 되며, 동일한 기능을 수행하는 금융투자업자에 대하여 취급 금융기관을 불문하고 동일한 규제를 적용함으로써 기관별 규제차익을 없애게 된다.

업무범위의 확대와 관련하여 모든 금융투자업 상호간 겸영을 허용하며, 부수업무의 포괄적 영위를 허용하고 있다. 또한 투자권유대행인제도의 도입으로 장소적 제한을 받지 않고 금융투자업자가 영업할 수 있는 길을 열고 있다.

투자자 보호제도의 선진화와 관련하여 투자권유에 있어서 적합성의 원칙, 적정성의 원칙, 설명의무의 도입 기타 부당권유행위의 금지에 관한 규정 등을 도입하고 있으며,[2] 금융투자업간의 겸영 허용을 통해 금융투자업자의 업무영역을 확대하면서 투자자 보호의 관점에서 금융투자업자 내 이해상충방지제도를 신설하고 있다.

---

2) 그러나 2020년 금융소비자 보호법의 제정으로 투자권유제한에 관한 규정은 삭제되었다.

제2장 금융투자상품

제1절 서설

Ⅰ. 금융투자상품의 분류

금융상품 전체는 은행법 등의 적용을 받는 예금, 자본시장법의 적용을 받는 금융투자상품, 보험업법의 적용을 받는 보험계약으로 나누어진다. 이전에는 금융투자상품에 대하여 열거주의를 취하여 금융투자상품은 구 증권거래법 등의 규제대상인 유가증권, 파생상품과 규율법제가 없는 신종금융상품으로 나눌 수 있었다. 이처럼 증권거래법의 적용대상이 열거됨으로써 신종금융상품의 경우 증권거래법상 보호의 범위를 벗어났지만 자본시장상 포괄주의하에서는 이러한 상품도 자본시장법의 규율대상에 포함되게 되었다.

Ⅱ. 금융투자상품의 정의

자본시장법에서는 금융투자상품에 대한 정의규정을 신설하여 "이익을 얻거나 손실을 회피할 목적으로 현재 또는 장래의 특정시점에 금전, 그 밖의 재산적 가치가 있는 것을 지급하기로 약정함으로써 취득하는 권리로서, 그 권리를 취득하기 위하여 지급하였거나 지급하여야 할 금전 등의 총액이 그 권리로부터 회수하였거나 회수 할 수 있는 금전 등의 총액을 초과하게 될 위험이 있는 것"이라고 하였다.[3] 다만 ① 원화로

3) 구 증권거래법에서는 유가증권의 개념을 이용하여 그 적용범위와 동시에 증권업의 범위도 확정하였다. 구 증권거래법 제2조와 시행령 제2조의 3에서는 국채, 지방채, 사채, 주권, 수익증권, 주식예탁증서, 출자증권, 기업어음, ELW, ELS, DLS 등 21개를 규정하고 있었다.

표시된 양도성 예금증서 ② 수탁자에게 신탁재산의 처분권한이 부여되지 아니한 신탁재산(관리형신탁)[4]의 수익권 ③ 주식매수선택권은 금융투자상품에서 제외한다(자법 제3조 제1항 단서, 자령 제3조 제3항).

금융투자상품은 증권과 파생상품을 포함하는 것으로 위 규정에서는 투자목적, 금전 등의 이익, 계약상의 권리, 투자성, 즉 원본손실의 가능성이라는 4가지 개념적 요소로 정의하고 있다.

이러한 정의규정의 특징으로서는 첫째, '투자성'은 원본손실의 가능성을 의미하는데 이러한 특징을 갖는 모든 금융상품을 포괄하는 개념으로 '금융투자상품'을 정의하고 있다. 둘째, 열거하지 않고 개념을 추상적으로 정의하여 동 정의에 해당하는 모든 금융투자상품을 법의 규율대상으로 하여 금융투자회사의 취급을 허용하고, 또한 자본시장법상의 투자자 보호를 위한 규정이 적용되게 하였다. 셋째, 이렇게 정의된 '금

관련사항 포괄주의의 도입

자본시장법에서는 금융투자상품의 개념을 정의함에 있어서 포괄주의를 도입하고 있다. 포괄주의의 도입이 가지는 의의로는 첫째, 법의 적용범위 확대를 통한 투자자 보호, 둘째, 금융투자상품에 대한 규제가 사전적 · 행정적 규제에서 사후적 · 사법적 규제로 전환, 셋째, 금융투자업자가 취급할 수 있는 금융상품의 범위가 크게 확대됨으로 인해서 금융투자업자는 자율적 기반위에 다양한 금융상품의 개발을 할 수 있게 되어 그 경쟁력이 크게 높아질 것으로 기대할 수 있다는 점을 들 수 있다.

* 2013년 개정 자본시장법

자본시장법상 금융투자상품 개념이 포괄적으로 규정되어 제도운영상 발생하였던 미비점을 보완하기 위해 일부 내용을 개선하고 있다.

① 특정 금융상품을 정책적으로 금융투자상품에서 배제할 필요가 있는 경우 이를 금융위원회가 적용 면제할 수 있는 법적 근거를 마련하였다(스톡옵션에 대하여 적용제외 인정).
② 금융위원회에 금융투자상품 관련 규정의 적용유예 및 조치권한(이행명령, 이행강제금)을 부여하여 금융투자상품 해석 · 적용 등에 따른 법적 하자의 발생을 최소화하였다.
③ 포괄주의에 따라 과도하게 확대 적용되고 있는 파생결합증권 개념의 적용범위를 재조정(예를 들면 이자연계파생결합증권 등은 BW, CB 등과 마찬가지로 채무증권으로 규제)하였다.

---

4) 「신탁법」 제78조 제1항에 따른 수익증권발행신탁이 아닌 신탁으로서 다음 각 목의 어느 하나에 해당하는 신탁(제103조 제1항 제1호의 재산을 신탁받는 경우는 제외하고 수탁자가 「신탁법」 제46조부터 제48조까지의 규정에 따라 처분 권한을 행사하는 경우는 포함한다. 이하 "관리형신탁"이라 한다)의 수익권(자법 제3조 제1항 2)
가. 위탁자(신탁계약에 따라 처분권한을 가지고 있는 수익자를 포함한다)의 지시에 따라서만 신탁재산의 처분이 이루어지는 신탁
나. 신탁계약에 따라 신탁재산에 대하여 보존행위 또는 그 신탁재산의 성질을 변경하지 아니하는 범위에서 이용 · 개량 행위만을 하는 신탁

융투자상품'을 그 특성 즉 경제적 실질에 따라 증권, 장외파생상품과 장내파생상품으로 분류한 후 각각의 개념도 추상적으로 정의하여 포괄주의로 전환하고 있다. 넷째, 추상적 정의만으로 개념을 규정할 경우 법적 안정성이 저해될 수 있으므로 일부 금융상품을 예시적으로 열거한 후 마지막에 추상적으로 정의하는 방식을 채택하고 있다. 즉 예시적 열거주의가 가미된 포괄주의를 채택하고 있다.

Ⅲ. 금융투자상품의 구분

금융투자상품은 비금융투자상품과 달리 원본손실 가능성을 가지는 것으로, 금융투자상품은 원본초과손실 가능성 여부에 따라 증권과 파생상품으로 나뉘고, 파생상품은 거래소시장 거래 여부에 따라 장내파생상품과 장외파생상품으로 나누어진다.

금융상품의 경제적 실질에 따른 분류 체계

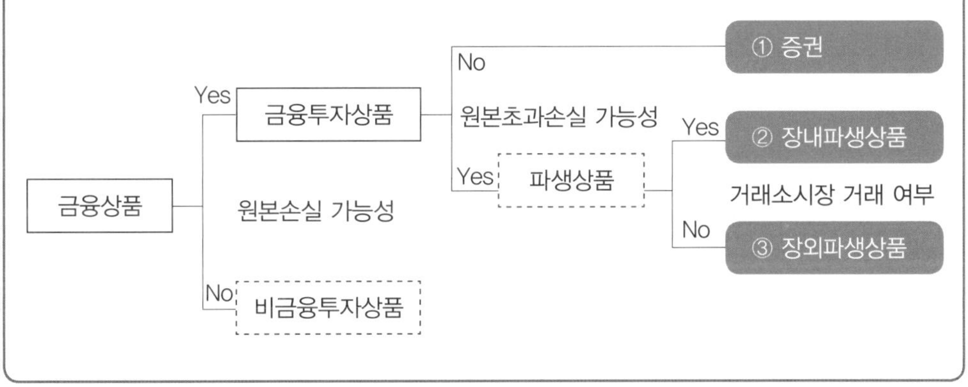

Ⅳ. 금융투자상품에 대한 제외조항

자본시장법에서는 금융투자상품에서 ① 원화로 표시된 양도성 예금증서 ② 관리형 신탁의 수익권을 명시적으로 제외하고 있다(자법 제3조 제1항). 양도성 예금증서의 경우 만기까지 보유하면 원본손실위험이 없지만 만기 전에 매각하는 경우에는 투자손실이 발생할 수 있다. 따라서 투자성이 인정된다. 그러나 양도성 예금증서의 경우 금리변동에 따른 가치변동이 미미하고 은행만이 발행가능한 점 등을 고려하여 정책적인 관점에서 금융투자상품에서 제외하고 있다. 다만 외화로 표시된 양도성 예금증서의 경우에는 금융투자상품에 포함된다.

관리형신탁의 경우에도 투자성은 존재하지만 수탁자의 행위가 제한되고 손실자체가 수탁자의 행위가 아니라 신탁재산 자체의 가치변동에 의한 것으로 투자로서의 의미가 약하므로 정책적인 관점에서 금융투자상품에서 제외하고 있다. 그러나 개정 자본시장법에서는 수익증권이 발행되는 경우에는 금융투자상품에 포함시키고, 개정전에는 수탁자가 처분권한을 보유하지 않는 신탁만 관리형신탁으로 보았으나, 수탁자가 처분권한을 가지더라도 신탁재산의 보존행위 등으로 범위가 제한되는 경우도 제외조항에 해당하게 되었다(자법 제3조 ① 2).

제2절 증권

1. 의의

증권이란 내국인 또는 외국인이 발행한 금융투자상품으로서 투자자가 취득과 동시에 지급한 금전 등 외에 어떠한 명목으로든 추가로 지급의무를 부담하지 아니하는 것을 말한다(자법 제4조). 증권은 다음과 같이 6가지로 분류한다.

2. 채무증권

채무증권은 국채증권, 지방채증권, 특수채증권, 사채권, 기업어음증권 그 밖에 이와 유사한 것으로서 지급청구권이 표시된 것을 말한다. 여기서 유사성 기준을 채택하여 그 적용범위를 넓히고 있다.

개정 자본시장법에서는 파생결합사채 중 원금이 보장되도록 설계된 이자나 과실에 대해서만 기초자산의 가격 · 이자율 · 지표 · 단위 또는 이를 기초로 하는 지수 등의 변동과 연계한 파생결합사채(이자연계 파생결합사채)에 한하여 채무증권으로 인정한다(자법 제4조 제3항). 상법의 개정에 의하여 파생결합사채도 사채에 포함되게 되었는데,[5] 이는 또한 자본시장법상 파생결합증권에도 포함되므로 개정 자본시장법에서는 이 중에서 이자연계 파생결합증권에 해당하는 경우에는 파생결합증권의 범위에서 제외하고 이를 사채권의 범위에 포함되도록 하였다.

이에 따라 자본시장법 개정 전에는 이자연계 파생결합사채로 분류될 수 있는 원금보장형 주가연계증권의 경우 파생결합증권 발행인가를 받은 투자매매업자만 발행이 가능하였으나, 법개정으로 이는 채무증권에 해당하게 되어 은행, 일반기업 등 투자매매업 인가를 받지 않아도 발행이 가능하게 되었다.[6]

3. 지분증권

지분증권은 주권, 신주인수권이 표시된 것, 법률에 의하여 직접 설립된 법인이 발행한 출자증권, 상법상 합자회사, 유한책임회사, 유한회사, 익명조합의 출자지분, 민법상 조합의 출자지분, 그 밖에 이와 유사한 것으로서 출자지분 또는 출자지분을 취득할 권리가 표시된 것을 말한다.

4. 수익증권

수익증권은 신탁형 집합투자 등에 있어서 수익권을 표시한 것이다. 수익권은 신탁계약에서 정하는 바에 따라서 신탁재산의 운용에서 발생한 이익의 분배와 신탁원본의 상환을 받는 권리를 말한다. 수익증권은 수익권을 균등하게 분할하여 표시한 것이다.

5. 투자계약증권

투자계약증권이란 증권의 개념에 대하여 포괄주의를 채택하자는 주장을 반영한 대

5) "유가증권이나 통화 또는 그 밖에 대통령령으로 정하는 자산이나 지표 등의 변동과 연계하여 미리 정하여진 방법에 따라 상환 또는 지급금액이 결정되는 사채"(상법 제469조 제2항 제3호)도 사채에 포함되게 되었다.

6) 원금보장형 파생결합증권의 경우 파생결합사채에 해당되어 회사가 발행할 수 있다고 하여도, 상법에 따를 때 사채의 모집은 이사회의 결의에 의하게 되므로(상법 제469조), 그 발행절차가 매우 번거로울 수 있다. 원금이 보장된다는 것도 만기까지 보유시 보장된다는 의미이며, 기초자산의 가격변동에 따라 파생결합사채의 가격변화를 가져오므로, 그 유통성을 전제로 하지 않고도 투자성을 가지게 된다.

표적 증권으로, 특정 투자자가 그 투자자와 타인간의 공동사업에 금전 등을 투자하고 주로 타인이 수행한 공동사업의 결과에 따른 손익을 귀속받는 계약상의 권리가 표시된 것을 말한다(자법 제4조 제6항).[7)]

투자계약증권은 타인의 노력에 의하여 수익력이 결정되는데 반하여 파생결합증권은 외생적 지표에 의하여 수익력이 결정된다는 점에서 차이가 난다.

개정 자본시장법에서 투자계약증권은 증권신고서 제출 등의 규제만 적용되는 증권에 해당한다(자법 제4조 제1항). 즉 투자계약증권은 집합투자규제를 적용하기 곤란한 비전형적 자금모집 행위를 규율하기 위한 것으로, 그 유통을 전제로 하기보다는 불특정 다수의 투자자 보호를 위해 공시규제를 하는데 그 취지가 있다고 하겠다.[8)]

6. 파생결합증권

파생결합증권이란 기초자산[9)]의 가격 · 이자율 · 지표 · 단위 또는 이를 기초로 하는 지수 등의 변동과 연계하여 미리 정하여진 방법에 따라 지급하거나 회수하는 금전 등이 결정되는 권리가 표시된 것을 말한다(자법 제4조 제7항).

이는 구 증권거래법 시행령상 규정되었던 주식워런트증권(ELW), 주가연계증권(ELS) 및 파생결합증권(DLS)을 포괄적으로 규정한 것이다. 자본시장법에서는 파생결합증권을 위한 기초자산의 범위가 확대됨으로써 파생결합증권이 포괄하는 범위가 더욱 커졌다는 특징이 있다. 파생결합증권은 파생상품과 달리 주식거래와 동일하여 가격변동에 따른 추가지급의무는 없다.

---

7) 이는 미국의 투자계약(Investment Contract)에 대해서 SEC v. Howey Co. 사건에서 제시되었던 Howey 기준을 적용한 것으로, 이 판결에서 "투자자가 공공 기업에 자기의 자금을 투자하여 오로지 발기인 또는 제3자의 노력에 의하여 이익을 기대하는 사람이 체결하는 계약"을 증권에 해당하는 투자계약이라고 정의하였다.

8) 처음부터 투자계약증권이라는 명칭으로 투자계약증권을 발행하는 경우보다는 결과론적으로 자본시장법상 투자계약증권으로 해석 또는 취급되어 공시규제의 적용과 그 위반에 따른 처벌을 받게 되는 것이 일반적일 것이다.

9) "기초자산"이란 다음 어느 하나에 해당하는 것을 말하는 것으로 파생결합증권의 기초자산의 범위를 최광의로 넓게 정의하고 있어서 증권이 포괄하는 범위를 넓히고 있다.
   1. 금융투자상품
   2. 통화(외국의 통화를 포함한다)
   3. 일반상품(농산물 · 축산물 · 수산물 · 임산물 · 광산물 · 에너지에 속하는 물품 및 이 물품을 원료로 하여 제조하거나 가공한 물품, 그 밖에 이와 유사한 것을 말한다)
   4. 신용위험(당사자 또는 제삼자의 신용등급의 변동, 파산 또는 채무 재조정 등으로 인한 신용의 변동을 말한다)
   5. 그 밖에 자연적 · 환경적 · 경제적 현상 등에 속하는 위험으로서 합리적이고 적정한 방법에 의하여 가격 · 이자율 · 지표 · 단위의 산출이나 평가가 가능한 것

현재 파생결합증권은 차액정산형 즉 현금결제형만 인정된다고 보는 견해가 있으나,[10] 개정 자본시장법에서는 "금전 등"이라고 하여 현물이전형의 근거를 마련하고 있다. 또한 개정법에서는 파생결합증권에서 이자연계 파생결합증권, 옵션, 주식관련 사채[11]는 명시적으로 제외하고 있으며, 자본시장법상 파생결합증권으로 포함하는 것이 부적당한 증권에 대하여서도 금융위원회가 제외할 수 있는 근거를 마련하고 있다(자법 제4조 제7항 제6호).

옵션을 제외하는 것은 옵션의 경우 파생상품임에도 불구하고 파생결합증권이 될 때 매수 후 추가지급의무를 부담하지 않는다는 점에서 증권의 개념과 혼동될 여지가 있으므로 동 조항에서 이를 제외하였다.

(1) 주식워런트증권(Equity linked Warrant)

주식워런트증권이란 파생상품의 구조와 주식이 결합된 상품으로 특정주식 자체를 사는 것이 아니라 특정 시점에 특정가격으로 '살 수 있는 권리' 또는 '팔 수 있는 권리'를 사는 것이다. 예를 들면 현재 10만원인 주식을 1년 뒤에 105000원에 살 수 있는 권리를 3000원에 매입하였다고 할 때, 나중에 실제 주식의 가격이 11만원이 되면 2000원의 이익을 얻을 수 있다.

이와 같이 주식워런트증권은 그 기본성격이 옵션과 동일하다.[12] 따라서 콜옵션과 풋옵션의 형태가 있게 되는데, 콜의 형태는 발행자로부터 기초자산을 권리행사가격으로 인수할 수 있는 권리 또는 내재가치(결제가격 - 행사가격)를 수령할 권리가 부여되는 것이며, 풋의 형태는 보유자인 권리행사자가 기초자산을 권리행사가격으로 발행자에게 인도할 수 있는 권리 또는 내재가치를 수령할 수 있는 권리가 부여된 워런트이다. 다만 주식워런트증권은 상장되어 매매되고, 추가지급의무를 부담하지 않는다는 점에서 증권에 해당한다.

---

10) 한국증권법학회, 「자본시장법(주석서 I)」, 박영사, 2009, 25면; 유혁선, "파생상품의 법적 개념에 관한 소고", 「증권법연구」 제12권 제1호, 2011, 34-35면. 반대, 임재연, 「자본시장법」, 박영사, 2013, 48면, 이는 지급금액 또는 회수금액이 다른 자산이나 지표에 의하여 결정된다는 의미로 볼 것이라며 현금결제형으로 한정할 이유가 없다고 한다.

11) 조건부자본증권(자법 제165조의 6 제1항), 신주인수선택권증권(자법 제165조의 7 제1항), 교환사채, 전환사채, 신주인수권부사채의 경우 명시적으로 제외하고 있다(자법 제4조 제7항 제3호 내지 제5호).

12) 옵션과 법적 구조, 시장구조, 발행 주체와 발행조건 등에 차이가 있다. 발행사가 ELW를 발행하면 증권사가 공모를 거쳐 거래소에 상장함으로써 거래가 이루어지며, 만기시에 최종의 소지인이 권리를 행사하게 된다.

(2) 주가연계증권(Equity linked Securities)

주가연계증권은 이자나 원금이 주가변동과 연계되어 있는 증권으로 투자매매업자가 발행하게 된다. 이것은 주가 또는 지수의 변동에 따라 만기 지급액이 결정되는 증권으로서, 구조설계증권 즉 일반증권에 특정한 구조가 내장되어있는 증권의 일종이다. 이는 채권, 주식, 워런트[13] 세 부분으로 구성하여 이들을 적절히 조합해 특정 조건에 맞는 수익률을 발생시키는 것으로, 투자자가 맡긴 돈 중 일정 부분을 안정적인 정기예금 또는 채권에 투자하고 나머지 부분을 주식이나 각종 파생상품에 투자하여 그 운용결과에 따라 수익의 발생 여부가 판가름 나는 구조를 가진다.[14]

여기에는 안전한 우량채권 등에 대한 투자 비중을 높여 원금이 보장되는 유형과 원금의 일부만 보장해 주고 위험상품에 대한 투자비중이 커지는 유형이 있다.

개정 자본시장법에서는 앞에서 본 바와 같이 원금보장형의 경우 채무증권으로 분류되게 되어 투자매매업 인가를 받지 않고도 발행이 가능하게 되었다.[15]

관련사항 ELS발행 예시

- ELS는 조기상환형과 녹아웃(Knock out)형으로 나눌 수 있다. 전자는 원금손실구간(Knock in barrier)까지 주가가 하락했는가 여부에 따라 원금보장조건이 달라진다. 후자는 원금보장형이 대부분으로서 기초자산이 상승해서 상승한계가격(Knock out barrier)을 한번이라도 초과하거나 최초지수 미만이면 만기에 미리 정해진 수익률(예: 0~3%)만큼만 지급하게 되고, 녹아웃이 되지 않으면 지수상승률에 따라 수익률이 결정되게 된다.
- 'NH농협증권 ELS 1413호'는 KOSPI200과 홍콩항셍중국기업지수, 유로스톡스50지수를 기초자산으로 하는 만기 3년의 원금비보장형 상품이다. 매 6개월마다 세 기초자산의 종가가 모두 최초기준지수 대비 95%(6, 12개월), 90%(18, 24개월), 85%(30개월) 이상이면 세전 연 10.6%(최대 31.8%)의 수익을 지급하며 조기 상환된다. 만약 조기상환 되지 않더라도 투자기간동안 세 기초자산이 모두 종가기준으로 최초기준지수의 60% 미만[16]으로 하락한 적이 없으면 만기일에 세전 31.8%의 수익이 지급되지만, 투자기간 중 어느 한 기초자산이라도 최초기준지수의 60% 미만으로 하락한 적이 있는 경우에는 원금손실이 발생할 수 있다.
- 'NH농협증권 ELB 410호'는 KOSPI200을 기초자산으로 하는 만기 6개월의 원금보장형 상품이다. 만기시 KOSPI200이 최초기준지수의 113% 이내 상승하면 이익참여율 35%가 적용되어 최대 세전 연 9.1% 수익이 가능하다. 또한 만기시 최초기준지수보다 하락하거나 113%를 초과한 적이 있어도 원금이 지급된다.

---

13) 일정한 주식을 일정한 가격에 살 수 있는 권한을 수여하는 증권(예: 주식매수권증권)을 말한다.
14) 주가연계증권과 연계한 연계불공정거래(현현연계 시세조종행위)가 논란이 되었는데, 그 중 주가연계증권의 백투백 헤지를 담당한 외국계 은행이 만기일에 대규모 매도주문으로 이익실현의 기준이 되는 종가를 기준가격 이하로 하락시켜 투자자들에게 큰 손실을 일으키는 사례도 있었다.
15) 원금보장형의 경우 주가연계파생결합사채(ELB)하고 하며, 원금비보장형의 경우 주가연계파생결합증권(ELS)이라고 한다.
16) 원금손실구간(Knock in barrier)이 된다. Knock in이 되면 일반적인 경우에 풋옵션 매도 포지션이 발동하게 되어 연계기초자산인 주식의 가격이 크게 하락하는 경우가 많다.

(3) 파생결합증권(Derivative linked Securities)

구 증권거래법 시행령상 파생결합증권은 주가연계증권과 유사한 것으로, 주식 대신 원자재나 부동산, 금리 등 기초자산을 다양화시킨 증권이다. 신용연계증권(CLN) 등이 이에 해당하며, 주가연계증권을 제외한 것을 합하여 파생결합증권(DLS)이라고도 한다.

7. 증권예탁증권

증권예탁증권이란 증권을 예탁받은 자가 그 증권이 발행된 국가 외의 국가에서 발행한 것으로서 그 예탁받은 증권에 관련된 권리가 표시된 것을 말한다. 즉 외국기업이 발행한 증권 또는 증서를 자국의 증권예탁기관에 예탁하게 하고, 예탁기관이 이러한 원주권을 근거로 자국의 규제에 맞게 발행하는 증서(Depositary Receipt)를 말한다. 외국증권을 자국 시장에서 유통시키는 경우에 국외이송이나 언어, 표시통화 등의 차이로 인하여 문제가 생기므로 증권예탁증권을 발행하게 된다. 여기서 예탁기관이 투자자를 대신하여 원증권의 보관과 권리행사에 이르는 모든 것을 대행해주게 된다. 증권투자자는 증권을 직접 보유하지는 않지만 증권에 관한 모든 권리를 행사할 수 있다.

발행지역에 따라 우리나라의 경우 KDR, 미국의 경우 ADR,[17] 유럽의 경우 EDR, 전세계를 대상으로 하는 경우 GDR이라 한다.

제3절 파생상품

1. 의의

파생상품이란 선도, 옵션, 스왑의 어느 하나에 해당하는 계약상의 권리를 말한다.

17) 예를 들어 포항제철의 ADR은 DR예탁업무를 수행하는 미국의 Bank of New York과 한국예탁결제원이 원주보관기관업무운용각서를 체결하여 원주를 한국예탁결제원이 보관하고, DR은 미국에서 발행하였다.

이전에 「선물거래법」에서 규정하였던 것을 자본시장법에서 통합하여 규정하고 있다. 파생상품은 거래소에서 거래의 대상이 되는 장내파생상품과 이를 제외한 장외파생상품[18)]으로 나눌 수 있다.

개정 자본시장법에서는 대체거래소의 도입 등과 관련하여 "금융투자상품시장을 개설하여 운영하는 자가 정하는 기준과 방법에 따라 금융투자상품시장에서 거래되는 파생상품"이 장내파생상품에 추가되게 되었다(자법 제5조 제2항 3호).

파생상품은 레버리지를 이용하여 투기거래로 행하여지기 때문에 증권의 거래에 비하여 위험의 정도가 훨씬 커지는 특징을 가진다.

파생상품에 대하여 "다만, 해당 금융투자상품의 유통 가능성, 계약당사자, 발행사유 등을 고려하여 증권으로 규제하는 것이 타당한 것으로서 대통령령으로 정하는 금융투자상품은 그러하지 아니하다."(자법 제5조 제1항 단서)고 규정하여 일정한 제외사유를 인정하고 있다. 시행령에 따르면 주식워런트증권, 신주인수권증서를 파생상품에서 제외하고 있다(자령 제4조의 3).

2. 선도

(1) 의의

선도란 기초자산이나 기초자산의 가격 · 이자율 · 지표 · 단위 또는 이를 기초로 하는 지수 등에 의하여 산출된 금전 등을 장래의 특정 시점에 인도할 것을 약정하는 계약을 말한다(자법 제5조 제1항 1호). 선도거래는 계약이 이루어지면 바로 이행을 하여야 하는 현물거래와 달리 그 이행을 계약체결 후 일정기간이 경과한 후에 하게 된다.

선도의 경우에 다음에 보는 옵션과 달리 매도인 · 매수인 모두 매매를 이행할 의무를 지게 된다.

---

18) 일반투자자가 장외파생상품을 거래하고자 하는 경우에는 헤지거래만 할 수 있다고 규정하고 있다. 즉 장외파생상품의 매매 및 그 중개 · 주선 또는 대리의 상대방이 일반투자자인 경우에는 그 일반투자자가 대통령령으로 정하는 위험회피목적의 거래를 하는 경우에 한하여 거래할 수 있다(자법 제166조의 2 제1항). 위험회피목적의 거래란 위험회피를 하려는 자가 보유하고 있거나 보유하려는 자산 · 부채 또는 계약 등에 대하여 미래에 발생할 수 있는 경제적 손실을 부분적 또는 전체적으로 줄이기 위한 거래로서 계약체결 당시 ① 위험회피대상을 보유하고 있거나 보유할 예정이고 ② 장외파생거래 계약기간 중 장외파생거래에서 발생할 수 있는 손익이 위험회피대상에서 발생할 수 있는 손익의 범위를 초과하지 아니할 것을 요하는 거래를 말한다(자령 제186조의 2).

여기에서 기초자산이란 파생결합증권에서의 기초자산과 같은 것으로 다음 어느 하나에 해당하는 것을 말한다. ① 금융투자상품 ② 통화(외국의 통화를 포함한다) ③ 일반상품(농산물 · 축산물 · 수산물 · 임산물 · 광산물 · 에너지에 속하는 물품 및 이 물품을 원료로 하여 제조하거나 가공한 물품, 그 밖에 이와 유사한 것을 말한다) ④ 신용위험(당사자 또는 제삼자의 신용등급의 변동, 파산 또는 채무재조정 등으로 인한 신용의 변동을 말한다) ⑤ 그 밖에 자연적 · 환경적 · 경제적 현상 등에 속하는 위험으로서 합리적이고 적정한 방법에 의하여 가격 · 이자율 · 지표 · 단위의 산출이나 평가가 가능한 것.

기초자산의 범위는 구 증권거래법상의 기초자산의 범위에 비하여 대폭 확대된 것으로 특히 ⑤에서 합리적이고 적정한 방법에 의하여 가격 · 이자율 · 지표 · 단위의 산출이나 평가가 가능한 것을 기초자산으로 보기 때문에 기초자산의 범위에 대하여 제한을 두지 않는다. 이처럼 파생상품에서의 기초자산의 개념을 넓게 규정한 것은 가능한 모든 기초자산에 대한 파생상품이 개발될 수 있도록 허용하려는데 그 취지가 있다.

다만 기초자산의 범위가 넓어짐으로써 이를 기초로 하는 파생상품과 도박의 한계가 모호해질 수 있다. 이를 고려하여 자본시장법에서는 금융투자업자가 금융투자업을 영위하는 경우에는 도박에 관한 「형법」 제246조를 적용하지 아니한다는 규정을 두고 있다(자법 제10조 제2항).

(2) 선물

1) 의의

선물도 선도에 해당한다. 다만 선물은 선도거래 중 거래소에서 이루어지고 이행이 확보되는 특징을 가진다. 선물도 계약체결시점에서 거래가격 및 수량에 대해서 약정을 한다. 즉 현재 계약체결을 하며, 다만 그 결제와 인수도를 미래에 하는 것이다.

현재 가장 활성화되어 있는 주가지수선물과 선도의 가장 큰 차이로 인수도와 정산(중간정산포함)을 들 수 있다. 주가지수선물은 계약시의 가격(약정지수×일정금액)과 최종결제일의 가격(현실지수×일정금액)과의 차액을 수수함으로써 거래가 종결되게 된다. 현재 결제월은 3월, 6월, 9월, 12월이며, 최장거래기간은 1년이 된다.[19]

19) 주가지수선물은 3, 6, 9, 12월물 네가지가 상장되어 코스피200지수(코스닥50지수)를 기초자산으로 하여 산정된 그 당시의 선물지수에 따라 거래된다.

선물의 거래단위는 1계약이며, 주가지수 1포인트에 거래단위승수 50만원(코스피 200선물) 또는 20만원(코스닥50 선물)을 곱한 금액이 거래금액이 된다. 예를 들어 100포인트에 10계약을 하여(거래금액: 100pt×50만원×10계약 – 5억원(증거금 15% – 사후증거금으로 가능)) 99포인트에 5계약 매도하고 나머지 98포인트에 만기 청산을 하였다고 하면, 중간매도에서 250만원 손실(5×50), 만기 청산에서 500만원 손실을 보게 된다(2×5×50)

2) 선물거래의 기능

(가) 헤지

헤지란 현물시장에서 포지션을 유지하고, 선물시장에서 그와 반대의 포지션을 취함으로써 가격변동위험을 회피하는 것이다. 예를 들어 현물 10000원인 주식을 보유하면서 선물에서는 10000원 매도의 포지션을 취하였다면, 장래 만기일에 주식이 9000원이 되었다고 하여도, 선물에서 10000원에 매도하여 1000원 이익을 취하면서 현물손실을 보전할 수 있다.

(나) 차익거래, 재정거래(Arbitrage)

차익거래란 선물시장 가격이 일시적인 수급불일치로 균형가격인 이론가격에서 크게 벗어났을 때 이 차이를 이용해 무위험수익을 얻는 것을 말한다. 즉 선물시장가격이 시장에서 형성된 실제 선물가격을 기초로 산출한 이론적인 선물가격과 괴리가 발생한 경우 선물과 현물 중 상대적으로 가격이 높은 것을 매도하고 동시에 가격이 낮은 것을 매수한 후 양 가격이 정상적인 관계로 되돌아 왔을 때 양자를 반대매매하여 위험없이 괴리된 가격만큼 이익을 얻고자 하는 것이다.[20] 차익거래는 선물거래와 현물거래가 동시에 이루어져야 이익이 발생한다. 예를 들면 선물시장가격이 이론가격보다 낮을 때에 현물주식은 팔고 선물을 매입하여 양 가격이 정상적인 관계로 돌아왔을 때 반대매매를 하여 차익을 실현하는 것이다.

주식프로그램매매에서는 선물가격과 현물가격의 차이(베이시스)를 이용한 차익거래가 이루어지고 있다. 콘탱고(선물가격이 현물가격보다 높은 상태)에서 매수차익거래(현물시장에서 프로그램 매수)가 이루어지고, 백워데이션(선물가격이 현물가격보다 낮은 상태)에서 매도차익거래(현물시장에서 프로그램 매도)가 이루어진다.

20) 선물의 최종거래일이 되면 현물과 선물의 구분이 없어져 가격이 같아진다.

3. 옵션

옵션은 당사자 어느 한쪽의 의사표시에 의하여 기초자산이나 기초자산의 가격 · 이자율 · 지표 · 단위 또는 이를 기초로 하는 지수 등에 의하여 산출된 금전 등을 수수하는 거래를 성립시킬 수 있는 권리를 부여하는 것을 약정하는 계약이다(자법 제5조 제1항 2호). 유리한 가격조건에서만 행사하고 불리한 조건에서는 행사하지 않을 선택권이 주어진다.

옵션은 콜옵션과 풋옵션으로 나누어진다. 전자는 장래 일정한 날 또는 일정기간 동안 기초자산 등을 일정 가격에 매수할 수 있는 계약상의 권리이고, 후자는 장래 일정한 날 또는 일정기간 동안 기초자산 등을 일정 가격에 매도할 수 있는 계약상의 권리이다. [21)]

KOSPI 200이 100포인트인 시점에서 주가 상승을 예상하여 9월물 권리행사가격이 110포인트인 콜옵션을 프리미엄[22)] 3포인트로 10계약 매수한 경우[23)] 투자원금이 300만원이다. 만일 만기일에 주가가 상승하여 120포인트가 되었다면 10P×10×10만원 즉 1000만원의 이익을 얻는다. 여기서 투자원금인 300만원을 빼면 순이익이 700만원이 된다. 반대로 주가가 하락하여 110포인트 이하가 된다면 권리행사를 포기하여 투자원금 300만원의 손실만 보면 된다.

4. 스왑

스왑은 장래의 일정기간 동안 미리 정한 가격으로 기초자산이나 기초자산의 가격 · 이자율 · 지표 · 단위 또는 이를 기초로 하는 지수 등에 의하여 산출된 금전 등을 교환할 것을 약정하는 계약이다(자법 제5조 제1항 3호). 스왑거래는 미래의 이자율이나 환율의 변동으로 인하여 입을 수 있는 불측의 손해의 방지, 투기적 이익도모 등

21) 옵션의 상장결제월은 최근월물 3개와 3, 6, 9, 12월물 중 근접한 1개월물을 합하여 4개월물이 상장된다. 최종거래일은 해당 결제월의 두 번째 목요일이다. 옵션의 경우 선물과 달리 특정 투자시점에 있어서 위 예의 경우 110포인트, 115포인트 등 다른 행사가격으로 동시에 체결될 수 있다.

22) 콜 · 풋옵션 매수자가 매도자에게 지불해야 하는 비용으로 매매시 옵션 가격으로 활용된다. 지수의 변동성, 만기일까지의 잔존기간 등의 변수에 따라 움직인다. 가령 만기일이 가까우면 프리미엄은 낮아지고 변동성이 클수록 프리미엄은 높아진다. 프리미엄은 시장참가자의 수요와 공급에 따라 결정되는데 증권거래소는 일정한 기준을 통해 변동성을 공표해 투자시 참조하도록 하고 있다.

23) 주가지수옵션(코스피200 옵션과 코스닥50 옵션)의 경우 거래단위는 1계약이며, 주가지수 1포인트에 거래단위승수 10만원을 곱한 금액이 거래금액이 된다.

의 목적으로 이용된다.

대표적인 것으로 금리스왑과 통화스왑이 있다. 금리스왑은 고정금리와 변동금리 등 같은 통화로 다른 금리의 지급을 교환하는 거래이다. 금리스왑은 금리 경감을 목적으로 이용된다. 통화스왑은 장래의 일정기간에 원화와 달러 등 다른 통화를 상호 교환하는 것을 약속하는 거래이다. 통화스왑에 있어서는 원본이 다른 통화의 것이므로 스왑의 개시일과 만기일에 실제로 원본의 교환이 이루어지는 것이 일반적이다. 통화스왑의 예로 원-엔 통화스왑이나 원-위안 통화스왑 등을 들 수 있다. 이는 무역거래 등에 기축통화로 사용되던 달러 대신 원화와 엔화, 원화와 위안화로 바로 결제할 수 있도록 한 것이다. 이로서 달러 자금의 유출을 억제해서 달러 유동성을 확보할 수 있게 된다.

참조판례

"외국은행 국내지점이 계약일 또는 이자지급 약정일에 변동금리에 해당하는 이자금액과 고정금리에 해당하는 이자금액을 서로 주고받지 아니하고 변동금리에 해당하는 이자 상당액을 국내 고객에게 선지급하고 만기에 고정금리에 해당하는 이자 상당액을 후취하고 있는 형태의 스왑거래를 행하고 다시 외국에 있는 본점이나 다른 외국지점과 국내 스왑거래로부터 입을 수 있는 손실에 대비하기 위한 커버거래를 하였다면, 그 국내 스왑거래는 일종의 스왑거래에 해당하기는 하지만 실질에 있어서는 이자율 차액에 해당하는 금액의 외화대부에 해당한다고 밖에 할 수 없을 것이므로, 그로 인한 국내지점의 수익은 국내의 거래기업으로부터 받은 이자금액에서 커버거래로 인하여 외국의 본점 등에 지급한 이자지급금과의 차액이라고 할 것이고, 본점 등은 커버거래로 인한 이자를 지급받은 이상 국내지점의 소득에 기여한 바는 없다고 할 것이므로, 그로 인한 수익이 모두 국내지점에 귀속되어야 한다."(대법원 1997.6.13. 선고 95누15476 판결).

제3장 투자자

Ⅰ. 의의

자본시장법은 투자자를 금융투자상품에 대한 전문성 구비 여부, 소유자산 규모 등 위험감수능력을 기준으로 전문투자자와 일반투자자로 분류하고, 전문투자자에 대해서는 투자권유규제에 관한 규정의 적용을 배제하고 있다.

Ⅱ. 투자자의 종류

1. 전문투자자

자본시장법에서는 위험감수능력을 가진 투자자를 전문투자자라 하여 일반투자자와 구분하며, 이를 판단하는 기준으로 "금융투자상품에 대한 전문성 구비 여부, 소유자산 규모" 등을 들고 있다(자법 제9조 제5항).

위험감수능력을 갖춘 전문투자자자는 국가, 한국은행, 대통령령이 정하는 금융기관, 주권상장법인(다만 금융투자업자와 장외파생상품거래를 하는 경우에는 전문투자자와 같은 대우를 받겠다는 의사를 금융투자업자에게 서면으로 통지한 경우를 제외하고 일반투자자로 본다), 기타 시행령이 정하는 투자자로 구분된다(자법 제9조 제5항).

다만, 전문투자자 중 대통령령이 정하는 자[24]가 일반투자자와 동일한 대우를 받겠다는 의사를 금융투자업자에게 서면으로 통지하고 금융투자업자가 이에 동의한 경우

24) 다음 각 호의 어느 하나에 해당하지 아니하는 전문투자자를 말한다(자령 제10조 제1항) 1. 국가 2. 한국은행 3. 제2항 제1호부터 제17호까지의 어느 하나에 해당하는 자 4. 제3항 제1호부터 제11호까지의 어느 하나에 해당하는 자 5. 제3항 제18호 가목부터 다목까지의 어느 하나에 해당하는 자 6. 제3호 및 제4호에 준하는 외국인

에는 일반투자자로 보게 된다(자법 제9조 제5항 단서).

전문투자자는 다음과 같이 분류할 수 있다. 첫째, 일반투자자로 전환할 수 없는 전문투자자로 국가, 한국은행, 금융기관, 금융공기업 등이 이에 속한다. 둘째, 일반투자자로 전환 가능한 전문투자자로 국내외 주권상장법인, 기금관리운용법인, 지방자치단체, 공제사업자 등이 이에 속한다. 셋째, 전문투자자로 신고한 특정 법인 또는 개인, 즉 자발적 전문투자자를 들 수 있다. 법인의 경우 금융위원회에 전문투자자 신고를 한 날 전일의 금융투자상품 잔고가 100억원 이상일 것이 요구되고, 개인의 경우 금융투자상품 잔고가 50억 이상이고 금융투자업자에 1년 이상 계좌를 가지고 있을 것이 요구된다. 자발적 전문투자자도 일반투자자로 전환이 가능하다.

2. 일반투자자

자본시장법상 전문투자자에 속하지 않는 투자자를 일반투자자라 한다. 일반투자자의 경우 원칙적으로 전문투자자로 전환할 수 없다. 다만 장외파생상품매매의 경우 일반투자자로 취급되는 주권상장법인은 의사를 통지함으로써 전문투자자로의 전환이 가능하다.

제4장 금융투자업

제1절 서설

금융투자업과 관련하여 가장 특징적인 부분으로 기능별 규율체제의 도입을 들 수 있다. 구 자본시장관련 법령체계는 금융회사를 중심으로 규율하는 기관별 규율체제를 따르고 있었다. 증권회사, 선물회사, 자산운용회사 등 금융회사별로 각기 다른 법률이 존재하여 각 금융회사가 영위할 수 있는 금융업무를 열거하고 있었다. 이러한 상이한 규율체제의 적용으로 인하여 금융회사에 따라 규제차익이 생기고, 투자자 보호의 공백이 발생하는 문제점이 있었다.

자본시장법은 금융회사별로 규율하던 기관별 규율체제를 경제적 실질이 동일한 금융기능별로 규율하는 기능별 규율체제로 전환하여 규율방식을 체계적으로 정비하였다. 이에 따라서 업무가 동일한 경제적 기능이나 성질을 가진다면 그 업무를 어떠한 금융회사가 수행하더라도 동일한 규율의 적용을 받게 되었다.

자본시장법에서는 금융기능을 경제적 실질에 따라 크게 금융투자업, 금융투자상품, 투자자의 세 부류로 나누고 있다. 이에 따라서 다양한 조합의 금융투자회사가 탄생할 수 있다.[25)]

25) 다만 집합투자업이나 신탁업의 경우 금융투자상품에 따른 정의를 하지 않고 있으며, 금융투자업 인가업무단위에 관한 자본시장법 제12조 제1항에 따라 집합투자업의 경우 집합투자기구에 따른 구분, 신탁업의 경우 신탁재산에 따른 구분 등 세분화가 추가로 가능하다.

제2절 금융투자업의 종류

Ⅰ. 서설

자본시장법에서는 금융투자업을 투자매매업, 투자중개업, 집합투자업, 투자자문업, 투자일임업, 신탁업의 6가지로 분류하고 있다. 6가지 업을 각각 금융투자업으로 보기 때문에 6개업을 모두 영위하지 않고 한 가지 업만 영위하더라도 그 회사는 금융투자회사라고 할 수 있다. 여기서 금융투자업은 이익을 얻을 목적으로 계속적이거나 반복적인 방법으로 행하는 행위, 즉 영업활동을 하는 경우에 한하여 인정된다.

Ⅱ. 투자매매업

1. 의의

투자매매업이란 누구의 명의로 하든지 자기의 계산으로 금융투자상품의 매도 · 매수, 증권의 발행 · 인수 또는 그 청약의 권유, 청약, 청약의 승낙을 영업으로 하는 것을 말한다.

딜링을 의미하는 것으로 증권회사의 업무 중 자기계정을 이용하는 영업, 즉 장외파생상품 또는 파생결합증권을 발행하는 것이 대표적인 예다. 그 외 기업공개, 회사채 발행과 같은 인수업무도 투자매매업에 해당된다.[26)]

2. 금융투자상품의 매매

투자매매업은 자기의 계산으로 매매를 한다는 의미에서 투자중개업과 구별된다. 자기 계산으로 매매를 하여도 국가 또는 지방자치단체가 공익을 위하여 관련 법령에

---

26) 투자매매업자 중 유가증권의 인수업을 하려고 하는 자는 이에 대하여는 별도의 인가를 받아야 한다.

따라 금융투자상품을 매매하는 경우나 한국은행이 「한국은행법」 제68조에 따라 공개시장 조작을 하는 경우에는 투자매매업으로 보지 아니 한다(자령 제7조 제4항).

환매조건부매매(Repo 거래)[27] 중 일반투자자를 상대로 하는 경우에는 투자매매업으로 보고, 전문투자자 등 일정한 조건에 해당하는 전문가들 사이의 환매조건부매매는 투자매매업으로 보지 아니 한다(자령 제7조 제4항 3호).

3. 금융투자상품의 발행

금융투자업자가 스스로 증권을 발행하는 경우에는 투자매매업으로 보지 아니한다. 그러나 투자신탁의 수익증권, 파생결합증권 중 지분증권의 가격이나 이를 기초로 하는 지수의 변동과 연계된 파생결합증권, 발행과 동시에 투자자가 지급한 금전 등에 대한 이자 등 과실뿐만 아니라 그 금전 등도 해당 기초자산의 가격 · 이자율 · 지표 · 단위 또는 이를 기초로 하는 지수 등의 변동과 연계된 파생결합증권 및 투자성 있는 예금 · 보험을 발행하는 경우에는 투자매매업으로 본다.

예를 들어 주가연계증권(ELS)의 경우에 원금보장형의 경우는 채무증권으로 보아 그 발행을 위해 투자매매업자일 것이 요구되지 않으나, 원금 손실가능성이 있는 경우에는 위에서의 파생결합증권의 발행에 해당하여 투자매매업의 인가를 받아야 한다.

4. 금융투자상품의 인수

증권을 발행함에 있어서 사모의 방법에 의할 때와 달리 모집 · 매출에 의해 증권을 공모하는 경우에 간접공모에 따른 비용에도 불구하고 금융투자업자인 인수인을 통한 간접공모가 일반적으로 이용된다. 이는 인수기관의 공신력에 의하여 공모가 성공할 가능성이 높게 되고, 인수기관이 공모차질로 인한 위험을 부담하는 보험자의 역할을 하기 때문이다.

자본시장법상 인수는 총액인수와 잔액인수가 인정되는 것으로, 증권을 모집 · 사 ·

27) 일정기간 후에 환매하겠다는 것을 조건으로 하는 채권매매를 말한다. RP(Repurchase Agreement)라고 한다. 단기자금의 대차거래로서 채권이 담보의 성격을 가진다. 판례는 "환매특약부매매가 채권담보의 경제적 기능을 갖는 것은 사실이나, 그렇다고 하더라도 채권자(매수인)가 단순히 담보권만을 취득하는 것이 아니고 목적물의 소유권까지를 일단 취득하고 단지 채무자(매도인)가 환매기간내에 환매할 수 있는 권리를 유보하는 부담을 갖는 데에 그치는 것"이라고 하고 있다(대법원 1992.5.26. 선고 92다84 판결).

매출하는 경우 다음의 어느 하나에 해당하는 행위를 하는 것을 말한다(자법 제9조 제11항). 첫째, 제삼자에게 그 증권을 취득시킬 목적으로 그 증권의 전부 또는 일부를 취득하는 것. 둘째, 그 증권의 전부 또는 일부에 대하여 이를 취득하는 자가 없는 때에 그 나머지를 취득하는 것을 내용으로 하는 계약을 체결하는 것.

Ⅲ. 투자중개업

투자중개업이란 누구의 명의로 하든지 타인의 계산으로 금융투자상품의 매도 · 매수, 그 중개나 청약의 권유, 청약, 청약의 승낙 또는 증권의 발행 · 인수에 대한 청약의 권유, 청약, 청약의 승낙을 영업으로 하는 것을 말한다.

이는 브로커의 의미를 가진다. 예를 들어 증권회사가 자기계정에 미리 매입해놓은 채권을 고객에게 중개할 때나 증권회사가 자기계정에 미리 매입해 놓은 채권을 고객에게 판매하는 경우에는 투자매매업에 해당되지만, 증권거래소에 주문을 내어 고객에게 채권을 매수해 주는 경우에는 투자중개업에 해당된다. 즉 금융투자회사 대 고객 간의 거래는 투자매매업이며, 고객 대 고객의 거래는 투자중개업에 해당되는 것이다.

개정 자본시장법에서는 전담중개업무(프라임브로커)에 관한 조항을 신설하고 있다(자법 제6조 제10항). 전담중개업무란 일반 사모집합집합투자기구 등에 대하여 ① 증권의 대여 또는 그 중개 · 주선이나 대리업무 ② 금전의 융자, 그 밖의 신용공여 ③ 일반 사모집합투자기구 등의 재산의 보관 및 관리 등의 업무를 제공하는 것이다. 이는 일반 사모집합투자기구 등의 효율적인 업무수행을 지원하기 위하여 필요한 업무로서 새로 도입되는 종합금융투자사업자에 대하여 업무 다양화를 유도하기 위한 제도적 기반을 구축한다는 의미를 가진다.

Ⅳ. 집합투자업

1. 의의

집합투자란 2인 이상의 투자자로부터 모은 금전 등 또는「국가재정법」제81조에 따른 여유자금을 투자자 또는 각 기금관리 주체로부터 일상적인 운용지시를 받지 아니하면서 재산적 가치가 있는 투자대상자산을 취득 · 처분, 그 밖의 방법으로 운용하고 그 결과를 투자자 또는 각 기금관리 주체에게 배분하여 귀속시키는 것을 말한다. 집합투자업이란 집합투자를 영업으로 하는 것으로 자산운용업이나 투자신탁업 등이 이에 해당한다.

2. 집합투자의 적용제외

다음의 경우에는 집합투자의 대상에서 제외한다(자법 제6조 제5항 단서).

첫째, 대통령령으로 정하는 법률[28]에 따라 사모의 방법으로 금전 등을 모아 운용 · 배분하는 것으로서 투자자의 총수가 49인 이하인 경우

둘째 ,「자산유동화에 관한 법률」제3조의 자산유동화계획에 따라 금전 등을 모아 운용 · 배분하는 경우

셋째, 그 밖에 행위의 성격 및 투자자 보호의 필요성 등을 고려하여 대통령령으로 정하는 경우

3. 집합투자의 요소

(1) 자산의 집합

집합투자는 그 개념 정의상 "2인 이상의 투자자로부터 모은 금전 등"이라고 하여 다수의 투자자로부터 자산을 모으는 것을 전제로 한다. 즉 수익자가 2인 이상일 것을

---

28) 다음 각 호의 법률을 말한다(자칙 제6조 제1항). 1.「부동산투자회사법」2.「선박투자회사법」3.「문화산업진흥 기본법」4.「산업발전법」5.「중소기업창업 지원법」6.「여신전문금융업법」7.「벤처기업육성에 관한 특별조치법」8.「부품 · 소재전문기업 등의 육성에 관한 특별조치법」9.「농림수산식품투자조합 결성 및 운용에 관한 법률」

요구한다.[29] 자본시장법은 다수의 투자자로부터 자금을 집합하여 함께 운용하는 '집합투자'를 규제의 대상으로 함으로써, 1인의 투자자만으로 설정되었던 펀드는 투자일임업 또는 신탁업으로 운영되게 되었다.

그러나 「국가재정법」에 따른 여유자금은 이미 수인의 자산이 집합된 것으로 볼 수 있기 때문에 사모단독이라도 집합투자의 범위에 포함된다.

관련사항 자산집합의 과정

자산운용사의 신탁약관 제정 및 신탁업자와 신탁계약 체결 → 투자신탁의 금융위원회 등록 → 증권신고서의 금융위원회 제출[30] → 수익증권의 공모 → 수익증권발행가액의 납입 및 수익증권 발행 → 수익증권발행가액의 수탁회사 납입을 통한 투자신탁재산의 형성

(2) 일상적 운용지시의 배제

집합투자는 투자자 또는 기금관리주체로부터 일상적인 운용지시를 받지 아니하면서 운용하는 것이다. 집합투자업의 경우 집합된 투자자의 자금 등에 대해서 자산운용을 전문으로 하는 집합투자업자가 투자자를 대신하여 운용하는 특성을 반영하여 투자자의 일상적인 운영지시를 배제하였으며, 이 점에서 투자일임 또는 신탁과 명백히 구별된다.

(3) 투자대상자산을 취득 · 처분, 그 밖의 방법으로 운용

집합투자는 집합투자업자가 투자자로부터 모은 금전 등으로 재산적 가치가 있는 투자대상자산을 취득 · 처분, 그 밖의 방법으로 운용하여 수익을 창출하는 간접투자 행위이다. 이는 투자대상자산의 성질을 변화시키는 능동적인 사업수행이 아니라 투

29) 구 자본시장법에서는 "2인 이상에게 투자권유를 하여"라는 표현을 쓰고 있어 복수의 투자자에게 투자권유만 이루어진다면 자금자체가 반드시 2인 이상의 투자자로부터 모은 것임을 요하지 않았다. 따라서 환매 등을 통하여 결과적으로 1인 단독펀드가 되는 경우 강제로 펀드를 해지 · 해산해야 하는 것은 아니라고 보았다. 김건식 · 정순섭, 「자본시장법」, 두성사, 2013, 130면.

30) 실제로는 투자신탁 등록과 증권신고서 제출은 동시에 이루어진다. 자법 시행령 제211조 5항에서 "등록신청서를 증권신고서와 함께 제출하는 경우에는 그 증권신고서의 효력이 발생하는 때에 해당 집합투자기구가 등록된 것으로 본다."고 규정하고 있다.

31) 수익증권은 대부분 판매회사를 통해 판매되는데, 판매회사는 수익증권 판매대금을 자산운용사를 거치지 않고 직접 수탁회사로 보낸다(판매사는 수입당일 판매대금을 수탁회사에 송금하고, 자산운용사에 대해서는 판매내역금액만 통보한다). 이때 자산운용사가 수익증권을 직접 판매하는 경우도 자산운용사의 신탁계정으로 투자자의 자금이 들어가지 않고 수입당일 바로 수탁회사에 송금한다.

자대상자산의 운용에 의하여 그 가치변동을 노리는 수동적인 사업수행을 말한다.[32)]

자본시장법에서는 "재산적 가치가 있는 투자대상자산"이라고 하여 투자대상자산에 대한 제한을 폐지하여 펀드의 투자대상자산과 운용방법에 포괄주의를 적용함으로써 집합투자업계와 투자자의 자율을 확대하였다.

집합투자에 있어서 자산의 운용은 집합투자업자가 하지만, 집합투자업자가 발행한 수익증권의 판매는 은행이나 증권회사 등 판매업자를 통해서 하게 된다.[33)] 이 경우 판매회사의 지위에 대하여 대법원은 "판매회사는 증권투자신탁에 있어 단순히 위탁회사의 대리인에 불과한 것이 아니라 자신의 책임으로 수익증권 판매업무 등을 수행하는 독립된 당사자로 보아야 할 것이다."라고 판시하여 판매회사를 독립된 당사자로 보았다.[34)]

(4) 운용실적의 배분

집합투자의 운용에 따른 위험은 투자자가 부담한다. 따라서 투자자는 이익이 발생하였든, 손해가 발생하였든 그 손익을 분담하게 된다. 이때 운용실적의 배분대상이 되는 투자자는 운용실적이 실제 배분되는 때의 투자자이다.

4. 집합투자기구 등

집합투자기구란 집합투자를 수행하기 위한 기구로서 ① 투자신탁 ② 투자회사 ③ 투자유한회사 ④ 투자합자회사 ⑤ 투자유한책임회사 ⑥ 투자합자조합 ⑦ 투자익명조합의 어느 하나에 해당하는 것을 말한다(자법 제9조 제18항).[35)]

"사모집합투자기구"란 집합투자증권을 사모로만 발행하는 집합투자기구로서 전문투자자가 아닌 투자자[36)]의 총수가 100인 이하인 것[37)]을 말한다. 사모집합투자기구는

---

32) 김건식 · 정순섭, 앞의 책, 132면.

33) 자산의 운용은 집합투자업자가 하지만 펀드의 판매 수수료가 운용업자의 수수료보다 훨씬 높은 문제가 있다. 이에는 은행이나, 증권회사와 같은 펀드의 판매업자에 비하여 자산운용회사의 규모가 영세한 점도 반영되었다고 본다.

34) 대법원 2006.12.8. 선고 2002다1 · 9018판결; 대법원 2008.6.12. 선고 2007다70100판결 등.

35) 집합투자기구는 집합투자재산의 운용대상에 따라 증권집합투자기구, 부동산집합투자기구, 특별자산집합투자기구, 혼합자산집합투자기구, 단기금융집합투자기구로 구분한다(자법 제229조)

36) 자법 제9조 제19항 및 동법 시행령 제14조.

37) 자법 제9조 제19항 및 동법 시행령 제14조 제2항: 시행령에서는 49인으로 정하고 있다. 이 경우 49인을 산출할 때 다른 집합투자기구가 그 집합투자기구의 집합투자증권 발행총수의 100분의 10 이상을 취득하는 경우에는 그 다른 집합투자기구의 투자자의 수를 합하여 산출한다.

경영권 참여, 사업구조 또는 지배구조의 개선 등을 위하여 지분증권 등에 투자 · 운용하는 투자합자회사인 사모집합투자기구(기관전용 사모집합투자기구)와 기관전용 사모집합투자기구를 제외한 사모집합투자기구(일반 사모집합투자기구)로 나뉜다.[38] 사모집합투자기구의 경우에도 위의 다양한 집합투자기구의 형태를 취할 수 있다.

집합투자재산이란 집합투자기구의 재산으로서 투자신탁재산, 투자회사재산, 투자유한회사재산, 투자합자회사재산, 투자합자조합재산 및 투자익명조합재산을 말한다.

집합투자증권이란 집합투자기구에 대한 출자지분(투자신탁의 경우에는 수익권을 말한다)이 표시된 것을 말한다.

5. 자본시장법상 집합투자업의 특징

(1) 집합투자기구(Vehicle)의 확대

자본시장법에서는 상법상 설립 가능한 모든 기구(Vehicle)를 집합투자기구로 활용할 수 있도록 허용하고 있다. 여기서 기구의 형태를 신탁형, 회사형(투자회사, 투자유한회사, 투자합자회사, 투자유한책임회사), 조합형(투자합자조합, 투자익명조합, 투자합자조합)으로 나눌 수 있다. 다만 합명회사는 무한책임사원만으로 구성되어 활용될 수 없으므로 제외되었다.

(2) 집합투자 대상 자산의 범위 확대

자본시장법에서는 집합투자대상자산을 열거하지 않고 “재산적 가치가 있는 모든 재산(예: 지적재산권 등)”을 집합투자대상자산으로 정의하여 그 범위를 넓히고 있다.

(3) 펀드종류별 투자대상자산에 대한 제한의 폐지

자본시장법에서는 7종류의 펀드 구분을 4종류로 재분류하고, 펀드종류별 운용대상 자산의 제한을 없앰으로써 MMF를 제외한 모든 펀드에 다양한 투자대상을 운용할 수 있게 하였다. 여기서 펀드의 주요 투자대상자산(펀드 자산의 50% 초과 투자자

---

38) 이전에 사모집합투자기구는 경영권 참여, 사업구조 또는 지배구조의 개선 등을 위하여 지분증권 등에 투자 · 운용하는 투자합자회사인 사모집합투자기구(경영참여형 사모집합투자기구)와 경영참여형 사모집합투자기구를 제외한 사모집합투자기구(전문투자형 사모집합투자기구)로 나뉘고 있었다.

산)을 기준으로 증권펀드 · 부동산펀드 · 특별자산펀드 · 단기금융펀드(MMF)로 구분하고 있다. 그리고 각 펀드별 주요 투자대상자산에 해당 기초자산과 관련된 파생상품을 포함시킴으로써 파생상품펀드를 별도로 구분하지 않고 있다.

그리고 펀드자산을 실물자산에 투자하는 실물펀드와 특별자산에 투자하는 특별자산펀드를 통합하여 특별자산펀드로 하고 있으며, 재간접펀드는 운용대상 자산의 유형상 증권펀드에 해당하는 것으로 하고 있다. 그리고 주요투자대상자산을 특정하지 않고 언제나 어떤 자산에나 자유롭게 운용할 수 있는 새로운 종류의 펀드 즉 혼합자산펀드를 신설하고 있다.

펀드 종류 구분

구 분	증권펀드	부동산펀드	특별자산펀드	MMF	혼합자산펀드
증 권	○	○	○	○	○
파생상품	○	○	○	×	○
부 동 산	○	○	○	×	○
실물자산	○	○	○	×	○
특별자산	○	○	○	×	○

(4) 펀드의 자산운용방법에 대한 제한 폐지

자본시장법에서는 자산운용방법을 법령에서 열거하지 않고 "재산적 가치가 있는 투자대상자산을 취득, 처분, 그 밖의 방법으로 운용"으로 포괄적으로 규정하고 있다.[39] 다만 다른 금융관계법을 고려하여 펀드 자산으로 금전을 대여하거나 채무보증 또는 담보제공을 하는 행위는 여전히 할 수 없도록 하였다(자법 제83조 제4, 5항). 이는 은행의 여 · 수신 업무와 같이 볼 수 있기 때문이다.

(5) 펀드에 대한 환매금지규제의 완화

이전에는 부동산간접투자기구, 실물간접투자기구는 환매금지형으로만 운용하도록 규정하고 있어 간접투자재산 중 일부만 부동산 또는 실물자산에 투자하는 경우에도

39) 이전 「간접투자자산운용업법」에 의하면 취득 · 매각, 대여(투자증권), 관리 · 개량 · 개발 · 임대(부동산) 등과 같이 펀드별 자산운용방법을 법률에서 열거하고 있었다.

환매가 금지되어 과도한 규제가 되는 문제가 있었다.

자본시장법에서는 펀드의 운용대상 자산에 대한 제한이 폐지되어 어느 펀드나 자유롭게 부동산 · 실물 등에 대한 투자를 할 수 있게 되었고, 환매금지 여부는 부동산, 실물 등 펀드가 투자하는 자산의 유동성(환금성)을 감안하여 운용사가 자율적으로 선택하도록 하였다.

관련사항 **투자신탁과 신탁업**

둘 다 간접투자의 한 방법이지만 신탁업의 경우 수탁자가 신탁재산의 소유권을 가질 뿐만 아니라 신탁재산의 운용권한도 가지고 있으나, 투자신탁에서는 신탁재산의 운용권은 수탁자가 아닌 자산운용자에게 귀속하고 수탁자는 투자자를 위해서 그 운용자를 감시하는 기능을 가진다. 또한 투자신탁과 달리 신탁의 경우 자산을 맡기는 사람이 투자대상을 지정할 수 있으며, 수익자도 지정할 수 있고 1인 투자도 가능하다.

구조상으로 볼 때 투자신탁의 경우 투자자는 수익자지위를 가지며, 투자신탁회사는 위탁자로서 신탁업자에게 자산을 위탁하게 된다. 신탁의 경우에 투자자는 위탁자로서 수탁자인 신탁업자에게 자산을 위탁하게 된다. 수익증권의 발행도 투자신탁의 경우 집합투자업자(위탁자)가 발행함에 반하여, 신탁의 경우 신탁업자(수탁자)가 발행하게 된다.

V. 투자자문업

투자자문업이란 금융투자상품 등의 가치 또는 금융투자상품에 대한 투자판단에 관한 자문에 응하는 것을 영업으로 하는 것을 말한다(자법 제6조 제6항). 여기서 투자판단은 종류, 종목, 취득 · 처분, 취득 · 처분의 방법 · 수량 · 가격 및 시기 등에 대한 판단을 말한다. 투자자문사 또는 PB가 수행하는 자문업무가 이에 해당한다.

그러나 불특정 다수인을 대상으로 발행 또는 송신되고, 불특정 다수인이 수시로 구입 또는 수신할 수 있는 간행물 · 출판물 · 통신물 또는 방송 등을 통하여 조언을 하는 경우에는 투자자문업으로 보지 아니한다(자법 제7조 제3항). 이러한 경우는 유사투자자문업으로 분류된다.[40]

그 외에도 시행령(자령 제7조 제4항)에서는 다음의 경우에 투자자문업으로 보지 아니한다. ① 따로 대가 없이 다른 영업에 부수하여 금융투자상품등의 가치나 그 금융투자상품등에 대한 투자판단에 관한 자문에 응하는 경우 ② 집합투자기구평가회

---

40) 임재연, 앞의 책, 65면.

사, 채권평가회사, 공인회계사, 감정인, 신용평가를 전문으로 하는 자, 변호사, 변리사 또는 세무사, 그 밖에 이에 준하는 자로서 해당 법령에 따라 자문용역을 제공하고 있는 자(그 소속단체를 포함한다)가 해당 업무와 관련된 분석정보 등을 제공하는 경우 ③ 다른 법령에 따라 건축물 및 주택의 임대관리 등 부동산의 관리대행, 부동산의 이용ㆍ개발 및 거래에 대한 상담, 그 밖에 부동산의 투자 · 운용에 관한 자문 등의 업무를 영위하는 경우

Ⅵ. 투자일임업

투자일임업이란 투자자로부터 금융투자상품에 대한 투자판단의 전부 또는 일부를 일임받아 투자자별로 구분하여 금융투자상품을 취득 · 처분, 그 밖의 방법으로 운용하는 것을 영업으로 하는 것을 말한다. 증권회사의 랩어카운트[41]가 여기에 해당한다.

투자일임업을 따로 두게 됨으로서 투자매매업자와 투자중개업자의 일임매매[42]는 금지된다. 따라서 일임매매를 하고자 하는 금융투자업자는 투자일임업 등록을 하고 법규제에 따라 행하여야 한다.

Ⅶ. 신탁업

신탁업이란 신탁을 영업으로 하는 것을 말한다. 여기서 신탁을 영업으로 한다는 의미는 신탁의 인수를 영업으로 하는 것을 말한다.

신탁이란 신탁설정자와 신탁을 인수하는 자와 특별한 신임관계에 기하여 위탁자가

---

41) 금융자산관리사 등이 예탁자산의 자산구성, 운용, 투자자문까지 통합적으로 관리한다. 특히 관심을 끄는 자문형 랩은 증권사가 별도의 계약을 맺은 투자자문사의 조언에 따라 고객이 맡긴 돈을 운용하는 것이 특징이다.

42) 과거 증권거래법상 수량, 가격, 매매시기에 대한 일임이 인정되었다. 다만 유가증권의 종류, 종목, 매매종류는 투자자가 결정하여야 했다. 그러나 실제 증권거래법에 정한 절차에 따른 일임매매는 거의 이루어지지 않고 당사자간의 합의에 의한 일임매매, 포괄적 일임매매가 주로 행하여졌다.

특정의 재산권을 수탁자[43] 등에게 이전하거나 기타의 처분을 하고 수탁자로 하여금 일정한 자의 이익을 위하여 또는 특정의 목적을 위하여 그 재산권을 관리,처분하게 하는 법률관계를 말한다(신탁법 제1조 제2항). 신탁으로 인한 이익의 귀속자는 수익자로서 위탁자가 지정하게 된다.

신탁재산은 수탁자가 위탁자로부터 자기의 이름으로 양수하거나 처분받아 신탁목적에 따라 관리, 처분하여야 할 대상을 말한다.[44] 집합투자기구가 투자신탁 형태인 집합투자업자의 경우 집합투자업자가 위탁자로서 신탁재산을 신탁업자에게 신탁하게 된다.

신탁업자는 신탁을 함에 있어서 수익증권을 발행한다. 다만 자본시장법에서는 수탁자에게 신탁재산의 처분권한이 부여되지 아니한 관리형신탁의 수익권은 금융투자상품에서 제외하고 있다(자법 제3조 제1항 단서).

Ⅷ. 종합금융투자사업자

종합금융투자사업자란 투자매매업자 또는 투자중개업자 중 일정한 기준을 갖추어 금융위원회의 지정을 받은 자를 말한다(자법 제8조 제8항). 종합금융투자사업자는 투자은행으로서 기업금융 관련 업무를 수행하고 헤지펀드를 대상으로 한 전담중개업무 외에 기업대출, 비상장주식에 대한 내부주문집행업무 등을 영위한다.

금융위원회는 투자매매업자 또는 투자중개업자로서 증권에 관한 인수업의 영위, 3조원 이상의 자기자본의 요건[45] 등을 충족하는 자를 종합금융투자사업자로 지정할

---

43) 은행, 증권회사(자사주신탁 – 발행인이 증권회사에 신탁), 부동산 신탁 등.

44) 신탁업자는 다음 각 호의 재산 외의 재산을 수탁할 수 없다(자법 제103조 제1항).
1. 금전 2. 증권 3. 금전채권 4. 동산 5. 부동산 6. 지상권, 전세권, 부동산임차권, 부동산소유권 이전등기청구권, 그 밖의 부동산 관련 권리 7. 무체재산권(지식재산권을 포함한다)
실제로는 신탁재산 전체를 대상으로 하거나, 금전신탁이나 재산신탁으로 나누거나, 6, 7호를 묶어 인가업무단위로 신청을 한다고 한다.

45) 다음 각 호의 구분에 따른 금액을 말한다(자령 제77조의 3 제1항).
1. 전담중개업무, 기업에 대한 신용공여 업무 및 제77조의 6 제1항 제1호에 따른 업무를 하려는 종합금융투자사업자: 3조원
2. 제1호에 따른 업무 및 제77조의 6 제1항 제2호에 따른 업무를 하려는 종합금융투자사업자: 4조원
3. 제2호에 따른 업무 및 제77조의 6 제1항 제3호에 따른 업무를 하려는 종합금융투자사업자: 8조원

수 있다(자법 제77조의 2 제1항).

Ⅸ. 겸영금융투자업자

겸영금융투자업자란 다음의 어느 하나에 해당하는 자로서 금융투자업을 겸영하는 자를 말한다(자법 제8조 제9항). ① 은행 ② 보험회사 ③ 그 밖에 대통령령으로 정하는 금융기관 등

제3절 금융투자업의 적용배제

금융투자업자는 금융투자상품을 대상으로 영업을 하는 자로서 자본시장법에서는 금융투자상품의 개념을 포괄적으로 정함으로써 그 대상이 광범위하여 기업의 일상적인 경영활동도 금융투자업으로 규제될 가능성이 있다. 따라서 자본시장법에서는 이에 대한 배제장치로서 금융투자업에 해당하는지 여부가 애매하거나, 비록 금융투자업에 해당하여도 정책적으로 필요한 일정한 경우에 금융투자업의 적용배제를 인정하고 있다.

다음과 같은 경우 자본시장법상 금융투자업으로 보지 않고, 따라서 자본시장법이 적용되지 않는다(자법 제7조).

1. 투자매매업으로 보지 않는 경우

자기가 증권을 발행하는 경우에는 투자매매업으로 보지 아니한다(자법 제7조 제1항). 그러나 투자신탁의 수익증권,[46] 파생결합증권 중 대통령령으로 정하는 것[47] 및

---

46) 투자신탁의 수익증권은 집합투자업자가 발행하는 것으로서 자금조달의 목적이 아니라 판매를 목적으로 발행하는 것이므로 투자매매업으로 본다.

47) 다음 각 호의 어느 하나에 해당하는 것을 말한다(자령 제7조 제1항).
1. 지분증권(지분증권과 관련된 증권예탁증권을 포함한다)의 가격이나 이를 기초로 하는 지수의 변동과 연계된 파생결합증권
2. 제1호 외의 파생결합증권으로서 발행과 동시에 투자자가 지급한 금전등에 대한 이자 등 과실뿐만 아니라 그 금전 등도 해당 기초자산의 가격 · 이자율 · 지표 · 단위 또는 이를 기초로 하는 지수 등의 변동과 연계된 파생결합증권

투자성 있는 예금 · 보험의 경우에는 적용배제에 해당하지 않으므로 금융투자업 인가를 받아야 그 발행이 가능하다. 개정법에 따르면 파생결합증권은 자기가 발행하여도 투자매매업으로 보지만, 이에 대한 예외로 이종통화채권의 경우 자기발행을 허용한다.[48] 예를 들면 수협은행이나 산업은행이 발행하는 액면표시통화와 지급결제통화가 다른 채권을 파생결합증권으로 보면서도 투자매매업의 인가를 받지 않은 은행의 발행을 허용한다. 또한 은행의 금적립계좌(골드뱅킹) 등을 파생결합증권으로 보면서도 투자성 있는 예금계약에 준하는 계약에 따른 증권으로서 투자매매업의 적용을 배제하고 있다(자령 제7조 제2항).

2. 투자중개업으로 보지 않는 경우

투자권유대행인이 투자권유를 대행하는 경우에는 별도의 규제가 적용되는 것으로서 투자중개업으로 보지 아니한다(자법 제7조 제2항). 거래소가 증권시장 및 파생상품시장을 개설 · 운영하는 경우나 한국금융투자협회가 비상장주권의 장외매매거래에 관한 업무를 하는 경우도 투자중개업으로 보지 아니 한다(자법 제7조 제6항 제1호, 자령 제7조 제4항 4호).

3. 투자자문업으로 보지 않는 경우

불특정 다수인을 대상으로 발행 또는 송신되고, 불특정 다수인이 수시로 구입 또는 수신할 수 있는 간행물 · 출판물 · 통신물 또는 방송 등을 통하여 조언을 하는 경우에는 투자자문업으로 보지 아니한다(자법 제7조 제3항). 실제 신문이나 방송 등을 통하여 투자조언 등이 많이 이루어지고 있는데, 이러한 활동을 투자자문업으로 보지 않음으로서 별도의 등록을 하지 않고도 가능하게 된다.

4. 투자일임업으로 보지 않는 경우

투자중개업자가 투자자의 매매주문을 받아 이를 처리하는 과정에서 금융투자상품에 대한 투자판단의 전부 또는 일부를 일임받을 필요가 있는 경우로서 대통령령으로

48) 자령 제7조 제1항 1: 기초자산이 통화 또는 외국통화로서 지급하거나 회수하는 금전 등이 그 기초자산과 다른 통화 또는 외국통화로 표시될 것

정하는 경우[49]에는 투자일임업으로 보지 아니한다(자법 제7조 제4항).

5. 신탁업으로 보지 않는 경우

「담보부사채신탁법」에 따른 담보부사채에 관한 신탁업, 「저작권법」에 따른 저작권 신탁관리업 및 「컴퓨터프로그램 보호법」에 따른 프로그램저작권 위탁관리업무의 경우에는 신탁업으로 보지 아니한다(자법 제7조 제5항). 이는 주로 관리규제에 해당하는 행위이고 별도의 규제가 행해진다.

6. 기타

다음의 어느 하나에 해당하는 경우에는 대통령령으로 정하는 바에 따라 금융투자업으로 보지 아니한다(자법 제7조 제6항).

① 거래소가 증권시장 및 파생상품시장을 개설 · 운영하는 경우(투자중개업)

② 투자매매업자를 상대방으로 하거나 투자중개업자를 통하여 금융투자상품을 매매하는 경우(투자매매업)

③ 일반 사모집합투자업자가 자신이 운용하는 일반 사모집합투자기구의 집합투자증권을 판매하는 경우(투자매매업 또는 투자중개업)

---

49) 투자중개업자가 따로 대가 없이 금융투자상품에 대한 투자판단(자법 제6조 제6항에 따른 투자판단을 말한다)의 전부나 일부를 일임받는 경우로서 다음 각 호의 어느 하나에 해당하는 경우를 말한다(자령 제7조 제2항).

1. 투자자가 금융투자상품의 매매거래일(하루에 한정한다)과 그 매매거래일의 총매매수량이나 총매매금액을 지정한 경우로서 투자자로부터 그 지정 범위에서 금융투자상품의 수량 · 가격 및 시기에 대한 투자판단을 일임받은 경우
2. 투자자가 여행 · 질병 등으로 일시적으로 부재하는 중에 금융투자상품의 가격 폭락 등 불가피한 사유가 있는 경우로서 투자자로부터 약관 등에 따라 미리 금융투자상품의 매도 권한을 일임받은 경우
3. 투자자가 금융투자상품의 매매, 그 밖의 거래에 따른 결제나 증거금의 추가 예탁 또는 법 제72조에 따른 신용공여와 관련한 담보비율 유지의무나 상환의무를 이행하지 아니한 경우로서 투자자로부터 약관 등에 따라 금융투자상품의 매도권한(파생상품인 경우에는 이미 매도한 파생상품의 매수권한을 포함한다)을 일임받은 경우
4. 투자자가 투자중개업자가 개설한 계좌에 금전을 입금하거나 해당 계좌에서 금전을 출금하는 경우에는 따로 의사표시가 없어도 자동으로 법 제229조 제5호에 따른 단기금융집합투자기구의 집합투자증권 등을 매수 또는 매도하거나 증권을 환매를 조건으로 매수 또는 매도하기로 하는 약정을 미리 해당 투자중개업자와 체결한 경우로서 투자자로부터 그 약정에 따라 해당 집합투자증권 등을 매수 또는 매도하는 권한을 일임받거나 증권을 환매를 조건으로 매수 또는 매도하는 권한을 일임받은 경우
5. 그 밖에 투자자 보호 및 건전한 금융거래질서를 해칠 염려가 없는 경우로서 금융위원회가 정하여 고시하는 경우

④ 그 밖에 해당 행위의 성격 및 투자자 보호의 필요성 등을 고려하여 금융투자업의 적용에서 제외할 필요가 있는 것으로서 대통령령으로 정하는 경우[50)]

제4절 금융투자업간 겸영 허용

Ⅰ. 의의

자본시장법 이전에는 증권회사, 선물회사, 자산운용회사, 신탁회사 등 금융회사별로 금융투자업을 세분화하고 있었으며, 금융투자업 상호간에는 겸영을 엄격하게 금지하고 있어 겸업화·대형화된 금융회사(투자은행: IB)의 출현에 걸림돌이 되었다. 자본시장법에서는 기능별로 분류된 6개 금융투자업, 즉 투자매매업, 투자중개업, 집합투자업, 투자자문업, 투자일임업, 신탁업에 대해서 상호간 겸영을 허용하고 있다.

---

50) 자령 제7조 제4항:
1. 국가 또는 지방자치단체가 공익을 위하여 관련 법령에 따라 금융투자상품을 매매하는 경우(투자매매업)
2. 한국은행이 공개시장 조작을 하는 경우(투자매매업)
3. 금융기관 간 환매조건부매매를 하는 경우(투자매매업)
4. 한국금융투자협회가 비상장주권의 장외매매거래에 관한 업무를 하는 경우(투자중개업)
5. 내국인이 국외에서 증권을 모집·사모·매출하는 경우(투자매매업 또는 투자중개업)
5의 2. 외국 투자매매업자가 국외에서 파생결합증권을 발행하는 경우(투자매매업)
6. 외국 투자매매업자나 외국 투자중개업자가 국외에서 투자매매업자를 상대방으로 하여 금융투자상품을 매매하거나 투자중개업자를 통하여 금융투자상품의 매매를 중개·주선 또는 대리하는 행위 등을 하는 경우(투자매매업 또는 투자중개업)
6의 2. 외국 투자신탁이나 외국 투자익명조합의 외국 집합투자업자 또는 외국 투투자회사 등이 외국 집합투자증권을 국내에서 판매하는 경우(투자매매업 또는 투자중개업)
7. 외국 투자자문업자 또는 외국 투자일임업자가 국외에서 국가나 한국은행 등을 상대로 투자권유 또는 투자광고를 하지 아니하고 그 자를 상대방으로 투자자문업이나 투자일임업을 하는 경우(투자자문업 또는 투자일임업)
8. 따로 대가 없이 다른 영업에 부수하여 금융투자상품등의 가치나 그 금융투자상품등에 대한 투자판단에 관한 자문에 응하는 경우(투자자문업)
9. 집합투자기구평가회사, 채권평가회사, 공인회계사, 감정인, 신용평가를 전문으로 하는 자, 변호사, 변리사 또는 세무사, 그 밖에 이에 준하는 자로서 해당 법령에 따라 자문용역을 제공하고 있는 자(그 소속단체를 포함한다)가 해당 업무와 관련된 분석정보 등을 제공하는 경우(투자자문업)
10. 다른 법령에 따라 건축물 및 주택의 임대관리 등 부동산의 관리대행, 부동산의 이용·개발 및 거래에 대한 상담, 그 밖에 부동산의 투자·운용에 관한 자문 등의 업무를 영위하는 경우(투자자문업 또는 투자일임업)

이에 따라 투자매매, 투자중개, 집합투자, 투자자문, 신탁 등 모든 금융투자업을 종합 영위하는 금융투자회사의 설립이 가능하게 되었다.[51)]

Ⅱ. 금융투자업간 겸영의 허용에 따른 이해상충의 방지

자본시장법에서는 금융투자업간 겸영을 허용하면서 투자자 보호를 위해서 이해상충을 방지하기 위한 여러 방안을 마련하고 있다. 이는 대별해서 이해상충행위의 금지와 이해상충관리시스템의 구축으로 나눌 수 있고, 후자 중 중요한 것으로 내부통제시스템의 구축과 정보교류차단장치의 마련을 들 수 있다. 내부통제시스템구축과 관련하여 자본시장법에서는 내부통제기준을 정하고 준법감시인을 둘 것을 의무화하고 있다.

---

51) 미국, 영국 등 주요국의 선진 투자은행은 기업금융(Investment Banking), 자산관리(Wealth Management), 직접투자(Principal Investment), 증권서비스(Securities Services) 등 모든 금융투자업을 종합적으로 영위하는 것이 가능하다(핵심 IB업무뿐만 아니라, 신생기업에 대한 모험자본의 공급(Risk Capital).PI.프라임브로커 등 위험 인수를 바탕으로 하는 다양한 업무를 수행). 미국의 경우 증권거래법과 투자자문업법 등에서 증권업과 자산운용업 겸업을 제한하고 있지 않다. 따라서 SEC에 등록만 하면 증권업과 자산운용업의 겸업이 가능하다.

제2편

금융투자업자 규제

제1장 진입규제

제2장 금융투자업자의 지배구조

제3장 건전성 규제

제4장 영업행위 규제

제1장 진입규제

제1절 금융투자업의 인가 및 등록

Ⅰ. 인가요건 및 절차

1. 의의

금융투자업자는 사전에 금융위원회로부터 인가를 받아야 금융투자업을 영위할 수 있다(투자자문업, 투자일임업 및 일반 사모집합투자업은 제외한다)(자법 제11조). 그리고 누구든지 무인가 영업행위를 목적으로 계좌의 대여를 알선하거나 중개하여서는 아니 된다(자법 제11조의 2). 이와 달리 투자자문업 및 투자일임업은 다음에 보는 바와 같이 사전에 금융위원회에 등록만 하면 된다(자법 제17조).

투자성 있는 예금·보험에 대한 특례가 인정되어 은행이 투자성 있는 예금계약을 체결하는 경우에는 자본시장법 제12조에 따라 투자매매업에 관한 금융투자업인가를 받은 것으로 보며, 보험회사가 투자성 있는 보험계약을 체결하거나 그 중개 또는 대리를 하는 경우에는 자본시장법 제12조에 따라 투자매매업 또는 투자중개업에 관한 금융투자업인가를 받은 것으로 본다(자법 제77조).

2. 인가업무단위

금융투자업을 영위하려는 자는 다음 사항을 구성요소로 하여 인가업무 단위의 전부나 일부를 선택하여 금융위원회로부터 하나의 금융투자업인가를 받아야 한다(자법 제12조 제1항).

① 금융투자업의 종류: 투자매매업, 투자중개업, 집합투자업 및 신탁업을 말하되, 투자매매업 중 인수업을 포함한다.

② 금융투자상품의 범위: 금융투자상품은 증권, 장내파생상품, 장외파생상품 등으로 분류되지만, 집합투자업이나 신탁업의 경우 금융투자상품에 따른 정의를 하지 않고 그 범위를 달리 규정하고 있다.

금융투자상품의 범위는 증권, 장내파생상품 및 장외파생상품을 말하되, 증권 중 국채증권, 사채권, 그 밖에 대통령령으로 정하는 것[52]을 포함하고 파생상품 중 주권을 기초자산으로 하는 파생상품 · 그 밖에 대통령령으로 정하는 것[53]을 포함한다. 집합투자업의 경우에는 법 제229조에 따른 집합투자기구의 종류를 말하며, 신탁업의 경우에는 법 제103조 제1항 각 호의 신탁재산을 말한다.

③ 투자자의 유형: 전문투자자 및 일반투자자를 말한다.

3. 인가의 요건

금융투자업인가를 받으려는 자는 상법에 따른 주식회사이거나 대통령령으로 정하는 금융기관으로서 인가업무 단위별로 5억원 이상으로서 대통령령으로 정하는 금액 이상의 자기자본을 갖출 것 등이 요구된다(자법 제12조 제2항).

금융투자업자는 그 영업을 영위함에 있어서 인가요건을 유지하여야 하며, 업무단위 추가등록을 한 투자매매업자 또는 투자중개업자는 업무단위 추가등록 이후 그 영업을 영위할 때에는 위의 인가요건(제12조 제2항 제3호, 제6호 및 제6호의 2는 제외하며, 제2호의 경우에는 대통령령으로 정하는 완화된 요건을 말한다)을 유지하여야 한다(자법 제15조 제2항).

4. 업무단위 추가 및 등록

금융투자업인가를 받은 투자매매업자 또는 투자중개업자(겸영금융투자업자는 제외한다)가 같은 금융투자업의 종류에 속하는 금융투자상품을 구성요소로 하여 업무단위를 추가하여 금융투자업을 영위하려는 경우에는 금융위원회에 이를 등록(업무단위 추가등록)하여야 한다(자법 제16조의 2 제1항).

---

52) 다음 각 호의 것을 말한다(자령 제15조 제2항). 1. 채무증권 2. 지방채증권 3. 법 제4조 제3항에 따른 특수채증권 4. 지분증권(집합투자증권은 제외한다) 5. 상장주권 6. 집합투자증권 7. 령 제181조 제1항 제1호에 따른 증권

53) 다음 각 호의 것을 말한다(자령 제15조 제3항).
1. 주권 외의 것을 기초자산으로 하는 파생상품
2. 통화 · 이자율을 기초자산으로 하는 파생상품

Ⅱ. 등록요건 및 절차

1. 의의

투자자문업과 투자일임업을 영위하려고 하는 자는 반드시 사전에 일정한 요건을 갖추어 금융위원회에 등록을 해야 한다. 이 경우에는 금융투자업자의 파산이나 유동성위기에 의하여 발생할 수 있는 위험이 고객에게 전가되지 않는다는 점에서 그 요건이 완화된 등록제를 취하고 있다.

2. 투자자문업 또는 투자일임업의 등록

투자자문업 또는 투자일임업을 영위하려는 자는 다음 사항을 구성요소로 하여 등록업무 단위의 전부나 일부를 선택하여 금융위원회에 하나의 금융투자업 등록을 하여야 한다(자법 제17조 제1항). ① 투자자문업 또는 투자일임업 ② 금융투자상품 등의 범위(증권, 장내파생상품, 장외파생상품 및 그 밖에 대통령령으로 정하는 투자대상자산을 말한다) ③ 투자자의 유형

3. 등록요건

금융투자업등록을 하려는 자는 상법에 따른 주식회사이거나 대통령령으로 정하는 금융기관으로서 등록업무 단위별로 1억원 이상으로서 대통령령으로 정하는 금액 이상의 자기자본을 갖출 것 등이 요구된다(자법 제18조 제2항). 또한 투자자문업의 경우에는 투자권유자문인력으로서 상근 임직원 1인 이상이 있어야 하며, 투자일임업의 경우에는 투자운용인력으로서 상근 임직원 2인 이상이 있어야 한다.

4. 등록의 직권말소

금융위원회는 투자자문업자, 투자일임업자 및 일반 사모집합투자업자가 해당 등록업무 단위별 최저자기자본의 100분의 70 이상을 6개월 이상 계속해서 유지하지 아니한 경우 등에 해당하는 경우에는 그 등록을 직권으로 말소할 수 있다(자법 제22조의 2 제1항).

제2절 기능별 진입규제

Ⅰ. 서설

자본시장법에서는 동일한 금융기능에 대해서는 동일한 진입요건이 적용되도록 금융기능별 진입요건이 마련되었다. 또한 금융투자회사는 필요한 업무단위를 계속 추가함으로써 업무영역을 확장할 수 있는 Add-on 방식이 도입되었다. 예를 들면 투자중개업, 증권, 일반투자자의 조합으로 인가 받은 금융투자업자가 선물옵션을 추가로 더 영위하고자 한다면, 투자중개업, 장내파생상품, 일반투자자의 조합으로 추가하여 인가를 받으면 된다.

금융투자업의 진입규제와 관련하여 금융투자회사의 파산이나 유동성 위기에 의해 발생할 수 있는 위험이 고객에게 전가될 수 있는 금융투자업에 대해서는 인가제를, 그렇지 않은 경우에는 등록제를 적용한다. 그리하여 고객과 직접 채권채무관계를 가지거나(투자매매업), 고객의 자산을 수탁하는 금융투자업(투자중개업, 집합투자업, 신탁업)에 대하여는 인가제를 채택하고, 고객의 자산을 수탁하지 않는 금융투자업(투자일임업, 투자자문업)에 대해서는 등록제를 채택한다.

Ⅱ. 진입요건수준의 차등화

자본시장법에서는 금융기능의 특성을 반영하여 진입요건의 수준을 차등화 하고 있다.

첫째, 금융투자업의 특성에 따라 차등화를 하고 있다. 여기서 인가제를 채택한 금융투자업의 진입요건은 등록제를 채택한 금융투자업에 비해 엄격하게 설정하였다. 그리하여 객관적인 요건만을 요구하는 등록제와 달리 사업계획의 타당성 등과 같이 인가당국의 재량적 판단을 허용하는 요건도 추가하였다. 인가제 내에서도 투자매매업과 같이 고객과 채권 · 채무관계를 갖는 금융투자업에 대해서는 고객의 자산을 수탁하는 금융투자업(투자중개업, 집합투자업, 신탁업 등)에 비해 강화된 요건을 설정하였다.

둘째, 금융투자상품의 특성에 따른 차등화를 하고 있다. 여기서는 또한 취급대상 금융투자상품의 위험크기에 따라 진입요건을 차등화 하고 있다. 장외파생상품 등 위험 금융투자상품을 대상으로 하는 금융투자업의 인가에 대해서는 일반 금융투자상품에 비하여 강화된 진입요건을 설정하였다.

셋째, 투자자의 특성에 따른 차등화를 하고 있다. 고객의 위험감수능력의 크기에 따라 차등화 하는데, 일반투자자를 상대로 하는 금융투자업의 경우에는 전문투자자를 상대로 하는 경우보다 강화된 진입요건을 설정하였다.

관련사항 금융기능별 진입요건의 차별화

- 금융투자업: 투자매매업 〉 투자중개업 · 집합투자업 · 신탁업 〉 투자자문업 · 투자일임업
- 금융투자상품: 장외파생상품 〉장내파생상품 · 증권
- 투자자: 일반투자자 〉 전문투자자

제2장 금융투자업자의 지배구조

Ⅰ. 서설

금융투자업자는 다수의 투자자를 대상으로 영업하는 공공적 성질을 가지므로 그 지배구조를 엄격하게 규제하고 있다. 「금융회사의 지배구조에 관한 법률」이 제정됨으로 인하여 금융투자업자의 지배구조와 관련한 그 자본시장법상의 규정은 대부분 삭제되고 위 규정에 따르게 되었다.

Ⅱ. 대주주[54]의 변경승인

금융투자업자의 건전성을 유지하기 위하여 대주주[55]의 자격을 제한하고 있다. 금융투자업자가 인가를 받으려는 경우나 금융투자업자가 다른 회사와 합병·분할하거나 분할합병을 하는 경우에 대주주는 충분한 출자능력, 건전한 재무상태 및 사회적 신용을 갖추어야 한다.

대주주의 변경과 관련하여 투자자문업자 및 투자일임업자를 제외한 금융투자업자가 발행한 주식을 취득하여 대주주가 되고자 하는 자는 건전한 경영을 위하여 대통령령으로 정하는 요건을 갖추어 미리 금융위원회의 승인을 받아야 한다(금융사지배구조법 제31조 제1항).

금융위원회는 승인을 받지 아니하고 취득 등을 한 주식과 취득 등을 한 후 승인을 신청하지 아니한 주식에 대하여 6개월 이내의 기간을 정하여 처분을 명할 수 있다(금

---

54) "대주주"란 「금융회사의 지배구조에 관한 법률」 제2조 제6호에 따른 주주를 말한다. 이 경우 "금융회사"는 "법인"으로 본다(자법 제9조 제1항).

55) 최대주주의 특수관계인인 주주를 포함하며, 최대주주인 법인의 최대주주(최대주주인 법인을 사실상 지배하는 자가 그 법인의 최대주주와 명백히 다른 경우에는 그 사실상 지배하는 자를 포함한다), 최대주주인 법인의 대표자를 포함한다.

융사지배구조법 제31조 제3항). 승인을 받지 아니하거나 승인을 신청하지 아니한 자는 승인 없이 취득하거나 취득 후 승인을 신청하지 아니한 주식에 대하여 의결권을 행사할 수 없다(금융사지배구조법 제31조 제4항).

이에 반하여 투자자문업자 및 투자일임업자는 대주주가 변경된 경우에 이를 2주 이내에 금융위원회에 보고하면 된다. 이 경우 투자자문업 또는 투자일임업과 투자매매업, 투자중개업, 집합투자업, 신탁업의 어느 하나에 해당하는 금융투자업을 함께 영위하는 자로서 금융위원회의 승인을 받은 때에는 보고를 한 것으로 본다(금융사지배구조법 제31조 제5항).

Ⅲ. 최대주주의 자격심사

금융위원회는 금융회사의 최대주주 중 최다출자자 1인(적격성 심사대상)에 대하여 대통령령으로 정하는 기간마다 변경승인요건 중 「독점규제 및 공정거래에 관한 법률」, 「조세범 처벌법」 및 금융과 관련하여 대통령령으로 정하는 법령을 위반하지 아니하는 등 적격성 유지요건에 부합하는지 여부를 심사하여야 한다(금융사지배구조법 제32조 제1항).

금융위원회는 위에 따른 심사결과 적격성 심사대상이 적격성 유지요건을 충족하지 못하고 있다고 인정되는 경우 해당 적격성 심사대상에 대하여 6개월 이내의 기간을 정하여 해당 금융회사의 경영건전성을 확보하기 위한 ① 적격성 유지요건을 충족하기 위한 조치 ② 해당 적격성 심사대상과의 거래의 제한 등 이해상충방지를 위한 조치 등의 전부 또는 일부를 포함한 조치를 이행할 것을 명할 수 있다(금융사지배구조법 제32조 제4항).

금융위원회는 심사결과 적격성 심사대상이 다음의 경우로서 법령위반 정도를 감안할 때 건전한 금융질서와 금융회사의 건전성이 유지되기 어렵다고 인정되는 경우 5년 이내의 기간으로서 대통령령으로 정하는 기간내에 해당 적격성 심사대상이 보유한 금융회사의 의결권 있는 발행주식(최다출자자 1인이 법인인 경우 그 법인이 보유한 해당 금융회사의 의결권 있는 발행주식을 말한다) 총수의 100분의 10 이상에 대하여는 의결권을 행사할 수 없도록 명할 수 있다(금융사지배구조법 제32조 제5항).
① 제1항에 규정된 법령의 위반으로 금고 1년 이상의 실형을 선고받고 그 형이 확정

된 경우 ② 그 밖에 건전한 금융질서 유지를 위하여 대통령령으로 정하는 경우

Ⅳ. 임원의 자격

금융투자업자의 임원의 자격에 관한 구 자본시장법 제24조는 삭제되었지만 임원에 대하여 금융사지배구조법 제5조가 적용되므로 그 규제가 그대로 적용된다.

이에 따를 때 다음의 어느 하나에 해당하는 사람은 금융회사의 임원이 되지 못한다(금융사지배구조법 제5조 제1항).

① 미성년자 · 피성년후견인 또는 피한정후견인

② 파산선고를 받고 복권되지 아니한 사람

③ 금고 이상의 실형을 선고받고 그 집행이 끝나거나(집행이 끝난 것으로 보는 경우를 포함한다) 집행이 면제된 날부터 5년이 지나지 아니한 사람

④ 금고 이상의 형의 집행유예를 선고받고 그 유예기간 중에 있는 사람

⑤ 이 법 또는 금융관계법령에 따라 벌금 이상의 형을 선고받고 그 집행이 끝나거나(집행이 끝난 것으로 보는 경우를 포함한다) 집행이 면제된 날부터 5년이 지나지 아니한 사람

⑥ 다음 각 목의 어느 하나에 해당하는 조치를 받은 금융회사의 임직원 또는 임직원이었던 사람(그 조치를 받게 된 원인에 대하여 직접 또는 이에 상응하는 책임이 있는 사람으로서 대통령령으로 정하는 사람으로 한정한다)으로서 해당 조치가 있었던 날부터 5년이 지나지 아니한 사람

가. 금융관계법령에 따른 영업의 허가 · 인가 · 등록 등의 취소

나. 「금융산업의 구조개선에 관한 법률」 제10조 제1항에 따른 적기시정조치

다. 「금융산업의 구조개선에 관한 법률」 제14조 제2항에 따른 행정처분

⑦ 이 법 또는 금융관계법령에 따라 임직원 제재조치(퇴임 또는 퇴직한 임직원의 경우 해당 조치에 상응하는 통보를 포함한다)를 받은 사람으로서 조치의 종류별로 5년을 초과하지 아니하는 범위에서 대통령령으로 정하는 기간이 지나지 아니한 사람

⑧ 해당 금융회사의 공익성 및 건전경영과 신용질서를 해칠 우려가 있는 경우로서 대통령령으로 정하는 사람

금융회사의 임원으로 선임된 사람이 위의 어느 하나에 해당하게 된 경우에는 그 직을 잃는다. 다만, ⑦에 해당하는 사람으로서 대통령령으로 정하는 경우[56]에는 그 직을 잃지 아니한다(금융사지배구조법 제5조 제2항).

Ⅴ. 사외이사의 선임 및 이사회의 구성

1. 의의

금융투자업자는 사외이사를 3인 이상 두어야 하며, 사외이사는 이사 총수의 2분의 1 이상이 되도록 하여야 한다(금융사지배구조법, 제12조 제1항, 제2항).

2. 사외이사의 자격요건

다음의 어느 하나에 해당하는 사람은 금융투자업자의 사외이사가 될 수 없다. 다만, 사외이사가 됨으로써 최대주주의 특수관계인에 해당하게 되는 사람은 사외이사가 될 수 있다(금융사지배구조법, 제6조 제1항).

① 최대주주 및 그의 특수관계인(최대주주 및 그의 특수관계인이 법인인 경우에는 그 임직원을 말한다)
② 주요주주 및 그의 배우자와 직계존속 · 비속(주요주주가 법인인 경우에는 그 임직원을 말한다)
③ 해당 금융회사 또는 그 계열회사(「독점규제 및 공정거래에 관한 법률」제2조 제3호에 따른 계열회사를 말한다)의 상근 임직원 또는 비상임이사이거나 최근 3년 이내에 상근 임직원 또는 비상임이사이었던 사람
④ 해당 금융회사 임원의 배우자 및 직계존속 · 비속
⑤ 해당 금융회사 임직원이 비상임이사로 있는 회사의 상근 임직원
⑥ 해당 금융회사와 대통령령으로 정하는 중요한 거래관계가 있거나 사업상 경쟁관계 또는 협력관계에 있는 법인의 상근 임직원이거나 최근 2년 이내에 상근 임직원이었던 사람

56) 감사 또는 감사위원회 위원 등이 해당된다(금융사지배구조법 시행령 제7조 제1항).

⑦ 해당 금융회사에서 6년 이상 사외이사로 재직하였거나 해당 금융회사 또는 그 계열회사에서 사외이사로 재직한 기간을 합산하여 9년 이상인 사람
⑧ 그 밖에 금융회사의 사외이사로서 직무를 충실하게 이행하기 곤란하거나 그 금융회사의 경영에 영향을 미칠 수 있는 사람으로서 대통령령으로 정하는 사람

3. 이사회의 구성

금융투자업자는 이사회에 사외이사를 3명 이상 두어야 하며, 사외이사의 수는 이사 총수의 과반수가 되어야 한다(금융사지배구조법, 제12조 제1항).

금융투자업자는 사외이사의 사임 · 사망 등의 사유로 사외이사의 수가 이사회의 구성요건에 미치지 못하게 된 경우에는 그 사유가 발생한 후 최초로 소집되는 주주총회에서 그 요건을 충족하도록 조치하여야 한다(금융사지배구조법, 제12조 제2항).

4. 이사회내 위원회

(1) 의의

금융투자업자는 이사회내 위원회로서 ① 임원후보추천위원회 ② 감사위원회 ③ 위험관리위원회 ④ 보수위원회를 설치하여야 한다(금융사지배구조법, 제16조 제1항).

다만, 대통령령[57]으로 정하는 금융투자업자를 제외하고, 금융투자업자의 정관에서 정하는 바에 따라 감사위원회가 제22조 제1항 각 호에 관한 사항[58]을 심의 · 의결하는 경우에는 보수위원회를 설치하지 아니할 수 있다(금융사지배구조법, 제16조 제2항).

위원회 위원의 과반수는 사외이사로 구성하며(금융사지배구조법, 제16조 제3항), 위원회의 대표는 사외이사로 한다(금융사지배구조법, 제16조 제4항).

(2) 임원후보추천위원회

임원후보추천위원회는 임원(사외이사, 대표이사, 대표집행임원, 감사위원에 한정

---

57) 최근 사업연도 말 현재 자산총액이 5조원 이상인 금융회사를 말한다(금융사지배구조법 시행령 제14조).

58) ① 보수의 결정 및 지급방식에 관한 사항 ② 보수지급에 관한 연차보고서의 작성 및 공시에 관한 사항 ③ 그 밖에 금융위원회가 정하여 고시하는 사항

한다)후보를 추천한다(금융사지배구조법, 제17조 제1항). 임원후보추천위원회는 3명 이상의 위원으로 구성한다(금융사지배구조법, 제17조 제2항). 금융투자업자는 주주총회에서 사외이사를 선임하려는 경우 임원후보추천위원회의 추천을 받은 사람 중에서 선임하여야 한다(금융사지배구조법, 제17조 제3항).

(3) 감사위원회

감사위원회는 3명 이상의 이사로 구성하며, 사외이사가 감사위원의 3분의 2 이상이어야 한다. 이 경우 감사위원회 위원(감사위원) 중 1명 이상은 대통령령으로 정하는 회계 또는 재무 전문가이어야 한다(금융사지배구조법, 제19조 제1항). 감사위원후보도 임원후보추천위원회에서 추천하며, 이 경우 위원 총수의 3분의 2 이상의 찬성으로 의결한다(금융사지배구조법, 제19조 제4항).

금융회사는 감사위원이 되는 사외이사 1명 이상에 대해서는 다른 이사와 분리하여 선임하여야 한다(금융사지배구조법, 제19조 제5항). 감사위원을 선임하거나 해임하는 권한은 주주총회에 있다(금융사지배구조법, 제19조 제6항). 이 경우 감사위원이 되는 이사의 선임에 관하여는 상법상 감사 선임시 의결권 행사제한에 관한 규정[59]을 준용한다(금융사지배구조법, 제19조 제6항).

최대주주, 최대주주의 특수관계인, 그 밖에 대통령령으로 정하는 자가 소유하는 금융회사의 의결권 있는 주식의 합계가 그 금융회사의 의결권 없는 주식을 제외한 발행주식 총수의 100분의 3을 초과하는 경우 그 주주는 100분의 3을 초과하는 주식에 관하여 감사위원이 되는 이사를 선임하거나 해임할 때에는 의결권을 행사하지 못한다. 다만, 금융투자업자는 정관으로 100분의 3보다 낮은 비율을 정할 수 있다(금융사지배구조법, 제19조 제7항).[60]

상근감사에 관한 규정도 두어 자산규모 등을 고려하여 대통령령으로 정하는 금융투자업자[61]는 회사에 상근하면서 감사업무를 수행하는 감사(상근감사)를 1명 이상 두어야 한다.[62] 다만, 이 법에 따른 감사위원회를 설치한 경우(감사위원회 설치 의무가 없는 금융회사가 이 조의 요건을 갖춘 감사위원회를 설치한 경우를 포함한다)에

59) "의결권없는 주식을 제외한 발행주식의 총수의 100분의 3을 초과하는 수의 주식을 가진 주주는 그 초과하는 주식에 관하여 감사의 선임에 있어서는 의결권을 행사하지 못한다"(상법 제409조 제2항).

60) 상법상은 사내이사인 감사위원선임에 대해서만 최대주주의 지분을 합산하여 제한한다.

61) 구 자본시장법 시행령에 따르면 자산총액이 1천억원 미만인 금융투자업자 등의 경우에는 상근감사를 두지 않아도 되었다(구 자령 제30조).

62) 금융투자업자의 경우에는 의무적으로 감사위원회를 두도록 하는 규정은(금융회사지배구조법 제16조) 자산규모 2조원 이하의 회사에는 적용되지 않는다.

는 상근감사를 둘 수 없다(금융사지배구조법, 제20조 제8항).

(4) 기타

위험관리위원회는 위험관리의 기본방침 및 전략 수립 등의 사항을 심의 · 의결한다(금융사지배구조법, 제21조).

보수위원회는 임직원에 대한 보수의 결정 및 지급방식에 관한 사항 등을 심의 · 의결한다(금융사지배구조법, 제22조 제1항).

Ⅵ. 내부통제기준 및 준법감시인

1. 내부통제시스템의 구축

내부통제시스템(Internal Control System)이란 금융투자업자에 대해서 상시적으로 이해상충이 발생할 가능성을 정확히 파악하고 이를 평가하며, 내부통제기준이 정하는 바에 따라 이를 적절히 관리하도록 하는 시스템이라고 할 수 있다.

금융투자업자는 내부통제기준을 정하고 내부통제기준의 준수 여부를 점검할 준법감시인을 의무적으로 두어야 한다.

2. 내부통제기준의 설정

금융투자업자는 법령을 준수하고, 경영을 건전하게 하며, 주주 및 이해관계자 등을 보호하기 위하여 그 금융투자업자의 임 · 직원이 직무를 수행함에 있어서 준수하여야 할 적절한 기준 및 절차, 즉 내부통제기준을 정하여야 한다(금융사지배구조법, 제24조 제1항).

3. 준법감시인

금융투자업자는 내부통제기준의 준수 여부를 점검하고 내부통제기준을 위반하는 경우 이를 조사하는 등 내부통제 관련 업무를 총괄하는 준법감시인을 1인 이상 두어야 한다(금융사지배구조법, 제25조 제1항). 준법감시인은 필요하다고 판단하는 경우 조사결과를 감사위원회 또는 감사에게 보고할 수 있다.

준법감시인의 임기는 2년 이상으로 한다(금융사지배구조법, 제25조 제4항). 준법감시인은 선량한 관리자의 주의로 그 직무를 수행하여야 하며, 자산운용에 관한 업무 등을 수행하는 직무를 담당하여서는 아니 된다(금융사지배구조법, 제29조).

Ⅶ. 위험관리기준 및 위험관리책임자

금융투자업자는 자산의 운용이나 업무의 수행, 그 밖의 각종 거래에서 발생하는 위험을 제 때에 인식 · 평가 · 감시 · 통제하는 등 위험관리를 위한 기준 및 절차, 즉 위험관리기준을 마련하여야 한다(금융사지배구조법, 제27조 제1항). 또한 금융투자업자(자산규모 및 영위하는 업무 등을 고려하여 대통령령으로 정하는 투자자문업자 및 투자일임업자는 제외한다)는 자산의 운용이나 업무의 수행, 그 밖의 각종 거래에서 발생하는 위험을 점검하고 관리하는 위험관리책임자를 1명 이상 두어야 한다(금융사지배구조법, 제28조 제1항).

위험관리책임자의 임면, 임기 등에 관하여는 준법감시인에 관한 규정을 준용한다(금융사지배구조법, 제28조 제2항).

Ⅷ. 파생상품업무책임자

일정한 금융투자업자[63]는 상근 임원으로서 파생상품업무책임자를 1인 이상 두어야 하며, 파생상품업무책임자를 지정 · 변경한 때에는 그 사실을 금융위원회에 통보하여야 한다(자법 제28조의 2 제1항).

---

63) 파생상품업무책임자를 두어야 하는 금융투자업자는 다음에 해당하는 자를 말한다(자령 제32조의 2 제1항)
   1. 장내파생상품에 대한 투자매매업 또는 투자중개업을 경영하는 자로서 최근 사업연도말일을 기준으로 자산총액이 1천억원 이상인 자
   2. 장외파생상품에 대한 투자매매업 또는 투자중개업을 경영하는 자

Ⅸ. 소수주주권

1. 의의

금융투자업자에 있어서 소수주주권은 상법상의 일반회사나 주권상장법인에 비하여 대폭 강화되어 있다. 이는 공공성을 가진 금융투자업자에 대한 경영의 투명성을 높이려는 취지가 반영된 것이다.

2. 소수주주권의 내용

첫째, 6개월 전부터 계속하여 금융투자업자의 의결권 있는 발행주식총수의 1만분의 10 이상에 해당하는 주식을 소유한 자는 주주제안권을 행사할 수 있다(금융사지배구조법, 제33조 제1항).

둘째, 6개월 전부터 계속하여 금융투자업자의 발행주식총수의 1만분의 150(대통령령으로 정하는 금융회사의 경우[64]에는 100만분의 75) 이상에 해당하는 주식을 소유한 자는 임시주주총회소집청구권 및 검사인 선임청구권을 행사할 수 있다. 이 경우 임시주주총회소집청구권을 행사할 때에는 의결권 있는 주식을 기준으로 한다(금융사지배구조법, 제33조 제2항).

셋째, 6개월 전부터 계속하여 금융투자업자의 발행주식총수의 10만분의 250(대통령령으로 정하는 금융회사의 경우에는 100만분의 125) 이상에 해당하는 주식을 소유한 자는 법원에 대하여 이사 및 청산인에 대한 해임청구권을 행사할 수 있다(금융사지배구조법, 제33조 제3항).

넷째, 6개월 전부터 계속하여 금융투자업자의 발행주식총수의 100만분의 250(대통령령으로 정하는 금융회사의 경우에는 100만분의 125) 이상에 해당하는 주식을 소유한 자는 이사의 위법행위유지청구권을 행사할 수 있다(금융사지배구조법, 제33

64) 다음 각 호의 어느 하나에 해당하는 금융회사를 말한다(시행령 제28조 제2항).
1. 최근 사업연도 말 현재 자산총액이 5조원 이상인 은행
2. 최근 사업연도 말 현재 자본금이 1천억원 이상인 금융투자업자
3. 최근 사업연도 말 현재 자산총액이 5조원 이상으로서 자본금이 1천억원 이상인 보험회사
4. 최근 사업연도 말 현재 자산총액이 7천억원 이상인 상호저축은행
5. 최근 사업연도 말 현재 자본금이 1천억원 이상인 신용카드업자
6. 최근 사업연도 말 현재 자산총액이 5조원 이상으로서 최근 사업연도 말 현재 자산총액이 2조원 이상인 자회사를 둘 이상 지배하는 금융지주회사

조 제4항).

다섯째, 6개월 전부터 계속하여 금융투자업자의 발행주식총수의 10만분의 1 이상에 해당하는 주식을 소유한 자는 대표소송 제기권을 행사할 수 있다. 대표소송을 제기하여 승소한 경우에는 금융투자업자에게 소송비용, 그 밖에 소송으로 인한 모든 비용의 지급을 청구할 수 있다(금융사지배구조법, 제33조 제5항).

여섯째, 6개월 전부터 계속하여 금융투자업자의 발행주식총수의 10만분의 50(대통령령으로 정하는 금융회사의 경우에는 10만분의 25) 이상에 해당하는 주식을 소유한 자는 회계장부열람권을 행사할 수 있다(금융사지배구조법, 제33조 제6항).

소수주주권 비교

구 분	상법	주권상장법인	금융투자업자 (금융사지배구조법)
임시주주총회소집청구	3%(제366조)	1.5%(제542조의 6 제1항)	1.5%(0.75%)
검사인 선임청구권	3%(제467조)	1.5%(제542조의 6 제1항)	1.5%(0.75%)
주주제안권	3%*(제363조의 2)	1%(0.5%) (제542조의 6 제2항)	0.1%
이사의 해임청구권	3%(제385조)	0.5%(0.25%) (제542조의 6 제3항)	0.25%(0.125%)
청산인의 해임청구권	3%(제539조)	0.5%(0.25%) (제542조의 6 제3항)	0.25%(0.125%)
회계장부열람권	3%(제466조)	0.1%(0.05%) (제542조의 6 제4항)	0.05%(0.025%)
위법행위유지청구권	1%(제402조)	0.05%(0.025%) (제542조의 6 제5항)	0.025%(0.0125%)
대표소송제기권	1%(403조)	0.01%(제542조의 6 제6항)	0.001%

* 주권상장법인 괄호안 : 자본금이 1000억원 이상인 상장회사

제3장 건전성 규제

제1절 재무건전성

Ⅰ. 재무건전성 유지의무

자본시장법에서는 금융투자업자에 대한 건전성 규제를 강화하고 있다. 재무건전성 유지는 금융투자업자가 파산하는 경우에 투자자 및 이해관계자의 손실을 최소화하기 위해서 적정 수준의 자산을 회사가 보유하도록 하는 것을 목적으로 한다. 자본시장법에서는 재무건전성 규제와 관련하여 영업용순자본제도를 도입하여 이에 대한 유지의무를 부과하고 있다.

이러한 재무건전성에 대한 규제는 금융투자업자의 파산이나 유동성 위기에 의해 발생할 수 있는 위험이 고객에게 전가될 수 있는 금융투자업에 대해서만 적용되고, 그렇지 않은 경우에는 적용되지 않는다.

시행령에 따를 때 ① 투자자문업 ② 투자일임업 ③ 투자자문업 및 투자일임업 어느 하나에 해당하는 금융투자업만을 경영하는 금융투자업자는 영업용순자본 유지의무를 부담하지 않는다(자령 제34조 제1항). 이들 금융투자업자의 경우 고객의 자산을 수탁하지 않기에 유동성의 위험이 투자자에게 전가되지 않으므로 적용제외를 인정하는 것이다.

겸영금융투자업자도 제외되는데, 겸영금융투자업자는 각 겸영금융투자업자를 규율하는 법령에 따라 건전성 규제가 이루어지므로 이 조항의 적용대상에서 제외된다(자법 제30조 제1항).[65]

---

65) 겸영금융투자업자는 「은행법」의 적용을 받는 은행(농협협동조합중앙회, 수산업협동조합중앙회의 신용사업부문 포함)(자법 제22조 제1항), 「보험법」의 적용을 받는 보험회사(자법 제22조 제2항), 그 외 시행령에서 규정하는 한국산업은행, 중소기업은행, 한국수출입은행과 같은 특수은행, 증권금융회사, 종합금융회사, 자금중개회사, 외국환중개회사, 한국주택금융공사, 금융위원회가 고시한 금융기관이 포함되고(자령 제24조), 금융위원회가 고시한 금융기관으로는 상호저축은행,

Ⅱ. 재무건전성 기준

1. 영업용순자본

금융투자업자는 영업용순자본 유지의무가 부과되어 영업용순자본이 총위험액 이상으로 유지되어야 한다. 영업용순자본은 자본금 · 준비금, 그 밖에 총리령으로 정하는 금액[66]에서 고정자산, 그 밖에 단기간 내에 유동화가 어려운 자산으로서 총리령으로 정하는 자산[67]을 뺀 금액으로 한다(자법 제30조 제1항).

금융투자업규정에 따르면 영업용순자본은 다음 산식에 따라 산정한 금액으로 한다(금융투자업규정 제3-11조 제1항). 여기서 차감항목은 고정자산 등 현금화가 어려운 자산들이고, 가산항목은 주로 후순위차입급 등 상환의무가 없는 부채이다.

영업용순자본 = 기준일 현재 재무상태표의 자산총액에서 부채총액을 차감한 잔액(순재산액)
− 차감항목의 합계금액 + 가산항목의 합계금액[68]

여신전문금융회사, 신용협동조합 신용 신을 영위하는 지역농업협동조합, 품목별협동조합, 업종별협동조합, 신용 신을 영위하는 지구별수산업협동조합, 업종별수산업협동조합, 수산물가공수산업협동조합, 새마을금고, 체신관서 등이 있다(금융투자업규정 제2-17조).

66) 다음 각 호의 사항에 해당하는 금액을 말한다(자칙 제5조 제1항). 1. 유동자산에 설정한 대손충당금 2. 후순위 차입금 3. 금융리스 부채 4. 자산평가이익 5. 제1호부터 제4호까지에서 규정한 사항 외에 자본적 성격을 가지는 부채 등 법 제30조 제1항에 따른 영업용순사본에 포함시킬 필요가 있다고 금융위원회가 정하여 고시하는 사항

67) 다음 각 호의 사항에 해당하는 금액을 말한다(자칙 제5조 제2항). 1. 선급금 2. 선급비용 3. 선급법인세 4. 자산평가손실 5. 제1호부터 제4호까지에서 규정한 사항 외에 단기간 내에 유동화가 곤란한 자산 등 영업용순자본에서 제외할 필요가 있다고 금융위원회가 정하여 고시하는 사항

68) 금융투자업규정 제3-12조(가산항목): ① 대손충당금 등 ② 후순위 차입금 ③ 금융리스부채 ④ 자산평가이익 ⑤ 부채로 분류되는 상환우선주 발행잔액이다.
제3-14조(차감항목): ① 유형자산 ② 선급금, 선급법인세, 이연법인세자산 및 선급비용 ③ 잔존만기가 1년을 초과하는 예금 및 예치금 ④ 만기 자동연장조건 또는 만기시 재취득조건 등의 특약이 있거나 잔존만기가 3개월을 초과하는 대출채권 ⑤ 특수관계인 채권 등 ⑥ 자회사의 결손액 ⑦ 지급의무가 발생하였으나 아직 대지급이 일어나지 아니한 채무보증금액 ⑧ 기관전용 사모집합투자기구의 무한책임사원인 경우 동회사의 결손액 ⑨ 신탁계정대여금 금액의 100분 16 ⑩ 상환우선주 자본금 및 자본잉여금 ⑪ 임차보증금 및 전세권 금액 ⑫ 제3-8조에 따라 적립한 대손준비금 잔액 ⑬ 신용위험 변동으로 인한 금융부채의 누적미실현평가손익 ⑭ 이익잉여금 중 한국채택국제회계기준 전환일에 발생한 유형자산 재평가이익 ⑮ 무형자산 ⑯ 지급예정 현금배당액 ⑰ 금융투자협회 가입비

2. 총위험액

금융투자업자의 총위험액은 ① 시장위험액 ② 신용위험액 ③ 운영위험액을 합산한 금액으로 한다(금융투자업규정 제3-11조 제2항).

여기서 시장위험액이란 시장성 있는 증권 등에서 주가, 이자, 환율 등 시장가격의 변동으로 인하여 금융투자업자가 입을 수 있는 잠재적인 손실액을 말하는 것으로, 시장위험액은 ① 주식위험액 ② 금리위험액 ③ 외환위험액 ④ 집합투자증권 등 위험액 ⑤ 일반상품위험액 ⑥ 옵션위험액을 합산한 금액으로 한다(금융투자업규정 제3-15조).

신용위험액이란 거래상대방의 계약불이행 등으로 인하여 발생할 수 있는 잠재적인 손실액을 말하는 것으로, 다음의 어느 하나에 해당하는 포지션을 대상으로 하여 산정한다(금융투자업규정 제3-22조). ① 예금, 예치금 및 콜론. 다만, 신탁업자에게 신탁하는 투자자예탁금 별도예치금에 대하여는 신용위험액을 산정하지 아니하고 집합투자증권 등 위험액을 산정한다. ② 증권의 대여 및 차입 ③ 환매조건부매도 및 환매조건부매수 ④ 대고객 신용공여 ⑤ 채무보증 ⑥ 대여금, 미수금, 미수수익, 그 밖의 금전채권 ⑦ 잔여계약기간이 3개월 이내인 임차보증금 및 전세권 ⑧ 선물, 선도, 스왑 등 파생상품 ⑨ 그 밖에 영업용순자본 산정시 차감항목 이외의 자산 중에서 위험액 산정대상이 아닌 자산

운영위험액이란 부적절하거나 잘못된 내부의 절차, 인력 및 시스템의 관리부실 또는 외부의 사건 등으로 인하여 발생할 수 있는 잠재적인 손실액을 말하는 것으로 다음 중 큰 금액으로 한다(금융투자업규정 제3-23조). ① 기준일 전전월말 이전의 최근 3년간 영업별 영업이익의 연평균금액에 별표 9의 해당 위험값을 곱하여 산정한 금액을 합계한 금액. 이 경우 최근 3년간 영업이익이 음수(-)인 경우는 0으로 본다. ② 금융투자업자가 영위하는 인가 · 등록업무단위에 따른 법정최소자기자본금액의 10%. 이 경우 영위하는 업무단위는 최근 1년간 실제 영위한 영업행위를 기준으로 결정한다. 다만 집합투자업자의 운영위험액은 위에서 산정된 금액과 집합투자재산위험액[69]의 합계액을 운영위험액으로 한다.

---

69) 집합투자재산 위험액은 집합투자업자가 집합투자재산을 운용함에 있어 법령 및 집합투자규약 등에 위배되는 행위 등에 따라 입을 수 있는 손실액을 말하며, 다음 각 호의 기준에 따라 산정한 개별 집합투자기구의 위험액을 합계하여 산정한다(금융투자업규정 제3-23조).
   1. 산정 기준일 현재 개별 집합투자기구 순자산총액에 개별 집합투자기구 순자산총액 규모별 위험값을 곱하여 산정할 것
   2. 개별 집합투자기구 순자산총액 규모별 위험값은 집합투자기구의 순자산총액 규모가 커질수

제2절 경영건전성

Ⅰ. 서설

금융투자업은 거래당사자가 다수로서 공공성을 가지므로 금융투자업자가 부실화될 경우에 그로 인하여 많은 투자자가 손해를 입게 되며, 이로 인해서 국민경제에도 부정적 영향을 미치게 된다. 그런데 금융투자업의 국제화가 진행되고 금융투자업자 간 경쟁이 심화됨에 따라 금융투자업자가 과도한 위험을 감수하면서 경영을 수행할 우려가 있게 되고, 이로 인한 경영의 부실화가 초래될 가능성이 커지게 되었다. 따라서 이에 대한 규제도 그만큼 필요하게 되었다.

자본시장법에서는 금융투자업자의 경영건전성을 위한 규제로서 경영건전성 기준을 제시하여 금융투자업자가 이를 따르도록 하였고, 또한 이를 위한 적절한 경영시스템을 구축하도록 하였으며, 이를 충족하지 못하는 경우에 일정한 제재를 가할 수 있도록 하였다.

Ⅱ. 경영건전성 기준

1. 의의

금융투자업의 공공성을 고려하여 금융투자업자는 금융위원회가 정하여 고시하는 경영건전성 기준을 준수하여야 한다. 이를 위해 금융위원회의 금융투자업규정 제3편에서 건전경영유지를 위한 기준을 제시하고 있다.

경영건전성 기준을 정함에 있어서 금융투자업자가 영위하는 금융투자업의 종류 등을 고려하여 금융투자업별로 그 내용을 달리 정할 수 있다(자법 제31조 제2항).

록 체감할 것
3. 사외이사 및 감사위원회 또는 상근감사가 선임되어 있는 경우 금융감독원장이 정하는 값을 감액할 것

2. 경영건전성 기준

(1) 자본의 적정성

금융투자업자는 자기자본비율 등 자본의 적정성을 유지하여야 한다. 회사의 자본은 대외적 신용의 기초가 되며 회사채권자에 대한 최소한도의 담보액으로서의 중요한 의미를 가지므로 이를 적정하게 유지하도록 하였다.

자본의 적정성과 관련하여 영업용순자본비율을 일정한 수준 이상으로 유지하도록 하였다. 영업용순자본비율이란 총위험액에 대한 영업용순자본의 비율을 백분율(%)로 표시한 수치로서 「금융산업의 구조개선에 관한 법률」 제10조 제1항에 따른 자기자본비율을 말한다(금융투자업규정 제3-6조 제1호). 그 비율이 일정한 수준 이하가 될 때는 금융위원회에 의한 경영규제의 대상이 된다.

영업용순자본비율 산정의 기본원칙은 다음과 같다(금융투자업규정 제3-10조). ① 영업용순자본비율 산정의 기초가 되는 금융투자업자의 자산, 부채, 자본은 자본시장법 제33조에 따른 업무보고서의 개별재무제표에 계상된 장부가액(평가성 충당금을 차감한 것)을 기준으로 한다. ② 시장위험과 신용위험을 동시에 내포하는 자산에 대하여는 시장위험액과 신용위험액을 모두 산정해야 한다. ③ 영업용순자본 산정시 차감항목에 대하여는 원칙적으로 위험액을 산정하지 않는다. ④ 영업용순자본의 차감항목과 위험액 산정대상 자산 사이에 위험회피 효과가 있는 경우에는 위험액 산정대상 자산의 위험액을 감액할 수 있다. ⑤ 부외자산과 부외부채에 대해서도 위험액을 산정하는 것을 원칙으로 한다.

(2) 자산건전성

금융투자업자는 매분기마다 일정한 자산 및 부채[70]에 대한 건전성을 평가하여 이를 정상, 요주의, 고정, 회수의문, 추정손실의 5단계로 분류하여야 한다(금융투자업규정 제3-7조). 자산건전성 평가의 대상이 되는 자산 및 부채는 주로 시장성이 없는 것을 중심으로 하는데, 이는 시장가격이 형성되지 않아서 그만큼 부당하게 계상될 가능성이 크기 때문이다.

70) 건전성 평가의 대상이 되는 것은 다음과 같다(금융투자업규정 제3-7조 제1항). ① 대출채권 ② 가지급금과 미수금 ③ 미수수익 ④ 대여금 ⑤ 대지급금 ⑥ 부도어음 ⑦ 부도채권 ⑧ 채무보증(사모투자전문회사의 무한책임사원인 경우 당해 투자전문회사의 차입 또는 채무보증을 포함한다) ⑨ 그 밖에 금융투자업자가 건전성 분류가 필요하다고 인정하는 자산

그리고 금융투자업자는 대손충당금(채무보증충당금을 포함한다)을 적립하고, 동 대손충당금 적립액이 일정기준[71]에 미달하는 경우 그 미달 금액을 매 결산시마다 대손준비금으로 적립하여야 한다(금융투자업규정 제3-8조).

(3) 유동성

자산이 충분하여도 유동성이 확보되지 않으면 유동성 경색으로 인하여 금융투자업자가 위기에 처할 수 있다. 따라서 금융투자업자는 자신의 부채규모를 고려하여 적정한 유동성을 확보하여야 한다. 여기서 유동성의 확보 기준은 자본시장법 제30조(재무건전성 유지)에서 제시한 금액을 기준으로 그 이상 확보가 되어야 한다. 이에 따르면 영업용순자본 유지의무가 부과되는데, 영업용순자본이란 자본금 등에서 고정자산이나 유동화가 어려운 자산 등을 뺀 것을 의미하는 것으로서 영업용순자본을 유지하기 위해서는 유동자산의 확보가 요구된다.

(4) 위험관리

금융투자업자는 각종 거래에서 발생하는 제반 위험을 적시에 인식 · 평가 · 감시 · 통제하는 등 위험관리를 위한 체제를 갖추어야 하며, 각종 거래에서 발생할 수 있는 시장위험, 운영위험, 신용위험 및 유동성위험 등 각종 위험을 종류별로 평가하고 관리하여야 한다(금융투자업규정 제3-42조).

금융투자업자의 이사회는 위험관리에 관한 사항을 심의 · 의결한다(금융투자업규정 제3-43조 제1항). 다만 효율적인 위험관리를 위하여 필요하다고 인정되는 경우 이사회 내에 위험관리를 위한 위원회(위험관리위원회)를 두고 그 업무를 담당하게 할 수 있다(금융투자업규정 제3-43조 제1항). 장외파생상품에 대한 투자매매업의 인가를 받은 금융투자업자 또는 인수업을 포함한 투자매매업의 인가를 받은 금융투자업자는 경영상 발생할 수 있는 위험을 실무적으로 종합관리하고 이사회(위험관리위원회 포함)와 경영진을 보조할 수 있는 전담조직을 두어야 한다(금융투자업규정 제3-43조 제2항).

---

71) 대손충당금의 적립기준은 다음과 같다(금융투자업규정 제3-8조 제1항).
1. "정상"분류 자산의 100분의 0.5
2. "요주의"분류 자산의 100분의 2
3. "고정"분류 자산의 100분의 20
4. "회수의문"분류 자산의 100분의 75(부동산신탁업자의 경우 100분의 50)
5. "추정손실"분류 자산의 100분의 100

외국환업무취급 금융투자업자의 위험관리는 보다 엄격히 요구되어, 외국환업무취급 금융투자업자(「외국환거래법」 제8조 제1항에 따라 외국환업무의 등록을 한 금융투자업자를 말한다)는 「외국환거래법 시행령」 제21조 제7호에 따라 국가별위험, 거액신용위험, 시장위험 등 외국환거래에 따르는 위험의 종류별로 관리기준을 자체적으로 설정 · 운용하여야 하며(금융투자업규정 제3-45조 제1항), 외환파생상품거래에 따르는 위험을 관리하기 위한 기준(외환파생상품거래위험관리기준)을 자체적으로 설정 · 운영하여야 한다(금융투자업규정 제3-45조의 2 제1항).

(5) 외환건전성

외환건전성에 대한 규제란 외국환업무취급 금융투자업자가 영업을 함에 있어서 발생할 수 있는 외화유동성문제 등을 미연에 방지하기 위해서 외화자산 및 외화부채를 적절하게 운영하도록 규제하는 것이다.

이는 외화유동성 비율에 대한 규제와 외국환포지션규제로 나누어진다.

1) 외화유동성비율

외국환업무취급 금융투자업자는 외화유동성비율을 일정 수준 이상으로 유지하여야 한다. 외화유동성비율이란 금융투자업자가 보유하는 외화자산과 외화부채의 비율을 의미하는 것으로, 만기가 도래하는 외화부채를 상환할 충분한 외화자산을 보유하고 있는가를 평가하는 지표가 된다.

구체적으로 볼 때, 외국환업무취급 금융투자업자는 외화자산 및 외화부채를 각각 잔존만기별로 구분하여 관리하고 ① 잔존만기 3개월 이내 부채에 대한 잔존만기 3개월 이내 자산의 비율 100분의 80 이상 ② 외화자산 및 외화부채의 만기 불일치비율 ⓐ 잔존만기 7일 이내의 경우에는 자산이 부채를 초과하는 비율 100분의 0 이상 ⓑ 잔존만기 1개월 이내의 경우에는 부채가 자산을 초과하는 비율 100분의 10 이내의 비율을 유지하여야 한다(금융투자업규정 제3-46조).

외국환업무취급 금융투자업자가 잔존만기 3개월 이내 부채에 대한 잔존만기 3개월 이내 자산의 비율 100분의 80 이상 유지의무를 위반시 위반횟수가 과거 1년 동안 4회 이상일 경우에는 100분의 85 이상, 외화자산 및 외화부채의 만기 불일치비율로서 잔존만기 7일 이내의 경우에 자산이 부채를 초과하는 비율 100분의 0 이상 유지의무 위반횟수가 과거 1년 동안 4회 이상일 경우에는 100분의 5 이상, 잔존만기 1개월 이내의 경우에는 부채가 자산을 초과하는 비율 100분의 10 이내 유지의무 위반횟수가 과거 1년 동안 4회 이상일 경우에는 100분의 5 이내의 비율을 달성할 때까지 계약만기 3개월 이내 신규 외화자금 차입(만기 30일 이내 콜머니 제외)을 정지하여야 한다(금융투자업규정 제3-52조).

2) 외국환포지션

외국환업무취급 금융투자업자는 외국환포지션을 일정한도 이내로 유지하여야 한다. 외국환포지션은 금융투자업자가 현물 또는 선물거래를 통하여 보유하게 되는 외국통화의 금액 현황을 의미하는 것으로서, 이를 다음과 같이 분류할 수 있다(금융투자업 규정 제3-47조).

① 종합매입초과포지션: 해당 외국통화의 현물자산잔액 및 선물자산잔액의 합계액이 현물부채잔액 및 선물부채잔액의 합계액을 초과하는 경우 동 차액

② 종합매각초과포지션: 해당 외국통화의 현물부채잔액 및 선물부채잔액의 합계액이 현물자산잔액 및 선물자산잔액의 합계액을 초과하는 경우 동 차액

③ 선물환매입초과포지션: 해당 외국통화의 선물자산잔액이 선물부채잔액을 초과하는 경우 동 차액

④ 선물환매각초과포지션: 해당 외국통화의 선물부채잔액이 선물자산잔액을 초과하는 경우 동 차액

외국환업무취급 금융투자업자의 종합포지션 한도는 다음과 같다(금융투자업 규정 제3-48조 제1항).

① 종합매입초과포지션은 각 외국통화별 종합매입초과포지션의 합계액 기준으로 전월 말 자기자본의 100분의 50에 상당하는 금액

② 종합매각초과포지션은 각 외국통화별 종합매각초과포지션의 합계액 기준으로 전월 말 자기자본의 100분의 50에 상당하는 금액

그리고 외국환업무취급 금융투자업자의 선물환포지션 한도는 다음과 같다(금융투자업 규정 제3-48조 제2항).

① 선물환매입초과포지션은 각 외국통화별 선물환매입초과포지션의 합계액 기준으로 전월 말 자기자본의 100분의 50에 상당하는 금액

② 선물환매각초과포지션은 각 외국통화별 선물환매각초과포지션의 합계액 기준으로 전월 말 자기자본의 100분의 50에 상당하는 금액

외국환업무취급 금융투자업자가 외국환포지션 한도를 위반한 경우에는 위반한 날

로부터 3영업일 이내에 금융감독원장에게 이를 보고하여야 하며(금융투자업규정 제3-50조 제2항), 일정회수 이상의 위반이 있는 경우에는 신규 외화자금 차입이 정지되는 규제를 받게 된다.

Ⅲ. 경영실태 및 위험에 대한 평가

1. 의의

경영실태 및 위험에 대한 평가는 경영부실의 우려가 있는 금융투자업자를 적시에 파악하여 이에 대한 적절한 조치를 취하기 위해서 인정되는 제도이다.

2. 경영실태평가

금융투자업자에 대한 경영실태평가는 금융감독원장이 행하는 것으로, 금융감독원장은 금융투자업자의 경영 및 재무건전성을 판단하기 위하여 금융투자업자의 재산과 업무상태 및 위험을 종합적 · 체계적으로 분석 · 평가하여 감독하여야 한다(금융투자업규정 제3-25조).

다만 위험도를 고려하여 전자증권중개회사, 전업채권중개전문회사, 전업투자자문업자 및 투자일임업자, 외국 금융투자업자의 지점, 그 밖의 영업소에 대한 적용제외를 인정한다(자령 35조 제2항).

경영실태평가에 있어서 공통적으로 평가의 대상이 되는 부문은 자본적정성, 수익성, 내부통제에 관한 항목이며, 내부통제의 경우 사고발생비율을 평가하며, 그 외 내부통제기준 설정 · 운영의 적정성, 내부통제 조직 및 활동의 적정성도 평가의 대상이 된다(금융투자업규정 별표 11).

3. 위험평가

최근 사업연도말일을 기준으로 자산총액(대차대조표상의 자산총액에서 투자자예탁금을 뺀 금액을 말한다)이 1천억원 이상이고, 장외파생상품에 대한 투자매매업 또는 증권에 대한 투자매매업(인수업을 경영하는 자만 해당한다)을 경영하는 경우에 금융위원회는 위험평가를 실시하여야 한다(자령 제35조 제2항 제2호).

이에 따라 금융감독원은 금융투자업자에 대한 위험평가제도인 RAMS(Risk Analysis and Management System)를 2008년부터 운영하고 있다. 이는 매월 위험평가를 한 결과 위험에 취약한 것으로 나타난 금융투자업자에 대해 그 위험 수준에 따라 차별화된 감독을 수행하는 것이다. 이와 더불어 국제감독 공조강화 등 2008년 글로벌 금융위기 이후 그간의 국내외 금융환경 변화를 반영하여 금융투자업자의 위험 수준 변화에 대한 판별능력을 개선하고 있다.

Ⅳ. 경영건전성 확보를 위한 조치

1. 의의

경영건전성 확보를 위해서 적기시정조치제도가 도입되었는데, 이는 금융투자업자의 부실화를 방지하고 경영의 정상화를 도모하기 위한 감독수단이라고 할 수 있다. 적기시정조치와 관련하여 금융투자업자의 부실화의 정도에 따라 금융감독당국의 조치가 구분되는데, 이에는 경영개선권고, 경영개선요구, 경영개선명령이 있다.

2. 경영개선권고

경영개선권고는 금융투자업자의 경영상태가 일정한 경영건전성 기준 이하인 경우에 행해지는 가장 완화된 형태의 적기시정조치제도이다. 경영개선권고는 ① 영업용순자본비율이 150% 미만인 경우 ② 경영실태평가 결과 종합평가등급이 3등급(보통) 이상으로서 자본적정성 부문의 평가등급을 4등급(취약) 이하로 판정받은 경우 ③ 거액의 금융사고 또는 부실채권의 발생으로 ① 또는 ②의 기준에 해당될 것이 명백하다고 판단되는 경우에 내려지게 된다(금융투자업규정 제3-26조 제1항).

위 경우에 금융위원회는 당해 금융투자업자에 대하여 ① 인력 및 조직운용의 개선 ② 경비절감 ③ 점포관리의 효율화 ④ 부실자산의 처분 ⑤ 영업용순자본감소행위의 제한 ⑥ 신규업무 진출의 제한 ⑦ 자본금의 증액 또는 감액 ⑧ 대손충당금 등의 설정의 조치를 이행하도록 권고를 하여야 한다(금융투자업규정 제3-26조 제2항).

3. 경영개선요구

경영개선요구는 경영개선권고 다음의 단계로 그 요건이 좀 더 엄격하게 규정되어 있다. 경영개선요구는 ① 영업용순자본비율이 120% 미만인 경우 ② 경영실태평가 결과 종합평가등급을 4등급(취약) 이하로 판정받은 경우 ③ 거액의 금융사고 또는 부실채권의 발생으로 ① 또는 ②의 기준에 해당될 것이 명백하다고 판단되는 경우에 내려지게 된다(금융투자업규정 제3-27조 제1항).

위 경우에 금융위원회는 당해 금융투자업자에 대해서 앞의 경영개선권고시의 조치 외에도 ① 고위험자산보유제한 및 자산처분 ② 점포의 폐쇄, 통합 또는 신설제한 ③ 조직의 축소 ④ 자회사의 정리 ⑤ 임원진 교체 요구 ⑥ 영업의 일부정지 ⑦ 합병 · 제3자 인수 · 영업의 전부 또는 일부의 양도 · 「금융지주회사법」에 따른 금융지주회사의 자회사로의 편입(단독 또는 다른 금융기관과 공동으로 금융지주회사를 설립하여 그 금융지주회사의 자회사로 편입하는 경우를 포함한다)에 관한 계획수립을 요구하여야 한다(금융투자업규정 제3-27조 제2항).

4. 경영개선명령

경영개선명령은 경영의 상태가 가장 부실한 경우에 내려지는 조치로서, 경영개선명령은 ① 영업용순자본비율이 100% 미만인 경우 ② 「금융산업의 구조개선에 관한 법률」 제2조 제2호에서 정하는 부실금융기관에 해당하는 경우에 내려지게 된다(금융투자업규정 제3-28조 제1항).

위 경우에 금융위원회는 앞의 경영개선요구시의 조치 외에도 ① 주식의 일부 또는 전부소각 ② 임원의 직무집행 정지 및 관리인 선임 ③ 합병, 금융지주회사의 자회사로의 편입 ④ 영업의 전부 또는 일부의 양도 ⑤ 제3자의 당해 금융투자업 인수 ⑥ 6개월 이내의 영업정지 ⑦ 계약의 전부 또는 일부의 이전의 조치를 취하게 된다(금융투자업규정 제3-28조 제2항).

5. 경영개선계획의 제출

경영개선권고, 경영개선요구 또는 경영개선명령을 받은 금융투자업자는 당해 조치일로부터 2개월의 범위내에서 당해 조치권자가 정하는 기한 내에 당해 조치의 내용이 반영된 경영개선계획을 금융감독원장에게 제출하여야 한다(금융투자업규정 제3-31조 제1항). 금융투자업자가 제출한 경영개선계획에 대하여는 금융위원회가 각각 당해 경영개선계획을 제출받은 날로부터 1개월 이내에 승인 여부를 결정하여야 한다(금융투자업규정 제3-31조 제2항).

경영개선계획을 성실하게 이행하지 아니하는 경우에는 이행을 촉구하고, 그럼에도 이행을 게을리 하는 경우에 금융위원회는 경영개선권고를 받은 금융투자업자에 대해서는 경영개선요구의 위반시에 부과되는 조치, 경영개선요구를 받은 자에 대해서는 경영개선명령의 위반시에 부과되는 조치, 경영개선명령을 받은 자에 대해서는 ① 경영개선명령 위반시의 부과되는 조치 ② 당해 금융투자업자에 대한 인가의 취소 ③ 임원의 해임 권고 ④ 그 밖에 투자자 보호를 위하여 필요한 조치를 취할 수 있다(금융투자업규정 제3-34조).

제3절 회계처리

Ⅰ. 서설

근래 기업회계기준은 국제적인 회계규범의 변화에 맞추어 꾸준히 변모하고 있다.[72] 회계처리의 진실 · 적정 · 명료한 운영은 투자자 및 채권자를 보호하며, 국민경제의 건전한 발전에도 도움을 준다. 회계처리의 적정한 운영은 이해관계인의 보호뿐만 아니라 건전하고 투명한 경영을 위하여도 요구되는데, 특히 금융투자업자는 공공성을 가져 회계처리의 적정성이 더욱 강조된다.

자본시장법에서는 적정한 회계처리를 위하여 회계연도를 비롯한 회계처리에 있어서 요구되는 일정한 기준을 제시하고 있다.

72) 자본시장법에 따른 투자매매업자, 투자중개업자, 집합투자업자, 신탁업자 및 종합금융회사도 한국채택국제회계기준을 적용하여 재무제표 및 연결재무제표를 작성하여야 한다(외감법 시행령 제7조의 2 제1항 제5호). 한국채택국제회계기준이란 한국회계기준원이 제정한 회계처리기준으로서 국제회계기준위원회의 국제회계기준에 따라 채택한 기준을 말한다. 최근 상법에서도 회계규정을 개정하여 대통령령으로 정하는 회사의 이사는 연결재무제표를 작성하여 이사회의 승인을 받도록 하였다(상법 제447조 제2항).

Ⅱ. 회계기간

회계기간은 금융투자업별로 총리령으로 정하는 기간으로 하게 되는데(자법 제32조 제1항 1호), 자본시장법 시행규칙에 따르면 위 기간은 투자매매업, 투자중개업, 집합투자업, 투자자문업 및 투자일임업의 경우 매년 4월 1일부터 다음 해 3월 31일까지의 기간, 신탁업, 종합금융회사 및 자금중개회사의 경우 정관에서 정하는 기간이 된다(자칙 제6조 제1항).

Ⅲ. 구분계리

금융투자업자는 고유재산과 신탁재산, 그 밖에 총리령으로 정하는 투자자재산을 명확히 구분하여 회계처리하여야 하는데(자법 제32조 제1항 2호), 여기서 총리령으로 정하는 투자자재산이란 ① 투자자가 예탁한 재산 ② 집합투자재산 ③ ① 및 ②에서 규정한 사항 외에 고유재산, 신탁재산 및 ①·②의 재산과 명확히 구분하여 회계처리할 필요가 있는 것으로서 금융위원회가 정하여 고시하는 투자자재산을 말한다(자칙 제6조 제2항).

Ⅳ. 회계처리기준

회계처리는 증권선물위원회의 심의를 거쳐 금융위원회가 정하여 고시하는 금융투자업자 회계처리준칙 및 「주식회사의 외부감사에 관한 법률」 제13조에 따른 회계처리기준에 따른다(자법 제32조 제1항 3호). 이에 따른 금융투자업규정상 적용기준은 다음과 같다(금융투자업규정 제3-5조). ① 별도의 규정이 있는 것을 제외하고는 종속회사와 연결되지 아니한 금융투자업자의 개별재무제표를 대상으로 한다. ② 기준이 되는 계정과목별 금액은 금융투자업자가 작성한 재무제표가 외부감사인이 수정한 재무제표와 일치하지 아니하는 경우에는 외부감사인의 수정 후 재무제표를 기준으로 산정한다. ③ 금융투자업자가 실질적으로 자신의 계산과 판단으로 운용하는 금전, 그 밖의 재산을 제3자의 명의로 신탁한 경우에는 그 금전, 그 밖의 재산을 당해 금융투자업자가 소유하고 있는 것으로 본다.

금융투자업자는 분기별로 가결산을 실시하여야 하며(금융투자업규정 제3-3조 제4항), 부동산신탁업자는 별도의 규정에 따라, 그 고유계정 회계는 재무상태표 및 포괄손익계산서로 하며(금융투자업규정 제3-4조 제1항), 금융감독원장이 정하는 바에 따라 재무상태 및 경영성과를 적정하게 표시하고 신탁재산의 건전성 유지에 필요한 준비금 등[73]을 충실히 적립하여 회계처리의 공정성과 객관성을 유지하여야 한다(금융투자업규정 제3-4조 제2항).

제4절 업무보고서 및 공시

Ⅰ. 서설

업무보고서의 작성 및 공시의무란 상장법인의 기업공시제도에 대비되는 것으로, 금융투자업자에 대한 경영감독을 수행하고, 일정 사항의 공시를 통해 투자자를 보호하는 것에 그 목적이 있다. 업무보고서란 금융투자업자가 금융위원회가 정한 사항에 관하여 일정한 서식에[74] 따라 작성하여 금융위원회에 제출하는 보고서로서 이를 통하여 금융위원회는 금융투자업자의 경영상황 및 법규준수 여부 등을 파악할 수 있으며, 금융투자업자에 대한 효율적인 감독업무를 수행할 수 있다.

그러나 업무보고서는 일정한 기간별로 제출의무가 부과되어 있어서 이것만으로 금융투자업자에 대한 경영감독을 충분히 수행할 수 없다. 따라서 금융투자업자에 대해

73) 준비금 등의 종류는 다음 각 호와 같다(금융투자업규정 제3-4조 제3항).
1. 신탁위험충당금: 부동산신탁업자가 신탁업무 수행에 따른 손해배상에 충당하기 위하여 토지신탁(법 제103조 제4항에 따라 부동산개발사업을 목적으로 하는 신탁) 이외의 신탁에 대하여 적립하는 금액
2. 신탁사업적립금: 부동산신탁업자가 신탁사업으로부터 입게 되는 손실의 보전 등을 위하여 적립하는 금액

74) 업무보고서 등의 서식과 작성방법, 기재사항 등에 관한 구체적인 기준은 금융위원회가 정하여 고시하지만(자령 제36조 제7항), 업무보고서의 서식 및 작성방법 등에 관하여 필요한 세부사항은 금융감독원장이 정한다(금융투자업규정 제3-66조 제3항).

서 경영상 변화가 발생할 때마다 금융위원회에 보고하도록 하였는데, 이것이 경영상황보고의무이다.

이 외에도 금융투자업자는 경영상의 변화가 발생한 경우에는 투자자 보호를 위해서 공시해야 할 의무, 즉 경영공시의무를 부담한다.

Ⅱ. 업무보고서의 제출의무

금융투자업자는 월별 업무보고서 및 분기별 업무보고서를 작성하여 금융위원회에 제출하여야 한다(자법 제33조 제1항).

1. 보고서의 내용

업무보고서에 기재할 내용은 다음과 같다(자령 제36조 제3항). ① 금융투자업자의 개요 ② 금융투자업자가 경영하고 있는 업무의 내용에 관한 사항 ③ 재무에 관한 현황 ④ 영업에 관한 사항 ⑤ 최대주주(그의 특수관계인을 포함한다)와 주요주주에 관한 사항 ⑥ 특수관계인과의 거래에 관한 사항 ⑦ 지점, 그 밖의 영업소와 인력의 관리에 관한 사항 ⑧ 투자자재산의 현황과 그 보호에 관한 사항 ⑨ 장외파생상품 매매, 그 밖의 거래의 업무내용, 거래현황과 평가손익현황(장외파생상품의 위험을 회피하기 위한 관련 거래의 평가손익을 포함한다) 등에 관한 사항 ⑩ 금융투자업자나 그 임직원이 최근 5년간 금융위원회, 금융감독원장 등으로부터 조치를 받은 경우 그 내용 ⑪ 그 밖에 금융투자업자의 영업이나 경영에 관련된 사항으로서 금융위원회가 정하여 고시하는 사항

2. 제출기한 및 제출방법

월별 업무보고서는 다음달 말일까지 제출해야 하며, 분기별 업무보고서의 제출기한은 분기 경과 후 45일이다(자령 제36조 제1항). 금융투자업자는 분기별 업무보고서와 월별 업무보고서를 금융감독원장이 정하는 바에 따라 서면이나 전자문서의 방법으로 제출할 수 있다(금융투자업규정 제3-66조 제2항).

Ⅲ. 경영상황보고의무

금융투자업자는 거액의 금융사고 또는 부실채권의 발생 등 금융투자업자의 경영상황에 중대한 영향을 미칠 사항으로서 금융투자업의 종류별로 대통령령으로 정하는 사항이 발생한 경우에는 금융위원회에 보고하여야 한다(자법 제33조 제3항). 위 보고 및 공시기한은 그 사실이 발생한 날의 다음날까지이다(자령 제36조 제5항).

여기서 대통령령으로 정하는 사항이 발생한 경우란 다음과 같다(자령 제36조 제2항).

① 투자매매업이나 투자중개업인 경우

가. 거액의 금융사고 또는 부실채권 등이 발생한 경우

나. 「금융산업의 구조개선에 관한 법률」 제10조에 따른 적기시정조치를 받은 경우

다. 주요사항보고서의 제출 사항에 해당하는 경우(자법 제159조 제1항에 따른 사업보고서 제출대상법인이 아닌 금융투자업자만 해당한다)

라. 투자매매업이나 투자중개업의 경영과 관련하여 해당 법인이나 그 임직원이 형사처벌을 받은 경우

마. 증권시장, 파생상품시장 등의 결제를 하지 아니한 경우

바. 그 밖에 금융위원회가 정하여 고시하는 경우

② 집합투자업인 경우

가. 제1호 가목부터 다목까지의 어느 하나에 해당하는 경우

나. 집합투자업의 경영과 관련하여 해당 법인이나 그 임직원이 형사처벌을 받은 경우

다. 그 밖에 금융위원회가 정하여 고시하는 경우

③ 투자자문업이나 투자일임업인 경우

가. 제1호 가목부터 다목까지의 어느 하나에 해당하는 경우

나. 투자자문업이나 투자일임업의 경영과 관련하여 해당 법인 또는 그 임직원이 형사처벌을 받은 경우

다. 그 밖에 금융위원회가 정하여 고시하는 경우

④ 신탁업인 경우

가. 제1호 가목부터 다목까지의 어느 하나에 해당하는 경우

나. 신탁업의 경영과 관련하여 해당 법인이나 그 임직원이 형사처벌을 받은 경우

다. 시공사 또는 위탁자가 발행하는 어음이나 수표가 부도로 되거나 은행과의 거래가 정지되거나 금지된 경우

라. 그 밖에 금융위원회가 정하여 고시하는 경우

Ⅳ. 경영공시

1. 의의

앞에서 본 금융위원회에 대한 업무보고서의 제출이나 경영상황보고의무는 금융투자업자에 대한 금융위원회의 경영감독을 효율적으로 수행하기 위한 수단으로서의 성격이 강하다. 자본시장법은 여기서 그치지 않고 위 사항을 일반에 공시하도록 하여 일반투자자가 금융투자업자에 대한 올바른 판단을 할 수 있도록 하고, 금융투자업자의 입장에서도 경영의 투명성을 제고하여 대외적 신인도를 높일 수 있게 하였다.

경영공시에는 정기경영공시와 수시경영공시가 있다. 전자는 업무보고서 중 중요사항을 발췌한 공시서류를 공시할 의무이고, 후자는 거액의 금융사고 또는 부실채권의 발생 등 금융투자업자의 경영상황에 중대한 영향을 미칠 사항으로서 금융투자업의 종류별로 대통령령으로 정하는 사항[75]이 발생한 경우에 인터넷 홈페이지 등을 이용하여 공시할 의무이다.

2. 정기경영공시

금융투자업자는 공시서류에 대한 공시의무를 지게 되는데, 공시서류란 업무보고서 중 중요사항을 발췌한 것으로(금융투자업규정에서는 "영업보고서"라 한다), 금융투자업자는 1년간 본점과 지점, 그 밖의 영업소에 이를 비치하고, 인터넷 홈페이지 등을 이용하여 공시하여야 한다(자법 제33조 제2항).

공시서류의 기재내용은 다음과 같다(자령 제36조 제4항). ① 금융투자업자의 개요 ② 금융투자업자가 경영하고 있는 업무의 내용에 관한 사항 ③ 재무에 관한 현황 ④ 영업에 관한 사항 ⑤ 최대주주(그의 특수관계인을 포함한다)와 주요주주에 관한 사

75) 앞에서의 경영상황 보고의무의 대상이 되는 사항과 그 범위가 같다.

항 ⑥ 특수관계인과의 거래에 관한 사항 ⑦ 지점, 그 밖의 영업소와 인력의 관리에 관한 사항 ⑧ 그 밖에 투자자에게 알릴 필요가 있다고 금융위원회가 정하여 고시하는 사항

금융투자업자가 자본시장법 제160조에 따라 반기보고서와 분기보고서를 제출한 경우에는 당해 분기의 공시서류를 공시한 것으로 본다(금융투자업규정 제3-66조 제4항).

3. 수시경영공시

금융투자업자는 앞에서의 경영상황보고사유와 동일한 사유가 발생시에 공시의무가 부과된다(자법 제33조 제3항). 여기서 공시 및 영업보고서의 세부적인 항목 및 공시방법 등은 금융투자협회가 정한다.

4. 정정공시 또는 재공시

금융위원회는 금융투자업자가 경영공시사항 중 자본시장법 제47조 제3항에 따른 중요사항[76]에 관하여 거짓의 사실을 공시하거나 중요사항을 빠뜨리는 등 불성실하게 공시하는 경우에는 금융투자업자에 대하여 정정공시나 재공시 등을 요구할 수 있다(자령 제36조 제6항).

V. 과태료 부과

업무보고서를 제출하지 아니하거나 거짓으로 작성하여 제출한 자, 공시서류를 비치 또는 공시하지 아니하거나 거짓으로 작성하여 비치 또는 공시한 자, 경영상황 보고 또는 공시를 하지 아니하거나 거짓으로 보고 또는 공시한 자에 대하여는 5000만원 이하의 과태료를 부과한다(자법 제449조 제1항).

76) 투자자의 합리적인 투자판단 또는 해당 금융투자상품의 가치에 중대한 영향을 미칠 수 있는 사항을 말한다.

제5절 대주주와의 거래제한 등

Ⅰ. 대주주와의 거래제한

1. 의의

금융투자업자는 대주주나 계열회사와 일정한 거래가 금지된다. 다만 겸영금융투자업자는 거래의 금지대상이 아니다.

2. 거래제한의 내용

첫째, 증권 등의 소유가 금지되어, 금융투자업자는 그 금융투자업자의 대주주가 발행한 증권을 소유할 수 없다(자법 제34조 제1항 1호).

둘째, 계열회사 발행주식 · 채권 · 약속어음 등의 소유가 제한되어, 금융투자업자는 그 금융투자업자의 특수관계인(금융투자업자의 대주주를 제외한다) 중 계열회사(자령 제37조 제2항)가 발행한 주식, 채권 및 약속어음(기업이 사업에 필요한 자금을 조달하기 위하여 발행한 것에 한한다)을 소유할 수 없다(자법 제34조 제1항 2호). 다만, 자기자본의 100분의 8의 범위에서 소유하는 경우를 제외한다(자령 제37조 제3항).

셋째, 기타 금융투자업자는 금융투자업자의 건전한 자산운용을 해할 우려가 있는 행위로서 ① 대주주나 특수관계인과 거래를 할 때 그 외의 자를 상대방으로 하여 거래하는 경우와 비교하여 해당 금융투자업자에게 불리한 조건으로 거래를 하는 행위 ② 대주주와의 거래제한을 회피할 목적으로 하는 행위로서 ㉮ 제3자와의 계약이나 담합 등에 의하여 서로 교차하는 방법으로 하는 거래행위 ㉯ 장외파생상품거래, 신탁계약, 연계거래 등을 이용하는 행위를 하지 못한다(자령 제37조 제4항).

3. 제한의 예외

대주주와의 거래제한에 대한 예외를 인정하여, 담보권의 실행 등 권리행사에 필요한 경우, 안정조작 또는 시장조성을 하는 경우, 그 밖에 금융투자업자의 건전성을 해치지 아니하는 범위에서 금융투자업의 효율적 수행을 위하여 대통령령으로 정하는 경우에는 거래가 허용된다(자법 제34조 제1항). 이 경우 금융위원회는 각 별로 그 소유기한 등을 정하여 고시할 수 있다.

Ⅱ. 신용공여의 제한

1. 의의

금융투자업자는 대주주(그의 특수관계인을 포함한다)에 대하여 신용공여를 하여서는 아니 되며, 대주주는 그 금융투자업자로부터 신용공여를 받아서는 아니 된다(자법 제34조 제2항). 신용공여란 금전 · 증권 등 경제적 가치가 있는 재산의 대여, 채무이행의 보증, 자금 지원적 성격의 증권의 매입, 그 밖에 거래상의 신용위험을 수반하는 직접적 · 간접적 거래로서 다음의 거래를 말한다(자령 제38조 제1항).

① 대주주(그의 특수관계인을 포함한다)를 위하여 담보를 제공하는 거래
② 대주주를 위하여 어음을 배서(담보적 효력이 없는 배서는 제외한다)하는 거래
③ 대주주를 위하여 출자의 이행을 약정하는 거래
④ 대주주에 대한 금전 · 증권 등 경제적 가치가 있는 재산의 대여, 채무이행의 보증, 자금 지원적 성격의 증권의 매입, ①부터 ③까지의 어느 하나에 해당하는 거래의 제한을 회피할 목적으로 하는 거래로서 다음의 어느 하나에 해당하는 거래
   가. 제3자와의 계약 또는 담합 등에 의하여 서로 교차하는 방법으로 하는 거래
   나. 장외파생상품거래, 신탁계약, 연계거래 등을 이용하는 거래
⑤ 그 밖에 채무인수 등 신용위험을 수반하는 거래로서 금융위원회가 정하여 고시하는 거래

2. 제한의 예외

(1) 예외사유

금융투자업자의 건전성을 해할 우려가 없는 신용공여로서 다음의 경우에는 이를

할 수 있다(자령 제38조 제2항).

① 임원에 대하여 연간 급여액(근속기간 중에 그 금융투자업자로부터 지급된 소득세 과세대상이 되는 급여액을 말한다)과 1억원 중 적은 금액의 범위에서 하는 신용공여

② 금융투자업자가 발행주식총수 또는 출자총액의 100분의 50 이상을 소유 또는 출자 등으로 사실상 경영을 지배하는 해외현지법인에 대한 신용공여

③ 다음의 어느 하나의 경우가 신용공여에 해당하는 경우 그 신용공여

가. 담보권의 실행 등 권리행사를 위하여 필요한 경우로서 대주주가 발행하는 증권 등을 소유하는 경우

나. 안정조작이나 시장조성을 하는 경우로서 대주주가 발행하는 증권 등을 소유하는 경우

다. 시행령 제37조 제1항 각 호의 예외적으로 증권 등의 소유 또는 신용공여가 허용되는 경우

라. 자기자본의 100분의 8 범위 내에서 주식, 채권 및 약속어음을 소유하는 경우

(2) 이사회의 승인

금융투자업자는 대주주에 대하여 예외적으로 허용되는 증권 소유 및 신용공여를 하고자 하는 경우에는 미리 이사회결의를 거쳐야 한다. 이 경우 이사회결의는 재적이사 전원의 찬성으로 한다(자법 제34조 제3항). 다만 단일거래 금액이 자기자본의 1만분의 10에 해당하는 금액과 10억원 중 적은 금액의 범위에서 소유하거나 신용공여하려는 경우에는 이사회의 결의를 거치지 않아도 된다. 이때 해당 금융투자업자의 일상적인 거래분야의 거래로서 약관에 따른 거래 금액은 단일거래 금액에서 제외한다(자령 제39조 제1항).

Ⅲ. 대주주의 부당한 영향력 행사 금지

금융투자업자의 대주주(그의 특수관계인을 포함한다)는 금융투자업자의 이익에 반하여 대주주 자신의 이익을 얻을 목적으로 다음의 어느 하나에 해당하는 행위를 하여

서는 아니 된다(자법 제35조).

① 부당한 영향력을 행사하기 위하여 금융투자업자에 대하여 외부에 공개되지 아니한 자료 또는 정보의 제공을 요구하는 행위(다만, 회계장부열람권의 행사에 해당하는 경우를 제외한다)

② 경제적 이익 등 반대급부의 제공을 조건으로 다른 주주와 담합하여 금융투자업자의 인사 또는 경영에 부당한 영향력을 행사하는 행위

③ 그 밖에 이에 준하는 행위로서 대통령령으로 정하는 행위

Ⅳ. 벌칙조항

대주주 등과의 거래에 이사회의 승인이 필요한 경우에 이사회결의를 거치지 아니한 자, 보고 또는 공시를 하지 아니하거나 거짓으로 보고 또는 공시한 자는 5천만원 이하의 과태료를 부과한다(자법 제449조 제1항 16. 17호).

금융투자업자가 대주주와의 거래제한에 위반하여 대주주가 발행한 증권 등을 소유한 경우에 5년 이하의 징역 또는 2억원 이하의 벌금에 처한다(자법 제444조 제3호). 신용공여금지에 관한 제34조 제2항을 위반하여 신용공여를 한 금융투자업자와 그로부터 신용공여를 받은 자도 5년 이하의 징역 또는 2억원 이하의 벌금에 처한다(자법 제444조 제4호).

제4장 영업행위 규제

제1절 공통영업행위규제

Ⅰ. 일반적 의무

1. 신의성실의무

(1) 의의

자본시장법에서는 금융투자업자의 영업행위를 규제할 일반적인 주의의무로서 신의성실의무에 관한 규정을 두고 있다. 신의성실의 원칙은 사법상의 일반원칙으로서 민법(제2조 제1항)에 규정하고 있으므로 중복의 의미를 가지지만, 금융투자업자의 영업행위에 대하여 투자자 보호를 위한 여러 의무가 부과되는데 이에 대한 이론적 근거를 제공한다는 의미에서 이 조항의 의의를 찾을 수 있다.

(2) 규정의 내용

자본시장법 제2조는 신의성실의무와 투자자이익우선의무를 그 내용으로 한다. 금융투자업자는 영업을 함에 있어서 일반적인 주의의무인 신의성실의 원칙에 따라 공정하게 금융투자업을 영위하여야 한다(자법 제37조 제1항). 신의성실의 원칙은 투자자 보호를 위한 것으로, 금융투자업자가 영업을 함에 있어서 투자자와의 사이에 분쟁이 발생한 경우에 이 원칙은 금융투자업자의 업무집행의 적절성을 판단하는 기준이 된다.

또한 금융투자업자는 금융투자업을 영위함에 있어서 정당한 사유 없이 투자자의 이익을 해하면서 자기가 이익을 얻거나 제삼자가 이익을 얻도록 하여서는 아니 된다

(자법 제37조 제2항). 투자자이익우선의무는 신의성실의무를 구체화하여 내용적으로 확인한 것으로 볼 수 있다.

참조판례

"증권의 신용거래에 있어 증권회사가 특정시기를 정하여 반대매매를 시행할 것을 고지하였다가 신용거래고객의 유예요청을 받아들여 그 후 주가가 더욱 하락한 시점에 예탁주식을 처분한 경우 증권전문가인 증권회사의 입장에서도 수시로 변동하는 주식시세를 정확히 예견하여 최적의 매도처분시점을 선택한다는 것이 어렵고 반대매매가 늦어진 것이 고객의 유예요청에 의한 것이라면 증권회사에게 과실이 있다고 할 수 없다."(대법원 1992.12.8. 선고 92다1308 판결).

2. 상호진실주의

금융투자업자의 경우도 공공성을 고려하여 그 상호사용에 대하여 상호진실주의를 채택하여 엄격하게 제한하고 있다. 금융투자업자가 아닌 자는 그 상호 중에 "금융투자"라는 문자 또는 이와 같은 의미를 가지는 외국어 문자로서 대통령령으로 정하는 문자[77]를 사용하여서는 아니 된다(자법 제38조 제1항).

상호사용은 금융투자업별로 따로 규제되는 것으로, 예를 들어 증권을 대상으로 하여 투자매매업 또는 투자중개업을 영위하는 자가 아닌 자는 그 상호 중에 "증권"이라는 문자 또는 이와 같은 의미를 가지는 Securities(그 한글표기문자를 포함한다)나 그와 비슷한 의미를 가지는 다른 외국어문자(그 한글표기문자를 포함한다)를 사용하여서는 아니 된다(자법 제38조 제2항).

금융업과 관련하여 은행, 보험 등의 영업을 하는 자는 그 상호 중에 은행, 보험 등의 문자를 사용하여야 하고, 위 사업을 영위하지 않는 자는 동일하거나 유사한 상호를 사용할 수 없다(은행법 제14조, 보험업법 제8조). 보험회사는 생명보험과 손해보험을 구분하여 표시하여야 한다(보험업법 제8조 제1항).

3. 명의대여의 금지

상법상 상인이 명의대여를 한 경우에 연대책임을 지도록 하여(상법 제24조) 상인

77) Financial Investment(그 한글표기문자를 포함한다)나 그와 비슷한 의미를 가지는 다른 외국어문자(그 한글표기문자를 포함한다)를 말한다(자령 제42조 제1항).

을 신뢰한 거래상대방을 보호하고 있는데, 공공성을 가진 금융투자업자의 경우 여기서 더 나아가 명의대여 자체를 하지 못하도록 규제하여 투자자를 보호하고 있다.

금융투자업자는 자기의 명의를 대여하여 타인에게 금융투자업을 영위하게 하여서는 아니 된다(자법 제39조). 자기 명의를 대여하여 타인에게 금융투자업을 영위하게 한 자는 3년 이하의 징역 또는 1억원 이하의 벌금에 처한다(자법 제445조 제3호)

Ⅱ. 겸영업무

1. 겸영업무의 종류

자본시장법에서 금융투자업자의 업무와 관련하여 금융투자업간의 상호겸영을 허용하고 있을 뿐만 아니라, 투자자 보호와 건전한 거래질서를 해할 우려가 없는 한도 내에서 다양한 금융업무의 겸영을 허용하고 있다. 종래 증권거래법상 인정되던 인가겸영업무[78]는 자본시장법상 제6조의 고유업무에 해당하므로 따로 인가겸영업무는 인정되지 않는다.

겸영금융투자업자, 그 밖에 대통령령으로 정하는 금융투자업자[79]를 제외한 금융투자업자는 다음의 금융업무를 영위할 수 있는데, 이 경우 금융투자업자는 ②부터 ⑤까지의 업무를 영위하고자 하는 때에는 그 업무를 영위하기 시작한 날부터 2주 이내에 이를 금융위원회에 보고하여야 한다(자법 제40조 제1항).[80]

① 자본시장법 또는 금융관련 법령에서 인가 · 허가 · 등록 등을 요하는 금융업무

78) 종래 증권거래법상으로는 증권회사의 겸영업무는 법정겸영업무(신용공여업무, 증권저축업무)와 인가겸영업무가 인정되었는데, 후자로는 금융감독위원회가 인가한 업무로 선물업무(주권 및 이에 기초한 업무에 한함), 장외파생상품업무, 투자자문, 투자일임업, 신탁업(별도의 신탁업인가를 받아야 한다)이 있다.

79) 다음 각 호의 어느 하나에 해당하는 금융투자업자를 말한다(자령 제43조 제1항).
1. 투자매매업 또는 투자중개업을 경영하지 아니하는 금융투자업자
2. 다음 각 목의 어느 하나에 해당하는 금융투자업만을 경영하는 금융투자업자
가. 투자자문업 나. 투자일임업 다. 투자자문업 및 투자일임업
3. 그 밖에 금융위원회가 정하여 고시하는 금융투자업자

80) 금융위원회는 겸영업무 보고내용이 다음 각 호의 어느 하나에 해당하는 경우에는 그 겸영업무의 영위를 제한하거나 시정할 것을 명할 수 있다(자법 제40조 제2항).
1. 금융투자업자의 경영건전성을 저해하는 경우
2. 투자자 보호에 지장을 초래하는 경우
3. 금융시장의 안정성을 저해하는 경우

중 보험대리점의 업무 또는 보험중개사의 업무, 그 밖에 대통령령으로 정하는 금융업무[81]

② 자본시장법 또는 금융관련 법령에서 정하고 있는 금융업무로서 해당 법령에서 금융투자업자가 영위할 수 있도록 한 업무

③ 국가 또는 공공단체 업무의 대리

④ 투자자를 위하여 그 투자자가 예탁한 투자자예탁금으로 수행하는 자금이체업무

⑤ 그 밖에 그 금융업무를 영위하여도 투자자 보호 및 건전한 거래질서를 해할 우려가 없는 업무로서 다음에 해당하는 금융업무(자령 제43조 제5항)

가. 「자산유동화에 관한 법률」에 따른 자산관리자의 업무와 유동화전문회사업무의 수탁업무

나. 투자자계좌에 속한 증권 · 금전 등에 대한 제3자 담보권의 관리업무

다. 사채모집의 수탁업무

라. 기업금융업무, 그 밖에 금융위원회가 정하여 고시하는 업무와 관련한 대출업무[82]

마. 증권의 대차거래와 그 중개 · 주선 또는 대리업무[83]

바. 지급보증업무[84]

사. 원화로 표시된 양도성 예금증서의 매매와 그 중개 · 주선 또는 대리업무[85]

아. 대출채권, 그 밖의 채권의 매매와 그 중개 · 주선 또는 대리업무[86]

차. 대출의 중개 · 주선 또는 대리업무

카. 그 밖에 투자자 보호 및 건전한 거래질서를 해칠 염려가 없는 금융업무로서 금융위원회가 정하여 고시하는 금융업무

---

81) 다음 각 호의 어느 하나에 해당하는 금융업무를 말한다(자령 제43조 제3항). 1. 일반사무관리회사의 업무 2. 외국환업무 및 외국환중개업무 3. 퇴직연금사업자의 업무 4. 담보부사채에 관한 신탁업무 5. 「동산투자회사법」에 따른 자산관리회사의 업무 6. 「산업발전법」에 따라 등록된 기업구조조정전문회사의 업무 7. 중소기업창업투자회사의 업무 8. 「여신전문금융업법」에 따른 신기술사업금융업 9. 그 밖에 투자자 보호 및 건전한 거래질서를 해칠 염려가 없는 금융업무로서 금융위원회가 정하여 고시하는 금융업무

82) 증권에 대한 투자매매업을 경영하는 경우만 해당.

83) 해당 증권에 대한 투자매매업 또는 투자중개업을 경영하는 경우만 해당.

84) 증권 및 장외파생상품에 대한 투자매매업을 경영하는 경우만 해당.

85) 채무증권에 대한 투자매매업 또는 투자중개업을 경영하는 경우만 해당.

86) 채무증권에 대한 투자매매업 또는 투자중개업을 경영하는 경우만 해당.

겸영업무

업무범위	수행가능 한 금융투자업자
• 보험대리점 및 보험중개사 업무(보험업법 제91조) • 일반사무관리회사(자법 제254조) • 담보부사채신탁업(담보부사채신탁업법) • 퇴직연금 사업자(근로자퇴직급여보장법) • 외국환업무(외국환거래법) • 전자자금이체업무(전자금융거래법) • 벤처캐피탈, 신기술사업	해당법령에서 인 · 허가를 받을 수 있는 금융투자업자
• 전자자금이체업무(전자금융거래법)	해당 법령에서 정한 금융투자업자
• 국가 · 공공단체업무 대리 • 투자자예탁금으로 수행하는 자금이체업무	투자매매업자, 투자중개업자
• M&A 대출 • 대출 중개업 • 지급보증업무 • SPC 자산관리자 및 수탁업무 • 원화 표시 CD 매매, 중개, 주선, 대리 • 대출채권 등 매매, 중개, 주선, 대리 • 증권 대차거래,[87] 그 중개 주선, 대리	투자매매업자, 투자중개업자, 집합투자업자 * M&A 대출은 인수포함 증권투자매매업자에 한정 * 지급보증업무는 인수포함 증권투자매매업자 및 장외파생매매업자에 한정 * 증권대차거래는 해당 증권에 대한 매매 · 중개업자에 한정 * CD, 대출채권 등 매매. 중개는 채무증권 매매, 중개업자에 한정

2. 신용공여업무

금융투자업자의 겸영업무 중 주목할 것으로 ① 투자자예탁금으로 수행하는 자금이체업무 ② 기업금융 관련 대출(기업금융업무를 수행하기 위하여 이루어지는 초단기대출) ③ 지급보증업무를 들 수 있다.

이 중에서 신용공여업무와 관계를 가지는 기업금융관련 대출업무, 지급보증업무에 대하여 보면, 기존 증권거래법상 금융투자는 유가증권담보대출, 신용매매자금대출

87) 금융투자업자로부터 증권을 빌리는 것으로 빌린 증권을 미리 매도하고 나중에 갚는다. 이는 주로 기관사이의 거래를 말하며 개인 사이 주식의 대차거래는 대주거래라고 한다. 공매도는 대차거래를 통해 빌린 주식을 매도하는 것으로 추후 주식을 구입해서 주식을 빌린 금융투자업자에게 돌려주어야 한다. 공매도에는 두 종류가 있다. 하나는 주식을 빌려 매도하는 차입공매도(Covered Short Selling)이다. 주식을 빌려주는 곳은 금융투자업자로 이들은 빌려주는 대가로 일정한 수수료를 받는다. 다른 하나는 주식이 없으면서도 이를 매도하는 무차입공매도(Naked Short Selling)이다. 우리나라에서는 차입공매도만 인정하고 있다(자법 제180조).

등 제한된 범위에서만 신용공여 기능이 허용되어 금융투자업자가 완벽한 투자은행업무를 수행함에 있어서 장애가 되었다. 자본시장법에서는 경쟁력 있는 투자은행을 육성한다는 취지에 비추어 금융투자회사의 지급보증업무와 기업금융 관련 신용공여업무의 겸영이 가능하게 규제를 완화하였다. 다만, 금융투자업자의 대주주 및 특수관계인에 대한 지급보증은 금지된다.

이러한 겸영업무의 확대에 따라 금융투자업자가 증권인수, M&A 등의 기업금융업무를 수행함에 있어서 신용공여 및 지급보증을 활용할 수 있게 되었다. 특히 M&A의 경우 주식이나 회사채를 통해 자금을 조달하기에는 한계를 가지므로 투자은행으로부터 Leverage Loan을 빌려 M&A에 임하고 사후적으로 주식이나 회사채를 발행하여 그 대출을 대체하는 방식의 이용이 가능하다는 점에서 의미를 가진다.

투자은행을 육성한다는 취지에서 종합금융투자사업자가 허용되었는데, 종합금융투자사업자는 투자은행으로서 기업금융 관련 업무를 수행하고 헤지펀드를 대상으로 한 전담중개업무 외에 기업대출, 비상장주식에 대한 내부주문집행업무 등을 영위할 수 있다.[88)]

3. 자금이체업무

(1) 의의

금융투자업자는 투자자를 위하여 투자자가 예탁한 투자자예탁금으로 수행하는 자금이체업무 및 국가 또는 공공단체업무의 대리를 겸영업무로서 할 수 있다. 이에 따라서 2009년 7월부터 금융투자업자의 결제 · 송금 등 부가서비스 제공이 가능하게 되었다. 이전에 증권회사 등은 금융결제원의 소액결제시스템[89)]에 가입되어 있지 않아 증권계좌를 통해 투자(위탁매매, 수익증권), 결제(신용카드, 지로납부, 자동이체 등), 송금(계좌이체), 수시 입출금(CD/ATM) 등 종합 금융서비스를 제공하는 증권종합계좌(CMA)의 운영이 불가능하였다. 일부 증권사가 은행과 펌뱅킹(Firm Banking)계약을 체결한 후 고객에게 은행 가상계좌를 통해 자금이체, CD/ATM 입출금 등 서비스를 하였으나, 입출금 · 자금이체 등에 제한이 존재하였다. 즉 계좌이

88) 현재 미래에셋증권, NH투자증권, 한국투자증권, 삼성증권, KB증권, 신한금융투자가 종합금융투자사업자로 지정되어 있다.

89) 지로시스템, 은행공동망(CD/ATM, CMS, 타행환, 전자금융, 지방은행 등), 어음교환시스템 등 11개 시스템을 말한다.

체가 영업시간내로 제한되고 ATM/CD를 통한 입금, 은행 창구 출금, 카드 · 지로결제, 급여이체 등이 불가능하였다.

그러나 자본시장법에 금융투자업자가 결제 · 송금 · 수시입출금 등 부가서비스 제공이 가능하도록 관련 법적 근거를 마련하여, 금융투자업자가 금융결제원 회원으로서 가입하여 소액결제망에서 직접 계좌이체서비스를 제공할 수 있게 되었다.

(2) 안정성의 확보

금융시장에서의 결제시스템은 금융시장의 안정성을 좌우하는 매우 중요한 요소이다. 자본시장법에서는 소액결제시스템의 안정성을 해치지 않도록 다중 안전장치를 마련하고 있다.

첫째, 법인고객이 아닌 개인고객에 한해서만 허용되며, 금융투자회사의 중개계좌(위탁매매)내의 현금(고객예탁금)만을 대상으로 하여, 증권의 가치변동 위험을 원천차단하였다.

둘째, 대표 금융기관[90]을 통해 참여함으로써 개별 금융투자회사의 결제불능시 대표금융기관이 결제 책임을 부담하게 하였다. 소액결제망에 참여하는 대표금융기관에 대해서는 금융위원회가 은행 수준의 건전성 감독을 실시하도록 하였으며, 은행에 준하는 규제를 부과할 수 있도록 하였다.

셋째, 실제 자금결제는 차액결제 방식으로 대행은행에 의하여 이루어진다. 이에 의할 때 투자자가 금융투자업자에 대하여 입출금 지시를 할 경우에 고객계좌에서는 입출금이 즉시 이루어지지만, 실제 자금결제는 익일에 차액결제를 대행하는 은행이 한국은행 당좌계좌를 통해 차액결제를 실행함으로써 마무리 되게 된다. 이때 결제은행의 입장에서는 자금이체를 먼저 하고 차액결제가 익일에 이루어짐에 따라 하루 동안 금융투자업자의 신용위험을 부담하게 된다. 따라서 결제대행은행은 금융투자업자에 대해서 미리 순채무한도를 설정하고 순채무한도에 상응하는 사전담보를 요구하게 된다. 이를 위해서 금융투자업자에 대하여 투자자예탁금의 일부를 투자자를 위한 순채무한도의 담보제공에 활용할 수 있도록 허용하고 있다(자령 제72조 제3항, 금융투자업규정 제4-38조 제2항).

---

90) 대표금융기관의 업무는 예치 또는 신탁받은 투자자예탁금 범위 이내에서 수행하는 투자매매업자 · 투자중개업자 및 그 투자자를 위한 자금이체업무, 국가 또는 공공단체업무의 대리이다.

Ⅲ. 부수업무

1. 부수업무의 포괄적 허용

부수업무란 금융투자업이 아닌 업무로서 인가를 받거나 등록한 금융투자업에 부수되는 업무를 말한다. 이전의 금융투자 관련법은 금융투자업자가 영위할 수 있는 부수업무를 사전에 법령에서 열거하고 있어서 부수업무의 확대를 위해서는 매번 법령의 개정이 필요하였다. 이때 증권업의 부수업무의 예로 유가증권의 평가업무, 보호예수업무 등이 있었다.

자본시장법에서는 영위 가능한 부수업무를 법률에 사전에 열거하지 않고 원칙적으로 모든 부수업무의 취급을 허용하되 예외적으로 제한하는 체제로 전환하고 있다.

2. 부수업무 영위의 신고

금융투자업자는 금융투자업에 부수하는 업무를 영위하고자 하는 경우에는 그 업무를 영위하기 시작한 날부터 2주 이내에 이를 금융위원회에 보고하여야 한다(자법 제41조 제1항).

3. 금융위원회의 조치

금융위원회는 부수업무 신고내용이 다음의 어느 하나에 해당하는 경우에는 그 부수업무의 영위를 제한하거나 시정할 것을 명할 수 있다(자법 제41조 제2항). ① 금융투자업자의 경영건전성을 저해하는 경우 ② 인가를 받거나 등록한 금융투자업의 영위에 따른 투자자 보호에 지장을 초래하는 경우 ③ 금융시장의 안정성을 저해하는 경우

Ⅳ. 금융투자업자의 업무위탁

1. 의의

금융투자업자가 업무의 효율성을 위하여 자신의 업무의 일부를 외부기관에 위탁하는 것을 업무위탁이라고 한다.

자본시장법에서는 업무위탁을 원칙적으로 허용하면서 투자자 보호 또는 건전한 거래질서를 해할 우려가 있는 일정한 경우에 이를 금지하고 있다. 만일 인가나 등록에 의한 금융투자업자가 자신의 업무를 수행하지 않고 무분별하게 업무위탁을 하게 되면 인가나 등록을 받도록 한 규제가 사실상 무력화 될 우려가 있기에 일정한 규제를 가하는 것이다.

자본시장법 시행 이전에는 금융위원회 규정인「금융기관의 업무위탁 등에 관한 규정」에서 이를 규제하고 있었는데, 여기서는 본질업무에 대하여는 수탁자가 인가·등록업자인지를 불문하고 위탁이 금지되었고, 단순업무만 위탁이 허용되었다. 이에 반하여 자본시장법에서는 업무위탁을 원칙적으로 허용하는 네거티브시스템으로 전환하여 위탁업무의 범위가 확대되게 되었다.

2. 업무위탁의 허용

금융투자업자는 금융투자업, 다른 금융업무 및 부수업무와 관련하여 그 금융투자업자가 영위하는 업무의 일부를 제삼자에게 위탁할 수 있다(자법 제42조 제1항). 다만, 대통령령으로 정하는 내부통제업무(해당 업무에 관한 의사결정권한까지 위탁하는 경우만 해당한다)는 제삼자에게 위탁하여서는 아니 된다.[91]

본질적 업무도 위탁이 제한되는데, 금융투자업자의 업무 중에 본질적 업무[92]란 금

91) 다음 각 호의 업무를 말한다(자령 제45조) ① 준법감시인의 업무 ② 위험관리책임자의 업무 ③ 내부감사업무

92) 본질적 업무란 해당 금융투자업자가 인가를 받거나 등록을 한 업무와 직접적으로 관련된 필수업무로서 다음의 업무를 말한다(자령 제47조).
① 투자매매업인 경우에는 다음의 업무
가. 투자매매업 관련 계약의 체결과 해지업무
나. 금융투자상품의 매매를 위한 호가 제시업무
다. 매매주문의 접수, 전달, 집행 및 확인업무
라. 증권의 인수업무

융투자업자가 인가를 받거나 등록을 한 업무와 직접 연관된 필수업무를 말하는 것으로 그 본질적 업무를 위탁받는 자는 그 업무 수행에 필요한 인가를 받거나 등록을 한 자로 제한된다(자법 제42조 제4항).

3. 업무위탁의 절차

(1) 위탁계약의 체결

금융투자업자는 제삼자에게 업무를 위탁하는 경우에는 다음의 사항을 포함하는 위탁계약을 체결하여야 하며, 그 내용을 금융위원회에 보고하여야 한다(자법 제42조 제2항). ① 위탁하는 업무의 범위 ② 수탁자의 행위제한에 관한 사항 ③ 위탁하는 업무의 처리에 대한 기록유지에 관한 사항 ④ 그 밖에 투자자 보호 또는 건전한 거래질서를 위하여 필요한 사항으로서 대통령령으로 정하는 사항

마. 인수대상 증권의 가치분석업무
바. 인수증권의 가격결정, 청약사무수행 및 배정업무
② 투자중개업인 경우에는 다음의 업무
가. 투자중개업 관련 계약의 체결 및 해지업무
나. 일일정산업무
다. 증거금 관리와 거래종결업무
라. 매매주문의 접수, 전달, 집행 및 확인업무
③ 집합투자업인 경우에는 다음의 업무
가. 투자신탁의 설정을 위한 신탁계약의 체결 · 해지업무와 투자유한회사, 투자합자회사, 투자합자조합, 투자익명조합의 설립업무
나. 집합투자재산의 운용 · 운용지시업무 [집합투자재산에 속하는 지분증권(지분증권과 관련된 증권예탁증권을 포함한다)의 의결권행사를 포함한다]
다. 집합투자재산의 평가업무
④ 투자자문업인 경우에는 다음의 업무
가. 투자자문계약의 체결과 해지업무
나. 투자자문의 요청에 응하여 투자판단을 제공하는 업무
⑤ 투자일임업인 경우에는 다음의 업무
가. 투자일임계약의 체결과 해지업무
나. 투자일임재산의 운용업무
⑥ 신탁업인 경우에는 다음의 업무
가. 신탁계약(투자신탁의 설정을 위한 신탁계약을 포함한다)과 집합투자재산(투자신탁재산은 제외한다)의 보관 · 관리계약의 체결과 해지업무
나. 신탁재산(투자신탁재산은 제외한다)의 보관 · 관리업무
다. 집합투자재산의 보관 · 관리업무(운용과 운용지시의 이행 업무를 포함한다)
라. 신탁재산의 운용업무[신탁재산에 속하는 지분증권(지분증권과 관련된 증권예탁증권을 포함한다)의 의결권행사를 포함한다]

(2) 업무위탁의 보고

금융투자업자는 본질적 업무를 위탁한 경우 업무를 위탁받은 자가 해당 업무를 실제로 수행하려는 날의 7일 전까지, 그 밖의 업무를 위탁한 경우에는 업무를 위탁받은 자가 해당 업무를 실제로 수행한 날부터 14일 이내에 금융위원회에 보고해야 한다. 다만, 이미 보고한 내용을 일부 변경하는 경우로서 변경되는 내용이 경미한 경우 등 금융위원회가 정하여 고시하는 경우에는 금융위원회가 보고시기 및 첨부서류 등을 다르게 정하여 고시한 바에 따라 보고할 수 있다(자령 제46조 제1항).

금융투자업자는 업무위탁을 한 내용을 「금융소비자 보호에 관한 법률」 제23조 제1항에 따른 계약서류 및 투자설명서(집합투자업자의 경우 간이투자설명서를 포함한다)에 기재하여야 하며, 투자자와 계약을 체결한 후에 업무위탁을 하거나 그 내용을 변경한 경우에는 이를 투자자에게 통보하여야 한다(자법 제42조 제8항).

(3) 업무위탁의 제한

금융위원회는 자본시장법 제42조 제2항에 따른 위탁계약의 내용이 다음의 어느 하나에 해당하는 경우에는 해당 업무의 위탁을 제한하거나 시정할 것을 명할 수 있다(자법 제42조 제3항). ① 금융투자업자의 경영건전성을 저해하는 경우 ② 투자자 보호에 지장을 초래하는 경우 ③ 금융시장의 안정성을 저해하는 경우 ④ 금융거래질서를 문란하게 하는 경우

4. 재위탁의 금지

금융투자업자의 업무를 위탁받은 자는 위탁한 자의 동의를 받은 경우에 한정하여 위탁받은 업무를 제삼자에게 재위탁할 수 있다(자법 제42조 제5항).

Ⅴ. 이해상충방지

1. 의의

이해상충이란 투자자의 이익을 희생하여 금융투자업자의 고유계정의 이익을 추구하거나 다른 투자자의 이익을 추구하는 것을 의미한다. 단일의 금융투자업을 영위할 때에는 투자자의 이익을 희생하여 고유계정의 이익을 추구하거나 다른 투자자의 이익을 추구하는 경우에 발생하고, 복수의 금융투자업을 겸영할 때에는 특정 금융투자업의 투자자 이익을 희생하여 타 금융투자업으로부터 자신의 이익을 추구하거나 타 금융투자업의 투자자의 이익을 추구하는 경우에 발생하게 된다.

자본시장법에서는 투자자 보호를 위해서 이러한 이해상충을 방지하기 위한 여러 방안을 마련하고 있다. 이는 대별해서 이해상충행위의 금지와 이해상충관리시스템의 구축으로 나눌 수 있고, 후자와 관련하여 자본시장법에서는 이해상충의 관리와 정보교류차단장치에 관한 규정을 두고 있다.

2. 이해상충의 관리

(1) 이해상충의 관리의무

금융투자업자는 금융투자업의 영위와 관련하여 금융투자업자와 투자자간, 특정 투자자와 다른 투자자간의 이해상충을 방지하기 위하여 이해상충이 발생할 가능성을 파악 · 평가하고, 내부통제기준이 정하는 방법 및 절차에 따라 이를 적절히 관리하여야 한다(자법 제44조 제1항).

이것을 이해상충관리를 위한 내부관리시스템이라고 할 수 있는데, 금융투자업자는 이 시스템을 구축해야 할 의무를 지게 된다.

(2) 공시 · 거래제한의무

금융투자업자는 이해상충이 발생할 가능성을 파악 · 평가한 결과 이해상충이 발생할 가능성이 있다고 인정되는 경우에는 그 사실을 미리 해당 투자자에게 알려야 하며, 그 이해상충이 발생할 가능성을 내부통제기준이 정하는 방법 및 절차에 따라 투자자 보호에 문제가 없는 수준으로 낮춘 후 매매, 그 밖의 거래를 하여야 한다(자법 제44조 제2항). 금융투자업자는 그 이해상충이 발생할 가능성을 낮추는 것이 곤란하다고 판단되는 경우에는 매매, 그 밖의 거래를 하여서는 아니 된다.

3. 정보교류차단

(1) 의의

자본시장법에서는 일정한 경우 정보교류차단장치(Chinese Wall)의 구축을 의무화하고 있는데, 금융투자업자는 금융투자업, 겸영업무, 부수업무 및 종합금융투자사업자에 허용된 업무(금융투자업 등)를 영위하는 경우 내부통제기준이 정하는 방법 및 절차에 따라 미공개중요정보 등 대통령령으로 정하는 정보의 교류[93]를 적절히 차단하여야 한다(자법 제45조).

내부통제기준은 다음의 사항을 반드시 포함하여야 한다(자법 제45조 제3항).

① 정보교류 차단을 위해 필요한 기준 및 절차

② 정보교류 차단의 대상이 되는 정보의 예외적 교류를 위한 요건 및 절차

③ 그 밖에 정보교류 차단의 대상이 되는 정보를 활용한 이해상충 발생을 방지하기 위하여 대통령령으로 정하는 사항[94]

금융투자업자는 정보교류 차단을 위하여 다음의 사항을 준수하여야 한다(자법 제45조 제4항).

① 정보교류 차단을 위한 내부통제기준의 적정성에 대한 정기적 점검

② 정보교류 차단과 관련되는 법령 및 내부통제기준에 대한 임직원 교육

---

93) 다음 각 호의 정보(교류차단대상정보)를 말한다. 다만, 투자자 보호 및 건전한 거래질서를 해칠 우려가 없고 이해상충이 발생할 가능성이 크지 않은 정보로서 금융위원회가 정하여 고시하는 정보는 제외한다(자령 제50조 제1항)
1. 법 제174조 제1항 각 호 외의 부분에 따른 미공개중요정보
2. 투자자의 금융투자상품 매매 또는 소유 현황에 관한 정보로서 불특정 다수인이 알 수 있도록 공개되기 전의 정보
3. 집합투자재산, 투자일임재산 및 신탁재산의 구성내역과 운용에 관한 정보로서 불특정 다수인이 알 수 있도록 공개되기 전의 정보
4. 그 밖에 제1호부터 제3호까지의 정보에 준하는 것으로서 금융위원회가 정하여 고시하는 정보

94) 다음 각 호의 사항을 말한다(자령 제50조 제2항).
1. 이해상충 발생을 방지하기 위한 조직 및 인력의 운영
2. 이해상충 발생 우려가 있는 거래의 유형화
3. 교류차단대상정보의 활용에 관련된 책임소재
4. 그 밖에 제1호부터 제3호까지의 사항에 준하는 것으로서 금융위원회가 정하여 고시하는 사항

③ 그 밖에 정보교류 차단을 위하여 대통령령으로 정하는 사항[95]

구 자본시장법에서는 구체적으로 금융투자상품의 매매에 관한 정보 등 이해상충의 소지가 있는 정보의 제공을 금지, 임 · 직원의 겸직금지 및 사무공간 · 전산설비 공동이용 등의 금지 등 규제 대상과 형식을 직접 규정하고 있었으나, 개정법에서는 정보교류 차단을 위한 필수원칙만 정하는 방식으로 개정되었다. 즉 법령에서는 정보교류 차단을 위한 필수원칙만 정하고 세부 사항은 회사가 자율적으로 설계 · 운영하는 방식으로 개선되었으며, 따라서 회사의 조직 · 인사와 관련된 사항을 사전적으로 규제하기 보다는 이해상충 관련 행위규제를 통해 차단하는 사후규제 방식으로 전환되었다.

(2) 계열회사 등과의 정보교류차단

금융투자업자는 금융투자업등을 영위하는 경우 계열회사를 포함한 제삼자에게 정보를 제공할 때에는 내부통제기준이 정하는 방법 및 절차에 따라 자본시장법 제174조에 따른 미공개중요정보 등 대통령령으로 정하는 정보의 교류를 적절히 차단하여야 한다(자법 제45조 제2항).

(3) 집합투자업 등을 겸영하는 은행 · 보험회사와의 정보교류차단

은행이나 보험회사가 이 법에 따라 집합투자업, 신탁업(집합투자재산의 보관 · 관리업무를 포함한다) 또는 일반사무관리회사의 업무를 영위하는 경우에는 임원(사실상 임원과 동등한 지위에 있는 자로서 대통령령으로 정하는 자를 포함한다)을 두어야 하고, 임 · 직원에게 다음의 업무를 겸직하게 하여서는 아니 되며, 전산설비 또는 사무실 등의 공동사용 금지 및 다른 업무를 영위하는 임 · 직원 간의 정보교류 제한 등 대통령령으로 정하는 이해상충방지체계를 갖추어야 한다. 다만, 임원의 경우 ①의 업무 중 ②부터 ④까지의 업무와 이해상충이 적은 업무로서 대통령령으로 정하는 업무와 ②부터 ④까지의 업무를 겸직할 수 있으며, ③ 및 ④의 업무간에는 겸직할 수 있다(자법 제250조 제7항, 제251조 제3항).

---

95) 다음 각 호의 사항을 말한다(자령 제50조 제3항).

1. 정보교류 차단 업무를 독립적으로 총괄하는 임원 또는 금융위원회가 정하여 고시하는 총괄 · 집행책임자의 지정 · 운영
2. 정보교류 차단을 위한 상시적 감시체계의 운영
3. 내부통제기준 중 정보교류 차단과 관련된 주요 내용의 공개
4. 그 밖에 제1호부터 제3호까지의 사항에 준하는 것으로서 금융위원회가 정하여 고시하는 사항

① 「은행법」에 따른 업무(제2호부터 제4호까지의 업무 및 대통령령으로 정하는 업무는 제외한다)[96]
② 집합투자업
③ 신탁업
④ 일반사무관리회사의 업무

4. 이해상충방지의무 위반에 대한 제재

금융투자업자는 법령 등에 위반하는 행위를 하거나 그 업무를 소홀히 하여 투자자에게 손해를 발생시킨 경우에는 그 손해를 배상할 책임이 있다. 다만, 배상의 책임을 질 금융투자업자가 투자매매업 또는 투자중개업과 집합투자업을 함께 영위함에 따라 발생하는 이해상충과 관련된 경우에 그 금융투자업자가 상당한 주의를 하였음을 증명하거나 투자자가 금융투자상품의 매매, 그 밖의 거래를 할 때에 그 사실을 안 경우에는 배상의 책임을 지지 아니한다(자법 제64조 제1항).

그리고 정보교류차단에 대한 위반에 대하여 과징금부과에 대한 조항을 신설하여, 금융위원회는 금융투자업자 및 그 임직원이 제54조 제2항을 위반한 경우에는 그 금융투자업자, 임직원 및 정보교류 차단의 대상이 되는 정보를 제공받아 이용한 자에게 그 위반행위와 관련된 거래로 얻은 이익(미실현 이익을 포함한다) 또는 이로 인하여 회피한 손실액의 1.5배에 상당하는 금액 이하의 과징금을 부과할 수 있다(자법 제428조 제4항).

벌칙 조항도 두어서, 자본시장법 제54조 제2항을 위반하여 제45조 제1항 또는 제2항에 따라 정보교류 차단의 대상이 되는 정보를 정당한 사유 없이 본인이 이용하거나 제삼자에게 이용하게 한 자와 정보교류 차단의 대상이 되는 정보를 제공받아 이용한 자는 5년 이하의 징역 또는 2억원 이하의 벌금에 처한다(자법 제444조 6의2호)

96) 보험회사의 경우 "「보험업법」에 따른 업무(제2호부터 제4호까지의 업무 및 대통령령으로 정하는 업무는 제외한다)"(자법 제251조 제3항 1호).

Ⅵ. 투자권유의 규제

1. 의의

자본시장은 고도의 위험이 존재하는 곳으로 이 시장에 참가하는 자는 고수익을 얻기 위하여 어느 정도의 위험을 감수하고 시장에 참가한다. 자본시장에서는 자유시장원리가 강하게 적용되어 투자자는 그 결과에 대하여도 스스로 책임을 지는 것이 원칙이다. 즉 투자결정 및 정보수집과 그에 대한 가치판단을 스스로 하며, 금융투자업자로부터 정보의 제공을 받지만 그에 대한 최종적 판단은 자기 자신이 하여 그 결과에 대한 책임을 진다는 것이다.

반면에 자본시장법의 목적은 투자자를 보호하여 자본시장의 건전한 발전을 가져오는 데에 있다. 투자자 보호의 요청은 투자과정에서 투자자의 의사결정이 합리적으로 이루어져 그것이 왜곡되지 않도록 하는 것으로 나타난다. 이것을 금융투자업자의 측면에서 보면 그들은 금융투자상품거래의 전문가로서 일반투자자의 투자결정이 올바른 방향으로 이루어지도록 전문적인 조언을 해야 한다는 것이다. 만일 금융투자업자에 의한 투자권유[97]가 적절하게 이루어지지 못하게 되면 투자자가 피해를 입게 될 뿐만 아니라 자본시장 자체가 신뢰를 잃게 되어 투자자의 외면을 받게 된다.

투자자에게 존재하는 정보의 비대칭성의 관점에서 볼 때도, 일반투자자들은 정보수집이나 정보분석능력이 떨어지므로 투자전문가인 금융투자업자 임 · 직원의 조언에 따라 투자를 행하는 것이 일반적이다. 따라서 이들을 보호하기 위하여 금융투자업자가 투자권유를 함에 있어서 일정한 주의의무가 부과된다.

이에 대하여 구 자본시장법에서는 구체적인 주의의무로서 적합성의 원칙, 적정성의 원칙, 설명의무에 대해서 규정하고 있었다. 또한 구 증권거래법상 인정되던 부당권유행위의 규제에 대하여도 그 범위를 넓혀서 규정하였다. 그러나 금융소비자 보호에 관한 법률의 제정으로 이에 대한 규정은 삭제되게 되었다.

---

97) "투자권유"란 특정 투자자를 상대로 금융투자상품의 매매 또는 투자자문계약 · 투자일임계약 · 신탁계약(관리형신탁계약 및 투자성 없는 신탁계약을 제외한다)의 체결을 권유하는 것을 말한다(자법 제9조 제4항).

참조판례

"금융투자업자를 대상으로 하는 자본시장법상의 적합성원칙 및 설명의무가 유사투자자문업 신고를 하고 불특정 다수인을 대상으로 간행물, 출판물, 통신물 또는 방송 등을 통하여 투자조언을 하는 유사투자자문업자(자법 제101조)나 등록 없이 투자자문업을 하는 미등록투자자문업자에게는 적용된다고 볼 수 없다."(대법원 2014.5.16. 선고 2012다46644 판결).

2. 적합성의 원칙

(1) 의의 및 연혁

적합성의 원칙은 금융투자업자가 투자권유를 함에 있어서 권유가 그 고객의 투자목적, 재산상태, 투자경험에 비추어 적합해야 한다는 것이다.[98] 적합성의 원칙에 따르면 정보개시가 적절하여도 투자권유가 부적절할 수 있다. 예를 들면 특정의 금융투자상품을 여러 투자자에게 무차별적으로 권유하는 경우, 그 중에는 그 금융투자상품의 투자가 적합하지 않는 경우도 있게 된다. 이 과정에서는 비록 형식적으로는 정보개시가 이루어진 외관을 가졌다고 할지라도 제공된 정보가 아니고 권유 그 자체에 의해서 투자가 좌우된다. 따라서 정보개시 이상의 일정한 규제가 요구된다고 하겠는데, 위의 경우 투자권유가 특정의 투자자에게 적합하지 않는 경우에 그 권유를 하지 않아야 한다는 것이다. 이러한 점으로 보아 적합성의 원칙은 투자자의 투자결정보다 권유하는 측의 판단을 중시하는 원칙이라고 할 수 있다.

적합성의 원칙은 미국에 있어서 증권업협회(NASD)의 자주규제, 증권거래위원회의 규제[99] 등을 통하여 발달된 것이다. 미국에 있어서 적합성의 원칙은 자주규제기관 등의 규칙이라는 형태로 정해져 있지만 그 연혁은 간판이론에서 구해진다. 미국 연방증권법상 사기금지규정으로서 우선 1934년 증권거래법 15조(c)항(1)호에서 브로커 · 딜러의 사기금지에 대해서 규정하고 있는데, 브로커 · 딜러의 투자권유행위에 대해서는 일반적 사기금지규정인 증권거래법 10조(b)항과 함께 Rule 10b-5및 1933

98) Stephen B. Coher, The Suitability Rule and Economic Theory, 80, The Yale Law Journal, 1605(1971); 자본시장법 제46조 제3항에서 "금융투자업자는 일반투자자에게 투자권유를 하는 경우에는 일반투자자의 투자목적 · 재산상황 및 투자경험 등에 비추어 그 일반투자자에게 적합하지 아니하다고 인정되는 투자권유를 하여서는 아니 된다."고 규정하였다.

99) 17 C.F.R. §240, 15b 10-3(1984): 특히 SEC는 Penny Stock(극히 투기적이면서도 일반투자자가 매력을 느끼도록 주당 발행가격이 매우 낮은($5 이하) 주식의 판매에 관심을 가져, 1989년 Rule 15c2-6을 채택하여 "Penny Stock의 딜러로 하여금 고객에게 판매하기 전에 고객의 매수확인서를 받고, 그러한 증권이 고객에 적합하다는 것을 확인하고, 그 적합성의 근거를 서면으로 고객에 제공하여야 한다."고 규정하였다.

년 증권법 17조(a)항도 자주 증권거래법 15조(c)항(1)호와 중첩적으로 적용되고 있다.[100] 이러한 사기금지규정은 매우 추상적으로 규정되어 있기 때문에 그 구체화는 SEC에 의한 운용과 함께 판례법의 전개에 위임되어 있다.

그 중 중요한 의미를 지니는 것으로 간판이론(Shingle Theory)을 들 수 있는데, 연방증권법상의 사기금지규정의 해석과 관련하여 간판이론은 브로커 · 딜러는 고객에 대해서 공정해야 하는 것이 간판에 포함되어 있다는 이론이다. 구체적으로는 고객을 공정하고 전문가로서의 수준에 일치하여 다루어야 한다는 이론이다.[101]

간판이론과 관련하여 주목되는 점은 브로커 · 딜러가 증권거래의 권유를 하는 경우에는 합리적 근거를 가져야 한다는 점이다.[102] 만일 브로커 · 딜러가 증권의 가치의 판단에 대해서 중요한 정보에 대해서 알지 못하고 투자권유를 했다면 그 권유는 합리적 근거를 흠결하는 것이 되고, 연방증권법상의 사기금지규정에 위반하는 것이 된다. 간판이론이란 브로커 · 딜러가 고객을 공정하게 취급하였는가라는 문제이므로 적합성의 원칙은 간판이론의 한 장면이라고 할 수 있는 것이다.

우리나라도 적합성의 원칙에 관한 규정은 이전 증권업협회의 「증권회사의 영업행위에 관한 규정」 제1-3조, 「증권회사의 건전투자권유에 관한 규칙」 제3조, 증권관리위원회의 「증권회사의 위탁매매업무 등에 관한 규정」 제3조(신의성실의 원칙),[103] 「증권회사의 선물 · 옵션거래업무에 관한 규정」 제3조(신의 · 성실의무) 등에서 규정하였던 것을 자본시장법에 도입하였고, 이 규정들은 금융소비자 보호에 관한 법률로 이전하게 되었다.

---

100) 1933년 증권법 17조(a)항, 1934년 증권거래법 15조(c)항 1호 및 증권거래법 10조(b)는 모두 증권거래에 있어서 사기적 행위를 규제하고 있지만, 증권법 17조(a)항은 매각의 경우에만 적용이 되며 증권거래법 15조(c)항 1호 및 증권거래법 10조(b)는 매입과 매각의 경우 모두에 적용된다. 또한 증권거래법 15조(c)항 1호는 브로커와 딜러의 경우에만 적용이 되지만, 증권법 17조(a) 및 증권거래법 10조(b)는 누구에게나 적용이 된다.

101) W. Jennings, H. Marsh & C. Coffee, Securities Regulation(Cases and Materals), The Poundation Press(1992), p.619.

102) SEC Release No.34-6721(Feb. 2, 1962)에서 "브로커 · 딜러가 적절하고 합리적인 근거가 없이 증권을 권유하는 것은 사기금지규정에 위반하는 것이 된다. 더욱이 권유는 그 권유를 정당화시키는 것으로 되는 알 수 있은 확실한 사실을 개시하지 않고 하여서는 아니 된다. 따라서 증권의 구입의 권유를 하는 경우에는 딜러는 그 증권권유의 합리적 근거를 가지고 있는 것이 되고, 그 전제로서 딜러는 합리적인 조사를 행해야 하는 것이 된다. 만일 딜러가 발행자에 대한 재무정보 등의 중요정보를 가지고 있지 않다면 그것을 개시하여 그것을 알지 못하고 매입하는 것의 위험을 고객에게 주의시키지 않으면 아니 된다."고 하였다.

103) 제2항에서 "증권회사는 고객에게 유가증권투자를 권유하는 경우에는 고객의 투자목적, 투자경험 및 자금력 등을 신중히 고려하여 이에 적합한 권유를 하여야 한다."고 하며, 제3항에서 "증권회사는 고객계좌의 개설시에 고객의 투자목적 등을 서면으로 확인받아 이를 기록 · 유지하여야 한다."고 규정하고 있었다.

(2) 투자자의 구분

금융투자업자는 투자자가 일반투자자인지 전문투자자인지를 확인해야 할 의무가 있다(금융소비자 보호법 제17조 제1항). 전문투자자란 전문성 구비 여부, 소유자산 규모 등에 비추어 투자에 따른 위험감수능력이 있는 고객으로서 자본시장법 제9조 제5항에서 정하는 ① 국가 ② 한국은행 ③ 대통령령으로 정하는 금융기관 ④ 주권상장법인. 다만, 금융투자업자와 장외파생상품거래를 하는 경우에는 전문투자자와 같은 대우를 받겠다는 의사를 금융투자업자에게 서면으로 통지하는 경우에 한한다. ⑤ 그 밖에 대통령령으로 정하는 자를 말한다.

일반투자자란 전문투자자가 아닌 고객을 말하며, 투자권유를 받겠다는 의사를 표시한 투자권유희망고객과 투자권유불원고객으로 나눌 수 있다. 다만, 전문투자자 중 대통령령으로 정하는 자(자령 제10조 제1항)가 일반투자자와 동일한 대우를 받겠다는 의사를 회사에 서면으로 통지하고 회사가 이에 동의한 경우에는 일반투자자로 본다(자법 제9조 제5항).

이렇게 투자자를 구분하여 위험감수능력이 낮은 일반투자자에게는 높은 수준의 투자자 보호제도를 적용하고 위험감수능력이 높은 전문투자자에게는 다소 낮은 수준의 투자자 보호제도를 적용함으로써 투자자 보호의 강화와 금융혁신의 촉진이라는 두 가지 목표를 동시에 달성할 수 있게 된다. 또한 전문투자자에 대해서는 규제를 완화함으로써 규제의 효율성을 제고하고, 규제비용의 낭비를 막을 수 있다.

전문투자자는 스스로 위험을 감내할 충분한 능력을 가진 자이기 때문에 적합성의 원칙을 비롯한 투자권유에 있어서 주의의무에 관한 규정이 적용되지 아니 한다. 금융소비자 보호법에서는 금융상품판매업자 등이 일반 사모집합투자기구의 집합투자증권을 판매하는 경우에는 적합성의 원칙에 관한 규정을 적용하지 아니한다고 규정하고 있다(금융소비자 보호법 제17조 제5항).[104)]

(3) 투자자정보 확인의무

금융투자업자는 일반투자자에게 투자성 상품[105)] 등에 대한 투자권유를 하기 전에

---

104) 다만, 적격투자자 중 일반금융소비자 등 대통령령으로 정하는 자가 대통령령으로 정하는 바에 따라 요청하는 경우에는 그러하지 아니하다(금융소비자 보호법 제17조 제5항 단서).

105) 금융소비자보호법에서 투자성 상품(온라인소액투자중개의 대상이 되는 증권 등 대통령령으로 정하는 투자성 상품은 제외한다) 및 운용 실적에 따라 수익률 등의 변동 가능성이 있는 금융상품으로서 대통령령으로 정하는 예금성 상품을 대상으로 하고 있다(금융소비자보호법 제17조 제2항 2호)

면담 · 질문 등을 통하여 일반투자자의 투자목적 · 재산상황 및 투자경험 등의 정보를 파악하고, 일반투자자로부터 서명, 기명날인, 녹취 등의 방법으로 확인을 받아야 한다. 이는 소위 고객파악의무(Know Your Customer Rule)에 해당한다.

금융투자업자는 투자자정보를 투자자정보확인서에 따라 확인하고, 해당 고객으로부터 서명(전자서명을 포함한다), 기명날인, 녹취, 전자우편 또는 그 밖에 이와 유사한 전자통신, 우편, 전화자동응답시스템의 방법으로 확인을 받아 유지 · 관리하여야 하며, 확인받은 내용을 일반투자자에게 지체없이 제공하여야 한다(금융소비자 보호법 제17조 제2항).

투자자정보확인서의 기초정보 평가결과에 따라 고객의 투자성향을 안정형, 안정추구형, 위험중립형, 적극투자형, 공격투자형의 5단계로 분류하게 된다(표준투자권유준칙 제5조).

(4) 적합성의 원칙의 위반과 민사책임

적합성의 원칙에 위반한 경우에 바로 위법성을 인정하여 손해배상책임을 물을 수 있는가가 문제된다. 이에 대하여 외국 판례의 태도와 비교하여 살펴보기로 한다.

1) 미국[106)]

이 원칙이 발달된 미국에 있어서도 적합성의 원칙에 위반한 것만을 이유로 민사책임을 인정하는 데에는 소극적이다.[107)]

적합성의 원칙에 위반한 경우 바로 민사상 손해배상청구를 할 수 있는가에 대한 미국 판례의 태도를 보면, Buttrey v. Merrill Lynch, Pierce, Fenner & Smith, Inc. 사건[108)]에서 NYSE의 Rule 405 위반이 그 자체로서 소송을 제기할 수 있는 것인가에 대해서 판단하지는 않았지만, 이 사건의 경우 피고의 판단 잘못이 파산한 피고의 고객에 대해서 사기에 해당하기 때문에 민사손해배상청구가 가능하다고 판시하였다. 그러나 이 판결은 대법원에서 파기되었다.[109)]

---

106) 영국에 있어서는 적합성의 원칙 등을 규정한 자주규제의 위반에 대하여 개인투자자의 경우 손해배상청구소송을 제기할 수 있다(금융서비스법(FSA) §62, §62A).

107) W. Jennings, H, Marsh & C. Coffee, op.cit., p.640: 법원은 적합성의 원칙에 관한 규칙에 위반한 경우에 이것만을 근거로 배상을 받을 수 있다기 보다는 과당매매(Churning)의 일반이론 속에 포함시켜 판단하고 있다.

108) 410 F. 2d 135(7th Cir. 1969); 동지, Hecht v. Harris Upham & Co., 283 F. Supp. 417(N.D.Cal. 1968).

109) 396 U.S. 838(1969).

이에 반하여 Craughead v. E.F. Hutton & Co., Inc.[110]에서 "연방법원에서 NYSE의 Rule 405의 위반이 바로 사적인 소제기의 권한을 의미하지 않는다는 지방법원의 태도를 따른다."면서 위와 반대의 태도를 취하였다. 이처럼 대법원이 책임을 인정함에 있어서 제한적인 경향을 취하자, 하급심 법원도 특정의 증권거래규칙이나 NASD 규칙을 책임의 기초로 하여 제기된 소송에 대해서 이를 인정하지 않는 태도를 보였다.[111]

2) 일본

판례에서 적합성의 원칙에 대한 위반이 바로 사법상의 위법으로 된다는 취지의 판시를 한 것을 볼 수 있는데, "이러한 법령, 통달, 내규 등은 공법상의 단속법규 내지 영업준칙으로서 성질을 가지는 것에 불과하고 이러한 규정에 위반한 증권회사의 고객에 대한 투자권유 등이 사법상으로도 바로 위법한 것이 되어 불법행위를 구성하는 것은 아니다. 그러나 증권거래의 특징과 특수성에 비추어 볼 때, 증권회사의 종업원은 투자자에 대하여 허위의 정보 또는 단정적 정보 등을 제공하여 투자자가 당해 거래에 수반하는 위험성에 대하여 올바른 인식을 하지 못하게 하여서는 아니 되고, 또한 투자자의 투자목적, 재산상태 및 투자경험에 비추어 과도한 위험을 수반하는 거래를 적극적으로 권유하는 등 사회적 상당성을 흠결한 수단 또는 방법에 의하여 부당하게 당해 거래를 권유해서는 아니 되는 주의의무가 있다. 증권회사의 종업원이 이에 위반한 때는 당해 거래의 일반적인 위험성의 정도 및 그 주지도, 투자자의 직업, 연령, 재산상태 및 투자경험, 그 외 당해 거래가 이루어진 구체적 상황에 비추어 사법상도 위법한 것이 된다."고 하였다.[112]

이에 대해서 학설은 적합성의 원칙이 증권회사의 성실의무를 구체화한 것이므로 그 위반은 항상 위법성을 띤다고 볼 수 있다는 견해도 있고,[113] 적합성의 원칙은 위법성의 유무와 표리의 관계에 있다고 말할 수 있으므로 명백히 위 원칙에 위반한 것으로 보이는 경우에는 불법행위를 구성한다는 견해도 있다.[114] 적합성의 원칙은 단지 거래윤리에 불과하다는 학설도 최근에는 이 의무가 법적인 의무로까지 이를 것이라고 예언한다는 견해도 있다.[115]

---

110) 899 F. 2d 485(6th Cir. 1990).
111) W. Jennings, H Marsh & C. Coffee, op. cit., p.845.
112) 大阪支判 平7.6.3., 判タ 890號, 172면.
113) 森田 章, "證券會社と顧客との關係", 「民商法雜誌」 第113券 4 · 5號(1996), 225면.
114) 清水俊彦, "投資勸誘と 不法行爲", 「判例タムイス」 No.853(1994), 32면.
115) 河本 · 大武 · 神岐, 「證券去來ハンドブック」, ダイヤモンド(1982), 172면.

3) 검토

우리나라 대법원은 부당권유행위가 문제된 사안에서 그 위법성을 판단함에 있어서 "거래경위와 거래방법, 고객의 투자상황(재산상태, 연령, 사회적 경험정도 등), 거래의 위험도 및 이에 관한 설명의 정도" 등을 종합적으로 고려해야 한다고 하며, 고객에 대한 보호의무라는 기준을 제시하여 불법행위책임의 인정 여부를 판단하고 있다. 여기서 보호의무위반이 인정되기 위한 요소로 첫째, 증권투자의 위험성에 대한 투자자의 올바른 인식 형성을 방해하거나, 둘째, 투자자의 투자목적에 부적합한 위험한 거래를 권유한 경우에 해당해야 할 것을 제시하고 있다.[116] 위 판례에 따르면 적합성의 원칙에 위반하여도 고객에 대한 보호의무위반이 되어야 비로소 위법성이 인정되게 된다.

보건대, 적합성의 원칙을 인정한다고 하여도 그 한계가 문제가 된다. 투자자에게 완벽하게 적합한 투자란 불가능하다. 금융투자는 투기적 성격을 가지고 있기 때문에 투자자는 자신에게 어느 정도의 위험이 있다는 것을 감수하고 투자를 하는 것이다. 또한 적합성의 원칙을 엄격하게 적용하면 자기책임의 원칙에 반할 수 있기 때문에 이 원칙의 위반은 부당한 방법에 의한 투자권유 등 다른 규제위반과 결합하여 위법성이 인정될 수 있다고 하겠다.[117]

대법원도 "투자자가 금융기관의 권유를 받고 어느 특정한 상품에 투자하거나 어떠한 투자전략을 채택한 데에 단지 높은 위험이 수반된다는 사정만으로 일률적으로 금융기관이 적합성의 원칙을 위반하여 부당하게 투자를 권유한 것이라고 단정할 수는 없으며, 투자자로서도 예상 가능한 모든 위험을 회피하면서 동시에 높은 수익률이 실현될 것을 기대할 수는 없고 위험과 수익률의 조합을 스스로 투자목적에 비추어 선택할 수밖에 없는 것이다."[118]고 하여 적합성의 원칙의 적용에 있어서 자기책임의 원칙에 따른 제한을 인정하였다.

그런데 자본시장법에서 금융투자업자의 손해배상책임에 관한 규정(자법 제64조)을 도입함으로써 금융투자업자가 적합성의 원칙에 위반한 행위를 한 경우에는 자본시장법상 법정책임으로서 손해배상책임[119]을 지게 된다. 그러나 적합성의 원칙에 대한 위

116) 대법원 1994.1.11. 선고, 93다26205 판결; 대법원 1996.8.23. 선고 94다38199 판결 등.

117) 설명의무와 달리 적합성의 원칙에 관한 규정은 일반적이고 추상적이라며, 적합성의 원칙 위반을 이유로 손해배상책임 추정규정을 도입하기 위해서는 의무의 구체화 작업이 선행되어야 한다는 견해도 있다. 김건식 · 정순섭, 앞의 책, 774면.

118) 대법원 2010.11.11. 선고 2010다55699 판결.

119) "금융투자업자는 법령 · 약관 · 집합투자규약 · 투자설명서에 위반하는 행위를 하거나 그 업무를 소홀히 하여 투자자에게 손해를 발생시킨 경우에는 그 손해를 배상할 책임이 있다."고 하여

반의 인정은 기존의 판례의 태도에 따라 고객에 대한 보호의무위반이 인정될 때 그에 대한 책임이 인정될 것으로 본다. 금융투자업자의 경우 임·직원의 행위에 대해서 사용자책임을 부담할 수 있지만 위 자본시장법 규정은 책임을 묻는데 완화된 요건을 제시하는 것으로 이것 대신에 사용자책임을 물을 가능성은 낮아 보인다.

참조판례

2008년 세계금융위기때 수출 중소기업들에 3조원대의 손실을 안긴 파생금융상품인 키코(KIKO)에 대한 대법원 전원합의체 판결[120]이 나왔다. 판결 요지는 은행이 적합하지 아니한 KIKO 계약의 체결을 권유하여서는 안 된다는 적합성의 원칙과 거래상의 주요 정보를 설명할 설명의무가 인정되지만, 구체적인 책임범위 결정 때 기업의 잘못을 따져 과실상계를 할 수 있다는 것이다.[121] 특히 장외파생상품은 고도의 금융공학적 지식을 활용하여 개발된 것으로 예측과 다른 상황이 발생하였을 경우에는 손실이 과도하게 확대될 위험성이 내재되어 있고, 다른 한편 은행은 투자를 전문으로 하는 금융기관 등에 비하여 더 큰 공신력을 가지고 있어 은행의 권유는 기업의 의사결정에 강한 영향을 미칠 수 있으므로, 은행으로서는 위와 같이 위험성이 큰 장외파생상품의 거래를 권유할 때에는 다른 금융기관에 비하여 더 무거운 고객보호의무를 부담한다고 하였다.

3. 적정성의 원칙

(1) 의의

적정성의 원칙이란 금융투자업자가 일반투자자에게 투자권유를 하지 않고 투자성

(자법 제64조), 적합성의 원칙의 위반이 인정되면 금융투자업자에 대하여 이 규정에 의한 책임 추궁이 가능해 진다. 임원의 경우도 귀책사유가 있으면 연대책임이 인정된다.

120) 대법원 2013.9.26 선고 2011다53683, 2012다1146, 2013다26746, 2012다13637 판결.

121) 적합성 원칙과 관련하여 "은행은 환 헤지 목적을 가진 기업과 통화옵션계약을 체결함에 있어서 해당 기업의 예상 외화유입액, 자산 및 매출 규모를 포함한 재산상태, 환 헤지의 필요 여부, 거래목적, 거래 경험, 당해 계약에 대한 지식 또는 이해 정도, 다른 환 헤지 계약체결 여부 등의 경영상황을 미리 파악한 다음, 그에 비추어 해당 기업에 적합하지 아니한 통화옵션계약의 체결을 권유하여서는 안 된다. 만약 은행이 이러한 의무를 위반하여 기업의 경영상황에 비추어 과대한 위험을 초래하는 통화옵션계약을 적극적으로 권유하여 이를 체결하게 한 때에는, 이러한 권유행위는 이른바 적합성의 원칙을 위반하여 고객에 대한 보호의무를 저버리는 위법한 것으로서 불법행위를 구성한다."고 판시하였다. 그리고 기업의 과실을 이유로 한 과실상계 가부에 대하여 "불법행위로 인한 손해의 발생 또는 확대에 관하여 피해자에게도 과실이 있는 때에는 가해자의 손해배상 범위를 정함에 있어 당연히 이를 참작하여야 하고, 가해행위가 사기, 횡령, 배임 등의 영득행위인 경우 등 과실상계를 인정하게 되면 가해자로 하여금 불법행위로 인한 이익을 최종적으로 보유하게 하여 공평의 이념이나 신의칙에 반하는 결과를 가져오는 경우에만 예외적으로 과실상계가 허용되지 않는다. 그런데 은행의 적합성의 원칙 및 설명의무 위반행위는 이러한 영득행위에 해당한다고 할 수 없으므로, 기업 측 과실은 손해배상 범위를 정함에 있어 참작함이 상당하다."고 하였다.

상품[122]을 판매하려는 경우에 이것이 일반투자자에게 적정하지 아니한 경우에는 그 사실을 일반투자자에게 알리고 확인을 받아야 한다는 원칙이다(금융소비자 보호법 제18조 제1항).

이 원칙에 따라 금융투자업자는 비록 고객이 직접 금융상품의 매입을 요청하여도 그 적정성 여부를 평가 · 고지하지 않고는 그 상품판매를 하여서는 안 된다.

적정성의 원칙은 EU 금융상품투자지침에 의하여 2007년 도입된 원칙이다. 영국에서도 투자권유가 없거나 투자자가 희망하는 상품을 지정해온 이른바 주문집행거래의 경우에도 일종의 적합성의 원칙과 유사한 판단을 해야 한다는 적정성 원칙을 도입하였다.[123]

적합성의 원칙이 투자권유시에 요구되는 주의의무임에 반하여 적정성의 원칙은 투자권유가 없는 경우에 적용된다는 점에서 차이가 있다. 투자자가 투자권유를 받지 않는 경우에도 투자자의 상황에 비추어 과도한 위험성이 있는 투자결정을 할 때에는 투자자 보호의 관점에서 금융투자업자는 그 위험을 확인하고 투자자에게 알려주어야 할 의무를 부담하게 된다는 것이다.

(2) 적용대상

이 조항의 적용대상이 되는 금융투자상품은 구 자본시장법(구자법 제46조의 2)에 의할 때[124] 파생상품과 위험성이 큰 것으로 ① 파생결합증권. 다만, 발행과 동시에 투자자가 지급한 금전 등에 대한 이자 등 과실만이 해당 기초자산의 가격 · 이자율 · 지표 · 단위 또는 이를 기초로 하는 지수 등의 변동과 연계된 증권은 제외한다. ② 자본시장법 제93조 제1항에 따른 집합투자기구의 집합투자증권. 다만, 금융위원회가 정하여 고시하는 집합투자기구의 집합투자증권은 제외한다. ③ 집합투자재산의 100분의 50을 초과하여 파생결합증권(① 단서에 따른 증권은 제외한다)에 운용하는 집합투자기구의 집합투자증권이다(자령 제52조의 2 제1항).

(3) 투자자정보 확인의무

금융투자업자는 일반투자자의 투자목적 · 재산상황 및 투자경험 등에 비추어 해당

---

122) 온라인소액투자중개의 대상이 되는 증권 등 대통령령으로 정하는 투자성 상품은 제외한다(금융소비자보호법 제17조 제2항 2호).

123) 김건식 · 정순섭, 앞의 책, 775면.

124) 추후 금융소비자보호법 시행령에서 정하는 투자성 상품이 대상이 될 것이다.

파생상품 등이 그 일반투자자에게 적정하지 아니하다고 판단되는 경우에는 그 사실을 알리고, 일반투자자로부터 서명, 기명날인, 녹취, 전자우편 또는 그 밖에 이와 유사한 전자통신, 우편, 전화자동응답시스템의 방법으로 확인을 받아야 한다(금융소비자보호법 제18조 제2항).

투자자에게 알려야 할 사항은 다음과 같다(자령 제52조의 2 제2항). ① 해당 파생상품 등(자법 제46조의2 제1항에 따른 파생상품 등을 말한다)의 내용 ② 해당 파생상품 등에 대한 투자에 따르는 위험 ③ 해당 파생상품 등이 일반투자자의 투자목적 · 재산상황 및 투자경험 등에 비추어 그 일반투자자에게 적정하지 아니하다는 사실

4. 설명의무

(1) 서설

자본시장의 건전한 발전을 위해서는 투자자에 대한 보호가 필요하고, 이는 자본시장법의 주요목적이기도 하다. 반면에 금융투자상품 시장은 항상 위험이 존재하고 이러한 위험을 감수하고 시장에 참가한 투자자는 자신의 투자결정에 대하여 책임을 져야 한다. 다만 일반투자자들은 정보수집이나 정보분석능력이 떨어지므로 투자전문가인 금융투자업자의 임 · 직원의 조언에 따라 투자를 행하는 것이 일반적이다. 이때 이들을 보호하기 위하여 금융투자업자가 투자권유를 함에 있어서 주어지는 주의의무의 하나로 설명의무가 인정된다.

설명의무는 투자자와 금융투자업자간에 지식 · 정보 자체를 대등하게 하는 것은 불가능하지만 적어도 투자자가 자기결정에 대해서 자기책임이 납득될 수 있는 정보가 금융투자업자에 의해서 제공되어야 한다는 점을 근거로 한다. 즉 투자자가 투자결정을 위해서 충분한 정보를 가지지 못한 경우에 보호된다는 것에 그치지 않고, 투자자와 거래를 하는 금융투자업자 측에 정보를 제공할 적극적인 의무를 인정하여 그 의무위반의 경우에 금융투자업자의 책임을 부여한다는 관점에서 인정된 의무이다.

설명의무는 구 증권거래법상으로도 증권거래의 공정성과 투자자 보호라는 증권거래법의 목적으로부터 그 존재를 인정할 수 있었지만, 자본시장법에서는 그 의무를 명문화하였다가 금융소비자보호법으로 이전하게 되었다.

(2) 설명의무의 의의

금융투자업자는 일반투자자를 상대로 투자권유를 하는 경우에는 금융투자상품의 내용, 투자에 따르는 위험 등을 일반투자자가 이해할 수 있도록 설명하여야 할 의무를 부담한다(금융소비자보호법 제19조).

금융투자업자는 위에 따른 설명을 함에 있어서 투자자의 합리적인 투자판단 또는 해당 금융투자상품의 가치에 중대한 영향을 미칠 수 있는 사항을 거짓 또는 왜곡(불확실한 사항에 대하여 단정적 판단을 제공하거나 확실하다고 오인하게 할 소지가 있는 내용을 알리는 행위를 말한다)하여 설명하거나 중요사항을 누락 하여서는 아니된다(금융소비자보호법 제19조 제3항).

설명의 정도에 대해서 대법원은 "어느 정도의 설명을 하여야 하는지는 당해 수익증권의 특성 및 위험도의 수준, 고객의 투자경험 및 능력 등을 종합적으로 고려하여 판단하여야 한다."면서, 투자신탁 수익증권을 판매하는 은행 직원이 고객에게 수익증권의 매수를 권유하면서 중도환매가격에 대한 명확한 설명을 하지 않았으나, 고객이 그 후 중도환매가격이 당초 이해한 것과 다르다는 설명을 듣고 신속한 환매를 권유받았음에도 중도환매요청을 하지 않은 채 수익증권을 계속 보유함으로써 만기에 원금 대부분을 상실하는 손해를 입은 사안에서 "투자신탁 수익증권을 판매하는 은행 직원이 파생금융상품이나 이에 투자하는 투자신탁 수익증권을 매수한 경험이 없는 고객에게 신탁재산의 대부분을 파생금융상품인 주가지수연계증권(ELS)에 투자하는 투자신탁 수익증권의 매수를 권유하면서 중도환매가격에 대하여 오해를 불러일으킬 수 있는 부실한 표시가 기재된 상품설명서를 제공하고, 그 환매가격에 대한 명확한 설명을 하지 않음으로써 고객으로 하여금 중도환매시 지급받을 수 있는 환매가격에 관하여 오해하게 하였다면, 이는 고객이 올바른 정보를 바탕으로 합리적인 투자판단을 할 수 있도록 고객을 보호하여야 할 주의의무를 위반한 것으로 고객에 대하여 불법행위를 구성한다."고 판시하였고,[125] "일반적으로 공사채형 투자신탁의 경우 투자에 따르는 위험과 관련하여 투자권유자는 채권시장의 시가 변동에 의한 위험, 발행주체의 신용위험, 그리고 만약 외국채권을 신탁재산에 편입하는 때에는 환시세의 변동에 의한 위험이 존재하고 이로 인하여 원본손실의 가능성이 있다는 사실 등을 설명하여야 할 것이다."고 하였다.[126]

---

125) 대법원 2010.11.11. 선고 2008다52369 판결.

126) 대법원 2003.7.11. 선고 2001다11802 판결: 투자신탁회사의 직원들이 고객에게 투자신탁재산의 운용방법이나 투자계획 등에 관하여 구체적으로 설명하지 아니한 채 단순히 특별한 고

그러나 "금융기관이 일반 고객과 선물환거래 등 전문적인 지식과 분석능력이 요구되는 금융거래를 할 때에는, 상대방이 그 거래의 구조와 위험성을 정확하게 평가할 수 있도록 거래에 내재된 위험요소 및 잠재적 손실에 영향을 미치는 중요 인자 등 거래상의 주요 정보를 적합한 방법으로 설명할 신의칙상의 의무가 있다고 할 것이나, 계약자나 그 대리인이 그 내용을 충분히 잘 알고 있는 경우에는 그러한 사항에 대하여서까지 금융기관에게 설명의무가 인정된다고 할 수는 없다."고 하여 설명의무의 적용에 대한 제한을 인정하였다.[127][128]

(3) 설명사항

금융투자상품의 내용, 투자에 따르는 위험뿐만 아니라 ① 대통령령으로 정하는 투자성 상품의 경우 대통령령으로 정하는 기준에 따라 금융상품직접판매업자가 정하는 위험등급 ② 그 밖에 금융소비자가 부담해야 하는 수수료 등 투자성 상품에 관한 중요한 사항으로서 대통령령으로 정하는 사항도 설명해 주어야 한다(금융소비자보호법 제19조 제1항 1호 나목).

(4) 투자자의 확인

금융투자업자는 설명한 내용을 일반투자자가 이해하였음을 서명, 기명날인, 녹취, 전자우편, 그 밖에 이와 비슷한 전자통신, 우편, 전화자동응답시스템의 방법 중 하나 이상의 방법으로 확인을 받아야 한다(금융소비자보호법 제19조 제2항).

수익상품이라는 점만을 강조하면서 수익증권의 매입을 적극 권유한 경우, 고객보호의무를 게을리 한 것으로 불법행위가 성립한다고 하였다.

127) 대법원 2010.11.11. 선고 2010다55699 판결.

128) 최근 키코사건과 관련한 대법원 판례(대법원 2013.9.26 선고 2011다53683, 2012다1146, 2013다26746, 2012다13637 판결)에서 설명의무에 대하여 "금융기관은 당해 금융상품의 특성 및 위험의 수준, 고객의 거래목적, 투자경험 및 능력 등을 종합적으로 고려하여 고객이 거래상 주요 정보를 충분히 이해할 수 있을 정도로 설명하여야 한다. 특히 당해 금융상품이 고도의 금융공학적 지식에 의하여 개발된 것으로서 환율 등 장래 예측이 어려운 변동요인에 따라 손익의 결과가 크게 달라지는 고위험 구조이고, 고객의 예상 외화유입액 등에 비추어 객관적 상황이 환 헤지 목적보다는 환율변동에 따른 환차익을 추구하는 정도에 이른 것으로 보이는 경우라면, 그 거래의 위험성에 대하여 고객이 한층 분명하게 인식할 수 있도록 구체적이고 상세하게 설명할 의무가 있다."고 하였다.

(5) 손해배상책임

1) 의의

설명의무위반에 대해서는 손해배상책임의 규정을 두어 설명의무의 이행을 강제하고 있다.[129] 특히 손해액의 추정에 관한 규정을 두고 있는데, 이는 금융투자상품에 대한 전문적 지식이 떨어지는 투자자가 스스로 그 손해액을 증명해야 한다면 투자자가 자신의 권리구제에 적극적으로 임하기 어렵게 될 가능성이 있으므로 이를 구제하기 위해서 두어진 규정이다.

2) 내용

금융투자업자는 설명의무에 위반한 경우 이로 인하여 발생한 일반투자자의 손해를 배상할 책임이 있다(자법 제48조, 금융소비자보호법 제19조 제1항, 제3항). 이는 민법상 불법행위의 요건을 갖추지 못한 경우에도 손해배상책임을 인정한 것으로서 그 성질은 법정책임이라고 보겠다. 또한 손해액에 대한 추정규정을 두어서 투자권유와 손해 사이에 인과관계가 없다는 증명책임을 금융투자업자가 부담하게 된다.

금융투자업자가 설명의무에 위반하였을 때 자본시장법상의 손해배상책임뿐만 아니라 민법상 불법행위에 기한 손해배상책임도 질 수 있다.[130] 이때 설명의무를 위반한 경우 그 근거가 부당한 투자권유의 경우에 인정되는 소극적 의무에 위반한 것과 본질적으로 같은 것이므로 구체적 상황에 따라서 위법성을 인정할 수도 있겠지만, 그것은 거래의 종류, 설명의 정도 등을 고려하여 위법성 유무를 판단하여야 할 것이다. 특히 일반주식거래의 경우 널리 알려져 있으므로 신용거래와 같이 과도한 위험을 수반하는 거래가 아닌 경우 설명의무위반만을 근거로 위법성을 인정하기는 어렵다고 보겠다.[131] 다만 앞에서 본 바와 같이 자본시장법상 책임 요건이 완화되어 있기에 실제 민사상 불법행위책임을 물을 가능성은 희박하다.

---

129) 손해배상책임에 관한 규정은 자본시장법에 그대로 남아 있다.

130) 자본시장법상의 손해배상책임을 법정책임라고 하였을 때 민법상 불법행위에 기한 손해배상책임과는 청구권경합을 인정하는 것이 통설 · 판례의 입장이다(대법원 1997.9.12. 선고 96다41991 판결).

131) 일본에 있어서도 설명의무위반을 이유로 손해배상책임을 추궁할 수 있는가가 주로 문제되는 것은 신주인수권부사채(Warrant)거래이고, 주식거래의 경우 설명의무에 대해서 언급한 것은 많지만 의무위반의 위법성이 인정되는 사례는 어느 것이나 본래부터 기망적인 의도가 있은 것이거나 각종 규제위반행위가 있은 것이고, 설명의무위반을 주된 이유로 불법행위의 성립을 인정한 것은 보기 어렵다. 淸水俊彦, 앞의 논문, 33면.

참조판례

"기업어음(CP)의 거래에 있어서 신용등급은 그 기업어음의 가치에 중대한 영향을 미치는 중요정보에 해당하므로, 증권회사가 고객에게 거래의 대상인 기업어음의 신용등급을 제대로 고지하지 않았다면, 달리 고객이 이미 그 신용등급을 알고 있었다거나 신용등급을 제대로 고지하였더라도 그 기업어음을 매수하였으리라는 등의 특별한 사정이 없는 한, 이로써 고객보호의무위반으로 인한 손해배상책임이 성립한다."(대법원 2006.6.29. 선고 2005다49799 판결).

(6) 적합성의 원칙과의 관계

설명의무와 적합성의 원칙의 관계에 대해서 보면, 자본시장법상 금융투자상품에 대한 투자권유에 있어서는 상대방에게 그 투자의 의사결정을 함에 있어서 필요한 정보를 제공해야 할 설명의무 외에 애초 투자에 적성을 가지지 않은 자에 대해서 권유를 피해야 할 의무 즉 적합성의 원칙이 인정된다.

이것을 투자권유를 하는 금융투자업자와 투자자와의 관계에서 보면 적합성의 원칙은 투자자에 대한 정보를 획득하여 투자자에게 적합한 투자상품을 권유해 준다는 것이고, 설명의무란 자기가 상품에 대하여 가지고 있는 정보를 기초로 하여 투자자에게 정보를 제공해 준다는 것으로 양자는 그 적용단면에 있어서 차이가 난다. 그러나 양자 모두 투자자 보호라는 것을 기초로 하고 있고, 자기책임의 원칙을 적용하기 위한 전제조건이 되며, 부당한 권유의 경우 양 의무위반이 경합되어 나타난다는 점에서 상호 밀접한 연계관계를 인정할 수 있다.

이처럼 둘 다 상대방에 손해를 주지 않아야 할 주의의무이지만 그 사이에는 질적인 차이가 있다. 설명의무는 적절한 정보가 제공되면 그 투자자의 행위에 대해서 자기책임을 부과하는 것이 가능하다는 것이고, 적합성의 원칙은 아무리 설명을 하여도 이해할 적성이 없거나, 그 투자거래에 실패하면 위험부담이 너무 큰 경우 애초에 권유를 하지 말아야 한다는 것이다.

적합성의 원칙에 따르면 정보개시가 적절하여도 투자권유가 부적절할 수 있다. 즉 정보개시만으로는 충분하지 않다는 의미를 가지게 된다. 그런 의미에서 투자자가 자기결정을 충실하게 하도록 도움을 주고자 하는 설명의무와는 기반에서부터 대립한다고도 볼 수 있다. 즉, 설명의무는 자기결정을 함에 있어서 그 보조를 목적으로 하고, 적합성의 원칙은 그 이상 후견적 배려를 목적으로 하는 것이라고 할 수 있다.

투자자 보호라는 관점에서 적합성의 원칙은 필요하지만 적합성의 원칙을 엄격히 적용하면 자기책임의 원칙과 대립할 가능성이 있게 된다. 이때 설명의무란 자기책임

의 원칙에 의거하여 적합성의 원칙에 대립하는 점이 반영된 것이라고 할 수 있다.[132)]

5. 부당권유의 금지

(1) 규제목적 및 연혁

부당한 방법에 의한 투자권유를 규제하는 목적은 이를 통하여 투자자를 보호하고, 자본시장의 건전성을 확보하는 데에 있다.

부당권유금지에 관한 자본시장법 규정은 삭제되고 금융소비자보호법 제21조에서 규정하고 있다. 구 자본시장법상의 부당권유의 금지에 관한 규정은 구 증권거래법상 부당권유행위 등의 금지에 관한 규정[133)]을 토대로 하였다. 구 증권거래법상 부당권유행위 등의 금지에 관한 규정에 있었던 손실보전 등의 금지에 관한 규정은 자본시장법 제55조에서 따로 정하고 있다.

(2) 부당권유행위의 의의

금융투자업자는 투자권유를 함에 있어서 부당한 방법을 이용해서는 안되는 것으로서, 부당권유행위의 규제는 투자권유시에만 적용이 되므로 다음에 보는 투자광고 등의 경우에는 적용되지 않는다. 투자권유란 특정 투자자를 상대로 금융투자상품의 매매 또는 투자자문계약 · 투자일임계약 · 신탁계약(관리형신탁계약 및 투자성 없는 신탁계약을 제외한다)의 체결을 권유하는 것을 말한다(자법 제9조 제4항).

이러한 부당권유의 금지는 일정한 행위유형을 정하여 금융투자업자에 대해서 그러한 불공정행위를 하지 못하도록 규제하는 것으로서, 권유를 함에 있어서 투자자의 상황이 고려되는 것은 아니다.

---

132) 설명의무를 자기책임의 원칙에 대립하는 것으로 파악하는 것은 잘못된 것이라고도 한다. 川浜昇, "ワラント 勸誘に おける 證券會社の 說明義務", 「民商法雜誌」第113券 4 · 5號(1996), 646면.

133) 구 증권거래법 제52조에서 부당권유행위를 금지하였는데, 부당권유행위의 유형으로서 제1호에서 "손실의 전부 또는 일부를 부담할 것을 약속하고 권유하는 행위"를 들고 있으며, 3호에서 "투자자의 보호 또는 거래의 공정을 저해하거나 증권업의 신용을 추락시키는 것으로서 총리령이 정하는 행위"를 들고 있다. 이에 따라 규정된 증권거래법 시행령 제36조의 3에서 "특정 유가증권의 가격의 상승 또는 하락에 대한 단정적이거나 합리적인 근거없는 판단을 제공하여 매매 기타 거래를 권유하는 행위"와 "고객에게 직접 또는 간접적인 재산상의 이익을 제공하는 행위 또는 정당한 사유없이 당해 거래에서 발생한 손실의 전부 또는 일부를 보전하여 주는 행위"를 들고 있다.

(3) 부당권유의 유형

1) 부당권유의 금지

금융투자업자가 투자권유를 함에 있어서 불확실한 사항에 대하여 단정적 판단을 제공하거나 확실하다고 오인하게 할 소지가 있는 내용을 알리는 행위와 금융상품의 내용을 사실과 다르게 알리는 행위가 금지된다(금융소비자 보호법 제21조 제1호, 제2호). 위 사항은 설명의무위반의 사유가 되기도 한다(금융소비자 보호법 제19조 제3항). 이처럼 동일한 행위유형에 대한 다른 규정의 적용이 인정되어 양자의 관계가 문제될 수 있는데, 설명의무위반이 인정되면 당사자는 손해배상추정규정의 적용을 받게 되고, 부당권유금지에 위반하면 인정되면 손해배상추정규정은 적용되지 않지만 3년 이하의 징역 또는 1억원 이하의 벌금이라는 형사책임의 대상이 된다(자법 제445조 제6호).

그 외 금융상품의 가치에 중대한 영향을 미치는 사항을 미리 알고 있으면서 금융소비자에게 알리지 아니하는 행위와 금융상품 내용의 일부에 대하여 비교대상 및 기준을 밝히지 아니하거나 객관적인 근거 없이 다른 금융상품과 비교하여 해당 금융상품이 우수하거나 유리하다고 알리는 행위도 규제의 대상이다(금융소비자 보호법 제21조 제3호, 제4호).

2) 불초청투자권유의 규제[134)]

투자자가 원하지 않는데도 적극적으로 투자권유를 하게 되면 투자자의 사생활의 침해를 가져오게 된다. 따라서 투자자로부터 투자권유의 요청을 받지 아니하고 방문 · 전화 등 실시간 대화의 방법을 이용하는 행위는 금지된다(금융소비자 보호법 제21조 제6호 가목). 다만 모든 금융투자상품이 이 규제의 적용을 받게 되면 금융투자업자의 영업활동이 크게 제한받게 되므로, 장외파생상품과 같이 위험성이 높은 금융투자상품에 한하여 이 규정이 적용되며, 증권, 장내파생상품에 대한 투자권유시에 이 규정의 적용은 제외된다(자령 제54조 제1항).

3) 재권유 금지

투자권유를 받은 투자자가 이를 거부하는 취지의 의사를 표시하였음에도 불구하고 투자권유를 계속하는 행위는 금지된다(금융소비자 보호법 제21조 제6호 나목). 이는

134) 외국의 입법례를 보면 영국 FSA 56, 호주 FSRA 992A, 992AA, 일본 금융상품거래법 제38조 제3호 등을 들 수 있다. 변재호 등, 「자본시장법」, 지원출판사, 2009, 210면.

투자결정에 있어서 투자자의 자유로운 의사결정을 보장하고 건전한 거래질서를 확보하기 위한 것이다.

여기서 투자자 보호 또는 건전한 거래질서를 해할 우려가 없는 경우에는 규제의 대상에서 제외되는데, 그 예로 ① 투자성 있는 보험계약에 대하여 투자권유를 하는 행위 ② 투자권유를 받은 투자자가 이를 거부하는 취지의 의사를 표시한 후 금융위원회가 정하여 고시하는 기간(1개월)이 지난 후에 다시 투자권유를 하는 행위 ③ 다른 종류의 금융투자상품에 대하여 투자권유를 하는 행위를 들 수 있다(자령 제54조 제2항).

(4) 부당권유금지위반과 민사책임

1) 의의

투자자의 피해구제를 위해서는 금융투자업자와 임 · 직원에 대해서 민사책임을 추궁하는 것이 유용할 것인데, 그 방안으로는 민법 제750조에 의한 불법행위가 성립한다고 하여 그 책임을 묻는 방법을 모색할 수 있을 것이다.[135)]

이때 불법행위의 성립을 위해서는 위법성이 요구되는데, 특히 주의의무위반이나 규제위반의 경우 바로 위법성을 인정할 수 있을 것인가가 문제된다. 이하에서는 이러한 불법행위책임을 추궁함에 있어서 제기되는 문제점을 검토하기로 한다.

2) 규제위반과 위법성

부당권유행위는 자본시장법상 금지되고 있는데, 이러한 부당권유행위의 금지에 관한 규정을 위반한 경우 바로 위법성을 인정할 수 있을 것인가에 대해서는 찬 · 반 양론이 있다.

이를 찬성하는 견해는 금융투자업자의 임 · 직원의 부당권유의 남용으로부터 고객을 지키기 위해서는 예를 들어 위탁계약의 무효 · 취소를 가져오지 않을 정도의 부당권유이어도 그것이 자본시장법의 규정에 위반한 행위인 이상 원칙적으로는 불법행위의 성립으로 이어지는 위법성은 존재한다고 본다.[136)]

---

135) 자본시장법 제55에서 보는 이익보장약정에 의한 투자권유의 경우에도 이익보장약정 자체는 무효로 보지만 수탁계약 자체는 유효로 하고 불법행위책임을 묻을 수 있다. 불법행위에 의해 유효한 계약이 성립될 수 있는가라는 의문을 제기하는 견해도 있지만, 대체로 투자자 보호라는 관점에서 불법행위책임의 추궁을 긍정하고 있다. 河本一郎, "證券 · 商品取引の 不當勸誘と 不法行爲責任", 「商事法の解釋と展望」(上柳克郎還暦記念), 有斐閣(1984), 494면 이하.

136) 石田喜久夫, "金先物取引の 法的問題點", 「法律時報」 第55券 2號, 70면.

그러나 이에 대해서 반대하는 견해는 규제위반의 부당권유가 이루어진 사안에 있어서 이에 대한 각종 규제는 일반투자자의 이익을 보호하는 목적을 가진 것이고 본래는 행정적 단속법규 내지 증권업법적, 내부적 약속이므로 규제위반이 당연히 사법상의 위법을 의미하지는 않는다고 한다.[137)]

보건대, 금융투자업자의 임 · 직원의 투자권유라는 영업활동에는 어느 정도의 과대 · 강조는 필연적으로 수반되는 점이 있으므로, 이를 고려할 때 자본시장법의 위반행위에 대해서 바로 사법상으로 위법하다고 평가하기에는 어려움이 있다. 그러나 자본시장법상의 위법성 평가가 사법상의 위법평가와 무관하다고 말할 수는 없다. 금융투자업자는 자본시장법상의 각 규정의 취지 · 내용에 부응하여 고객이 금융투자거래에 대해서 올바른 인식과 이해를 가지고 자주적이고 자유로운 판단으로 거래를 위탁하여 불측의 손해를 입지 않도록 배려해야 할 의무를 부담한다고 할 것이다. 이때 자본시장법상의 부당권유행위의 규제에 관한 각 규정은 이러한 목적과 연관된 것이므로 금융투자업자가 일반대중으로부터 금융투자거래의 위탁을 받는데 있어서 내부적인 행위규범으로서 작용함에 불과한 것은 아니고 위탁자에 대한 관계에 있어서도 주의의무의 한 내용을 구성한다고 보겠다. 이와 같이 볼 때 자본시장법상의 규제에 위반한 경우 위법성의 인정 가능성은 매우 크다고 하겠다.

대법원은 이익보장약정에 따른 주식거래를 한 후 손해가 발생하여 투자자가 증권회사에 대하여 불법행위에 의한 손해배상청구를 한 사안에서 "증권회사 직원이 투자수익보장약정의 위법성을 설명하지 않은 것이 원고들에게 불법행위를 구성한다고 보기 어렵다는 원심의 판단에 잘못이 없다"고 판시하였다.[138)]

이에 반하여 부당권유에 관한 사항은 아니지만, 자본시장법 제71조(불건전 영업행위의 금지)와 관련하여 과당매매가 인정되면 일반적으로 위법성을 인정한다. 대법원은 "포괄적 일임매매약정이 있는 경우에도 증권회사의 직원은 고객에 대하여 보호의무가 있어 선량한 관리자로서의 주의의무(충실의무)를 다하여야 할 것이고, 이를 위반하여 증권회사가 포괄적 일임매매약정을 하였음을 기화로 고객의 이익을 무시하고 회사의 영업실적만을 증대시키기 위하여 무리하게 빈번한 회전매매를 함으로써 고객에게 손해를 입힌 경우에는 불법행위가 된다."고 하였다.[139)]

---

137) 神崎克郎, "證券會社の 投資勸誘に おける 注意義務", 「民商法雜誌」 第113券 4 · 5號(1996), 623면; 川浜 昇, 앞의 논문, 649면; 淸水俊彦, 앞의 논문, 26면.

138) 김건식 교수는 부당권유행위의 불법행위성립에 대하여 보다 적극적으로 판단하고 있다. 김건식, "證券會社職員의 利益保證約定과 投資者의 救濟", 「민사판례연구」 제19집(1997), 박영사, 295면.

139) 대법원 1996.8.23. 선고 94다38199 판결; 대법원 2002.3.29. 선고 2001다49128 판결 등.

3) 위법성의 실질

우리나라 판례는[140] 이익보장약정에 의한 투자권유를 한 경우 "고객에 대한 보호의무를 져버린 경우"에 위법성을 인정하고 있다. 구체적으로 판례는 "증권회사의 임 · 직원이 강행규정에 위반된 이익보장으로 투자를 권유하였으나 투자결과 손실을 본 경우에 투자자에 대한 불법행위책임이 성립하기 위해서는 이익보장 여부에 대한 적극적 기망행위의 존재까지 요구하는 것은 아니라 하더라도, 적어도 거래경위와 거래방법, 고객의 투자상황(재산상태, 연령, 사회적 경험정도 등), 거래의 위험도 및 이에 관한 설명의 정도 등을 종합적으로 고려"하여야 하며, 위 보호의무의 위반의 기준으로서 "당해 권유행위가 경험이 부족한 일반투자자에게 거래행위에 필연적으로 수반되는 위험성에 관한 올바른 인식형성을 방해하거나 또는 고객의 투자상황에 비추어 과대한 위험성을 수반하는 거래를 적극적으로 권유한 경우"를 들고 있다.[141]

판례는 위법성을 판단함에 있어서 "거래경위와 거래방법, 고객의 투자상황(재산상태, 연령, 사회적 경험정도 등), 거래의 위험도 및 이에 관한 설명의 정도" 등을 종합적으로 고려해야 한다고 하여, 금융투자업자의 임 · 직원에 대한 일정한 주의의무의 존재(적합성의 원칙, 설명의무 등)를 인정하고 있으나, 다만 그것은 위법성 판단을 위한 하나의 요소로서의 의미를 지닐 뿐이라고 보며, 이들을 종합적으로 검토하여 위법성 유무를 평가할 것이라고 한다.

이러한 관점에서 볼 때 위법성 유무를 판단함에 있어서 그 초점을 투자자가 아닌 금융투자업자의 임 · 직원이 일정한 한계를 벗어나서 영업활동을 했는가라는 점에 두어야 할 것이다. 즉, 일반적으로 금융투자업의 임 · 직원의 투자권유의 영업활동에는 어느 정도의 과장의 면이 있으므로, 이러한 규제위반의 행위가 사법상으로도 위법한 것이 되기 위해서는 사회적 상당성의 흠결 즉 사회통념상 금융투자업자의 영업활동상 일반적으로 허용되는 한계를 넘어설 것이 요구된다고 하겠다.[142]

---

140) 대법원 1994.1.11. 선고 93다26205 판결; 대법원 1996.8.23. 선고 94다38199 판결; 이와 관련하여 서울지법 남부지원 1997.4.30. 선고 96가합11229 판결에서는 투자자가 비록 금융기관이라고 하더라도 부당한 권유를 한 투신사에 대해서 고객에 대한 보호의무위반을 이유로 위법성을 인정하고 있다.

141) 대법원 1996.8.23. 선고 94다38199 판결; 대법원 2007.7.12. 선고 2006다53344 판결 등: 판례가 제시한 보호의무기준에 대해서 큰 의미를 부여하는 견해로는, 권순일, "투자권유와 증권회사의 고객에 대한 보호의무", 「저스티스」 제31권 제2호(1998), 182면.

142) 일본의 경우 판례는 일찍부터 규제위반이 위법한 것이 되기 위해서는 사회적 상당성의 일탈을 요구하고 있었고, 또한 규제는 사법상의 위법성을 판단함에 있어서 참조기준이라는 자세를 일관되게 취하고 있다. 淸水俊彦, 앞의 논문, 26면; 東京地判 昭50.1.28.(判タ 323號 247면)에서는 "사회통념상 외무원의 외교활동상 일반적으로 허용된 범위를 넘었기 때문에 불법행위의 성립요건으로서 위법성을 가진다."고 판시하였다.

4) 사용자책임

부당권유행위의 경우 금융투자업자의 임 · 직원이 불법행위책임을 지는 것과 별도로 금융투자업자에 대한 민법 제756조에 의한 사용자책임이 인정될 수 있다. 사용자책임이 인정되기 위해서는 임 · 직원의 불법행위책임이 인정되어야 하는데, 여기서 위법성의 판단기준은 앞에서 본 바와 같다.

민법 제756조에 규정된 사용자책임의 요건인 "사무집행에 관하여"와 관련하여 피용자의 불법행위가 외관상 사무집행의 범위 내에 속하는 것으로 보이는 경우에 있어서도 피용자의 행위가 사용자나 사용자에 갈음하여 그 사무를 감독하는 자의 사무집행행위에 해당하지 않음을 피해자 자신이 알았거나 중대한 과실로 인하여 알지 못한 경우에는 사용자책임을 물을 수 없다고 할 것인데, 이 경우 중대한 과실이라 함은 거래의 상대방이 조금만 주의를 기울였더라면 피용자의 행위가 그 직무권한 내에서 적법하게 행하여진 것이 아니라는 사정을 알 수 있었음에도 만연히 이를 직무권한 내의 행위라고 믿음으로써 일반인에게 요구되는 주의의무에 현저히 위반하는 것으로 거의 고의에 가까운 정도의 주의를 결여하고, 공평의 관점에서 상대방을 구태여 보호할 필요가 없다고 봄이 상당하다고 인정되는 상태를 말한다.[143)]

예를 들어 높은 수익을 보장하는 투자상담사에게 투자를 일임하면서 정상적으로 금융투자업자의 계좌를 개설하는 것이 아니고 개인계좌를 통하여 거래를 한 경우, 투자상담사 개인의 경우 부당권유행위로서 손해배상책임이 인정되는 것은 별론으로 하고 금융투자업자에게 손해배상책임을 묻고자 하는 경우에는 투자상담사의 권유행위가 외관상 사무집행의 범위 내에 속하는 것으로 보이더라도 그것이 금융투자업자의 사무집행행위에 속하지 않음에 대하여 투자자의 악의나 중과실이 있을 것이므로 그 책임을 묻기가 어려울 것이다.

그러나 자본시장법 규제에 위반한 경우 금융투자업자는 제64조에 의한 손해배상책임이 인정되기 때문에 사실 사용자책임을 추궁할 가능성은 크지 않다.

(5) 손실보전 · 이익보장의 금지

1) 의의

금융투자업자에게 금지되는 행위는 ① 투자자가 입을 손실의 전부 또는 일부를 보전하여 줄 것을 사전에 약속하는 행위 ② 투자자가 입은 손실의 전부 또는 일부를 사

143) 대법원 2003.2.11. 선고 2002다62029 판결 등.

후에 보전하여 주는 행위 ③ 투자자에게 일정한 이익을 보장할 것을 사전에 약속하는 행위 ④ 투자자에게 일정한 이익을 사후에 제공하는 행위이다(자법 제55조).

다만 자본시장법 제103조 제3항에 의한 신탁에 있어서는 손실의 보전 또는 이익의 보장과 관련하여 예외를 인정한다. 시행령에 따르면 원칙적으로 신탁업자의 손실의 보전이나 이익의 보장을 금지하면서, 연금이나 퇴직금의 지급을 목적으로 하는 신탁 중 금융위원회가 정하는 일부에 대해서 예외를 인정하고 있다(자령 104조 제1항).[144]

참조판례

대법원은 손실보전 · 이익보장의 금지에 대하여 "이 규정은 손실보전 또는 이익보장의 약정이 위험관리에 의하여 경제활동을 촉진하는 증권시장의 본질을 훼손하고 안이한 투자판단을 초래하여 가격형성의 공정(公正)을 왜곡하는 행위로서 증권투자에 있어서의 자기책임원칙에 반하는 것이므로 이러한 부당권유행위를 금지하고, 더불어 증권회사가 거래경험과 지식이 부족한 일반투자자들과의 증권거래에 있어서 존재하는 부당한 투자권유행위를 예방하기 위한 것이다."며, A건설의 부족한 신용을 보강해 기업어음을 통한 자금조달을 용이하게 하기 위한 지급보증은 이를 투자와 관련한 손실보전 또는 이익보장약정이라고 볼 수는 없다고 하였다(대법원 2005.5.13. 선고 2003다57659 판결).

2) 사법상의 효력

일본에 있어서 금융투자거래에 있어서 이익보장 등은 공서양속 위반으로 무효가 된다는 것이 통설[145] · 판례[146]의 입장이다.

우리나라에서도 대체로 무효라는 입장을 취하고 있다.[147] 그 논거는 일본에서와 마찬가지로 공서양속 위반행위라는 것이다.[148]

---

144) 금융위원회 규정에 따를 때 손실의 보전을 허용하는 경우는 다음의 경우이다(금융투자업규정 제4- 82조). ① 신노후생활연금신탁(노후생활연금신탁을 포함) ② 연금신탁(신개인연금신탁 및 개인연금신탁을 포함) ③ 퇴직일시금시탁

145) 河内隆史, "證券會社に おける 利益保證 および 損失保證", 「企業の 社會的 役割と商事法」(田中誠二追悼論文集), 經濟法令研究會(1995), 451면; 여기에 대해서 "계약 자체는 증권회사에 대해서 효력을 가지지만 이 계약에 의거해서 고객이 증권회사에 대해서 이행을 구하고, 증권회사가 이행을 하면 양자 모두 벌칙의 적용을 받게 되고, 또한 고객이 소를 제기하여도 법원은 계약의 이행을 인정해야 하는 것은 아니다."는 견해도 있다. 堀口 亙, "證券會社の 社會的 役割の 一考察", 「企業の 社會的 役割と 商事法」(田中誠二追悼論文集), 經濟法令研究會(1995), 465면.

146) 東京地裁 平成 6.3.8. 判決(判タ 838號, 94면) 등.

147) 그러나 안문택 박사는 보증자체의 사법상의 효력에는 영향이 없다고 하고 있다. 安文宅, 「證券去來法槪論」, 博英社(1983), 372면.

148) 김건식, 앞의 논문, 289면; 이와 달리 그 이론적 근거를 사회질서에 반하는 약정이라는 점에 두는 견해도 있다. 김신, "投資收益保障約定의 效力", 「판례연구」 제8집(1998), 부산판례연구회, 273면.

보건대, 이는 부당권유행위에 대한 규제의 이유[149]와 관련하여 검토할 필요가 있다. 그 규제의 이유로는 첫째, 안일한 투자권유로부터 일반투자자의 보호 둘째, 자본시장의 공정성의 확보 셋째, 금융투자업의 신용유지의 목적을 들 수 있다. 이 중에서 투자자 보호라는 점을 중시하면 안일한 투자권유에 의해 일반투자자가 증권거래에 참가하게 되므로 약자로서의 투자자를 보호할 필요가 있게 되고, 또한 이익보장약정을 무효로 한다면 이익을 얻는 것은 그와 같은 이익보장을 한 금융투자업자나 그 임 · 직원이고 고객은 더욱 손실을 입을 위험이 있기 때문에 이익보장 자체의 사법상의 효력에는 관계가 없는 것으로 해석할 수 있게 된다. 그러나 자본시장의 공정성 확보라는 관점에서 보면, 소량의 거래를 하는 투자자라 할지라도 책임있는 투자판단의 형성이 중요하고, 그것이 자본시장을 지킨다는 공익에 연결된다는 점을 인식할 필요가 있으므로 공정한 가격형성을 왜곡하는 투자권유[150]를 배제하고 규제의 실익을 얻기 위해서는 이익보장으로부터 얻은 이익을 고객이 가져갈 수 없도록 무효설을 취해야 할 것이다.

판례도 이익보장약정의 무효를 인정하고 있는데, 그 무효의 근거로 사회질서위반을 들고 있다. 판례의 태도를 보면 "증권회사 등이 고객에 대하여 증권거래와 관련하여 발생한 손실을 보전하여 주기로 하는 약속이나 그 손실보전행위는 위험관리에 의하여 경제활동을 촉진하는 증권시장의 본질을 훼손하고 안이한 투자판단을 초래하여 가격형성의 공정을 왜곡하는 행위로서, 증권투자에 있어서의 자기책임원칙에 반하는 것이라고 할 것이므로, 정당한 사유 없는 손실보전의 약속 또는 그 실행행위는 사회질서에 위반되어 무효라고 할 것이다."[151]고 하였으며, "투자수익보장이 강행법규에 위반되어 무효인 이상 증권회사의 지점장에게 그와 같은 약정을 체결할 권한이 수여되었는지 여부에 불구하고 그 약정은 여전히 무효이므로 표현대리의 법리가 준용될 여지가 없다."고 판시하였다.[152]

이처럼 이익보장약정의 효력은 무효로 보지만 이익보장약정은 부수적 약정이므로 그로 인해 위탁계약 자체가 무효로 되는 것은 아니라는 것이 판례의 태도이다.[153]

---

149) 구 증권거래법 제52조 3호에서 "투자자의 보호 또는 거래의 공정을 저해하거나 증권업의 신용을 추락시키는 것"을 예시하고 있었으며, 구 자본시장법 제49조 5호에서 "투자자 보호 또는 건전한 거래질서를 해할 우려가 있는 행위"를 들고 있었다.

150) 上村達男, "損失保證 · 損失補塡の 法律問題", 「商事法務」 1257號, 12면: 증권회사는 공정한 가격형성을 이끌 공적인 의무를 지고 있는데, 손실보증 등에 의한 증권투자는 시장가격형성을 왜곡하게 된다고 한다.

151) 대법원 2001.4.24. 선고 99다30718 판결.

152) 대법원 1996.8.23. 선고 94다38199 판결.

153) 대법원 1996.8.23. 선고 94다38199 판결; 일본에서도 학설 · 판례는 대체로 유효하다는 입장

그리고 이익보장약정에 의한 투자권유를 한 경우에 이에 대해서 불법행위에 기한 손해배상청구가 가능할 것인가는 부당권유에 의한 투자권유에서 논의한 바와 같이 투자자에 대한 보호의무에 위반한 경우에 위법성을 인정하고 그에 따른 책임을 묻는 것이 가능하다고 본다.

참조판례

〈 무효로 본 사례 〉

① "피고회사의 영업직에 있는 영업부장이 원고에게 월 4푼 정도의 이득금을 지급하기로 한 약정"(대법원 1997.2.14. 선고 95다19140 판결)

② "증권회사가 고객과의 채권매매 위탁계약에 의하여 이루어지는 채권매매거래로 인하여 손실이 발생하였는지의 여부와는 관계없이 항상 그 예탁금에 대하여 금융기관의 금리보다 연 1% 정도가 높은 비율에 의한 이익금의 지급을 보장하기로 한 이익금 약정"(대법원 1980.12.23. 선고 79다2156 판결)

③ "투자신탁회사와 지역 금융기관인 고객 사이에 재정경제부 장관의 승인을 받고 그 내용이 기재되어 사전 인가된 수익증권에 의하지 않고 개별적으로 이루어진 수익보장약정"(대법원 1998.10.27. 선고 97다47989 판결)

3) 위반에 대한 제재

이익보장금지 규정에 위반한 행위에 대해서는 3년 이하의 징역 또는 1억원 이하의 벌금에 처한다(자법 제445조). 구 증권거래법상으로는 제57조 제1항에서 "위원회는 증권회사가 제52조의 규정에 위반한 때에는 이유를 제시하고 그 영업의 전부 또는 일부의 정지를 명할 수 있다."고 하며, 제3항에서 "위원회는 제52조의 규정에 위반한 임원에 대하여는 이유를 제시하고 그 임원의 해임을 명할 수 있다."고 하여 부당한 권유행위를 한 증권회사나 그 임 · 직원에 대해서 행정처분을 과할 수 있음을 규정하였으나, 구 증권거래법상의 다른 위반행위 등과 달리 형벌규정을 두고 있지 않았다.

6. 투자권유준칙

(1) 의의

금융투자업자의 임 · 직원의 투자권유는 다양한 형태로 이루어진다. 부당권유의 금지와 같이 금융투자업자의 투자권유에 대하여 투자자 보호를 위한 여러 가지 규제가 가해지지만, 다양하게 이루어지는 개별적 투자권유에 대한 규제를 법령에서 세세

을 취하고 있다. 河本一郎, 앞의 논문, 488면 이하; 河内隆史, 전개논문, 453면.

하게 규정하기에는 어려움이 있다. 이때 금융투자업자 스스로 일정한 기준을 정하고 이에 따라 내부적으로 투자권유에 대해 제한을 가하는 것이 자율성 보장의 측면에서 필요하고, 투자권유에 대한 좀 더 효율적인 규제방안이 될 수 있다. 이러한 취지에서 자본시장법에서는 금융투자업자에 대해서 그 임 · 직원이 투자권유시에 준수하여야 할 구체적인 기준 및 절차를 정하고 이를 공시하도록 하고 있다.

(2) 내용

금융투자업자는 투자권유준칙을 마련하고 이를 공시하여야 한다(자법 제50조 제1항, 제2항). 한국금융투자협회는 투자권유준칙과 관련하여 금융투자업자가 공통으로 사용할 수 있는 표준투자권유준칙을 제정할 수 있다(자법 제50조 제3항). 협회의 표준투자권유준칙에 따르면 투자자를 안정형, 안정추구형, 위험중립형, 적극투자형, 공격투자형으로 분류하고 금융투자상품을 초고위험, 고위험, 중위험, 저위험, 초저위험으로 분류한 뒤 특정 유형의 투자자가 투자할 수 있는 금융투자상품의 범위를 제한하고 있다.

7. 투자권유대행인

(1) 의의

투자권유대행인은 금융투자회사로부터 위탁을 받아 투자자에게 투자권유를 하는 자이다. 투자권유대행인을 통하여 투자자가 금융투자회사의 영업점을 방문하지 않고도 금융투자상품을 매수할 수 있게 됨으로씨 투자자의 금융투자상품에 대한 보다 다양한 접근이 가능하게 되었다. 오늘날 전자매체를 통한 거래 등 영업점을 방문하지 않고 이루어지는 새로운 형태의 거래가 많아짐으로써 투자권유대행인의 역할이 더욱 커질 것으로 예상된다.

자본시장법에서는 투자권유대행인에 대해서 등록제를 채택함으로써 금융투자업자의 책임을 명확히 하고자 하였다. 등록된 투자권유대행인이 어떠한 명칭을 사용하든 영업소 이외의 장소에서 투자권유를 하는 경우에는 금융투자업자의 수임인의 지위에 서게 됨으로서 그 권유행위에 대해서 금융투자업자가 책임을 지게 된다.

투자권유대행인제도는 외국의 경우에 이미 이용되고 있는 판매권유자(Introducing

Broker)[154]제도를 모델로 한 것으로, 우리나라의 경우도 간접투자증권 취득권유인 제도를 2005년「간접투자자산운용업법」시행령 및 시행규칙에 도입하였고, 이를 2007년「간접투자자산운영업법」상으로도 제도화하였다.

(2) 투자권유대행인의 법적 지위

투자권유대행인은 금융투자업자의 위탁을 받아 금융투자상품 판매의 중개업무 만을 수행하는 자이다. 금융투자업자와 투자권유대행인 사이의 대행계약은 위탁자인 금융투자업자의 요청으로 투자권유대행인이 금융투자상품에 대한 투자권유업무를 대행하고 그 대가로 일정한 수수료를 받는 것으로서 위임에 속한다. 투자권유대행인은 금융투자업자에 소속된 임 · 직원이 아닌 자에게 투자권유에 관한 권한이 부여된 자로서, 이때 금융투자업자와 고용관계에 서는 것은 아니다. 투자권유대행인은 단지 중개권한만을 가지며 금융투자상품에 대한 계약의 주체는 금융투자업자가 된다.

그런데 2008년도 세계 금융위기를 계기로 무분별한 투자권유로부터 투자자 보호의 필요성이 더욱 강조되게 되었고, 이를 반영하여 투자권유대행인은 위험성이 큰 파생상품에 대한 투자권유는 하지 못하도록 하였다(자법 제51조 제1항).

(3) 투자권유대행인의 자격

1) 개인

투자권유대행인은 법인이 아닌 개인으로 한정한다. 투자권유대행인을 법인에게 허용할 경우에 투자중개업자와 동일한 업무영역을 갖게 되는데 투자중개업자에 비해 설립요건이 완화되어 규제차익이 발생하는 문제가 발생할 수 있기 때문에 이를 제한하였다.

2) 기등록자가 아닐 것

이미 다른 금융투자업자에 등록된 자는 투자권유대행인의 자격이 인정되지 않으며 투자권유대행인은 특정 금융투자업자에게 선속하여야 한다(자법 제51조 제1항 1호).

---

154) 미국의 경우에는 1920년대부터 등록대리인(Registered Representative)이 존재하였으며 등록대리인은 자율규제기관인 뉴욕증권거래소(NYSE)와 전미증권업협회(NASD)의 감독을 받고 있다. 한국증권업협회, 앞의 책, 224면.

3) 전문성을 갖출 것

투자권유대행인은 증권관련 자격증 등 전문지식을 갖출 것이 요구된다(자법 제51조 제1항 제2호). 시행령에 따르면 ① 협회에서 시행하는 투자권유자문인력의 능력을 검증할 수 있는 시험에 합격한 자 ② 협회에서 시행하는 투자운용인력의 능력을 검증할 수 있는 시험에 합격한 자 ③ 보험설계사 · 보험대리점 또는 보험중개사의 등록요건을 갖춘 개인으로서 보험모집에 종사하고 있는 자(집합투자증권의 투자권유를 대행하는 경우만 해당한다) 중의 하나에 해당하고(자령 제56조 제1항), 협회가 정하여 금융위원회의 인정을 받은 교육을 마칠 것을 요구하고 있다(자령 제56조 제2항).

투자권유대행인이 등록 이후 그 영업을 영위함에 있어서 전문성의 요건을 유지하여야 하며, 이 유지의무에 위반한 경우 금융위원회에 의하여 등록이 취소되거나 6개월 이내의 업무정지를 당할 수 있다(자법 제53조 제2항 1호).

4) 등록취소일로부터 일정기간의 경과

투자권유대행인이 등록요건 유지의무위반 등의 사유로 자본시장법 제53조 제2항에 따라 금융위원회에 의하여 등록이 취소된 경우 그 등록이 취소된 날부터 3년이 경과하여야 한다(자법 제51조 제1항 3호).

(4) 투자권유대행인의 등록

투자권유대행인은 금융투자업자가 금융위원회에 등록을 하여야 투자권유를 할 수 있다. 이 경우 금융위원회는 그 등록업무를 대통령령으로 정하는 바에 따라 협회에 위탁할 수 있다(자법 제51조 제3항).

금융위원회는 위 등록 여부를 결정함에 있어서 다음의 사유가 없는 한 등록을 거부하여서는 아니 된다(자법 제51조 제7항). ① 자본시장법 제51조 제1항의 요건을 갖추지 아니한 경우 ② 등록신청서를 거짓으로 작성한 경우 ③ 등록신청서 흠결에 대한 보완요구를 이행하지 아니한 경우

(5) 투자권유대행인의 금지행위

투자권유대행인제도를 통하여 투자자의 금융투자업자에 대한 접근이 용이해지고 금융투자업자의 영업범위가 넓어진다는 이점이 있지만, 투자권유대행인의 권한남용에 따른 불완전 판매라는 부작용이 발생할 수 있다. 그리하여 앞에서의 자격제한에

관한 규정뿐만 아니라 자본시장법 제52조에서는 투자권유대행인에 대한 행위규제에 관한 규정을 두어 투자자를 보호하고 있다.

금융투자업자는 투자권유대행인 외의 자에게 투자권유를 대행하게 하여서는 아니 된다(제52조 제1항). 또한 직무관련 정보의 이용금지, 손실보전 등의 금지에 관한 규정이 적용된다(자법 제52조 제6항).

(6) 투자권유대행인의 개시의무

투자권유대행인은 투자권유를 대행함에 있어서 투자자에게 다음의 사항을 미리 알려야 하며, 자신이 투자권유대행인이라는 사실을 나타내는 표지를 게시하거나 증표를 투자자에게 내보여야 한다(자법 제52조 제3항).

① 투자권유를 위탁한 금융투자업자의 명칭

② 투자권유를 위탁한 금융투자업자를 대리하여 계약을 체결할 권한이 없다는 사실

③ 투자권유대행인은 투자자로부터 금전 · 증권, 그 밖의 재산을 수취하지 못하며, 금융투자업자가 이를 직접 수취한다는 사실

④ 그 밖에 투자자 보호 또는 건전한 거래질서를 위하여 필요한 사항으로서 대통령령으로 정하는 사항

(7) 투자권유시의 주의의무

투자권유대행인에 대해서 구 자본시장법상 인정되었던 적합성의 원칙, 적정성의 원칙, 설명의무, 부당권유의 금지도 준용된다고 하여, 금융투자업자와 동등한 수준의 투자자 보호제도의 적용을 받았다. 이에 대한 자본시장법 규정이 삭제되었지만 금융투자업자에 대한 위의 주의의무는 금융소비자 보호법상 인정되므로 투자권유대행인도 여전히 그 주의의무를 부담하는 것으로 본다.

(8) 금융투자업자의 책임

금융투자업자는 투자권유대행인이 투자권유를 대행함에 있어서 법령을 준수하고 건전한 거래질서를 해하는 일이 없도록 성실히 관리하여야 하며, 이를 위한 투자권유대행기준을 정하여야 한다(자법 제52조 제4항).

그리고 투자권유대행인이 투자권유를 대행함에 있어서 투자자에게 손해를 끼친 경우에 자본시장법 제48조가 준용되어 금융투자업자는 손해배상책임을 부담하게 된다(자법 제52조 제6항).

Ⅶ. 투자광고의 규제

1. 의의

자본시장법에서는 금융투자업자의 광고가 무분별하게 이루어져 투자자의 투자판단에 오인을 가져오는 것을 방지하기 위해서 광고규제를 도입하였다. 투자광고는 투자권유와 구별되는 것으로, 투자권유는 특정 투자자를 상대로 금융투자상품의 매매 등을 권유하는 행위임에 반하여, 투자광고는 불특정 투자자를 상대로 한다는 점에서 차이가 난다. 투자권유의 경우 적합성의 원칙, 설명의무 등 보다 엄격한 규제가 가해짐에 반하여, 투자광고의 경우 위와 같은 의무가 부과되면 사실상 광고가 불가능해지므로 그 의무의 적용을 받지 않는다.

2. 투자광고의 당사자

투자광고는 금융투자업자만 할 수 있다(자법 제57조 제1항). 다만 협회, 금융투자업자를 자회사 또는 손자회사로 하는 금융지주회사도 투자광고를 할 수 있으며, 증권의 발행인 또는 매출인은 그 증권에 대하여 투자광고를 할 수 있다. 따라서 무인가업자, 외국 금융투자회사 등은 투자광고가 금지된다.

3. 투자광고의 표시사항

(1) 일반적 표시사항

투자광고에는 당해 금융투자업자의 명칭, 금융투자상품의 내용, 당해 금융투자상품의 투자에 따르는 위험, 그 밖에 대통령령이 정하는 사항 등이 표시되어야 하며(자법 제57조 제2항), 시행령에 따를 때 ① 금융투자업자는 금융투자상품에 대하여 충분히 설명할 의무가 있다는 내용 ② 금융투자업자로부터 설명을 듣고서 투자할 것을 권고하는 내용 ③ 수수료에 관한 사항 ④ 투자광고를 하는 자, 투자광고의 내용, 투자광고의 매체 · 크기 · 시간 등을 고려하여 금융위원회가 정하여 고시하는 사항 등도 표시되어야 한다(자령 제60조 제1항).

(2) 집합투자증권에 대한 특례

금융투자업자는 집합투자증권에 대하여 투자광고를 하는 경우 ① 집합투자증권을 취득하기 전에 투자설명서 또는 간이투자설명서를 읽어 볼 것을 권고하는 내용 ② 집합투자기구는 운용결과에 따라 투자원금의 손실이 발생할 수 있으며, 그 손실은 투자자에게 귀속된다는 사실 ③ 집합투자기구의 운용실적을 포함하여 투자광고를 하는 경우에는 그 운용실적이 미래의 수익률을 보장하는 것은 아니라는 내용이 포함되도록 하여야 하며, 집합투자기구의 명칭, 집합투자기구의 종류에 관한 사항, 집합투자기구의 투자목적 및 운용전략에 관한 사항, 그 밖에 집합투자증권의 특성 등을 고려하여 대통령령으로 정하는 사항 외의 사항을 투자광고에 사용하여서는 아니 된다(자법 제57조 제3항).

4. 이익보장 등의 표시금지

금융투자업자는 투자광고를 함에 있어서 신탁업자의 신탁재산의 수탁함에 있어서 자본시장법 제103조 제3항에 따라 손실의 보전 또는 이익의 보장을 하는 경우를 제외하고는 손실보전 또는 이익보장으로 오인하게 하는 표시를 하여서는 아니 된다(자법 제57조 제4항).

또한 투자광고에 있어 「표시 · 광고의 공정화에 관한 법률」 제4조 제1항에 따른 표시 · 광고사항이 있는 경우에는 소비자보호를 위해서 같은 법이 정하는 바에 따라 허위 · 과장의 표시 · 광고 등과 같이 부당한 표시 · 광고행위의 금지 등이 적용된다.

5. 투자광고의 방법 및 절차

금융투자업자는 투자광고를 하는 경우 다음 사항을 준수하여야 한다(자령 제60조

제3항). ① 수익률이나 운용실적을 표시하는 경우에는 수익률이나 운용실적이 좋은 기간의 수익률이나 운용실적만을 표시하지 아니할 것 ② 금융투자상품의 비교 광고를 하는 경우에는 명확한 근거 없이 다른 금융투자상품이 열등하거나 불리한 것으로 표시하지 아니할 것 ③ 준법감시인(준법감시인이 없는 경우에는 감사 등 이에 준하는 자를 말한다)의 사전확인을 받는 등 금융위원회가 정하여 고시하는 방법에 따를 것

금융투자협회는 투자광고를 하는 자, 투자광고의 내용, 투자광고의 매체 · 크기 · 시간 등을 고려하여 금융투자업자가 준수하여야 할 투자광고 기준, 투자광고 심사절차 및 방법, 그 밖에 투자광고와 관련하여 필요한 세부사항을 달리 정할 수 있다(금융투자업규정 제4-12조 제2항).

Ⅷ. 직무관련 정보의 이용금지 등

1. 직무관련 정보의 이용금지

(1) 의의

금융투자업자는 업무특성상 고객의 정보를 포함한 다양한 정보를 취급하게 된다. 이때 금융투자업자가 직무상 알게 된 미공개정보를 이용하여 금융투자거래를 하는 것은 이러한 정보를 알지 못하는 일반투자자를 희생시키고 부당한 이득을 얻는 불공정거래가 되기 때문에 이를 규제하는 것이다.

미공개정보의 이용에 대해서는 이 조항뿐만 아니라 자본시장법 제174조에서도 내부자거래의 금지에 관한 규정을 두어 기업내부의 미공개중요정보의 이용행위를 금지하고 있다. 내부자거래의 경우 미국 판례상 확립된 중요성의 기준을 도입하여 중요정보에 대해서만 이용금지를 함에 반하여 이 조항은 이에 대한 제한이 없다. 따라서 이 조항에 따를 때 내부자거래의 규제요건을 충족하지 못하는 정보의 이용에 대해서도 규제가 가능한 것으로서 내부자거래규제의 보완작용을 하는 면도 있다.

(2) 내용

금융투자업자는 직무상 알게 된 정보로서 외부에 공개되지 아니한 정보를 정당한 사유 없이 자기 또는 제삼자의 이익을 위하여 이용하지 못한다(자법 제54조 제1항). 또한 금융투자업자 및 그 임 · 직원은 정보교류 차단의 대상이 되는 정보를 정당한 사유 없이 본인이 이용하거나 제삼자에게 이용하게 하여서는 아니 된다(자법 제54조 제2항).

금융위원회는 금융투자업자 및 그 임 · 직원이 제54조 제2항을 위반한 경우에는 그 금융투자업자, 임 · 직원 및 정보교류 차단의 대상이 되는 정보를 제공받아 이용한 자에게 그 위반행위와 관련된 거래로 얻은 이익(미실현 이익을 포함한다) 또는 이로 인하여 회피한 손실액의 1.5배에 상당하는 금액 이하의 과징금을 부과할 수 있다(자법 제428조 제4항).

금융투자업자가 직무상 알게 된 정보는 투자자의 매매주문동향 등과 같은 거래와 관련된 정보도 있고, 당해 금융투자업자의 내부정보를 비롯한 특정 법인에 대한 내부정보도 있다. 특정 법인에 대한 내부정보와 관련하여 만일 금융투자업자가 그 법인에 대하여 법령에 의한 허가 · 인가 · 지도 · 감독 기타의 권한을 가지거나, 그 법인과 계약을 체결하고 있거나, 체결을 교섭하고 있는 경우에는 준내부자가 되며, 내부자로부터 중요한 미공개정보를 전달받은 경우에는 정보수령자로서 역시 내부자에 속하게 된다. 어떤 경우이든 내부자의 미공개중요정보의 이용행위는 자본시장법 제174조상의 내부자거래의 규제대상이 된다. 다만 내부자거래의 규제대상이 되기 위해서는 중요성의 기준을 충족하여야 하며, 내부자가 2차 정보수령자인[155] 경우에는 규제의 대상이 되지 않는다.

이 규정에 위반한 경우에 3년 이하의 징역 또는 1억원 이하의 벌금에 처한다(자법 제445조).

---

155) 제1차 정보수령자로부터 미공개내부정보를 다시 전달받은 제2차 정보수령자가 증권의 매매 그 밖의 거래와 관련하여 전달받은 당해 정보를 직접 이용하는 경우에만 제1차 정보수령자가 처벌대상이 되고(2차 정보수령자는 처벌대상 아님), 제2차 정보수령자가 그 정보를 직접 이용하지 않고 다시 다른 사람에게 전달하여 이용하게 하는 경우에는 제1차 정보수령자도 처벌대상이 아니다(대법원 2002.1.25. 선고 2000도90 판결).

2. 약관규제

(1) 의의

금융투자상품거래는 대량적으로 이루어지는 것으로서 다수 계약관계의 간이 · 신속한 처리를 위해서는 계약 내용을 정형화해야 할 필요가 있다. 약관이란 계속적 · 대량적 기업거래에 획일적으로 적용하기 위해서 미리 정형적으로 작성된 계약 조항으로서 금융거래는 약관을 통하여 이루어지는데, 약관은 금융투자업자가 일방적으로 작성하는 부합계약의 성질을 가지므로 기업의 일방적 이익을 추구할 가능성이 있다. 따라서 투자자 보호의 요청에 따라 이를 규제하는 것이다.

또한 금융거래는 약관규제법의 적용을 받는 것으로서 약관규제법에서는 신의성실의 원칙에 반하여 공정을 잃은 계약조항은 무효라고 규정하고 있다(약관규제법 제6조).

(2) 약관의 제정 또는 변경

금융투자업자는 금융투자업의 영위와 관련하여 약관을 제정 또는 변경하고자 하는 경우에는 미리 금융위원회에 신고하여야 한다. 다만, ① 약관내용 중 투자자의 권리 또는 의무와 관련이 없는 사항을 변경하는 경우 ② 표준약관을 그대로 사용하는 경우 ③ 제정 또는 변경하고자 하는 약관의 내용이 다른 금융투자업자가 이미 금융위원회에 신고한 약관의 내용과 같은 경우 ④ 전문투자자만을 대상으로 하는 약관을 제정 또는 변경하는 경우에 해당하는 경우에는 약관을 제정 또는 변경한 후 7일 이내에 금융위원회 및 협회에 보고하여야 한다(자법 제56조 제1항).

또한 금융투자업자가 약관을 제정 또는 변경한 경우에는 인터넷 홈페이지 등을 이용하여 공시하여야 한다(자법 제56조 제2항).

(3) 표준약관의 제정 또는 변경

금융투자협회는 건전한 거래질서를 확립하고 불공정한 내용의 약관이 통용되는 것을 방지하기 위하여 금융투자업 영위와 관련하여 표준약관을 제정할 수 있다(자법 제56조 제3항). 이에 따라 금융투자협회는 「금융투자회사의 약관운용에 관한 규정」을 두어 금융투자업 영위와 관련한 금융투자협회의 표준약관의 제정 및 약관심사에 필요한 사항을 정하고 있다.

금융투자협회는 표준약관을 제정 또는 변경하고자 하는 경우에는 미리 금융위원회에 신고하여야 한다. 다만, 전문투자자만을 대상으로 하는 표준약관을 제정 또는 변경하는 경우에는 그 표준약관을 제정 또는 변경한 후 7일 이내에 금융위원회에 보고하면 된다(자법 제56조 제4항).

(4) 약관의 심사

1) 공정거래위원회

약관이나 표준약관을 신고 또는 보고받은 금융위원회는 그 약관 또는 표준약관을 공정거래위원회에 통보하여야 한다. 이 경우 공정거래위원회는 통보받은 약관 또는 표준약관이 「약관의 규제에 관한 법률」 제6조부터 제14조까지의 규정에 위반된 사실이 있다고 인정될 때에는 금융위원회에 그 사실을 통보하고 그 시정에 필요한 조치를 취하도록 요청할 수 있으며, 금융위원회는 특별한 사유가 없는 한 이에 응하여야 한다(자법 제56조 제5항).

2) 금융위원회

금융위원회는 약관 또는 표준약관이 자본시장법 또는 금융과 관련되는 법령에 위반되거나 그 밖에 투자자의 이익을 침해할 우려가 있다고 인정되는 경우에는 금융투자업자 또는 협회에 그 내용을 구체적으로 기재한 서면에 의하여 약관 또는 표준약관을 변경할 것을 명할 수 있다(자법 제56조 제6항).

3. 수수료규제

(1) 의의

금융투자업자에게 수수료는 그 영리성을 확보하기 위한 기반으로서 의미를 가지지만 금융투자업자가 일정한 수익의 확보를 위해서 수수료를 과다하게 책정할 가능성이 있다. 따라서 금융투자업자가 책정하는 수수료의 합리성을 확보할 필요가 있으며, 또한 자율경쟁이 보장되는 자본시장에 있어서 금융투자업자간에 경쟁을 유인하기 위해서는 각 금융투자업자가 책정한 수수료에 관한 정보를 투자자가 확보할 수 있어야 한다.

즉 투자자들이 금융투자업자가 책정한 수수료가 합리적 근거를 가지는가를 판단하기 위해서는 이에 대한 자료가 제공될 필요가 있고, 투자자로서는 금융투자업자에 대한 선택의 기회를 가지기 위해서 수수료의 비교 · 검토를 위한 정보를 제공받을 필요가 있다. 이러한 취지에서 자본시장법에서는 금융투자업자에 대하여 수수료의 부과기준 및 절차에 관한 사항의 공시를 요구하고 있다.

(2) 내용

자본시장법 제58조의 내용은 대별하여 정보개시의무와 투자자간 차별적용의 금지로 나누어 볼 수 있다. 먼저 정보개시의무와 관련하여 금융투자업자는 투자자로부터 받는 수수료의 부과기준 및 절차에 관한 사항을 정하고, 인터넷 홈페이지 등을 이용하여 공시하여야 한다(자법 제58조 제1항). 이러한 수수료 부과기준 및 절차에 관한 사항을 금융투자협회에 통보하여야 하며, 금융투자협회는 통보받은 사항을 금융투자업자별로 비교하여 공시하여야 한다.

다음으로 투자자간 차별적용의 금지에 관한 것으로, 금융투자업자가 정당한 사유 없이 수수료 부과기준을 정함에 있어서 투자자를 차별하여서는 아니 된다(자법 제58조 제2항). 이처럼 투자자 보호를 위해서 수수료의 차별은 금지되지만 금융투자업자의 영업자율성의 확보라는 측면에서 보면 차별수수료의 금지는 이에 대한 중대한 제약요인이 될 것이다. 투자자 중에서 금융투자업자의 이익에 더 큰 기여를 하는 거액거래자에 대해서 이점을 제공하는 것은 자본시장원리에 비추어 당연한 것이므로 이를 엄격하게 해석할 필요는 없을 것이다. 따라서 '정당한 사유'를 완화해서 해석하여 금융투자업자의 자율성을 어느 정도 확보해 주는 방향으로 제도를 운영할 필요가 있다.

4. 계약서류의 교부 및 계약의 해제

(1) 의의

자본시장법에서는 금융투자업자에 대해서 계약서류교부의무를 부과하고, 투자자에게는 조건없는 계약해제권을 부여함으로써 투자자를 보호하고자 한다. 계약서류교부의무는 모든 금융투자업자에게 부과되는 것으로서 투자자로 하여금 계약내용을 확인할 수 있게 하여 부당한 계약체결을 방지하고자 하는 것이다.

계약해제권은 투자자가 금융투자상품거래계약을 체결한 후 일정한 기간내에 그 금융투자상품거래계약을 조건없이 해제할 수 있게 한 것이다. 다만 금융투자상품의 경우 수시로 시장가격이 변동하므로 이를 감안하여 계약해제권을 일정한 계약에 대해서만 가능하도록 제한하고 있다.

(2) 계약서류교부의무

금융투자업자는 투자자와 계약을 체결한 경우 그 계약서류를 투자자에게 지체 없이 교부하여야 한다(자법 제59조 제1항). 다만, 계약내용 등을 고려하여 투자자 보호를 해할 우려가 없는 경우로서 ① 매매거래계좌를 설정하는 등 금융투자상품을 거래하기 위한 기본계약을 체결하고 그 계약내용에 따라 계속적 · 반복적으로 거래를 하는 경우 ② 투자자가 계약서류를 받기를 거부한다는 의사를 서면으로 표시한 경우 ③ 투자자가 우편이나 전자우편으로 계약서류를 받을 의사를 서면으로 표시한 경우로서 투자자의 의사에 따라 우편이나 전자우편으로 계약서류를 제공하는 경우 ④ 그 밖에 투자자 보호를 해칠 염려가 없는 경우로서 금융위원회가 정하여 고시하는 경우에는 그 계약서류를 교부하지 아니할 수 있다(자령 제61조 제1항).

그런데 대부분의 금융투자계약이 약관에 의해서 이루어지므로 만일 계약이 약관에 의해서 이루어졌다면 금융투자업자는 이 조항에 따른 계약서류교부의무를 부담할 뿐만 아니라, 약관규제법 제3조에 따라 약관에 대한 명시 · 설명의무가 부과된다.

(3) 계약해제권

계약해제(Cooling-Off)제도란 투자자에게 금융투자상품거래계약 체결 후 일정기간내에 무조건적인 해제권을 부여하는 것이다. 즉 투자자에게 일정한 숙려기간 내지 냉각기간을 부여하여 계약을 해제할 수 있도록 한 것이다. 계약해제제도는 보험과 같은 경우에도 인정되고 있지만 금융투자상품의 경우에는 그 시장가치가 급변하므로 계약해제제도를 모든 금융투자상품거래계약에 적용하기는 어렵다. 예를 들면 투자일임계약을 체결하고 나서 주식과 관련된 상품을 구입한 후 시장가격하락으로 손해를 본 경우에 이 제도를 이용할 수 있도록 하면 해제의 효과가 소급하게 되어 금융투자업자가 부당하게 손해를 입을 수 있다. 따라서 그 적용범위를 제한하는 것이다. 시행령에 따르면 계약해제권은 투자자문계약을 맺은 경우에 한하여 인정된다(자령 제61조 제2항).

금융투자업자와 계약을 체결한 투자자는 계약서류를 교부받은 날부터 7일 이내에 계약의 해제를 할 수 있다(자법 제59조 제2항). 계약의 해제는 해당 계약의 해제를 하는 취지의 서면을 해당 금융투자업자에게 송부한 때에 그 효력이 발생한다(자법 제59조 제3항).

5. 자료의 기록 · 유지

금융투자업자의 영업과 관련된 자료는 자신의 영업에 대한 기록보존의 의미도 있지만 나중에 투자자와 분쟁이 발생했을 때 증거로서 중요한 의미를 가진다. 따라서 이에 대한 일정기간 기록 · 유지의무를 부과하고 있다.

금융투자업자는 금융투자업 영위와 관련한 자료를 일정기간 기록 · 유지하여야 하는데(자법 제60조 제1항), 시행령에 의할 때 이를 영업에 관한 자료, 재무에 관한 자료, 업무에 관한 자료, 내부통제에 관한 자료, 그 밖에 법령에서 작성 · 비치하도록 되어 있는 장부 · 서류로 나누어 서류의 종류에 따라 10년, 5년, 3년의 기간동안 보존하도록 하고 있다(자령 제62조 제1항).

위 자료의 종류 · 구분 등에 관한 구체적인 기준은 금융위원회가 정하여 고시하며, 금융위원회는 투자자 보호를 해칠 염려가 없는 경우에는 그 기간을 단축하여 고시할 수 있다.

6. 소유증권의 예탁

(1) 의의

증권대체결제는 증권의 매매거래에 있어서 투자자 · 금융투자업자 등이 소유하는 증권을 미리 예탁결제원에 예탁함으로써 매매거래 등에 따른 증권의 수수를 실물의 교부에 의하지 않고 예탁결제원의 계좌 사이에서 장부상의 기재로 대체함으로써 결제를 완료하는 제도이다. 이것이 이루어지는 증권예탁결제제도는 증권거래가 대량적으로 이루어지는 자본시장에 있어서 거래시마다 실물을 이전해야 하는 경우에 발생하는 번잡과 위험을 해결하기 위한 제도이다.

증권예탁결제제도의 이용을 위해서는 증권의 예탁이 이루어져야 하는데, 증권예탁여부는 원칙적으로 자율에 속하지만 증권의 보유자가 거래소에서 매매거래를 하기 위해서는 의무적으로 증권을 예탁자[156]를 통하여 예탁결제원에 집중예탁하여야 한다.

그런데 "주식 · 사채 등의 전자등록에 관한 법률"이 제정됨으로써 상장주식과 채권은 의무적으로 전자등록하여야 하므로 실물의 예탁 가능성은 신규 예탁 외에는 없어지게 되었다.

(2) 내용

금융투자업자는 그 고유재산을 운용함에 따라 소유하게 되는 증권을 예탁결제원에 지체 없이 예탁하여야 한다(자법 제61조). 금융투자업자는 자본시장에서 자기매매와 위탁매매 등을 통하여 대량으로 증권거래를 하게 되는데, 위탁매매를 위해서 증권을 예탁하여야 하는 것과 마찬가지로 자기매매로 인한 증권도 예탁결제원에 예탁하여야 하는 것이다.

일반적으로 예탁 가능한 증권은 예탁결제원이 지정하게 되는데 대체가능성이 있으면 된다. 이에 대해서 자본시장법에서는 "예탁대상증권 등"이라는 용어를 사용하여 증권과 동일할 필요는 없다는 점을 밝히고 있다(자법 제308조).[157]

예탁자는 고객으로부터 예탁받은 증권 등도 투자자계좌부를 작성 · 비치하고 예탁결제원에 재예탁하게 되는데, 예탁자는 증권을 예탁결제원에 재예탁할 때까지는 자기소유분과 구분하여 보관하여야 한다(자법 제310조 제3항). 예탁결제원은 예탁자계좌부를 작성함에 있어서 금융투자업자 등 예탁자의 자기소유분과 투자자예탁분이 구분될 수 있도록 하여야 한다(자법 제309조 제3항).

7. 임 · 직원의 금융투자상품 매매

(1) 의의

종래 증권거래법상 증권회사의 임 · 직원은 증권저축의 경우를 제외하고 누구의 명의로 하든지 본인의 계산으로 유가증권의 매매거래 또는 그 위탁을 못하였다(구 증권거래법 제42조). 그러나 미국, 일본 등 외국에서 임 · 직원의 자기매매는 원칙적으

156) 「증권 등 예탁업무규정」에 따르면, 금융투자업자, 은행, 보험회사, 일정한 기관투자자, 외국예탁결제기관, 외국금융기관 등을 들고 있다(제10조 제1항).

157) 여기에서의 예탁대상이 되는 증권에 원화로 표시된 양도성 예금증서, 그 밖에 금융위원회가 정하여 고시하는 것이 포함된다(자령 제63조 제1항).

로 허용하되 내부통제장치를 강화하는 규제의 틀을 갖추고 있는 것을 반영하여,[158] 자본시장법에서는 금융투자업자의 임 · 직원의 금융투자상품에 대한 자기매매를 원칙적으로 허용하는 방향으로 입법하게 되었다.

(2) 대상 금융투자업자

여기에서 대상이 되는 금융투자업자에는 겸영금융투자업자가 포함된다(자법 제63조 제1항). 다만 은행, 보험회사, 한국산업은행, 중소기업은행, 한국수출입은행, 종합금융회사, 자금중개회사, 외국환중개회사, 한국주택금융공사 등의 경우에는 금융투자업의 직무를 수행하는 임 · 직원에 한한다(자령 제64조 제1항).

(3) 대상 금융투자상품

금융투자업자의 임 · 직원의 자기매매가 허용되는 금융투자상품은 다음과 같다(자령 제64조 제2항).

① 증권시장에 상장된 지분증권(자법 제178조에 따른 장외거래 방법에 의하여 매매가 이루어지는 주권을 포함하며, 자법 제9조 제18항 제2호에 따른 투자회사의 주권과 투자유한회사 · 투자합자회사 · 투자합자조합 · 투자익명조합의 지분증권은 제외한다)
② 증권시장에 상장된 증권예탁증권(상장된 지분증권과 관련된 증권예탁증권만 해당한다)
③ 자본시장법 제71조 제4호 나목에 따른 주권 관련 사채권으로서 상장된 지분증권이나 상장된 증권예탁증권과 관련된 것
④ 상장된 지분증권, 상장된 증권예탁증권이나 이들을 기초로 하는 지수의 변동과 연계된 파생결합증권
⑤ 장내파생상품
⑥ 상장된 지분증권, 상장된 증권예탁증권이나 이들을 기초로 하는 지수의 변동과 연계된 장외파생상품

---

158) 재정경제부, 「자본시장과 금융투자업에 관한 법률 제정안」, 2006.12.28., 89면.

(4) 내부통제

금융투자업자의 임 · 직원의 자기매매는 허용되지만 다음과 같은 내부통제기준을 충족하여야 한다(자법 제63조 제1항).

첫째, 자기의 명의로 매매할 것.

둘째, 투자중개업자 중 하나의 회사(투자중개업자의 임 · 직원의 경우에는 그가 소속된 투자중개업자에 한하되, 그 투자중개업자가 그 임 · 직원이 매매하려는 금융투자상품을 취급하지 아니하는 경우에는 다른 투자중개업자를 이용할 수 있다)를 선택하여 하나의 계좌를 통하여 매매할 것. 다만, 금융투자상품의 종류, 계좌의 성격 등을 고려하여 대통령령으로 정하는 경우[159]에는 둘 이상의 회사 또는 둘 이상의 계좌를 통하여 매매할 수 있다.

셋째, 매매명세를 분기별(투자권유자문인력, 자법 제286조 제1항 제3호 나목의 조사분석인력 및 투자운용인력의 경우에는 월별로 한다)로 소속 금융투자업자에게 통지할 것.

넷째, 그 밖에 불공정행위의 방지 또는 투자자와의 이해상충의 방지를 위하여 대통령령으로 정하는 방법 및 절차를 준수할 것.

8. 손해배상책임

(1) 의의

자본시장법에서는 금융투자업자가 법령위반 등의 행위를 한 경우에 투자자에 대한 손해배상책임을 인정한다. 금융투자업자의 위법행위로 손해를 본 경우에 투자자는 민사상 불법행위에 기한 손해배상청구를 할 수 있지만 자본시장법에서는 투자자 보호를 위하여 그 요건을 완화하여 금융투자업자의 손해배상책임을 인정하고 있다. 여

159) 다음 중 어느 하나에 해당하는 경우를 말한다(자령 제64조 제3항).
① 둘 이상의 회사를 통하여 매매할 수 있는 경우: 다음 중 어느 하나에 해당하는 경우
가. 금융투자업자의 임 · 직원이 거래하고 있는 투자중개업자가 그 금융투자업자의 임 · 직원이 매매하려는 금융투자상품을 취급하지 아니하는 경우
나. 모집 · 매출의 방법으로 발행되거나 매매되는 증권을 청약하는 경우
다. 그 밖에 금융위원회가 정하여 고시하는 경우
② 둘 이상의 계좌를 통하여 매매할 수 있는 경우: 다음 중 어느 하나에 해당하는 경우
가. 투자중개업자가 금융투자상품별로 계좌를 구분 · 설정하도록 함에 따라 둘 이상의 계좌를 개설하는 경우
나. 「조세특례제한법」에 따라 조세특례를 받기 위하여 따로 계좌를 개설하는 경우
다. 그 밖에 금융위원회가 정하여 고시하는 경우

기서 손해배상청구를 위한 요건으로서 위법성을 요구하지 않는 것 등에 비추어 이 조항의 책임은 법정책임이라고 볼 수 있다. 위 규정의 성질을 법정책임이라고 보았을 때 민사상 불법행위에 기한 손해배상책임과는 청구권경합의 관계에 서게 된다.[160] 그러나 투자자의 입장에서는 요건이 완화된 자본시장법 규정에 의한 책임을 물을 것이고, 자본시장법 규정위반의 경우 금융투자업자는 항상 손해배상책임을 부담할 가능성이 존재하게 되어 그 부담은 가중된다.

(2) 내용

금융투자업자는 법령 · 약관 · 집합투자규약 · 투자설명서에 위반되는 행위를 하거나 그 업무를 소홀히 하여 투자자에게 손해를 발생시킨 경우에는 그 손해를 배상할 책임이 있다. 다만 투자매매업 또는 투자중개업과 집합투자업을 함께 영위함에 따라 발생하는 이해상충과 관련된 경우에 한하여 예외를 인정하여 자본시장법 제37조 제2항(투자자의 이익을 해하면서 자기가 이익을 얻거나 제삼자가 이익을 얻는 행위의 금지), 제44조(이해상충의 관리), 제45조(정보교류의 차단), 투자매매업자 및 투자중개업자에 관한 제71조(불건전영업행위의 금지), 집합투자업자에 대한 제85조(불건전영업행위의 금지)에 위반한 경우에 그 금융투자업자가 상당한 주의를 하였음을 증명하거나 투자자가 금융투자상품의 매매, 그 밖의 거래를 할 때에 그 사실을 안 경우에는 배상의 책임을 지지 아니한다(자법 제64조 제1항).

이 조항의 제정과 관련하여 금융투자업자의 이해상충과 관련된 특칙의 마련에 대한 견해의 대립이 있었다. 금융투자업자의 겸영을 허용해 주는 대신, 금융투자업자가 고객의 이익을 증진하기 위한 행위였다는 것에 대한 증명을 해야 한다는 견해, 증명책임을 전환하면 남소의 우려가 있다는 견해, 이해상충행위로부터 투자자를 보호하여야 한다는 당위론과 금융투자업자의 사내겸영을 자유화해야 한다는 취지를 조화롭게 절충하여야 한다는 견해가 제시되기도 하였다.[161] 자본시장법 제64조의 규정은 위 견해들을 절충한 것으로서 금융투자업자의 무과실 증명에 의한 면책을 인정하고 있다.

이 조항은 손해배상책임에 관한 일반규정이므로 손해배상책임에 관한 별도의 규정

---

160) 통설 · 판례의 입장이다. 민사상 불법행위책임으로서 금융투자업자의 대표기관의 행위에 대해서는 민법 제750조의 책임이 인정되고, 기타 임 · 직원의 행위에 대해서는 민법 제756조에 의한 사용자책임이 인정될 것이다.

161) 증권업협회, 앞의 책, 313면.

을 두고 있는 경우에는 적용되지 않는다.[162] 예를 들어 증권신고서나 투자설명서와 관련된 사항의 경우에는 자본시장법 제125조에서 거짓의 기재 등으로 인한 배상책임에 관하여 규정하고 있으므로 이 경우에만 손해배상책임이 인정된다고 보아야 한다.

금융투자업자의 책임이 인정되는 경우에 임원에게도 귀책사유가 있으면 양자는 연대책임이 인정된다(자법 제64조 제2항).

여기에서는 손해배상책임의 소멸기간에 대해서 규정하지 않고 있는데, 민법 제766조에 따라 손해 및 가해자를 안 날로부터 3년, 행위를 한 날로부터 10년의 시효에 걸린다고 본다.

9. 외국 금융투자업자의 특례

국내 금융투자업자에 대해서 재무건전성과 경영건전성에 대한 유지의무가 부과되는 것과 마찬가지로 외국 금융투자업자의 경우에도 이들과 거래하는 투자자를 보호하기 위해서 건전경영의 유지가 요구된다. 외국 금융투자업자의 경우 국내에 지점이나, 영업소를 두고 있으므로 건전경영유지의무는 이들을 기준으로 해서 보게 된다.

외국 금융투자업자의 국내지점, 그 밖의 영업소에 대하여 자본시장법을 적용함에 있어서 대통령령으로 정하는 영업기금은 이를 자본금으로 보고, 자본금 · 적립금 및 이월이익잉여금의 합계액은 이를 자기자본으로 보며, 국내대표자는 임원으로 본다(자법 제64조 제1항). 여기서 대통령령으로 정하는 영업기금은 ① 외국 금융투자업자가 지점, 그 밖의 영업소를 설치하거나 영업을 하기 위하여 그 지점, 그 밖의 영업소에 공급한 원화자금 ② 외국 금융투자업자의 지점, 그 밖의 영업소의 적립금으로부터 전입한 자금 ③ 외국 금융투자업자가 지점, 그 밖의 영업소를 추가로 설치하기 위하여 이미 국내에 설치된 지점, 그 밖의 영업소의 이월이익잉여금에서 전입한 자금을 말한다(자령 제65조 제1항).[163]

외국 금융투자업자의 국내지점 등은 앞의 영업기금과 부채의 합계액에 상당하는

---

162) 설명의무위반에 따른 손해배상책임(자법 제48조), 증권신고서나 투자설명서의 거짓의 기재 등으로 인한 손해배상책임(자법 제125조), 공개매수에 있어서 중요사항에 관하여 거짓의 기재 또는 표시가 있거나 중요사항이 기재 또는 표시되지 않은 경우(자법 제142조), 사업보고서의 거짓기재(자법 제162조), 미공개중요정보 이용행위(자법 제175조), 시세조종행위에 따른 배상책임(자법 제177조), 부정거래행위 등에 의한 배상책임(자법 제179조), 투자권유대행인의 금지행위위반에 대한 책임(자법 제52조 제5항) 등의 경우에는 개별규정에 따른다.

163) 이를 기초로 영업용순자본 유지의무(자법 제30조) 등이 부과된다.

자산을 ① 현금이나 국내 금융기관에 대한 예금 · 적금 · 부금 ② 국내에 예탁하거나 보관된 증권 ③ 국내에 있는 자에 대한 대여금, 그 밖의 채권 ④ 국내에 있는 고정자산 ⑤ 그 밖에 국내법에 따라 강제집행이 가능한 자산 중 금융위원회가 정하여 고시하는 자산[164](자령 제65조 제2항)의 방법으로 국내에 두어야 한다(자법 제64조 제2항).

외국 금융투자업자의 국내지점 등이 청산 또는 파산하는 경우 그 국내에 두는 자산은 국내에 주소 또는 거소가 있는 자에 대한 채무의 변제에 우선 충당하여야 한다(자법 제64조 제3항).

또한 외국 금융투자업자의 국내지점 등은 본점과 독립하여 결산하고, 결산 결과 해당 국내지점 등이 국내에 두고 있는 자산의 합계액이 자본시장법 제65조 제1항에 따른 영업기금과 부채의 합계액에 미달하는 경우에는 결산이 확정된 날부터 60일 이내에 보전하여야 한다(자령 제65조 제4항).

제2절 금융투자업자별 영업행위규제

Ⅰ. 투자매매업자 및 투자중개업자

1. 매매형태의 명시

(1) 매매형태의 명시의무

투자매매업자 또는 투자중개업자는 투자자로부터 금융투자상품의 매매에 관한 청약 또는 주문을 받는 경우에는 사전에 그 투자자에게 자기가 투자매매업자인지 투자중개업자인지를 밝혀야 한다(자법 제66조). 금융투자업자가 투자매매업자인 경우에 투자자와 대립되는 지위에 서게 되고, 금융투자업자의 손익은 매매가에 의하여 결정된다. 이에 반하여 투자중개업자인 경우에는 금융투자업자의 수익은 수수료 수입이

164) 다음 각 호의 어느 하나에 해당하는 자산을 말한다(금융투자업규정 제4-17조).
1. 영 제65조 제2항 제1호에 준하는 금,. 외국통화, 예치금 및 증거금
2. 제1호 외의 유동성 자산.

며, 매매가로 인한 손익은 투자자에게 귀속될 뿐이다.

금융투자업자가 투자매매업자로서 매매주문 등을 받는 경우에 자신의 이익이 극대화되게 거래를 유인할 동기가 더욱 강해지고, 이러한 이해관계의 차이로 인하여 투자자의 이익이 침해될 가능성이 커지게 된다. 투자자의 입장에서도 금융투자상품을 매매하는 경우에 거래상대방이 누구인가에 따라 그 신뢰의 정도가 차이가 날 수 있기 때문에 투자매매업자인가 투자중개업자인가 여부가 의미를 가진다. 이때 매매형태를 사전에 명시하여 이에 내한 고객의 의사를 확인시킴으로써 금융투자업자의 기회주의적인 행동을 예방할 수 있게 된다.

(2) 매매형태 명시의 시기와 방법

매매형태 명시의 시기는 주문을 받은 때에 “사전에” 밝혀야 한다. 여기서 “사전”이란 매매 주문을 받고 그 주문을 수락하기 전의 의미이다. 매매형태 명시의 방법에 관해서는 특별한 규정이 없으므로 구두에 의하든 문서에 의하든 무방하다.

(3) 의무위반의 효력

이 규정은 훈시규정으로 볼 것이므로, 금융투자업자가 매매형태 명시의무에 위반한 경우에도 그 거래가 당연히 무효가 되는 것은 아니다.[165)]

(4) 위반에 대한 제재

자본시장법 제66조를 위반하여 사전에 자기가 투자매매업자인지 투자중개업자인지를 밝히지 아니하고 금융투자상품의 매매에 관한 주문을 받은 자는 1년 이하의 징역 또는 3천만원 이하의 벌금에 처한다(자법 제446조 제11호).

2. 자기계약의 금지

(1) 의의

투자매매업자 또는 투자중개업자는 금융투자상품에 관한 같은 매매에 있어 자신이

165) 임재연, 앞의 책, 202면.

본인이 됨과 동시에 상대방의 투자중개업자가 되어서는 아니 된다(자법 제67조).

민법 제124조에서는 대리인의 자기계약을 금지하고 있는데, 이는 대리인이 직접 당사자의 지위를 동시에 가지게 되면 본인의 이익보다는 자기의 이익을 우선시할 가능성이 있게 되므로 이를 금지하는 것이다. 투자중개업자는 위탁매매를 하는 것으로서 타인간의 매매를 주선하는 것을 업으로 하게 된다. 이때 위탁자와 위탁매매인의 관계는 위임으로서 이에 대한 자기계약을 금지하는 것은 위 민법규정과 같은 취지로 볼 수 있다. 즉 투자중개업자에게 있어서 자신이 거래상대방이 된다는 것은 마치 투자매매업자로서 자기매매를 하는 것과 같게 된다. 금융투자상품의 가격은 수시로 변화되므로 투자매매업자 또는 투자중개업자가 자기매매나 위탁매매에 대한 선택이 가능하다면 투자자의 이익을 희생시키고 자신의 이익을 추구할 가능성이 있게 되므로 이를 금지하는 것이다.

투자매매업자가 동시에 상대방의 투자중개업자가 되는 경우도 위탁자에 대한 자기매매를 하는 것으로서 위와 같은 구조가 된다.

(2) 자기계약금지에 대한 예외

공정한 시세가 형성되는 금융투자상품의 경우에는 자기계약금지의무를 적용할 필요가 없다. 따라서 투자중개업자가 투자자로부터 증권시장 또는 파생상품시장에서의 매매의 위탁을 받은 경우에는 자기계약의 금지 규정이 적용되지 않는다(자법 제67조 단서). 이는 상법상 위탁매매인은 거래소의 시세가 있는 물건의 매매에 대하여 직접 상대방이 될 수 있는 전면적 개입권을 가지는 것(상법 제107조)과 같은 취지의 규정이다. 이에 대하여 금융투자상품은 상법 제107조에서 말하는 "거래소의 시세 있는 물건"에 해당함에도 불구하고 "투자매매업자나 투자중개업자의 개입권을 인정하지 않는다."고 해석하고 있으나,[166] 위 단서에서 시장을 통하여 매매하는 경우 등에 예외를 인정하는데, 이는 거래소의 시세가 있는 경우에 개입권을 인정하는 취지로 보인다.[167]

또한 시행령에 따르면 ① 투자매매업자 또는 투자중개업자가 자기가 판매하는 집합투자증권을 매수하는 경우 ② 투자매매업자 또는 투자중개업자가 다자간매매체결

166) 증권법학회, 앞의 책, 314면; 구 자본시장법에서는 단서 조항을 두고 있지 않아서 본문만 볼 때 개입권을 부정하기가 쉬우나, 구 자본시장법 제68조(시장매매의무)에서 "투자중개업자는 투자자로부터 증권시장 또는 파생상품시장에서의 매매의 위탁을 받은 경우에는 반드시 증권시장 또는 파생상품시장을 통하여 매매가 이루어지도록 하여야 한다. 이 경우 제67조를 적용하지 아니한다."고 규정하므로, 기본규정의 취지는 동일하다고 생각된다. 다만 개정법하에서는 시행령에서 자기계약금지의 예외범위를 넓히고 있다는 특색이 있다.

167) 반대. 임재연, 앞의 책, 208면.

회사를 통하여 매매가 이루어지도록 한 경우 ③ 그 밖에 공정한 가격 형성과 매매, 거래의 안정성과 효율성 도모 및 투자자의 보호에 우려가 없는 경우로서 금융위원회가 정하여 고시하는 경우도[168] 자기계약금지에 대한 예외를 인정하는데, ①의 경우 집합투자증권의 수익성은 자산운용사의 운용에 따르고, 판매가격도 법정되므로[169] 집합투자증권의 시세의 변동[170]에 따라 투자자가 손해를 입을 우려가 없기 때문이며, ②의 경우 거래소와 같은 의미를 가지므로 이때도 공정한 거래소의 시세가 형성된다는 점에서 예외를 인정한다.

(3) 벌칙

자기계약금지규정에 위반하여 금융투자상품을 매매한 경우에는 1년 이하의 징역 또는 3천만원 이하의 벌금에 처한다(자법 제446조 12호)

3. 최선집행의무

(1) 의의

구 자본시장법에서는 "투자중개업자는 투자자로부터 증권시장 또는 파생상품시장에서의 매매의 위탁을 받은 경우에는 반드시 증권시장 또는 파생상품시장을 통하여 매매가 이루어지도록 하여야 한다."(구 자법 제68조)고 하여 시장매매의무에 관하여 규정하고 있었으나, 개정 자본시장법에서는 이를 삭제하고 최선집행의무에 관한 규정을 도입하고 있다(자법 제174조).

최선집행의무는 고객의 주문의 대상으로 된 금융투자상품이 복수의 시장에서 거래

---

168) 다음 각 호의 어느 하나에 해당하는 경우를 말한다(금융투자업 규정 제4-17조의 2).
  1. 투자매매업자 또는 투자중개업자(영 제7조 제4항 제3호 각 목의 어느 하나에 해당하는 자를 거래상대방 또는 각 당사자로 하는 환매조건부매매의 수요 · 공급을 조성하는 자로 한정한다)가 기관간조건부매매(제5-1조 제7호에 따른 기관간조건부매매를 말한다)를 중개 · 주선 또는 대리하면서 시장조성을 위하여 기관간조건부매매를 하는 경우
  2. 투자매매업자 또는 투자중개업자가 영 제176조의 8 제4항 제2호에 따라 신주인수권증서를 매매하는 경우

169) 집합투자증권의 판매가격이 법정되어, 투자매매업자 또는 투자중개업자는 집합투자증권을 판매하는 경우 투자자가 집합투자증권의 취득을 위하여 금전 등을 납입한 후 최초로 산정되는 기준가격으로 판매하여야 한다. 다만, 투자자의 이익을 해할 우려가 없는 경우로서 대통령령으로 정하는 경우에는 대통령령으로 정하는 기준가격으로 판매하여야 한다(자법 제76조).

170) 상장되어 거래되는 상장지수펀드(ETF)와 같은 경우 "증권시장 또는 파생상품시장에서의 매매의 위탁을 받은 경우"에 해당되어 자기계약금지에 대한 예외가 인정될 것이다.

되는 경우에 고객이 특정 시장을 지정하지 않는 한, 금융투자업자는 고객에게 유리한 조건으로 거래할 수 있는 시장에서 매매를 성립시켜야 하는 의무이다. 자본시장법에서는 신의성실의무에 대하여 규정하고 있는데(자법 제37조), 최선집행의무는 고객에 대한 성실의무가 거래를 집행하는 국면에서 구체화된 것이다.

개정 전 자본시장법에서의 시장매매의무에 관한 규정의 취지는 금융투자상품의 거래를 거래소에 집중시켜 거래의 원활을 도모하며 시장에서의 금융투자상품의 수급을 조절하고 공정한 가격형성을 확보하기 위함이었다.[171] 이와 달리 최선집행의무는 복수의 거래소 시장의 존재를 전제로 하는데, 개정 자본시장법상 복수의 거래소 시장의 개설이 가능하게 됨으로써 최선집행의무에 관한 규정을 두게 되었다. 개정 자본시장법에서 거래소에 관한 법정설립주의를 대신하여 거래소 허가제를 도입하는 한편, 다자간매매체결회사 및 거래소 허가제의 도입 등에 따라 금융투자상품시장의 개념을 정의하면서 현행 거래소 유사시설금지조항을 무허가시장 개설금지조항으로 대체함으로써, 복수의 시장을 통한 경쟁을 유도하고 있다.[172] 따라서 이전의 한국거래소가 독점적 지위를 유지하고 있을 때에는 최선집행의무에 관한 규정을 두어 규제할 이유가 없었지만, 이제는 투자자에 대한 보호의무로서 최선집행의무에 대하여 규정할 필요성이 있게 되었다.

외국의 입법례를 보면, EU 등에서 시장간의 경쟁을 도모하려는 목적에서 시장매매원칙을 폐지하고 최선집행의무를 도입하였다.[173] 일본의 경우도 2004면 증권거래법 개정에서 거래소와 사설거래시스템의 경쟁 조건을 평등하게 함과 동시에 증권회사의 "최량집행의무"를 법정하고 거래소거래원칙도 폐지하였으며,[174] 이후 금융상품거래법도 이를 답습하고 있다.[175]

관련사항

구 자본시장법상 '시장매매의무'와 '최선집행의무(Best Execution)'를 비교하면, 시장매매의무에 따를 때 금융투자업자는 매매주문 받으면 단지 거래소에서 거래해야 할 의무를 지게 되는데 반해, 최선집행의무에 따를 때 거래소 · ATS 등의 호가를 비교하여 투자자에 가장 유리한 가격 등으로 거래를 체결해야 할 의무를 지게 된다.

---

171) 김건식, 「증권거래법」, 두성사(2006).

172) 개정 자본시장법에서는 '제7편 한국거래소'는 '제7편 거래소'로 개정되었다.

173) EU의 금융상품시장 지침(Richtlinie 2004/39/EG des Euripäischen Parlaments und des Rates vom 21.4.2004 über Märkte für Finnanzinstrumente: MiFID) Art. 21(Verpflichtung zur kundengünstigsten Ausführung von Aufträgen).

174) 일본 구 증권법 제43조의 2, 구 증권법 시행령 제16조의 2.

175) 일본 금상법 제40조의 2, 금상법 시행령 제16조의 6.

(2) 의무의 내용

1) 최선집행기준의 설정

금융투자업자는 금융투자상품의 매매에 관한 투자자의 청약 또는 주문을 처리하기 위하여 대통령으로 정하는 바에 따라 최선집행기준을 마련하고 이를 공표하여야 한다(자법 제68조 제1항). 즉 금융투자업자는 투자자의 주문에 대하여 최선의 거래의 조건으로 집행하기 위한 방침 및 방법을 정해야 할 의무를 부담하게 된다.

최선집행기준을 설정한 경우 투자매매업자 또는 투자중개업자는 최선집행기준에 따라 금융투자상품의 매매에 관한 청약 또는 주문을 집행하여야 한다(자법 제68조 제2항). 금융투자상품의 거래에는 시행령에서 정한 거래는 제외하게 되는데, 이에 따를 때 최선집행의무는 원칙적으로 복수의 시장에서 거래될 것으로 예정되는 상장증권 등에 한해서 적용되게 된다. 시행령에서는 최선집행의무가 면제되는 거래로 다음을 들고 있다(자령 제66조의 2 제1항). ① 증권시장에 상장되지 아니한 증권의 매매 ② 장외파생상품의 매매 ③ 다음의 어느 하나에 해당하는 금융투자상품 중 복수의 금융투자상품시장에서의 거래 가능성 및 투자자 보호의 필요성 등을 고려하여 총리령[176]으로 정하는 금융투자상품의 매매 ⓐ 증권시장에 상장된 증권 ⓑ 장내파생상품

최선집행기준에는 ① 금융투자상품의 가격 ② 투자자가 매매체결과 관련하여 부담하는 수수료 및 그 밖의 비용 ③ 그 밖에 청약 또는 주문의 규모 및 매매체결의 가능성 등을 고려하여 최선의 거래조건으로 집행하기 위한 방법 및 그 이유 등이 포함되어야 한다(자령 제66조의 2 제2항).

투자매매업자 또는 투자중개업자는 3개월마다 최선집행기준의 내용을 점검하여야 한다. 이 경우 최선집행기준의 내용이 금융투자상품의 매매에 관한 청약 또는 주문을 집행하기에 적합하지 아니한 것으로 인정되는 때에는 이를 변경하고, 그 변경 사실을 공표하여야 한다(자법 제68조 제3항, 자령 제66조의2 제5항).

2) 설명서 및 서면의 교부

(가) 설명서의 교부

투자매매업자 또는 투자중개업자는 금융투자상품의 매매에 관한 청약 또는 주문을

176) 다음 각 호의 어느 하나에 해당하는 금융투자상품을 말한다(시행규칙 제7조의 3) ① 채무증권 ② 지분증권(주권은 제외한다) ③ 수익증권 ④ 투자계약증권 ⑤ 파생결합증권 ⑥ 증권예탁증권(주권과 관련된 증권예탁증권은 제외한다) ⑦ 장내파생상품

받는 경우에는 미리 문서, 전자문서, 그 밖에 대통령령으로 정하는 방법[177]으로 최선집행기준을 기재 또는 표시한 설명서를 투자자에게 교부하여야 한다. 다만, 이미 해당 설명서(제3항에 따라 최선집행기준을 변경한 경우에는 변경한 내용이 기재 또는 표시된 설명서를 말한다)를 교부한 경우에는 그러하지 아니하다(자법 제68조 제4항).

(나) 서면의 교부

투자매매업자 또는 투자중개업자가 법 제68조 제2항에 따라 투자자의 청약 또는 주문을 집행한 후 해당 투자자가 그 청약 또는 주문이 최선집행기준에 따라 처리되었음을 증명하는 서면 등을 요구하는 경우에는 금융위원회가 정하여 고시하는 기준과 방법에 따라 해당 투자자에게 제공하여야 한다(자령 제66조의 2 제4항).

(3) 의무위반의 효과

최선집행의무에 위반한 경우 금융투자업자는 투자자에 대하여 손해배상책임을 질 수 있다. 손해배상책임과 관련하여 최선집행인가 아닌가를 판단함에 있어서는 집행가격이 중요한 의미를 지닌다. 그러나 집행의 신속성 및 확실성도 더하여 판단할 필요가 있다. 따라서 사후적으로 검토하여 가격만으로 볼 때 최선이 아니어도 이것만으로 최선집행의무의 위반으로 볼 것은 아니다. 다만 당해 금융투자상품에 있어서 집행시점에 있어서 다른 시장가격과 현저하게 차이가 나는 가격으로 거래를 성립시킨 경우에 금융투자업자는 고객에 대하여 손해를 배상할 책임이 있게 된다.

4. 자기주식의 예외적 취득

과거에는 자기주식의 취득은 출자의 환급이 된다는 이유 등으로 이를 엄격히 제한하였으나. 지금은 자기주식의 취득에 대한 제한이 완화되어 상장 여부를 가리지 않고 배당가능이익의 범위 내에서는 자기주식의 취득이 가능하게 되었다(상법 제341조). 다만 자기주식취득이 불공정거래에 이용될 수 있으므로 그 취득의 방법을 다음의 방법으로 제한한다(자법 제165조의 2 제2항). ① 증권시장에서 취득하는 방법 ② 공개매수의 방법 ③ 신탁계약에 따라 자기주식을 취득한 신탁업자로부터 신탁계약이 해지되거나 종료된 때 반환받는 방법. 다만, 신탁업자가 해당 법인의 자기주식을 ① 또는 ②에 따라 취득한 경우만 해당한다.

177) 팩스를 말한다(자령 제66조의 2 제6항).

투자매매업자나 투자중개업자의 자기주식취득의 방법도 위와 같이 제한된다. 그런데 증권시장에서는 단위 미만의 거래가 되지 않으므로 거래단위 미만의 주식을 보유한 투자자의 경우에 이를 매도하기에 어려움을 겪을 수 있다. 이러한 상황을 감안하여 자본시장법에서는 투자매매업자는 투자자로부터 그 투자매매업자가 발행한 자기주식으로서 증권시장의 매매수량단위 미만의 주식에 대하여 매도주문을 받은 경우에는 이를 증권시장 밖에서 취득할 수 있도록 하였다(자법 제69조). 이 경우 취득한 자기주식은 취득일로부터 3개월 이내에 처분하여야 한다(자법 제69조, 사령 제67조).

5. 임의매매의 금지

(1) 의의

임의매매란 투자매매업자 또는 투자중개업자가 투자자나 그 대리인으로부터 금융투자상품의 매매의 청약 또는 주문을 받지 아니하고 투자자로부터 예탁받은 재산으로 금융투자상품의 매매를 하는 것을 말한다(자법 제70조). 이는 투자매매업자나 투자중개업자의 직원이 고객의 위탁 또는 위임 없이 고객의 재산으로 금융투자상품에 대한 거래행위를 하는 것으로서 위법성이 크다.

임의매매는 다음에 보는 바와 같이 형법 제356조 상의 업무상 배임죄에 해당할 가능성이 있다. 그러나 배임이 성립하기 위해서는 당해 직원에게 자기의 행위가 임무에 반하며 타인에게 손해를 가한다는 점에 대하여 고의가 있어야 하는데, 횡령을 위한 임의매매가 아닌 경우에는 '고의'가 인정되기 어렵다.[178] 따라서 자본시장법에서 이를 규제하고, 그 위반에 대한 처벌규정을 두어 5년 이하의 징역 또는 2억 이하의 벌금에 처하도록 하였다(자법 제444조 제7호).

(2) 일임매매와 구별

구 증권거래법상으로는 일임매매에 대한 규제규정을 두어 "증권회사는 고객으로부터 유가증권의 매매거래에 관한 위탁을 받은 경우, 그 수량 · 가격 및 매매시기에 한하여 그 결정을 위임받아 매매거래를 할 수 있다. 이 경우 그 유가증권의 종류 · 종목 및 매매의 구분과 방법에 관하여는 고객의 결정이 있어야 한다."고 하였다(구 증권거래법 제107조). 그러나 증권거래법상 허용되는 절차에 따른 일임매매는 거의 이루어

178) 김건식 · 정순섭, 앞의 책, 591면.

지지 않고, 불법적인 포괄적인 일임매매가 일반적으로 이루어졌다. 판례도 일임매매에 관한 증권거래법에 위반한 약정도 사법상으로는 유효하다고 하였다.[179)]

자본시장법에서는 구 증권거래법상의 일임매매에 관한 규정은 폐지하였다.[180)] 따라서 일임매매를 하고자 하는 금융투자업자는 투자일임업 등록을 하고 그에 대한 영업행위규제 등 법규제에 따라야 한다. 다만 투자일임업 예외사유(자령 제7조 제2항)에서 보는 바와 같이 투자중개업자가 투자자의 매매주문을 받아 이를 이행하는 과정에서 일부 재량적 처리를 할 수밖에 없는 상황이 발생할 수 있는데, 이는 투자일임 유사행위로서 투자일임업으로 보지는 않는다.

임의매매의 경우는 증권거래법상으로도 금지되었는데(구 증권거래법 제52조의 3), 일임매매와 임의매매의 구분이 분명치 않을 수 있다. 실제로 주가가 하락한 경우 당사자간에 있어서 포괄적 일임매매인가 임의매매인가에 대한 분쟁이 발생하고는 하였다. 자본시장법상 일임매매는 금지되지만 그 위반행위를 무효로 볼 것은 아니기에 역시 분쟁의 소지가 있게 된다.

그 구분은 구체적 사안에 따라 해결될 수밖에 없을 것인데, 투자자가 거래에 대하여 이의제기를 하였는가 여부 등이 임의매매 여부를 판단함에 있어서 고려될 것이다. 또한 투자자가 투자일임을 하여 놓고 사후적으로 문제 삼을 수도 있으므로 녹취 등 증거의 확보가 중요한 의미를 가진다.

(3) 매매결과의 귀속과 추인

투자매매업자나 투자중개업자의 임의매매가 있는 경우에 증권시장에서 그 매매가 무효로 되는 것은 아니다. 그러나 투자자가 투자매매업자나 투자중개업자에 대하여 거래를 추인하지 않는 한 그 매매결과가 투자자에게 귀속되지는 않는다.

임의매매에 대한 추인이 가능할 것인가에 대하여는 본조가 투자자 보호를 위한 규정이라는 점에서 일반적으로 이를 인정하고 있다.[181)] 대법원은 묵시적 추인도 가능하다는 입장이다.[182)]

추인과 관련하여 무단매수 후 투자자의 매도위탁에 의하여 매도한 경우에는 투자자가 무단매입에 대하여 묵시적 추인을 한 것으로 해석될 수 있으나, 묵시적 추인은

---

179) 대법원 1979.3.27. 선고 78다2483 판결; 대법원 1996.8.23. 선고 94다38199 판결; 대법원 2002.3.29. 선고 2001다49128 판결 등.

180) 일임매매는 불건전 영업행위로서 자본시장법상 원칙적으로 금지된다(자법 제71조 제6호)

181) 증권법학회, 앞의 책, 319면; 임재연, 앞의 책, 205면; 김건식, 앞의 책, 437면.

182) 대법원 2003.12.26. 선고 2003다49542 판결.

제한적으로 인정하여야 한다. 판례에서는 "증권회사의 고객이 그 직원의 임의매매를 묵시적으로 추인하였다고 하기 위하여는 자신이 처한 법적 지위를 충분히 이해하고 진의에 기하여 당해 매매의 손실이 자기에게 귀속된다는 것을 승인하는 것으로 볼 만한 사정이 있어야 할 것이고, 나아가 임의매매를 사후에 추인한 것으로 보게 되면 그 법률효과는 모두 고객에게 귀속되고 그 임의매매행위가 불법행위를 구성하지 않게 되어 임의매매로 인한 손해배상청구도 할 수 없게 되므로, 임의매매의 추인, 특히 묵시적 추인을 인정하려면, 고객이 임의매매 사실을 알고도 이의를 제기하지 않고 방치하였는지 여부, 임의매수에 대해 항의하면서 곧바로 매도를 요구하였는지 아니면 직원의 설득을 받아들이는 등으로 주가가 상승하기를 기다렸는지, 임의매도로 계좌에 입금된 그 증권의 매도대금(예탁금)을 인출하였는지 또는 신용으로 임의매수한 경우 그에 따른 그 미수금을 이의 없이 변제하거나, 미수금 변제독촉에 이의를 제기하지 않았는지 여부 등의 여러 사정을 종합적으로 검토하여 신중하게 판단하여야 할 것이다."고 판시하였다.[183]

이렇게 추인이 인정되므로 투자자로서는 투자매매업자나 투자중개업자에 대하여 거래를 추인하여 유효를 주장하거나, 거래가 고객에 대하여는 무효임을 전제로 거래대금 상당액의 예탁금의 반환 혹은 원물반환을 청구할 수 있다.[184]

(4) 투자자의 구제

1) 손해배상청구권

(가) 의의

임의매매를 한 경우에는 채무불이행 또는 불법행위에 해당할 수 있다. 판례도 대체로 불법행위의 성립을 인정하고,[185] 채무불이행의 성립을 인정한 경우[186]도 있다. 또한 자본시장법에서는 금융투자업자가 법령위반 등의 행위를 한 경우에 투자자에 대한 손해배상책임을 인정한다(자법 제64조). 금융투자업자의 위법행위로 손해를 본 경우에 투자자는 민사상 불법행위에 기한 손해배상청구를 할 수 있지만, 자본시장법에서는 투자자 보호를 위하여 그 요건을 완화하여 금융투자업자의 손해배상책임을

183) 대법원 2002.10.11. 선고 2001다59217 판결.
184) 임재연, 앞의 책, 205면.
185) 대법원 1993.9.28. 선고 93다26618 판결 외.
186) 대법원 1994.9.9. 선고 93다40256 판결.

인정하고 있으므로 이 규정에 의한 손해배상책임의 가능성도 있게 된다.[187)]

(나) 손해배상의 기준시점

주가는 항상 변동하므로 손해액 산정의 기준시점을 언제로 할 것인가에 따라 손해배상액도 차이가 날 수 있다. 이에 대하여 임의매매시를 기준으로 하여야 한다는 견해는 손해배상채권의 내용은 원칙적으로 채권의 발생시, 즉 손해의 발생시를 기준으로 한다는 점을 논거로 한다. 이에 반하여 사실심변론종결시를 기준으로 하여야 한다는 견해는 투자자에게 피해가 없었던 상태로 돌리는 것이 손해배상의 이상이라고 한다.[188)]

투자자의 입장에서는 주가가 변동하므로 어느 한 견해를 취하는 것이 항상 유리하다고 볼 수는 없다. 임의매매와 관련하여 판례는 손해액의 산정은 처분시의 시가를 기준으로 결정하되 처분 후의 주가상승으로 인한 손해는 특별손해로 본다고 하여, 처분시를 기준시점으로 삼고 있다.[189)]

(다) 손해액의 산정

임의매매에 있어서 손해액은 임의매매가 없었던 상태에 투자자가 가지고 있던 주식평가액 및 예탁금 등의 잔고와 임의매매를 한 이후의 상태, 즉 고객이 임의매매 사실을 알고 문제를 제기할 당시에 가지게 된 주식평가액 및 예탁금 등의 잔고의 차액이다.[190)]

판례는 무단매도로 인한 손해배상액에 대하여 무단처분시의 가격이 통상의 손해이고, 처분 후의 주가상승으로 인한 손해는 특별손해로 보고 있다. 따라서 불법행위자인 증권회사의 직원이 주가상승을 알았거나 알 수 있었던 경우에 한하여 손해배상책임이 인정되므로[191)] 다음에 보는 원물반환청구권을 행사하는 것이 유리하다.

---

187) 여기서 손해배상청구를 위한 요건으로서 위법성을 요구하지 않는 것 등에 비추어 이 조항의 책임은 법정책임이라고 볼 수 있다. 이 규정의 성질을 법정책임이라고 보았을 때 민사상 불법행위에 기한 손해배상책임과는 청구권경합의 관계에 서게 된다(통설 · 판례).

188) 권순일, "증권회사 담보유가증권 보관 · 처분의 법률관계", 「상사판례연구(Ⅲ), 박영사, 1996, 459면.

189) 대법원 1993.9.28. 선고 93다26618 판결; 대법원 1995.10.12. 선고 94다16786 판결; 대법원 2000.11.24. 선고 2000다1327 판결; 대법원 2006.1.26. 선고 2002다12659 판결 등.

190) 대법원 2003.12.26. 선고 2003다49542 판결.

191) 판례는 "불법행위자가 주식을 처분할 때 그와 같은 특별한 사정을 알았거나 알 수 있었고, 또 고객이 주식의 가격이 올랐을 때 주식을 매도하여 그로 인한 이익을 확실히 취득할 수 있었던 경우에 한한다."고 하였다(대법원 2007.6.14. 선고 2004다4553 판결 등). 이에 따라 투자자가 특별손해를 배상받을 수 있는 경우는 사실상 거의 없을 것이라고 한다. 김건식 · 정순섭, 앞의 책, 593면.

투자매매업자나 투자중개업자가 고객의 주식을 임의로 처분함으로써 이들 주식으로부터 발생하였을 배당금을 수령하지 못한 경우와 신주발행이 있었으나 이를 인수하지 못한 경우에 이를 손해액의 산정에 포함시킬 수 있을 것인지도 문제된다. 배당금의 지급이나 무상신주를 배정받을 권리는 주주권에 속하므로, 이를 받지 못함으로써 투자자가 입은 손해는 통상의 손해로 보아 손해액의 산정에 포함해야 할 것이다.[192)]

유상신주에 대해서는 달리 보아야 한다는 견해가 있다.[193)] 유상신주는 주주가 꼭 인수하는 것이 아니기 때문에 손해의 발생 여부는 상당히 유동적이라고 할 수 있다. 다만 유상신주의 발행가격이 시가보다 현저히 낮아 투자자가 신주인수를 할 것으로 예상된 경우에는 그 차액이 특별손해에 해당한다고 볼 수 있으므로, 투자매매업자나 투자중개업자가 위 사정을 알거나 알 수 있었을 경우에 한하여 손해배상청구가 가능하다.[194)]

임의매매로 이득이 발생한 경우, 판례는 "증권회사 직원이 고객의 계좌를 이용하여 고객의 위임이 없이 임의로 주식거래를 함으로써 이득이 발생하였다고 할지라도 고객이 그 거래를 추인하면 그로 인한 이득은 적법하게 고객에게 귀속되는 것이므로 그 이득을 가지고 불법행위로 인한 손해산정에 있어서 손익상계를 할 수는 없다."고 판시하였다.[195)]

2) 증권의 반환청구권

투자매매업자나 투자중개업자가 투자자의 증권을 임의로 처분한 후 주가가 상승한 경우에 주가 상승분은 특별손해로 배상을 받기가 어렵다. 이때 투자자가 손해배상청구를 하는 대신에 주식의 반환을 청구할 수 있는가가 문제된다. 투자자는 임의매매의 효과를 무효로 볼 수 있으므로 원상회복청구권의 행사 즉 주식의 반환을 요구할 수 있다고 할 것이다.[196)] 판례도 주권반환청구를 인정하고 있다.[197)]

위와 반대로 투자매매업자나 투자중개업자가 투자자의 증권을 임의로 처분한 후

192) 김건식, "고객의 주식을 보관하는 증권회사의 의무", 「상사판례연구(Ⅲ)」, 박영사, 1996, 500면; 권순일, 앞의 논문, 461면; 대법원 1991.5.24. 선고 90다14416 판결.

193) 권순일, 위의 논문, 462면, 판례도 달리 취급하고 있다. 대법원 1991.5.24. 선고 90다14416 판결.

194) 권순일, 위의 논문, 462면; 김건식 교수는 유상신주의 경우에도 증권회사가 손해배상의무를 진다고 본다. 김건식, 앞의 논문, 500면.

195) 대법원 2003.1.24. 선고 2001다2129 판결.

196) 김건식 · 정순섭, 앞의 책, 593면; 증권법학회, 앞의 책, 322면; 권순일, 앞의 논문, 457면.

197) 대법원 1992.3.27. 선고 92다1698 판결.

주가가 하락한 경우에 투자매매업자나 투자중개업자 쪽에서 증권을 반환하는 것이 가능한가도 문제된다. 이에 대하여 투자자는 임의매매가 없었다면 주식의 계속보유로 주가하락에 따른 손실을 입었을 것이므로 투자매매업자나 투자중개업자도 금전배상 대신에 주식을 반환함으로써 채무를 면할 수 있다고 보기도 한다.[198] 그러나 이 견해에 의하면 주가가 지속적으로 하락한 경우에도 투자자가 그 손실을 떠안아야 하는데, 투자매매업자나 투자중개업자의 임의매매로 투자자의 입장에서는 증권을 보유하지 못하여 주식하락에 적절히 대응할 수 없는 입장에 있었는데도 주가하락으로 인한 손해를 투자자에게 부과하는 것은 부당하다. 판례도 신용거래 약정이 있는 경우에 증권회사가 증권을 임의로 처분한 사안에서, "원고의 손해는 특별한 사정이 없는 한 금전으로 배상하여야 한다."고 하여 주식의 반환에 대해서는 부정한다.[199]

(5) 업무상 배임죄의 성립

업무상 배임죄가 성립하기 위해서는 주관적으로 배임행위의 결과 본인에게 재산상의 손해가 발생 또는 발생될 염려가 있다는 인식과 자기 또는 제3자가 재산상의 이득을 얻는다는 인식이 있으면 족한 것이고, 자신의 행위가 임무에 반하며 본인에게 재산상의 손해를 가한다는 의사나 자기 또는 제3자에게 재산상의 이득을 얻게 하려는 목적까지는 요하지 않는다.

투자매매업자나 투자중개업자는 투자자에 대하여 선관주의의무에 따라 업무를 처리해야 할 지위에 있다고 할 수 있다. 그런데 임의매매의 경우 유가증권의 시세변동으로 인하여 고객에게 손해가 발생될 염려가 있다는 인식이 미필적으로나마 있었다고 할 것이고, 금융투자업자는 매매거래로 인한 수수료를 이득으로 취득할 것이므로 투자매매업자나 투자중개업자의 직원이 임의매매를 한 경우에는 특별한 사정이 없는 한 업무상 배임죄가 성립한다.

판례도 임의매매가 있는 경우에 증권회사에 대해서 특별한 사정이 없는 한 업무상 배임죄가 성립한다고 하였다.[200]

---

198) 권순일, 위의 논문, 458면; 김건식 · 정순섭, 위의 책, 594면.
199) 대법원 1994.9.9. 선고 93다40256 판결.
200) 대법원 1995.11.21. 선고 94도1598 판결.

참조판례

〈 LBO와 업무상 배임 〉

① "이른바 차입매수 또는 LBO(Leveraged buy-out의 약어)란 일의적인 법적 개념이 아니라 일반적으로 기업인수를 위한 자금의 상당 부분에 관하여 피인수회사의 자산을 담보로 제공하거나 그 상당 부분을 피인수기업의 자산으로 변제하기로 하여 차입한 자금으로 충당하는 방식의 기업인수 기법을 일괄하여 부르는 경영학상의 용어로, 거래현실에서 그 구체적인 태양은 매우 다양하다. 이러한 차입매수에 관하여는 이를 따로 규율하는 법률이 없는 이상 일률적으로 차입매수 방식에 의한 기업인수를 주도한 관련자들에게 배임죄가 성립한다거나 성립하지 아니한다고 단정할 수 없는 것이고, 배임죄의 성립 여부는 차입매수가 이루어지는 과정에서의 행위가 배임죄의 구성요건에 해당하는지 여부에 따라 개별적으로 판단되어야 한다."며, 인수 · 합병 추진 계획이 있는 피인수회사의 이사로 취임한 甲이 미리 인수회사 그룹에 피인수회사의 매각업무에 관한 정보를 제공하고 인수회사의 대표이사 乙로부터 거액의 재산상 이익을 취득한 사안에서 배임죄 인정하였다(대법원 2010.4.15. 선고 2009도6634 판결).

② "피인수회사로서는 주채무가 변제되지 아니할 경우에는 담보로 제공되는 자산을 잃게 되는 위험을 부담하게 되는 것이므로, 인수자가 피인수회사의 위와 같은 담보제공으로 인한 위험부담에 상응하는 대가를 지급하는 등의 반대급부를 제공하는 경우에 한하여 허용될 수 있다 할 것이다."며, 이른바 LBO 방식의 기업인수 과정에서, 인수자가 제3자가 주채무자인 대출금 채무에 대하여 아무런 대가 없이 피인수회사의 재산을 담보로 제공하였다면, 설사 주채무자인 제3자가 대출원리금 상당의 정리채권 등을 담보로 제공하고 있었다고 하더라도, 피인수회사로서는 이로 인하여 그 담보가치 상당의 재산상 손해를 입었다고 할 것이므로 배임죄가 성립한다고 하였다(대법원 2008.2.28. 선고 2007도5987 판결; 대법원 2012.6.14. 선고 2012도1283 판결).

③ 회사정리절차에 있던 대상회사의 주식매수 및 신주인수 자금을 조달하기 위하여 피고인이 페이퍼 회사를 설립하고, 금융기관이 페이퍼 회사에 자금을 대여하여 피고인이 이 자금으로 주식매수 및 신주인수를 한 후 스스로 대상회사의 대표이사로 취임하여 대상회사의 자산을 자금을 대여한 금융기관에 담보로 제공한 사안에서 "부도로 인하여 회사정리절차가 진행 중인 주식회사의 경우에도 그 회사의 주주나 채권자들의 잠재적 이익은 여전히 보호되어야 한다."며 배임죄를 인정하였다(대법원 2006.11.9. 선고 2004도7027 판결).[201]

④ "회사의 임원이 그 임무에 위배되는 행위로 재산상 이익을 취득하거나 제3자로 하여금 이를 취득하게 하여 회사에 손해를 가한 때에는 이로써 배임죄가 성립하고, 그 임무위배행위에 대하여 사실상 대주주의 양해를 얻었다거나, 이사회의 결의가 있었다고 하여 배임죄의 성립에 어떠한 영향이 있는 것이 아니며, 배임죄에 있어서 재산상 손해의 유무에 대한 판단은 본인의 전 재산 상태와의 관계에서 경제적 관점에 따라 판단되어야 하므로 법률적 판단에 의하여 당해 배임행위가 무효라 하더라도 경제적 관점에서 파악하여 본인에게 현실적인 손해를 가하였거나 재산상 실해 발생의 위험을 초래한 경우에는 재산상의 손해를 가한 때에 해당하여 배임죄를 구성한다."(대법원 2000.11.24. 선고 99도822 판결; 대법원 2004.5.14. 선고 2001도4857 판결; 대법원 2006.11.9. 선고 2004도7027 판결).

---

201) 이에 대하여 LBO에서 인수대상회사의 주식을 일부 취득한 경우에는 지배주주의 인수자금대출금채무에 관하여 피인수회사 자산을 담보로 제공하는 것은 소수주주의 이익을 침해하는 행위이므로 다른 특별한 사정이 없다면 전체로서의 주주의 이익을 위하여야 할 이사의 신인의무를 위반한 것으로서 원칙적으로 배임죄의 성립을 인정하여야 할 것이라는 견해도 있다. 윤영신, "차입매수(LBO)시 피인수회사의 자금을 담보로 제공하는 행위와 업무상배임", 「상사판례

6. 불건전 영업행위의 금지

(1) 의의

자본시장법 제71조에서 투자매매업자 또는 투자중개업자에 대하여 일정한 불건전 영업행위를 하지 못하도록 금지하고 있다. 다만, 투자자 보호 및 건전한 거래질서를 해할 우려가 없는 경우로서 대통령령으로 정하는 경우에는 이를 할 수 있다.

(2) 선행매매의 금지

투자매매업자 또는 투자중개업자는 투자자로부터 금융투자상품의 가격에 중대한 영향을 미칠 수 있는 매수 또는 매도의 청약이나 주문을 받거나 받게 될 가능성이 큰 경우 이를 체결시키기 전에 그 금융투자상품을 자기의 계산으로 매수 또는 매도하거나 제삼자에게 매수 또는 매도를 권유하는 행위를 하지 못한다(자법 제71조 제1호).

다만 다음의 경우에는 예외적으로 허용된다(자령 제68조 제1항 제1호). ① 투자자의 매매주문에 관한 정보를 이용하지 아니하였음을 증명하는 경우 ② 증권시장과 파생상품시장 간의 가격 차이를 이용한 차익거래, 그 밖에 이에 준하는 거래로서 투자자의 정보를 의도적으로 이용하지 아니하였다는 사실이 객관적으로 명백한 경우

(3) 조사분석자료 공표 전 매매거래의 금지

투자매매업자 또는 투자중개업자는 특정 금융투자상품의 가치에 대한 주장이나 예측을 담고 있는 자료, 즉 조사분석자료를 투자자에게 공표함에 있어서 그 조사분석자료의 내용이 사실상 확정된 때부터 공표 후 24시간이 경과하기 전까지 그 조사분석자료의 대상이 된 금융투자상품을 자기의 계산으로 매매하는 행위는 금지된다(자법 제71조 제2호).

예를 들어 특정 금융투자상품에 대하여 호의적인 조사분석자료를 공표하게 되는 경우에 투자매매업자 등이 미리 그 상품을 매입하여 두게 되면 호재의 발표로 투자자에게 귀속되어야 할 이익을 투자매매업자 등이 부당하게 취하는 것이 된다. 이러한 이해상충을 방지하기 위하여 위 규제규정을 두게 되었다.

연구 7」, 박영사, 2007, 385면.

(4) 조사분석자료 담당자에 대한 성과보수 지급의 금지

투자매매업자 또는 투자중개업자는 조사분석자료 작성을 담당하는 자에 대하여 기업금융업무[202]와 연동된 성과보수를 지급하는 행위가 금지된다(자법 제71조 제3호).

기업금융업무는 그 성사 여부에 따라 투자매매업자 또는 투자중개업자의 이익에 영향을 미치며 조사분석자료 담당자가 이에 연계될 경우 왜곡된 자료를 작성할 가능성이 있게 되므로 이를 방지하기 위해서 위 규제규정을 두게 되었다.

다만 해당 조사분석자료가 투자자에게 공표되거나 제공되지 아니하고 금융투자업자 내부에서 업무를 수행할 목적으로 작성된 경우에는 위 규제는 적용되지 않는다(자령 제68조 제1항 제3호).

(5) 조사분석자료 공표행위의 제한

투자매매업자 또는 투자중개업자는 주권 등 증권의 모집 또는 매출과 관련한 계약을 체결한 날부터 그 증권이 증권시장에 최초로 상장된 후 40일(자령 제68조 제3항) 이내에 그 증권에 대한 조사분석자료를 공표하거나 특정인에게 제공하는 행위는 금지된다(자법 제71조 제4호).

이는 IPO(최초의 상장)에 대해서만 적용되므로 상장 후 유상증자 등의 경우에는 적용되지 않는다.

(6) 일임매매의 금지

1) 원칙적 금지

투자매매업자 또는 투자중개업자는 투자자로부터 금융투자상품에 대한 투자판단의 전부 또는 일부를 일임받아 투자자별로 구분하여 금융투자상품을 취득 · 처분, 그 밖의 방법으로 운용하는 행위를 하지 못한다(자법 제71조 제6호).

종래 증권거래법상으로는 "증권회사는 고객으로부터 유가증권의 매매거래에 관한 위탁을 받은 경우, 그 수량 · 가격 및 매매시기에 한하여 그 결정을 위임받아 매매거래를 할 수 있다. 이 경우 그 유가증권의 종류 · 종목 및 매매의 구분과 방법에 관하여는 고객의 결정이 있어야 한다."고 하여 일정범위 내에서의 일임매매를 허용하였

202) 다음의 어느 하나에 해당하는 업무를 말한다(자령 68조 제2항). ① 인수업무 ② 모집 · 사모 · 매출의 주선업무 ③ 기업의 인수 및 합병의 중개 · 주선 또는 대리업무 ④ 기업의 인수 · 합병에 관한 조언업무 ⑤ 사모투자전문회사재산의 운용업무

다(구 증권거래법 제107조). 그러나 실제 증권거래법에 따른 일임매매보다는 모든 매매의 결정을 증권회사에 위임하는 포괄적 일임매매가 성행하였고, 판례도 그 유효성을 인정하고 있었다.[203)]

자본시장법에서는 종래 제한적으로 허용되던 일임매매의 유형도 원칙적으로 금지하고 있다.

2) 예외적 허용

자본시장법 제71조 제6호 단서 조항에서 “다만, 투자일임업으로서 행하는 경우와 제7조 제4항(투자일임업 적용제외)에 해당하는 경우에는 이를 할 수 있다.”고 규정하고 있다. 따라서 투자매매업자 또는 투자중개업자가 투자일임업 등록을 한 경우와 투자중개업자가 따로 대가 없이 금융투자상품에 대한 투자판단의 전부나 일부를 일임받는 경우로서 다음의 어느 하나에 해당하는 경우에는 일임매매를 할 수 있다(자령 제7조 제2항).

① 투자자가 금융투자상품의 매매거래일(하루에 한정한다)과 그 매매거래일의 총매수량이나 총매매금액을 지정한 경우로서 투자자로부터 그 지정 범위에서 금융투자상품의 수량 · 가격 및 시기에 대한 투자판단을 일임받은 경우

② 투자자가 여행 · 질병 등으로 일시적으로 부재하는 중에 금융투자상품의 가격폭락 등 불가피한 사유가 있는 경우로서 투자자로부터 약관 등에 따라 미리 금융투자상품의 매도 권한을 일임받은 경우

③ 투자자가 금융투자상품의 매매, 그 밖의 거래에 따른 결제나 증거금의 추가 예탁 또는 자본시장법 제72조에 따른 신용공여와 관련한 담보비율 유지의무나 상환의무를 이행하지 아니한 경우로서 투자자로부터 약관 등에 따라 금융투자상품의 매도권한(파생상품인 경우에는 이미 매도한 파생상품의 매수권한을 포함한다)을 일임받은 경우

④ 투자자가 투자중개업자가 개설한 계좌에 금전을 입금하거나 해당 계좌에서 금전을 출금하는 경우에는 따로 의사표시가 없어도 자동으로 자본시장법 제229조 제5호에 따른 단기금융집합투자기구의 집합투자증권 등을 매수 또는 매도하거나 증권을 환매를 조건으로 매수 또는 매도하기로 하는 약정을 미리 해당 투자중개업자와 체결한 경우로서 투자자로부터 그 약정에 따라 해당 집합투자증권

---

203) “일임매매에 관한 증권거래법 제107조 위반의 약정도 사법상으로는 유효하다고 보아야 하므로, 묵시적인 의사표시에 의한 포괄적인 매매일임도 유효하다.”(대법원 2002.3.29. 선고 2001다49128 판결, 대법원 1996.8.23. 선고 94다38199 판결 등).

등을 매수 또는 매도하는 권한을 일임받거나 증권을 환매를 조건으로 매수 또는 매도하는 권한을 일임받은 경우

⑤ 그 밖에 투자자 보호 및 건전한 금융거래질서를 해칠 염려가 없는 경우로서 금융위원회가 정하여 고시하는 경우

3) 일임매매와 손해배상책임

종래의 포괄적 일임매매의 경우 충실의무 또는 보호의무위반을 이유로 손해배상청구권을 인정하는 것이 판례의 태도이다. 판례는 "금융투자업자가 일임매매약정을 하였음을 기화로 그 직원이 충실의무에 위반하여 투자자의 이익을 무시하고 회사의 영업실적의 증대를 위하여 무리하게 회전매매를 함으로써 투자자에게 손해를 입힌 경우에는 과당매매로서 불법행위가 성립한다."[204]고 하여, 과당매매[205]의 경우에 불법행위에 따른 손해배상책임을 인정하였다.

자본시장법상으로는 일임매매가 예외적으로 허용되는 경우에 위 법리의 적용에 의한 손해배상책임이 인정될 것인가가 문제될 것이다.

참조판례

〈 과당매매에 있어서의 손해 〉

① "과당매매의 불법행위로 인한 재산상의 손해는 위법한 가해행위로 인하여 발생한 재산상의 불이익, 즉 과당매매가 없었더라면 존재하였을 재산상태와 과당매매가 종료된 이후의 재산상태의 차이를 말한다."(2006.1.26. 선고 2002다12659 판결 등).

② "과당매매가 없었더라면 존재하였을 재산 상태는, 정상적인 일임거래가 이루어졌을 경우의 투자위험이 반영되어야 하므로, 과당매매가 시작되는 시점의 예탁금 및 주식 등의 평가액으로부터, 주가지수 변동률 등을 사용하여 정상적인 일임거래가 이루어졌을 경우 발생되었을 것으로 예상되는 손실과 거래비용을 적절히 평가하여 이를 공제한 금액(정상거래 후 잔고)이라고 할 것이고, 결국 그 금액과 과당매매가 종료된 시점의 잔고(과당매매 후 잔고)의 차액을 과당매매로 인한 손해로 보아 이를 산정함이 원칙이라고 할 것이다."(대법원 2007.4.12. 선고2004다38907 판결).

---

204) 대법원 2007.7.12. 선고 2006다53344 판결; 대법원 1997.10.24. 선고 97다24603 판결; 대법원 1996.8.23. 선고 94다38199 판결 등.

205) 과당매매인가 여부에 대하여 "고객계좌에 대한 증권회사의 지배 여부, 주시매매의 동기 및 경위, 거래기간과 매매횟수 및 양자의 비율, 매입주식의 평균적 보유기간, 매매주식 중 단기매매가 차지하는 비율, 동일 주식의 매입·매도를 반복한 것인지의 여부, 수수료 등 비용을 공제한 후의 이익 여부, 운용액 및 운용기간에 비추어 본 수수료액의 과다 여부, 손해액에서 수수료가 차지하는 비율, 단기매매가 많이 이루어져야 할 특별한 사정이 있는지의 여부 등 제반 사정을 참작하여 주식매매의 반복이 전문가로서의 합리적인 선택이라고 볼 수 있는지 여부를 기준으로 판단하여야 한다."고 판시하였다(대법원 2007.4.12. 선고 2004다4980 판결).

(7) 기타

투자매매업자 또는 투자중개업자는 그 밖에 투자자 보호 또는 건전한 거래질서를 해할 우려가 있는 행위로서, 일반투자자와 같은 대우를 받겠다는 전문투자자의 요구에 정당한 사유 없이 동의하지 아니하는 행위 등을 하지 못한다(자법 제71조 제7호, 자령 제68조 제5호)

(8) 벌칙

불건전 영업행위의 금지 규정에 위반한 경우에 5년 이하의 징역 또는 2억원 이하의 벌금형에 처한다(자법 제444조 제8호).

7. 신용공여

(1) 의의

투자매매업자 또는 투자중개업자는 증권과 관련하여 금전의 융자 또는 증권의 대여의 방법으로 투자자에게 신용을 공여할 수 있다. 다만, 투자매매업자는 증권의 인수일부터 3개월 이내에 투자자에게 그 증권을 매수하게 하기 위하여 그 투자자에게 금전의 융자, 그 밖의 신용공여를 하여서는 아니 된다(자법 제72조 제1항). 인수와 관련하여 신용공여를 금지하는 것은 증권의 인수인이 된 투자매매업자가 인수한 증권을 투자자에게 신용공여를 하여 이를 취득하게 함으로써 인수에 따른 위험을 투자자에게 전가시키는 것을 방지하기 위한 것이다.

(2) 신용공여의 방법

투자매매업자 또는 투자중개업자는 ① 해당 투자매매업자 또는 투자중개업자에게 증권매매거래계좌를 개설하고 있는 자에 대하여 증권의 매매를 위한 매수대금을 융자하거나 매도하려는 증권을 대여하는 방법 ② 해당 투자매매업자 또는 투자중개업자에 증권을 예탁하고 있는 자에 대하여 그 증권을 담보로 금전을 융자하는 방법으로 신용공여를 할 수 있다(자령 제69조 제1항).

다만 투자매매업자 또는 투자중개업자가 전담중개업무를 제공하는 경우에는 ① 증권의 매매를 위한 매수대금을 융자하거나 매도하려는 증권을 대여하는 방법 ② 전담중개업무로서 보관·관리하는 집합투자재산인 증권을 담보로 금전을 융자하는 방법으로 그 전담중개업무를 제공받는 일반 사모집합투자기구에 대하여 신용을 공여할 수 있다(자령 제69조 제2항).

(3) 신용공여약정의 체결

투자매매업자 또는 투자중개업자가 신용공여를 하고자 하는 경우에는 투자자와 신용공여에 관한 약정을 체결하여야 한다. 투자매매업자 또는 투자중개업자는 신용공여약정을 체결하는 경우 투자자 본인(법인투자자의 경우에는 그 대리인을 말한다)의 기명날인 또는 서명을 받거나 「전자서명법」 제18조의 2에 따라 본인임을 확인하여야 한다(금융투자업규정 제4-22조).

(4) 신용공여의 건전성 확보

과도한 신용공여는 자본시장의 불안의 요인이 되기도 하며, 금융투자업자의 재무건전성에 영향을 미치며, 투자자의 입장에서도 위험이 가중되는 것으로서 그 건전성을 확보하기 위한 방안이 요구된다.

1) 신용공여의 회사별 한도

투자매매업자 또는 투자중개업자의 총신용공여 규모는 자기자본의 범위 이내로 하되, 신용공여 종류별로 투자매매업자 또는 투자중개업자의 구체적인 한도는 금융위원회 위원장이 따로 결정할 수 있다(금융투자업규정 제4-23조).

2) 담보의 징구 및 담보비율의 제한

투자매매업자 또는 투자중개업자는 청약자금대출을 함에 있어서는 청약하여 배정받은 증권을 담보로 징구하여야 한다. 다만 당해 증권이 교부되지 아니한 때에는 당해 증권이 교부될 때까지 그 납입영수증(청약증거금영수증을 포함한다)으로 갈음할 수 있다. 투자매매업자 또는 투자중개업자는 신용거래융자를 함에 있어서는 매수한 주권(주권과 관련된 증권예탁증권을 포함한다) 또는 상장지수집합투자기구의 집합투자증권을, 신용거래대주를 함에 있어서는 매도대금을 담보로 징구하여야 한다(금융투자업규정 제4-24조).

투자매매업자 또는 투자중개업자는 투자자의 신용상태 및 종목별 거래상황 등을 고려하여 신용공여금액의 100분의 140 이상에 상당하는 담보를 징구하여야 한다. 다만 매도되었거나 환매청구된 예탁증권을 담보로 하여 매도금액 또는 환매금액 한도 내에서 융자를 하는 경우에는 그러하지 아니하다(금융투자업규정 제4-25조).

3) 임의상환

투자매매업자 또는 투자중개업자는 투자자가 상환기일 이내에 상환하지 아니하였을 경우 등에는 그 다음 영업일에 투자자계좌에 예탁된 현금을 투자자의 채무변제에 우선 충당하고, 담보증권, 그 밖의 증권의 순서로 필요한 수량만큼 임의처분하여 투자자의 채무변제에 충당할 수 있다. 다만, 투자매매업자 또는 투자중개업자와 투자자가 사전에 합의한 경우에는 상환기일에도 투자자계좌에 예탁되어 있는 현금으로 채무변제에 충당할 수 있다(금융투자업규정 제4-28조 제1항).

투자매매업자 또는 투자중개업자는 투자자와 사전에 합의하고 시세의 급격한 변동 등으로 인하여 채권회수가 현저히 위험하다고 판단되는 경우에는 투자자에 대하여 담보의 추가납부를 요구하지 아니하거나 추가로 담보를 징구하지 아니하고 필요한 수량의 담보증권, 그 밖에 예탁한 증권을 임의로 처분할 수 있다(금융투자업규정 제4-28조).

8. 투자자예탁금의 별도예치

투자매매업자 또는 투자중개업자는 투자자예탁금(투자자로부터 금융투자상품의 매매, 그 밖의 거래와 관련하여 예탁받은 금전을 말한다)을 고유재산과 구분하여 증권금융회사에 예치 또는 신탁하여야 한다(자법 제74조 제1항). 이는 투자매매업자나 투자중개업자의 재산상태와 관계없이 투자자의 예탁자산을 보호하기 위한 것이다.

누구든지 예치기관에 예치 또는 신탁한 투자자예탁금을 상계 · 압류(가압류를 포함한다)하지 못하며, 투자자예탁금을 예치 또는 신탁한 투자매매업자 또는 투자중개업자(예치금융투자업자)는 대통령령으로 정하는 경우 외에는 예치기관에 예치 또는 신탁한 투자자예탁금을 양도하거나 담보로 제공하여서는 아니 된다(자법 제74조 제4항).

예치기관은 다음의 어느 하나에 해당하는 방법으로 투자자예탁금을 운용하여야 한다(자법 제74조 제7항). ① 국채증권 또는 지방채증권의 매수 ② 정부 · 지방자치단체 또는 대통령령으로 정하는 금융기관[206]이 지급을 보증한 채무증권의 매수 ③ 그

206) 다음의 어느 하나에 해당하는 금융기관을 말한다(자령 제74조 제1항). 1. 은행 2. 한국산업은

밖에 투자자예탁금의 안정적 운용을 해할 우려가 없는 것으로서 대통령령으로 정하는 방법[207]

예치기관은 예치금융투자업자가 인가가 취소된 경우 등에 해당하게 된 경우에는 투자자의 청구에 따라 예치 또는 신탁된 투자자예탁금을 대통령령으로 정하는 방법과 절차에 따라 그 투자자에게 우선하여 지급하여야 한다(자법 제74조 제5항).

9. 집합투자증권 판매 등에 관한 특례

(1) 의의

투자매매업자 또는 투자중개업자는 집합투자증권을 판매하는 경우 투자자가 집합투자증권의 취득을 위하여 금전 등을 납입한 후 최초로 산정되는 기준가격으로 판매하여야 한다. 다만, 투자자의 이익을 해할 우려가 없는 경우로서 대통령령으로 정하는 경우에는 대통령령으로 정하는 기준가격[208]으로 판매하여야 한다(자법 제76조).

(2) 판매의 금지

투자매매업자 또는 투자중개업자는 자본시장법 제92조 제1항[209](자법 제186조 제2항에서 준용하는 경우를 포함한다)에 따른 통지를 받은 경우에는 해당 집합투자증권을 판매하여서는 아니 된다. 다만, 자본시장법 제92조 제2항[210](자법 제186조 제2항에서 준용하는 경우를 포함한다)에 따른 통지를 받은 경우에는 판매를 다시 시작

행 3.중소기업은행 4. 보험회사 5. 투자매매업자 또는 투자중개업자 6. 증권금융회사 7. 종합금융회사 8. 신용보증기금 9. 기술신용보증기금

207) 다음의 어느 하나에 해당하는 방법을 말한다(자령 제74조 제2항). 1. 증권 또는 원화로 표시된 양도성 예금증서를 담보로 한 대출 2. 한국은행 또는 「우체국 예금 · 보험에 관한 법률」에 따른 체신관서에의 예치 3. 특수채증권의 매수 4. 그 밖에 투자자예탁금의 안전한 운용이 가능하다고 인정되는 것으로서 금융위원회가 정하여 고시하는 방법

208) 다음과 같다(자령 제77조 제2항).
1. 제1항의 제1호의 경우: 금전 등의 납입일부터 기산하여 제3영업일에 공고되는 기준가격
2. 제1항의 제2호 및 제3호의 경우: 금전 등의 납입일에 공고되는 기준가격
3. 제1항의 제4의 경우: 금전 등의 납입일부터 기산하여 제3영업일 또는 그 이후에 공고되는 기준가격
4. 제1항의 제5호의 경우: 집합투자증권을 환매한 후 15일 이내에 집합투자규약에서 정하는 투자매매업자 또는 투자중개업자 변경의 효력이 발생하는 날에 공고되는 기준가격.

209) 집합투자증권의 환매를 연기한 경우나 집합투자기구에 대한 감사인의 감사의견이 적정의견이 아닌 경우가 해당된다.

210) 자법 제92조 제1항의 사유가 해소된 경우가 해당된다.

할 수 있다(자법 제76조 제2항).

투자매매업자 또는 투자중개업자는 집합투자기구가 자본시장법 제182조에 따라 등록되기 전에는 해당 집합투자증권을 판매하거나 판매를 위한 광고를 하여서는 아니 된다. 다만, 투자자의 이익을 해할 우려가 없는 경우로서 대통령령으로 정하는 경우[211]에는 판매를 위한 광고를 할 수 있다.

(3) 판매수수료

투자매매업자 또는 투자중개업자는 집합투자증권의 판매와 관련하여 판매수수료(집합투자증권을 판매하는 행위에 대한 대가로 투자자로부터 직접 받는 금전을 말한다) 및 판매보수(집합투자증권을 판매한 투자매매업자, 투자중개업자가 투자자에게 지속적으로 제공하는 용역의 대가로 집합투자기구로부터 받는 금전을 말한다)를 받는 경우 집합투자기구의 운용실적에 연동하여 판매수수료 또는 판매보수를 받아서는 아니 된다(자법 제76조 제4항).

판매수수료 및 판매보수는 다음의 한도를 초과하여서는 아니 된다. 다만, 사모집합투자기구에 대하여는 다음의 한도를 적용하지 아니한다(자법 제76조 제5항).

① 판매수수료: 납입금액 또는 환매금액의 100분의 3 이하로서 대통령령으로 정하는 한도[212]

② 판매보수: 집합투자재산의 연평균가액의 1000분의 15 이하로서 대통령령으로 정하는 한도[213]

10. 투자성 있는 예금 · 보험에 대한 특례

(1) 금융투자업인가의 간주

은행이 투자성 있는 예금계약을 체결하는 경우에는 자본시장법 제12조에 따라 투

211) 관련 법령의 개정에 따라 새로운 형태의 집합투자증권의 판매가 예정되어 있어, 그 집합투자기구의 개괄적인 내용을 광고하여도 투자자의 이익을 해칠 염려가 없는 경우를 말한다. 이 경우 관련 법령의 개정이 확정되지 아니한 경우에는 광고의 내용에 관련 법령의 개정이 확정됨에 따라 그 내용이 달라질 수 있음을 표시하여야 한다(자령 제77조 제3항).

212) 납입금액 또는 환매금액의 100분의 2(자령 제77조 제4항 제1호).

213) 집합투자재산의 연평균가액의 100분의 1. 다만, 투자자의 투자기간에 따라 판매보수율이 감소하는 경우로서 금융위원회가 정하여 고시하는 기간을 넘는 시점에 적용되는 판매보수율이 100분의 1 미만인 경우 그 시점까지는 100분의 1에서부터 1천분의 15까지의 범위에서 정할 수 있다(자령 제77조 제4항 제2호).

자매매업에 관한 금융투자업인가를 받은 것으로 본다(자법 제77조 제1항)

보험회사가 투자성 있는 보험계약을 체결하거나 그 중개 또는 대리를 하는 경우에는 자본시장법 제12조에 따라 투자매매업 또는 투자중개업에 관한 금융투자업인가를 받은 것으로 본다(자법 제77조 제2항).

이 경우 기능별 규율체제에 따라서 금융투자업자로서 자본시장법의 규제에 따르게 된다.

(2) 적용제외

은행이 투자성 있는 예금계약, 그 밖에 이에 준하는 것으로서 대통령령으로 정하는 계약을 체결하는 경우와 보험회사가 투자성 있는 보험계약을 체결하거나 그 중개 또는 대리를 하는 경우에는, 자본시장법 제15조(인가요건의 유지), 제39조부터 제45조까지(명의대여의 금지 등), 제56조(약관), 제58조(수수료), 제61조부터 제65조까지(소유증권의 예탁 등) 및 제2편 제2장(금융투자업자의 지배구조) · 제3장(건전경영 유지) · 제4장 제2절 제1관(투자매매업자 및 투자중개업자의 영업행위 규칙)을 적용하지 아니하며, 제3편 제1장(증권신고서)을 적용하지 아니한다(자법 제77조 제1항 단서).

은행의 경우에는 자본시장법 제3편 제1장(증권신고서)은 투자성 있는 외화예금계약을 체결하는 경우에만 적용하지 않고(자법 제77조 제1항), 보험회사는 제51조부터 제53조(투자권유대행인 등)까지도 적용되지 않는다(자법 제77조 제2항).

11. 종합금융투자사업자에 대한 특례

(1) 의의

자본시장법에서는 종합금융투자사업자에 대하여 규정하면서, 종합금융투자사업자가 투자은행으로서 기업금융 관련 업무를 원활히 수행할 수 있도록 전담중개업무 외에 기업대출, 비상장주식에 대한 내부주문집행업무 등을 영위할 수 있도록 관련 규율체계를 정비하고 있다.

(2) 전담중개업무

종합금융투자사업자가 아니고는 전담중개업무를 영위할 수 없다(자법 제77조의

3 제1항). 종합금융투자사업자는 일반 사모집합투자기구 등 중 투자대상, 차입 여부 등을 감안하여 대통령령으로 정하는 자[214)]에 대하여 전담중개업무를 제공하는 경우에는 미리 해당 일반 사모집합투자기구 등, 그 밖에 대통령령으로 정하는 자[215)]와 다음의 사항을 포함하는 내용에 관한 계약을 체결하여야 한다(자법 제77조의 3 제2항).

① 전담중개업무와 관련된 종합금융투자사업자와 일반 사모집합투자기구 등의 역할 및 책임에 관한 사항

② 종합금융투자사업자가 일반 사모집합투자기구 등의 재산을 제삼자에 대한 담보, 대여, 그 밖에 대통령령으로 정하는 방법[216)]으로 이용하는 경우 그 이용에 관한 사항

③ 종합금융투자사업자가 ②에 따라 이용한 일반 사모집합투자기구 등의 재산 현황 등에 관한 정보를 일반 사모집합투자기구 등에게 제공하는 절차 및 방법

③ 그 밖에 대통령령으로 정하는 사항

(3) 신용공여 등

종합금융투자사업자는 이 법 또는 다른 금융관련 법령에도 불구하고 다음의 업무를 영위할 수 있다(자법 제77조의 3 제3항).

① 기업에 대한 신용공여 업무[217)]

② 그 밖에 해당 종합금융투자사업자의 건전성, 해당 업무의 효율적 수행에 이바지할 가능성 등을 고려하여 종합금융투자사업자에만 허용하는 것이 적합한 업무로서 대통령령으로 정하는 것

종합금융투자사업자가 전담중개업무를 영위하는 경우에는 증권 외의 금전 등에 대한 투자와 관련하여 일반 사모집합투자기구 등에 신용공여를 할 수 있다(자법 제77조의 3 제4항). 종합금융투자사업자가 신용공여를 하는 경우에는 신용공여의 총 합

---

214) 일반 사모집합투자기구 등을 말한다(자령 제77조의 4 제1항).

215) 종합금융투자사업자로부터 법 제6조 제9항 제3호의 업무를 위탁받은 자 및 일반 사모집합투자기구 등으로부터 법 제184조 제6항 제2호의 업무를 위탁받은 일반사무관리회사를 말한다(자령 제77조의 4 제2항).

216) 환매조건부매매, 그 밖에 전담중개업무의 효율적인 수행 등을 고려하여 총리령으로 정하는 방법을 말한다(자령 제77조의 4 제3항).

217) 신용공여의 범위는 다음 각 호와 같다(자령 77조의 5 제1항). 1. 대출 2. 지급보증[이에 따른 대지급금(代支給金)의 지급을 포함한다] 3. 기업어음증권에 해당하지 아니하는 어음의 할인·매입

계액이 자기자본의 100분의 200을 초과하여서는 아니 된다(자법 제77조의 3 제5항). 다만, 종합금융투자사업자 업무의 특성, 해당 신용공여가 종합금융투자사업자의 건전성에 미치는 영향 등을 고려하여 대통령령으로 정하는 경우[218]에는 그러하지 아니하다.

종합금융투자사업자가 신용공여를 하는 경우에는 다음의 신용공여를 제외한 신용공여의 합계액이 자기자본의 100분의 100을 초과하여서는 아니 된다(자법 제77조의 3 제6항). ① 기업금융업무 관련 신용공여 ② 중소기업에 대한 신용공여

종합금융투자사업자가 신용공여를 하는 경우 동일한 법인 및 그 법인과 대통령령으로 정하는 신용위험을 공유하는 자[219]에 대하여 그 종합금융투자사업자의 자기자본의 100분의 25의 범위에서 대통령령으로 정하는 비율에 해당하는 금액을 초과하는 신용공여를 할 수 없다(자법 제77조의 3 제7항).

종합금융투자사업자가 추가로 신용공여를 하지 아니하였음에도 불구하고 자기자본의 변동, 동일차주 구성의 변동 등으로 인하여 위 한도를 초과하게 되는 경우에는 그 한도를 초과하게 된 날부터 1년 이내에 그 한도에 적합하도록 하여야 한다(자법 제77조의 3 제6항).

(4) 계열회사에 대한 신용공여 등의 규제

종합금융투자사업자는 그와 계열회사의 관계에 있는 법인에 대하여 신용공여를 하거나 또는 그 법인이 운용하는 일반 사모집합투자기구에 대하여 전담중개업무를 제공하여서는 아니 된다(자법 제77조의 3 제9항).

(5) 적용제외

종합금융투자사업자에 대하여는 「한국은행법」과 「은행법」을 적용하지 아니한다(자법 제77조의 3 제10항).

---

218) 다음 각 호의 어느 하나에 해당하는 경우를 말한다(자령 77조의 5 제2항).
1. 금융위원회가 정하여 고시하는 방법에 따라 일반 사모집합투자기구 등으로부터 받은 담보를 활용하여 제삼자로부터 조달한 자금으로 신용공여를 하는 경우
2. 기업의 인수 · 합병에 관한 조언업무나 그 인수 · 합병의 중개 · 주선 또는 대리업무와 관련하여 총리령으로 정하는 기간 이내의 신용공여를 하는 경우
3. 국가, 지방자치단체, 외국 정부, 제362조 제8항 각 호의 금융기관 또는 이에 준하는 외국 금융기관이 원리금의 상환에 관하여 보증한 신용공여(원리금의 상환이 보증된 부분에 한정한다)를 하는 경우

219) 기업집단에 속하는 회사를 말한다(자령 77조의 5 제3항).

12. 다자간매매체결회사에 관한 특례

(1) 의의

개정 자본시장법에서는 전자증권중개업무에 관한 조항(구 자법 제78조 제1항)은 삭제되고 대신에 다자간매매체결회사에 관한 특례조항을 두게 되었다. 여기서 전자적 방법으로 다수의 자를 각 당사자 또는 거래상대방으로 하여 상장주권 등의 매매체결업무를 하는 다자간매매체결회사(ATS)를 인가가 필요한 금융투자업자의 한 형태로 허용하여 유통시장에서 거래소와 경쟁이 가능하도록 하고 있다.[220)]

(2) 다자간매매체결회사의 업무기준

다자간매매체결회사는 다자간매매체결업무를 함에 있어서 다음의 사항에 대하여 대통령령으로 정하는 업무기준을 준수하여야 한다(자법 제78조 제1항, 자령 제78조).

① 매매체결대상상품 및 다자간매매체결회사에서의 거래에 참가하는 자(거래참가자)에 관한 사항
② 매매체결대상상품의 매매정지 및 그 해제에 관한 사항
③ 매매확인 등 매매계약의 체결에 관한 사항과 채무인수 · 차감 및 결제방법 · 결제책임 등 청산 · 결제에 관한 사항
④ 증거금 등 거래참가자의 매매수탁에 관한 사항
⑤ 매매체결대상상품의 발행인 등의 신고 · 공시에 관한 사항
⑥ 매매결과의 공표 및 보고에 관한 사항
⑦ 다자간매매체결업무의 개폐 · 정지 및 중단에 관한 사항
⑧ 그 밖에 다자간매매체결업무의 수행과 관련하여 필요한 사항

(3) 지정거래소의 감시

금융위원회가 지정하는 지정거래소는 다자간매매체결회사에서의 투자자 보호 및

---

220) 대체거래소(Alternative Trading System)라고도 하며, 기존 한국거래소와 동일한 기능을 수행하지만 규모는 작아서 효율적인 거래가 가능하다는 장점이 있다. 금융투자협회와 6개 증권사(한국투자증권, 미래에셋증권, NH투자증권, KB증권, 삼성증권, 키움증권)을 주축으로 TF가 만들어지기도 했지만, 아직 설립되지 않고 있다.

건전한 거래질서를 위하여 다음의 사항을 감시할 수 있다(자법 제78조 제3항).

① 매매체결대상상품의 매매에 관한 청약 또는 주문이나 거래참가자가 다자간매매체결회사에 제출하는 호가의 상황

② 매매체결대상상품에 관련된 풍문 · 제보나 보도

③ 매매체결대상상품의 발행인 등에 관한 신고 또는 공시

④ 그 밖에 매매체결대상상품의 가격형성이나 거래량에 영향을 미치는 상황 또는 요인으로서 대통령령으로 정하는 것[221]

(4) 지정거래소의 감리

지정거래소는 다음의 어느 하나에 해당하는 경우에는 거래참가자에게 그 사유를 밝힌 서면으로 관련 자료의 제출을 요청하거나, 거래참가자에 대하여 그와 관련된 업무 · 재산상황 · 장부 · 서류, 그 밖의 물건을 감리할 수 있다(자법 제78조 제4항).

① 자본시장법 제377조 제1항 제8호에서 정하는 이상거래의 혐의가 있다고 인정되는 매매체결대상상품의 종목 또는 매매 품목의 거래상황을 파악하기 위한 경우

② 거래참가자가 제1항에 따른 업무기준을 준수하는지를 확인하기 위한 경우

거래소는 위 요청 또는 요구를 거부하거나 감리에 협조하지 아니하는 경우 시장감시규정이 정하는 바에 따라 회원의 자격을 정지하거나 증권 및 장내파생상품의 매매거래를 제한할 수 있고, 지정거래소는 다른 거래소 또는 다자간매매체결회사에 대하여 회원 또는 거래참가자의 자격을 정지하거나 거래를 제한할 것을 요구할 수 있다(자법 제404조 제3항).

(5) 소유의 제한

누구든지 다음의 어느 하나에 해당하는 경우를 제외하고는 다자간매매체결회사의 의결권 있는 발행주식총수의 100분의 15를 초과하여 다자간매매체결회사가 발행한 주식을 소유할 수 없다(자법 제78조 제5항).

① 집합투자기구가 소유하는 경우(사모집합투자기구가 소유하는 경우는 제외한다)

② 정부가 소유하는 경우

③ 그 밖에 대통령령으로 정하는 바에 따라 금융위원회의 승인을 받아 소유하는 경우

---

221) 매매가격 · 거래량 및 매매체결의 시간 등 매매체결대상상품의 매매체결에 관한 정보를 말한다(자령 제78조 제5항).

소유제한을 위반하여 주식을 소유하는 경우 그 초과분에 대하여는 의결권을 행사할 수 없으며, 소유제한을 위반하여 주식을 소유한 자는 지체 없이 소유제한에서 정한 한도에 적합하도록 하여야 한다(자법 제406조 제3항). 금융위원회는 이를 준수하지 아니한 자에게 6개월 이내의 기한을 정하여 그 한도를 초과하는 주식을 처분할 것을 명할 수 있다(자법 제406조 제4항). 금융위원회는 주식처분명령을 받은 후 그 기한 이내에 그 주식처분명령을 이행하지 아니한 자에 대하여는 다시 상당한 이행 기한을 정하여 그 주식을 처분할 것을 명하고, 그 기한까지 주식처분명령을 이행하지 아니하는 경우에는 그 처분하여야 하는 주식의 취득가액의 100분의 5를 초과하지 아니하는 범위에서 이행강제금을 부과한다(자법 제407조 제1항).

(6) 거래량 초과시의 조치

다자간매매체결회사(경쟁매매의 방법에 따라 매매가격을 결정하는 다자간매매체결회사는 제외한다)는 매매체결대상상품의 거래량이 대통령령으로 정하는 기준을 넘는 경우[222]에는 투자자 보호 및 매매체결의 안정성 확보 등을 위하여 대통령령으로 정하는 조치(자령 제78조 제8항)를 하여야 한다.

(7) 적용제외 및 준용

자본시장법 제40조(금융투자업자의 다른 금융업무 영위), 제72조(신용공여), 제73조(매매명세의 통지) 및 제419조 제2항부터 제4항까지의 규정(금융투자업자에 대한 검사)은 다자간매매체결회사에는 적용하지 아니한다(자법 제78조 제2항).

자본시장법 제383조 제1항 · 제2항(정보이용금지 등), 제408조(영업양도 등의 승인) 및 제413조(긴급사태시의 처분)는 다자간매매체결회사에 준용한다(자법 제78조 제6항).

---

222) 매매체결대상상품의 거래량이 다음 각 호의 어느 하나에 해당하는 경우를 말한다(자령 제78조 제7항).
1. 매월의 말일을 기준으로 법 제4조 제2항에 따른 증권의 구분별로 과거 6개월간 해당 다자간매매체결회사의 매매체결대상상품의 평균거래량이 같은 기간 중 증권시장에서의 매매체결대상상품의 평균거래량의 100분의 5를 초과하는 경우
2. 매월의 말일을 기준으로 과거 6개월간 해당 다자간매매체결회사의 종목별 매매체결대상상품의 평균거래량이 같은 기간 중 증권시장에서의 그 종목별 매매체결대상상품의 평균거래량의 100분의 10을 초과하는 경우

Ⅱ. 집합투자업자

1. 선관주의의무 및 충실의무

집합투자업자는 투자자에 대하여 선량한 관리자의 주의로써 집합투자재산을 운용하여야 하고, 투자자의 이익을 보호하기 위하여 해당 업무를 충실하게 수행하여야 한다(자법 제79조).

이처럼 선관주의의무 외에 충실의무에 대하여도 규정하고 있는데, 이는 상법에서 규정하고 있는 이사의 충실의무(상법 제382조의 3)와 같은 개념으로 볼 것이다.

2. 자산운용의 지시 및 실행

(1) 자산운용의 지시

집합투자기구에 있어서 집합투자재산에 대한 사실상의 운용책임을 지는 집합투자업자와 집합투자재산을 보관 · 관리하는 신탁업자가 분리되어 있다. 또한 투자회사와 같이 집합투자기구가 별도의 법인격을 가지기도 하지만, 투자신탁의 경우 집합투자기구가 별도의 법인격을 가지지 않으므로 투자신탁의 집합투자업자는 투자신탁재산을 운용함에 있어서 그 투자신탁재산을 보관 · 관리하는 신탁업자에 대하여 대통령령으로 정하는 방법(자령 제79조 제1항)에 따라 투자신탁재산별로 투자대상자산의 취득 · 처분 등에 관하여 필요한 지시를 하여야 하며, 그 신탁업자는 집합투자업자의 지시에 따라 투자대상자산의 취득 · 처분 등을 하여야 한다(자법 제80조 제1항 본문).

(2) 직접 투자대상자산의 취득 · 처분

위와 같이 집합투자업자가 자산운용을 지시하고 신탁업자가 이를 실행해야 한다면 수시로 가격이 변동하는 상장증권과 같은 경우 효율적인 운용을 할 수 없다. 이런 사정에 따라 집합투자업자는 투자신탁재산의 효율적 운용을 위하여 불가피한 경우로서 대통령령으로 정하는 경우에는 자신의 명의로 직접 투자대상자산의 취득 · 처분 등을 할 수 있다(자법 제80조 제1항 단서).

집합투자업자는 투자대상자산에 대한 직접 취득 · 처분 등의 업무를 수행하는 경우에는 투자신탁재산별로 미리 정하여진 자산배분명세에 따라 취득 · 처분 등의 결과를 공정하게 배분하여야 한다. 이 경우 집합투자업자는 자산배분명세, 취득 · 처분 등의 결과, 배분결과 등에 관한 장부 및 서류를 총리령으로 정하는 방법에 따라 작성하고 이를 유지 · 관리하여야 한다(자법 제80조 제3항).

(3) 집합투자기구 명의의 거래

투자신탁을 제외한 집합투자기구의 집합투자업자는 그 집합투자재산을 운용함에 있어서 집합투자기구의 명의(투자익명조합의 경우에는 그 집합투자업자의 명의를 말한다)로 대통령령으로 정하는 방법(자령 제79조 제1항)에 따라 집합투자재산(투자신탁재산은 제외한다)별로 투자대상자산의 취득 · 처분 등을 하고, 그 집합투자기구의 신탁업자에게 취득 · 처분 등을 한 자산의 보관 · 관리에 필요한 지시를 하여야 하며, 그 신탁업자는 집합투자업자의 지시에 따라야 한다. 이 경우 집합투자업자가 투자대상자산의 취득 · 처분 등을 함에 있어서는 집합투자업자가 그 집합투자기구를 대표한다는 사실을 표시하여야 한다(자법 제80조 제5항).

3. 자산운용의 제한

(1) 의의

집합투자업자가 집합투자재산을 집중하여 투자하는 경우 집합투자기구의 안정적 운용을 해할 수 있으므로 투자자 보호를 위해서 분산투자를 의무화하고 있다.

(2) 증권 등에 대한 투자제한

집합투자업자는 집합투자재산을 운용함에 있어서 다음에 해당하는 행위를 하여서는 아니 된다(자법 제81조 제1항). 다만, 투자자 보호 및 집합투자재산의 안정적 운용을 해할 우려가 없는 경우로서 대통령령으로 정하는 경우[223]에는 이를 할 수 있다.

① 집합투자재산을 증권(집합투자증권, 그 밖에 대통령령으로 정하는 증권[224])을 제

223) ① 국채증권 등의 경우에는 집합투자기구 자산총액의 100분의 100까지 투자하는 행위 ② 지방채증권 등의 경우에는 집합투자기구 자산총액의 100분의 30까지 투자하는 행위(자령 제80조 제1항).

224) 자법 제279조 제1항에 따른 외국 집합투자증권을 말한다(자령 제80조 제2항).

외하며, 대통령령으로 정하는 투자대상자산[225]을 포함한다) 또는 파생상품에 운용함에 있어서 다음의 어느 하나에 해당하는 행위

가. 각 집합투자기구 자산총액의 100분의 10 이내의 범위에서 대통령령으로 정하는 비율(10%)을 초과하여 동일종목의 증권에 투자하는 행위. 이 경우 동일법인 등이 발행한 증권 중 지분증권(그 법인 등이 발행한 지분증권과 관련된 증권예탁증권을 포함한다)과 지분증권을 제외한 증권은 각각 동일종목으로 본다.

나. 각 집합투자업자가 운용하는 전체 집합투자기구 자산총액으로 동일법인 등이 발행한 지분증권 총수의 100분의 20을 초과하여 투자하는 행위[226]

다. 각 집합투자기구 자산총액으로 동일법인 등이 발행한 지분증권 총수의 100분의 10을 초과하여 투자하는 행위

라. 대통령령으로 정하는 적격 요건[227]을 갖추지 못한 자와 장외파생상품을 매매하는 행위

마. 파생상품의 매매에 따른 위험평가액이 대통령령으로 정하는 기준[228]을 초과하여 투자하는 행위

바. 파생상품의 매매와 관련하여 기초자산 중 동일법인 등이 발행한 증권(그 법인 등이 발행한 증권과 관련된 증권예탁증권을 포함한다)의 가격변동으로 인한 위험평가액이 각 집합투자기구 자산총액의 100분의 10을 초과하여 투자하는 행위

사. 같은 거래상대방과의 장외파생상품 매매에 따른 거래상대방 위험평가액이 각 집합투자기구 자산총액의 100분의 10을 초과하여 투자하는 행위

② 집합투자재산을 부동산에 운용함에 있어서 다음의 어느 하나에 해당하는 행위

---

225) 다음 각 호의 어느 하나에 해당하는 투자대상자산을 말한다(자령 제80조 제3항).
1. 원화로 표시된 양도성 예금증서
2. 기업어음증권 외의 어음
3. 제1호 및 제2호 외에 대출채권, 예금, 그 밖의 금융위원회가 정하여 고시하는 채권

226) 하나의 집합투자업자가 여러 개의 집합투자기구를 운용할 경우 개별 집합투자기구별 투자한도 외에 집합투자업자를 기준으로 추가규제를 하는 것이다.

227) 자령 제10조 제1항 각 호의 어느 하나에 해당하는 자가 다음 각 호의 어느 하나에 해당하는 요건을 충족하는 것을 말한다(자령 제80조 제5항).
1. 신용평가회사(외국 법령에 따라 외국에서 신용평가업무에 상당하는 업무를 수행하는 자를 포함한다. 이하 제2호에서 같다)에 의하여 투자적격 등급 이상으로 평가받은 경우
2. 신용평가회사에 의하여 투자적격 등급 이상으로 평가받은 보증인을 둔 경우
3. 담보물을 제공한 경우

228) 각 집합투자기구의 자산총액에서 부채총액을 뺀 가액의 100분의 100을 말한다. 다만, 일반 사모집합투자기구의 경우에는 이를 100분의 400으로 한다(자령 제80조 제6항).

가. 부동산을 취득한 후 5년 이내의 범위에서 대통령령으로 정하는 기간[229] 이내에 이를 처분하는 행위. 다만, 부동산개발사업(토지를 택지 · 공장용지 등으로 개발하거나 그 토지 위에 건축물, 그 밖의 공작물을 신축 또는 재축하는 사업을 말한다)에 따라 조성하거나 설치한 토지 · 건축물 등을 분양하는 경우, 그 밖에 투자자 보호를 위하여 필요한 경우로서 대통령령으로 정하는 경우[230]를 제외한다.

나. 건축물, 그 밖의 공작물이 없는 토지로서 그 토지에 대하여 부동산개발사업을 시행하기 전에 이를 처분하는 행위. 다만, 집합투자기구의 합병 · 해지 또는 해산, 그 밖에 투자자 보호를 위하여 필요한 경우로서 대통령령으로 정하는 경우[231]를 제외한다.

③ 집합투자재산을 집합투자증권(자법 제279조 제1항의 외국 집합투자증권을 포함한다)에 운용함에 있어서 다음의 어느 하나에 해당하는 행위

가. 각 집합투자기구 자산총액의 100분의 50을 초과하여 같은 집합투자업자(외국 집합투자업자를 포함한다)가 운용하는 집합투자기구(외국 집합투자기구를 포함한다)의 집합투자증권에 투자하는 행위

나. 각 집합투자기구 자산총액의 100분의 20을 초과하여 같은 집합투자기구(외국 집합투자기구를 포함한다)의 집합투자증권에 투자하는 행위

다. 집합투자증권에 자산총액의 100분의 40을 초과하여 투자할 수 있는 집합투자기구(외국 집합투자기구를 포함한다)의 집합투자증권에 투자하는 행위

라. 사모집합투자기구(사모집합투자기구에 상당하는 외국 사모집합투자기구를 포함한다)의 집합투자증권에 투자하는 행위

마. 각 집합투자기구의 집합투자재산으로 같은 집합투자기구(외국 집합투자기구를 포함한다)의 집합투자증권 총수의 100분의 20을 초과하여 투자하는

---

229) 다음 각 호의 기간을 말한다(자령 제80조 제7항).
1. 국내에 있는 부동산: 3년. 다만, 집합투자기구가 2009년 4월 1일부터 2010년 12월 31일까지 미분양주택(「주택법」 제38조에 따른 사업주체가 같은 조에 따라 공급하는 주택으로서 입주자모집공고에 따른 입주자의 계약일이 지난 주택단지에서 분양계약이 체결되지 아니하여 선착순의 방법으로 공급하는 주택을 말한다)을 취득(2010년 12월 31일까지 매매계약을 체결하고 계약금을 납부한 경우를 포함한다)하는 경우에는 집합투자규약에서 정하는 기간으로 한다.
2. 국외에 있는 부동산: 집합투자규약으로 정하는 기간

230) 집합투자기구가 합병 · 해지 또는 해산되는 경우를 말한다(자령 제80조 제8항).

231) 부동산개발사업을 하기 위하여 토지를 취득한 후 관련 법령의 제정 · 개정 또는 폐지 등으로 인하여 사업성이 뚜렷하게 떨어져서 부동산개발사업을 수행하는 것이 곤란하다고 객관적으로 증명되어 그 토지의 처분이 불가피한 경우를 말한다(자령 제80조 제9항).

행위. 이 경우 그 비율의 계산은 투자하는 날을 기준으로 한다.

바. 집합투자기구의 집합투자증권을 판매하는 투자매매업자 또는 투자중개업자가 받는 판매수수료 및 판매보수와 그 집합투자기구가 투자하는 다른 집합투자기구(외국 집합투자기구를 포함한다)의 집합투자증권을 판매하는 투자매매업자[외국 투자매매업자(외국 법령에 따라 외국에서 투자매매업에 상당하는 영업을 영위하는 자를 말한다)를 포함한다] 또는 투자중개업자[외국 투자중개업자(외국 법령에 따라 외국에서 투자중개업에 상당하는 영업을 영위하는 자를 말한다)를 포함한다]가 받는 판매수수료 및 판매보수의 합계가 대통령령으로 정하는 기준[232]을 초과하여 집합투자증권에 투자하는 행위

④ 그 밖에 투자자 보호 또는 집합투자재산의 안정적 운용 등을 해할 우려가 있는 행위로서 대통령령으로 정하는 행위

위와 같이 집합투자업자의 경우 자산운용에 있어서 제한을 받지만, 집합투자재산에 속하는 투자대상자산의 가격변동 등 대통령령으로 정하는 사유(자령 제81조 제2항)로 불가피하게 투자한도를 초과하게 된 경우에는 초과일부터 3개월까지는(부도 등으로 처분이 불가능한 투자대상자산은 그 처분이 가능한 시기까지) 그 투자한도에 적합한 것으로 본다(자령 제81조 제3항).

4. 자기집합투자증권의 취득제한

투자신탁이나 투자익명조합의 집합투자업자는 집합투자기구의 계산으로 그 집합투자기구의 집합투자증권을 취득하거나 질권의 목적으로 받지 못한다(자법 제82조). 자기집합투자증권을 취득하는 것은 자기주식취득과 같이 출자의 환급의 의미를 가지는 것으로 자본금 충실에 반하므로 이를 제한한다.

다만, ① 담보권의 실행 등 권리 행사에 필요한 경우 ② 반대 수익자의 수익증권매수청구에 따라 수익증권을 매수하는 경우에는 집합투자기구의 계산으로 그 집합투자기구의 집합투자증권을 취득할 수 있다. 담보권의 실행 등 권리 행사에 필요한 경우에는 취득한 집합투자증권은 취득일부터 1개월 이내에 소각 또는 투자매매업자 또는 투자중개업자를 통하여 매도하는 방법에 따라 처분하여야 한다(자령 제82조).

---

232) 자령 제77조 제4항에서 정한 한도를 말한다(자령 제80조 제10항).

5. 금전차입 등의 제한

집합투자업자는 집합투자재산을 운용함에 있어서 집합투자기구의 계산으로 금전을 차입하지 못한다(자법 제83조).

다만, ① 집합투자증권의 환매청구가 대량으로 발생하여 일시적으로 환매대금의 지급이 곤란한 때 ② 반대 수익자의 수익증권매수청구(자법 제191조) 및 투자회사 주주의 주식매수청구(자법 제201조 제4항)에 따른 매수청구가 대량으로 발생하여 일시적으로 매수대금의 지급이 곤란한 때에는 집합투자기구의 계산으로 금전을 차입할 수 있다.

예외적으로 집합투자기구의 계산으로 금전을 차입하는 경우 그 차입금의 총액은 차입 당시 집합투자기구 자산총액에서 부채총액을 뺀 가액의 100분의 10을 초과하여서는 아니 되며(자법 제83조 제2항), 그 차입금 전액을 모두 갚기 전까지 투자대상자산을 추가로 매수(파생상품의 전매와 환매는 제외한다)하여서는 아니 된다(자령 제83조 제2항).

또한 금전의 대여도 제한되어, 집합투자업자는 집합투자재산을 운용함에 있어서 집합투자재산 중 금전을 대여(대통령령으로 정하는 금융기관[233]에 대한 30일 이내의 단기대출을 제외한다)하여서는 아니 된다(자법 제83조 제4항). 금전의 대여는 다른 금융업무를 수행하는 것과 같은 의미를 가지므로 이를 규제하는 것이다.

그리고 집합투자업자는 집합투자재산을 운용함에 있어서 집합투자재산으로 해당 집합투자기구 외의 자를 위하여 채무보증 또는 담보제공을 하여서는 아니 된다(자법 제83조 제5항).

6. 이해관계인과의 거래제한

집합투자업자가 이해관계인과 거래를 하는 경우에 투자자와 이해관계인 사이에 이해상충의 문제가 발생할 수 있기에 집합투자재산을 운용함에 있어서 대통령령으로 정하는 이해관계인[234]과 거래행위를 못하도록 규제하고 있다(자법 제84조 제1항 본문).

---

233) 자령 제345조 제1항 각 호의 어느 하나에 해당하는 금융기관을 말한다(자령 제83조 제3항).

234) 다음 각 호의 어느 하나에 해당하는 자를 말한다(자령 제84조).
1. 집합투자업자의 임·직원과 그 배우자
2. 집합투자업자의 대주주와 그 배우자
3. 집합투자업자의 계열회사, 계열회사의 임·직원과 그 배우자
4. 집합투자업자가 운용하는 전체 집합투자기구의 집합투자증권을 100분의 30 이상 판매·

다만, 집합투자기구와 이해가 상충될 우려가 없는 거래로서 다음에 해당하는 거래의 경우에는 이를 할 수 있다.

① 이해관계인이 되기 6개월 이전에 체결한 계약에 따른 거래

② 증권시장 등 불특정 다수인이 참여하는 공개시장을 통한 거래

③ 일반적인 거래조건에 비추어 집합투자기구에 유리한 거래

④ 그 밖에 대통령령으로 정하는 거래

집합투자업자는 예외적으로 허용되는 이해관계인과의 거래가 있는 경우 또는 이해관계인의 변경이 있는 경우에는 그 내용을 해당 집합투자재산을 보관 · 관리하는 신탁업자에게 즉시 통보하여야 한다(자법 제84조 2항).

7. 자기 및 계열회사 증권의 취득제한

집합투자업자가 집합투자기구를 통해서 자기나 계열회사가 발행한 증권 등을 취득하는 경우 간접적인 자금지원의 의미를 가질 수 있고, 또한 주가 왜곡을 가져올 수 있으므로 이를 규제한다.

집합투자업자는 집합투자재산을 운용함에 있어서 집합투자기구의 계산으로 그 집합투자업자가 발행한 증권을 취득하여서는 아니 된다. 다만 투자신탁의 수익증권은 취득할 수 있다(자법 제84조 제3항).

집합투자업자는 집합투자재산을 운용함에 있어서 대통령령으로 정하는 한도를 초과하여 그 집합투자업자의 계열회사가 발행한 증권, 계열회사가 발행한 지분증권과 관련한 증권예탁증권 및 대통령령으로 정하는 투자대상자산[235]을 취득하여서는 아니 된다. 다만 투자신탁의 수익증권, 그 밖에 대통령령으로 정하는 증권[236]은 취득할 수

위탁판매한 투자매매업자 또는 투자중개업자

5. 집합투자업자가 운용하는 전체 집합투자기구의 집합투자재산(「국가재정법」 제81조에 따라 여유자금을 통합하여 운용하는 집합투자기구의 집합투자재산은 제외한다)의 100분의 30 이상을 보관 · 관리하고 있는 신탁업자
6. 집합투자업자가 법인이사인 투자회사의 감독이사

235) 다음 각 호의 어느 하나에 해당하는 투자대상자산을 말한다(자령 제86조 제3항).
1. 원화로 표시된 양도성 예금증서
2. 기업어음증권 외의 어음
3. 제1호 및 제2호 외에 대출채권, 예금, 그 밖에 금융위원회가 정하여 고시하는 채권

236) 다음 각 호의 어느 하나에 해당하는 증권을 말한다(자령 제86조 제2항).
1. 집합투자증권(투자신탁의 수익증권은 제외한다) 및 법 제279조 제1항에 따른 외국 집합투자증권
2. 파생결합증권
3. 법 제110조에 따른 수익증권

있다(자법 제84조 제4항).

집합투자업자는 계열회사의 전체 주식을 각 집합투자기구 자산총액의 100분의 10을 초과하여 취득하는 경우에는 집합투자기구 자산총액의 100분의 10을 기준으로 집합투자재산에 속하는 각 계열회사별 주식의 비중을 초과하는 계열회사의 주식에 대하여는 중립투표(Shadow Voting)로 의결권을 행사하여야 한다(자령 제86조 제4항).

8. 불건전 영업행위의 금지

집합투자업자는 다음에 해당하는 행위를 하여서는 아니 된다(자법 제85조 본문). 다만, 투자자 보호 및 건전한 거래질서를 해할 우려가 없는 경우로서 대통령령으로 정하는 경우에는 이를 할 수 있다.

① 집합투자재산을 운용함에 있어서 금융투자상품, 그 밖의 투자대상자산의 가격에 중대한 영향을 미칠 수 있는 매수 또는 매도 의사를 결정한 후 이를 실행하기 전에 그 금융투자상품, 그 밖의 투자대상자산을 집합투자업자 자기의 계산으로 매수 또는 매도하거나 제삼자에게 매수 또는 매도를 권유하는 행위. 이는 소위 선행매매를 규제하는 것이다.

② 자기 또는 대통령령으로 정하는 관계인수인[237]이 인수한 증권을 집합투자재산으로 매수하는 행위. 이는 인수인의 증권인수에 따른 위험을 집합투자기구의 투자자에게 전가할 수 있다는 점을 고려하여 이를 규제하는 것이다.

③ 자기 또는 관계인수인이 대통령령으로 정하는 인수업무[238]를 담당한 법인의 특정증권 등(자법 제172조 제1항의 특정증권 등을 말한다)에 대하여 인위적인 시세(자법 제176조 제2항 제1호의 시세를 말한다)를 형성하기 위하여 집합투자재산으로 그 특정증권 등을 매매하는 행위

④ 특정 집합투자기구의 이익을 해하면서 자기 또는 제삼자의 이익을 도모하는 행

---

237) 다음 각 호의 어느 하나에 해당하는 인수인을 말한다(자령 제87조 제2항).
  1. 집합투자업자와 같은 기업집단(「독점규제 및 공정거래에 관한 법률」 제2조 제2호에 따른 기업집단을 말한다)에 속하는 인수인
  2. 집합투자업자가 운용하는 전체 집합투자기구의 집합투자증권을 금융위원회가 정하여 고시하는 비율 이상 판매한 인수인

238) 발행인 또는 매출인으로부터 직접 증권의 인수를 의뢰받아 인수조건 등을 정하는 업무를 말한다(자령 제87조 제3항).

위[239)]

⑤ 특정 집합투자재산을 집합투자업자의 고유재산 또는 그 집합투자업자가 운용하는 다른 집합투자재산, 투자일임재산(투자자로부터 투자판단을 일임받아 운용하는 재산을 말한다) 또는 신탁재산과 거래하는 행위

⑥ 제삼자와의 계약 또는 담합 등에 의하여 집합투자재산으로 특정 자산에 교차하여 투자하는 행위

⑦ 투자운용인력이 아닌 자에게 집합투자재산을 운용하게 하는 행위

⑧ 그 밖에 투자자 보호 또는 건전한 거래질서를 해할 우려가 있는 행위로서 대통령령으로 정하는 행위

9. 성과보수의 제한

집합투자업자는 집합투자기구의 운용실적에 연동하여 미리 정하여진 산정방식에 따른 보수, 즉 성과보수를 받아서는 아니 된다(자법 제86조 제1항).

다만, 다음의 경우에는 성과보수를 받을 수 있다(자법 제86조 제1항 단서).

① 집합투자기구가 사모집합투자기구인 경우

② 사모집합투자기구 외의 집합투자기구 중 운용보수의 산정방식, 투자자의 구성 등을 고려하여 투자자 보호 및 건전한 거래질서를 해할 우려가 없는 경우로서 대통령령으로 정하는 경우

집합투자업자는 성과보수를 받고자 하는 경우에는 그 성과보수의 산정방식, 그 밖에 대통령령으로 정하는 사항을 해당 투자설명서 및 집합투자규약에 기재하여야 한다(자법 제86조 제2항).

10. 의결권행사

(1) 의결권행사의 방법

1) 원칙

구 자본시장법에서는 집합투자업자에 대해서 일정한 경우에 중립적 의결권행사의

239) 대법원은 "신탁회사가 신탁재산으로 불량한 유가증권을 매입한 행위는 신탁회사에 대하여는 업무상 배임행위가 됨과 동시에 수익자에 대해서는 구 증권투자신탁업법상 수익자 외의 자의 이익을 위한 행위가 된다."고 하였다(대법원 2004.7.9. 선고 2004도810 판결).

의무에 관하여 규정하고 있었지만, 개정 자본시장법에서는 이에 대한 규정을 삭제하고 의결권행사에 있어서 충실의무에 관하여 규정하고 있다(자법 제87조 제1항). 이에 따라 원칙적으로 집합투자업자의 자유로운 의결권행사가 인정된다. 이는 집합투자기구의 수익률에 영향을 미치는 사항에 대하여 집합투자업자의 적극적인 관여를 허용함으로써 투자자의 이익을 보호하기 위한 것이다.

2) 중립적 의결권행사의 의무

위에도 불구하고 집합투자업자(투자신탁이나 투자익명조합의 집합투자업자에 한한다)는 집합투자재산에 속하는 주식의 의결권을 행사함에 있어서 다음의 경우에는 집합투자재산에 속하는 주식을 발행한 법인의 주주총회에 참석한 주주가 소유하는 주식수에서 집합투자재산에 속하는 주식수를 뺀 주식수의 결의내용에 영향을 미치지 아니하도록 의결권을 행사하여야 한다(자법 제87조 제2항).

① 다음의 어느 하나에 해당하는 자가 그 집합투자재산에 속하는 주식을 발행한 법인을 계열회사로 편입하기 위한 경우
가. 그 집합투자업자 및 그와 대통령령으로 정하는 이해관계가 있는 자[240)]
나. 그 집합투자업자에 대하여 사실상의 지배력을 행사하는 자로서 대통령령으로 정하는 자[241)]

② 그 집합투자재산에 속하는 주식을 발행한 법인이 그 집합투자업자와 다음 각 목의 어느 하나에 해당하는 관계가 있는 경우
가. 계열회사의 관계가 있는 경우
나. 그 집합투자업자에 대하여 사실상의 지배력을 행사하는 관계로서 대통령령으로 정하는 관계[242)]가 있는 경우

③ 그 밖에 투자자 보호 또는 집합투자재산의 적정한 운용을 해할 우려가 있는 경우로서 대통령령으로 정하는 경우

3) 중립적 의결권행사의무에 대한 예외

위의 사유에 해당하여도 집합투자업자는 법인의 합병, 영업의 양도·양수, 임원의

240) 특수관계인 및 공동보유자를 말한다(자령 제89조 제1항).
241) 다음 각 호의 어느 하나에 해당하는 자를 말한다(자령 제89조 제2항).
1. 관계 투자매매업자·투자중개업자와 및 그 계열회사
2. 집합투자업자(법 제87조 제1항에 따른 집합투자업자를 말한다)의 대주주(최대주주의 특수관계인인 주주를 포함한다)
242) 자령 제89조 제2항의 어느 하나에 해당하는 자가 되는 관계를 말한다(자령 제89조 제3항).

임면, 정관변경, 그 밖에 이에 준하는 사항으로서 투자자의 이익에 명백한 영향을 미치는 사항(주요의결사항)에 대하여 중립적 의결권행사의 방법에 따라 의결권을 행사하는 경우 집합투자재산에 손실을 초래할 것이 명백하게 예상되는 때에는 충실의무에 따라 의결권을 행사할 수 있다(자법 제87조 제3항).

그러나 이러한 예외는 상호출자제한기업집단에 속하는 집합투자업자에게는 적용하지 아니한다(자법 제87조 제3항). 상호출자제한기업집단에 속하는 집합투자업자가 집합투자재산으로 그와 계열회사의 관계가 있는 주권상장법인이 발행한 주식을 소유하고 있는 경우에는 다음의 요건을 모두 충족하는 방법으로만 의결권을 행사할 수 있다. ① 그 주권상장법인의 특수관계인(「독점규제 및 공정거래에 관한 법률」 제7조 제1항 제5호 가목에 따른 특수관계인을 말한다)이 의결권을 행사할 수 있는 주식의 수를 합하여 그 법인의 발행주식총수의 100분의 15를 초과하지 아니하도록 의결권을 행사할 것 ② 집합투자업자가 자산운용에 있어서 동일종목 투자한도에 대한 예외로서(자법 81조 제1항 단서) 취득한 주식은 그 주식을 발행한 법인의 주주총회에 참석한 주주가 소유한 주식수에서 집합투자재산인 주식수를 뺀 주식수의 결의내용에 영향을 미치지 아니하도록 의결권을 행사할 것.

(2) 의결권의 제한

집합투자업자는 투자한도를 초과하여 취득한 주식에 대하여는 그 주식의 의결권을 행사할 수 없다(자법 제87조 제4항).

또한 집합투자업자는 제삼자와의 계약에 의하여 의결권을 교차하여 행사하는 등 의결권행사제한에 관한 규정의 적용을 면하기 위한 행위를 하여서는 아니 된다(자법 제87조 제5항).

(3) 위법한 의결권행사에 대한 규제

금융위원회는 집합투자업자가 의결권행사제한에 관한 규정을 위반하여 집합투자재산에 속하는 주식의 의결권을 행사한 경우에는 6개월 이내의 기간을 정하여 그 주식의 처분을 명할 수 있다(자법 제87조 제6항).

11. 자산운용보고서의 교부

집합투자업자는 자산운용보고서를 작성하여 해당 집합투자재산을 보관 · 관리하는 신탁업자의 확인을 받아 3개월마다 1회 이상 해당 집합투자기구의 투자자에게 교부하여야 한다(자법 제88조 제1항). 다만, 투자자가 수시로 변동되는 등 투자자의 이익을 해할 우려가 없는 경우로서 대통령령으로 정하는 경우(자령 제92조 제1항)에는 자산운용보고서를 투자자에게 교부하지 아니할 수 있다(자법 제88조 제1항 단서).

집합투자업자는 투자자에게 자산운용보고서를 교부하는 경우에는 집합투자증권을 판매한 투자매매업자 · 투자중개업자를 통하여 기준일부터 2개월 이내에 직접 또는 전자우편의 방법으로 교부하여야 한다. 다만, 투자자에게 전자우편 주소가 없는 등의 경우에는 인터넷 홈페이지를 이용하거나, 영업소에 게시하는 방법에 따라 공시하는 것으로 갈음할 수 있으며, 투자자가 우편발송을 원하는 경우에는 그에 따라야 한다(자령 제92조 제4항).

12. 수시공시

투자신탁이나 투자익명조합의 집합투자업자는 다음에 해당하는 사항이 발생한 경우 이를 지체 없이 공시하여야 한다(자법 제89조 제1항).

① 투자운용인력의 변경이 있는 경우 그 사실과 변경된 투자운용인력의 운용경력(운용한 집합투자기구의 명칭, 집합투자재산의 규모와 수익률을 말한다)[243]

② 환매연기 또는 환매재개의 결정 및 그 사유(환매금지형집합투자기구의 만기를 변경하거나 만기상환을 거부하는 결정 및 그 사유를 포함한다)

③ 대통령령으로 정하는 부실자산[244]이 발생한 경우 그 명세 및 상각률

④ 집합투자자총회의 결의내용

⑤ 그 밖에 투자자 보호를 위하여 필요한 사항으로서 대통령령으로 정하는 사항

243) 투자신탁이나 투자익명조합의 집합투자업자가 공시하여야 하는 투자운용인력의 운용경력은 투자운용인력을 변경한 날부터 최근 3년 이내의 운용경력으로 한다(자령 제93조 제1항).

244) 발행인의 부도, 「채무자 회생 및 파산에 관한 법률」에 따른 회생절차개시의 신청 등의 사유로 인하여 금융위원회가 부실자산으로 정하여 고시하는 자산을 말한다(자령 제93조 제2항).

13. 집합투자재산에 관한 보고

정기보고로서, 집합투자업자(투자신탁이나 투자익명조합의 집합투자업자에 한한다)는 집합투자재산에 관한 매 분기의 영업보고서를 작성하여 매 분기 종료 후 2개월 이내에 금융위원회 및 협회에 제출하여야 한다(자법 제90조 제1항).

수시보고로서, 집합투자업자는 집합투자기구에 대하여 다음의 사유가 발생한 경우 그 사유가 발생한 날부터 2개월 이내에 결산서류를 금융위원회 및 협회에 제출하여야 한다(자법 제90조 제2항). ① 집합투자기구의 회계기간 종료 ② 집합투자기구의 계약기간 또는 존속기간의 종료 ③ 집합투자기구의 해지 또는 해산 공시의무도 인정되어, 금융위원회 및 협회는 집합투자업자로부터 제출받은 서류를 인터넷 홈페이지 등을 이용하여 공시하여야 한다(자법 제90조 제4항).

협회는 대통령령으로 정하는 방법에 따라 각 집합투자재산의 순자산가치의 변동명세가 포함된 운용실적을 비교하여 그 결과를 인터넷 홈페이지 등을 이용하여 공시하여야 한다(자법 제90조 제4항).

14. 장부 · 서류의 열람 및 공시

투자자는 집합투자업자(투자신탁이나 투자익명조합의 집합투자업자에 한하며, 해당 집합투자증권을 판매한 투자매매업자 및 투자중개업자를 포함한다)에게 영업시간 중에 이유를 기재한 서면으로 그 투자자에 관련된 집합투자재산에 관한 장부 · 서류의 열람이나 등본 또는 초본의 교부를 청구할 수 있다. 이 경우 그 집합투자업자는 정당한 사유가 없는 한 이를 거절하여서는 아니 된다(자법 제91조 제1항).

또한 집합투자업자는 집합투자규약을 인터넷 홈페이지 등을 이용하여 공시하여야 한다(자법 제91조 제3항).

15. 환매연기 등의 통지

집합투자업자(투자신탁이나 투자익명조합의 집합투자업자에 한한다)는 다음에 해당하는 사유가 발생한 경우 해당 집합투자증권을 판매한 투자매매업자 또는 투자중개업자에게 이를 즉시 통지하여야 한다(자법 제92조 제1항).

① 집합투자증권의 환매를 연기한 경우(환매금지형집합투자기구의 만기를 변경하거나 만기상환을 거부하기로 결정한 경우를 포함한다)

② 집합투자기구에 대한 회계감사인의 감사의견이 적정의견이 아닌 경우

집합투자업자는 위의 사유가 해소된 경우에는 해당 집합투자증권을 판매한 투자매매업자 또는 투자중개업자에게 이를 즉시 통지하여야 한다(자법 제92조 제2항).

16. 파생상품의 운용 특례

집합투자업자는 파생상품 매매에 따른 위험평가액(자법 제81조 제1항 제1호 마목의 위험평가액을 말한다)이 집합투자기구 자산총액의 100분의 10을 초과하여 투자할 수 있는 집합투자기구의 집합투자재산을 파생상품에 운용하는 경우에는 계약금액, 그 밖에 대통령령으로 정하는 위험에 관한 지표(자령 제96조 제2항)를 인터넷 홈페이지 등을 이용하여 공시하여야 한다(자법 제93조 제1항, 자령 제96조 제1항). 이 경우 그 집합투자기구의 투자설명서에 해당 위험에 관한 지표의 개요 및 위험에 관한 지표가 공시된다는 사실을 기재하여야 한다.

집합투자업자는 장외파생상품 매매에 따른 위험평가액이 집합투자기구 자산총액의 100분의 10을 초과하여 투자할 수 있는 집합투자기구의 집합투자재산을 장외파생상품에 운용하는 경우에는 장외파생상품 운용에 따른 위험관리방법을 작성하여 그 집합투자재산을 보관 · 관리하는 신탁업자의 확인을 받아 금융위원회에 신고하여야 한다(자법 제93조 제2항, 자령 제96조 제4항).

17. 부동산의 운용 특례

(1) 금전의 차입

집합투자업자는 원칙적으로 금전의 차입을 하지 못하지만(자법 제83조제1항), 집합투자재산으로 부동산을 취득하는 경우에는 대통령령으로 정하는 방법에 따라 집합투자기구의 계산으로 금전을 차입할 수 있다(자법 제94조 제1항).[245]

---

245) 집합투자업자가 법 제94조 제1항에 따라 금전을 차입하는 경우에 그 차입금 한도는 다음 각 호와 같다(자령 제97조 제7항).

1. 부동산집합투자기구의 계산으로 차입하는 경우: 그 부동산집합투자기구의 자산총액에서 부채총액을 뺀 가액의 100분의 200. 다만, 집합투자자총회에서 달리 의결한 경우에는 그 의결한 한도

여기서 대통령령으로 정하는 방법이란 집합투자업자가 금융기관 등에게 부동산을 담보로 제공하거나 금융위원회가 정하여 고시하는 방법으로 금전을 차입하는 것을 말한다. 다만, 집합투자자총회에서 달리 의결한 경우에는 그 의결에 따라 금전을 차입할 수 있다(자령 제97조 제1항).

집합투자업자는 차입한 금전을 부동산에 운용하는 방법 외의 방법으로 운용하여서는 아니 된다(자령 제97조 제8항). 다만, 집합투자기구의 종류 등을 고려하여 금융위원회가 정하여 고시하는 경우에는 부동산에 운용하는 방법 외의 방법으로 운용할 수 있다.

(2) 금전의 대여

집합투자업자는 원칙적으로 금전을 대여할 수 없지만(자법 제83조 제4항), 집합투자재산으로 부동산개발사업을 영위하는 법인(부동산신탁업자, 그 밖에 대통령령으로 정하는 자[246]를 포함한다)에 대하여 대통령령으로 정하는 방법에 따라 금전을 대여할 수 있다(자법 제94조 제2항).

여기서 대통령령으로 정하는 방법이란 다음의 요건을 모두 충족하는 방법을 말한다(자령 제97조 제3항).

① 집합투자규약에서 금전의 대여에 관한 사항을 정하고 있을 것

② 집합투자업자가 부동산에 대하여 담보권을 설정하거나 시공사 등으로부터 지급보증을 받는 등 대여금을 회수하기 위한 적절한 수단을 확보할 것

Ⅲ. 투자자문업자 및 투자일임업자

1. 선관주의의무 및 충실의무

투자자문업자는 투자자에 대하여 선량한 관리자의 주의로써 투자자문에 응하여야

---

2. 부동산집합투자기구가 아닌 집합투자기구의 계산으로 차입하는 경우: 그 집합투자기구에 속하는 부동산 가액의 100분의 100의 범위에서 금융위원회가 정하여 고시하는 비율. 이 경우 부동산 가액의 평가는 법 제238조 제2항에 따른 평가위원회(집합투자재산평가위원회)가 같은 조 제3항에 따른 집합투자재산평가기준에 따라 정한 가액으로 한다.

246) 「부동산투자회사법」에 따른 부동산투자회사 또는 다른 집합투자기구를 말한다(자령 제97조 제2항).

하며, 투자일임업자는 투자자에 대하여 선량한 관리자의 주의로써 투자일임재산을 운용하여야 한다. 또한 투자자문업자 및 투자일임업자는 투자자의 이익을 보호하기 위하여 해당 업무를 충실하게 수행하여야 한다(자법 제96조).

2. 계약의 체결과 투자자 보호

(1) 서면자료교부의무

투자자문업자 또는 투자일임업자는 일반투자자와 투자자문계약 또는 투자일임계약을 체결하고자 하는 경우에는 계약사항을 기재한 서면자료를 미리 일반투자자에게 교부하여야 한다(자법 제97조 제1항).

(2) 계약서류의 기재사항

투자자문업자 또는 투자일임업자는 일반투자자와 투자자문계약 또는 투자일임계약을 체결하는 경우 일반투자자에게 교부하는 계약서류에 다음의 사항을 기재하여야 한다(자법 제97조 제2항). 이 경우 그 기재내용은 일반투자자에게 교부한 서면자료에 기재된 내용과 달라서는 아니 된다. ① 서면자료의 기재사항 ② 계약당사자에 관한 사항 ③ 계약기간 및 계약일자 ④ 계약변경 및 계약해지에 관한 사항 ⑤ 투자일임재산이 예탁된 투자매매업자 · 투자중개업자, 그 밖의 금융기관의 명칭 및 영업소명

3. 불건전 영업행위의 금지

(1) 투자자문업자 또는 투자일임업자의 금지행위

투자자문업자 또는 투자일임업자는 다음에 해당하는 행위를 하여서는 아니 된다. 다만, 투자자 보호 및 건전한 거래질서를 해할 우려가 없는 경우로서 대통령령으로 정하는 경우[247]에는 이를 할 수 있다(자법 제98조 제1항).

① 투자자로부터 금전 · 증권, 그 밖의 재산의 보관 · 예탁을 받는 행위

② 투자자에게 금전 · 증권, 그 밖의 재산을 대여하거나 투자자에 대한 제삼자의 금

247) 자법 제98조 제1항 제1호 및 제2호를 적용할 때 투자자문업자 또는 투자일임업자가 다른 금융투자업, 그 밖의 금융업을 겸영하는 경우로서 그 겸영과 관련된 해당 법령에서 자법 제98조 제1항 제1호 및 제2호에 따른 행위를 금지하지 아니하는 경우를 말한다(자령 제99조 제1항).

전 · 증권, 그 밖의 재산의 대여를 중개 · 주선 또는 대리하는 행위

③ 투자권유자문인력 또는 투자운용인력이 아닌 자에게 투자자문업 또는 투자일임업을 수행하게 하는 행위

④ 계약으로 정한 수수료 외의 대가를 추가로 받는 행위

⑤ 투자자문에 응하거나 투자일임재산을 운용하는 경우 금융투자상품 등의 가격에 중대한 영향을 미칠 수 있는 투자판단에 관한 자문 또는 매매 의사를 결정한 후 이를 실행하기 전에 그 금융투자상품 등을 자기의 계산으로 매매하거나 제삼자에게 매매를 권유하는 행위

(2) 투자일임업자의 운용에 있어서 금지행위

투자일임업자는 투자일임재산을 운용함에 있어서 다음의 어느 하나에 해당하는 행위를 하여서는 아니 된다. 다만, 투자자 보호 및 건전한 거래질서를 해할 우려가 없는 경우로서 대통령령으로 정하는 경우에는 이를 할 수 있다(자법 제98조 제2항).

① 정당한 사유 없이 투자자의 운용방법의 변경 또는 계약의 해지 요구에 응하지 아니하는 행위

② 자기 또는 관계인수인이 인수한 증권을 투자일임재산으로 매수하는 행위

③ 자기 또는 관계인수인이 대통령령으로 정하는 인수업무[248)]를 담당한 법인의 특정증권 등(자법 제172조 제1항의 특정증권 등을 말한다)에 대하여 인위적인 시세를 형성하기 위하여 투자일임재산으로 그 특정증권 등을 매매하는 행위

④ 특정 투자자의 이익을 해하면서 자기 또는 제삼자의 이익을 도모하는 행위

⑤ 투자일임재산으로 자기가 운용하는 다른 투자일임재산, 집합투자재산 또는 신탁재산과 거래하는 행위

⑥ 투자일임재산으로 투자일임업자 또는 그 이해관계인의 고유재산과 거래하는 행위

⑦ 투자자의 동의 없이 투자일임재산으로 투자일임업자 또는 그 이해관계인이 발행한 증권에 투자하는 행위

⑧ 투자일임재산을 각각의 투자자별로 운용하지 아니하고 여러 투자자의 자산을 집합하여 운용하는 행위

⑨ 투자자로부터 다음의 행위를 위임받는 행위

가. 투자일임재산을 예탁하는 투자매매업자 · 투자중개업자, 그 밖의 금융기관

248) 발행인이나 매출인으로부터 직접 증권의 인수를 의뢰받아 인수조건 등을 정하는 업무를 말한다(자령 제99조 제3항).

을 지정하거나 변경하는 행위

나. 투자일임재산을 예탁하거나 인출하는 행위

다. 투자일임재산에 속하는 증권의 의결권, 그 밖의 권리를 행사하는 행위

⑩ 그 밖에 투자자 보호 또는 건전한 거래질서를 해할 우려가 있는 행위로서 대통령령으로 정하는 행위

(3) 성과보수의 제한

투자자문업자 또는 투자일임업자의 성과보수가 제한된다(자법 제98조의 2)

① 투자자문업자 또는 투자일임업자는 투자자문과 관련한 투자결과 또는 투자일임재산의 운용실적과 연동된 성과보수를 받아서는 아니 된다. 다만, 투자자 보호 및 건전한 거래질서를 해할 우려가 없는 경우로서 대통령령으로 정하는 경우에는 성과보수를 받을 수 있다.

② 투자자문업자 또는 투자일임업자가 위 단서에 따라 성과보수를 받고자 하는 경우에는 그 성과보수의 산정방식, 그 밖에 대통령령으로 정하는 사항을 해당 투자자문 또는 투자일임의 계약서류에 기재하여야 한다.

4. 투자일임보고서의 교부

투자일임업자는 ① 투자일임재산의 운용현황 ② 투자일임재산 중 특정 자산을 그 투자일임업자의 고유재산과 거래한 실적이 있는 경우 그 거래시기 · 거래실적 및 잔액에 관한 투자일임보고서를 작성하여 3개월마다 1회 이상 투자일임계약을 체결한 일반투자자에게 교부하여야 한다(자법 제99조 제1항).

5. 역외투자자문업자 등의 특례

역외투자자문업자 · 역외투자일임업자란 자문업 또는 투자일임업을 영위하는 외국 투자자문업자 또는 외국 투자일임업자를 말한다.

이 경우에는 파생상품업무책임자(자법 제28조의 2), 경영건전성 감독(자법 제30조부터 제33조까지), 대주주와의 거래제한(자법 제34조부터 제36조까지), 상호(자법 제38조), 금융투자업자의 다른 금융업무 영위(자법 제40조), 금융투자업자의 부수업무 영위(자법 제41조), 이행상충의 관리(자법 제44조), 정보교류의 차단(자법 제

45조), 투자권유준칙(자법 제50조), 투자권유대행인의 등록(자법 제51조), 투자권유대행인의 금지행위(자법 제52조), 약관(자법 제56조) 및 소유증권의 예탁(자법 제61조), 금융투자업 폐지공고(자법 제62조), 임 · 직원의 금융투자상품 매매(자법 제63조)의 규정은 역외투자자문업자 또는 역외투자일임업자에게는 적용하지 아니한다.

6. 유사투자자문업

(1) 의의

불특정 다수인을 대상으로 하여 발행되는 간행물, 전자우편 등에 의하여 금융투자상품에 대한 투자판단 또는 금융투자상품의 가치에 관한 조언으로서 대통령령으로 정하는 것[249]을 업으로 하는 것을 유사투자자문업이라고 한다

(2) 신고 및 보고의무

유사투자자문업을 영위하고자 하는 자는 금융위원회가 정하여 고시하는 서식에 따라 금융위원회에 신고하여야 한다(자법 제101조 제1항).

유사투자자문업을 영위하는 자는 다음에 해당하는 경우 2주 이내에 이를 금융위원회에 보고하여야 한다(자법 제101조 제2항). ① 유사투자자문업을 폐지한 경우 ② 명칭 또는 소재지를 변경한 경우 ③ 대표자를 변경한 경우

(3) 자료제출의 요구

금융위원회는 유사투자자문업의 질서유지 및 고객보호 등을 위하여 필요하다고 인정되는 경우에는 유사투자자문업을 영위하는 자에 대하여 영업내용 및 업무방법 등에 관한 자료의 제출을 요구할 수 있다(자법 제101조 제3).

(4) 불건전영업행위의 금지

투자자문업자 또는 투자일임업자의 불건전영업행위 금지에 관한 자본시장법 제98

249) 불특정 다수인을 대상으로 발행 또는 송신되고, 불특정 다수인이 수시로 구입 또는 수신할 수 있는 간행물 · 출판물 · 통신물 또는 방송 등을 통하여 투자자문업자 외의 자가 일정한 대가를 받고 행하는 투자조언을 말한다(자령 제102조).

조 제1항(제3호를 제외한다)은 유사투자자문업 신고를 하여야 하는 자에게 준용한다(자법 제101조 제4항).

Ⅳ. 신탁업자

1. 선관주의의무 및 충실의무

신탁업자는 수익자에 대하여 선량한 관리자의 주의로써 신탁재산을 운용하여야 하며, 신탁업자는 수익자의 이익을 보호하기 위하여 해당 업무를 충실하게 수행하여야 한다(자법 제102조 제1항).

2. 신탁재산

(1) 신탁재산의 제한

신탁업자는 ① 금전 ② 증권 ③ 금전채권 ④ 동산 ⑤ 부동산 ⑥ 지상권, 전세권, 부동산임차권, 부동산소유권 이전등기청구권, 그 밖의 부동산 관련 권리 ⑦ 무체재산권(지식재산권을 포함한다) 외의 재산을 수탁할 수 없다(자법 제103조 제1항).

(2) 신탁재산에 따른 신탁의 종류

1) 금전신탁

금전신탁은 위탁자로부터 금전을 수탁하여 신탁회사가 운용하고 신탁기간의 종료시에 수익자에게 금전을 교부하는 것을 말한다.

금전신탁은 다음과 같이 구분한다(자령 제103조). ① 특정금전신탁: 위탁자가 신탁재산인 금전의 운용방법을 지정하는 금전신탁 ② 불특정금전신탁: 위탁자가 신탁재산인 금전의 운용방법을 지정하지 아니하는 금전신탁

2) 재산신탁

재산신탁은 위탁자로부터 금전 외의 재산을 수탁하게 된다. 이에는 증권신탁, 금전

채권신탁, 동산신탁,[250] 부동산신탁 등이 있다.

3) 종합재산신탁

신탁업자는 하나의 신탁계약에 의하여 위탁자로부터 신탁재산의 대상이 되는 재산 중 둘 이상의 재산을 종합하여 수탁할 수 있다(자법 제103조 제2항).

신탁업자는 부동산개발사업을 목적으로 하는 신탁계약을 체결한 경우에는 부동산개발사업을 위해서는 부동산 외에 개발비용을 부담하기 위한 금전이 필요할 수 있으므로, 그 신탁계약에 의한 부동산개발사업별로 금전을 대통령령으로 정하는 사업비[251]의 100분의 15 이내에서 수탁할 수 있다(자법 제103조 제4항).

(3) 신탁업무의 방법

신탁업자는 수탁한 재산에 대하여 손실의 보전이나 이익의 보장을 하여서는 아니된다. 다만, 연금이나 퇴직금의 지급을 목적으로 하는 신탁으로서 금융위원회가 정하여 고시하는 경우에는 손실의 보전이나 이익의 보장을 할 수 있다(자령 제104조 제1항).

신탁업자는 손실의 보전이나 이익의 보장을 한 신탁재산의 운용실적이 신탁계약으로 정한 것에 미달하는 경우에는 특별유보금(손실의 보전이나 이익의 보장 계약이 있는 신탁의 보전 또는 보장을 위하여 적립하는 금액을 말한다), 신탁보수, 고유재산의 순으로 충당하여야 한다(자령 제104조 제2항).

신탁업자는 신탁계약기간이 끝난 경우에는 손실의 보전이나 이익의 보장을 한 경우를 제외하고는 신탁재산의 운용실적에 따라 반환하여야 한다(자령 제104조 제3항). 신탁업자는 위탁자가 신탁계약기간이 종료되기 전에 신탁계약을 해지하는 경우에는 신탁재산의 운용실적에서 신탁계약에서 정하고 있는 중도해지 수수료를 빼고 반환하여야 한다. 다만, 금융위원회가 정하여 고시하는 사유에 해당하는 경우에는 이를 빼지 아니한다(자령 제104조 제3항). 신탁업자는 신탁계약이 정하는 바에 따라 신탁보수를 받을 수 있다(자령 제104조 제4항).

---

250) 동산신탁의 신탁재산은 선박, 항공기, 자동차 등과 같이 등기 또는 등록할 수 있는 것이어야 한다.

251) 공사비, 광고비, 분양비 등 부동산개발사업에 드는 모든 비용에서 부동산 자체의 취득가액과 등기비용, 그 밖에 부동산 취득에 관련된 부대비용을 제외한 금액을 말한다(자령 제104조 제6항).

(4) 신탁재산과 고유재산의 구분

「신탁법」에서는 신탁재산은 수탁자의 고유재산 또는 다른 신탁재산과 구별하여 관리하도록 하고 있으며(신탁법 제30조), 수탁자는 누구의 명의로 하든지 신탁재산을 고유재산으로 하거나 이에 관하여 권리를 취득하지 못한다(신탁법 제31조 제1항)고 하여 신탁재산과 고유재산을 구분하고 있다.

자본시장법상으로도 이 원칙은 적용되지만, 다만 「신탁법」 제31조 제1항 단서[252]는 신탁업자에게는 적용하지 아니하므로(자법 제104조 제1항), 법원의 허가를 얻지 않고도 신탁재산을 고유재산으로 할 수 있다.

자본시장법상 신탁업자는 다음에 해당하는 경우 신탁계약이 정하는 바에 따라 신탁재산을 고유재산으로 취득할 수 있다(자법 제104조 제2항).

① 신탁행위에 따라 수익자에 대하여 부담하는 채무를 이행하기 위하여 필요한 경우[금전신탁재산의 운용으로 취득한 자산이 거래소시장(다자간매매체결회사에서의 거래를 포함한다) 또는 이와 유사한 시장으로서 해외에 있는 시장에서 시세(자법 제176조 제2항 제1호의 시세를 말한다)가 있는 경우에 한한다]

② 신탁계약의 해지, 그 밖에 수익자 보호를 위하여 불가피한 경우로서 대통령령으로 정하는 경우(자법 제103조 제3항에 따라 손실이 보전되거나 이익이 보장되는 신탁계약에 한한다)[253]

3. 신탁재산운용의 제한

(1) 운용의 방법

신탁업자는 신탁재산에 속하는 금전을 다음의 방법으로 운용하여야 한다(자법 제105조 제1항). ① 증권의 매수 ② 장내파생상품 또는 장외파생상품의 매수 ③ 금융기관에의 예치 ④ 금전채권의 매수 ⑤ 대출 ⑥ 어음의 매수 ⑦ 실물자산의 매수 ⑧ 무체재산권의 매수 ⑨ 부동산의 매수 또는 개발 ⑩ 그 밖에 신탁재산의 안전성 · 수익

---

252) "단, 수익자에게 이익이 되는 것이 명백하거나 기타 정당한 이유가 있는 경우에는 법원의 허가를 얻어 신탁재산을 고유재산으로 할 수 있다." 고 규정하고 있다.

253) 다음 각 호의 요건을 모두 충족하는 경우로서 금융위원회가 인정하는 경우를 말한다(자령 제105조).
1. 신탁계약기간이 종료되기까지의 남은 기간이 3개월 이내일 것
2. 신탁재산을 고유재산으로 취득하는 방법 외에 신탁재산의 처분이 곤란할 경우일 것
3. 취득가액이 공정할 것

성 등을 고려하여 대통령령으로 정하는 방법

신탁업자가 신탁재산에 속하는 금전을 운용하는 경우에는 다음의 기준을 지켜야 한다(자령 제106조 제5항).

① 특정금전신탁인 경우(그 신탁재산으로 자본시장법 제165조의 2 제3항에 따라 주권상장법인이 발행하는 자기주식을 취득 · 처분하는 경우만 해당한다)

가. 자본시장법 제165조의 2 제2항 제1호 또는 제2호의 방법으로 취득할 것

나. 자기주식을 취득한 후 1개월 이내에 처분하거나 처분한 후 1개월 이내에 취득하지 아니할 것

다. 자기주식을 취득하고 남은 여유자금을 금융위원회가 정하여 고시하는 방법 외의 방법으로 운용하지 아니할 것

② 불특정금전신탁인 경우

가. 사모사채(금융위원회가 정하여 고시하는 자가 원리금의 지급을 보증한 사모사채와 담보부사채는 제외한다)에 운용하는 경우에는 각 신탁재산의 100분의 3을 초과하지 아니할 것

나. 지분증권(그 지분증권과 관련된 증권예탁증권을 포함한다) 및 장내파생상품에 운용하는 경우에는 각 신탁재산의 100분의 50을 초과하지 아니할 것. 이 경우 장내파생상품에 운용하는 때에는 그 매매에 따른 위험평가액(자법 제81조 제2항에 따른 위험평가액을 말한다)을 기준으로 산정한다.

다. 장외파생상품에 운용하는 경우에는 그 매매에 따른 위험평가액이 각 신탁재산의 100분의 10을 초과하지 아니할 것

라. 동일 법인 등이 발행한 지분증권(그 지분증권과 관련된 증권예탁증권을 포함한다)에 운용하는 경우에는 그 지분증권 발행총수의 100분의 15를 초과하지 아니할 것

마. 그 밖에 금융위원회가 정하여 고시하는 신탁재산의 운용방법에 따를 것

③ ① 및 ② 외의 신탁인 경우 수익자 보호 또는 건전거래질서를 유지하기 위하여 금융위원회가 정하여 고시하는 기준을 따를 것

(2) 차입의 제한

신탁업자는 자본시장법 제103조 제1항 제5호(부동산) 및 제6호의 재산(지상권, 전세권, 부동산임차권, 부동산소유권 이전등기청구권, 그 밖의 부동산 관련 권리)만을

신탁받는 경우, 그 밖에 대통령령으로 정하는 경우[254]를 제외하고는 신탁의 계산으로 그 신탁업자의 고유재산으로부터 금전을 차입할 수 없다(자법 제105조 제2항).

4. 여유자금의 운용

신탁업자는 자본시장법 제103조 제1항 제5호(부동산) 및 제6호의 재산(지상권, 전세권, 부동산임차권, 부동산소유권 이전등기청구권, 그 밖의 부동산 관련 권리)만을 신탁받는 경우 그 신탁재산을 운용함에 따라 발생한 여유자금을 다음의 방법으로 운용하여야 한다(자법 제106조).

① 금융기관에의 예치

② 국채증권, 지방채증권 또는 특수채증권의 매수

③ 정부 또는 대통령령으로 정하는 금융기관이 지급을 보증한 증권의 매수

④ 그 밖에 법 제103조 제1항 제5호 및 제6호에 따른 신탁재산의 안정성 · 수익성 등을 저해하지 아니하는 방법으로서 대통령령으로 정하는 방법[255]

5. 불건전 영업행위의 금지

신탁업자는 다음에 해당하는 행위를 하여서는 아니 된다(자법 제108조). 다만, 수익자 보호 및 건전한 거래질서를 해할 우려가 없는 경우로서 대통령령으로 정하는 경우에는 이를 할 수 있다.

① 신탁재산을 운용함에 있어서 금융투자상품, 그 밖의 투자대상자산의 가격에 중대한 영향을 미칠 수 있는 매수 또는 매도 의사를 결정한 후 이를 실행하기 전에 그 금융투자상품, 그 밖의 투자대상자산을 자기의 계산으로 매수 또는 매도하거

---

254) 다음 각 호의 어느 하나에 해당하는 경우를 말한다(자령 제106조 제4항).
1. 법 제103조 제4항에 따라 부동산개발사업을 목적으로 하는 신탁계약을 체결한 경우로서 그 신탁계약에 의한 부동산개발사업별로 사업비(제104조 제6항에 따른 사업비를 말한다)의 100분의 15 이내에서 금전을 신탁받는 경우
2. 다음 각 목의 요건을 모두 충족하는 경우로서 금융위원회의 인정을 받은 경우
가. 신탁계약의 일부해지 청구가 있는 경우에 신탁재산을 분할하여 처분하는 것이 곤란할 것
나. 차입금리가 공정할 것

255) 다음 각 호의 어느 하나에 해당하는 방법을 말한다(자령 제107조 제2항).
1. 법 제83조 제4항에 따른 단기대출
2. 시행령 제106조 제2항 각 호의 금융기관이 발행한 채권(특수채증권은 제외한다)의 매수
3. 그 밖에 신탁재산의 안정성 · 수익성 등을 해치지 아니하는 방법으로서 금융위원회가 정하여 고시하는 방법

나 제삼자에게 매수 또는 매도를 권유하는 행위

② 자기 또는 관계인수인이 인수한 증권을 신탁재산으로 매수하는 행위

③ 자기 또는 관계인수인이 대통령령으로 정하는 인수업무[256]를 담당한 법인의 특정증권 등(자법 제172조 제1항의 특정증권 등을 말한다)에 대하여 인위적인 시세를 형성시키기 위하여 신탁재산으로 그 특정증권 등을 매매하는 행위

④ 특정 신탁재산의 이익을 해하면서 자기 또는 제삼자의 이익을 도모하는 행위

⑤ 신탁재산으로 그 신탁업자가 운용하는 다른 신탁재산, 집합투자재산 또는 투자일임재산과 거래하는 행위

⑥ 신탁재산으로 신탁업자 또는 그 이해관계인의 고유재산과 거래하는 행위

⑦ 수익자의 동의 없이 신탁재산으로 신탁업자 또는 그 이해관계인이 발행한 증권에 투자하는 행위

⑧ 투자운용인력이 아닌 자에게 신탁재산을 운용하게 하는 행위

⑨ 그 밖에 수익자 보호 또는 건전한 거래질서를 해할 우려가 있는 행위로서 대통령령으로 정하는 행위

6. 수익증권

(1) 수익증권의 발행

신탁업자는 금전신탁계약에 의한 수익권이 표시된 수익증권을 발행할 수 있다(자법 제110조 제1항).

신탁업자는 수익증권을 발행하고자 하는 경우에는 ① 수익증권발행계획서 ② 자금운용계획서 ③ 신탁약관이나 신탁계약서를 첨부하여 금융위원회에 미리 신고하여야 한다(자법 제110조 제2항, 자령 제111조 제1항).

수익증권은 무기명식으로 한다. 다만, 수익자의 청구가 있는 경우에는 기명식으로 할 수 있다(자법 제111조 제3항). 기명식 수익증권은 수익자의 청구에 의하여 무기명식으로 할 수 있다(자법 제111조 제4항).

(2) 수익권의 양도 및 행사

수익증권이 발행된 경우에는 해당 신탁계약에 의한 수익권의 양도 및 행사는 그 수

256) 발행인 또는 매출인으로부터 직접 증권의 인수를 의뢰받아 인수조건 등을 정하는 업무를 말한다(자령 제109조 제2항).

익증권으로 하여야 한다. 다만, 기명식 수익증권의 경우에는 수익증권으로 하지 아니할 수 있다(자법 제110조 제6항).

(3) 수익증권의 매수

신탁업자는 수익증권을 그 고유재산으로 매수할 수 있다. 이 경우 수탁자의 이익향수금지에 관한 「신탁법」 제29조를 적용하지 아니한다(자법 제111조). 매수시에는 자본시장법 제104조 제2항에 따라 산정한 가액으로 매수하여야 한다(자령 제112조).

7. 의결권행사

(1) 의결권행사의 방법

신탁재산으로 취득한 주식에 대한 권리는 신탁업자가 행사한다. 이 경우 신탁업자는 수익자의 이익을 보호하기 위하여 신탁재산에 속하는 주식의 의결권을 충실하게 행사하여야 한다(자법 제112조 제1항).

다만 신탁업자는 신탁재산에 속하는 주식의 의결권을 행사함에 있어서 다음의 경우에는 중립적 의결권행사, 즉 신탁재산에 속하는 주식을 발행한 법인의 주주총회의 참석 주식수에서 신탁재산에 속하는 주식수를 뺀 주식수의 결의내용에 영향을 미치지 아니하도록 의결권을 행사하여야 한다(자법 제112조 제2항).

① 다음의 어느 하나에 해당하는 자가 그 신탁재산에 속하는 주식을 발행한 법인을 계열회사로 편입하기 위한 경우
  가. 신탁업자 또는 그와 대통령령으로 정하는 특수관계에 있는 자[257]
  나. 신탁업자에 대하여 사실상의 지배력을 행사하는 자로서 대통령령으로 정하는 자[258]

② 신탁재산에 속하는 주식을 발행한 법인이 그 신탁업자와 다음의 어느 하나에 해당하는 관계에 있는 경우
  가. 계열회사의 관계에 있는 경우
  나. 신탁업자에 대하여 사실상의 지배력을 행사하는 관계로서 대통령령으로 정

257) 특수관계인 및 공동보유자를 말한다(자령 제113조 제1항).
258) 신탁업자의 대주주(최대주주의 특수관계인인 주주를 포함한다)를 말한다(자령 제113조 제2항).

하는 관계에 있는 경우[259)]

③ 그 밖에 수익자의 보호 또는 신탁재산의 적정한 운용을 해할 우려가 있는 경우로서 대통령령으로 정하는 경우

다만, 신탁재산에 속하는 주식을 발행한 법인의 합병, 영업의 양도 · 양수, 임원의 선임, 그 밖에 이에 준하는 사항으로서 신탁재산에 손실을 초래할 것이 명백하게 예상되는 경우에는 그러하지 아니하다(자법 제112조 제2항 단서). 이 단서 조항은 상호출자제한기업집단에 속하는 신탁업자에게는 적용하지 않는다(자법 제112조 제5항).

(2) 의결권행사의 제한

신탁업자는 신탁재산에 속하는 주식이 다음에 해당하는 경우에는 그 주식의 의결권을 행사할 수 없다(자법 제113조 제3항).

① 동일법인이 발행한 주식 총수의 100분의 15를 초과하여 주식을 취득한 경우 그 초과하는 주식

② 신탁재산에 속하는 주식을 발행한 법인이 자기주식을 확보하기 위하여 신탁계약에 따라 신탁업자에게 취득하게 한 그 법인의 주식

또한 교차행사 등도 제한되어, 신탁업자는 제삼자와의 계약 등에 의하여 의결권을 교차하여 행사하는 등 의결권행사에 대한 제한규정의 적용을 면하기 위한 행위를 하여서는 아니 된다(자법 제112조 제4항).

(3) 위반에 대한 제재

금융위원회는 신탁업자가 의결권행사제한에 관한 규정을 위반하여 신탁재산에 속하는 주식의 의결권을 행사한 경우에는 6개월 이내의 기간을 정하여 그 주식의 처분을 명할 수 있다(자법 제112조 제6항).

8. 장부 · 서류의 열람 및 공시

수익자는 신탁업자에게 영업시간 중에 이유를 기재한 서면으로 그 수익자에 관련된 신탁재산에 관한 장부 · 서류의 열람이나 등본 또는 초본의 교부를 청구할 수 있

259) 신탁업자의 대주주가 되는 관계를 말한다(자령 제113조 제3항).

다. 이 경우 그 신탁업자는 대통령령으로 정하는 정당한 사유(자령 제115조 제1항)가 없는 한 이를 거절하여서는 아니 된다(자법 제113조 제1항).

열람이나 등본 또는 초본의 교부 청구의 대상이 되는 장부·서류는 ① 신탁재산 명세서 ② 재무제표 및 그 부속명세서 ③ 신탁재산 운용내역서이다(자령 제115조 제1항).

9. 신탁재산의 회계처리

(1) 회계처리기준

신탁업자는 신탁재산에 관하여 회계처리를 하는 경우 금융위원회가 증권선물위원회의 심의를 거쳐 정하여 고시한 회계처리기준에 따라야 한다(자법 제114조 제1항).

금융위원회는 회계처리기준의 제정 또는 개정을 전문성을 갖춘 민간법인 또는 단체로서 대통령령으로 정하는 자[260]에게 위탁할 수 있다. 이 경우 그 민간법인 또는 단체는 회계처리기준을 제정 또는 개정한 때에는 이를 금융위원회에 지체 없이 보고하여야 한다(자법 제114조 제2항).

(2) 회계감사

1) 회계감사인에 의한 회계감사

신탁업자는 신탁재산에 대하여 그 신탁업자의 매 회계연도 종료 후 2개월 이내에 「주식회사의 외부감사에 관한 법률」 제3조 제1항에 따른 감사인(회계감사인)의 회계감사를 받아야 한다. 다만, 수익자의 이익을 해할 우려가 없는 경우로서 대통령령으로 정하는 경우[261]에는 회계감사를 받지 아니할 수 있다.

신탁업자는 신탁재산의 회계감사인을 선임하거나 교체하는 경우에는 그 선임일 또는 교체일부터 1주 이내에 금융위원회에 그 사실을 보고하여야 한다(자법 제114조

---

260) 「주식회사의 외부감사에 관한 법률 시행령」 제7조의 2 제1항에 따른 사단법인 한국회계기준원을 말한다(자령 제116조).

261) 다음 각 호의 어느 하나에 해당하는 경우를 말한다(자령 제117조).
1. 다음 각 목의 어느 하나에 해당하는 금전신탁인 경우
가. 특정금전신탁
나. 이익의 보장을 하는 금전신탁(손실만을 보전하는 금전신탁은 제외한다)
다. 회계감사 기준일 현재 수탁원본이 300억원 미만인 금전신탁
2. 법 제103조 제1항 제2호부터 제7호까지의 재산의 신탁인 경우

제4항).[262)]

회계감사에 따른 비용은 그 회계감사의 대상인 신탁재산에서 부담한다(자령 제118조 제7항).

2) 회계감사인의 지위

회계감사인은 신탁업자가 행하는 수익증권의 기준가격 산정업무 및 신탁재산의 회계처리 업무를 감사할 때 관련 법령을 준수하였는지 여부를 감사하고 그 결과를 신탁업자의 감사(감사위원회가 설치된 경우에는 감사위원회를 말한다)에게 통보하여야 한다(자법 제114조 제5항).

회계감사인은 자본시장법 제114조 제9항에 따른 감사기준 및 「주식회사의 외부감사에 관한 법률」 제5조에 따른 회계감사기준에 따라 회계감사를 실시하여야 한다(자법 제114조 제6항).[263)]

회계감사인은 신탁업자에게 신탁재산의 회계장부 등 관계 자료의 열람 · 복사를 요청하거나 회계감사에 필요한 자료의 제출을 요구할 수 있다. 이 경우 신탁업자는 지체 없이 이에 응하여야 한다(자법 제114조 제7항).

회계감사인의 비밀준수의무에 관한 「주식회사의 외부감사에 관한 법률」 제9조는 신탁재산의 회계감사에 관하여 준용한다(자법 제114조 제8항).

3) 회계감사 보고 및 공시

회계감사인은 신탁재산에 대한 회계감사를 마친 때에는 회계감사보고서를 작성하여 신탁업자에게 지체 없이 제출하여야 한다(자령 제118조 제4항). 신탁업자는 회계감사인으로부터 회계감사보고서를 제출받은 경우에는 이를 지체 없이 금융위원회에 제출하여야 하며(자령 제118조 제5항), 금융위원회가 정하여 고시하는 방법에 따라 해당 수익자가 회계감사보고서를 열람할 수 있도록 하여야 한다(자령 제118조 제6항).

(3) 회계감사인의 손해배상책임

회계감사인은 회계감사의 결과 회계감사보고서 중 중요사항에 관하여 거짓의 기재

262) 신탁업자는 회계감사인을 선임하거나 교체하려는 경우에는 감사의 동의(감사위원회가 설치된 경우에는 감사위원회의 의결을 말한다)를 받아야 한다(자령 제118조 제1항).

263) 신탁재산에 관한 회계감사기준은 금융위원회가 증권선물위원회의 심의를 거쳐 정하여 고시한다(자령 제118조 제2항).

또는 표시가 있거나 중요사항이 기재 또는 표시되지 아니함으로써 이를 이용한 수익자에게 손해를 끼친 경우에는 그 수익자에 대하여 손해를 배상할 책임을 진다. 이 경우 「주식회사의 외부감사에 관한 법률」 제3조 제1항 제3호에 따른 감사반이 회계감사인인 때에는 그 신탁재산에 대한 감사에 참여한 자가 연대하여 손해를 배상할 책임을 진다(자법 제115조 제1항).

회계감사인이 수익자에 대하여 손해를 배상할 책임이 있는 경우로서 그 신탁업자의 이사 · 감사(감사위원회가 설치된 경우에는 감사위원회의 위원을 말한다)에게도 귀책사유가 있는 경우에는 그 회계감사인과 신탁업자의 이사 · 감사는 연대하여 손해를 배상할 책임을 진다(자법 제115조 제2항). 다만, 손해를 배상할 책임이 있는 자가 고의가 없는 경우에 그자는 법원이 귀책사유에 따라 정하는 책임비율에 따라 손해를 배상할 책임이 있다(자법 제115조 제2항 단서). 그럼에도 불구하고 손해배상을 청구하는 자의 소득인정액(「국민기초생활 보장법」 제2조 제8호에 따른 소득인정액을 말한다)이 대통령령으로 정하는 금액 이하에 해당되는 경우에는 회계감사인과 신탁업자의 이사 · 감사는 연대하여 손해를 배상할 책임이 있다(자법 제115조 제3항).

10. 관리형 신탁에 관한 특례

자본시장법에서는 관리형 신탁에 관한 특례조항을 두고 있다. 그리하여 동산이나 부동산 그리고 지상권, 전세권, 부동산임차권, 부동산소유권 이전등기청구권, 그 밖의 부동산 관련 권리만을 수탁받는 신탁업자가 관리형 신탁계약을 체결하는 경우 그 신탁재산에 수반되는 금전채권을 수탁할 수 있다(자법 제117조의2)

Ⅴ. 온라인소액투자중개업자(크라우드펀딩 중개업자)

1. 의의

크라우드펀딩(Crowdfunding)[264]은 군중 또는 다수를 의미하는 「크라우드

264) 현대적 의미의 크라우드펀딩은 통상 1997년 매릴리언(Marillion)이라는 영국 록밴드의 미국 순회공연을 돕기 위해 팬들이 인터넷을 통해 6만달러 이상을 모금하여 후원한 것을 원조로 들고 있다(금융위원회 · 금융감독원, 「중개업자 · 발행인 · 투자자를 위한 알기 쉬운 크라우드펀딩

(Crowd)」와 자금제공을 뜻하는 「펀딩(Funding)」을 조합한 용어로, 창업 초기기업 또는 예비창업자, 아이디어 · 사업계획 등을 가진 자금수요자가 자금모집을 중개하는 자(크라우드펀딩 중개업자)가 제공하는 온라인 플랫폼을 통하여 불특정 다수의 대중으로부터 일정 수준의 자금을 조달하는 행위를 총칭하는 용어이다.

온라인소액투자중개업자는 크라우드펀딩의 자금모집을 중개하는 자이다.

2. 크라우드펀딩의 유형

크라우드펀딩은 자금모집 및 보상방식에 따라 후원 · 기부형, 대출형, 증권형(투자형)으로 구분할 수 있다.[265)]

(1) 후원형 · 기부형 크라우드펀딩

후원형(Reward-based crowdfunding)은 영화 · 연극 · 음반 제작, 전시회, 콘서트 등의 공연, 스포츠 행사, 그리고 다양한 사회공익 프로젝트 등에 자금을 후원하고 이와 직접적인 연관성이 있는 비금전적인 공연티켓, 시제품, 기념품을 보상으로 받거나 기여자 명단에 이름을 올리는 형태를 말한다.[266)]

기부형(Donation-based crowdfunding)은 대가 없는 출연을 통한 자금조달 방식으로 투자자는 출연의 대가로 아무것도 받지 않는다. 기부형으로 크라우드펀딩을 하는 사업이 반드시 자선이나 비영리여야 하는 것은 아니며, 영리사업을 위해서도 이용할 수 있다.[267)]

(2) 대출형 크라우드펀딩

대출형(Lending-based crowdfunding) 크라우드펀딩은 크라우드펀딩 플랫폼이 자금수요자와 투자자들에 대한 자금관계상의 권리를 가지는 것으로, 자금수요자에게는 채권자의 권리를 가지며, 투자자에게는 원리금 수령권을 주어 자금수요자와 투자

-자본시장과 금융투자업에 관한 법률에 따른 온라인소액투자중개-」, 2015, 2면.

265) 금융위원회 · 금융감독원, 앞의 책, 4면.

266) 기본적으로 투자에 대한 보상의무는 없지만, 투자 활성화를 위해서 일정금액 이상 투자시에 보상을 해주는 것이 보편화되고 있다.

267) 김연미, "벤처창업과 크라우드펀딩," 「정보법학」 제16권 제2호, 2012, 6면.

자 사이에 유기적으로 관여하는 형태이다.[268] 따라서 투자자들과 자금수요자 사이에 일반적으로 채권 · 채무의 관계가 성립하지는 않는다.

대출형 크라우드펀딩은 개인과 개인 사이에서 이루어지는 P2P금융[269]으로, 일반 대출기관을 통한 자금조달이 쉽지 않은 자금수요자에 대한 정보를 가지고 이들에 대해서 투자자들이 투자를 결정하며, 투자에 따른 위험은 전적으로 투자자들이 부담하는 방식이다.

(3) 지분형 크라우드펀딩

지분형 크라우드펀딩(Equity-based crowdfunding)은 투자자가 주식이나 채권 등 기업이 발행하는 증권과 프로젝트성 투자계약증권에 대해 투자하여 그에 맞는 지분 및 채권을 취득한 후 이에 대한 이익을 배분을 받거나, 보유 증권 및 채권을 매매함으로서 이익을 추구할 수 있는 형태이다. 기업과 투자자는 상호 유기적인 관계가 형성되며, 투자대상 기업에 대하여 투자자는 후원자로서 역할을 하기도 한다. 지분형 크라우드펀딩은 인터넷을 통해 펀딩 과정이 공개되고, 소셜네트워크 방식의 직접적인 소통과정을 가짐으로써 신뢰를 가지고 투자에 참여할 수 있다.

3. 크라우드펀딩의 구성요소

(1) 의의

크라우드펀딩 시장에 있어서 중심은 온라인 공간에서 발행인과 투자자를 연결해 주는 온라인소액투자중개업자이다.[270] 그리고 온라인소액투자중개업자를 통하여 거래하는 신생기업 등 발행인과 일반투자자 및 전문투자자로 이루어진 투자자가 있다. 그 외 크라우드펀딩의 원활한 시장기능의 작동과 투자자 보호 등의 역할을 수행하는 중앙기록관리기관, 청약증거금관리기관(증권금융회사, 은행), 투자자명부관리기관, 예탁기관 등이 존재한다.

---

268) 금융위원회 · 금융감독원, 앞의 책, 4면.

269) 대출형 크라우드펀딩은 금융기관을 중개기관으로 하지 않는 금융거래방식으로 P2P금융이라고 불리기도 한다. 윤민섭, "P2P금융에 관한 법적 연구, "「금융법연구」, 제9권 제2호, 2012, 452면.

270) 이들은 크라우드펀딩 포털 또는 크라우드펀딩 플랫폼으로 불린다.

(2) 온라인소액투자중개업자

1) 의의

일반적으로 크라우드펀딩은 소규모의 자금을 인터넷 등 온라인에 개설된 크라우드펀딩 포털을 통하여 투자하는 형태를 띠게 된다. 자본시장법에서는 크라우드펀딩 포털을 통하여 크라우드펀딩 중개를 담당하는 금융투자업자를 온라인소액투자중개업자로 명칭하고, 온라인상에서 누구의 명의로 하든지 타인의 계산으로 발행인이 발행하는 채무증권, 지분증권, 투자계약증권의 모집 또는 사모에 관한 중개를 영업으로 하는 자라고 규정하고 있다(자법 제9조 27호). 온라인소액투자중개업자는 금융투자업자 중 투자중개업자에 속하는 것으로, 고객자산을 직접 수탁하거나 운용하지 않고 발행회사와 투자자 사이에서 증권을 단순 중개하는 역할을 수행한다.

온라인소액투자중개업자의 영업범위는 중개, 대리, 주선을 고려할 수 있으나 단순 중개만 허용하고 대리와 주선을 제외하고 있다.

2) 등록

온라인소액투자중개업자는 일반적인 투자중개업자에 비해 영업범위가 협소하고 투자자의 재산을 관리하지 않는 점 등을 고려하여 진입규제의 수준을 대폭 완화하고 있다. 온라인소액투자중개업자는 금융위원회에 등록하면 업무영위가 가능하며(자법 제117조의 3), 자본금도 5억원 이상이면 된다(자법 제117조의 4).

또한 고객의 재산을 관리하지 않는 등 온라인상 단순중개업무를 수행하는 점을 감안하여 내부통제기준 및 준법감시인, 파생상품업무책임자, 소수주주권, 재무건전성 유지, 경영건전성기준에 관한 규정이 적용되지 아니하며(자법 제117조의 6 제3항), 영업행위규제에 관한 규정 중 일정 부분의 적용을 배제하고 있다(자법 제117조의 7 제1항).

3) 온라인소액투자중개업자의 영업행위규제

(가) 영업행위규제의 적용

온라인소액투자중개업자에 대하여 자본시장법상 일반금융투자업자와 마찬가지로 신의성실의무, 상호, 명의대여의 금지, 이해상충의 관리, 정보교류의 차단 등에 관한 규정은 적용된다. 또한 직무관련정보이용금지, 손실보전 등 금지, 투자광고, 수수료,

자료의 기록 · 유지, 임직원의 상품 매매, 손해배상책임 등에 관한 사항도 자본시장법의 관련규정을 적용 받도록 하고 있다.

(나) 영업행위규제의 적용배제

온라인소액투자중개업자가 온라인상에서 단순중개업무를 수행하는 점을 감안하여, 다른 금융업무 영위, 적합성의 원칙, 적정성의 원칙, 설명의무, 부당권유의 금지, 투자권유준칙, 투자권유대행인의 등록 등, 계약서류의 교부 및 계약의 해제, 소유증권의 예탁, 매매형태의 명시, 자기계약의 금지, 최선집행의무, 자기주식의 예외적 취득, 임의매매의 금지, 신용공여, 매매명세의 통지, 투자자예탁금의 별도예치, 투자자예탁증권의 예탁, 집합투자증권 판매 등에 관한 특례, 투자성 있는 예금 · 보험에 대한 특례, 종합금융투자사업자의 지정 등, 종합금융투자사업자에 관한 특례, 다자간매매체결회사에 관한 특례 규정의 적용을 배제하고 있다(자법 제117조의 7 제1항).

(다) 중개증권 취득과 주선 · 대리 금지

온라인소액투자중개업자는 자신이 온라인소액투자중개를 하는 증권을 자기의 계산으로 취득하거나, 증권의 발행 또는 그 청약을 주선 또는 대리하는 행위를 하여서는 아니 된다(자법 제117조의 7 제2항). 온라인소액투자중개업자는 자신이 중개하는 증권을 자기의 계산으로 취득하는 경우, 투자매매업에 해당하는 고유재산에 대한 매매를 실시할 유인이 있게 되므로 중개증권의 취득을 금지하고 있다. 그리고 온라인소액투자중개업자의 업무는 크라우드펀딩의 취지에 비추어 정보제공 등 단순 중개행위로 한정하며, 주선이나 대리의 경우에 중개업자가 법률적인 당사자가 되거나 사실적인 당사자가 되기 때문에 투자자와 중개업체 간에 이해상충이 발생될 수 있어 이를 할 수 없도록 하고 있다.[271)]

(라) 투자자와 증권 발행인에 대한 자문금지

온라인소액투자중개업자는 온라인소액투자중개를 통하여 증권을 발행하는 자(온라인소액증권발행인)의 신용 또는 투자 여부에 대한 투자자의 판단에 영향을 미칠 수 있는 자문이나 온라인소액증권발행인의 경영에 관한 자문에 응하여서는 아니 된다(자법 제117조의 7 제3항). 이는 발행인에 대한 객관적인 정보를 제공해야 할 온라인소액투자중개업자가 투자자나 발행인에 대한 자문으로 금전적인 이익을 취한다

---

271) 성희활, "지분투자형 크라우드펀딩(Crowdfunding)의 규제체계 수립에 대한 연구", 「증권법연구」, 제14권 제2호(2013), 409~410면.

면 자금모집에 영향을 주거나 투자자의 이익에 상충될 가능성이 존재하므로 이를 규제하는 것이다.

(마) 발행인 요청시 투자자 자격 제한

온라인소액투자중개업자는 온라인소액증권발행인의 요청에 따라 투자자의 자격 등을 합리적이고 명확한 기준에 따라 제한할 수 있다(자법 제117조의 7 제5항). 이는 주식회사에 있어서 배정자유의 원칙이 적용되는 것과 같이 발행인의 투자자 선택권을 존중해 주는 것이다.[272)]

(바) 투자자 의사확인 전 임의청약금지

온라인소액투자중개업자는 투자자가 청약의 의사를 표시하지 아니한 상태에서 투자자의 재산으로 증권의 청약을 하여서는 아니 된다(자법 제117조의 7 제6항). 이는 금융투자업자의 임의매매 금지와 유사한 의미를 가진다.

(사) 투자자 · 발행인 간 부당차별 금지

온라인소액투자중개업자는 온라인소액증권발행인에 관한 정보의 제공, 청약주문의 처리 등의 업무를 수행할 때 특정한 온라인소액증권발행인 또는 투자자를 부당하게 우대하거나 차별하여서는 아니 된다(자법 제117조의 7 제7항). 온라인소액투자중개업자가 특정 발행인을 부당하게 우대하거나 투자자를 합리적 기준이나 이유 없이 차별하는 경우 건전할 거래질서를 해할 우려가 있으므로 이를 규제한다. 다만, 투자자가 청약의 의사를 먼저 표시하는 등 정당한 사유가 있는 경우에는 예외로 하고 있다(자법 제117조의 7 제7항 단서).

(아) 청약 결과의 투자자 통지의무

온라인소액투자중개업자는 증권의 청약기간이 만료된 경우에는 증권의 청약 및 발행에 관한 내역을 금융위원회가 정하여 고시하는 방법에 따라 지체 없이 투자자에게 통지하여야 한다(자법 제117조의 7 제8항). 온라인소액투자중개의 청약기간은 일반적인 증권의 공모기간보다 길고, 목표금액의 80% 이상이 달성되어야 하는 조건성취형 방식으로 운영되는 특성이 있으므로 청약결과에 대한 투자자 통지를 의무화하고 있다.

---

272) 예를 들어 사전공시를 통해 전문투자자를 우선으로 배정하고 나머지 금액에 대해서는 청약일을 기준으로 선착순으로 투자자에게 배분할 수 있다. 금융위원회 · 금융감독원, 앞의 책, 21면.

(차) 온라인소액투자중개업자의 청약 권유시 수단 제한

온라인소액투자중개업자는 다음의 행위를 제외하고는 증권의 청약을 권유하는 일체의 행위를 하여서는 아니 된다(자법 제117조의 7 제10항).

① 투자광고를 자신의 인터넷 홈페이지에 게시하는 행위
② 온라인소액증권발행인이 게재하는 내용을 자신의 인터넷 홈페이지에 게시하는 행위
③ 자신의 인터넷 홈페이지를 통하여 자신이 중개하는 증권 또는 그 온라인소액증권발행인에 대한 투자자들의 의견이 교환될 수 있도록 관리하는 행위. 다만, 온라인소액투자중개업자는 자신의 인터넷 홈페이지를 통하여 공개되는 투자자들의 의견을 임의로 삭제하거나 수정하여서는 아니 된다.
④ 사모의 방식으로 증권의 청약을 권유하는 경우에는 법 제117조의 10 제2항에 따라 온라인소액증권발행인이 게재하는 내용을 특정 투자자에게 전송하는 행위

4) 온라인소액투자중개업자의 청약증거금 관리

온라인소액투자중개업자의 경우 투자금 유용, 중개업자의 파산 등으로부터 투자자를 보호하기 위하여 온라인소액투자중개업자는 투자자로부터 일체의 금전 · 증권, 그 밖의 재산의 보관 · 예탁을 받아서는 아니 되며(자법 제117조의 9 제1항), 온라인소액투자중개업자는 투자자의 청약증거금이 은행 또는 증권금융회사에 예치 또는 신탁되도록 하여야 한다(자법 제117조의 8 제2항).

누구든지 은행 또는 증권금융회사에 예치 또는 신탁된 투자자의 청약증거금을 상계 · 압류(가압류를 포함한다)하지 못하며, 온라인소액투자중개업자는 대통령령으로 정하는 경우 외에는 은행 또는 증권금융회사에 예치 또는 신탁된 투자자의 청약증거금을 양도하거나 담보로 제공하여서는 아니 된다(자법 제117조의 8 제4항).

5) 투자광고의 특례

크라우드펀딩의 경우 피싱과 같은 신종 금융사기 및 무분별한 광고행위와 투자과열 등을 방지하기 위하여 투자광고를 엄격히 제한하고 있다. 투자광고는 온라인소액투자중개업자 또는 발행인만 가능하며(자법 제117조의 9 제2항), 온라인소액투자중개업자 또는 온라인소액증권발행인은 온라인소액투자중개업자가 개설한 인터넷 홈페이지 이외의 수단을 통해서 투자광고를 하여서는 아니 된다. 다만, 온라인소액투자중개업자 또는 온라인소액증권발행인은 다른 매체를 이용하여 투자광고가 게시된

인터넷 홈페이지의 주소를 소개하거나 해당 홈페이지에 접속할 수 있는 장치를 제공할 수 있다(자법 제117조의 9 제1항).

한편 온라인소액투자중개업자와 발행인은 자본시장법상 일반적인 투자중개업자에게 적용되는 광고규제(자법 제57조)가 적용되어, 투자광고에는 온라인소액투자중개업자의 명칭과 투자상품의 내용, 투자에 따른 위험, 설명의무의 존재 등이 포함되어야 한다.

6) 중앙기록관리기관에 대한 관련정보 제공의무

중앙기록관리기관이란 온라인소액투자중개업자로부터 온라인소액증권발행인과 투자자에 대한 정보를 제공받아 관리하는 기관을 말하는데, 온라인소액투자중개업자는 온라인소액증권발행인으로부터 증권의 모집 또는 사모의 중개에 관한 의뢰를 받거나 투자자로부터 청약의 주문을 받은 경우 의뢰 또는 주문의 내용, 온라인소액증권발행인과 투자자에 대한 정보 등 대통령령으로 정하는 자료를 지체 없이 중앙기록관리기관에 제공하여야 한다(자법 제117조의 13).

중앙기록관리기관은 온라인소액투자중개업자가 보유한 발행 및 투자한도 등의 정보를 집중 · 관리하므로 발행인 및 투자자가 투자한도를 초과하지 않도록 방지하는 역할 등을 하게 된다.

(3) 발행인

1) 발행인의 범위

크라우드펀딩을 통하여 증권을 발행할 수 있는 자는 원칙적으로 중소기업을 창업하는 자와 중소기업을 창업하여 사업을 개시한 날부터 7년이 지나지 아니한 자, 혹은 벤처기업 · 기술혁신형 중소기업이다(자법 제9조 제27호).

중소기업이 신기술개발 · 문화사업 등 프로젝트 사업을 하는 경우에는 업력(7년 초과)에 관계없이 이용할 수 있다. 이에 따라 전통적인 자본시장을 통한 자금조달이 어려웠던 창업초기 단계의 기업을 비롯하여 업력이 성숙한 기업(프로젝트성 사업에 한정)에 이르기까지 크라우드펀딩을 통하여 자금 유치가 가능하다.[273]

그러나 유가증권, 코스닥, 코넥스 시장에 상장된 회사는 동 시장을 통하여 자금을 조달하거나 소액공모를 통하여 자금을 조달할 수 있는 통로가 이미 마련되어 있으므

273) 금융위원회 · 금융감독원, 앞의 책, 34면.

로 크라우드펀딩의 발행인은 비상장 중소기업으로 범위가 제한된다.

2) 발행증권의 범위

자본시장법에서는 온라인소액투자중개의 본질에 맞게 창업초기 기업들의 발행수요와 투자수요를 충족시킬 수 있도록, 크라우드펀딩으로 발행할 수 있는 증권의 범위를 ① 지분증권 ② 채무증권 ③ 투자계약증권[274]으로 명시하고 있다(자법 제9조 제27호). 따라서 수익증권, 파생결합증권, 증권예탁증권 등은 제외된다. 증권형 크라우드펀딩은 우리 기업의 자금조달 활성화 및 혁신기업육성과 이에 따른 일자리 창출 등을 목적으로 도입하는 것이므로 대한민국 국적의 신생 · 벤처기업 등에만 허용하고 있다.

3) 자금조달 방법

증권형 크라우드펀딩은 자기자본이 필요한 신생기업 등으로서 대부분 모집의 방식으로 자금을 조달할 것이므로 매출방식은 그 적용을 배제하고 있다. 그러나 50인 미만의 소수에 의한 소액 자금조달도 구태여 제한할 필요가 없기 때문에 사모에 의한 크라우드펀딩은 허용하고 있다(자법 제9조 제27호).

4) 증권모집의 특례

(가) 발행한도 및 공시부담 완화

온라인소액투자중개의 방법으로 대통령령으로 정하는 금액 이하의 증권을 모집하는 경우에는 증권신고서에 관한 규정(제119조 및 제130조)을 적용하지 아니한다(자법 제117조의 10 제1항).[275]

크라우드펀딩에 대하여는 신생기업의 자금조달을 지원하기 위하여 예외적으로 발행공시 등 관련 규제를 대폭 완화하고 있기 때문에 위험도가 높다. 이에 따라 투자자

---

274) 프로젝트성 사업에 적용될 수 있을 것이다.

275) 자령 제118조의 15(온라인소액투자중개를 통한 모집 시 증권의 발행한도) ① 법 제117조의 10 제1항에서 "대통령령으로 정하는 금액 이하의 증권을 모집하는 경우"란 다음 각 호에 모두 해당하는 경우를 말한다.

1. 온라인소액투자중개를 통하여 모집하려는 증권의 모집가액과 해당 모집일부터 과거 1년 동안 이루어진 증권의 모집가액(해당 모집가액 중 채무증권의 상환액은 제외한다) 각각의 합계액이 30억원 이하인 경우. 이 경우 채무증권의 합계액은 15억원을 그 한도로 한다.
2. 시행령 제11조 제1항에 따라 합산을 하는 경우에는 그 합산의 대상이 되는 모든 청약의 권유(해당 권유액 중 채무증권의 상환액은 제외한다) 각각의 합계액이 30억원 이하인 경우. 이 경우 채무증권의 합계액은 15억원을 그 한도로 한다.

보호를 위하여 발행인이 크라우드펀딩을 통해 모집할 수 있는 금액은 연간 30억원으로 제한된다(자법 제117조의 10 제1항, 자령 제118조의 15 제1항).

(나) 발행인의 발행 전 정보 게재

발행인은 증권신고서나 소액공모공시서류[276] 제출의무가 면제되는 대신, 투자자를 보호하기 위하여 증권의 발행조건과 재무상태, 사업계획서 및 그 밖에 대통령령으로 정하는 사항을 온라인소액투자중개업자가 개설한 홈페이지에 게재하고, 그 밖에 대통령령으로 정하는 조치를 하여야 한다(자법 제117조의 10 제2항).[277] 이러한 발행 관련정보 게재의무를 통하여 신생기업 투자에 따르는 정보비대칭을 해소함으로써 투자자 보호를 강화하고 있다. 발행인은 청약기간 종료일 7일 전까지 온라인소액투자중개업자가 관리하는 인터넷 홈페이지를 통하여 투자자의 투자판단에 도움을 줄 수 있는 정보를 제공할 수 있다(자법 제117조의 10 제4항).

이때 게재정보의 최신성 유지의무가 부과되어, 온라인소액증권발행인은 대통령령으로 정하는 바에 따라 투자자의 투자판단에 영향을 미칠 수 있는 중요한 사항을 포함하고 있는 정보가 원래 게재의 내용과 상이한 경우에는 그 게재의 내용을 즉시 정정하고 온라인소액투자중개업자가 관리하는 인터넷 홈페이지를 통하여 정정 게재(정정 게재일이 청약기간의 말일부터 7일 이내인 경우에는 청약기간의 말일은 그 게재일부터 7일 후로 변경된 것으로 본다)하여야 한다(자법 제117조의10 제4항 단서).

(다) 모집예정 최소금액 미달 시 증권발행 취소

크라우드펀딩은 청약금액이 모집예정금액의 일정 비율을 곱한 금액에 미달할 경우 증권발행을 취소하고 청약금은 다시 투자자에게 반환하는 방식인 '조건성취형'으로 이루어지므로, 증권의 청약 결과 청약금액이 모집예정금액의 80%에 미달하는 경우에는 그 발행 전체를 취소하여야 한다(자본시장법 제117조의10 제3항).

한편 발행인은 목표금액 이상을 조달하였으나 모집예정금액에는 미달한 경우(예:80~100% 사이)에 대비하여, 그 부족분을 조달하기 위한 세부계획도 마련하여 게재하여야 한다.[278]

---

276) 소액공모의 경우, 10억원 미만 공모시 증권신고서 제출을 면제하고 간소화된 공시서류만을 제출한다. 증권신고서 제출은 면제되나, 감사보고서, 청약권유인쇄물, 발행실적보고서 등을 제출할 의무는 존재한다.

277) "발행인은 모집 개시 전까지 증권의 발행조건과 재무상태, 사업계획서 등을 온라인소액투자중개업자의 홈페이지에 게재하여야 한다."(자령제118조의 16 제1항).

278) 금융위원회 · 금융감독원, 앞의 책, 44면.

(라) 발행인 및 대주주보유지분의 매도 제한

사업계획의 이행 및 투자자들의 신뢰보장을 담보하기 위하여 온라인소액증권발행인과 그 대주주(온라인소액투자중개의 방법으로 자금을 모집하기 직전을 기준으로 한 대주주를 말한다)는 온라인소액증권발행인이 온라인소액투자중개 방식으로 증권을 발행한 후 1년 이상 동안은 보유한 온라인소액증권발행인의 지분을 누구에게도 매도할 수 없도록 하고 있다(자법 제117조의 10 제5항).

(마) 발행인 등의 손해배상책임

증권의 발행조건과 재무상태 등을 기재한 서류 또는 사업계획서(정정하여 게재한 경우를 포함한다) 중 중요사항에 관한 거짓의 기재 또는 표시가 있거나, 중요사항이 기재 또는 표시되지 아니함으로써 온라인소액투자중개를 통하여 증권을 취득한 자가 손해를 입은 경우에는 발행인 등은 그 손해에 관하여 배상책임을 진다. 다만, 배상의 책임을 질 자가 상당한 주의를 하였음에도 불구하고 이를 알 수 없었음을 증명하거나 그 증권의 취득자가 취득의 청약을 할 때에 그 사실을 안 경우에는 배상의 책임을 지지 아니한다(자법 제117조의 12 제1항).

(4) 투자자

1) 의의

크라우드펀딩의 경우 발행인에 대한 정보의 제공을 상당히 완화된 수준으로 낮추고 있으므로 이에 대비해서 투자자 보호를 위한 장치를 마련할 필요가 있다. 이에 따라 자본시장법은 투자자 보호를 위하여 발행인의 연간 발행한도, 투자자의 연간투자한도, 청약의사의 철회, 발행증권의 의무예탁 및 1년간 유통제한 등과 같은 제도를 두고 있다.

2) 투자한도

크라우드펀딩의 경우에 투자자별 투자한도는 발행기업이 투자위험성이 높은 초기 창업 · 중소기업인 점을 감안해 투자자의 전문성 · 위험감수능력 등에 따라 투자한도를 차등화하고, 투자한도의 제한이 없는 '전문투자자자 등'의 범위를 확대했다(자법 제117조의 10 제6항). 일반투자자의 경우에 소득요건구비 투자자[279]의 경우에 동일

279) 금융소득종합과세 대상자, 사업소득과 근로소득의 합이 1억원 이상인 자 등.

발행인에 대한 연간 누적적 투자한도는 1,000만원, 연간 총누적 투자한도는 2,000만원이다(자법 제117조의 10 제6항 1호). 그 외 일반투자자의 동일발행인에 대한 연간 누적적 투자한도는 500만원, 연간 총누적 투자한도는 1000만원이다(자법 제117조의 10 제6항 2호).

전문투자자[280]의 경우에는 동일발행인 투자한도와 연간 총투자한도가 없다.

3) 청약의사의 철회

크라우드펀딩은 자금모집 기간이 수 주일 동안 길게 유지되는 경우가 많으므로 투자의사판단 또는 투자자의 재무상태 변화 등으로 인한 다양한 변동 가능성이 있다. 이에 따라, 투자자는 온라인소액투자중개를 통하여 발행되는 증권의 청약기간의 종료일까지 대통령령으로 정하는 바에 따라 청약의 의사를 철회할 수 있도록 하고 있다. 이 경우 온라인소액투자중개업자는 그 투자자의 청약증거금을 지체 없이 반환하여야 한다(자법 제117조의 10 제8항). 다만, 허위 청약으로 인한 청약취소를 방지하기 위해 최초 공시한 발행조건과 최종 발행조건에 변함이 없을 경우 목표금액 도달 및 청약기간종료 후에는 청약 취소를 금지하고 있다.

4) 발행증권 예탁 및 1년간 유통제한

창업기업에 대한 장기투자의 장려와 투자자 보호 측면을 고려하여 크라우드펀딩을 통해 발행된 증권은 의무적으로 한국예탁결제원에 예탁하거나 보호예수하여야 하고, 그 예탁일 또는 보호예수일부터 1년간 매도, 그 밖의 방법으로 양도할 수 없다(자법 제117조의 10 제7항). 그러나 예외적으로 전문성을 갖추고 위험감수능력이 있는 ① 전문투자자에 대한 매도 ② 해당 증권의 투자 손실가능성 및 낮은 유통 가능성 등을 인지하고 있는 자로서 대통령령으로 정하는 자에 대한 매도는 허용하고 있다(자법 제117조의 10 제7항 단서).

---

280) 창투조합, KVF, 신기술조합, 개인투자조합, 전문엔젤, 적격엔젤(투자실적 충족) 등.

제3편

증권의 발행 및 유통

제1장 발행시장의 규제

제1절 서설

발행시장이란 기업이 발행한 증권을 투자자가 처음으로 취득하는 시장을 말한다. 신규로 주식을 발행하는 경우뿐만 아니라 대주주가 자신의 보유주식을 널리 투자자에게 매도하는 경우와 같이 이미 발행된 증권이라도 대량으로 일반투자자에게 분산해서 매매가 되는 거래는 발행시장의 거래에 속한다.

발행시장에 대해서 자본시장법은 증권신고제도(증권신고서)를 중심으로 규제하고 있다. 증권신고제도는 증권의 공모시에 발행회사와 증권에 관한 정확한 정보를 투자자에게 제공함으로써 발행회사와 투자자 사이에 발행할 수 있는 정보의 비대칭을 해소하기 위한 제도이다. 증권신고서에는 증권의 모집 · 매출에 관한 사항, 발행회사의 기업내용 등에 관한 사항이 기재되어야 하며, 증권신고서와는 별도로 발행회사는 일정한 정보가 기재된 투자설명서를 작성하여 금융위원회에 제출하여야 한다(자법 제123조).

제2절 증권의 모집 · 매출

Ⅰ. 서설

증권을 발행하는 방법으로는 특정 개별투자자를 상대로 발행하는 사모와 불특정 다수인에 대해서 공개적으로 발행하는 공모가 있다. 이는 청약대상자의 수에 따라 구분한 것으로 증권신고서에 의한 공시의무가 인정되는가와 관련을 가진다. 공모는 모집과 매출로 구분되며, 사모는 공모가 아닌 것으로 자본시장법에서는 “새로 발행되는 증권의 취득의 청약을 권유하는 것으로서 모집에 해당하지 아니하는 것을 말한다."고 규정하여 모집에 대비하고 있다(자법 제9조 제8항).[281)]

Ⅱ. 공모

1. 의의

공모는 회사의 설립시에 공모하는 경우[282)]와 일단 설립된 회사가 공모를 통하여 증자를 행하는 경우로 대별해 볼 수 있다. 공모와 사모는 청약대상자 수에 따른 구분으로 다음에 보는 바와 같이 50인이 기준이 된다.

2. 공모증자

공모증자는 최초의 공모[IPO(Initial Public Offering)]와 이후의 공모유상증자로 나눌 수 있는데, 후자에는 주주배정증자, 주주우선공모, 일반공모증자가 있다. 주주배정증자[283)]는 주주에게 신주를 우선해서 배정받을 수 있는 신주인수권을 부여하는 것이며, 주주우선공모란 신주모집시에 주간사회사가 유상증자분을 총액인수하여 구주주와 우리사주조합에 우선적으로 배정하여 청약을 받고 실권분을 일반인에게 추가청약 받는 것을 말한다. 공모에 미달하는 주식은 주간사회사가 인수하게 된다. 일반공모증자는 신주모집시에 기존 주주에 대하여 우선 배정을 하지 않고 일반인을 상대로 모집하는 것이다. 발행인은 정관이 정하는 바에 따라 이사회의 결의로서 주주의 신주인수권을 배제하고 불특정 다수인(주주 포함)을 상대로 하는 신주를 모집할 수 있다(자법 제165조의 6 제1항). 이때는 제3자배정증자의 형태를 띠게 된다.

---

281) 이 규정에 의할 때 이미 발행된 것은 해당되지 않는다.

282) 한겨레 신문의 경우를 예를 들 수 있으나, 그 사례가 많지 않다.

283) 상장법인, 공모실적이 있는 법인을 제외한 비공개법인이 주주배정증자를 실시하는 경우는 공모에 해당하지 않는다.

3. 기업공개

기업공개란 최초의 공모와 상장이 함께 행하여지는 것을 일반적으로 의미하지만, 최초의 공모가 선행되지 않는 상장 소위 직상장도 이루어진다. 기업의 공모와 상장을 반드시 함께 실행할 필요는 없다. 그러나 실제로는 상장을 수반하지 않고 공모가 행하여지는 경우는 그리 많지 않다. 다만 앞으로는 인터넷을 통한 공모의 방식 등 상장을 수반하지 않는 공모가 늘어날 것으로 전망된다.

관련사항 직상장과 우회상장

- 직상장: 기업공개절차를 거치지 않고 곧바로 증권거래소에 상장하는 것을 말한다. 상장을 위해서는 30% 이상 주식분산이 이루어져야 하므로 증자를 실시하면서 일반투자자에게 주식을 공모(신주공모)하거나 기존 대주주가 보유하고 있는 주식을 일반 대중에게 매출(구주매출)하는 기업공개절차를 거치는 것이 보통이다. 그러나 장외시장 등록을 통한 거래로 소액주주(발행주식의 1% 미만 또는 3억원 미만 주식보유자) 지분이 30% 이상인 기업은 공개절차를 거치지 않고도 곧바로 상장이 가능하다. 다만 상장을 위해서는 재무요건 및 기타 유가증권상장규정상의 요건을 갖춰야 한다.
- 우회상장: 상장기업 또는 코스닥 상장기업과 합병 등을 통해 상장이나 공모주 청약의 절차를 밟지 않고 장내 진입하는 것을 말한다.

Ⅲ. 모집과 매출

1. 의의

모집이란 대통령령으로 정하는 방법에 따라 산출한 50인 이상의 투자자에게 새로 발행되는 증권의 취득의 청약을 권유하는 것을 말한다(자법 제9조 제7항).[284)]

매출이란 대통령령으로 정하는 방법에 따라 산출한 50인 이상의 투자자에게 이미 발행된 증권의 매도의 청약을 하거나 매수의 청약을 권유하는 것을 말한다(자법 제9조 제9항).

모집이나 매출은 청약대상자의 수를 50인을 기준으로 하고 있는데, 50인 수의 산

284) 상법에서도 주식 및 사채의 모집에 대하여 규정하고 있지만 이는 자본시장법상 공모 및 사모를 포함하는 개념이다.

정에 있어서 당해 취득청약의 권유 또는 매도청약이나 매수청약의 권유를 하는 날부터 과거 6월 이내에 해당 증권과 동일한 종류의 증권에 대하여 모집 또는 매출에 의하지 않고 청약의 권유를 받은 자를 합산한다(자령 제11조 제1항). 매출의 경우 50인 수의 산정에 있어서 거래소시장 밖에서 취득하는 자들만을 고려하도록 하고 있다(자령 제11조 제3항).

이는 50인 미만의 자를 대상으로 수회에 걸쳐 모집하는 경우에는 공모의 개념에 포함되지 않아 투자자 보호를 위한 발행공시규제를 회피해 갈 수 있기 때문에 이를 규제하기 위한 것이다.

2. 간주모집

모집이나 매출과 관련하여 청약권유를 받는 자의 수가 50인 미만으로서 증권의 모집에 해당되지 않는 경우에도 금융위원회가 정하는 바에 따라 해당 증권이 발행일로부터 1년 이내에 50인 이상의 자에게 양도될 수 있는 경우에는 증권의 모집으로 본다(자령 제11조 제2항). 이를 간주모집이라고 하는데, 「증권의 발행 및 공시 등에 관한 규정」에서는 증권의 종류 및 취득자의 성격 등을 고려하여 모집으로 보는 전매기준을 상세히 규정하고 있다. 증권의 경우 대부분이 전매가능성이 인정되므로 모집으로 인정되지 않기 위해서는 전매제한조치를 취할 필요가 있다.

3. 청약의 권유

청약의 권유는 권유자가 제시한 조건에 부합하는 청약이 있으면 항상 승낙을 한 것으로 간주하겠다는 조건이 있는 권유행위이다. 청약과 동시에 승낙의 의사표시를 하여야 하므로 권유 당시에 매매조건이 확정되어 있어야 한다. 시행령에서는 청약의 권유에 대해서 "권유받는 자에게 증권을 취득하도록 하기 위하여 신문 · 방송 · 잡지 등을 통한 광고, 안내문 · 홍보전단 등 인쇄물의 배포, 투자설명회의 개최, 전자통신 등의 방법으로 증권취득 청약의 권유 또는 증권 매도청약이나 매수청약의 권유 등 증권을 발행 또는 매도한다는 사실을 알리거나 취득의 절차를 안내하는 활동"이라고 정의하고 있다(자령 제2조 제2항).

Ⅳ. 증권의 발행인과 모집 · 매출자

증권의 발행인은 증권을 발행하였거나 발행하고자 하는 자를 말한다. 증권의 모집 · 매출에 있어서 그 주체와 관련해서 모집의 주체는 항상 발행인에 국한되지만, 매출의 주체는 증권의 보유자로서 발행인인 경우도 있지만 발행인 이외의 제3자인 경우가 대부분이고(대주주), 기업공개를 위하여 대주주가 소유하는 기발행주식수를 분산시킬 목적으로 매도하려는 경우에 증권회사가 이를 총액인수한 후 일반투자자에게 매출할 수도 있다.

제3절 증권의 인수

Ⅰ. 서설

증권을 발행함에 있어서 사모의 방법에 의할 때뿐만 아니라 공모를 함에 있어서 발행인의 신용도가 높은 경우에는 인수인을 통하지 않고 발행인이 모든 위험을 부담하면서 직접공모에 의하여 증권을 발행할 수 있다. 이때는 인수수수료, 공인회계사비용 등을 절약할 수 있으며, 인수인이 시장조성[285] 등을 이유로 발행가격을 낮추고자 하는 현상도 피할 수 있다.

시행령에서는 주권비상장법인이나 설립 중인 법인이 인수인의 인수 없이 지분증권을 공모하는 경우(직접공모)를 상정하고 있다(자령 제125조 제1항 제2호 마, 바, 제2항 제9호). 그러나 인수기관의 공신력에 의하여 공모가 성공할 가능성이 높게 되고, 인수기관이 공모 차질로 인한 위험을 부담하는 보험자의 역할을 하기 때문에 간접공모에 따른 비용에 불구하고 인수인을 통한 간접공모가 일반적으로 이용된다.

285) 이전에는 시장조성의무가 부과되었으나(공모가의 80~90% 이하시) 이는 폐지되고 합의에 의한 시장조성이 인정된다. 따라서 시장조성의무에 위반시에 손해배상책임이 인정될 뿐이다.

Ⅱ. 인수

1. 의의

증권의 인수란 사모나 공모를 용이하게 하기 위하여 필요한 업무를 담당하거나 나아가 발행된 증권이 소화되지 않는 경우에 발행인이 부담할 위험을 떠맡는 행위를 의미한다.

자본시장법에 따를 때 인수란 제삼자에게 증권을 취득시킬 목적으로 다음의 어느 하나에 해당하는 행위를 하거나 그 행위를 전제로 발행인 또는 매출인[286)]을 위하여 증권의 모집 · 사모 · 매출을 하는 것을 말한다(자법 제9조 제11항). ① 그 증권의 전부 또는 일부를 취득하거나 취득하는 것을 내용으로 하는 계약을 체결하는 것 ② 그 증권의 전부 또는 일부에 대하여 이를 취득하는 자가 없는 때에 그 나머지를 취득하는 것을 내용으로 하는 계약을 체결하는 것

2. 총액인수

증권을 발행함에 있어서 인수인이 이를 제3자에게 처분할 목적으로 그 증권의 발행인으로부터 그 전부 또는 일부를 취득 또는 매수하는 것을 말한다. 이때는 인수된 주식을 처분하지 못하게 되는 위험을 인수인이 부담하면서 높은 수수료를 받는다.

3. 잔액인수

증권을 발행함에 있어서 제3자에게 증권의 매매 주선을 하고, 이를 취득하는 자가 없는 때에 그 잔여분을 취득하는 계약을 하는 것이다. 인수인은 주선분에 대한 수수료 수입 외에 잔액 인수분에 대한 매매차익도 얻을 수 있다.

---

286) "매출인"이란 증권의 소유자로서 스스로 또는 인수인이나 주선인을 통하여 그 증권을 매출하였거나 매출하려는 자를 말한다(자법 제9조 제14항).

관련사항 **인수주선**

인수주선은 위탁모집이라고 하는데, 수수료를 받고 발행인을 위하여 당해 증권의 모집 또는 매출을 주선하거나 기타 직접 또는 간접으로 증권의 모집 또는 매출을 분담하는 것을 말한다(구 증권거래법 제2조).

여기서 모집이나 매출의 주체는 발행인이나 매출을 하는 제3자이며, 금융투자업자는 모집이나 매출이 원활하게 이루어질 수 있도록 노력만 하면 되므로 모집 · 매출의 잔량이 생겨도 이를 인수할 의무가 없고, 발행자가 이를 처리하게 된다.

자본시장법상 이는 인수가 아니라 투자중개업에 해당한다.

개정 자본시장법에서는 주선인에 대한 규정을 도입하고(자법 제9조 ⑬) 주선인에 대해서도 인수인과 동일한 증권신고서나 투자설명서 부실기재에 따른 손해배상책임을 부담하도록 하고 있다(자법 제125조).

제4절 발행공시제도

Ⅰ. 서설

자본시장법에서는 발행공시와 관련하여 증권신고서를 중심으로 규정하고 있으며, 발행공시규제의 적용범위를 확대하고 있다. 구체적으로 증권신고서를 제출해야 하는 발행공시규제의 적용대상 증권을 투자자 보호의 필요성이 있는 모든 증권으로 확대하고 있다. 이전에는 은행채, 간접투자증권, 주택저당증권(MBS) 등 수익증권, 국가가 매출하는 유가증권 등은 일반적 사채와 경제적 실질이 같음에도 발행공시의무(유가증권신고서)가 면제되어 발행자의 정보가 공시되지 않았다.

자본시장법에는 발행공시의무가 면제되는 증권은 국채, 지방채, 특별한 법률에 의해 당연 설립된 법인이 발행한 사채 등과 같이 발행주체가 국가에 준하는 채권으로 한정하고 있다.

Ⅱ. 증권신고서

1. 의의

증권의 모집 또는 매출(대통령령으로 정하는 방법에 따라 산정한 모집가액 또는 매출가액 각각의 총액이 대통령령으로 정하는 금액(10억) 이상인 경우에 한한다)은 발행인이 그 모집 또는 매출에 관한 신고서, 증권신고서를 금융위원회에 제출하여 수리되지 아니하면 이를 할 수 없다(자법 제119조).

증권신고서의 효력이 발생하지 아니한 증권에 대하여는 거래가 제한되는 것으로, 그 증권의 취득 또는 매수의 청약이 있는 경우에 그 증권의 발행인 · 매출인과 그 대리인은 그 청약의 승낙을 하여서는 아니 된다(자법 제121조 제1항). 다만 이에 위반한 모집 · 매출의 사법상의 효력에는 영향이 없다고 해석한다.

위 규정에 위반한 행위에 대하여는 5년 이하의 징역 또는 2억원 이하의 벌금에 처한다(자법 제444조).

2. 적용제외

증권신고서에 관한 규정은 국채증권, 지방채증권, 대통령령으로 정하는 법률에 따라 직접 설립된 법인이 발행한 채권, 그 밖에 다른 법률에 따라 충분한 공시가 행하여지는 등 투자자 보호가 이루어지고 있다고 인정되는 증권으로서 대통령령으로 정하는 증권[287)]에 관하여는 적용하지 아니한다(자법 제118조). 이러한 적용제외를 인정하는 것은 국채, 지방채 등은 사실상 채무불이행위험이 극히 적다는 점을 고려한 것이다.

---

287) 다음 각 호의 증권을 말한다(자령 제119조 제2항).

1. 국가 또는 지방자치단체가 원리금의 지급을 보증한 채무증권
2. 국가 또는 지방자치단체가 소유하는 증권을 미리 금융위원회와 협의하여 매출의 방법으로 매각하는 경우의 그 증권
3. 「지방공기업법」 제68조 제1항부터 제6항까지의 규정에 따라 발행되는 채권 중 도시철도의 건설 및 운영과 주택건설사업을 목적으로 설립된 지방공사가 발행하는 채권
4. 「국제금융기구에의 가입조치에 관한 법률」 제2조 제1항에 따른 국제금융기구가 금융위원회와의 협의를 거쳐 기획재정부장관의 동의를 받아 발행하는 증권
5. 「한국주택금융공사법」에 따라 설립된 한국주택금융공사가 채권유동화계획에 의하여 발행하고 원리금 지급을 보증하는 주택저당증권 및 학자금대출증권

매출에 대한 증권신고서 제출의무의 면제도 인정되어, 발행인 및 같은 종류의 증권에 대하여 충분한 공시가 이루어지고 있는 등 대통령령으로 정한 사유에 해당하는 때에는 매출에 관한 증권신고서를 제출하지 아니할 수 있다(자법 제119조 제6항).

참조판례

① "증권거래법 제8조 제1항 에 의한 유가증권발행신고서 제출의무는 국내 발행시장에서 모집에 응하는 투자자를 보호하기 위한 것임에 비추어 볼 때, 국내 투자자가 유통시장에서 그 이면약정에 따라 이를 다시 인수하였는지 여부를 불문하고 해외에서 발행된 전환사채에 대하여는 증권거래법 제8조 제1항 에 의한 유가증권발행신고서 제출의무가 인정되지 아니한다."(대법원 2004.6.17. 선고 2003도7645 전원합의체 판결).

② 50인의 청약권유 대상자 수의 산정과 관련하여, "예외적으로 발행인으로부터 설명을 듣지 아니하고도 발행인의 재무상황이나 사업내용 등의 정보에 충분히 접근할 수 있는 위치에 있을 뿐만 아니라, 그것을 판단할 수 있는 능력을 갖추고 있어 스스로 자기이익을 방어할 수 있는 자는 50인의 청약권유 대상자 수에서 제외하여야 할 것이다"며, 모집에 응한 의사에 대하여 그 적용을 부정하였다(대법원 2005.9.30. 선고 2003두9053 판결).

3. 신고의무자

증권신고서 신고의무를 지는 자는 모집 · 매출의 대상인 증권의 발행인이다(자법 제119조). 발행인에는 "발행하고자 하는 자"도 포함되므로(자법 제9조 제10항) 법인을 설립하는 경우에는 설립 중의 법인도 신고의무를 부담할 수 있다.

매출의 경우에 대주주가 보유주식을 매각하는 경우와 같이 그 주체가 발행인이 아닌 제3자가 되는 경우에는 매출의 주체와 신고의무자가 일치하지 않는다. 그러나 기업내용의 공시는 발행인이 잘 알기 때문에 이때에도 신고자는 발행인이다.

4. 증권신고서의 내용

증권신고서의 내용에 대하여 모집 또는 매출에 관한 사항과 발행인에 관한 사항 등 시행령 제125조(신고서의 기재사항 및 첨부서류)에서 상세하게 규정하고 있다. 집합투자증권과 자산유동화증권의 경우에는 별도의 시행령 규정을 두고 있다.

5. 예측정보

자본시장법에서는 예측정보의 기재를 허용하고 있다. 예측정보란 의견 · 예측 그 밖의 주관적 평가 등의 정보를 말한다. 이는 객관적으로 증명가능하며 확정된 사항에 대한 하드정보에 대응하는 소프트정보로서 공시규제위반에 따른 손해배상책임에 대하여 특례가 인정된다.

발행인은 증권신고서와 일괄신고서에 발행인(투자신탁의 수익증권 및 투자익명조합의 지분증권의 경우에는 그 투자신탁 및 투자익명조합을 말한다)의 미래의 재무상태나 영업실적 등에 대한 예측 또는 전망에 관한 사항으로서 다음의 사항(예측정보)을 기재 또는 표시할 수 있다. 이 경우 예측정보의 기재 또는 표시는 자본시장법 제125조 제2항 제1호 · 제2호 및 제4호의 방법에 따라야 한다(자법 제119조 제3항).

① 매출규모 · 이익규모 등 발행인의 영업실적, 그 밖의 경영성과에 대한 예측 또는 전망에 관한 사항
② 자본금규모 · 자금흐름 등 발행인의 재무상태에 대한 예측 또는 전망에 관한 사항
③ 특정한 사실의 발생 또는 특정한 계획의 수립으로 인한 발행인의 경영성과 또는 재무상태의 변동 및 일정 시점에서의 목표수준에 관한 사항
④ 그 밖에 발행인의 미래에 대한 예측 또는 전망에 관한 사항으로서 대통령령으로 정하는 사항[288)]

6. 대표이사 등의 확인 · 검토 · 서명의무

증권신고서를 제출하는 경우 신고 당시 해당 발행인의 대표이사(집행임원 설치회사의 경우 대표집행임원을 말한다) 및 신고업무를 담당하는 이사는 그 증권신고서의 기재사항 중 중요사항에 관하여 거짓의 기재 또는 표시가 있거나 중요사항의 기재 또는 표시가 누락되어 있지 아니하다는 사실 등을 확인 · 검토하고 이에 각각 서명하여야 한다(자법 제119조 제5항).

위 의무를 부담하는 대표이사 및 신고업무를 담당하는 이사가 없는 경우 이에 준하는 자가 이에 해당한다. 예를 들어 투자익명조합과 같이 집합투자기구의 종류에 따라 대표이사나 이사가 없는 경우가 있을 수 있다. 이때에는 투자익명조합의 영업자

288) 자본시장법 제119조 제3항 제1호부터 제3호까지의 규정에 따른 예측정보에 관하여 평가요청을 받은 경우에 그 요청을 받은 자가 그 예측정보의 적정성에 관하여 평가한 사항을 말한다(자령 제123조).

가 대표이사에 준하는 자가 될 것이다.

증권신고서에는 일괄신고서와 일괄신고추가서류도 포함된다.

7. 정정신고서

(1) 금융위원회의 요구에 의한 정정

금융위원회는 증권신고서의 형식을 제대로 갖추지 아니한 경우 또는 그 증권신고서 중 중요사항에 관하여 거짓의 기재 또는 표시가 있거나 중요사항이 기재 또는 표시되지 아니한 경우와 중요사항의 기재나 표시내용이 불분명하여 투자자의 합리적인 투자판단을 저해하거나 투자자에게 중대한 오해를 일으킬 수 있는 경우에는 그 증권신고서에 기재된 증권의 취득 또는 매수의 청약일 전일까지 그 이유를 제시하고 그 증권신고서의 기재내용을 정정한 신고서, 즉 정정신고서의 제출을 요구할 수 있다(자법 제122조 제1항). 위 요구가 있는 경우 그 증권신고서는 그 요구를 한 날부터 수리되지 아니한 것으로 본다.

금융위원회의 요구를 받은 후 대통령령으로 정하는 기한 이내에 발행인이 정정신고서를 제출하지 않는 경우에는 해당 증권신고서를 철회한 것으로 본다(자법 제122조 제6항).

(2) 임의정정과 의무정정

증권신고서(일괄신고추가서류를 포함한다)를 제출한 자는 그 증권신고서의 기재사항을 정정하고자 하는 경우에는 그 증권신고서에 기재된 증권의 취득 또는 매수의 청약일 전일까지 정정신고서를 제출할 수 있다. 이 경우 발행조건 등(자령 제130조 제1항) 중요한 사항을 정정하고자 하는 경우 또는 기재나 표시내용이 불분명한 경우 등(자령 제130조 제2항) 투자자 보호를 위하여 그 증권신고서에 기재된 내용을 정정할 필요가 있는 경우에는 반드시 정정신고서를 제출하여야 한다(자법 제122조 제3항).

(3) 일괄신고서의 정정

일괄신고서를 제출한 자는 그 발행예정기간 종료 전까지 정정신고서를 제출할 수 있다. 이 경우 개방형집합투자증권을 제외하고는 발행예정금액 및 발행예정기간은 이를 정정하여서는 아니 된다. 다만, 발행예정금액의 100분의 20의 범위에서 대통령령으로 정하는 한도[289] 이하로 감액되는 발행예정금액은 정정할 수 있다(자법 제122조 제4항).

(4) 정정신고서 제출의 효력

정정신고서가 제출된 경우에는 그 정정신고서가 수리된 날에 그 증권신고서가 수리된 것으로 본다. 증권신고서는 증권신고서의 수리 후 다음에 보는 대기기간이 경과하여야 효력이 발생하게 된다.

8. 신고서의 효력발생

(1) 대기기간

증권신고서가 효력을 발생하기 위해서는 일정한 대기기간이 경과하여야 한다(자법 제120조 제1항).

증권신고의 효력발생시기는 그 증권신고서가 수리된 날부터 다음의 기간이 경과한 날로 한다(자칙 제12조 제1항).

① 채무증권의 모집 또는 매출인 경우에는 7일. 다만, 다음의 어느 하나에 해당하는 채무증권인 경우에는 5일

가. 담보부사채

나. 보증사채권

다. 자산유동화계획에 따라 발행되는 사채권

라. 일괄신고서에 의하여 모집 또는 매출되는 채무증권

② 지분증권의 모집 또는 매출인 경우에는 15일. 다만, 주권상장법인(집합투자기구로서 투자회사는 제외한다)의 주식의 모집 또는 매출인 경우에는 10일, 주주 또는 제3자에게 배정하는 방식의 주식(투자회사의 주식은 제외한다)의 모집 또는 매출인 경우에는 7일

③ 증권시장에 상장된 환매금지형집합투자기구의 집합투자증권의 모집 또는 매출

289) 발행예정금액의 100분의 20을 말한다(자령 제130조 ④). 다만, 투자자 보호 등을 위하여 필요하다고 인정되는 경우에는 금융위원회가 그 한도를 발행예정금액의 100분의 20 이하로 정하여 고시할 수 있다.

인 경우에는 10일, 주주 등 출자자 또는 수익자에게 배정하는 방식의 환매금지형집합투자기구의 집합투자증권의 모집 또는 매출인 경우에는 7일

④ ①부터 ③까지에 해당하는 증권의 모집 또는 매출 외의 경우에는 15일

(2) 정정신고서의 효력발생

위 효력발생시기에도 불구하고 정정신고서는 따로 효력발생시기가 정해진다. 정정신고서의 경우에는 다음에서 정하는 날에 해당 증권신고의 효력이 발생한다. 다만, 다음의 정하는 날이 위 대기기간에서 정하는 날 이전인 경우에는 위 대기기간에 따른다(자칙 제12조 제2항).

① 모집가액, 매출가액, 발행이자율 및 이와 관련된 사항의 변경으로 인하여 정정신고서를 제출하는 경우에는 그 정정신고서가 수리된 날부터 3일이 지난 날

② 자본시장법 제182조 제1항(집합투자기구의 등록)에 따라 등록된 사항을 변경하기 위하여 정정신고서를 제출하는 경우에는 그 정정신고서가 수리된 날(집합투자기구만 해당한다)

9. 증권신고서의 철회

증권의 발행인은 증권신고를 철회하고자 하는 경우에는 그 증권신고서에 기재된 증권의 취득 또는 매수의 청약일 전일까지 철회신고서를 금융위원회에 제출하여야 한다(자법 제120조 제4항).

또한 금융위원회의 요구를 받고도 정정신고서를 일정한 기한내에 제출하지 않은 경우에도 증권신고서를 철회한 것으로 본다(자법 제122조 제6항).

10. 일괄신고서

(1) 의의

증권의 종류, 발행예정기간, 발행횟수, 발행인의 요건 등을 고려하여 일정기간 동안 모집하거나 매출할 증권의 총액을 일괄하여 기재한 일괄신고서를 금융위원회에 제출하여 수리된 경우에는 그 기간 중에 그 증권을 모집하거나 매출할 때마다 제출하여야 하는 신고서를 따로 제출하지 아니하고 그 증권을 모집하거나 매출할 수 있다

(자법 제119조 제2항). 주식은 수시로 발행할 필요가 크지 않지만, 회사채는 1년에도 수차 발행하는 사례가 많으므로 건별 증권신고서에 의한 공시는 부담이 된다. 이때 일괄신고서를 제출함으로써 개별 증권신고서 제출의무를 면제하여 그 부담을 완화하고자 하는 것이다.

이 경우 개방형집합투자증권을 제외한 증권을 모집하거나 매출할 때마다 일괄신고와 관련된 일괄신고추가서류를 제출하여야 한다.

(2) 일괄신고서의 요건

1) 대상증권

일괄신고서를 제출할 수 있는 증권은 다음의 증권으로 한다(자령 제121조 제1항).

① 주권

② 전환사채권 · 신주인수권 · 부사채권 · 교환사채권(주권, 전환사채권 또는 신주인수권부사채권과 교환을 청구할 수 있는 교환사채권만 해당) · 이익참가부사채권

③ ②의 사채권을 제외한 사채권

④ 파생결합증권

⑤ 다음의 어느 하나에 해당하는 집합투자증권(개방형집합투자증권)

가. 환매금지형집합투자기구가 아닌 집합투자기구의 집합투자증권

나. 가목에 준하는 외국 집합투자증권

2) 발행예정기간

일괄신고서의 발행예정기간은 일괄신고서의 효력발생일부터 2개월 이상 1년 이내의 기간으로 한다. 다만, 개방형집합투자증권인 경우에는 일정한 기간동안 수시로 발행되는 특색을 반영하여 해당 집합투자규약에서 정한 존속기간을 발행예정기간으로 한다. 만일 집합투자규약에서 존속기간을 정하지 아니한 경우에는 무기한이 된다(자령 제121조 제2항).

일괄신고서를 제출한 자는 발행예정기간 중 3회 이상 그 증권을 발행하여야 한다(자령 제121조 제3항).

(3) 일괄신고서의 기재사항과 첨부서류

집합투자증권은 제외하고 일괄신고서에는 다음의 사항을 기재하여야 한다(자령 제

126조 제1항). ① 대표이사 및 신고업무를 담당하는 이사의 서명 ② 발행예정기간 ③ 발행예정금액 ④ 발행인에 관한 사항 ⑤ 그 밖에 투자자를 보호하기 위하여 필요한 사항으로서 금융위원회가 정하여 고시하는 사항

일괄신고서에는 감사보고서 등 첨부서류를 첨부하여야 한다. 다만「전자정부법」제21조 제1항 또는 제22조의 2 제1항에 따른 행정정보의 공동이용을 통하여 첨부서류에 대한 정보를 확인할 수 있는 경우에는 그 확인으로 첨부서류를 갈음할 수 있다(자령 제126조 제2항).

(4) 일괄신고추가서류

일괄신고서는 1년간 예정물량을 일괄하여 신고하는 것이므로 발행금액이나 금리 등 발행조건은 개별적인 발행이 이루어질 때 확정된다. 자본시장법은 "일괄신고추가서류를 제출하여야 하는 경우 그 일괄신고추가서류가 제출되지 아니하면 그 증권의 발행인 · 매출인과 그 대리인은 그 증권에 관한 취득 또는 매수의 청약에 대한 승낙을 하여서는 아니 된다."고 하여(자법 제121조 제2항), 발행금액과 금리 등 발행조건에 관한 일괄신고추가서류를 제출하지 않고서는 거래가 이루어질 수 없도록 하고 있다.

다만 개방형집합투자증권은 일괄신고추가서류의 제출의무가 면제된다(자령 제122조 제1항).

(5) 일괄신고서의 정정

일괄신고서를 제출한 자는 발행예정기간의 종료 전에는 언제든지 정정신고서를 제출할 수 있다. 그러나 개방형집합투자증권을 제외하고는 발행예정금액과 기간을 정정할 수 없다. 다만 일괄신고서 제출 이후 발생한 자금사정 변화를 반영할 수 있도록 발행예정금액의 20% 한도에서 감액정정은 허용하고 있다(자법 제122조 제4항).

11. 종속회사에 대한 자료요구권

개정 자본시장법에서는 지배 · 종속의 관계에 있는 경우에 증권신고서의 작성을 위한 종속회사에 대한 자료요구권을 인정하고 있다. 종속회사[290]가 있는 연결재무제표

290) 발행인이 지배회사로서 그 회사와「주식회사의 외부감사에 관한 법률」제1조의 2 제2호에 따른 대통령령으로 정하는 지배 · 종속의 관계에 있는 경우 그에 종속되는 회사를 말하며, 국제

작성대상법인 중 증권신고서를 제출하여야 하는 법인은 증권신고서의 작성을 위하여 필요한 범위에서 종속회사에게 관련 자료의 제출을 요구할 수 있다(자법 제119조의 2 제1항). 연결재무제표 작성대상법인 중 증권신고서를 제출하여야 하는 법인은 증권신고서의 작성을 위하여 필요한 자료를 입수할 수 없거나 종속회사가 제출한 자료의 내용을 확인할 필요가 있는 때에는 종속회사의 업무와 재산상태를 조사할 수 있다(자법 제119조의 2 제2항).

Ⅲ. 투자설명서

1. 의의

자본시장법에서는 구 증권거래법상 사업설명서를 투자설명서로 변경하여, 증권을 모집하거나 매출하는 경우 그 작성 · 공시의무를 부과하고 있다. 투자설명서는 투자자가 증권에 대한 정보를 보유한 상태에서 투자판단을 할 수 있도록 정보를 제공하는 것을 목적으로 하고 있다. 투자설명서를 제공함으로써 투자자가 투자설명서에 기재된 정보가 아닌 허황된 정보에 따라서 투자판단을 하지 않게 된다

증권신고서는 일정한 장소에 비치되고 인터넷을 통하여 공시되지만 투자자가 그 내용을 숙지한다는 보장이 없다. 투자설명서의 경우, 자본시장법에서는 그 작성 · 공시의무 외에 발행인에게 투자자에 대한 투자설명서의 교부의무를 부과하고 있다.

투자설명서는 통상의 투자설명서, 신고서가 수리된 후 효력이 발생하기까지의 기간 동안 청약하기 위한 예비투자설명서,[291] 일부 사항을 생략하거나 주요사항만을 발췌하여 표시한 문서 · 전자문서 등으로 신문 · 방송 등을 이용한 광고 등에 쓰이는 간이투자설명서의 세 가지가 있다. 증권신고의 대상이 되는 증권의 모집 또는 매출, 그 밖의 거래를 위하여 청약의 권유 등을 하고자 하는 경우에는 앞의 3가지 방법에 의하여야 한다(자법 제124조 제2항).

회계기준 등 발행인이 적용한 회계기준에 따라 연결재무제표 작성대상 종속회사를 보유한 외국법인 등의 경우에는 해당 회계기준에 따른 종속회사를 말한다.

291) 예비투자설명서를 제출한 경우로서 증권신고의 효력이 발생할 때까지 증권신고서의 기재사항에 변경이 없는 경우에는 그 증권신고의 효력이 발생한 후에 예비투자설명서를 투자설명서로 사용할 수 있다(자령 제131조 제4항).

실제 모집안내서, 신주청약안내서 등 투자권유를 위한 문서는 그 명칭 여하에 불구하고 투자설명서로 보아 자본시장법의 규제대상으로 삼아야 할 것이다.

증권신고서 → 수리 → (예비투자설명서) → 대기기간 → 효력 발생 → 투자설명서 교부(청약의 권유시)

2. 투자설명서의 작성 · 공시

증권을 모집하거나 매출하는 경우 그 발행인은 투자설명서 및 간이투자설명서(모집 또는 매출하는 증권이 집합투자증권인 경우로 한정한다)를 그 증권신고의 효력이 발생하는 날(일괄신고추가서류를 제출하여야 하는 경우에는 그 일괄신고추가서류를 제출하는 날로 한다)에 금융위원회에 제출하여야 하며, 이를 총리령으로 정하는 장소에 비치하고 일반인이 열람할 수 있도록 하여야 한다(자법 제123조 제1항).

투자설명서에는 증권신고서(일괄신고추가서류를 포함한다)에 기재된 내용과 다른 내용을 표시하거나 그 기재사항을 누락 하여서는 아니 된다. 다만, 기업경영 등 비밀유지와 투자자 보호와의 형평 등을 고려하여 기재를 생략할 필요가 있는 사항으로서 대통령령으로 정하는 사항[292]에 대하여는 그 기재를 생략할 수 있다(자법 제123조 제2항).

대통령령으로 정하는 집합투자증권 및 파생결합증권[293]의 발행인은 위 투자설명서 및 간이투자설명서 외에 다음의 구분에 따라 투자설명서 및 간이투자설명서를 금융위원회에 추가로 제출하여야 하며, 이를 총리령으로 정하는 장소에 비치하고 일반인이 열람할 수 있도록 하여야 한다. 다만, 그 집합투자증권 및 파생결합증권의 모집 또는 매출을 중지한 경우에는 제출 · 비치 및 공시를 하지 아니할 수 있다(자법 제123조 제3항).

① 투자설명서 및 간이투자설명서를 제출한 후 총리령으로 정하는 기간마다 1회 이상 다시 고친 투자설명서 및 간이투자설명서를 제출할 것

292) 다음 어느 하나에 해당하는 사항을 말한다(자령 제131조 제5항).
 1. 「군사기밀보호법」 제2조에 따른 군사기밀에 해당하는 사항
 2. 발행인의 업무나 영업에 관한 것으로서 금융위원회의 확인을 받은 사항

293) "대통령령으로 정하는 집합투자증권 및 파생결합증권"이란 개방형집합투자증권 및 금적립계좌 등을 말한다(자령 제131조 제6항).

② 변경등록을 한 경우 변경등록의 통지를 받은 날부터 5일 이내에 그 내용을 반영한 투자설명서 및 간이투자설명서를 제출할 것

3. 투자설명서 교부의무

증권의 공모시에 발행인은 증권신고서 외에도 투자설명서(집합투자증권의 경우 투자자가 투자설명서의 교부를 별도로 요청하지 아니하는 경우에는 간이투자설명서를 말한다)를 작성하여 금융위에 제출하여야 하며, 증권신고의 효력이 발생한 증권을 취득하고자 하는 자에게 투자설명서를 미리 교부하지 아니하면 그 증권을 취득하게 하거나 매도하여서는 아니 된다(자법 제124조 제1항).

Ⅳ. 공시규제위반의 효력

1. 행정적 규제

(1) 행정조치

금융위원회는 다음의 어느 하나에 해당하는 경우에는 증권신고의 신고인, 증권의 발행인·매출인 또는 인수인 또는 주선인에 대하여 이유를 제시한 후 그 사실을 공고하고 정정을 명할 수 있으며, 필요한 때에는 그 증권의 발행·모집·매출, 그 밖의 거래를 정지 또는 금지하거나 대통령령으로 정하는 조치[294]를 할 수 있다. 이 경우 그 조치에 필요한 절차 및 조치기준은 총리령으로 정한다(자법 제132조).

① 증권신고서·정정신고서 또는 증권발행실적보고서를 제출하지 아니한 경우

② 증권신고서·정정신고서 또는 증권발행실적보고서 중 중요사항에 관하여 거짓의 기재 또는 표시가 있거나 중요사항이 기재 또는 표시되지 아니한 경우

③ 자본시장법 제121조를 위반하여 증권의 취득 또는 매수의 청약에 대한 승낙을 한 경우

294) 다음 각 호의 어느 하나에 해당하는 조치를 말한다(자령 138조). 1. 1년의 범위에서 증권의 발행 제한 2. 임원에 대한 해임권고 3. 법을 위반한 경우에는 고발 또는 수사기관에의 통보 4. 다른 법률을 위반한 경우에는 관련 기관이나 수사기관에의 통보 5. 경고 또는 주의

④ 투자설명서에 관하여 자본시장법 제123조 또는 제124조를 위반한 경우
⑤ 예비투자설명서 또는 간이투자설명서에 의한 증권의 모집 · 매출, 그 밖의 거래에 관하여 자본시장법 제124조 제2항을 위반한 경우
⑥ 자본시장법 제130조에 따른 조치를 하지 아니한 경우

(2) 과징금

금융위원회는 증권신고서 등의 부실기재로 배상책임을 질 자가 ① 증권신고서 · 투자설명서, 그 밖의 제출서류 중 중요사항에 관하여 거짓의 기재 또는 표시를 하거나 중요사항을 기재 또는 표시하지 아니한 때 ② 증권신고서 · 투자설명서, 그 밖의 제출서류를 제출하지 아니한 경우에는 증권신고서상의 모집가액 또는 매출가액의 100분의 3(20억원을 초과하는 경우에는 20억원)을 초과하지 아니하는 범위에서 과징금을 부과할 수 있다(자법 제429조 제1항).

2. 형사상 제재

증권신고서를 제출하지 않고 증권을 공모한 자는 5년 이하의 징역이나 2억원 이하의 벌금에 처한다(자법 제444조 12호).

투자설명서를 금융위원회에 제출하지 아니하거나, 투자설명서를 미리 교부하지 아니하고 증권을 취득하게 하거나 매도한 자, 투자설명서의 방법에 대하여 규정한 자본시장법 제124조 제2항의 어느 하나에 해당하는 방법에 따르지 아니하고 청약의 권유 등을 한 자는 1년 이하의 징역 또는 3천만원 이하의 벌금에 처한다(자법 제446조 21호, 22호, 23호). 자본시장법 제132조상의 공시와 관련된 금융위원회의 처분을 위반한 자도 마찬가지이다(자법 제446조 제24호).

증권신고서 또는 일괄신고추가서류, 정정신고서, 투자설명서 중 중요사항에 관하여 거짓의 기재 또는 표시를 하거나 중요사항을 기재 또는 표시하지 아니한 자 및 그 중요사항에 관하여 거짓의 기재 또는 표시가 있거나 중요사항의 기재 또는 표시가 누락되어 있는 사실을 알고도 자본시장법 제119조 제5항에 따른 서명을 한 자와 그 사실을 알고도 이를 진실 또는 정확하다고 증명하여 그 뜻을 기재한 공인회계사 · 감정인 또는 신용평가를 전문으로 하는 자는 5년 이하의 징역이나 2억원 이하의 벌금에 처한다(자법 제444조 13호).

공시규제위반이 경미한 경우 과태료 부과도 인정되는데, 신고서를 제출하지 아니하는 모집·매출에 대하여 부과되는 조치를 하지 아니한 자(5천만원 이하), 증권발행실적보고서를 제출하지 아니하거나 거짓으로 작성하여 제출한 자(1000만원 이하)의 경우 과태료가 부과된다(자법 제449조 1항 36호, 2항 7호).

3. 민사상 제재

(1) 규제위반행위의 사법상 효력

증권신고서의 제출없이 공모를 행한 경우나 투자설명서를 교부하지 않고 계약을 체결한 경우는 법령위반행위에 해당한다. 일반적으로 법령위반행위의 사법상의 효력은 위반된 법령이 효력규정인 경우에는 무효이고, 단속규정인 경우에는 유효한 것으로 본다. 이에 따를 때 법령 자체가 사법상 효력을 부정하는 경우에는 무효이겠으나, 그렇지 않은 경우에는 민법 103조의 공서양속에 위반하는지 여부를 기준으로 법령위반행위의 유·무효를 판단할 것이다.

증권신고서의 경우에 증권신고서가 제출되지 않았다고 하더라도 투자자와의 거래 그 자체가 공서양속에 반한 것은 아니기 때문에 증권의 매매가 성립한 경우 그 효력을 부정할 것은 아니다.

(2) 자본시장법상의 손해배상청구권

증권신고서와 투자설명서 중 중요사항에 관하여 거짓의 기재 또는 표시가 있거나 중요사항이 기재 또는 표시되지 아니함으로써 증권의 취득자가 손해를 입은 경우에는 발행인 등은 그 손해에 관하여 배상의 책임을 진다. 다만, 배상의 책임을 질 자가 상당한 주의를 하였음에도 불구하고 이를 알 수 없었음을 증명하거나 그 증권의 취득자가 취득의 청약을 할 때에 그 사실을 안 경우에는 배상의 책임을 지지 아니한다(자법 제125조 제1항).[295)]

증권신고서에는 정정신고서와 일괄신고서, 일괄신고서 추가서류도 포함되며, 투자설명서에는 예비투자설명서, 간이투자설명서 모두 포함된다.

---

295) 자본시장법에서는 증권모집의 주선인에 대해서도 인수인과 동일한 증권신고서 부실기재에 따른 배상책임을 부담하도록 하여 증권의 인수 관련 제도를 정비하고 있다. 개정법 제125조(거짓의 기재 등으로 인한 배상책임) ① 5. 인수인 또는 주선인(인수인 또는 주선인이 2인 이상인 경우에는 대통령령으로 정하는 자를 말한다)

위 규정에서 손해배상청구의 요건으로서 중요성 요건이 부과되어 있는데, 설명의무와 관련된 구 자본시장법 제47조[296]에서 "투자자의 합리적인 투자판단과 해당 금융투자상품의 가치에 중대한 영향을 미칠 수 있는 사항"을 중요사항으로 보고 있는데, 여기서도 이 기준에 따를 것이다.

손해배상청구시에 증명책임이 전환되어 발행인 등의 선의 · 무과실의 증명에 의한 면책을 인정한다.[297] 또한 악의의 항변이 허용되는데 이를 위해 발행인 등이 원고의 악의를 증명해야 한다.

위 규정에 의한 손해배상청구권이 민법상 불법행위에 기한 손해배상청구권 행사를 배척하는 것이 아니다. 이때 양 청구권은 청구권경합의 관계에 있게 된다.

참조판례

위장납입의 경우에 "비록 형식상으로는 유상증자의 외형을 갖추었다 하더라도 실질적으로는 자금을 조달할 의도나 목적이 없어 납입한 주금이 전혀 자본금으로 편입되지 않으므로, 주금의 가장납입 또는 위조된 주금납입금 보관증명서에 의한 증자등기를 경료할 의도하에 마치 실질적인 자금조달에 의하여 유상증자를 할 것처럼 구 증권거래법 제8조의 유가증권신고서를 작성하여 금융감독위원회에 제출하는 행위는 같은 법 제207조의 3 제2호의 유가증권신고서의 중요한 사항에 관하여 허위의 기재를 한 경우에 해당한다."(대법원 2006.10.26. 선고 2006도5147 판결)

(3) 손해배상채무자

자본시장법에서는 손해배상채무자로 다음의 자를 들고 있다(자법 제125조 제1항).

① 그 증권신고서의 신고인과 신고 당시의 발행인의 이사(이사가 없는 경우 이에 준하는 자를 말하며, 법인의 설립 전에 신고된 경우에는 그 발기인을 말한다)

② 상법 제401조의 2 제1항 각 호의 어느 하나에 해당하는 자로서 그 증권신고서의 작성을 지시하거나 집행한 자. 이는 상법상 업무집행지시자에 대해서도 손해배상채무자로서의 지위를 인정한 것이다.

③ 그 증권신고서의 기재사항 또는 그 첨부서류가 진실 또는 정확하다고 증명하여 서명한 공인회계사 · 감정인 또는 신용평가를 전문으로 하는 자 등(그 소속단체를 포함한다) 대통령령으로 정하는 자. 여기서 공인회계사의 경우 「주식회사의

296) 금융소비자 보호법 제19조에서 규정하고 있다.

297) 대법원 2002.10.11. 선고 2002다38521 판결; 대법원 2007.9.21. 선고 2006다81981 판결; 대법원 2007.10.25. 선고 2006다16758 판결.

외부감사에 관한 법」 제17조에 의하여서도 같은 책임을 진다. 시행령에서는 변호사, 변리사, 세무사 등 공인된 자격을 가진 자를 추가하고 있다(자령 제135조 제1항).

④ 그 증권신고서의 기재사항 또는 그 첨부서류에 자기의 평가 · 분석 · 확인 의견이 기재되는 것에 대하여 동의하고 그 기재내용을 확인한 자

⑤ 그 증권의 인수인 또는 주선인(인수인 또는 주선인이 2인 이상인 경우에는 대통령령으로 정하는 자[298]를 말한다)

⑥ 그 투자설명서를 작성하거나 교부한 자

⑦ 매출의 방법에 의한 경우 매출신고 당시의 그 매출되는 증권의 소유자

(4) 손해배상청구권자

손해배상청구권자는 증권취득자이다. 부실기재로 인하여 손해를 입었다는 점에서는 1차로 취득한 자와 그 후에 취득한 전득자를 차별할 합리적인 이유가 없으므로 손해배상청구권자에는 최초의 취득자에 한정하지 않고 전득자도 포함된다.

시장에서 매수한 자도 여기서의 증권취득자에 포함시킬 것인가가 문제인데, 대법원은 당해 증권을 유통시장에서 취득한 자는 일반 불법행위는 몰라도 자본시장법상(구 증권거래법상)의 책임은 물을 수 없다고 하였다.[299]

(5) 예측정보와 손해배상책임

장래 실적에 대한 전망과 기업의 재무구조나 영업활동에 관한 설명 · 의견 등과 같은 예측정보에 대하여는 정보의 미확정성을 고려하여 손해배상책임에 관한 특례규정이 적용된다.

예측정보가 다음에 따라 기재 또는 표시된 경우에는 그 손해에 관하여 배상의 책임을 지지 아니한다. 다만, 그 증권의 취득자가 취득의 청약 시에 예측정보 중 중요사항에 관하여 거짓의 기재 또는 표시가 있거나 중요사항이 기재 또는 표시되지 아니한

298) 다음 각 호의 어느 하나에 해당하는 자를 말한다(자령 제135조 제2항).
1. 발행인 또는 매출인으로부터 직접 증권의 인수를 의뢰받아 인수조건 등을 정하는 인수인
2. 발행인 또는 매출인으로부터 인수 외의 방법으로 그 발행인 또는 매출인을 위하여 해당 증권의 모집 · 사모 · 매출을 할 것을 의뢰받거나 그 밖에 직접 또는 간접으로 증권의 모집 · 사모 · 매출을 분담할 것을 의뢰받아 그 조건 등을 정하는 주선인

299) 대법원 2002.5.14. 선고 99다48979 판결; 대법원 2002.9.24. 선고 2001다9311 판결.

사실을 알지 못한 경우로서 발행인 등에게 그 기재 또는 표시와 관련하여 고의 또는 중대한 과실이 있었음을 증명한 경우에는 배상의 책임을 진다(자법 제125조 제2항).

① 그 기재 또는 표시가 예측정보라는 사실이 밝혀져 있을 것

② 예측 또는 전망과 관련된 가정이나 판단의 근거가 밝혀져 있을 것

③ 기재 또는 표시가 합리적 근거나 가정에 기초하여 성실하게 행하여졌을 것

④ 그 기재 또는 표시에 대하여 예측치와 실제 결과치가 다를 수 있다는 주의문구가 밝혀져 있을 것

위 예측정보에 대한 특례규정은 주권비상장법인이 최초로 주권을 모집 또는 매출하기 위하여 증권신고서를 제출하는 경우에는 적용하지 아니한다(자법 제125조 제3항). 최초공모를 면책거래에서 제외하는 취지는 증권시장에 대한 공시경험이 없는 회사가 예측정보를 지나치게 많이 포함하여 공시하는 것을 억제함으로써 투자자를 보호하기 위한 것이다.[300]

(6) 손해배상액

손해배상액에 대해서 다양한 요인에 의하여 결정되는 주가의 등락분 중 부실공시로 인한 하락분을 가려내어 그 인과관계를 증명하는 것이 어렵기 때문에 이를 법정하고 있다.[301]

손해배상액은 청구권자가 해당 증권을 취득함에 있어서 실제로 지급한 금액에서 다음의 어느 하나에 해당하는 금액을 뺀 금액으로 추정한다(자법 제126조 제1항).

① 손해배상을 청구하는 소송의 변론이 종결될 때의 그 증권의 시장가격(시장가격이 없는 경우에는 추정처분가격을 말한다)

② ①의 변론종결 전에 그 증권을 처분한 경우에는 그 처분가격

다만 배상책임을 질 자는 청구권자가 입은 손해액의 전부 또는 일부가 중요사항에 관하여 거짓의 기재 또는 표시가 있거나 중요사항이 기재 또는 표시되지 아니함으로써 발생한 것이 아님을 증명한 경우에는 그 부분에 대하여 배상책임을 지지 아니한다(자법 제126조 제2항).

---

300) 임재연, 앞의 책, 428면.

301) 시세조종행위시에 인정되는 손해배상액과는 차이가 있다. 시세조종행위시에 손해배상액은 취득가액과 정상가액의 차액을 기준으로 한다.

(7) 배상청구권의 소멸

손해배상의 책임은 그 청구권자가 해당 사실을 안 날부터 1년 이내 또는 해당 증권에 관하여 증권신고서의 효력이 발생한 날부터 3년 이내에 청구권을 행사하지 아니한 경우에는 소멸한다(자법 제127조).

4. 증권관련 집단소송

(1) 의의

증권의 거래과정에서 발생한 집단적인 피해를 효율적으로 규제하고, 이를 통하여 기업의 투명성을 높이기 위하여 증권집단소송에 대해서 민사소송법에 대한 특례를 정하는 것을 목적으로 증권관련 집단소송법을 제정하여 2005. 1. 1.부터 시행하고 있다.

증권관련 집단소송이란 증권의 매매 그 밖의 거래과정에서 다수인에게 피해가 발생한 경우 그 중의 1인 또는 수인이 대표당사자가 되어 수행하는 손해배상청구소송을 말한다. 증권관련 집단소송에는 변호사 강제주의가 적용되어 원고와 피고는 변호사를 소송대리인으로 선임하여야 한다.

(2) 소제기의 절차

1) 적용범위

증권관련 집단소송의 소는 다음에 해당하는 손해배상청구에 한하여 제기할 수 있다(증권관련 집단소송법 제3조 제1항).

① 자본시장법 제125조에 따른 손해배상청구(발행시장에서의 공시의무위반으로 인한 손해배상책임).

② 자본시장법 제162조(제161조에 따른 주요사항보고서의 경우를 제외한다)에 따른 손해배상청구(유통시장에서의 공시의무위반으로 인한 손해배상책임)

③ 자본시장법 제175조, 제177조 또는 제179조에 따른 손해배상청구(미공개정보이용금지위반 및 시세조종금지위반으로 인한 손해배상책임)

④ 자본시장법 제170조에 따른 손해배상청구[감사인(주식회사의 외부감사에 관한 법률)의 손해배상책임]

위 손해배상청구는 주권상장법인이 발행한 증권의 매매 그 밖의 거래로 인한 것이어야 한다.

2) 소송허가요건

증권관련 집단소송사건은 다음의 요건을 구비하여야 한다(증권관련 집단소송법 제12조 제1항).

① 구성원이 50인 이상이고, 청구의 원인이 된 행위 당시를 기준으로 이 구성원의 보유증권의 합계가 피고 회사의 발행증권 총수의 1만분의 1 이상일 것
② 손해배상청구로서 법률상 또는 사실상의 중요한 쟁점이 모든 구성원에게 공통될 것
③ 증권관련 집단소송이 총원의 권리실현이나 이익보호에 적합하고 효율적인 수단일 것
④ 소송허가신청서의 기재사항 및 첨부서류에 흠결이 없을 것

증권관련 집단소송의 소가 제기된 후 위 요건을 충족하지 못하게 된 경우에도 제소의 효력에는 영향이 없다.

3) 소의 취하 · 화해 또는 청구포기의 제한

증권관련 집단소송에 있어서 소의 취하, 소송상의 화해 또는 청구의 포기는 법원의 허가를 받지 아니하면 그 효력이 없고, 법원은 소의 취하, 소송상의 화해 또는 청구의 포기의 허가에 관한 결정을 하고자 하는 때에는 미리 구성원에게 이를 고지하여 의견을 진술할 기회를 부여하여야 한다(증권관련 집단소송법 제35조). 이는 상소의 취하 · 상소권의 포기에도 준용된다고 본다.

(4) 분배절차

1) 의의

증권관련 집단소송법상 판결절차에서는 손해액의 총액만 산정하고, 구성원의 개별적인 몫은 별도의 분배절차에 의한다. 분배법원과 관련하여, 분배에 관한 법원의 처분 · 감독 및 협력 등은 제1심 수소법원의 전속관할로 한다(증권관련 집단소송법 제39조).

2) 권리실행

대표당사자는 집행권원을 취득한 때에는 지체 없이 그 권리를 실행하여야 하며, 대표당사자는 권리실행으로 금전 등을 취득한 경우에는 대법원규칙이 정하는 바에 의하여 이를 보관하여야 하며, 대표당사자는 권리실행이 종료된 때에는 그 결과를 법원에 보고하여야 한다(증권관련 집단소송법 제40조).

3) 분배관리인의 선임

법원은 직권 또는 대표당사자의 신청에 의하여 분배관리인을 선임하여야 한다. 분배관리인은 법원의 감독하에 권리실행으로 취득한 금전 등의 분배업무를 행한다(증권관련 집단소송법 제41조).

4) 분배의 기준

분배의 기준은 판결이유 중의 판단이나 화해조서 또는 인낙조서의 기재내용에 의한다. 권리신고기간내에 신고하여 확인된 권리의 총액이 분배할 금액을 초과하는 경우에는 안분비례의 방법에 의한다(증권관련 집단소송법 제43조).

제2장 유통시장의 규제

제1절 서설

유통시장은 거래소시장과 장외시장으로 나눌 수 있다. 종래 거래소와 관련된 시장으로는 증권거래소의 유가증권시장, 한국증권업협회의 협회중개시장,[302] 선물거래소의 선물시장이 있었는데, 「한국증권선물거래소법」은 각각 독자적으로 운영되던 3개의 시장을 한국증권선물거래소라는 하나의 법인에 통합하여 운영하도록 하였다. 그러나 「한국증권선물거래소법」은 자본시장법에 통합되었고, 자본시장법상 한국거래소로 명칭이 변경되었으며, 통합거래소하에서도 3개의 시장은 당분간은 독자적으로 운영될 예정이다. 이후 2013년 자본시장법 개정으로 거래소허가제가 도입되었으며, 다자간매매체결회사에서 경쟁매매에 의한 거래를 허용함으로써 유통시장에 있어서 복수의 거래소간 경쟁체제의 도입을 위한 법적 기반을 마련하였다.

장외시장은 점두시장(OTC)과 직접거래시장으로 나누어진다. 점두시장은 투자매매업자나 투자중개업자의 창구를 통하여 거래가 이루어지는 것을 말하고, 직접거래시장은 당사자간의 직접거래를 위한 것으로 자본시장법의 적용범위 밖에 있다.

유통시장의 규제는 유통을 위한 상장제도와 유통공시제도로 나누어 볼 수 있다. 유통공시제도는 정기공시(사업보고서 · 반기보고서 · 분기보고서) 수시공시(주요사항보고서 · 거래소 수시공시)로 나누어진다.

302) 한국증권업협회가 자회사인 (주)코스닥증권시장을 통하여 운영하였는데, 증권거래법 개정으로 코스닥시장으로 명칭이 변경되었다.

제2절 거래소

Ⅰ. 서설

종래의 증권거래소는 증권회사를 회원으로 하는 회원제 법인으로서 여기에는 민법상 사단법인에 관한 규정이 준용되었다. 그 외 한국증권업협회의 협회중개시장이 있었고, 한국선물거래소가 있어 미국달러선물, 양도성예금증서금리선물, 금선물 등의 상품선물과 현물시장 · 선물시장의 통합방침에 따라 2004년 이래 모든 주가지수상품이 한국선물거래소에서 거래되었다.

한국거래소는 종래 한국증권거래소 · 한국증권업협회 및 한국선물거래소에 분산되어 있는 유가증권의 매매거래 및 선물거래에 관한 업무를 한국거래소로 통합함으로써 자본시장에서의 거래비용을 절감하고, 이용자의 편의를 도모하여 국민경제의 건전한 발전에 이바지하기 위하여 설립되었다.

지금은 거래소 허가제의 도입으로 한국거래소의 법적 독점권은 인정되지 않는다. 그러나 아직 경쟁거래소가 설립되지 않아서 한국거래소가 유통시장에 있어서 사실상의 독점권을 행사하고 있다.

Ⅱ. 주식회사제의 채택

종래의 증권거래소는 회원제조직으로서 거래권과 소유권이 일치하였으나, 「한국증권선물거래소법」은 거래권과 소유권을 분리하여 영리목적의 주식회사제를 채택하였으며, 자본시장법에서도 같은 태도이다.[303] 다만 주식회사의 영리성과 결합하여 독점의 폐해가 발생할 수 있으므로 「한국증권선물거래소법」은 이에 대한 보완책으로 사외이사의 과반수선임, 이사장에 대한 금융위의 해임요구권, 동일인 주식보유의 5% 제한 등의 규제규정을 두고 있었으며, 이에 대한 규제는 자본시장법에도 승계되었다.

---

303) 거래소에 대해서 자본금 1천억원 이상의 주식회사 등을 허가요건으로 규정하고 있다(자법 제373조의 2).

이에 더하여 자본시장법에서는 거래소에 대해서 추가로 임원의 자격 등에 대하여 규정하고 있다(자법 제380조).

Ⅲ. 개설 시장

거래소가 개설하는 금융투자상품 거래소시장은 ① 증권시장 ② 파생상품시장이 있다. 거래소는 시장을 효율적으로 관리하기 위하여 증권시장 또는 파생상품시장별로 둘 이상의 금융투자상품시장을 개설하여 운영할 수 있다(자법 제386조 제1항).

Ⅳ. 회원

1. 회원의 자격

거래소의 회원이 될 수 있는 자는 투자매매업 또는 투자중개업의 인가를 받은 자로 한다(회원관리규정 제4조).

2. 회원의 구분

자본시장법상 회원은 다음과 같이 구분한다(자법 제387조 제2항).

① 거래소 결제회원

② 매매전문회원

③ 그 밖에 대통령령으로 정하는 회원[304)]

거래소의 회원은 참가할 수 있는 시장 및 매매거래할 수 있는 금융투자상품의 범위에 따라 다음과 같이 구분된다(회원관리규정 제3조 제1항).

---

304) 다음과 같이 구분된다(자령 제359조). 1. 증권회원 2. 파생상품회원 3. 증권시장 내의 일부 시장이나 일부 종목에 대하여 결제나 매매에 참가하는 회원 4. 파생상품시장 내의 일부 시장이나 일부 품목에 대하여 결제 또는 매매에 참가하는 회원 5. 그 밖에 회원관리규정으로 정하는 회원

① 증권회원: 증권시장에서 증권의 매매거래에 참가할 수 있는 자
② 지분증권전문회원: 증권시장에서 지분증권(집합투자증권은 제외한다)의 매매거래에 참가할 수 있는 자
③ 채무증권전문회원: 증권시장에서 채무증권의 매매거래에 참가할 수 있는 자
④ 파생상품회원: 파생상품시장에서 장내파생상품거래에 참가할 수 있는 자
⑤ 주권기초파생상품전문회원: 파생상품시장에서 주권을 기초자산으로 하는 장내파생상품거래에 참가할 수 있는 자

거래소회원은 거래소에 대하여 증권의 매매거래 또는 장내파생상품거래에 대한 결제이행책임의 부담 여부에 따라 다음과 같이 구분된다(회원관리규정 제3조 제2항).

① 결제회원: 자기의 명의로 성립된 증권의 매매거래나 장내파생상품거래에 대하여 자기의 명의로 결제를 하는 회원
② 매매전문회원: 자기의 명의로 성립된 증권의 매매거래나 장내파생상품거래에 따른 결제를 결제회원에게 위탁하는 회원

V. 거래소의 허가[305)]

1. 의의

자본시장법은 거래소 허가제를 도입하여 무허가 시장개설행위를 금지하고 있다(자법 제373조). 다만, ① 다자간매매체결회사가 다자간매매체결업무를 하는 경우 ② 협회가 증권시장에 상장되지 아니한 주권의 장외매매거래에 관한 업무를 하는 경우 등의 경우에는 예외를 인정한다.

2. 허가요건

금융투자상품시장을 개설하거나 운영하려는 자는 다음의 사항을 구성요소로 하여 대통령령으로 정하는 시장개설 단위의 전부나 일부를 선택하여 금융위원회로부터 하

305) 부칙 제15조(한국거래소에 대한 경과조치) ① 한국거래소는 제373조의 2 제1항의 개정규정에 따라 시장개설 단위의 전부에 대하여 거래소허가를 받은 것으로 본다.

나의 거래소허가를 받아야 한다(자법 제373조의 2 제1항).

① 매매의 대상이 되는 금융투자상품의 범위(증권 및 장내파생상품을 말하되, 증권 중 주권, 그 밖에 대통령령으로 정하는 것을 포함한다)

② 회원(거래소시장에서의 거래에 참가할 수 있는 자로서 회원관리규정에 따른 자를 말한다)이 되는 자의 범위

위에 거래소허가를 받으려는 자는 다음의 요건을 모두 갖추어야 한다(자법 제373조의 2 제2항).

① 상법에 따른 주식회사일 것

② 거래소허가 단위별로 1천억원 이상으로서 대통령령으로 정하는 금액 이상의 자기자본을 갖출 것

③ 사업계획이 타당하고 건전할 것

④ 투자자의 보호가 가능하고 금융투자상품시장을 개설 · 운영하기에 충분한 인력과 전산설비, 그 밖의 물적 설비를 갖출 것

⑤ 정관, 회원관리규정 · 증권시장업무규정 · 파생상품시장업무규정 · 상장규정 · 공시규정 · 시장감시규정 · 분쟁조정규정, 그 밖의 업무에 관한 규정이 법령에 적합하고, 증권 및 장내파생상품의 공정한 가격 형성과 매매 그 밖의 거래의 안정성 및 효율성을 도모하며 투자자의 보호를 위하여 충분할 것

⑥ 임원이 「금융회사의 지배구조에 관한 법률」 제5조에 적합할 것

⑦ 대주주가 충분한 출자능력, 건전한 재무상태 및 사회적 신용을 갖출 것

⑧ 대통령령으로 정하는 사회적 신용을 갖출 것

⑨ 이해상충방지체계를 구축하고 있을 것

3. 예비허가

거래소허가를 받으려는 자는 미리 금융위원회에 예비허가를 신청할 수 있다(자법 제373조의 4 제1항). 금융위원회는 예비허가를 신청받은 경우에는 2개월 이내에 예비허가 여부를 결정하고, 그 결과와 이유를 지체 없이 신청인에게 문서로 통지하여야 한다(지법 제373조의 4 제2항).

4. 허가의 변경

거래소는 허가받은 시장개설 단위 외에 다른 시장개설 단위를 추가하여 금융투자상품시장을 개설·운영하려는 경우에는 금융위원회의 변경허가를 받아야 한다(자법 제373조의 6).

Ⅵ. 업무

거래소는 정관에서 정하는 바에 따라 다음의 업무를 행한다(자법 제377조 제1항). 다만, ③ 및 ④의 업무는 금융위원회로부터 청산기관 또는 결제기관으로 지정된 거래소로 한정한다.

① 거래소시장의 개설·운영에 관한 업무

② 증권 및 장내파생상품의 매매에 관한 업무

③ 증권 및 장내파생상품의 거래에 따른 매매확인, 채무인수, 차감, 결제증권·결제품목·결제금액의 확정, 결제이행보증, 결제불이행에 따른 처리 및 결제지시에 관한 업무

④ 장내파생상품의 매매거래에 따른 품목인도 및 대금지급에 관한 업무

⑤ 증권의 상장에 관한 업무

⑥ 장내파생상품 매매의 유형 및 품목의 결정에 관한 업무

⑦ 상장법인의 신고·공시에 관한 업무

⑧ 증권 또는 장내파생상품 매매 품목의 가격이나 거래량이 비정상적으로 변동하는 거래 등 대통령령으로 정하는 이상거래의 심리 및 회원(거래소가 개설한 유가증권시장·코스닥시장 또는 파생상품시장에서의 거래에 참가할 수 있는 자로서 자법 제387조 제1항의 회원관리규정에 따른 자를 말한다)의 감리에 관한 업무

⑨ 증권의 경매업무

⑩ 거래소시장 등에서의 매매와 관련된 분쟁의 자율조정(당사자의 신청이 있는 경우에 한한다)에 관한 업무

⑪ 유가증권시장·코스닥시장 또는 파생상품시장의 개설에 수반되는 부대업무

⑫ 금융위원회의 승인을 받은 업무

⑬ 그 밖에 정관에서 정하는 업무

거래소는 위 업무 외에 다른 업무를 할 수 없다. 다만, 다음의 어느 하나에 해당하는 경우에는 그러하지 아니하다(자법 제377조 제2항).

① 이 법 또는 다른 법령에서 거래소가 운영할 수 있도록 한 업무를 행하는 경우

② 인가를 받아 금융투자상품거래청산업을 영위하는 경우

Ⅶ. 장외거래시장

장외거래는 거래소 밖에서 이루어지는 거래를 총칭한다. 상장주권의 경우에도 거래소의 업무규정에서 정한 매매수량단위 미만의 단주는 장외에서 거래된다.

장외거래는 증권회사를 통하지 않는 투자자간의 직 · 간접적인 거래와 증권회사의 창구를 통한 거래(Over-The-Counter Market: OTC)로 분류되는데, 전자는 완전히 매매당사자간의 합의에 의하여 성립하는 거래로서 자본시장법의 규제대상이 되지 않는다.

증권 중 채권은 주식과 달리 그 특성상 거래소시장보다는 장외거래의 비중이 크다. 채권의 장외거래로는 증권회사 창구에서의 대량매매거래, 소액채권, 세금우대채권 매매, 환매조건부 매매 등이 있다.

장외시장 중 호가중개시장[K-OTC : 이전의 프리보드(Free Board)]이란[306] 거래소의 상장요건을 충족하지 못하여 정규시장에서 거래되지 못하거나, 상장이 폐지된 주식을 거래하기 위한 시장이다. 이는 장외매매거래를 위하여 금융투자협회가 운영하는 시장으로서 점두시장(OTC)에서 거래되는 주식의 거래 편의성, 안정성을 도모하고자 조직화 되었다. 호가중개시장에서는 금융투자협회가 지정하는 법인의 주식에 대해서만 거래를 하게 된다.

개정 자본시장법(자법 제166조의 3)에서는 금융투자업자에게 장외거래의 청산의무를 부과하여 불법 장외거래에 대한 규제를 강화하고 있다.

---

306) 프리보드가 K-OTC로 개편되면서 임의지정제도를 도입하였다. 이는 금융감독원에 사업보고서를 제출하는 기업에 대해서는 해당 기업이 주식거래요청을 하지 않아도 금융투자협회가 임의로 이 회사의 주식을 K-OTC 시장을 통해 거래할 수 있다고 지정하는 제도이다.

제3절 유가증권시장 및 코스닥시장

Ⅰ. 상장제도

1. 의의

주식회사가 증권을 발행하여 자금을 조달하기 위하여는 그 발행증권의 유통성이 보장되어야 하고, 투자자의 입장에서도 유통성이 높은 증권이어야 용이하게 투자자금을 회수할 수 있다. 증권의 유통성은 거래소에서 거래될 때 확보되는데, 증권은 일정한 절차를 거쳐 거래소에서 거래될 수 있다. 위 절차와 관련하여 특정증권이 거래소에서의 매매거래대상이 되는 것을 상장이라고 하고, 증권시장에 상장된 증권을 발행한 법인을 상장법인이라고 한다.

상장법인 중에서 주권을 발행한 법인이나 주권과 관련된 증권예탁증권이 증권시장에 상장된 경우에 주권상장법인이라고 하며 주권상장법인을 제외한 법인을 주권비상장법인이라고 한다(자법 제9조 제15항).

주권의 상장은 신규상장, 신주상장, 변경상장,[307] 재상장[308] 등으로 구분할 수 있다.

2. 상장규정

거래소는 증권시장에 상장할 증권의 심사 및 상장증권의 관리를 위하여 상장규정을 정하여야 한다. 이 경우 거래소가 개설 · 운영하는 둘 이상의 증권시장에 대하여 별도의 상장규정으로 정할 수 있다(자법 제390조 제1항).

상장규정에는 다음의 사항이 포함되어야 한다(자법 제390조 제2항).

---

307) 이미 상장된 후 발행회사가 증권의 종목(상호), 종류, 액면금액, 수량 등을 변경한 후 기존발행주권의 교체를 위하여 발행된 주권을 상장하는 것.

308) 상장폐지 후 일정기간(5년) 내에 발행인이 자구노력으로 정상을 회복한 후에 당해 주권을 다시 상장하는 것, 상장법인의 분할이나 합병에 의하여 설립된 법인이 발행한 주권을 상장시키는 것 등.

① 증권의 상장기준 및 상장심사에 관한 사항
② 증권의 상장폐지기준 및 상장폐지에 관한 사항
③ 증권의 매매거래정지와 그 해제에 관한 사항
④ 그 밖에 상장법인 및 상장증권의 관리에 관하여 필요한 사항

3. 상장폐지

거래소는 당사자의 신청이나 상장폐지기준에 부합하는 경우 기상장된 증권의 상장폐지를 결정할 수 있다.

거래소의 유가증권시장 상장규정에서 영업보고서 미제출 · 부도발생 등 일정사유가 있는 경우를 상장폐지기준으로 열거하고, 동 기준에 해당할 우려가 있는 경우 거래소가 사전에 상장폐지를 예고함은 물론 상장폐지기준에 해당하는 경우에도 즉시 상장폐지하지 아니하고 일정기간 동안 상장폐지를 유예하는 한편, 기존 투자자에게 환금의 기회를 제공하기 위하여 정리매매기간을 두고 있다.[309)]

(1) 신청에 의한 상장폐지

유가증권시장 주권상장법인, 외국주권상장법인, 외국주식예탁증권상장법인 또는 채무증권(외국채무증권을 포함한다)을 상장한 법인이 당해 주권, 외국주권, 외국주식예탁증권 또는 채무증권의 상장폐지를 하고자 할 경우에는 증권상장폐지신청서에 주주총회의사록 등을 첨부하여 거래소에 제출하여야 한다(유가증권시장 상장규정 제77조 제1항).

거래소는 상장폐지신청의 경우 이를 거부할 수 있다(유가증권시장 상장규정 제77조 제2항).

(2) 신청에 의하지 않는 상장폐지

거래소는 주권, 외국주권, 외국주식예탁증권, 신주인수권증권, 신주인수권증서, 주식워런트증권, 채무증권(외국채무증권을 포함한다) 또는 수익증권을 상장한 법인이

---

309) 「유가증권시장 상장규정」 제94조(상장폐지증권의 공시 및 매매거래허용 등) ① 거래소가 상장증권을 상장폐지하는 경우에는 당해 증권에 대한 상장폐지사실을 공시한다. ② 거래소가 상장증권을 상장폐지하는 경우에는 일정기간 매매거래를 허용할 수 있다.

증권 상장폐지기준[310]에 해당되었을 경우에 당해 법인의 신청에 의하지 아니하고 상장을 폐지할 수 있다(유가증권시장 상장규정 제79조).[311]

Ⅱ. 유통공시제도

1. 의의

유통공시는 기업 내용을 공시하는 기업공시제도에 의하는데, 기업공시제도란 증권의 발행인으로 하여금 증권의 내용이나 발행회사의 재산 및 경영상태 등 투자자의 투자판단에 필요한 기업 내용을 신속·정확히 공시하게 함으로써 투자자가 증권이나 발행회사의 실태를 정확하게 파악하고 자신의 자유로운 판단과 책임하에 투자결정을 하도록 하는 제도이다. 이는 증권거래의 공정성을 확보하고 투자자를 보호함에 그 목적이 있다.

증권시장에서의 공시를[312] 공시내용에 따라 분류하면 증권신고서, 투자설명서 등

---

310) 「유가증권시장 상장규정」 제80조(주권의 상장폐지기준)에 따른 상장폐지사유로는 다음이 있다. ① 사업보고서 미제출 ② 사업보고서·반기보고서 또는 분기보고서 미제출 ③ 감사의견의 부적정 또는 의견거절인 경우, 감사범위제한으로 인한 한정인 경우 ④ 영업활동정지 ⑤ 최종부도발생 또는 은행거래정지 ⑥ 자본잠식 ⑦ 주식분포상황: 소액주주의 수가 200명 미만인 경우, 소액주주가 소유하고 있는 주식의 총수가 유동주식수의 100분의 10 미만인 경우 ⑧ 거래량 미달 ⑨ 회생절차개시 ⑩ 사외이사수 미달 또는 감사위원회 미설치 등 ⑪ 해 산 ⑫ 공시의무 위반 ⑬ 주식양도의 제한 ⑭ 지주회사의 완전자회사로 되고 당해 지주회사의 주권이 신규상장되는 경우 ⑮ 매출액이 50억원 미만인 경우 ⑯ 주가가 액면가액의 100분의 20 이상인 상태가 10일 이상 계속될 것, 액면가액의 100분의 20이상인 일수가 30일 이상일 것 ⑰ 상장시가총액이 50억원 이상인 상태가 10일 이상 계속될 것, 50억원 이상인 일수가 30일 이상일 것 ⑱ 합병, 포괄적 주식교환, 영업 또는 자산양수, 현물출자 등과 관련된 최대주주 변경 등 ⑲ 유상증자, 분할 등을 통한 재무구조개선 행위가 상장폐지기준에 해당되는 것을 회피하기 위한 것으로 인정되는 경우, 당해 법인에게 상당한 규모의 재무적 손실을 가져올 것으로 인정되는 횡령·배임 등과 관련된 공시가 있거나 사실 등이 확인된 경우, 「외부감사 및 회계 등에 관한 규정」 제48조에 따른 감리결과 중요한 회계처리기준 위반행위 등이 확인된 경우, 그 밖에 공익과 투자자 보호를 위하여 당해 주권의 상장폐지가 필요하다고 인정되는 경우

311) "회사정리절차의 개시신청을 하였다는 이유만으로 그 기업의 구체적인 재무상태나 회생가능성 등을 전혀 심사하지 아니한 채 곧바로 상장폐지결정을 하도록 한 구 유가증권상장규정(2003.1.1. 시행)의 상장폐지규정은 무효"라고 하였다(대법원 2007.11.15. 선고 2007다1753 판결).

312) 공시는 공시책임자를 통하여 이루어지는데, 공시책임자라 함은 유가증권시장주권상장법인의 상근이사 또는 상법 제401조의 2 제1항 3호의 규정에 해당하는 상근자로서 해당 유가증권시장주권상장법인을 대표하여 신고업무를 수행할 수 있는 자를 말한다(유가증권시장 공시규정 제2조 제4항).

과 같은 발행시장에서의 공시와 정기공시(사업보고서 · 반기보고서 · 분기보고서) · 수시공시, 특수공시, 공정공시와 같은 유통시장에서의 공시로 나눌 수 있다. 특수공시에는 자기주식취득처분신고서 · 공개매수신고서 · 안정조작(시장조성)신고서 · 합병신고서 · 주식대량보유상황보고서 · 임원 또는 주요주주의 주식소유상황보고서 등이 있다. 정기공시와 수시공시를 계속공시라고도 한다.

2. 정기공시제도

(1) 사업보고서

1) 사업보고서 제출대상법인

주권상장법인, 그 밖에 모집 · 매출한 발행인, 증권의 소유자 수가 500인 이상인 발행인 등(자령 제167조 제1항)은 그 사업보고서를 각 사업연도경과 후 90일내에 금융위원회와 거래소에 제출하여야 한다(자법 제159조 제1항).

2) 사업보고서 제출이 면제되는 법인

사업보고서의 제출이 면제되는 법인은 다음의 어느 하나에 해당하는 경우를 말한다(자령 제167조 제2항).

① 파산으로 인하여 사업보고서의 제출이 사실상 불가능한 경우

② 상법 제517조, 그 밖의 법률에 따라 해산사유가 발생한 법인으로서 최근 사업연도의 사업보고서의 제출이 사실상 불가능한 경우

③ 주권상장법인 또는 ①에 따른 발행인의 경우에는 상장의 폐지요건에 해당하는 발행인으로서 해당 법인에게 책임이 없는 사유로 사업보고서의 제출이 불가능하다고 금융위원회의 확인을 받은 경우

④ ②에 따른 발행인의 경우에는 같은 호 각 목의 어느 하나에 해당하는 증권으로서 각각의 증권마다 소유자 수가 모두 25인 미만인 경우로서 금융위원회가 인정한 경우. 다만, 그 소유자의 수가 25인 미만으로 감소된 날이 속하는 사업연도의 사업보고서는 제출하여야 한다.

⑤ ③에 따른 발행인의 경우에는 ② 각 목의 어느 하나에 해당하는 증권으로서 각각의 증권마다 소유자의 수가 모두 300인 미만인 경우. 다만, 그 소유자의 수가 300인 미만으로 감소된 날이 속하는 사업연도의 사업보고서는 제출하여야 한다.

3) 기재사항 및 첨부서류

사업보고서에 그 회사의 목적, 상호, 사업내용, 임원보수(상법, 그 밖의 법률에 따른 주식매수선택권을 포함하되, 대통령령으로 정하는 것[313]에 한한다), 재무에 관한 사항, 그 밖에 대통령령으로 정하는 사항(자령 제168조 제2항)을 기재하고, 대통령령으로 정하는 서류를 첨부하여야 한다(자법 제159조 제2항)

(2) 연결재무제표

대기업은 독립적으로 운영되기보다는 다른 기업과 더불어 하나의 기업집단을 구성하는 경우가 많다. 이러한 경우 기업집단 전체가 마치 하나의 기업과 같이 운영된다. 이때 기업의 실상을 제대로 파악하기 위해서는 개별기업의 재무제표만으로는 부족하고 다른 관련기업의 재무제표까지 살펴볼 필요가 있다. 이러한 취지에서 작성이 요구되는 것이 연결재무제표이다. 연결재무제표는 지배 · 종속관계에 있는 회사 전체의 재무상황과 경영성과를 파악할 수 있도록 하고, 상호출자 · 내부거래 및 불공정거래 등에 의하여 왜곡된 부분을 상계 · 제거하여 적절히 공시하게 함으로써 재무제표의 공정한 공시를 보장하고자 하는 것이다.

연결재무제표란 둘 이상의 회사가 지배 · 종속관계에 있는 경우, 지배회사가 작성하는 연결재무상태표, 연결손익계산서 또는 연결포괄손익계산서, 연결자본변동표, 연결현금흐름표, 주석 등을 말한다(외감법 제1조의 2 제2호, 외감법 시행령 제1조의 2 제2항).

이 경우 지배 · 종속관계는 「주식회사의 외부감사에 관한 법률」상의 기준에 의하여 결정되는데, 「외감법」에 따를 때 지배 · 종속관계란 주식회사가 경제활동에서 효용과 이익을 얻기 위하여 다른 회사(조합 등 법인격이 없는 기업을 포함한다)의 재무정책과 영업정책을 결정할 수 있는 능력을 가지는 경우로서 그 주식회사(지배회사)와 그 다른 회사(종속회사)의 관계를 말한다. 이 경우 지배 · 종속관계는 「외감법」 제13조 제1항 제1호에 따른 회계처리기준(한국채택국제회계기준) 또는 「외감법」 제13조 제1항 제2호에 따른 회계처리기준에 따라 판단하여야 한다(외감법 시행령 제1조의 3 제1항).[314]

313) 임원 모두에게 지급된 그 사업연도의 보수 총액을 말한다(자령 제168조 제1항).

314) 이전에는 다음의 기준에 따라 지배 · 종속관계가 정하여 졌다. ① 주식회사가 다른 주식회사의 발행주식총수의 50%를 초과하여 소유하는 경우 ② 주식회사가 다른 주식회사의 발행주식총수의 30%를 초과하여 소유하면서 최대주주인 경우 ③ 위 ① 또는 ②에 의한 지배회사 및 종속회사가 합하거나, 종속회사와 종속회사가 합하여 다른 주식회사의 발행주식총수의 30%를

자본시장법에서는 지배 · 종속관계에 있을 때 종속회사에 대한 자료요구권을 인정하고 있다.[315] 그리하여 연결재무제표 작성대상법인 중 사업보고서 제출대상법인은 사업보고서 등의 작성을 위하여 필요한 범위에서 종속회사에게 관련 자료의 제출을 요구할 수 있다.

(3) 반기보고서와 분기보고서

사업보고서를 제출하여야 하는 법인은 그 사업연도개시일부터 6월간의 사업보고서(반기보고서)와 사업연도개시일부터 3월간 및 9월간의 사업보고서(분기보고서)를 각각 그 기간경과 후 45일내에 금융감독위원회와 거래소에 제출하여야 한다(자법 제160조). 그 기재사항과 기재방법은 사업보고서의 것을 준용한다.

(4) 공시의무위반에 대한 제재

유통공시에 위반한 경우 발행공시위반과 같은 제재가 인정된다. 이에는 행정상 제재(자법 제164조, 자령 제175조), 형사상 제재(자법 제446조), 민사상 제재(자법 제162조)가 있다.

참조판례

① "주식의 취득자가 사업보고서의 내용을 공시할 당시의 당해 주권상장법인의 이사에 대하여 사업보고서의 허위기재 등으로 인하여 입은 손해의 배상을 청구하는 경우, 주식의 취득자는 같은 법 제15조 제2항의 규정에 따라 사업보고서의 허위기재 등과 손해 발생 사이의 인과관계의 존재에 대하여 입증할 필요가 없고, 배상의무자인 이사가 책임을 면하려면 이러한 인과관계의 부존재를 입증하여야 한다. 그리고 위 법 제15조 제2항 이 요구하는 '손해 인과관계의 부존재사실'의 입증은 직접적으로 문제된 당해 허위공시 등 위법행위가 손해 발생에 아무런 영향을 미치지 아니하였다는 사실이나 부분적 영향을 미쳤다는 사실을 입증하는 방법 또는 간접적으로 문제된 당해 허위공시 등 위법행위 이외의 다른 요인에 의하여 손해의 전부 또는 일부가 발생하였다는 사실을 입증하는 방법으로 가능하다고 할 것이다."(대법원 2007.9.21. 선고 2006다81981 판결).

초과하여 소유하면서 최대주주인 경우

315) 자본시장법에서는 지배 · 종속관계에 있을 때 종속회사에 대한 자료요구권을 인정하고 있다. 자법 제161조의 2(자료요구권 등) ① 연결재무제표 작성대상법인 중 사업보고서 제출대상법인은 사업보고서 등의 작성을 위하여 필요한 범위에서 종속회사에게 관련 자료의 제출을 요구할 수 있다. ② 연결재무제표 작성대상법인 중 사업보고서 제출대상법인은 사업보고서 등의 작성을 위하여 필요한 자료를 입수할 수 없거나 종속회사가 제출한 자료의 내용을 확인할 필요가 있는 때에는 종속회사의 업무와 재산상태를 조사할 수 있다.

② 사업보고서의 허위기재 등에 의한 손해배상청구에 있어서 "손해 추정조항의 입법 취지에 비추어 볼 때 예컨대 허위공시 등의 위법행위 이후 매수한 주식의 가격이 하락하여 손실이 발생하였는데 그 가격 하락의 원인이 문제된 당해 허위공시 등 위법행위 때문인지 여부가 불분명하다는 정도의 입증만으로는 위 손해의 추정이 깨진다고 볼 수 없다."며 허위공시사실의 공표 전에 투자자가 매수 주식을 그 허위공시 등의 위법행위로 말미암아 부양된 상태의 주가에 모두 처분하였다는 사실의 입증만으로 인과관계 부존재의 입증이 되었다고 할 수 없다고 판시하였다(대법원 2002.10.11. 선고 2002다38521 판결; 대법원 2007.9.21. 선고 2006다81981 판결).

② "일반적으로 분식회계 및 부실감사 사실이 밝혀진 후 그로 인한 충격이 가라앉고 그와 같은 허위정보로 인하여 부풀려진 부분이 모두 제거되어 일단 정상적인 주가가 형성되면 그와 같은 정상주가의 형성일 이후의 주가변동은 달리 특별한 사정이 없는 한 분식회계 및 부실감사와 아무런 인과관계가 없다고 할 것이므로, 그 정상주가 형성일 이후에 당해 주식을 매도하였거나 변론종결일까지 계속 보유중인 사실이 확인되는 경우 증권거래법 제15조 제1항 이 정하는 손해액 중 위 정상주가와 실제 처분가격(또는 변론종결일의 시장가격)과의 차액 부분에 대하여는 같은 법 제15조 제2항의 인과관계 부존재의 입증이 있다고 보아야 할 것이고, 이 경우 손해액은 계산상 매수가격에서 위 정상주가 형성일의 주가를 공제한 금액이 된다."(대법원 2007.10.25. 선고 2006다16758, 16765 판결).

Ⅲ. 수시공시제도

1. 의의

신제품발명이나 기업의 인수·합병 등과 같이 투자판단에 영향을 미칠 중요한 정보가 발생하는 경우, 기업으로 하여금 이를 수시로 공시하도록 하는 제도가 수시공시제도이다. 반면에 수시공시에도 비용이 존재한다. 특히 공시과정에서 회사의 이익이 침해될 수 있다는 점에서 무한정 공시의 대상을 확충할 수 없는 문제가 있다. 이에 따라 공시유보제도를 통하여 기업의 영업비밀과 정보공시의 균형을 도모하고 있다.

자본시장법은 종래 수시공시사항 중 공적 성격이 강한 것을 대상으로 하는 주요사항보고서제도를 신설하면서 수시공시의 관할을 거래소로 일원화하는 조치를 취하였다. 수시공시와 관련하여 한국거래소의 유가증권시장 공시규정과 코스닥시장 공시규정에서 공개법인의 수시공시의무를 상세하게 규정하고 있다.

2. 주요사항보고서

(1) 의의

사업보고서 제출대상법인은 주요사항에 해당하는 사실이 발생한 경우에는 그 사실이 발생한 날의 다음 날까지 그 내용을 기재한 보고서 즉 주요사항보고서를 금융위원회에 제출하여야 한다. 이 경우 자본시장법 제159조 제6항(예측정보) 및 제7항(대표이사 등의 확인 · 검토)을 준용한다(자법 제161조 제1항).

금융위원회는 주요사항보고서가 제출된 경우 이를 거래소에 지체 없이 송부하여야 한다(자법 제161조 제5항).

(2) 주요사항

주요사항보고서의 제출의무를 발생시키는 주요사항은 다음과 같다(자법 제161조 제1항).

① 발행한 어음 또는 수표가 부도로 되거나 은행과의 당좌거래가 정지 또는 금지된 때
② 영업활동의 전부 또는 중요한 일부가 정지되거나 그 정지에 관한 이사회 등의 결정이 있은 때
③ 회생절차개시의 신청이 있은 때
④ 해산사유가 발생한 때
⑤ 자본 또는 부채의 변동에 관한 이사회 등의 결정이 있은 때
⑥ 상법 제360조의 2(주식의 포괄적 교환), 제360조의 15(주식의 포괄적 이전), 제522조(합병) 및 제530조의 2(회사의 분할)에 규정된 사실이 발생한 때
⑦ 중요한 영업 또는 자산을 양수하거나 양도할 것을 결의한 때
⑧ 자기주식을 취득(자기주식의 취득을 목적으로 하는 신탁계약의 체결을 포함한다) 또는 처분(자기주식의 취득을 목적으로 하는 신탁계약의 헤지펀드를 포함한다)할 것을 결의한 때
⑨ 그 밖에 그 법인의 경영 · 재산 등에 관하여 중대한 영향을 미치는 사항으로서 대통령령으로 정하는 사실이 발생한 때

(3) 정보의 제공요구

금융위원회는 제출된 주요사항보고서가 투자자의 투자판단에 중대한 영향을 미칠

우려가 있어 그 내용을 신속하게 알릴 필요가 있는 경우에는 대통령령으로 정하는 방법에 따라 행정기관, 그 밖의 관계기관에 대하여 필요한 정보의 제공 또는 교환을 요청할 수 있다. 이 경우 요청을 받은 기관은 특별한 사유가 없는 한 이에 협조하여야 한다(자법 제161조 제4항).

3. 수시공시제도

(1) 의의

거래소는 주권, 그 밖에 대통령령으로 정하는 증권[316)]을 상장한 법인(주권등상장법인)의 기업내용 등의 신고 · 공시 및 관리를 위하여 주권등상장법인 공시규정을 정하여야 한다. 이 경우 유가증권시장과 코스닥시장에 대하여 별도의 공시규정으로 정할 수 있다(자법 제391조 제1항). 이에 따라 거래소는 수시공시사항에 대하여 유가증권시장 공시규정과 코스닥시장 공시규정을 두어 이에 대하여 상세하게 규정하고 있다.

(2) 공시의 실효성 확보

은행은 주권등상장법인에 대하여 ① 발행한 어음이나 수표가 부도로 된 경우 ② 은행과의 당좌거래가 정지 또는 금지된 경우에 이를 지체 없이 거래소에 통보하여야 한다(자법 제392조 제1항).

거래소는 수시공시사항에 대하여 투자자의 투자판단에 중대한 영향을 미칠 우려가 있어 그 내용을 신속하게 알릴 필요가 있는 경우에는 대통령령으로 정하는 방법[317)]에 따라 행정기관, 그 밖의 관계기관에 대하여 필요한 정보의 제공 또는 교환을 요청

---

316) 다음 각 호의 어느 하나에 해당하는 증권을 말한다(자령 제360조). 1. 사채권 2. 파생결합증권 3. 증권예탁증권 4. 그 밖에 법 제391조 제1항에 따른 공시규정으로 정하는 증권

317) 거래소는 자본시장법 제392조 제2항에 따라 행정기관, 그 밖의 관계기관에 대하여 다음 각 호의 기준에 따라 문서(전자문서를 포함한다) 또는 모사전송의 방법으로 필요한 정보의 제공을 요청할 수 있다. 이 경우 그 요청서에는 정보의 제공을 요청하는 사유를 기재하여야 한다(자령 제361조).
1. 어음 · 수표의 부도나 당좌거래의 정지 · 금지에 관하여는 「어음법」 제38조 및 「수표법」 제31조에 따른 어음교환소로 지정된 기관
2. 「채무자 회생 및 파산에 관한 법률」에 따른 회생절차의 신청 · 결정, 상장증권에 중대한 영향을 미칠 수 있는 소송의 제기나 해산사유의 발생에 관하여는 관할법원
3. 거래은행에 의한 해당 법인의 관리 개시에 관하여는 거래은행
4. 그 밖에 법 제391조 제2항 제1호 또는 제3호에 따른 신고 또는 확인 요구사항에 관하여는 해당 정보를 소유하고 있는 행정기관, 그 밖의 관계기관

할 수 있다. 이 경우 요청을 받은 기관은 특별한 사유가 없는 한 이에 협조하여야 한다(자법 제392조 제2항). 거래소는 주권등상장법인이 자본시장법 제391조(공시규정)에 따라 신고를 한 경우에는 이를 지체 없이 금융위원회에 송부하여야 한다(자법 제392조 제3항). 금융위원회는 위 송부를 받은 경우에는 이를 인터넷 홈페이지 등을 이용하여 공시하여야 한다(자법 제392조 제4항).

(3) 공시사항

1) 의무공시사항

유가증권시장 공시규정에 따를 때 유가증권시장주권상장법인은 주요경영사항이 발생한 때에는 그 사실 또는 결정 내용을 그 사유 발생일 당일에 거래소에 신고하여야 한다(유가증권시장 공시규정 제7조 제1항).

2) 자율공시사항

주권상장법인은 수시공시사항 이외에 "투자자의 투자판단에 중대한 영향을 미칠 수 있거나 투자자에게 알릴 필요가 있다고 판단되는 사항"으로서 세칙에서 규정하는 사항의 발생 또는 결정이 있는 때에는 사유발생일 다음날까지 거래소에 신고하여야 한다(유가증권시장 공시규정 제28조)

(4) 조회공시

1) 의의

조회공시라 함은 자본시장법 제391조 제2항 제3호에서의 주권등상장법인에 관한 풍문이나 보도 등의 사실 여부 및 그 법인이 발행한 증권의 가격이나 거래량의 현저한 변동의 원인 등에 대한 거래소의 신고 또는 확인 요구에 관한 사항에 따라 거래소가 유가증권시장 주권상장법인에 대하여 기업내용에 관한 공시를 요구하여 해당 유가증권시장주권상장법인이 이에 대하여 거래소에 신고하는 것을 말한다(유가증권시장 공시규정 제2조 제3항).

이 경우에 다른 법령 · 천재지변 기타 이에 준하는 사유로 공시하기가 곤란한 경우 외에는 당해 법인은 지체 없이 이에 응하여야 한다.

2) 조회공시대상

거래소는 공시규정 제7조부터 제10조까지, 제15조, 제16조 및 제28조에서 정하는 사항이거나 이에 준하는 사항에 관하여 세칙에서 정하는 풍문 및 보도의 사실 여부의 확인을 위하여 조회공시를 요구할 수 있으며, 조회공시를 요구받은 유가증권시장주권상장법인은 공시요구시점이 오전인 경우에는 당일 오후까지, 오후인 경우에는 다음 날 오전까지(유가증권시장 업무규정 제26조 제2항 각 호의 어느 하나에 해당하는 사유로 조회공시를 요구받은 경우에는 그 다음 날까지로 한다) 이에 응하여야 한다. 다만, 풍문 등의 내용이 1월(공시규정 제7조 제1항 제3호 가목 (1) · (5) · (6) 그 밖에 이에 준하는 사항의 경우에는 3월) 이내에 이미 공시한 사항인 경우에는 조회공시를 요구하지 아니할 수 있다(유가증권시장 공시규정 제12조 제1항).

거래소는 위에도 불구하고 풍문 등이 없더라도 유가증권시장주권상장법인이 발행한 주권 등의 가격 및 거래량이 거래소가 따로 정하는 기준에 해당하는 경우에는 해당 유가증권시장주권상장법인에 대하여 중요한 정보(공시규정 제7조부터 제10조까지, 제15조, 제16조 및 제28조에서 정하는 사항에 관한 정보)의 유무에 대한 조회공시를 요구할 수 있으며, 조회공시를 요구받은 유가증권시장주권상장법인은 요구받은 다음 날까지 이에 응하여야 한다. 다만, 유가증권시장주권상장법인의 주권 등의 가격 및 거래량이 본문의 규정에 의한 최근 조회공시 요구일부터 15일 이내에 다시 본문의 규정에 의한 기준에 해당되는 경우에는 조회공시를 요구하지 아니할 수 있다(유가증권시장 공시규정 제12조 제2항).

3) 공시의 면제

유가증권시장주권상장법인이 다음의 어느 하나에 해당하는 경우에는 조회공시에 관한 위 규정들을 적용하지 아니할 수 있다(유가증권시장 공시규정 제12조 제3항).

① 다른 법령, 규정 등에 의하여 불가피한 경우

② 천재 · 지변 · 전시 · 사변 · 경제사정의 급변 그 밖에 이에 준하는 사태가 발생하는 경우

(5) 공시의 유보

1) 의의

자본시장법은 수시공시사항 중 경영상의 비밀유지와 투자자 보호의 형평을 고려하

여 공시의 유보를 인정하는 주권등상장법인의 공시유보제도를 도입하고 있다(자법 제391조). 종전에는 발행시장에서의 공시와 유통시장에서의 수시공시에 있어서 군사상 비밀(군사비밀보호법 제2조)이나 천재지변 기타 이에 준하는 사유로 공시하기가 곤란한 경우에만 한정적으로 공시유보를 인정하였으나, 현행 규정에서는 경영상 비밀유지와 투자자 보호와의 형평 등을 고려하여 공시하지 않을 필요가 있을 때까지로 공시유보범위가 확대되었다.

2) 거래소에 의한 공시유보

거래소는 유가증권시장주권상장법인의 신고내용이 다음의 어느 하나에 해당하는 경우에는 해당 사유가 해소될 때까지 이의 공시를 일정기간 유보할 수 있다(유기증권시장 공시규정 제43조).

① 유가증권시장주권상장법인의 공시내용이 「군사기밀보호법」 등 법률에 의한 기밀에 해당되는 때
② 유가증권시장주권상장법인의 공시내용이 관계법규를 위반하고 있음이 확인되는 때
③ 유가증권시장주권상장법인의 공시내용의 근거사실이 확인되지 않거나 그 내용이 투자자의 투자판단에 혼란을 야기시킬 수 있다고 판단되는 때
④ 공시규정 제14조 제1항[318]에 따른 재공시의 내용이 이미 공시한 내용과 유사하다고 인정되는 때
⑤ 공시규정 제14조 제2항[319]에 위반된다고 인정되는 때
⑥ 공시규정 제7조부터 제10조까지 및 제28조의 규정에서 정하는 사항 또는 이에 준하는 사항이 아닌 것으로서 건전한 거래질서를 해칠 우려가 있다고 판단되는 때

3) 신청에 의한 공시유보

유가증권시장주권상장법인은 경영상 비밀유지를 위하여 필요한 경우 ① 최근 사업연도 매출액의 100분의 10(대규모법인의 경우 100분의 5) 이상의 단일판매계약 또는 공급계약을 체결한 때 및 해당 계약을 해지한 때 ② 최근 사업연도 매출액의 100

318) 조회공시에 대하여 의사결정과정에 있다는 내용의 공시(미확정공시)는 1개월내에 확정내용 또는 진척사항을 공시해야 한다.
319) 공시규정 제14조 제1항의 규정에 의한 미확정공시를 재공시하는 경우에는 당해 의사결정과정에 대한 구체적인 상황이 포함되어야 한다.

분의 10(대규모법인의 경우 100분의 5) 이상의 단일판매계약 또는 공급계약을 체결한 때 및 해당 계약을 해지한 때 공시유보를 거래소에 신청할 수 있다. 이 경우 사전에 거래소와 협의하여야 한다(유가증권시장 공시규정 제43조의 2 제1항)

거래소는 위의 공시유보 신청에 대하여 기업경영 등 비밀유지와 투자자 보호와의 형평을 고려하여 공시유보가 필요하다고 인정되는 경우 이를 승인할 수 있다(유가증권시장 공시규정 제43조의 2 제2항).

(6) 불성실공시

불성실공시라 함은 유가증권시장주권상장법인이 이 규정에 따른 신고의무를 성실히 이행하지 아니하거나 이미 신고한 내용을 번복 또는 변경하여 공시불이행, 공시번복 또는 공시변경의 유형에 해당된 경우를 말한다(유가증권시장 공시규정 제2조 제5항).

불성실공시가 있는 경우 거래소는 불성실공시법인의 지정과 벌점을 예고하고, 이후 불성실공시법인의 지정과 벌점부과를 하게 된다. 벌금부과 외에 3천만원 내에서 공시위반제재금을 부과할 수 있다.

불성실공시법인으로 지정된 경우나 조회공시에 불응한 경우 거래소는 매매거래를 정지할 수 있다(유가증권시장 공시규정 제40조).

또한 공시의무위반과 관련하여 다음의 경우에는 상장폐지실질심사위원회의 심사를 거쳐 상장폐지가 될 수 있다(유가증권시장 상장규정 제80조 12호, 제80조의 3). 불성실공시와 관련하여 상장규정 제75조 제1항 제8호[320]에 따라 관리종목으로 지정된 유가증권시장주권상장법인이 다음의 어느 하나에 해당하는 경우

① 불성실공시 누계벌점이 최근 1년간 15점 이상 추가된 경우

② 기업경영에 중대한 영향을 미칠 수 있는 사항 등에 대하여 고의 또는 중과실로 공시의무를 위반하여 불성실공시법인으로 지정된 경우

---

320) 유가증권시장주권상장법인이 불성실공시법인지정 등[공시규정 제35조에 따른 불성실공시법인 지정, 제39조 제2항에 따른 개선계획서 미제출 또는 제88조 제5항에 따른 공시책임자(공시담당자를 포함한다) 미교체를 말한다]에 해당되어 벌점을 부과받는 경우로서 당해 벌점부과일로부터 기산하여 과거 1년 이내의 누계벌점이 15점 이상이 되는 경우.

Ⅳ. 공정공시제도

공정공시제도란 미국에서 2000년 10월부터 시행된 Regulation FD를 모델로 하여 2002년 11월 도입된 것으로서, 정보의 비대칭성으로 인하여 생겨나는 문제점을 없애기 위한 것이다. 즉 기업의 선택적 정보제공으로 인하여 일반투자자들이 시장에 대한 자신감을 가지지 못하고, 그 결과 투자가 줄고 주가도 낮아지게 되므로 이를 규제하기 위한 제도이다.[321)]

공정공시제도는 선별적 정보제공을 금지하는 것으로, 이에 의할 때 기업의 재무구조나 경영상의 내부정보 등을 애널리스트 등 외부인에게 발설했을 경우 바로 공시를 통해 일반투자자에게도 알려야 한다.[322)] 이는 공시대상으로 열거된 내용만 공개하던 수시공시와 달리 주가에 영향을 미치는 내용을 모두 공개토록 한 것으로 정보유통에 큰 변화가 있게 되었다.

우리나라의 공정공시제도는 자율규제기관인 거래소의 유가증권시장 공시규정 및 코스닥시장 공시규정에 의하여 시행되고 있다.

공정공시제도는 정보의 불균형을 시정하기 위한 제도이지만 지나친 정보관리로 정보흐름이 원활하지 못하고 기업의 부담이 늘어나는 부작용이 있을 수 있다. 기업으로서는 제도위반을 우려해 가능한 한 기업정보를 공개하지 않으려 하며, 이로 인하여 미공개 정보가 늘게 되고, 이를 이용한 불공정행위나 허위정보유포를 통한 주가조작이 더 용이해질 수도 있다.

실제로 기업들이 예전에는 쉽게 주던 자료들을 내놓지 않으려는 경향이 있다고 한다. 따라서 과거에 개인투자자들이 쉽게 얻을 수 있었던 시장정보들이 차단될 가능성이 커졌다. 이를 통해 정보의 비대칭성을 줄어들지만 주식시장에 공급되는 정보의 질과 양이 모두 떨어진다는 것이다. 그렇게 되면 주가는 오히려 낮아지고, 정보부족으로 주가의 변동폭은 커진다. 과거에 애널리스트나 펀드매니저들은 정보에 대한 분석과 평가를 해 왔으며, 우수한 정보를 생산한 대가로 수수료를 받거나 또는 상대적으로 높은 수익률을 누려왔다. 그런데 공정공시제도는 정보수요자에 의한 적극적 정보생산행위를 차단하는 면이 있다. 이는 누구나 같은 정보를 갖게 되는 대가로 적극적으로 생산된 정보를 잃게 되는 결과를 가져왔다고 평가할 수도 있다.

---

321) 미국에서 도입당시 SEC위원장 아서 레빗의 견해이다.
322) 공정공시제도 시행 첫날 52개사가 공정공시를 했다.

위와 같은 우려에도 불구하고 실제에 있어서 공정공시건수가 수시공시건수의 27.7%에 해당할 정도로 공정공시제도가 새로운 정보공개수단으로 정착되고 있다.[323] 다만 그 위반에 대한 제재에는 한계가 있다. 공정공시위반 혐의를 포착하더라도 증명하기가 매우 어려운 것으로, 당사자간에 정보를 주고 받았다는 사실을 시인하지 않으면 대응할 방법이 없다. 공정공시제도 도입 이후 지금까지 적발된 상장기업은 대한화재, 진흥기업 두 곳뿐이다. 이들도 기존 공시내용을 번복한 것이 문제가 됐을 따름이다. 미국에서도 지금까지 공정공시 위반으로 적발된 기업이 몇개에 불과하다고 한다.

323) 김용진, 「자본시장제도론」, 율곡출판사, 2007, 560면.

제3장 기업의 인수·합병에 대한 규제

제1절 공개매수

Ⅰ. 서설

1. 의의

공개매수란 불특정 다수인에 대하여 주식 등의 매수(다른 증권과의 교환을 포함한다)의 청약을 하거나 매도(다른 증권과의 교환을 포함한다)의 청약을 권유하고 증권시장 밖에서 그 주식 등을 매수하는 것을 말한다(자법 제133조 제1항).

공개매수는 기업매수를 위한 것으로 단기에 대량의 주식을 취득하기 위한 제도이다. 우호적인 기업매수를 위한 공개매수도 이루어지지만 특히 적대적 기업매수를 위한 대표적인 수단이 된다. 또한 공개매수는 기업매수와 관계없이 상장폐지를 위한 수단으로서 이용되기도 한다.

자본시장법상 주식 등을 5% 이상 취득시 공개매수강제에 관한 규정이 적용된다.

2. 공개매수의 종류

공개매수의 종류는 다음과 같이 구분할 수 있다. 첫째, 대상회사 경영진의 대응 태도에 따라 적대적, 우호적, 중립적 공개매수로 구분된다. 적대적 공개매수는 대상회사의 경영진이 공개매수에 반대하여 다른 주주에게 공개매수에 응하지 말 것을 권유하는 경우를 말한다. 우호적 공개매수는 적대적 공개매수와는 반대로 대상회사 경영진이 공개매수에 동의하여 다른 주주에게도 공개매수에 응할 것을 권유하는 경우를 말하며, 중립적 공개매수는 대상회사 경영진이 공개매수의 승낙 여부에 대한 찬성이나 반대의 권유를 하지 않는 경우를 말한다. 실제 주로 논의되고 있는 것은 적대적

공개매수에 대한 것이다.[324)]

둘째, 주주에게 지급되는 대가에 따라 교환공개매수, 현금공개매수, 혼합공개매수로 구분된다. 교환공개매수는 공개매수의 대가로 주주에게 다른 유가증권을 제공하는 경우로서, 대상회사의 주주가 공개매수자의 주식을 소유하게 될 때 실질적으로는 공개매수자와 대상회사가 합병하는 것과 같은 결과가 된다.

혼합공개매수는 현금지급과 유가증권 교환이 함께 이루어지는 경우로 일부는 현금을 지급하고 나머지는 유가증권을 지급할 수 있고, 주주에게 현금 또는 유가증권 중에서 선택할 권리를 부여하기도 한다. 대상회사의 주주 중에는 주식의 대가를 현금으로 지급받기를 원하는 주주도 있고, 세금 등의 문제로 유가증권으로 받기를 원하는 주주도 있을 수 있기에 혼합공개매수가 이용될 수 있다.

3. 규제의 필요성

공개매수의 경우 단순히 주식의 매매에 그치는 것이 아니라 매매의 결과 회사의 지배권이 변동될 만큼의 지분이 매매되는 것이기 때문에 이에 대하여 규제하는 것이다. 또한 공개매수자가 대상회사의 주주로부터 불공정하게 주식을 매수할 가능성이 있고, 대상회사의 경영진이 경영권의 방어를 위하여 부당한 방어책을 사용할 경우 주주들의 이익에 반하게 될 가능성이 있게 된다. 이러한 상황에서 특히 대상회사 주주들이 충분한 정보에 접하지 못한 상태에서 성급한 매도청약을 하는 것을 방지하기 위하여 정보개시를 포함한 공개매수에 대한 규제가 필요한 것이다.

---

324) 미국에서 적대적 기업매수의 전형적 형태는 2단계 매수(Two-Tier TOB)이다. 대상회사의 합병을 궁극적 목적으로 하는 2단계 매수의 전형적 형태는 1단계에서 공개매수를 통하여 필요한 주식의 분량을 취득하고, 이 1단계의 공개매수가 성공하면 2단계에서 나머지 주주에 대하여 1단계의 매수가격보다 현저히 불리한 가격으로 소위 축출매수(Freeze-out Merger)를 행한다. 이러한 2단계 매수는 주주들이 2단계에서 불리한 조건으로 주식을 매도하지 않기 위해 1단계에서 주식을 매도하게 되는 강압적 효과를 가지는 것으로 평가되기도 한다. 따라서 이를 규제해야 한다는 주장도 강하게 제기된다.

Ⅱ. 공개매수의 요소

1. 불특정 다수인

불특정 다수인이어야 하는 것은 매수의 상대방이 아니라 매수청약(매도청약의 권유)의 상대방이다. 다수인의 범위는 공개매수 강제의 요건인 10인 이상인 자를 기준으로 한다.

2. 대상증권

공개매수의 적용대상인 "주식 등", 즉 의결권 있는 주식, 그 밖에 대통령령으로 정하는 증권이란 의결권 있는 주식에 관계되는 다음의 어느 하나에 해당하는 증권을 말한다(자령 제139조).

① 주권상장법인이 발행한 증권으로서 다음의 어느 하나에 해당하는 증권

가. 주권

나. 신주인수권이 표시된 것

다. 전환사채권

라. 신주인수권부사채권

마. 가목부터 라목까지의 증권과 교환을 청구할 수 있는 교환사채권

바. 가목부터 마목까지의 증권을 기초자산으로 하는 파생결합증권(권리의 행사로 그 기초자산을 취득할 수 있는 것만 해당한다)

② 주권상장법인 외의 자가 발행한 증권으로서 다음의 어느 하나에 해당하는 증권

가. ①의 증권과 관련된 증권예탁증권

나. ①의 증권이나 가목의 증권과 교환을 청구할 수 있는 교환사채권

다. ①의 증권이나 가목·나목의 증권을 기초자산으로 하는 파생결합증권(권리의 행사로 그 기초자산을 취득할 수 있는 것만 해당한다)

의결권이 없는 종류주식이나 의결권이 제한되는 종류주식의 경우에도 정관으로 의결권행사 또는 부활의 조건을 정할 수 있는데(상법 제344조의 3 제1항), 이에 따라 의결권행사가 가능한 경우에는 공개매수의 적용대상이 된다.

자기주식도 공개매수의 대상이 된다. 자기주식의 취득은 유가증권시장 또는 코스

닥시장에서 취득하거나 공개매수의 방법에 의하여야 한다(자법 제165조의 2 제2항).[325)]

3. 매수청약 또는 매도청약의 권유

공개매수자가 불특정 다수인을 상대로 매수청약 또는 매도청약의 권유를 하여야 한다. 매수의 청약, 매도청약의 권유의 성질에 대해서는 견해가 갈린다. 이에 대해서 자본시장법 제141조에서 "공개매수자는 공개매수신고서에 기재한 매수조건과 방법에 따라 응모한 주식 등의 전부를 공개매수기간이 종료하는 날의 다음 날 이후 지체 없이 매수하여야 한다."는 규정은 주주의 응모를 승낙으로 파악하면 설명이 곤란하고, 응모의 취소에 관한 규정은[326)] 주주의 응모행위를 승낙으로 보면 승낙에 의하여 계약이 성립한 후 승낙을 취소한다는 어색한 결과가 된다는 이유로, 주주의 응모는 매도청약에 해당하며, 다만 공개매수자는 공고한 조건에 따라 승낙할 의무를 부담한다는 견해가 있다.[327)] 여기서 매수의 청약은 법체계상 그리고 실무상 유명무실화한 것이라고 할 수 있다고 한다. 이에 따르면 공개매수자의 매수의 청약은 민법상 청약의 유인으로 보게 된다.

이에 반해 공개매수의 정의에서 매수의 청약과 매도의 청약을 권유하는 행위를 구분하여 규정하며, 응모주주의 응모취소에 관한 규정도 매수의 청약에 대한 승낙, 매도의 청약이라고 구분하므로 주주의 응모를 항상 매도청약이라고 보는 것은 법문의 해석상 무리가 있다. 따라서 공개매수의 공고는 원칙적으로 청약으로 보아 주주의 응모가 있으면 매매계약이 체결되는 것이고, 다만 공개매수의 공고시 응모한 주식이 일정 수량에 미치지 못하는 때에는 응모한 주식 전체를 매수하지 않겠다는 조건을 명시한 경우에는 확정적 의사표시가 아니므로 청약의 유인으로 보아 공개매수자의 승낙이 필요하다며, 공개매수자의 즉시매수원칙을 규정한 자본시장법 제141조 제1항은 매수대금을 지체 없이 지급하라는 취지의 규정으로 보아야 할 것이라는 견해가 있다.[328)]

---

325) 그 외 신탁계약에 따라 자기주식을 취득한 신탁업자로부터 신탁계약이 해지되거나 종료된 때 반환받는 방법이 있는데(자법 제165조의 2 제2항 3호), 이때 신탁업자는 해당 법인의 자기주식을 증권시장에서 취득하는 방법, 또는 공개매수의 방법에 의하여야 한다(3호 단서).

326) 공개매수대상 주식 등의 매수의 청약에 대한 승낙 또는 매도의 청약(응모)을 한 자(응모주주)는 공개매수기간 중에는 언제든지 응모를 취소할 수 있다(자법 제139조 제4항).

327) 김건식 · 정순섭, 앞의 책, 343면.

328) 임재연, 앞의 책, 423면.

응모자가 공개매수 예정수량을 넘어갈 때 안분비례에 따르는데(자법 제141조 제1항 단서), 응모를 승낙으로 보면 설명이 어려워진다. 전자의 견해를 따르기로 한다.

4. 증권시장 밖에서의 매수

주식 등을 증권시장 및 다자간매매체결회사 밖에서 매수하여야 한다. 여기서의 증권시장에는 이와 유사한 시장으로서 해외에 있는 시장을 포함한다(자법 제133조 제1항). 거래소에서의 매집을 공개매수로 보지 않는 이유는 거래소에는 누구나 참여가 가능하므로 주주간에 평등이 보장되고 또한 거래수량과 가격이 공표되며 경쟁매매에 의하여 공정하게 체결되기 때문이다.[329]

장외매매이므로 주식의 양도로 발생하는 소득에 대해서는 소득세법상 양도소득세를 부담하게 된다. [330]

5 주식의 수량

다음에 보는 5% 이상의 주식매수는 공개매수하여야 한다는 것은 공개매수 강제의 요건일 뿐 공개매수의 개념규정에는 취득 주식의 수량에 대한 기준이 정해져 있지 않다. 5% 미만이어도 불특정 다수인으로부터 매수 등 공개매수의 요건을 갖추고 있으면 자본시장법상의 공개매수규제규정에 따라야 한다.

---

329) 김건식 · 정순섭, 앞의 책, 344면.

330) 소득세법 제94조 ① 양도소득은 해당 과세기간에 발생한 다음의 소득으로 한다.
3. 다음 각 목의 어느 하나에 해당하는 주식 또는 출자지분(신주인수권과 대통령령으로 정하는 증권예탁증권을 포함한다)의 양도로 발생하는 소득
가. 자본시장법에 따른 주권상장법인의 주식 등으로서 소유주식의 비율 · 시가총액 등을 고려하여 대통령령으로 정하는 대주주가 양도하는 것과 같은 법에 따른 증권시장에서의 거래에 의하지 아니하고 양도하는 것
나. 주권상장법인이 아닌 법인의 주식 등

Ⅲ. 공개매수의 강제

1. 의의

주식 등을 대통령령으로 정하는 기간(6개월) 동안 증권시장 밖에서 대통령령으로 정하는 수(10인) 이상의 자로부터 매수 등을 하고자 하는 자는 그 매수 등을 한 후에 본인과 그 특별관계자가 보유하게 되는 주식 등의 수의 합계가 그 주식 등의 총수의 100분의 5 이상이 되는 경우에는 공개매수를 하여야 한다. 다만, 매수 등의 목적, 유형, 그 밖에 다른 주주의 권익침해 가능성 등을 고려하여 대통령령으로 정하는 매수 등의 경우에는 공개매수 외의 방법으로 매수 등을 할 수 있다(자법 제133조 제3항).

1998년 이전에는 공개매수가 강제되는 경우는 5% 이상의 주식매수와 25% 이상의 주식매수(소위 의무공개매수)[331]의 두 가지가 있었다. 그러나 후자는 우호적 기업매수를 위한 공개매수에도 적용되어 기업의 구조조정에 방해가 된다는 이유로 1998년 구 증권거래법 개정시에 폐지되었다.

2. 적용대상거래

적용대상거래에 대하여 자본시장법 제133조 제2항에서 "매수 · 교환 · 입찰 기타 유상취득(매수 등)"이라고 하고, 제3항에서 "매수 등을 하고자 하는 자는 그 매수 등을 한 후"로 규정하고 있다. 이는 적용대상 거래유형을 예시한 것이므로 어떠한 거래유형이든 유상거래이면 공개매수강제규정이 적용된다고 보아야 한다.

3. 5% 이상의 보유

공개매수 강제의 대상이 되는 것은 매수 후 보유주식이 5%에 달해야 한다.

---

331) 의무공개매수란 주식 등의 매수 등을 하고자 하는 자는 당해 매수 등을 한 후에 본인과 그 특별관계자가 보유하게 되는 주식 등의 수의 합계가 당해 주식 등의 총수의 100분의 25 이상이 되는 경우에는 주식 등의 총수의 100분의 50에 1주를 더한 수에서 기 보유주식 등의 수를 공제한 수 이상의 주식 등을 공개매수하여야 하는 것이다.

(1) 보유주체

5% 산정시 본인 및 특별관계자의 보유분을 합산하는데, 여기서 특별관계자는 특수관계인(자령 제8조) 및 공동보유자를 말한다(자법 제133조 제3항, 자령 제141조 제1항).

다만 특수관계인이 소유하는 주식 등의 수가 1,000주 미만이거나 공동보유자에 해당하지 아니함을 증명하는 경우에는 특수관계인으로 보지 아니한다(자령 제141조 제3항).

공동보유자란 본인과 합의나 계약 등에 따라 다음의 어느 하나에 해당하는 행위를 할 것을 합의한 자를 말한다(자령 제141조 제2항).

① 주식 등을 공동으로 취득하거나 처분하는 행위
② 주식 등을 공동 또는 단독으로 취득한 후 그 취득한 주식을 상호양도하거나 양수하는 행위
③ 의결권(의결권의 행사를 지시할 수 있는 권한을 포함한다)을 공동으로 행사하는 행위

(2) 보유

소유에 준하는 보유란 다음의 어느 하나에 해당하는 경우를 말한다(자령 제142조).

① 누구의 명의로든지 자기의 계산으로 주식 등을 소유하는 경우
② 법률의 규정이나 매매, 그 밖의 계약에 따라 주식 등의 인도청구권을 가지는 경우
③ 법률의 규정이나 금전의 신탁계약 · 담보계약, 그 밖의 계약에 따라 해당 주식 등의 의결권(의결권의 행사를 지시할 수 있는 권한을 포함한다)을 가지는 경우
④ 법률의 규정이나 금전의 신탁계약 · 담보계약 · 투자일임계약, 그 밖의 계약에 따라 해당 주식 등의 취득이나 처분의 권한을 가지는 경우
⑤ 주식 등의 매매의 일방예약을 하고 해당 매매를 완결할 권리를 취득하는 경우로서 그 권리행사에 의하여 매수인으로서의 지위를 가지는 경우
⑥ 주식 등을 기초자산으로 하는 자본시장법 제5조 제1항 제2호에 따른 계약상의 권리를 가지는 경우로서 그 권리의 행사에 의하여 매수인으로서의 지위를 가지는 경우
⑦ 주식매수선택권을 부여받은 경우로서 그 권리의 행사에 의하여 매수인으로서의

지위를 가지는 경우

(3) 의결권 있는 주식

5% 산정은 의결권 있는 주식을 전제로 산정한다. 그러나 의결권이 없는 종류주식이나 의결권이 제한되는 종류주식의 경우에도 정관으로 의결권행사 또는 부활의 조건을 정할 수 있는데(상법 제344조의 3 제1항), 이에 따라 의결권행사가 가능한 경우에는 산입대상이 된다.

(4) 5% 이상을 보유한 주주가 추가로 행하는 매수

이미 5% 이상의 주식을 보유하는 자가 추가로 당해 주식 등의 매수 등을 하는 경우에도 공개매수강제의 대상이 된다. 해석상으로는 1주만 매입해도 대상되게 되는데, 이는 부당하므로 그 범위를 제한할 필요가 있다.

4. 예외

일정한 경우 공개매수강제에 대한 예외를 인정하여 공개매수에 의하지 않는 매수 등을 할 수 있다. 시행령에서는 다음의 어느 하나에 해당할 때 그 예외를 인정한다(자령 제143조).

① 소각을 목적으로 하는 주식 등의 매수 등
② 주식매수청구에 응한 주식의 매수
③ 신주인수권이 표시된 것, 전환사채권, 신주인수권부사채권 또는 교환사채권의 권리행사에 따른 주식 등의 매수 등
④ 파생결합증권의 권리행사에 따른 주식 등의 매수 등
⑤ 특수관계인으로부터의 주식 등의 매수 등
⑥ 그 밖에 다른 투자자의 이익을 해칠 염려가 없는 경우로서 금융위원회가 정하여 고시하는 주식 등의 매수 등

Ⅳ. 공개매수의 절차

1. 공개매수의 공고와 공개매수신고서의 제출

(1) 공개매수의 공고

공개매수에 있어서 투자자 보호를 위한 정보의 개시가 중요하므로 자본시장법에서는 공개매수시에 일정한 사항에 대한 공고를 요구하고 있다.

공고할 사항은 다음과 같다(자법 제134조 제1항).[332)]

① 공개매수를 하고자 하는 자

② 공개매수할 주식 등의 발행인(그 주식 등과 관련된 증권예탁증권, 그 밖에 대통령령으로 정하는 주식 등[333)]의 경우에는 대통령령으로 정하는 자[334)]를 말한다)

③ 공개매수의 목적

④ 공개매수할 주식 등의 종류 및 수

⑤ 공개매수기간 · 가격 · 결제일 등 공개매수조건

⑥ 매수자금의 명세, 그 밖에 투자자 보호를 위하여 필요한 사항으로서 대통령령으로 정하는 사항

(2) 공개매수신고서의 제출

공개매수공고를 한 자는 대통령령으로 정하는 방법에 따라 다음의 사항을 기재한 신고서를 그 공개매수공고를 한 날(공개매수공고일)에 금융위원회와 거래소에 제출하여야 한다. 다만, 공개매수공고일이 공휴일, 그 밖에 금융위원회가 정하여 고시하는 날에 해당되는 경우에는 그 다음 날에 제출할 수 있다(자법 제134조 제2항).

① 공개매수자 및 그 특별관계자에 관한 사항

---

332) 자본시장법 제134조 제1항에 따른 공개매수공고를 하려는 자는 금융위원회가 정하여 고시하는 방법에 따라 「신문 등의 진흥에 관한 법률」에 따른 일반일간신문 또는 경제분야의 특수일간신문 중 전국을 보급지역으로 하는 둘 이상의 신문에 공고하여야 한다(자령 제145조 제1항).

333) 교환사채권과 파생결합증권을 말한다(자령 제145조 제2항).

334) 다음 각 호의 자를 말한다(자령 제145조 제3항).
1. 증권예탁증권의 경우에는 그 기초가 되는 주식 등의 발행인
2. 교환사채권의 경우에는 교환의 대상이 되는 주식 등의 발행인
3. 파생결합증권의 경우에는 그 기초자산이 되는 주식 등의 발행인

② 공개매수할 주식 등의 발행인
③ 공개매수의 목적
④ 공개매수할 주식 등의 종류 및 수
⑤ 공개매수기간 · 가격 · 결제일 등 공개매수조건
⑥ 공개매수공고일 이후에 공개매수에 의하지 아니하고 주식 등의 매수 등을 하는 계약이 있는 경우에는 그 계약의 내용
⑦ 매수자금의 명세, 그 밖에 투자자 보호를 위하여 필요한 사항으로서 대통령령으로 정하는 사항

2. 공개매수기간

공개매수기간은 공개매수신고서 제출일로부터 20일 이상 60일 이내의 기간으로 정할 수 있다(자령 제146조 제3항). 다만 공개매수기간 중 대항공개매수가 있는 경우에는 대항공개매수기간의 종료일까지 그 기간을 연장할 수 있다(자령 제147조 제3호).

3. 공개매수설명서

공개매수설명서는 공개매수에 응하려는 투자자에게 필요한 정보를 직접 제공하기 위한 서류로서, 공개매수자는 공개매수를 하고자 할 때에는 공개매수설명서를 작성하여 공개매수공고일에 금융위원회와 거래소에 제출하고, 일정한 장소[335]에 비치하고 일반인이 열람할 수 있도록 하여야 한다.

공개매수설명서의 기재사항은 공개매수신고서의 기재사항에 따른다.[336] 공개매수설명서에는 공개매수신고서에 기재된 내용과 다른 내용을 표시하거나 그 기재사항을 누락하여서는 아니 된다(자법 제137조 제2항). 공개매수신고서와 다른 내용을 표시하거나 중요사항을 누락한 경우에는 금융위원회는 공개매수를 정지하거나 금지 하는 등의 조치를 내릴 수 있다(자법 제146조 제2항).

공개매수자는 공개매수할 주식 등을 매도하고자 하는 자에게 공개매수설명서를 미

335) 공개매수취급자의 본점과 지점, 그 밖에 영업소, 금융위원회, 거래소에 비치(자칙 제16조).
336) 공개매수설명서에는 법 제134조 제2항 각 호의 사항을 기재하여야 한다. 다만, 공개매수자가 주권상장법인인 경우에는 금융위원회가 정하여 고시하는 사항의 기재를 생략할 수 있다(자령 제148조).

리 교부하지 아니하면 그 주식 등을 매수하지 못한다(자법 제146*조 제3항).

공개매수설명서가 전자문서의 방법에 따르는 때에는 보다 엄격한 다음의 요건을 모두 충족하는 때에 이를 교부한 것으로 본다(자법 제137조 제3항).

① 전자문서에 의하여 공개매수설명서를 받는 것을 전자문서수신자가 동의할 것
② 전자문서수신자가 전자문서를 받을 전자전달매체의 종류와 장소를 지정할 것
③ 전자문서수신자가 그 전자문서를 받은 사실이 확인될 것
④ 전자문서의 내용이 서면에 의한 공개매수설명서의 내용과 동일할 것

4. 정정신고

(1) 금융위원회의 요구에 의한 정정신고서

금융위원회는 공개매수신고서의 형식을 제대로 갖추지 아니한 경우 또는 그 공개매수신고서 중 중요사항에 관하여 거짓의 기재 또는 표시가 있거나 중요사항이 기재 또는 표시되지 아니한 경우에는 공개매수기간이 종료하는 날까지 그 이유를 제시하고 그 공개매수신고서의 기재내용을 정정한 신고서(정정신고서)의 제출을 요구할 수 있다(자법 제136조 제1항).

(2) 임의정정

공개매수자는 공개매수조건, 그 밖에 공개매수신고서의 기재사항을 정정하고자 하는 경우 공개매수기간이 종료하는 날까지 금융위원회와 거래소에 정정신고서를 제출하여야 한다. 다만, 매수가격의 인하, 매수예정 주식 등의 수의 감소, 매수대금 지급기간의 연장(자법 제136조 제4항 제1호의 경우[337]를 제외한다), 그 밖에 공개매수기간의 단축 등은(자령 제147조) 변경할 수 없다(자법 제136조 제3항).

(3) 의무정정

투자자 보호를 위하여 그 공개매수신고서에 기재된 내용을 정정할 필요가 있는 경우로서 다음의 경우에 정정신고서를 제출하여야 한다(자칙 제15조).

---

337) 공개매수신고서의 정정신고서를 제출하는 경우 공개매수기간의 종료일에 대하여 "그 정정신고서를 제출한 날이 법 제134조 제1항 제5호에 따라 공고한 공개매수기간 종료일 전 10일 이내에 해당하는 경우에는 그 정정신고서를 제출한 날부터 10일이 경과한 날"로 규정하고 있다.

① 공개매수신고서의 기재나 표시내용이 불분명하여 그 공개매수신고서를 이용하는 자로 하여금 중대한 오해를 일으킬 수 있는 내용이 있는 경우
② 공개매수자에게 불리한 정보를 생략하거나 유리한 정보만을 강조하는 등 과장되게 표현된 경우

(4) 정정신고서에 의한 공개매수종료일

공개매수자가 공개매수신고서의 정정신고서를 제출하는 경우 공개매수기간의 종료일은 다음과 같다(자법 제136조 제4항).

① 그 정정신고서를 제출한 날이 공개매수기간 종료일 전 10일 이내에 해당하는 경우에는 그 정정신고서를 제출한 날부터 10일이 경과한 날
② 그 정정신고서를 제출한 날이 공개매수기간 종료일 전 10일 이내에 해당하지 아니하는 경우에는 그 공개매수기간이 종료하는 날

(5) 변경된 조건의 적용대상

매수조건이 변경된 경우에는 그 이전에 응모한 주주에 대해서도 당연히 변경된 조건이 적용되는 것으로 해석한다.

5. 교환공개매수

공개매수의 정의에 관한 자본시장법 제133조에 따르면 매수에는 증권의 교환도 포함된다. 교환대상 증권은 이미 발행된 것은 물론이고 공개매수자가 신규로 발행하는 것도 포함한다.[338] 신주발행에 의한 교환공개매수는 공개매수자의 관점에서 볼 때 공개매수대상 주식으로 납입하는 것으로서 상법상 현물출자에 의한 신주발행에도 해당하므로 법원에 의한 현물출자심사 절차를 받아야 한다. 따라서 통상은 먼저 법원에 감정인의 감정서를 첨부하여 현물출자에 따른 신주발행인가신청을 하여 인가를 받은 후 금융위원회에 증권신고서를 제출하고, 그 후 공개매수의 공고와 공개매수신고서 제출절차를 밟게 된다. 이러한 과정에서 공개매수에 관한 정보가 사전에 공개되므로 적대적 공개매수의 경우에는 교환공개매수의 활용이 어렵고 대상회사 경영진과의 협

338) 공개매수자에 의한 신주발행이 증권신고서 제출요건에 해당하는 경우 증권신고서를 제출하여야 한다.

의에 의한 우호적 공개매수의 경우에 활용되게 된다.

실제로 「독점규제 및 공정거래에 관한 법률」 상 지주회사는 자회사의 주식을 당해 자회사 발행주식총수의 100분의 50 미만으로 소유하는 행위가 금지되므로 지주회사의 요건과 자회사편입요건을 충족하기 위해 자회사의 주식취득에 교환공개매수를 하는 경우가 많다.

그리고 신주에 대한 현물출사시에 현물, 즉 출자를 하는 주식의 과대계상은 금지되는데, 공개매수는 일반적으로 대상 주식의 현시세에 프리미엄을 더하여 공개매수가를 제시하므로 매수 주식의 과대계상이 문제될 수 있다. 보건대 자본시장법상 교환공개매수를 인정하므로 프리미엄이 현저하게 불공정하지 않는 이상 그 유효성을 인정할 것이다.

V. 공개매수에 대한 규제

1. 공개매수에 대한 의견표명

공개매수신고서가 제출된 주식 등의 발행인은 대통령령이 정하는 바에 의하여 그 공개매수에 관한 의견을 표명할 수 있다. 이 경우에는 그 내용을 기재한 문서를 지체 없이 금융위원회와 거래소에 제출하여야 한다(자법 제138조).

그 의견표명에는 공개매수에 대한 발행인의 찬성 · 반대 또는 중립의 의견에 관한 입장과 그 이유가 포함되어야 하며, 의견표명 이후에 그 의견에 중대한 변경이 있는 경우에는 지체 없이 그 사실을 알려야 한다(자령 제149조 제2항).[339]

2. 공개매수의 철회 및 응모의 취소

공개매수자는 공개매수공고일 이후에는 공개매수를 철회할 수 없다. 다만, 대항공

---

339) 미국의 경우 SEC Rule 14e-2 (a)에서 공개매수가 개시된 후 10거래일내에 대상회사가 다음과 같은 견해를 가지는 경우에 그 주주들에게 그에 대한 정보를 나타내는 설명서를 보내도록 하고 있다. ① 공개매수를 받아들이거나 거부하도록 하는 권고 ② 의견없이 중립적 입장임을 밝힘 ③ 어떤 의견도 밝힐 수 없음. 그리고 SEC Rule 14e-2 (b)에서 (a)에서 요구되는 공시에 중대한 변화가 있는 경우 발행인은 중대한 변화에 대한 정보를 개시하는 설명서를 주주에게 보내야 한다고 규정하고 있다.

개매수(공개매수기간 중 그 공개매수에 대항하는 공개매수를 말한다)가 있는 경우, 공개매수자가 사망 · 해산 · 파산한 경우, 그 밖에 투자자 보호를 해할 우려가 없는 경우로서 어음 또는 수표의 부도 등의 경우(자령 제150조)에는 공개매수기간의 말일까지 철회할 수 있다(자법 제139조 제1항).

공개매수대상 주식 등의 매수의 청약에 대한 응모 즉 승낙 또는 매도의 청약을 한 자(응모주주)는 공개매수기간 중에는 언제든지 응모를 취소할 수 있다. 이 경우 공개매수자는 응모주주에 대하여 그 응모의 취소에 따른 손해배상 또는 위약금의 지급을 청구할 수 없다(자법 제139조 제4항).

3. 별도매수금지

공개매수자는 공개매수공고일부터 그 매수기간이 종료하는 날까지 그 주식 등을 공개매수에 의하지 아니하고는 매수 등을 하지 못한다. 다만, 공개매수에 의하지 아니하고 그 주식 등의 매수 등을 하더라도 다른 주주의 권익침해가 없는 경우로서 대통령령으로 정하는 경우[340]에는 공개매수에 의하지 아니하고 매수 등을 할 수 있다(자법 제140조).

4. 공개매수의 조건과 방법

공개매수에 있어서 전부매수 · 즉시매수원칙에 따라 공개매수자는 공개매수신고서에 기재한 매수조건과 방법에 따라 응모한 주식 등의 전부를 공개매수기간이 종료하는 날의 다음 날 이후 지체 없이 매수하여야 한다. 다만, 다음의 어느 하나에 해당하는 조건을 공개매수공고에 게재하고 공개매수신고서에 기재한 경우에는 그 조건에 따라 응모한 주식 등의 전부 또는 일부를 매수하지 아니할 수 있다(자법 제141조 제1항).

① 응모한 주식 등의 총수가 공개매수 예정주식 등의 수에 미달할 경우 응모한 주식 등의 전부를 매수하지 아니한다는 조건

---

340) 다음의 어느 하나에 해당하는 경우를 말한다(자령 제151조).
① 해당 주식 등의 매수 등의 계약을 공개매수공고 전에 체결하고 있는 경우로서 그 계약체결 당시 법 제133조 제1항에 따른 공개매수의 적용대상에 해당하지 아니하고 공개매수공고와 공개매수신고서에 그 계약사실과 내용이 기재되어 있는 경우
② 공개매수사무취급자가 공개매수자와 그 특별관계자 외의 자로부터 해당 주식 등의 매수 등의 위탁을 받는 경우

② 응모한 주식 등의 총수가 공개매수 예정주식 등의 수를 초과할 경우에는 공개매수 예정주식 등의 수의 범위에서 비례배분하여 매수하고 그 초과 부분의 전부 또는 일부를 매수하지 아니한다는 조건

공개매수자가 공개매수를 하는 경우 그 매수가격은 균일하여야 하며(자법 제141조 제2항), 공개매수자가 일부 주주의 응모를 배제하는 것은 주주평등의 원칙에 반하므로 허용되지 않는다고 본다.

Ⅵ. 공개매수규정위반에 대한 제재

1. 의결권제한 및 처분명령

공개매수에 관한 자본시장법 제133조 제3항 또는 제134조 제1항 · 제2항을 위반하여 주식 등의 매수 등을 한 경우에는 그날부터 그 주식(그 주식 등과 관련한 권리 행사 등으로 취득한 주식을 포함한다)에 대한 의결권을 행사할 수 없으며, 금융위원회는 6개월 이내의 기간을 정하여 그 주식 등(그 주식 등과 관련한 권리 행사 등으로 취득한 주식을 포함한다)의 처분을 명할 수 있다(자법 제145조).

2. 손해배상책임

(1) 의의

공개매수신고서(그 첨부서류를 포함한다) 및 그 공고, 정정신고서(그 첨부서류를 포함한다) 및 그 공고 또는 공개매수설명서 중 중요사항에 관하여 거짓의 기재 또는 표시가 있거나 중요사항이 기재 또는 표시되지 아니함으로써 응모주주가 손해를 입은 경우에는 그 손해에 관하여 배상의 책임을 진다(자법 제142조 제1항).

여기서 손해배상책임의 주체는 공개매수신고서 및 그 정정신고서의 신고인(신고인의 특별관계자를 포함하며, 신고인이 법인인 경우 그 이사를 포함한다)과 그 대리인, 공개매수설명서의 작성자와 그 대리인이다(자법 제142조 제1항).

다만 배상의 책임을 질 자가 상당한 주의를 하였음에도 불구하고 이를 알 수 없었

음을 증명하거나 응모주주가 응모를 할 때에 그 사실을 안 경우에는 배상의 책임을 지지 아니한다(자법 제142조 제1항).

(2) 예측정보

일정한 요건을 갖춘 예측정보에 대하여 공개매수신고인 등은 그 손해에 관하여 배상의 책임을 지지 아니한다. 다만, 응모주주가 주식 등의 응모를 할 때에 예측정보 중 중요사항에 관하여 거짓의 기재 또는 표시가 있거나 중요사항이 기재 또는 표시되지 아니한 사실을 알지 못한 경우로서 공개매수신고인 등에게 그 기재 또는 표시와 관련하여 고의 또는 중대한 과실이 있었음을 증명한 경우에는 배상의 책임을 진다(자법 제142조 제2항).

(3) 손해배상액

손해배상청구시에 배상할 금액은 손해배상을 청구하는 소송의 변론이 종결될 때의 그 주식 등의 시장가격(시장가격이 없는 경우에는 추정처분가격을 말한다)에서 응모의 대가로 실제로 받은 금액을 뺀 금액으로 추정한다(자법 제142조 제3항).

위 추정규정에도 불구하고 공개매수신고서 허위기재 등으로 배상책임을 질 자는 응모주주가 입은 손해액의 전부 또는 일부가 중요사항에 관하여 거짓의 기재 또는 표시가 있거나 중요사항을 기재 또는 표시하지 아니함으로써 발생한 것이 아님을 증명한 경우에는 그 부분에 대하여 배상의 책임을 지지 아니한다(자법 제142조 제4항).

3. 금융위원회의 제재

금융위원회는 투자자 보호를 위하여 필요한 경우에는 공개매수자, 공개메수자의 특별관계자, 공개매수사무취급자, 그 밖의 관계인에 대하여 참고가 될 보고 또는 자료의 제출을 명하거나, 금융감독원장에게 그 장부 · 서류, 그 밖의 물건을 조사하게 할 수 있다(자법 제146조 제1항).

금융위원회는 공개매수자 등이 다음의 어느 하나에 해당하는 경우에는 공개매수신고서에 기재된 공개매수예정총액의 100분의 3(20억원을 초과하는 경우에는 20억원)을 초과하지 아니하는 범위에서 과징금을 부과할 수 있다. 이 경우 공개매수예정총액은 공개매수할 주식 등의 수량을 공개매수가격으로 곱하여 산정한 금액으로 한다(자법 제429조 제2항).

① 공개매수신고서 · 정정신고서 · 공개매수설명서, 그 밖의 제출서류 또는 공고 중 중요사항에 관하여 거짓의 기재 또는 표시를 하거나 중요사항을 기재 또는 표시하지 아니한 때

② 공개매수신고서 · 정정신고서 · 공개매수설명서, 그 밖의 제출서류를 제출하지 아니하거나 공고하여야 할 사항을 공고하지 아니한 때

제2절 적대적 M&A에 대한 방어책

Ⅰ. 서 설

적대적 기업매수를 바라보는 시각도 나누어져 있다. 적대적 기업매수를 위한 대표적인 수단이 공개매수가 되는데, 공개매수옹호론의 입장에서 볼 때 주로 대상회사가 되는 것은 ① PER이 낮은 회사 ② 부동산이나 현금 등 자산이 많은 회사 ③ 주식의 지분분산이 잘되어 있는 회사 ④ 부채비율이 낮아서 차입여력이 있는 회사 ⑤ 경영진이 비효율적으로 경영하고 있어서 주식이 저평가된 회사 ⑥ 여러 업종을 운영하고 있어서 대상회사의 지배권을 획득하여 업종별로 회사 또는 사업을 분할하여 매도하면 현재의 주가수준보다 많은 이익이 예상되는 회사가 된다.[341)]

이에 반해 적대적 기업매수에 부정적인 입장에서는 매수자는 경영이 잘되고 있는 회사를 추적하지 경영이 잘못된 회사를 추적하지 않는다고 한다.[342)]

매수자금의 조달도 일반적으로 자신의 자금 또는 자신의 신용이나 자산을 담보로 한 차입금에 의하여 매수자금을 조달하는 것이 일반적이나 때로는 대상회사를 담보로 차입하기도 한다.[343)]

여기서 기업매수자가 적대적 기업매수를 목적으로 자회사를 설립하는 경우도 있

341) 임재연, 앞의 책, 421면.

342) Touche Ross Co.의 분석에 의하면 대상회사로서 주요관심을 끄는 회사 중 84%가 우수한 경영진에 의하여 운영되고 있고, 단지 9%만이 경영상태가 나빴다고 한다. A Touche Ross Survey of Corporate Director's Opinions 12(1981).

343) 미국에 있어서 1980년대 적대적 기업매수가 활발하게 이루어졌는데, 이는 Junk Bond 시장의 활성화로 이를 통한 매수자금의 조달이 원활하게 이루어졌기 때문이다.

다. 이때 1단계에서 공개매수에 성공한 뒤 다음 단계에서 대상회사를 그 자회사와 합병하는 2단계 매수가 미국에 있어서 전형적인 형태였다. 자회사가 대상회사의 주식을 매수한 후 이 자회사를 대상회사에 합병시키면 배후의 기업매수자가 대상회사의 주식을 소유하게 되며, 소멸한 자회사가 공개매수를 위하여 부담한 채무도 전부 대상회사에게 승계된다.

이렇게 적대적 기업매수의 수단이 점차 강압적인 성격을 띠게 되자, 이에 대한 규제의 필요성도 주장되고, 대상회사 경영진의 방어행위를 허용할 것인가가 미국에 있어서 주요 논의과제가 되었다.

Ⅱ. 방어행위의 유형

1. 의의

대상회사의 경영진이 방어행위를 취할 수 있다고 할 때, 그 구체적인 방어행위에는 무엇이 있는가를 살펴볼 필요가 있다. 미국에 있어서 1980년대 들어 Junk Bond를 이용한 적대적 기업매수 활동이 활발해지고, 그 목적도 시너지효과를 얻기보다는 저평가기업을 인수하여 금전적 이익을 얻는데 중점이 주어지는 투기적 경향이 있었다. 이에 따라서 대상회사의 방어행위의 양상도 매수의 강도에 비례해서 점차 고도화되고 때로는 극단적인 면을 띠는 경우도 있었다. 적대적 기업매수에 대한 방어행위는 주로 미국에서 발전되어 온 것으로, 이하에서는 미국에서 이용된 방어행위 중 대표적 유형에 대해서만 검토하기로 한다.

대체로 방어행위는 적대적 기업매수의 위협에 대한 예방책으로 이용되는 사전적 방어행위와 위협이 현실화된 후에 이루어지는 사후적 방어행위로 대별할 수 있다. 그러나 이러한 구분이 절대적인 것은 아니고 방어행위의 유형에 따라서는 양자의 성격을 겸비한 것도 있다. 여기서는 위의 일반적인 분류에 따라서 그 유형을 살펴본다.

2. 사전적 방어행위

(1) 방어적 정관변경(Shark-repellent Amendment)

많은 경우에 적대적 기업매수가 개시된 후에 방어행위를 취하기 시작하는데, 대상회사로서는 잠재적 매수자로 하여금 공격의 의도 자체를 가지지 못하게 할 필요도 있다. 그렇게 함으로써 공개매수 경쟁에 관계된 비용도 줄일 수 있고, 모든 방어가 실패할지도 모른다는 현실적 부담감을 제거할 수 있다. 방어적 정관변경은 위와 같은 목적으로 잠재적 대상회사(Target)에 의해 취해지는 방어행위의 하나이다. 즉 대상회사 정관을 개정해서 매수의 가치가 없게 하거나 매수를 어렵게 해서 잠재적 매수자로 하여금 다른 대상물을 찾게 하는 것이다.

방어적 정관변경에는 다음의 3가지로 분류할 수 있다. 첫째, 현 경영진의 재직기간을 보호함으로써, 매수가 성공해도 매수자가 대상회사 이사회의 지배권을 취득할 수 없도록 방해한다(시차선임제도). 둘째, 초다수결의요건에 의해 2단계 매수[344]를 어렵게 한다. 셋째, 2단계 매수에 있어서 지급가격을 명시하거나, 2단계 매수가 없는 경우에도 잔존주주에게 특정가격으로 주식매수청구권을 행사할 수 있도록 함으로써 총매수비용 책정에 대한 주도권을 매수자로부터 빼앗는다[공정가격(Fair Price)과 주식매수청구권 규정].

(2) 금낙하산조항 (Golden Parachute)[345]

이는 합의 또는 정관의 규정에 의해, 기업매수로 인해 회사의 이사 또는 임원이 그 지위를 잃을 때에는 그 이사 또는 임원에게 종래보다 높은 거액의 퇴직금 등의 지급을 보장하는 것이다. 미국에서 이사의 퇴직금을 포함하는 보수의 액은 주주총회가 아니고 이사회가 스스로 결정하는 것이 가능하다. 금낙하산조항은 매수자가 기업매수를 행하여 이사의 경질을 도모하는 경우에 거액의 퇴직금을 지급하도록 함으로써 그 부담에 의해 매수를 단념하게 하는 예방책으로 이용되고 있다. 그러나 이것의 진정한 의미는 방어책보다는 경영진의 지위안정의 의미가 크다. 즉 기업매수의 대상으로 된 회사의 경영진은 만일 기업매수에 의해 자기의 지위를 잃는 경우가 있어도 거

---

344) 미국에서 이루어진 전형적인 적대적 기업매수의 방법으로, 1단계에서 필요한 주식의 분량(예: 51%)에 대해서만 프리미엄부로 공개매수를 행하고, 이것이 성공하면 2단계에서 1단계 매수가격보다 현저히 낮은 가격으로 소위 축출합병(Freeze-out Merger)을 행한다.

345) 우리나라 뉴월코프의 정관을 예를 들면: 제42조(이사의 보수와 퇴직금)
① 이사의 보수는 주주총회의 결의로 이를 정한다.
② 이사의 퇴직금의 지급은 주주총회 결의를 거친 임원퇴직금지급규정에 의한다.
③ 이사가 임기 중 적대적 기업매수 및 합병 등으로 인하여 해임될 경우에는 통상적인 퇴직금 이외에 퇴직 보상액으로 대표이사에게 50억 이상, 이사에게 30억 이상을 지급한다.
④ 제3항의 조항을 개정 또는 변경할 경우, 그 효력은 개정 또는 변경을 결의한 주주총회가 속하는 사업연도 종료 후 발생한다.

액의 퇴직금이 보장되는 결과 자기의 이익을 고려하지 않고 오직 회사 및 전주주의 최대의 이익을 위해 기업매수에 대응하는 것이 가능해지며, 그런 면에서 주주에게 이익을 줄 수도 있다. 그러나 경영진은 회사 및 전주주에 대해 충실의무를 가지고 그 직무를 수행해야 하므로 그 충실의무에 의한 행위를 행하기 위해 특별한 이익을 얻는 것은 상당하지 않고, 또한 금낙하산조항이 설정된 이유처럼 실제로 기업매수에 의해 퇴임되는 것과 관계없이 경영진이 금낙하산의 이익을 얻기 위해 적극적으로 퇴임하는 경우도 고려해야 할 것이다.

전통적 금낙하산조항은 회사가 적대적 매수에 의해 경영권이 이전하는 경우에만 효력을 발한다. 그러나 지금은 경영진이 합병을 합의한 우호적 합병의 경우에도 지급된다.[346] 금낙하산조항에 의해 지급되는 금액도 엄청나게 불어났다. 예를 들면 RJR Nabisco의 대표이사인 F. Ross Johnson은 회사가 KKR에 의해 합병된 후 $54million을 받았다. 이러한 인센티브 지급은 그렇지 않으면 주주에게 지급되었을 회사의 미실현가치 즉 사내유보기금에서 지급된다는 점에서 많은 비판을 받아왔다. 즉 부의 회사나 주주로부터 경영진으로의 이전을 나타낸다는 것이다.

우리나라의 경우 이사가 퇴직시에 지급하는 퇴직위로금에 대해서도, 이는 재직 중의 이사의 직무집행의 대가이므로 보수에 해당한다고 본다(통설 · 판례).[347] 퇴직위로금의 지급에 관한 결정이 적법 절차에 따라 이루어졌다고 하여도 그 금액에는 일정한 제한이 있으며, 회사의 규모나 영업실적 등에 비추어 이사의 퇴직금이 과다한 경우에는 회사채권자나 주주에게 배당가능금액을 줄이는 등 직접적인 피해를 주므로 그 효력을 인정하기 어렵다.[348]

(3) 비공개로의 환원(Going Private)

비공개로의 환원은 공개기업이 비공개기업으로 전환하는 절차를 이르는 말로 일반주주에 대한 축출(Freeze-out)에 의해 이루어진다.

---

346) Primeric회사의 대표이사인 Gerald Tsai는 다른 9명의 이사와 함께 우호적 합병을 한 후 Golden Parachutes로 $98.2 million을 받았다. 원래 이 회사는 적대적 기업매수의 경우에만 Golden Parachutes를 지급하기로 되어 있었으나, 우호적 합병에 합의한 후 3개월 후에 이사회는 우호적 합병의 경우에도 적용되도록 Golden Parachutes를 변경했다. Byrne Grover & Vogel, Is the Boss Geting Paid too Much?, Bus.WK. May 1, 1989.

347) 대법원 2004. 12. 10. 선고 2004다25123 판결 등.

348) 하급심 사례에는 "임원에 대한 보수지급행위가 주주총회에서 주주 전원의 동의가 있었다고 하더라도 그 보수지급이 회사의 채권자를 해하는 등 객관적으로 위법 · 불공정하면 평이사는 감시의무위반의 책임을 진다"고 판시한 것이 있다(서울지법 2000. 11. 21. 선고 2000가합57165 판결).

미국의 예를 보면 비공개로의 환원은 M.B.O.(Management Buy Out)[349]의 일환으로 이루어지는 경우도 많았는데, 비공개로의 환원과 M.B.O.라는 두 용어는 겹치는 개념이라고 할 수 있으나 다음과 같이 구분할 수 있다. 비공개로 환원은 전형적으로 지배주주 또는 지배주주그룹이 존재하며 강세시장에서는 기업을 공개화 하였지만, 약세시장에서 일반 소수주주를 축출하고자 하는 거래를 포함한다. 이에 반하여 M.B.O.는 전형적으로 경영진이 단지 일부의 지분만을 보유하는 좀 더 큰 기업에 관계되는 것으로서, 이때 경영진은 투자은행의 도움을 얻어 Junk Bond를 발행하여 모든 회사주식에 대한 매수자금을 충당한 후 비공개로의 환원절차에 들어가게 된다. 이러한 M.B.O.에 의한 비공개로의 환원은 경영진에 의한 기업매수 방어행위로 이용되었다.

3. 사후적 방어행위

(1) 방어적 자기주식취득[350]

기업매수와 관련하여 자기주식취득은 몇 가지 전략적 목적에 도움을 준다. 첫째, 경영진과 경영진에 우호적인 자가 소유하는 주식비율을 증가시켜 기업매수가 실패할 가능성을 높인다. 둘째, 공개매수가격 이상으로 대상회사 주가를 올려, 매수자로 하여금 매수가격을 올리거나 혹은 매수자체를 포기하거나 양자를 선택해야 하는 딜레마에 빠지게 한다. 셋째, 기업매수를 포기하는 조건으로 매수자로부터 주식을 재취득할 수 있다.

대상회사는 이러한 재매수를 공개시장에서 시장가격으로 매수할 수도 있고, 현금공개매수로서 주식재매수를 할 수도 있다. 미증권거래법하에서는 방어적 자기공개매

349) 전형적인 형태의 M.B.O.는 공개기업의 경영진이 지주회사를 설립하고 회사를 담보로 Junk Bond를 발행하여 기업의 주식에 대하여 공개매수를 한 후 잔여주주를 합병 등을 이용하여 축출하는 것이다. 이 경우 차입금은 대개 회사의 차후 수익으로 상환된다.

350) 우리나라도 자본시장법뿐만 아니라 상법상으로도 배당가능이익의 범위내에서 자기주식취득이 가능하게 개정됨으로 자기주식취득이 더욱 활성화될 것으로 보인다. 자기주식을 방어수단으로 이용한 유명한 사건으로 SK 사건을 들 수 있다. 이 사건에서 소버린이 SK의 주식을 대량으로 취득한 후 경영권에 관여하려고 하자, 2003.12. SK는 경영권 방어를 위해 보유 중이던 자기주식의 매각을 결의하였고, 이에 대하여 소버린이 SK의 자기주식 매각으로 인하여 자신의 의결권이 침해되었다며 의결권침해금지가처분을 신청하였는데, 법원은 "SK가 자기주식을 처분함으로써 소버린의 지분이 희석된다고 하더라도 그 이유만으로는 자기주식처분결의를 무효로 볼 수 없다."고 하며, "동 이사회결의는 소버린의 경영권 인수시도에 직면하여 이를 방어하기 위한 것이기는 하지만 이사들의 경영판단에 따른 것으로 적법하다."고 판시하였다(서울지법 민사 제50부 2003.12.23. 선고 2003카합4154 결정).

수는 다른 주식재매수에는 적용되지 않는 특수한 법칙과 정보개시규제를 받는다. 그 중 중요한 것은 매도주식수가 회사가 매수할 주식 수를 넘는 경우 안분비례에 의해 주식을 매입해야 한다는 것이다. 이에 비해서 공개매수가 되지 않는 주식재매수는 부담이 덜한 정보개시 요건만 충족하면 된다. 따라서 대상회사 경영진은 공개매수로 성격이 지어지지 않은 거래로 자기주식을 매수하려 한다. 특히 이 경우 안분비례 요건을 피할 수 있기 때문에 주주에게 대해 공개매수에 응하지 않도록 강제하는 수단으로 이용할 수 있다. 이에 따라 공개시장에서 주식재매수는 허용되지 않는다는 견해도 있다.[351)]

(2) 그린메일(Greenmail)

그린메일이란 적대적 매수자로부터 매수위협을 받고 있는 대상회사가 매수위협자로부터 자기주식을 시가보다 비싼 가격으로 매입하는 것을 의미한다. 이때 그린메일을 지급하는 조건으로 불가침협정(Standstill Agreement)을 맺는 경우가 일반적이다.[352)]

우리나라의 경우 상장법인의 자기주식의 취득방법은 유가증권시장 또는 코스닥시장에서 취득하는 방법과 공개매수에 의한 방법으로 제한되므로, 특정인으로부터 회사가 자기주식을 취득하는 미국에 있어서 전형적인 모습의 그린메일은 이용하기가 불가능하다. 다만 제3자나 대주주가 경영권을 유지하기 위해서 적대적 기업매수자로부터 그 지분을 매입하는 것은 가능한데, 이도 기본취지에서 본다면 그린메일의 한 유형으로 볼 수 있다.

일반적인 방어 전략은 공격 측의 도전에 대응하여 타협을 거부하고 당당히 맞선다는 점에서 공통적인 특징이 있다. 이에 반하여 그린메일은 대상기업 측이 공격 측과 은밀히 협상을 진행하여 공격을 멈춰 주도록 요청하고 타협 짓는 방어법으로 이용된다.

미국에 있어서 그린메일을 규제하기 위해서 다수의 기업은 정관상으로 이에 대한 규제조항을 두기도 하고(소위 Shark Repellent Amendment), 또 펜실베니아와 오하이오주를 비롯한 몇몇 주에서는 이익반환법[353)]을 규정하고 있기도 하다. 이에 반해

351) Bradley & Rosenzweig, Defensive Stock Repurchases, 99 Harv.L.Rev. 1378(1986).

352) 적대적 기업매수를 위한 공개매수에 있어서 대부분의 경우 공개매수 전 대상회사의 주식을 일부매수하여 일정한 지분을 획득하는데, 이를 발판취득 또는 잠행매수(Creeping Tender Offer)라 한다. 그런데 때로는 공개매수를 위협하며, 이렇게 취득한 주식을 고가로 대상회사가 매수하여 주도록 위협하기도 한다. 후자의 경우에 Greenmail이 된다.

353) 주주가 첫째, 지배주주가 되기 전 24개월 이내 또는 지배주주가 된 후 18개월내에 주식

서 우리나라의 경우 그린메일의 지급은 매수자가 대주주 사이의 개인적 거래관계에 의하여 이루어지는 것만 인정되므로 현행 체제하에서 그린메일의 지급에 대해서 직접적인 규제를 하기는 어려운 실정이다.

(3) 역공개매수(PAC-MAN Defence)[354]

역공개매수란 대상회사가 원매수자에 대해 역으로 매수제의를 하는 것이다. 공격자가 됨으로써 원매수자의 매수의도를 좌절시키고, 때로는 원매수자의 지배권을 취득하기로 한다. 기업전략의 측면에서 이 방법은 매우 세련된 것이지만 그 결과가 가져오는 법적 효과는 지배주주에게 불확실성을 가져온다. 이 법적 불확실성으로 인해 이 전략이 많이 이용되지는 못하고 있다.[355]

즉 역공개매수에는 상호보유규정의 적용이라는 문제가 있는데, 대부분의 미회사법은 자기주식과 자회사의 모회사주식에 대해 의결권행사를 제한하고 있다.[356] 따라서 역공개매수 방어에 있어서 각 당사자가 상호 취득한 주식은 의결권을 행사할 수 없을 것이다. 즉 성공적 역공개매수를 야기한 성공적 공개매수에 의해 상호 모 · 자관계에서 각자는 다른 회사에 대한 지배주주가 되기 때문에 상호 의결권을 행사할 수 없게 되는 것이다. 결국 의결권은 잔여 주주에게만 남는데 공개매수전략을 짜고 실행하는 자들의 영리함을 고려할 때, 의결권이 무지하고, 무관심한 잔여 주주에게 종국적으로 귀속한다는 것은 매우 역설적인 현상이다.

(4) 포이즌 필(Poison Pill)

1) 의의

포이즌 필은 대상회사의 주주에 대해서 권리를 부여하는 것인데, 그 권리는 적대적

을 취득(Acquisitions)하였고, 둘째 지배주주가 되고 나서 18개월 이내에 그 주식을 처분(Dispositions)한 경우에는, 회사 그리고 주주는 대표소송을 통해서 위 주주에 대해서 주식처분으로 얻은 모든 이익을 회사에 반환할 것을 청구할 수 있다.

354) 이는'Turnabout'로 표현되기로 하며, PAC-MAN이란 이름은 전자게임에서 이름을 따왔다. Clark, Corporate Law, Little, Brown & Co., 1986, p.576.

355) 우리나라에도 이와 관련된 사례가 있는바, 1997년 중원이 레이디가구의 경영권 장악을 위해 주식매수를 시작하여 10.97%를 취득하자, 레이디가구는 이에 대항하여 중원의 주식을 10% 이상을 취득하였으며, 2004년 동성화학이 에스텍의 지분 18.89%를 확보한 상태에서 200만주(18.33%)에 대한 공개매수에 나서자, 에스텍이 동성화학 지분 38만 3,430주(발행주식총수의 10.1%)를 취득하여 경영권 방어에 성공하였다.

356) DEL. CODE ANN. tit 8, §160(c)(1975); Rev. MODEL BUS. CORP. ACT §7.21(6).

매수자에 의하여 일정한 지분의 취득 등 개시사유(Triggering events)가 발생한 경우에, 매수자를 제외한 주주에 대하여 대상회사 혹은 매수자의 보통주를 시장가격보다 훨씬 저렴한 가격으로(예를 들어 반값) 매수할 수 있게 하는 것이다. 그런데 이사회에 대하여 그 권리의 소각권을 인정하는데, 이에 의하여 포이즌 필은 매수자를 항상 격퇴하는 것이 아니고 매수자를 협상테이블로 불러오는 역할을 하기도 한다.

우리나라에서도 포이즌 필의 도입에 대해서는 찬 · 반 논의가 있어 왔다. 특히 경제인 단체를 중심으로 도입의 필요성이 강조되었는데, 이를 반영하여 신주인수선택권제도의 도입을 골자로 하는 상법일부개정안이 국회에 제출되기도 하였다.[357] 이 신주인수선택권제도는(소위 워런트에 해당하는 것) 적대적 기업매수의 국면에서 방어수단으로 소위 포이즌 필로 이용될 것을 목적으로 하였다.

2) 미국에 있어서 포이즌 필의 유형

포이즌 필은 형태가 다양하기 때문에 그 분류를 획일적으로 하기 어려운 면이 있다. 이를 대별해 보면, 대상회사에 대한 권리인가, 매수회사에 대한 권리인가 따라 Flip in Plan과 Flip over Plan로 나눌 수 있다. 이들은 콜 계획의 형태를 가지는데, 대상회사에 대한 권리지만 풋 계획의 형태를 가지는 것을 Back end Plan이라고 해서 따로 나눌 수 있다.

미국에서의 포이즌 필은 기본적으로 부분매수와 2단계 매수로부터 보호하기 위한 것이어서 우리와는 배경에서 다소 차이가 있다.

(가) Flip over Plan

이사회가 보통주주에 대해 '권리'를 부여하는데(배당으로서), 'Flip over' 규정에 의할 때, 만일 양 회사간의 합병이나 대상회사의 자산에 대한 매각 등의 사유가 발생하면 권리를 보유하는 대상회사의 주주는 매수자의 보통주식을 매우 헐값(예를 들면 매수시점에 있어서 시장가격의 반값)에 매수할 수 있게 된다.

(나) Flip in Plan

매수자가 대상회사의 주식을 일정비율 이상 취득한 경우에 매수자를 제외한 대상회사의 주주에 대하여 자기회사의 주식을 시장가격보다 현저히 낮은 가격(예를 들면

---

357) 정부는 2011년 포이즌 필 채택을 위한 상법개정안을 국회에 제출하였다. 이 개정안은 채택이 되지 않았고, 자본시장법 개정안에서 신주인수선택권증권(제165조의 7)을 도입을 고려하여 이를 이용한 포이즌 필의 구성을 생각해 볼 수 있었지만 이도 채택되지 아니하였다.

반값)으로 매수할 수 있는 권리를 부여하는 형태를 말한다. 현재 가장 일반화된 형태라고 할 수 있다.

(다) Back end Plan

일정한 지분을 획득한 적대적 매수자가 잔여주식을 일정기간내에 특정된 최소가격 이상으로 매수하지 않을 때 대상회사의 주주들에게 일정한 가격으로 현금이나 채무증서로 교환할 권리를 부여하는 것이다. Back end Plan은 매수자의 지분율 변화를 가져오지는 않지만, 주주에게 대상회사에 대한 현금상환권이나 다른 상위증권과 전환권을 인정함으로써 대상회사의 자산가치를 현저하게 떨어뜨린다.[358]

3) 일본에 있어서 포이즌 필의 이용

일본에서도 신주예약권제도가 도입되면서 이를 이용한 포이즌 필의 채택이 기업방어수단으로 가장 유력한 방안이 되게 되었다. 신주예약권의 발행은 공개회사의 경우 이사회의 결의, 비공개회사의 경우 주주총회의 결의를 통하여 발행하게 된다. 기타 신주예약권의 무상배정, 취득조항부신주예약권(강제취득) 등을 이용하여 더욱 기동성이 있는 포이즌 필의 이용이 가능하게 되었다. 그 유형을 보면 다음과 같다.

(가) 주주배정형 권리계획

방어수단을 도입하는 시점의 전주주에게 미리 신주예약권을 발행하는 방안이다. 신주예약권을 주주배정의 방법으로 채택한 대표적인 예로 불독소스 사례를 들 수 있다. 불독소스 사건에서 주주평등의 원칙에 위배여부가 문제가 되었는데 이에 대하여 최고재판소는 그 적법성을 인정하였다.[359] 여기서는 포이즌 필에 따른 실제 권리행사

---

358) 미국에서 일정한 지분을 획득한 적대적 매수자가 잔여주식을 일정기간내에 특정된 최소가격 이상으로 매수하지 않을 때 대상회사의 주주들에게 일정한 가격으로 현금이나 채무증서로 교환할 권리를 부여하는 것으로서 주주들이 2단계 매수 중 1단계에서 매도해야 할 압박에서 벗어날 수 있다.

359) 東京支裁決定 平成19.6.28.「商事法務」제1805호(2007.7.15) 43면; 東京高裁決定 平成19.7.9.「商事法務」제1806호(2007. 7.25) 40면; 最高裁決定 平成19.8.7.「商事法務」 제1809호(2007.9.5.) 16면: 식품회사인 불독소스는 미국계 투자펀드인 스틸 파트너스(이미 지분 10.25% 소유)가 그 주식 전부에 대하여 공개매수를 개시할 것을 공표하자 주주총회의 특별결의로 신주예약권의 무상배정을 결정하였다. 신주예약권은 2007.7.10. 현재 주주에 대하여 1주당 3개의 비율로 배정하며, 권리행사시 납입가격은 1주당 1엔, 행사가능기간은 2007.9.1.부터 30.까지이며, 행사조건으로 적대적 매수자는 신주예약권을 행사할 수 없도록 하고, 취득조항과 관련하여 적대적 매수자를 제외한 주주에 대하여 이사회가 정하는 날(행사기간의 초일의 전일)에 신주예약권을 취득하고 대가로 보통주를 교부하지만, 적대적 매수자에게는 공개매수가격을 기준으로 금전보상을 해 주기로 하였다. 결과적으로 포이즌 필은 실행되었지만 스틸 파트너스도 공개매수가로 지분을 매각함으로써 큰 이익을 챙기게 되었다.

가 이루어졌다.

(나) 신탁형 권리계획

신탁형 권리계획에는 발행회사가 주주를 수익자로 하는 신탁에 직접 신주예약권을 발행하는 것과 특수목적회사(SPC)를 설립하여 여기에 신주예약권을 발행하는 것(주주평등의 문제를 회피하기 위하여 고안됨)이 있다. 전자의 경우에는 신주예약권의 행사권자에서 적대적 매수자를 제외하고 있는데, 이때 회사가 위탁자이면 이러한 위탁계약의 체결이 주주평등의 원칙에 반하는 것이 아닌가라는 문제가 제기된다. 이를 회피하고자 회사와 별개인 특수목적회사를 신주예약권자로 하고, 신탁계약의 당사자로 하는 방안이 마련되었다.

(5) Lock-Ups(제3자배정증자, 영업자산의 양도)

'Lock-ups'란 기업매수쟁탈전에서 대상회사가 우호적 제3자(White Night)에게 다른 매수자에 대해 경쟁에 있어서 유리한 조건을 부여하는 계약이다. 'Lock-ups'란 기업매수쟁탈전에서 우호적 제3자에게 유리한 조건을 부여하여 적대적 기업매수자를 배척한다는 의미를 지니고 있다. 즉 희석화 된 주식으로 경쟁매매를 하는 것이 경제적으로 불가능하다는 것을 발견한 잠재적 매수자를 'Lock-out'한다는 인식에서 나왔다. 일반적으로 'Lock-ups'는 우호적 제3자에게 제3자배정증자를 하거나, 영업자산을 양도하여 경쟁공개매수에 참가하도록 유인한다.

'Lock-ups'의 전통적 형태인 주식 'Lock-ups'는 대상회사의 자기주식이나 미발행주식을 매수할 합의나 매수선택권을 부여하는 것을 말한다. 주식 'Lock-ups'에 의해 선호된 매수자는 대상회사에 대해 우선적 지위에 서게 되는 이익을 가진다.[360] 미발행주식에 대한 'Lock-ups'는 제3자배정증자의 형태를 띨 것인데, 이 경우 시장에서 주당 매수가격이 'Lock-ups'의 가격을 상회하는 한 수혜자는 다른 매수자에 대해 경쟁에서 유리한 지위에 서게 되고, 원매수자의 경우 지분의 희석화라는 불이익을

---

360) 예를 들면 ① 매수자가 대상회사 지분 60%에 대해 주당 40,000원으로 공개매수를 개시한다. ② 대상회사가 이를 거부하고 White Night에게 대상회사 발행주식 15%에 달하는 자기주식에 대해 주당 50,000원으로 매수선택권(Option)을 부여하는 Lock-ups를 허용한다. ③ 그 후 White Night는 대상회사 주식 45%에 대해 주당 55,000원으로 경쟁공개매수를 개시한다. 이 경우 White Night는 대상회사 보통주 60%에 대해 주당 평균 53,750원에 매수할 지위에 있게 된다. 이에 반해 매수자가 White Night의 매수에 맞추려면 적어도 주당 55000원을 지급해야 한다. 매수자가 White Night보다 대상회사의 가치를 더 높게 평가하여 그런 높은 가액을 지급하지 않는 한 경쟁에서 이길 수 없다.

당하게 된다.

다음으로 유행하는 형태는 자산 'Lock-ups'로 제3자에게 대상회사의 주요자산(Crown Jewel)을 매각하거나 매수선택권을 부여하여 적대적 매수자로 하여금 매수의도를 떨어뜨리는 것이다. 만일 적대적 매수자가 대상회사의 특정한 부분이나 부가물을 획득함으로써 통합이익을 얻으려고 매수를 하는 경우 이 자산 'Lock-ups'는 더욱 유용한 것이 된다. 자산매각에 의해 대상회사는 매수할 가치를 잃게 되므로 매수자를 대상에서 완전히 제거하는 효과를 가진다.

(6) 종업원지주제도(E.S.O.P.)[361]

공개매수방어책의 하나로 공격의 대상이 되기 쉬운 회사의 상당부분 주식을 우호적 제3자에 이전하는 것을 들 수 있다. 종업원지주제도의 경우, 우호적 주주란 공개매수쟁탈전의 경우 경영진의 편에 서리라고 기대하는 종업원이다.

종업원지주제도에서 주식은 신주를 발행하거나 공개시장에서 사외주식을 재매수하기도 한다. 만일 종업원지주제도가 적대적 공개매수 이후 설립되거나 변경된 경우 그런 종업원지주제도는 '종업원의 배타적 이익'이 되지 않기 때문에 종업원지주제도에 의한 주식의 취득은 제한될 것이지만, 적대적 매수 이전에 수립된 종업원지주제도가 종업원에 대한 일괄 보상 프로그램의 한 부분일 때 그러한 신주발행이나 주식재매수는 인정될 것이다.

기업방어의 측면에서 볼 때, 적대적 기업매수의 국면에서 회사와 종업원간에 이해가 일치한다고 볼 수 없기에 종업원지주제도가 방어수단으로서 효과를 가지기 위해서는 종업원들과의 원만한 관계형성이 중요한 의미를 가진다.

361) 우리나라에 있어서 관련 사례를 보면, 1990년대 기아자동차 경영진이 적대적 기업매수를 예방하기 위한 방안으로 우리사주조합과 유사한 경영발전위원회를 조직하여, 이에 대하여 회사의 자금을 지원하여 자기주식지분율을 높인 것에 대하여, 대법원은 "종업원지주제도하에서 회사의 경영자가 종업원의 자사주 매입을 돕기 위해 회사자금을 지원하는 것 자체를 들어 회사에 대한 임무위배행위라고는 할 수 없을 것이나, 경영자금지원의 주된 목적이 종업원의 재산형성을 통한 복리증진보다는 안정주주를 확보함으로써 경영자의 회사에 대한 경영권을 계속 유지하고자 하는데 있다면, 그 자금지원은 경영자의 이익을 위하여 회사재산을 사용하는 것이 되어 회사의 이익에 반하므로 회사에 대한 관계에서 임무위배행위가 된다."고 하여 경영진의 업무상 배임죄를 인정하였다(대법원 1996.6.25. 선고 99도1141 판결).

Ⅲ. 기업방어와 경영진의 의무기준

1. 의의

기업매수 방어행위의 경우 관련 규정에 따라야 하는 적법성의 요건을 갖추어야 하지만, 여기에 더해서 방어행위가 일반적으로 경영진에 의하여 주도됨으로 인해서 그 재량권의 남용을 방지하기 위해서 부과되는 주의의무의 기준도 충족하여야 한다.

미국에 있어서 1980년대 대부분의 법원은 경영판단의 원칙을 기업매수의 와중에 행해진 경영진의 방어행위에도 적용하였으며, 이 원칙의 적용에 있어서 델라웨어주 법원에서 제시한 기준이 중요한 의미를 가지는데, 대표적인 사례로 Unocal Corp. v. Mesa Petroleum 사건[362]을 들 수 있다. 이는 추후 경영진의 방어행위를 규제하기 위한 ALI의 제안[363]의 기초가 된 대표적 사례로 여기서 델라웨어주 대법원은 대상회사의 방어행위는 제기된 위험에 대해서 '상당(Reasonable)'해야 한다는 기준을 제시하였다.[364]

2. 우리나라 판례상의 기준

우리나라에 있어서도 경영판단의 원칙[365]의 도입 필요성에 대해서는 학설의 태도가 갈리지만, 법원은 경영판단의 원칙이 적용되기 위한 요건을 제시함으로써 경영판단의 원칙의 도입을 인정한다고 볼 수 있다. 대법원은 경영판단의 원칙의 적용요건에 대하여 "경영판단의 원칙이 적용되기 위해서는 합리적으로 이용 가능한 범위 내에서 필요한 정보를 충분히 수집 · 조사하고 검토하는 절차를 거친 다음, 이를 근거로 회사의 최대 이익에 부합한다고 합리적으로 신뢰하고 신의성실에 따라 경영상의 판단을 내렸고, 그 내용이 현저히 불합리하지 않은 것으로서 통상의 이사를 기준으

---

362) 493 A. 2d 946(Del. 1985): 판결에서 Unocal의 이사회는 '회사의 정책과 효율성에 대해서 위험이 존재한다고 믿을 합리적 근거를 가지는 것'과 이사회가 '사용한 방어행위가 수어신 위험에 대한 대응책으로서 상당(Reasonable)한 것'의 제1차적 증명책임을 진다."고 하였다.

363) ALI의 "기업지배의 원리" §6.02.

364) W. Jennings, Marsh & C. Coffee, Securities Laws – Cases and Materials – (7th ed.), The Foundation Press, 1992, p.712.

365) 미국 판례상 발전된 것으로 경영판단의 원칙(Business Judgment Rule)이란 법원이 회사의 경영에 관하여 충분한 전문적 지식을 가지고 있지 못하기 때문에 이사의 자기거래가 없는 한 이사의 판단의 와중에 개입하는 것을 꺼리는 사법자제의 원칙이라고 할 수 있다.

로 할 때 합리적으로 선택할 수 있는 범위 안에 있는 것이 요구된다."고 하였다.[366)]

이러한 경영판단의 원칙이 기업매수에 대한 방어행위에도 적용될 수 있는가는 분명하지 않다. 판례는 방어수단의 남용 여부를 판단함에 있어서 대체로 '경영권 또는 지배권의 유지의 목적'을 기준으로 삼아 왔다. 적대적 기업매수에 대한 방어가 문제된 초기 대표적 사례로 한화종금사건을 들 수 있다. 여기서 법원은[367)] "이 사건 전환사채발행의 주된 목적은 경영권 분쟁 상황하에서 우호적인 제3자에게 신주를 배정하여 경영권을 방어하기 위한 것인 점, 경영권을 다투는 상대방이자 감사인 신청인에게는 이사회 참석기회도 주지 않는 등 철저히 비밀리에 발행함으로써 발행유지가처분 등 사전 구제수단을 사용할 수 없도록 한 점, 발행된 전화사채의 물량은 지배구조를 역전시키기에 충분한 것이었고, 전환기간에도 제한을 두지 않아 발행 즉시 주식으로 전환될 수 있도록 하였으며, 결과적으로 인수인들의 지분이 경영권 방어에 결정적인 역할을 한 점 등에 비추어 볼 때 이 사건 전환사채발행은 현저하게 불공정한 방법에 의한 발행으로서 이 점에서도 무효라고 보아야 한다."고 판시하였다.

이후 같은 취지에서 전환사채의 발행이 무효가 되기 위해서는 "회사의 경영권 분쟁이 현재 계속 중이거나 임박해 있는 등 오직 지배권 변경을 초래하거나 이를 저지할 목적으로 전환사채를 발행하였음이 객관적으로 명백한 경우라야 할 것이다."라고 하거나,[368)] "전환사채의 발행이 법령 또는 정관의 규정에 근거하여 적법한 절차에 의하여 이루어졌다고 하더라도 주주의 신주인수권을 배제하거나 제한하여 제3자 또는 특정 주주에게 신주를 발행하는 경우와 같이 전환사채를 제3자 또는 특정 주주에게 발행하는 경우, 법원은 정관에서 부여한 권한을 행사하는 이사회의 결의에 대한 내용통제를 위하여 그 발행에 객관적인 정당성이 있는지를 심사할 수 있다고 할 것이고, 다만 자금조달의 필요가 있고 합리적인 경영상의 목적이 인정되는 한 그에 부수하여 다른 목적이 있었다고 하더라도 그러한 사유만으로는 이를 무효로 할 수 없고, 적어도 자금조달의 목적은 표면적인 이유에 불과하고 다른 주주들의 의사를 무시한 채 지배주주나 경영진의 이익만을 위하여 회사지배관계에 대한 영향력에 변동을 주는 것을 목적으로 한 경우에 한정하여 이를 무효로 볼 것이다."고 하였다.[369)]

그러나 대법원은 "법령이나 정관의 중대한 위반 또는 현저한 불공정이 있어 그것이 주식회사의 본질이나 회사법의 기본원칙에 반하거나 기존 주주들의 이익과 회사

366) 대법원 2007.10.11. 선고 2006다33333 판결.
367) 서울고법 1997.5.13. 선고 97라36 결정.
368) 서울고법 2000.6.23. 선고 98나4608 판결.
369) 수원지법 97.12.16. 선고 97카합7333 결정.

의 경영권 내지 지배권에 중대한 영향을 미치는 경우로서 전환사채와 관련된 거래의 안전, 주주 기타 이해관계인의 이익 등을 고려하더라도 도저히 묵과할 수 없는 정도라고 평가되는 경우에 한하여 전환사채의 발행 또는 그 전환권의 행사에 의한 주식의 발행을 무효로 할 수 있을 것이며, 그 무효원인을 회사의 경영권 분쟁이 현재 계속 중이거나 임박해 있는 등 오직 지배권의 변경을 초래하거나 이를 저지할 목적으로 전환사채를 발행하였음이 객관적으로 명백한 경우에 한정할 것은 아니다."고 하였다.[370)]

그런데 유비캐어에 대하여 (주)엠디하우스가 적대적 M&A를 시도한 상황하에서 유비케어측이 제3자배정증자를 실시한 것에 대하여 그 무효를 다툰 유비케어사건에서 서울남부지원은 "적대적 M&A를 시도한 상황하에서 우호적인 세력에 대해서만 신주를 배정하는 것은 지배권의 변경을 초래하거나 이를 저지할 목적으로 신주를 발행하였음이 객관적으로 명백한 경우로써 현저히 불공정한 신주발행이다."고 하여 대법원 판례와는 또 다른 태도를 취하였다.[371)]

이와 관련하여 조금 색다른 견해를 밝힌 판례로서는 현대엘리베이터사건을 들 수 있다. 이는 KCC에 의한 적대적 기업매수의 국면에서 현대엘리베이터의 이사회가 전격적으로 보통주의 178%에 달하는 주식을 시가의 30% 할인된 가격으로 일반공모의 방법으로 발행한다는 유상증자결의를 한 것에 대해서 신주발행금지가처분의 신청이 제기된 사건이다. 법원은[372)] "경영권의 방어행위가 허용되기 위해서는 법률과 정관이 허용하는 범위 내에서 이루어져야 하는데, 현대엘리베이터가 채택한 유상증자는 상

370) 대법원 2004.6.25. 선고 2000다37326 판결.

371) 서울남부지원 2004.11.25. 선고 2003가합16871 결정.

372) 수원지법 여주지원 2003.12.12. 선고 2003카합369 결정: 방어행위의 적법성에 대하여 "직접적인 법령 또는 정관의 규정이 없는 경우에는 구체적인 해당 경영권 방어행위의 동기나 목적, 방어수단의 합리성 등을 종합하여 그 허용 여부가 결정되어야 하고, 이러한 결정에는 그 방어행위로 추구하는 회사 또는 주주의 이익의 내용, 방어행위 실행의 결정 과정이 적정한 절차를 거쳐 상당한 근거를 가지고 이루어졌는지 여부가 중요한 요소로 고려되어야 할 것"이라며, 방어행위로 취한 신주발행에 대하여 "신주발행의 주요목적이 기존 지배주주의 대상회사에 대한 지배권 및 현 이사회의 경영권 방어에 있고, 회사의 경영을 위한 기동성 있는 자금조달의 필요성 및 이를 위한 적합성을 인정하기 어려운 경우라도 적대적으로 기업취득을 시도하는 자본의 성격과 기업취득 의도, 기존 지배주주 및 현 경영진의 경영전략, 대상회사의 기업 문화 및 종래의 대상회사의 사업내용이 사회경제적으로 차지하는 중요성과 기업취득으로 인한 종래의 사업의 지속전망 등에 비추어 기존 지배주주의 지배권 또는 현 경영진의 경영권이 유지되는 것이 대상회사와 일반 주주에게 이익이 되거나 특별한 사회적 필요가 있다고 인정되고, 한편 이러한 신주발행행위가 그 결의 당시의 객관적 사정에 의하여 뒷받침되고, 그 결의에 이르기까지 과정에 대상회사의 경영권 분쟁 당사자인 기존 지배주주가 아닌 일반 주주의 의견과 중립적인 전문가의 조언을 듣는 절차를 거치는 등 합리성이 있는 경우라면 상법 제418조 제2항 및 이와 동일한 내용의 규정을 둔 대상회사의 정관규정이 정하는 회사의 경영상 목적을 달성하기 위하여 필요한 경우에 해당한다고 보아 허용되어야 한다."고 판시하였다.

법과 정관상 경영상 자금조달 필요성이 있을 때 허용되는 것이기 때문에 경영권 방어를 위한 유상증자는 법률과 정관의 범위를 벗어났다. 다만 다음과 같은 예외적인 경우에는 경영권 분쟁 중에도 유상증자가 허용될 수도 있다. 첫째, 기존 지배주주나 경영진의 경영권이 유지되는 것이 대상회사나 일반주주에게 이익이 되거나 특별한 사회적 필요가 인정될 것, 둘째, 유상증자 결정과정에서 경영권 분쟁당사자가 아닌 일반 주주의 의견과 중립적인 전문가의 조언을 듣는 등 합리적인 절차를 거칠 것."이라고 하였다.

참조판례

공개매수에 착수하면서 회계장부 열람 및 등사의 가처분을 신청한 사안에서 "주주의 이사회의 의사록 또는 회계의 장부와 서류 등에 대한 열람 · 등사청구가 있는 경우, 회사는 그 청구가 부당함을 증명하여 이를 거부할 수 있는바, 주주의 열람 · 등사권 행사가 부당한 것인지 여부는 그 행사에 이르게 된 경위, 행사의 목적, 악의성 유무 등 제반 사정을 종합적으로 고려하여 판단하여야 할 것이고, 특히 주주의 이와 같은 열람 · 등사권의 행사가 회사업무의 운영 또는 주주 공동의 이익을 해치거나 주주가 회사의 경쟁자로서 그 취득한 정보를 경업에 이용할 우려가 있거나, 또는 회사에 지나치게 불리한 시기를 택하여 행사하는 경우 등에는 정당한 목적을 결하여 부당한 것이라고 보아야 한다."고 판시하였다(대법원 2004.12.24.자 2003마1575 결정).

제3절 주식대량보유보고제도

1. 의의

주권상장법인의 주식 등을 대량보유(본인과 그 특별관계자가 보유하게 되는 주식 등의 수의 합계가 그 주식 등의 총수의 100분의 5 이상인 경우를 말한다)하게 된 자는 그날부터 5일 이내에 그 보유 상황, 보유 목적(발행인의 경영권에 영향을 주기 위한 목적 여부를 말한다), 그 보유 주식 등에 관한 주요계약내용 등을 금융위원회와 거래소에 보고하여야 한다(자법 제147조 제1항).

주식대량보유보고제도 즉 소위 5% 룰은 첫째, 경영진을 위해서는 음성적인 주식매집을 통하여 기습적으로 경영권을 획득하려는 적대적 M&A 세력에 대한 방어책이 되고, 둘째, 잠재적 매수경쟁자에게는 지분변동에 대한 상황을 파악하여 경영권 획득방법의 수립에 참조할 수 있는 정보가 되고, 셋째, 일반투자자에게는 투자전략과 지분보유 여부의 결정에 참고할 수 있는 중요한 정보가 된다.

5% 이상 보유자의 보유비율이 1% 이상 변동된 경우에는 변동보고의무가 있다. 이때 그 보유 주식 등의 수가 변동되지 아니한 경우, 그 밖에 신주발행 등에 의하여 보유비율이 변동된 경우(자령 제153조 제5항)에는 보고의무가 면제된다(자법 제147조 제1항).

2. 보고내용 및 보고시기에 대한 특례

(1) 보유 목적에 따른 특례

국가나 지방자치단체 등이 아닌 자의 보유 목적이 발행인의 경영권에 영향을 주기 위한 것[373]이 아닌 경우에는 일정한 사항을 모두 기재한 보고서로 보고할 수 있으며, 그 보유 상황에 변동이 있는 경우에는 그 변동이 있었던 달의 다음 달 10일까지 보고할 수 있다(자령 제154조 제3항). 이것은 다시 일반투자목적과 단순투자목적으로 나누어진다. 단순투자목적은 상법 제369조(의결권), 제418조 제1항(신주인수권) 또는 제462조에 따른 권리(이익배당) 등 보유하는 주식 등의 수와 관계없이 법률에 따라 보장되는 권리만을 행사하기 위한 것이며, 일반투자목적의 경우와 그 보고서의 기재사항에 차이가 나며, 단순투자목적으로 경우 그 보유 상황에 변동이 있는 경우에는 그 변동이 있었던 달의 다음 달 10일까지 보고해야 하며, 일반투자목적으로 경우에 그 보유 상황에 변동이 있는 경우에는 그 변동이 있었던 날부터 10일 이내에 보고해야 한다.

(2) 보고의무자에 따른 특례

전문투자자 중 국가, 지방자치단체 등[374]의 경우에는 일정한 사항을 모두 기재한

373) 시행령의 개정으로 '경영권에 영향을 주기 위한 것'의 범위를 명확히 하고 일부는 축소하고 있다. 즉 5% 룰의 적용대상에서 배당관련 주주활동, 보편적 지배구조개선을 위해 정관변경을 하는 경우 등은 제외한다(자령 제154조 제1항). 또한 시행령에서 「상법」 제385조 제2항(이사의 해임) 또는 제402조에 따른 권리(이사의 위법행위유지청구권), 「상법」 제424조에 따른 권리(신주발행유지청구권)의 행사를 제외하고 있다.

374) 다음 각 호의 어느 하나에 해당하는 자를 말한다(자령 제154조 제2항). 1. 국가 2. 지방자치단체 3. 한국은행 4. 그 밖에 그 보고내용과 보고시기 등을 달리 정할 필요가 있는 자로서 금융위원회가 정하여 고시하는 자

보고서로 주식 등의 보유 또는 변동이 있었던 분기의 다음 달 10일까지 보고할 수 있다(자령 제154조 제4항).

다만 위 전문투자자 중 금융위원회가 정하여 고시하는 자는 다음의 구분에 따라 보고할 수 있다(자령 제154조 제5항). ① 보유 목적이 발행인의 경영권에 영향을 주기 위한 것인 경우에는 주식 등의 보유 또는 변동이 있었던 날부터 5일 이내에 보고할 것 ② 보유 목적이 단순투자목적인 경우에는 주식 등의 보유 또는 변동이 있었던 분기의 마지막 달의 다음 달 10일까지 보고할 것 ③ 보유 목적이 일반투자목적인 경우에는 주식 등의 보유 또는 변동이 있었던 달의 다음 달 10일까지 보고할 것

3. 변경보고

주식대량보유보고의무에 따라 보고한 자는 그 보유 목적이나 그 보유 주식 등에 관한 주요계약내용 등 중요한 사항의 변경이 있는 경우에는 5일 이내에 금융위원회와 거래소에 보고하여야 한다(자법 제147조 제4항).

4. 냉각기간

주식 등의 보유 목적을 발행인의 경영권에 영향을 주기 위한 것으로 보고하는 자는 그 보고하여야 할 사유가 발생한 날부터 보고한 날 이후 5일까지 그 발행인의 주식 등을 추가로 취득하거나 보유 주식 등에 대하여 그 의결권을 행사할 수 없다(자법 제150조 제2항).

이는 5일의 보고기한을 이용하여 추가로 주식 등을 취득하거나, 이미 보유하고 있던 주식 등의 보유 목적을 경영권에 영향을 주기 위한 것으로 변경한 후 의결권행사를 함으로써 경영진의 방어기회를 박탈하는 행위를 방지하기 위한 것이다.

이에 위반하여 주식 등을 추가로 취득한 자는 그 추가 취득분에 대하여 그 의결권을 행사할 수 없으며, 금융위원회는 6개월 이내의 기간을 정하여 그 추가 취득분의 처분을 명할 수 있다(자법 제150조 제3항).

5. 규제

주식대량보유보고를 하지 아니한 자 또는 중요한 사항을 거짓으로 보고하거나 중

요한 사항의 기재를 누락한 자는 6개월 동안 의결권 있는 발행주식총수의 100분의 5를 초과하는 부분 중 위반분에 대하여 그 의결권을 행사하여서는 아니 되며, 금융위원회는 6개월 이내의 기간을 정하여 그 위반분의 처분을 명할 수 있다(자법 제150조 제1항).

또한 5년 이하의 징역 또는 2억원 이하의 벌금에 처한다(자법 제444조).

제4절 의결권대리행사의 권유

Ⅰ. 서설

의결권대리행사는 주주가 자발적으로 대리인을 선임하여 대리행사하는 경우와 타인의 권유로 대리행사를 위임하는 경우가 있다. 상법에서는 전자와 관련해서 대리권을 증명하는 서면 즉 위임장의 제출의무에 관해서만 규정하고 있고(상법 제368조 제3항), 후자에 대해서는 자본시장법에서 규제하고 있다.

의결권대리행사의 권유는 회사의 입장에서는 주식이 잘 분산된 회사에 있어서 필요한 정족수를 확보하기 위하여 행하거나 또는 회사경영자가 회사지배를 위한 수단으로 이용하며, 주주의 입장에서는 총회에 직접 출석할 수 없거나 출석하지 않은 경우에도 자기의 의사를 주주총회결의에 반영시키고자 하거나, 회사경영자 등의 부당한 지배에 대항하고자 할 때 그 수단으로 이용할 수 있다.

의결권대리행사의 권유제도는 원래 원활한 주주총회의 성립 등을 도모하고, 의결권의 대리행사를 용이하게 하기 위한 제도였으나, 최근에는 경영권 획득수단(Proxy Contest) 또는 기업지배구조개선의 수단으로도 활용되고 있다.[375] 그러나 이것이 경

375) 의결권대리행사의 권유는 위임장을 통하여 이루어지므로 이를 위임장 권유라고 할 수 있다. 이 제도는 주주권행사에 대하여 무관심한 소수주주에게 타인을 통하여 간접적으로 주주권인 의결권을 행사하게 하는 의미도 있고, 현 경영진이나 제3자가 경영권 장악과 같은 특정의 목적을 위해서 집단적으로 의결권대리행사를 권유하는 수단이 되는 측면도 있다. 후자의 경우 일반적으로 위임장쟁탈전이 발생하게 된다.
우리나라의 경우 2003년 하나로통신 건에서는 뉴브리지, 에이아이지 등 외국계펀드 컨소시엄에 대한 제3자배정 방식의 유상증자를 추진하는 경영진과 이에 반대하는 당시 최대주주인 LG그룹 간에 위임장쟁탈전이 벌어졌는데, 노동조합에서 경영진 및 외국계펀드의 편에 서서 별도의 위임장권유신고서를 제출하고 소액주주들의 지지를 이끌어냈던 적이 있다. 현대그룹 경영

영자의 회사지배수단으로 이용되어 일반 주주의 지위가 약화되고 부당한 피해를 입게 되는 폐단이 빈번하게 발생하자 각국에서는 의결권대리행사의 권유시에 주주에게 필요한 정보를 제공하고, 주주의 선택의 자유를 보장하도록 의결권대리행사의 권유에 대한 규제를 가하기 시작하였다.

의결권대리행사의 권유에 대한 규제는 의결사항에 관한 정확한 정보공개와 주주의사의 공정한 반영을 보장함으로써 일반투자자를 보호하기 위한 것이다. 주주총회에서의 의결권행사는 주주의 의안에 대한 올바른 이해에 기초하여 자유로운 결정으로 행사되어야 한다. 주주가 의안의 내용을 알지 못하고 의결권대리행사를 위임하는 것이나 의결권대리행사의 권유가 권유자의 이익을 위해서 악용될 때 주주의 의결권행사가 정당하게 행사될 수 없으므로 이에 대하여 규제하는 것이다. 특히 의결권대리행사의 권유가 기업지배권에 대한 경쟁과정에서 이용될 때 절차규제를 두지 않는 경우 새로운 분쟁이 발생될 소지가 있어 이를 미연에 방지하기 위한 취지도 있다.

Ⅱ. 의결권대리행사 권유의 의의

1. 의의

의결권 대리행사의 권유란 다음의 어느 하나에 해당하는 행위를 말한다.[376)][377)] ① 자기 또는 제삼자에게 의결권의 행사를 대리시키도록 권유하는 행위 ② 의결권의 행사 또는 불행사를 요구하거나 의결권 위임의 철회를 요구하는 행위 ③ 의결권의 확보 또는 그 취소 등을 목적으로 주주에게 위임장 용지를 송부하거나, 그 밖의 방법으로 의견을 제시하는 행위

구 증권거래법상 의결권 대리행사의 권유에 대한 정의규정을 두고 있지 않아서 의결권 확보를 위한 의견광고 · 서신송부 등 사실상의 권유행위에 대한 규제에 어려움

권 분쟁(2004)에서도 노동조합이 위임장쟁탈전에서 적극적인 역할을 했다.

376) 미국의 경우에도 위임장 권유를 다음과 같이 포괄적으로 규정하고 있다(SEC Rule 14a-1(1))(17 C.F.R. §240.14a-1(f)(1984)). ① 위임장의 형태를 수반하거나 포함되었는지 여부를 불문한 일체의 의결권 요청행위 ② 일체의 의결권의 행사 · 불행사 또는 철회의 요청행위 ③ 의결권의 확보, 유보 또는 철회를 위한 주주에 대한 위임장 용지 또는 그 밖의 의견의 제공행위.

377) "10인 미만의 의결권피권유자"에게 그 주식의 의결권 대리행사의 권유를 하는 경우는 제외하고 있다(자령 제161조 제1호).

이 있었다. 특히 경영권 분쟁과정에서 의결권 확보를 위해 위임장송부와 별도로 신문광고 · 인터넷홍보 · 서신송부 등 다양한 방법으로 주주총회에 관련된 사항에 대한 의견표명 및 지지를 호소하는 경우도 있는데, 이를 규제할 필요성이 커지게 되었다. 이에 자본시장법에서는 사실상의 권유행위 등을 의결권 대리행사의 권유에 포함시킨 포괄적 정의규정을 두게 되었다.

2. 권유자

의결권대리행사의 권유에 있어서 권유자에 대한 제한이 없다. 회사와 아무런 이해관계가 없는 제3자도 권유자가 될 수 있다.[378] 회사도 스스로 권유자가 될 수 있는가가 문제인데, 일반적으로 이에 대해서 긍정한다.[379] 이에 반해 자기의 의사결정에 자기가 참여한다는 것은 논리적으로 모순이라며 반대하는 견해도 있다. 즉 실제로 행해지고 있는 회사명의의 의결권대리행사의 권유는 법률상으로는 경영진에 의한 의결권대리행사의 권유로 보아야 한다는 것이다.[380]

시행령을 보면 해당 상장주권의 발행인과 그 임원 외의 자가 "10인 미만의 의결권 피권유자"에게 그 주식의 의결권대리행사의 권유를 하는 경우는 규제대상인 의결권 대리행사의 권유에서 제외하고 있으므로(자령 161조 제1호) 발행인인 회사는 권유자 범위에 들어간다고 본다.

개정 자본시장법에서는 발행인이 아닌 의결권권유자는 발행인이 의결권대리행사의 권유를 하는 경우에는 그 발행인에 대하여 주주명부의 열람 · 등사를 허용하는 행위 등을 할 것을 요구할 수 있도록 하고 있다(자법 제152조의 2).

3. 피권유자

피권유자는 의결권이 있는 주주이다. 여기서 주주는 주주명부상의 주주가 아닌 실질주주를 의미한다. 시행령에 따르면 다음의 경우는 규제대상인 의결권대리행사의 권유에서 제외한다(자령 제161조).

① 해당 상장주권의 발행인(그 특별관계자를 포함한다)과 그 임원(그 특별관계자를

378) 반대, 안문택, 앞의 책, 211면; 김건식 · 정순섭, 앞의 책, 368면: 제3자가 권유자가 될 경우에 위임장 경쟁이 일어날 가능성이 높아질 것이라고 한다.

379) 김정수, 「현대증권법론」, 박영사, 2002, 527면; 안문택, 위의 책, 211면.

380) 김건식 · 정순섭, 앞의 책, 369면.

포함한다) 외의 자가 10인 미만의 의결권피권유자에게 그 주식의 의결권대리행사의 권유를 하는 경우

② 신탁, 그 밖의 법률관계에 의하여 타인의 명의로 주식을 소유하는 자가 그 타인에게 해당 주식의 의결권대리행사의 권유를 하는 경우

의결권대리행사의 권유의 대상에는 주식예탁증권(DR)도 포함된다고 본다. 상장주식의 주식예탁증권은 해당 상장주식에 대한 의결권을 가지므로 주식예탁증권도 여기서의 규제에 포함시키는 것이 타당하다. 특히 해외 DR의 발행이 늘어날 것으로 예상되므로 그 규제의 필요성은 커진다.

일부주주에 대해서만 권유하는 것도 가능한가의 문제가 있다.[381] 그 허용 여부에 대한 학설이 갈리는데, 권유자가 회사가 아닌 경우 특별한 제한은 없다고 할 것이다.[382] 권유자가 회사인 경우에 긍정설은 회사의 의결권대리행사의 권유는 의결정족수를 채우는 등 회사의 실제적 필요 때문에 행하는 것인 반면, 주주는 권유에 관계없이 자유로이 의결권 위임 여부를 선택할 수 있으므로 회사를 위하여 필요한 범위 내에서 일부의 주주에 대해서만 권유하여도 부당하지 않다고 한다. 부정설은 회사의 위임장 권유는 주주에게 의결권행사의 현실적 기회 제공의 의미가 있는 것이며, 특히 위임장규칙하에서 자료의 제공을 받을 이익도 있으므로 회사의 비용으로 하는 한 주주 전원에게 권유를 해야 한다고 주장한다.[383] 주주평등의 원칙상 허용되지 않는다고도 한다.[384]

보건대, 일부 권유가 특히 불공평하지 않는 한 회사의 실제적 필요에 의한 일부 권유는 가능하다고 보아야 할 것이다.

의결권 경쟁이 이루어진 경우 피권유자인 주주가 양쪽에 중복하여 위임하는 경우에 법적 효과가 어떻게 되는가도 문제된다. 일반적으로 의결권의 위임은 각 당사자

---

381) 전혀 위임장의 권유를 행하지 않는 것이 가능한가도 문제인데, 불권유는 경영진이 스스로 충분한 의결권을 보유하여 다른 주주의 의결권을 얻을 필요가 없을 때 행해질 수 있다. 일반적으로 이러한 불권유는 주주에게 정보를 제공하지 않고 이에 따른 주주의 반대의결을 막는 효과를 가지게 된다. 또 경영진이 지배주식을 가지지 못한 경우에도 권유를 행하지 않음으로써 총회의 의결정족수를 채울 수 없게 하여 자기 지위의 유지를 꾀하고자 할 때에도 이용될 수 있다. 이러한 문제를 해결하기 위하여 뉴욕증권거래소와 SEC 등은 위임장 권유 여부에 관계없이 위임장규칙이 요구하는 자료를 주주총회 전에 주주에게 제공하도록 요구하는 14조에 대한 수정안을 제출하게 되었고 거래소법 1964년 개정에서 14조의 C항으로 추가되었다.

382) 김건식 · 정순섭, 앞의 책, 257면.

383) 변제호 등, 앞의 책, 445면.

384) 김건식 · 정순섭, 앞의 책, 287면; 권기범, 「현대회사법론」, 삼지원, 2005, 572면: 그렇지만 일부 주주에게만 이루어진 위임장 권유 때문에 총회결의가 무효 또는 취소된다고 할 수 없으므로 결과적으로는 이를 부적법하다고 볼 법리적 근거는 희박하다고 한다.

가 언제든지 해지할 수 있으므로(민법 제689조 제1항), 중복위임의 경우에는 나중에 받은 위임장이 유효하다고 본다.[385] 서울중앙지법에서도 "일반적으로 주주의 의사는 앞의 위임을 철회하고 다시 뒤의 위임을 한 것으로 보아야 하지만, 앞의 위임의 당사자 사이에 의결권 위임을 일방적으로 철회할 수 없는 특별한 사정이 있는 경우에는 앞의 위임만이 유효하다."고 판시하여 이런 취지를 인정하였다.[386]

4. 권유

의결권대리행사의 권유란 회사의 주주나 경영자가 주주총회에서 다수의 의결권을 확보할 목적으로 위임장 용지를 송부하여 의결권의 위임을 주주들에게 요청하는 것을 말한다.

위임의 철회에 대한 요구도 위임장의 권유에 포함되는데, 이는 이미 주어진 위임을 철회하는 것이 위임을 행하는 것만큼이나 주주총회결의에 있어서 의미 있는 행위이므로 이도 같은 위임장규칙에 따라야 한다는 취지가 반영된 것이다.

자본시장법에서는 위임장 용지의 송부뿐만 아니라 그 밖의 방법으로 의견을 제시하는 행위도 권유행위에 속하여 그 규제의 대상이 광범위해졌다.[387] 다만 신문 · 방송 · 잡지 등 불특정 다수인에 대한 광고를 통하여 위 정의규정에 해당하는 행위를 하는 경우로서 그 광고내용에 해당 상장주권의 발행인의 명칭, 광고의 이유, 주주총회의 목적사항과 위임장 용지, 참고서류를 제공하는 장소만을 표시하는 경우는 권유에 해당하지 않는다(자령 제161조).[388]

일부 의안에 대해서만 의결권대리행사의 권유를 할 수 있는가의 문제가 있다. 다음에 보는 바와 같이 위임장 용지는 주주총회의 목적사항 각 항목에 대해서 의결권피권유자가 찬 · 반을 명기할 수 있도록 하여야 한다. 그러나 제3자가 의결권대리행사의 권유를 하는 경우 주주총회의 소집 통지의 수령 전에는 회사제안의 존부 등에 관

---

385) 이상훈, "주주총회의 의결권행사관련 법적 쟁점", 「기업지배구조연구」 v.27(2008), 22면.

386) 서울중앙지법 2008.4.29 선고 2008카합1070 결정.

387) 권유행위의 범위를 지나치게 넓게 파악하면 주주들 간의 의견교환도 제한되므로 위임장의 취득을 목적으로 하지 않는 경우 등을 제외함으로써 불필요한 규제는 해소하여야 한다는 견해도 있다. 임재연, 앞의 책, 930면; 미국의 경우에도 '주주가 위임장권유에 관한 합리적인 비용보상 외에 아무런 수수료나 대가를 받지 않고 위임장권유를 하는 경우'등 다양한 위임장규칙의 적용제외에 관한 항목을 두고 있다(SEC Rule 14a-2).

388) 과거에 증권거래법 시행령에서는 "신문광고를 통하여 발행회사 명칭 · 광고이유 · 주총목적사항과 참고서류 · 위임장용지 기타 서류를 제공하는 장소만을 표시하여 권유하는 경우"에 대해서 위임장규정을 적용하지 않았다(구 증권거래법 시행령 제85조).

해 알 수 없는 경우도 있고, 자신이 제안하는 사항에 대해서만 위임장을 얻고자 하는 경우도 있다. 이때 그 항목에 대해서만 찬·반란을 둘 수 있는가가 문제된다. 이에 대해서 대체로 긍정한다.[389] 만일 주주총회의 모든 의안에 대해서 찬·반란을 두어야 한다면 회사가 제안한 의안을 알지 못하는 주주의 경우 사실상 의결권대리행사의 권유를 할 수 없는 결과가 되기 때문이다.

5. 위임장

(1) 의의

의결권대리행사의 권유자는 피권유자에게 위임장 용지를 송부하게 되고, 피권유자가 이에 기명날인하여 다시 권유자에게 송부한 것이 위임장이다. 위임장은 상법상 의결권대리행사에 있어서 요구되는 대리권을 증명하는 서면에 해당한다.

위임장 용지는 주주총회의 목적사항 각 항목에 대하여 의결권피권유자가 찬·반을 명기할 수 있도록 하여야 하며(자법 제152조 제4항), 의결권권유자는 위임장 용지에 나타난 의결권피권유자의 의사에 반하여 의결권을 행사할 수 없다.

위와 같이 위임장에는 주주의 찬·반의 표시가 기입되도록 한다는 점에서 실제 서면투표제도와 유사한 면을 가지고도 있다. 그런데 찬·반의 표시를 요구하고 있으나, 실제 이를 백지로 하여 위임하는 경우도 많이 있어 이때는 경영진에 의한 권한남용의 우려가 있게 된다.

위임장에 대한 심사는 주주총회결의 전에 행하여지며, 이에 대한 권리는 회사가 가진다. 이때 위임장의 진부에 대하여 분쟁이 발생한 경우에 이에 대한 증명을 주주 또는 대리인이 해야 함이 원칙이지만, 이러한 방법은 집단적으로 의결권이 대리행사되는 주주총회의 실정을 고려할 때 적합하지 못하다. 따라서 위임장상의 인감이 주주가 회사에 신고한 인감과 일치하는 경우에는 위임장의 진정이 추정된다고 본다. 그런데 의결권대리행사의 권유에 의한 위임장의 경우 총회 직전에 대량의 위임장을 일일이 조사하여 인감을 대조하기가 사실상 어렵다. 따라서 이 경우 인감대조 없이도 위임장 용지상에 주주명의의 기명날인만 확인함으로써 위임장의 진정을 추정해야 할 것이다.[390]

---

389) 三浦亮太·洴口厚子·山中 修·松下憲,「株主提案と委任狀勸誘」,「商事法務」(2008), 118면.
390) 今井宏,「議決權代理行使の勸誘」, 商事法務硏究會(1971), 276면; 그러나 이러한 위임장 용지는 회사가 작성한 것에 불과한데 여기에 인감조회의 경우와 같은 공신력을 인정한다는 것은

(2) 위임장의 철회

민법상 위임계약은 각 당사자가 언제든지 해지할 수 있으므로(민법 제689조 제1항), 주주는 대리인이 의결권을 행사하기 전에는 언제든지 의결권대리행사를 위한 위임을 철회할 수 있다. 주주나 대리인의 사망 기타 능력의 상실시에도 철회가 가능하다.[391] 철회의 의사표시는 법령에 특별한 규정이 없는 한 일정한 형식을 요하지 않는다. 보통은 회사에 그 의사표시를 하거나 새로운 위임장을 교부함으로써 철회를 하게 되지만, 기타 철회를 나타내는 행동을 통해서도 가능하다. 예를 들어 주주가 주주총회에서 의결권을 주장하거나, 주주가 주주총회에 직접 참여하였을 때 위임장은 철회된 것으로 본다.

위임장을 철회하였을 때 그 위임장을 회수하지 않는 한 주주는 회사에 철회의 사실을 가지고 대항하지 못한다. 다만 회사가 악의인 경우에는 그러하지 아니하다. 이에 대하여 위임장을 회수하지 않아도 위임장 철회의 사실이 회사와의 관계에서 명백해진 이상 주주는 당연히 그 철회로 회사에 대항할 수 있다는 견해도 있다[392].

미국에서는 회사지배의 수단으로 철회할 수 없는 위임장(Irrevocable Proxy)이 자주 이용되고 있다. 이는 일반위임장과 달리 의결권계약 내지 의결권신탁과 유사한 기능을 가진다.

Ⅲ. 의결권대리행사의 권유에 있어서 정보개시

1. 위임장 용지 및 참고서류의 교부

(1) 의의

의결권대리행사는 회사법의 영역에 속하지만 자본시장법은 정보공시의 관점에서 의결권대리행사의 권유에 접근한다. 즉 이사의 선임이나 회사의 중요사항을 결정하는 주주는 그 결정에 따라 자신이 보유하는 주식의 가치가 영향을 받을 수 있으므로,

---

불합리하다는 견해도 있다. 大森忠夫, 「會社法講義」, 有斐閣(1967), 936면.

391) Henn & Alexander, Laws of Corporation, West, 1983, p.520.

392) 今井宏, 앞의 책, 298면.

올바른 정보에 기초한 의결권의 행사가 요구된다. 만일 정보를 충분히 가지지 못하거나 혹은 지식이 불충분한 주주로부터 위임장을 얻어서 권유자가 부당하게 자기 뜻을 관철하기 위해서 의결권을 행사하게 되면 주가에도 부정적인 영향을 미치게 된다.

자본시장법에서는 의결권대리행사의 권유에 있어서 투자자의 정보접근권을 보장하기 위해서 위임장 용지 및 참고서류의 교부에 관한 규정을 두고 있다.

(2) 교부의 방법

의결권대리행사를 권유하고자 하는 경우에 의결권피권유자에게 위임장 용지 및 참고서류를 교부하여야 하는데, 그 교부의 방법은 ① 의결권권유자가 의결권피권유자에게 직접 내어주는 방법 ② 우편 또는 모사전송에 의한 방법 ③ 전자우편을 통한 방법(의결권피권유자가 전자우편을 통하여 위임장 용지 및 참고서류를 받는다는 의사표시를 한 경우만 해당한다) ④ 주주총회 소집 통지와 함께 보내는 방법[의결권권유자가 해당 상장주권(그 상장주권과 관련된 증권예탁증권을 포함한다)의 발행인인 경우만 해당한다]이 있다(자령 제160조).

전자우편을 통한 방법으로는 인터넷을 통한 이메일을 송신하는 방법, 웹사이트에 정보를 제공하고 다운로드하게 하는 방법, CD나 DVD 등의 기록매체를 교부하는 방법 등이 있다. 이때는 의결권피권유자의 동의가 요구되는데, 권유자가 회사 이외의 제3자인 경우에 사전에 피권유자를 접촉해서 사전 동의를 얻기 어려울 것이므로 이 방법을 이용하기는 현실적으로 어렵다.

(3) 기재사항

의결권대리행사의 권유에 있어서 주주의 올바른 판단을 위해서 충분한 정보의 제공이 중요하다. 따라서 자본시장법 시행령에서 정보제공과 관련한 상세한 규정을 두고 있다. 이러한 제한은 백지위임의 여지를 줄이고자 하는데도 그 취지가 있다.

시행령에서는 위임장 용지 및 참고서류의 구체적 기재내용 등에 대해서 금융위원회규정에 의하도록 하였는데(자령 제163조), 이와 관련해서 금융감독원 규정인 「증권의 발행 및 공시 등에 관한 규정」을 두고 있다.[393)]

393) 제4절에 의결권대리행사의 권유에 관한 규정을 두어 상세하게 규제하고 있다. 그 중 이사선임에 관한 것인 경우 제3-15조(참고서류) ③에서 다음 사항을 기재하도록 요구하고 있다.

일본의 경우 권유자가 주주인 경우에 참고서류의 기재사항이 간소화 되어 있다.[394] 주주의 경우에는 정보에 대한 접근권이 상당히 제한되는데 경영진과 동일한 수준의 정보개시를 요구하기가 현실적으로 어려우므로 주주가 참고서류에 기재하여야 할 사항은 장부열람권 등 소수주주권을 행사하여 얻을 수 있는 정보를 기재하면 충분하다는 태도이다. 우리나라도 제3자가 의결권대리행사의 권유를 하는 경우 참고서류의 기재사항에 대한 간략화를 인정한다.[395]

(4) 위임장 용지 및 참고서류의 제출, 비치 및 열람

자본시장법에서는 의결권대리행사의 권유에 있어서 투자자의 정보접근권을 보장하기 위해 위임장 용지 및 참고서류의 제출, 비치 및 열람에 관한 규정을 두고 있다. 의결권권유자는 자본시장법 제152조에 따라 위임장 용지 및 참고서류를 의결권피권유자에게 제공하는 날 2일 전까지 이를 금융위원회와 거래소에 제출하여야 하며, 본 · 지점 등에 이를 비치하고 일반인이 열람할 수 있도록 하여야 한다(지본시장법 제153조).[396]

위임장권유자가 금융위원회와 거래소에 제출하는 경우에 의결권대리행사의 권유를 위한 참고서류 및 위임장 용지의 사본을 금감원 전자공시시스템(DART 시스템)에 전자문서로 작성하여 제출하게 된다.

가. 후보자의 성명 · 생년월일 · 주된 직업 및 약력
나. 후보자가 사외이사 또는 사외이사가 아닌 이사 후보자인지 여부
다. 후보자의 추천인 및 후보자와 최대주주와의 관계
라. 후보자와 해당 법인과의 최근 3년간의 거래내역. 이 경우의 거래내역은 금전, 증권 등 경제적 가치가 있는 재산의 대여, 담보제공, 채무보증 및 법률고문계약, 회계감사계약, 경영자문계약 또는 이와 유사한 계약 등(후보자가 동 계약 등을 체결한 경우 또는 동 계약 등을 체결한 법인 · 사무소 등에 동 계약 등의 계약기간 중 근무한 경우의 계약 등을 말한다)으로 하되 약관 등에 따라 불특정 다수인에게 동일한 조건으로 행하는 정형화된 거래는 제외한다.

394) 委任狀勸誘府令 제21조 내지 제38조, 제40조.

395) 「증권의 발행 및 공시 등에 관한 규정」 제3-15조 ③ 제1항에 따른 주주총회의 목적이 다음 각 호의 1에 해당하는 사항인 경우에는 그 내용을 기재하여야 한다. 다만, 권유자가 해당 상장주권의 발행회사, 그 임원 또는 대주주가 아닌 경우 또는 주주총회 목적사항에 반대하고자 하는 자인 경우에는 주주총회의 목적사항의 제목만 기재할 수 있다.

396) 일본 회사법도 같은 취지로 다음의 규정을 두고 있다. 주식회사는 주주총회일로부터 3개월간 대리권을 증명하는 서면 및 전자적 방법에 의해 제공된 사항이 기록된 전자적 기록을 그 본점에 비치하여야 한다(日新會社法 제310조 제6항). 주주는 영업시간내에 다음의 청구를 할 수 있다. ① 대리권을 증명하는 서면의 열람 및 등사의 청구 ② 전자적 기록에 기록된 사항을 법무성령이 정하는 방법에 의해 표시된 것의 열람 및 등사의 청구(日新會社法 제310조 제7항).

(5) 위임장 용지와 참고서류의 정정

1) 금융위원회에 의한 정정

금융위원회는 위임장 용지 및 참고서류의 형식을 제대로 갖추지 아니한 경우 또는 위임장 용지 및 참고서류 중 의결권 위임 관련 중요사항에 관하여 거짓의 기재 또는 표시가 있거나 의결권 위임 관련 중요사항이 기재 또는 표시되지 아니한 경우에는 그 이유를 제시하고 위임장 용지 및 참고서류를 정정하여 제출할 것을 요구할 수 있다(자법 제156조 제1항).

위 요구가 있는 경우에는 당초 제출한 위임장 용지 및 참고서류는 제출하지 아니한 것으로 본다.

2) 의결권권유자에 의한 정정

첫째, 임의정정으로, 의결권권유자는 위임장 용지 및 참고서류의 기재사항을 정정하고자 하는 경우에는 그 권유와 관련된 주주총회일 7일(대통령령으로 정하는 날을 제외한다) 전까지 이를 정정하여 제출할 수 있다(자법 제156조 제3항).

둘째, 의무정정으로 대통령령으로 정하는 중요한 사항(자령 제165조 제2항)을 정정하고자 하는 경우 또는 투자자 보호를 위하여 그 위임장 용지 및 참고서류에 기재된 내용을 정정할 필요가 있는 경우로서 대통령령으로 정하는 경우[397]에는 반드시 이를 정정하여 제출하여야 한다(자법 제156조 제3항).

2. 부실기재의 효력

(1) 부실기재에 대한 규제

의결권대리행사의 권유자는 위임장 용지 및 참고서류 중 의결권피권유자의 의결권 위임 여부 판단에 중대한 영향을 미칠 수 있는 사항에 관하여 거짓의 기재 또는 표시를 하거나 의결권 위임 관련 중요사항의 기재 또는 표시를 누락하여서는 아니 된다(자법 제154조). 부실표시 등의 경우에 5년 이하의 징역 또는 2억원 이하의 벌금에

---

397) 시행령 제163조 제2항 제3호에 따른 기재사항이 다음 각 호의 어느 하나에 해당하는 경우를 말한다(자령 제165조 제3항).
1. 기재나 표시사항이 불분명하여 의결권피권유자로 하여금 중대한 오해를 일으킬 수 있는 경우
2. 의결권권유자에게 불리한 정보를 생략하거나 유리한 정보만을 강조하는 등 과장되게 표현된 경우

처한다(자법 제444조 19호).

(2) 금융위원회의 조치

금융위원회는 다음의 어느 하나에 해당하는 경우에는 의결권권유자에 대하여 이유를 제시한 후 그 사실을 공고하고 정정을 명할 수 있으며, 필요한 때에는 의결권대리행사의 권유를 정지 또는 금지하거나 대통령령으로 정하는 조치[398]를 할 수 있다.

① 위임장 용지 및 참고서류를 의결권피권유자에게 교부하지 아니한 경우
② 공공적 법인이 아닌 자가 의결권대리행사의 권유를 한 경우
③ 위임장 용지 및 참고서류에 관하여 법 제153조 또는 제154조를 위반한 경우
④ 위임장 용지 및 참고서류 중 의결권 위임 관련 중요사항에 관하여 거짓의 기재 또는 표시가 있거나 의결권 위임 관련 중요사항이 기재 또는 표시되지 아니한 경우
⑤ 정정서류를 제출하지 아니한 경우

Ⅳ. 위법한 의결권대리행사의 권유에 대한 규제

자본시장법상 위임장 권유에 대한 제한규정에 위반한 경우의 법적 효력이 문제된다. 학설의 태도를 보면, 위임장 용지에 찬 · 반란을 두지 않은 경우와 같이 의결권대리행사의 권유에 관한 규정에 위반한 경우 위 규정이 단속법규에 불과하다고 보아 그 의결권행사가 유효하다고 본다.[399] 다만 단순한 절차적인 규정이 아니라 의결권의 위

---

398) 다음 각 호의 어느 하나에 해당하는 조치를 말한다(시행령 제166조).
1. 1년의 범위에서 의결권대리행사의 권유의 제한
2. 임원에 대한 해임권고
3. 법을 위반한 경우에는 고발 또는 수사기관에의 통보
4. 다른 법률을 위반한 경우에는 관련 기관이나 수사기관에의 통보
5. 경고 또는 주의

399) 임재연, 앞의 책, 501면; 김정수, 앞의 책, 533면; 이에 대한 일본 판례: 회사가 주주에 의한 의결권대리행사의 권유에 대항하는 형태로 추가적으로 행해진 의결권대리행사의 권유의 시에 권유자에 대한 필요서류를 기재한 참고서류의 교부가 이루어지지 않고, 또한 주주에게 송부한 위임장 용지에 의안에 대한 찬 · 부란을 두지 않은 위임장 권유 규제위반에 대하여 이것이 주주총회결의의 취소 사유에 해당하는가 여부가 다투어졌다. 판결은 법령위반의 유무에 대하여 위임장은 의결권의 대리행사의 권유를 행하는 자가 권유의 시에 지켜야 할 방식을 정한 규정에 불과한 것이라는 점, 의결권대리행사의 권유는 주주총회결의의 전 단계의 사실행위이고, 주

임과 관련된 중요사항에 관하여 부실기재를 하거나 이에 대한 정정요구를 무시한 경우에는 주주총회의 결의에 주주의 의사가 정당하게 반영된 것이 아니므로 그 의결권 행사는 무효가 된다고 본다.[400)]

그리고 규정위반에 의한 권유의 경우에 주주총회결의의 취소사유가 될 것인가도 문제된다. 이에 대하여 의결권대리행사의 권유는 주주총회의 개최 또는 결의의 성립요건으로서 법률상 강제되는 것은 아니므로 의결권대리행사의 권유에 대한 규제의 위반은 법령위반으로서 주주총회결의취소의 사유로는 되지 않는다고 한다.[401)] 반면에 의결권대리행사의 권유에 대한 규제의 제도의 목적 및 규정내용으로 보아 이는 실질적 의미에 있어서 상법의 일부로서 이에 대한 위반은 결의방법이 법령에 위반한 것이 되어 주주총회결의취소의 사유가 된다는 견해도 있다.[402)]

보건대, 의결권대리행사의 권유가 단지 정족수 충족을 목적으로 행하여지는 경우도 있지만 회사 정책에 대한 대립이나 회사 지배권에 대한 충돌에서 이루어지는 경우도 있다. 후자의 경우 소위 위임장쟁탈전이 벌어지는 것으로서 특히 이사선임 등에 있어서 위임장의 수집은 총회결정에 중요한 의미를 지닌다. 이때 위임장 관계서류의 부실기재에 의한 권유와 같은 경우는 주주의 의결권행사에 지장을 가져오는 것으로서 주주총회결의취소 사유인 결의방법의 법령위반이 된다고 하겠다. 즉 회사의 지배권에 영향을 미치는 것과 같이 중대한 사유에 대한 의결권대리행사에 대한 권유가 있는 경우에는 권유자가 회사이든 제3자이든 규정에 위반한 권유는 주주총회결의취소 사유가 된다고 하겠다.

다음으로 위임자의 의사에 반하여 의결권이 행사되었을 때에 권유자가 제3자인 경우에 이는 당사자간의 문제로 주주총회결의취소의 소의 원인이 되지 않으며, 의결권 행사가 무효로 되지도 않는다고 본다. 다만 위임계약위반으로 민사상 손해배상책임이 문제될 수 있을 뿐이다.[403)] 그러나 회사가 권유자인 경우에는 회사가 주주의 의사

주총회결의의 방법을 규정하는 법령이라고는 할 수 없고, 결의의 방법에 현저한 불공정이 있었다고 할 수도 없다고 하여 주주총회결의의 하자로 보지 않았다(東京支判 平成17.7.7., 判時 1915號, 150면).

400) 이와 같이 그 위반이 중대하거나 결의의 공정한 성립을 방해한 경우에는 결의방법이 현저하게 불공정한 것으로서 결의취소의 사유가 된다고 본다. 今井宏, 앞의 책, 222면.

401) 양만식,"위임장권유와 주주총회결의의 취소",「기업법연구」 제23권 제3호(2009), 184면.

402) 龍田節, "株式會社の委任狀制度 − 投資者保護の視點から−", インバストメント 21券 1號(1968), 36면; 김건식 · 정순섭, 앞의 책, 262면: 위임장 권유는 법률상 반드시 요구되는 절차는 아니지만 주주의 의사형성에 영향을 주는 절차라는 점에서는 법률상의 절차인 소집이나 결의방법과 차이가 없으므로 결의취소 사유로 보는 것이 타당하다고 한다.

403) 반대 김건식 · 정순섭,「새로 쓴 자본시장법」, 두성사, 2013, 377면: 위임장 권유는 단순히 사법상의 거래에 불과한 것이 아니라 자본시장법의 규제를 받는 중요한 지배구조상의 제도이기

를 알고 있으므로 그 의사에 반한 의결권행사는 무권대리의 이론을 적용해서 의결권 행사는 무효이고 주주총회결의취소사유가 된다고 본다.[404] 회사가 주주로부터 회송된 위임장에 대하여 대리인을 선임하지 않고 위임장을 총회에 제출하지 않은 경우에도 마찬가지로 해석한다.[405]

Ⅴ. 위임장 경쟁

1. 의의

위임장 제도의 본래적 기능은 주주의 의결권행사에 편의를 제공함으로써 의결권행사의 기회를 실질적으로 보장하고 회사로서도 주주총회의 정족수 충족에 도움을 주는 것이지만, 위임장 권유가 주식분산이 잘 되어있는 기업에 있어서 권유에 성공한 자가 경영자 지위를 차지하고 이를 이용하여 회사지배를 장악하는데 도움을 주는 제도로도 이용되게 되었다.[406]

미국의 경우를 보면, 회사의 경영권을 탈취하려는 자가 주주가 분산된 공개회사에 있어서 주주로부터 위임장을 모으는 것이 가능하면 주식을 매입하는 비용을 절약하고 회사의 경영권을 취득하는 것이 가능하다. 그러나 경영권을 취득하여도 자기의 주식보유 비율이 높지 않으므로 회사경영으로 입는 이익을 주주로서 충분히 향유하는 것이 어렵다. 따라서 1960년대 공개매수에 의한 기업매수의 수단이 개발되어 경영권 취득의 수단으로서 위임장 권유의 중요성이 떨어지게 되었다. 그렇지만 1990년대 들어 주주의 기관화 현상을 배경으로 다시 위임장 권유의 중요성이 증가하게 되었다.

때문이라고 한다; 주주의 찬 · 부지시에 위반한 대리인의 행위는 무권대리로서 회사에 대한 관계에서도 무효라는 견해도 있다. 今井宏, 앞의 책, 7면.

404) 정동윤, 「회사법」, 법문사, 2000, 337면; 이철송, 「회사법강의」, 박영사, 2015, 436면; 위임장 권유의 법적 성질을 투표행위의 유인이라고 보아 피권유자의 지시에 반하여 권유자가 의결권을 행사하는 것은 무효라고 보는 견해도 있다. 김용진, 앞의 책, 992면.

405) 경영진이 자신을 위하여 위임장을 권유하였으나, 반대하는 위임장을 받은 경우에 그 위임장 실행의 의무를 회피하려면, 즉시 그 위임장을 주주에게 돌려주어야 한다. Henn & Alexander, op. cit., p.523.

406) E.R. Aranow & H.A. Einhorn, Corporate Proxy Contests: Solicitation and Validity of Broker's Proxies, 23 Chi. L. Rev. 640(1956).

경영권 획득을 위한 위임장 권유는 위임장 경쟁(Proxy Contest)을 불러오게 되는데, 이는 공개매수에 비하여 비용이 들지 않는 이점이 있다. 그러나 공개매수와 같이 지분의 확보를 가져오는 것이 아니므로 지속적인 경영권 확보의 의미를 가지기 어렵다.

우리나라에 있어서도 의결권 경쟁 목적의 위임장 권유가 늘어나게 되었는데, 의결권 경쟁 목적의 위임장 권유가 있었던 주주총회에서 경영진에 대항하는 측의 의도가 반영되는 사례가 지속적으로 증가하고 있다.[407] 앞으로도 상장폐지 실질심사 강화 및 한계기업의 시장퇴출 등으로 대주주나 경영진에 대한 소액주주들의 감시 및 경영참여 활동이 계속 증가할 것으로 예상되어서 이 추세는 계속될 것으로 예상된다.

이러한 추세를 반영하여 대항자측 지위의 강화도 요구되는데, 상법상 주주제안을 하는 주주는 이사에게 주주총회일의 6주 전에 서면 또는 전자문서로 회의의 목적으로 할 사항에 추가하여 당해 주주가 제출하는 의안의 요령을 회사가 하는 주주총회소집에 대한 통지와 공고에 기재할 것을 청구할 수 있다(상법 제363조의 2 제2항). 같은 취지에서 회사가 주주총회소집에 대한 통지시에 회사측 위임장도 같이 송부하는 것과 같이 대항자 측 위임장도 같이 송부하는 방안도 강구할 필요가 있다.

2. 공공적 법인의 특례

공공적 법인이란 국가기간산업 등 국민경제상 중요한 산업을 영위하는 상장법인을 말하는데, 공공적 법인의 경우에는 자신만이 그 주식의 의결권대리행사의 권유를 할 수 있으므로(자법 제152조 제3항) 위임장 경쟁이 일어날 수 없다. 이는 공공적 법인에 대하여 적대적 M&A의 공격으로부터 보호하고자 하는 취지가 반영된 것이다. 이외에도 공공적 법인에 대해서는 일정한 기준을 초과한 주식소유가 제한되며(자법 제167조 제1항), 외국인 또는 외국법인에 대해서는 법령에 의한 주식취득제한 외에 법인의 정관이 정하는 바에 따른 추가적 제한이 가해질 수 있다(자법 제168조 제2항).

3. 발행인의 의견표명

의결권대리행사의 권유가 경영진에 의하여 행하여졌든, 제3자에 의하여 행하여졌

---

407) 2009년 예를 들면, 대항사 의도가 반영된 11건 중 대규모 감사 반대가 8건, 주주간의 경영분쟁이 3건에 이른다(금융감독원의 2009년도 공개매수 · 위임장권유 현황분석(보도자료 2010. 4. 14.)).

든 발행인이 이에 대하여 의견을 표명하는 경우가 있다. 의견표명은 회사제안을 가결시키고자 하는 의도에서 이루어질 수 있고, 제3자 제안을 부결시키고자 하는 경우에도 행해질 수 있다.

특히 적대적 M&A를 위한 위임장쟁탈전이 벌어지는 경우 발행자의 의견표명은 대상회사의 방어 여부에 대한 태도를 가름할 수 있다는 점에서 중요하다.

자본시장법에서는 이때 그 의견표명이 과장되거나 허위일 수도 있으므로 그 진정성을 확인하기 위해서 금융위원회와 거래소에 관련 서류의 제출의무를 부과하고 있다(자법 제155조). 발행인의 의견표명에 대해서만 관련 서류의 제출의무를 부과하고 있지만, 적대적 M&A를 위한 위임장쟁탈전이 벌어지는 경우 최대주주도 직접적인 이해관계를 가지므로 의견을 표명할 수 있다. 이때 최대주주에 대하여도 의견표명을 제출하도록 의무화할 필요가 있는지 문제된다. 공개매수의 경우에도 발행인만 의견표명제출의무가 있고, 최대주주 등이 의견을 주주들에게 알리고자 하는 경우에는 보통 발행인을 통해서 의견표명이 가능할 것이므로 발행인 외에 최대주주 등에 대하여 별도의 의견표명의무를 부과할 필요는 없다.[408]

Ⅵ. 주주명부의 열람청구

의결권 위임의 경쟁에 있어서 주주명부의 확보는 매우 중요하다. 상위주주가 소위 안정주주로 구성되어 있는 경우에 의결권대리행사의 권유에 시간과 노력, 비용을 들인다 하여도 그로 인하여 효과를 얻기가 어렵기 때문에, 일반적으로 의결권대리행사의 권유를 하려는 경우에 미리 주주명부를 열람하여 주주구성을 파악하려고 한다. 그런데 회사의 경우 의결권 경쟁에서 불리하다고 판단하면 주주명부를 가능하면 주지 않으려고 하거나, 늦게 주려고 할 것이기 때문에 주주명부를 제 때에 보기란 쉽지 않다. 이때 주주는 주주명부열람청구권에 기하여 가처분 소송을 제기할 수 있지만 주주총회의 기일을 넘겨서 열람이 가능할 수도 있으므로,[409] 회사의 부당한 주주명부 열람의 거부나 지체에 대하여 규제조치가 필요하다.

---

408) 변재호 등, 앞의 책, 449면.

409) 주주총회를 소집할 때에는 각 주주에 대한 통지기간은 2주일밖에 되지 않는다(상법 제363조).

특히 상장회사의 경우 실질주주명부의 확보가 중요한데, 실질주주명부는 집단적 권리행사를 위한 주주명부폐쇄나 기준일 설정시에만 작성하게 된다. 실질주주의 명부는 발행인의 본점 또는 명의개서대행회사의 영업소에 비치하지만 주주의 주주명부 열람청구권에는 실질주주명부에 대한 열람청구권은 포함되지 않는다.

이와 관련해서 회사에 대한 주주명부열람가처분의 결정이 난 경우 이를 근거로 한국예탁결제원이나 명의개서대리인이 신속하게 주주명부의 열람이나 등사를 해 주도록 하는 절차적 규제가 필요하다는 견해도 있다.[410)]

제5절 공공적 법인주식의 소유제한

Ⅰ. 서설

공공적 법인이란 국가기간산업 등 국민경제상 중요한 산업을 영위하는 상장법인을 말하는데, 공공적 법인에 대한 주식소유를 제한하여 국가기간산업의 경영권을 보호하고 있다. 이는 공공적 법인에 대하여 적대적 M&A의 공격으로부터 보호하고자 하는 취지가 반영된 것이다.[411)]

현재 공공적 법인으로 한국전력이 지정되어 있다.

Ⅱ. 공공적 법인의 범위

공공적 법인은 다음의 요건을 모두 충족하는 법인 중에서 금융위원회가 관계부처 장관과의 협의와 국무회의에의 보고를 거쳐 지정하는 법인으로 한다(자령 제162조).

① 경영기반이 정착되고 계속적인 발전가능성이 있는 법인일 것

---

410) 김선웅,"의결권대리행사권유의 문제점(주주권의 실질적 행사를 보장하기 위한 주주총회 관련 제도의 개선방향)", 「기업지배구조연구」 v.27(2008), 7~8면.

411) 공공적 법인의 경우에는 자신만이 그 주식의 의결권대리행사의 권유를 할 수 있도록 해서 위 취지를 반영하고 있다(자법 제152조 제3항).

② 재무구조가 건실하고 높은 수익이 예상되는 법인일 것
③ 해당 법인의 주식을 국민이 광범위하게 분산 보유할 수 있을 정도로 자본금 규모가 큰 법인일 것

Ⅲ. 주식의 초과소유제한

1. 원칙

누구든지 공공적 법인이 발행한 주식을 누구의 명의로 하든지 자기의 계산으로 다음의 기준을 초과하여 소유할 수 없다. 이 경우 의결권 없는 주식은 발행주식총수에 포함되지 아니하며, 그 특수관계인의 명의로 소유하는 때에는 자기의 계산으로 취득한 것으로 본다(자법 제167조 제1항).

① 그 주식이 상장된 당시에 발행주식총수의 100분의 10 이상을 소유한 주주는 그 소유비율
② ①에 따른 주주 외의 자는 발행주식총수의 100분의 3 이내에서 정관이 정하는 비율

2. 예외

소유비율 한도에 관하여 금융위원회의 승인을 받은 경우에는 그 소유비율 한도까지 공공적 법인이 발행한 주식을 소유할 수 있다(자법 제167조 제2항).

3. 초과소유분에 대한 규제

위에서 규정하는 기준을 초과하여 사실상 주식을 소유하는 자는 그 초과분에 대하여는 의결권을 행사할 수 없으며, 금융위원회는 그 기준을 초과하여 사실상 주식을 소유하고 있는 자에 대하여 6개월 이내의 기간을 정하여 그 기준을 충족하도록 시정할 것을 명할 수 있다(자법 제167조 제3항).

4. 외국인 등에 대한 규제

외국인 또는 외국법인에 대해서는 자본시장법 제168조 제1항에 의한 주식취득제한[412] 외에 법인의 정관이 정하는 바에 따른 추가적 제한이 가해질 수 있다(자법 제168조 제2항).

이를 위반하여 주식을 취득한 자는 그 주식에 대한 의결권을 행사할 수 없으며, 금융감독위원회는 위 증권 또는 장내파생상품을 매매한 자에게 6개월 이내의 기간을 정하여 그 시정을 명할 수 있다(자법 제168조 제3항).

412) 자령 제187조(외국인의 증권 또는 장내파생상품의 취득한도 등) ① 법 제168조 제1항에 따른 외국인 또는 외국법인 등은 금융위원회가 정하여 고시하는 경우를 제외하고는 누구의 명의로 든지 자기의 계산으로 다음 각 호에서 정한 취득한도를 초과하여 공공적 법인이 발행한 지분증권을 취득할 수 없다. 이 경우 한도초과분의 처분, 취득한도의 계산기준 · 관리 등에 관하여 필요한 사항은 금융위원회가 정하여 고시한다.
1. 종목별 외국인 또는 외국법인 등의 1인 취득한도: 해당 공공적 법인의 정관에서 정한 한도
2. 종목별 외국인 및 외국법인 등의 전체 취득한도: 해당 종목의 지분증권 총수의 100분의 40

제4장 주권상장법인에 대한 특례

구 증권거래법 제9장 제3절에서 상법 회사편에 대한 다수의 특례조항을 두고 있었다. 자본시장법과 상법의 개정과정에서 구 증권거래법의 특례규정 중 지배구조에 관한 특례는 상법에서 규정하고 재무구조에 관한 특례는 자본시장법에서 규정하게 되었다.[413)]

Ⅰ. 자기주식취득

1. 의의

상장법인의 경우 자본시장법상 원칙적으로 자기주식취득이 허용된다(제165조의 3 제1항). 상장기업에 있어서 자기주식취득은 주가관리와 경영권 보호를 위한 장치로 인식되어 왔다.

이와 달리 구 상법상으로는 "회사는 자기의 계산으로 자기주식을 취득하지 못한다."고 규정하여(구 상법 제341조) 원칙적으로 자기주식취득을 금지하고 있었다. 그러나 개정 상법에서 회사는 배당가능이익의 범위 내에서 "자기의 명의와 계산으로 자기의 주식을 취득할 수 있다."고 규정하여(상법 제341조) 자기주식취득제한을 완화한 규정을 두게 되었는데, 이로써 자본시장법 규정과 균형을 이루게 되었다.

2. 자기주식취득의 방법

주권상장법인은 다음의 방법으로 자기주식을 취득할 수 있다(자법 제165조의 3 제1항).

① 상법 제341조 제1항에 따른 방법.[414)] 이에 따를 때 거래소에서의 취득, 모든 주

413) 주권상장법인에 대한 특례규정은 ① 외국법인 등. 다만, 자법 제165조의 16 및 제165조의 18은 그러하지 아니하다. ② 투자회사를 제외하고 적용된다(자법 제165조의 2). 또한 이 특례규정은 주권상장법인에 관하여 상법 제3편에 우선하여 적용한다.

414) 회사는 다음의 방법에 따라 자기의 명의와 계산으로 자기의 주식을 취득할 수 있다. 다만, 그

주에 대한 취득의 통지 또는 공고를 통한 취득, 공개매수의 방법에 의한 취득이 인정된다.

② 신탁계약에 따라 자기주식을 취득한 신탁업자로부터 신탁계약이 해지되거나 종료된 때 반환받는 방법(신탁업자가 해당 주권상장법인의 자기주식을 상법 제341조 제1항의 방법으로 취득한 경우로 한정한다).

3. 매수주문의 방법

(1) 증권시장을 통한 취득시의 원칙

주권상장법인이 증권시장을 통하여 자기주식을 취득하기 위하여 매수주문을 하고자 할 때에는 다음의 방법에 따라야 한다(증권의 발행 및 공시 등에 관한 규정 제5-5조 제1항).

① 거래소가 정하는 바에 따라 장개시 전에 매수주문을 하는 경우 그 가격은 전일의 종가와 전일의 종가를 기준으로 100분의 5 높은 가격의 범위 이내로 하며, 거래소가 정하는 정규시장의 매매거래시간 중에 매수주문(정정매수주문을 포함한다)을 하는 경우 그 가격은 다음 가목에서 정하는 가격과 나목에서 정하는 가격의 범위 이내로 할 것. 이 경우 매매거래시간 중 매수주문은 거래소가 정하는 정규시장이 종료하기 30분전까지 제출하여야 한다.

가. 매수주문시점의 최우선매수호가와 매수주문 직전까지 체결된 당일의 최고가 중 높은 가격

나. 매수주문시점의 최우선매수호가와 매수주문 직전의 가격 중 높은 가격으로부터 10호가 가격단위 낮은 가격

② 1일 매수주문수량은 취득신고주식수 또는 이익소각신고주식수의 100분의 10에 해당하는 수량과 이사회결의일 전일을 기산일로 하여 소급한 1개월간의 일평균

취득가액의 총액은 직전 결산기의 대차대조표상의 순자산액에서 제462조 제1항 각 호의 금액을 뺀 금액을 초과하지 못한다(상법 제341조 제1항).

1. 거래소에서 시세가 있는 주식의 경우에는 거래소에서 취득하는 방법
2. 제345조 제1항의 주식의 상환에 관한 종류주식의 경우 외에 각 주주가 가진 주식 수에 따라 균등한 조건으로 취득하는 것으로서 대통령령으로 정하는 방법

상법 시행령 제9조(자기주식취득 방법의 종류 등) ① 법 제341조 제1항 제2호에서 "대통령령으로 정하는 방법"이란 다음 각 호의 어느 하나에 해당하는 방법을 말한다.

1. 회사가 모든 주주에게 자기주식 취득의 통지 또는 공고를 하여 주식을 취득하는 방법
2. 「자본시장과 금융투자업에 관한 법률」 제133조부터 제146조까지의 규정에 따른 공개매수의 방법

거래량의 100분의 25에 해당하는 수량 중 많은 수량 이내로 할 것. 다만, 그 많은 수량이 발행주식총수의 100분의 1에 해당하는 수량을 초과하는 경우에는 발행주식총수의 100분의 1에 해당하는 수량 이내로 할 것

③ 매수주문일 전일의 장 종료 후 즉시 위탁 투자중개업자로 하여금 1일 매수주문 수량 등을 거래소에 신고하도록 할 것

④ 매수주문 위탁 투자중개업자를 1일 1사로 할 것(자기주식취득 또는 이익소각에 관한 이사회결의상의 취득기간 중에 매수주문을 위탁하는 투자중개업자는 5사를 초과할 수 없다)

(2) 시간 외 대량매매의 방법

주권상장법인이 다음의 어느 하나에 해당하는 경우에는 거래소가 정하는 시간 외 대량매매의 방법에 따라 자기주식을 취득할 수 있다(증권의 발행 및 공시 등에 관한 규정 제5-5조 제2항).

① 정부, 한국은행, 예금보험공사, 한국산업은행, 중소기업은행, 한국수출입은행 및 정부가 납입자본금의 100분의 50 이상을 출자한 법인으로부터 자기주식을 취득하는 경우

② 정부가 주권상장법인의 자기주식취득과 관련하여 공정경쟁 촉진, 공기업 민영화 등 정책목적 달성을 위하여 허가 · 승인 · 인가 또는 문서에 의한 지도 · 권고를 하고 금융위원회에 요청한 경우로서 금융위원회가 투자자 보호에 문제가 없다고 인정하여 승인하는 경우

4. 처분의 절차

(1) 의의

주권상장법인은 취득한 자기주식을 처분(신탁계약의 해지를 포함한다)하는 경우에는 이사회결의 등 대통령령으로 정하는 요건 · 방법 등의 기준에 따라야 한다(자법 제165조의 3 제4항, 자령 제176조의 2 제1항). 다만, 주식매수선택권의 행사에 따라 자기주식을 교부하는 경우와 신탁계약의 계약기간이 종료한 경우에는 그러하지 아니하다.

(2) 매도주문방법

1) 증권시장을 통한 처분시의 원칙

자기주식을 처분하고자 하는 주권상장법인이 증권시장을 통하여 자기주식을 처분하기 위하여 매도주문을 할 때에는 다음의 방법에 따라야 한다(증권의 발행 및 공시 등에 관한 규정 제5-9조 제5항).

① 거래소가 정하는 바에 따라 장개시 전에 매도주문을 하는 경우 그 가격은 전일의 종가와 전일종가를 기준으로 2호가 가격단위 낮은 가격의 범위 이내로 하며, 거래소가 정하는 정규시장의 매매거래시간 중에 매도주문(정정매도주문을 포함한다)을 하는 경우 그 가격은 매도주문 직전의 가격과 매도주문시점의 최우선매도호가 중 낮은 가격과 그 가격으로부터 10호가 가격단위 높은 가격의 범위 이내로 할 것. 이 경우 매매거래시간 중 매도주문은 거래소가 정하는 정규시장이 종료하기 30분 전까지 제출하여야 한다.

② 1일 매도주문수량은 처분신고주식수의 100분의 10에 해당하는 수량과 처분신고서 제출일 전일을 기산일로 하여 소급한 1개월간의 일평균거래량의 100분의 25에 해당하는 수량 중 많은 수량 이내로 할 것. 다만, 그 많은 수량이 발행주식총수의 100분의 1에 해당하는 수량을 초과하는 경우에는 발행주식총수의 100분의 1에 해당하는 수량 이내로 할 것

③ 매도주문일 전일의 장 종료 후 즉시 ④의 규정에 의한 위탁 투자중개업자로 하여금 1일 매도주문수량등을 거래소에 신고하도록 할 것

④ 매도주문 위탁 투자중개업자를 1일 1사로 할 것(처분에 관한 이사회결의에 정한 처분기간 중에 매도주문을 위탁하는 투자중개업자는 5사를 초과할 수 없다)

2) 시간 외 대량매매의 방법

자기주식을 거래소가 정하는 시간 외 대량매매의 방법으로 처분하고자 하는 경우에는 위 ① 및 ②의 규정은 적용하지 아니한다(증권의 발행 및 공시 등에 관한 규정 제5-9조 제6항). 이 경우 매도주문의 호가는 당일(장개시 전 시간 외 대량매매의 경우에는 전일을 말한다) 종가를 기준으로 100분의 5 낮은 가격과 100분의 5 높은 가격의 범위 이내로 하여야 한다.

3) 다자간매매체결회사를 통한 처분

자기주식을 취득한 주권상장법인이 다자간매매체결회사를 통하여 자기주식을 처분하기 위하여 매도주문을 할 때에는 증권시장을 통한 처분의 방법을 준용한다(증권의 발행 및 공시 등에 관한 규정 제5-9조 제7항).

(3) 교환사채의 발행

주권상장법인이 소유하고 있는 상장증권 중 자기주식을 교환대상으로 하는 교환사채권을 발행한 경우에는 그 사채권을 발행하는 때에 자기주식을 처분한 것으로 본다(자령 제176조의 2 제4항).

Ⅱ. 합병

1. 의의

합병 등에 있어서 그 가액의 산정이 투자자에게 있어서 중요한 의미를 가지기에 그 공정성을 확보할 필요가 있다. 자본시장법에서는 합병 등[415]에 있어서 그 가액산정을 중심으로 이에 관한 특례 규정을 두고 있다.

2. 가액의 산정

합병가액의 산정 방법에 대해서는 시행령에서 정하고 있다(자령 제176조의 5). 예를 들어 주권상장법인간 합병의 경우에는 합병을 위한 이사회결의일과 합병계약을 체결한 날 중 앞서는 날의 전일을 기산일로 한 ① 최근 1개월간 평균종가 ② 최근 1주일간 평균종가 ③ 최근일의 종가를 산술평균한 가액을 기준으로 100분의 10의 범위에서 할인 또는 할증한 가액. 이 경우 ① 및 ②의 평균종가는 종가를 거래량으로 가중산술평균하여 산정한다(자령 제176조의 5 제1항 제1호).

주권비상장법인의 경우에는 자산가치와 수익가치를 가중산술평균한 가액과 상대

415) ① 다른 법인과의 합병 ② 대통령령으로 정하는 중요한 영업 또는 자산의 양수 또는 양도 ③ 주식의 포괄적 교환 또는 포괄적 이전 ④ 분할 또는 분할합병(자법 제165조의 4).

가치의 가액을 산술평균한 가액으로 한다(자령 제176조의 5 제2항).

개정 자본시장법에서는 주권상장법인이 다른 법인과 합병하는 경우 합병가액의 적정성에 대하여 외부평가기관의 평가를 받도록 하고 있다(자법 제165조의 4 제2항, 자령 제176조의 5 제7항)

3. 정보의 공시

주권상장법인이 합병, 중요한 영업 또는 자산의 양도 · 양수, 주식의 포괄적 교환 · 포괄적 이전, 분할 · 분할합병으로 인하여 증권을 모집 또는 매출하는 경우에는 증권신고서에 소정의 사항을 기재하고 관계 서류를 첨부하여 금융위원회에 제출하여야 한다(증권의 발행 및 공시 등에 관한 규정 제2-9조).

또한 합병 등이 발생한 날의 다음 날까지 그 내용을 기재한 주요사항보고서를 금융위원회에 제출하여야 한다(자법 제161조 제1항 6, 7호). 금융위원회는 주요사항보고서가 제출된 경우 이를 거래소에 지체 없이 송부하여야 한다(자법 제161조 제5항).

Ⅲ. 주식매수청구권

1. 의의

주식매수청구권이란 주식교환, 간이주식교환, 주식이전, 영업양도 등, 합병, 간이합병, 분할합병에 관한 이사회결의에 반대하는 주주가 주주총회 전에 해당 법인에 대하여 서면으로 그 결의에 반대하는 의사를 통지한 경우에만 자기가 소유하고 있는 주식을 매수하여 줄 것을 해당 법인에 대하여 청구할 수 있는 권리이다(자법 제165조의 5 제1항).

합병 등에 있어서 소수주주가 반대를 하여도 다수결에 의하여 합병결의가 이루어질 수 있기에 소수주주의 이익을 보호하기 위하여 주식매수청구권을 인정한다. 주식매수청구권이 인정되어도 매수가격이 공정하지 못하면 주주의 이익이 보호받을 수 없기에 공정한 가격의 결정을 위한 절차가 중요한 의미를 가진다.

주식매수청구권에 관한 자본시장법의 규정은 반대주주의 자격, 매수가격의 결정,

매수기간 등에 있어서 상법과 차이가 있다.

2. 매수가액의 결정

(1) 의의

주식매수가액의 결정은 원칙으로 주식매수청구자와 회사간의 협의에 의하여 결정한다(자법 제165조의 5 제3항).

이 점에 있어서 상법과 동일하나(상법 제530조 제2항, 제374조의 2 제3항), 협의가 이루어지지 않은 경우에 상법에서는 회사 또는 주식의 매수를 청구한 주주는 법원에 대하여 매수가액의 결정을 청구할 수 있는데 반해(상법 제374조의 2 제4항),[416)] 자본시장법에서는 다음에 보는 법정의 가격결정과정을 거치도록 하고 있다.

(2) 법정의 매수가격

주식매수가액의 결정에 대하여 당사자간의 협의가 이루어지지 아니하는 경우의 매수가격은 이사회결의일 이전에 증권시장에서 거래된 해당 주식의 거래가격을 기준으로 하여 대통령령으로 정하는 방법에 따라 산정된 금액으로 한다(자법 제165조의 5 제3항).

대통령령에 의할 때 매수가격은 다음의 금액을 말한다(자령 제176조의 7 제2항).

① 증권시장에서 거래가 형성된 주식은 다음의 방법에 따라 산정된 가격의 산술평균가격

가. 이사회결의일 전일부터 과거 2개월(같은 기간 중 배당락 또는 권리락으로 인하여 매매기준가격의 조정이 있는 경우로서 배당락 또는 권리락이 있은 날부터 이사회결의일 전일까지의 기간이 7일 이상인 경우에는 그 기간)간 공표된 매일의 증권시장에서 거래된 최종시세가격을 실물거래에 의한 거래량을 가중치로 하여 가중산술평균한 가격

나. 이사회결의일 전일부터 과거 1개월간 공표된 매일의 증권시장에서 거래된 최종시세가격을 실물거래에 의한 거래량을 가중치로 하여 가중산술평균한 가격

---

416) "법원은 회사의 재산상태 그 밖의 사정을 참작하여 공정한 가액으로 이를 산정하여야 한다"(상법 제374조의 2 제5항).

다. 이사회결의일 전일부터 과거 1주일간 공표된 매일의 증권시장에서 거래된 최종시세가격을 실물거래에 의한 거래량을 가중치로 하여 가중산술평균한 가격

② 증권시장에서 거래가 형성되지 아니한 주식은 자산가치와 수익가치를 가중산술평균한 가액과 상대가치의 가액을 산술평균한 가액(자령 제176조의 5 제1항 제2호 나목)

(3) 법원의 결정가격

주식매수가격에 대하여 협의가 이루지지 않거나, 법정의 매수가격에 대하여도 해당 법인이나 매수를 청구한 주주가 반대하면 법원에 매수가격의 결정을 청구할 수 있다(자법 제165조의 5 제3항 단서).[417]

---

417) 법원은 "주주 또는 당해 법인이 법원에 매수가격 결정을 청구한 경우, 일반적으로 주권상장법인의 시장주가는 유가증권시장에 참여한 다수의 투자자가 법령에 근거하여 공시되는 당해 기업의 자산내용, 재무상황, 수익력, 장래의 사업전망 등 당해 법인에 관한 정보에 기초하여 내린 투자판단에 의하여 당해 기업의 객관적 가치가 반영되어 형성된 것으로 볼 수 있고, 주권상장법인의 주주는 통상 시장주가를 전제로 투자행동을 취한다는 점에서 시장주가를 기준으로 매수가격을 결정하는 것이 당해 주주의 합리적 기대에 합치하는 것이므로, 법원은 원칙적으로 시장주가를 참조하여 매수가격을 산정하여야 한다. 다만 이처럼 시장주가에 기초하여 매수가격을 산정하는 경우라고 하여 법원이 반드시 구 증권거래법 시행령 제84조의 9 제2항 제1호에서 정한 산정방법 중 어느 하나를 선택하여 그에 따라서만 매수가격을 산정하여야 하는 것은 아니고, 법원은 공정한 매수가격을 산정한다는 매수가격결정신청사건의 제도적 취지와 개별사안의 구체적 사정을 고려하여 이사회결의일 이전의 어느 특정일의 시장주가를 참조할 것인지, 또는 일정기간 동안의 시장주가의 평균치를 참조할 것인지, 그렇지 않으면 구 증권거래법 시행령 제84조의 9 제2항 제1호에서 정한 산정방법 중 어느 하나에 따라 산정된 가격을 그대로 인정할 것인지 등을 합리적으로 결정할 수 있다. 나아가 당해 상장주식이 유가증권시장에서 거래가 형성되지 아니한 주식이거나(구 증권거래법시행령 제84조의 9 제2항 제2호) 시장주가가 가격조작 등 시장의 기능을 방해하는 부정한 수단에 의하여 영향을 받는 등으로 당해 주권상장법인의 객관적 가치를 제대로 반영하지 못하고 있다고 판단되는 경우에는, 시장주가를 배제하거나 또는 시장주가와 함께 순자산가치나 수익가치 등 다른 평가요소를 반영하여 당해 법인의 상황이나 업종의 특성 등을 종합적으로 고려한 공정한 가액을 산정할 수도 있으나, 단순히 시장주가가 순자산가치나 수익가치에 기초하여 산정된 가격과 다소 차이가 난다는 사정만으로 위 시장주가가 주권상장법인의 객관적 가치를 반영하지 못한다고 쉽게 단정하여서는 아니 된다."고 판시하였다(대법원 2011.10.13.자 2008마264 결정).

Ⅳ. 주식의 발행 및 배정 등에 관한 특례

1. 신주발행의 방식

주권상장법인이 신주를 배정하는 경우 다음의 방식에 따른다(자법 제165조의 3 제1항).

① 주주에게 그가 가진 주식 수에 따라서 신주를 배정하기 위하여 신주인수의 청약을 할 기회를 부여하는 방식

② ① 외의 방법으로 특정한 자(해당 주권상장법인의 주식을 소유한 자를 포함한다)에게 신주를 배정하기 위하여 신주인수의 청약을 할 기회를 부여하는 방식

③ ① 외의 방법으로 불특정 다수인(해당 주권상장법인의 주식을 소유한 자를 포함한다)에게 신주인수의 청약을 할 기회를 부여하고 이에 따라 청약을 한 자에 대하여 신주(이미 발행한 주식을 포함한다)를 배정하는 방식

자본시장법에서도 상법에서와 같이 주주배정 및 제3자배정 방식의 신주발행을 인정하면서, 그 외 일반공모증자방식에 의한 신주발행을 인정하고 있다.

일반공모증자는 신주에 대한 우선권인 신주인수권을 인정하지 않는 것으로, 자본조달의 편의성을 위해서 인정되지만 이에 의할 때 주주의 신주인수권은 제한되어 기존주주의 경우 지분희석화의 불이익을 입을 수가 있으므로 그 발행가격의 공정성을 확보할 필요가 있다.

2. 일반공모증자

일반공모증자의 방식으로 신주를 배정하는 경우에는 정관으로 정하는 바에 따라 이사회의 결의로 다음의 어느 하나에 해당하는 방식으로 신주를 배정하여야 한다. 이 경우 상법 제418조 제1항 및 같은 조 제2항 단서[418]를 적용하지 아니한다(자법 제165조의 3 제4항).

---

418) 상법 제418조 (신주인수권의 내용 및 배정일의 지정 · 공고) ① 주주는 그가 가진 주식 수에 따라서 신주의 배정을 받을 권리가 있다.
② 회사는 제1항의 규정에 불구하고 정관에 정하는 바에 따라 주주 외의 자에게 신주를 배정할 수 있다. 다만, 이 경우에는 신기술의 도입, 재무구조의 개선 등 회사의 경영상 목적을 달성하기 위하여 필요한 경우에 한한다.

① 신주인수의 청약을 할 기회를 부여하는 자의 유형을 분류하지 아니하고 불특정 다수의 청약자에게 신주를 배정하는 방식

② 우리사주조합원에 대하여 신주를 배정하고 청약되지 아니한 주식까지 포함하여 불특정 다수인에게 신주인수의 청약을 할 기회를 부여하는 방식

③ 주주에 대하여 우선적으로 신주인수의 청약을 할 수 있는 기회를 부여하고 청약되지 아니한 주식이 있는 경우 이를 불특정 다수인에게 신주를 배정받을 기회를 부여하는 방식

④ 투자매매업자 또는 투자중개업자가 인수인 또는 주선인으로서 마련한 수요예측 등 대통령령으로 정하는 합리적인 기준[419]에 따라 특정한 유형의 자에게 신주인수의 청약을 할 수 있는 기회를 부여하는 경우로서 금융위원회가 인정하는 방식

3. 실권주의 처리

실권주란 신주를 배정하는 경우 그 기일까지 신주인수의 청약을 하지 아니하거나 그 가액을 납입하지 아니한 주식을 말한다. 기존에 자본시장에서 주식 · CB · BW 등을 발행할 때 주주배정 방식이 널리 활용되어 일반공모를 통한 발행시장 형성이 잘 이루어지지 않았고, 실권주가 그 처리 등의 과정을 통해서 대주주의 이익을 위한 편법적인 수단으로 남용될 소지가 있었다.

개정 자본시장법에서는 주식의 배정에 대하여 주주배정, 제3자배정, 일반공모증자의 방식을 인정하고, 주주배정 방식에서 실권주가 유리한 가격으로 제3자에게 배정되는 것을 방지하기 위하여 주주배정 과정에서 실권주가 발생하는 경우에는 원칙적으로 발행을 철회하도록 하였다(자법 제165조의 3 제2항).

다만, 금융위원회가 정하여 고시하는 방법에 따라 산정한 가격 이상으로 신주를 발행하는 경우로서 다음의 어느 하나에 해당하는 경우에는 그러하지 아니하다.

① 실권주가 발생하는 경우 대통령령으로 정하는 특수한 관계[420]에 있지 아니한 투자매매업자가 인수인으로서 그 실권주 전부를 취득하는 것을 내용으로 하는 계약을 해당 주권상장법인과 체결하는 경우

② 주주배정의 경우 신주인수의 청약 당시에 해당 주권상장법인과 주주간의 별도

419) 수요예측(발행되는 주식의 가격 및 수량 등에 대한 투자자의 수요와 주식의 보유기간 등 투자자의 투자성향을 금융위원회가 정하여 고시하는 방법에 따라 파악하는 것을 말한다)을 말한다(자령 제176조 제5항).

420) 계열회사의 관계를 말한다(자령 제176조의 8 제1항).

의 합의에 따라 실권주가 발생하는 때에는 신주인수의 청약에 따라 배정받을 주식수를 초과하는 내용의 청약(초과청약)을 하여 그 초과청약을 한 주주에게 우선적으로 그 실권주를 배정하기로 하는 경우. 이 경우 신주인수의 청약에 따라 배정받을 주식수에 대통령령으로 정하는 비율(20%)을 곱한 주식수를 초과할 수 없다.

③ 그 밖에 주권상장법인의 자금조달의 효율성, 주주 등의 이익 보호, 공정한 시장질서 유지의 필요성을 종합적으로 고려하여 대통령령으로 정하는 경우[421]

V. 우리사주조합원에 대한 우선배정

대통령령으로 정하는 주권상장법인[422] 또는 주권을 대통령령으로 정하는 증권시장[423]에 상장하려는 법인이 주식을 모집하거나 매출하는 경우 상법 제418조에도 불구하고 해당 법인의 우리사주조합원(「근로복지기본법」에 따른 우리사주조합원을 말한다)에 대하여 모집하거나 매출하는 주식총수의 100분의 20을 배정하여야 한다(자법 제165조의 7 제1항).

우리사주조합원이 소유하는 주식수가 신규로 발행되는 주식과 이미 발행된 주식의 총수의 100분의 20을 초과하는 경우[424]에는 이를 적용하지 아니한다(자법 제165조의 7 제2항).

---

421) 다음 각 호의 어느 하나에 해당하는 경우를 말한다(자령 제176조의 8 제3항).
1. 법 제130조에 따라 신고서를 제출하지 아니하는 모집 · 매출의 경우
2. 주권상장법인이 우리사주조합원(제176조의 9 제3항 제1호에 따른 우리사주조합원을 말한다)에 대하여 법 제165조의 7 또는 「근로복지기본법」 제38조 제2항에 따라 발행되는 신주를 배정하지 아니하는 경우로서 실권주(법 제165조의 6 제2항 각 호 외의 부분 본문에 따른 실권주를 말한다)를 우리사주조합원에게 배정하는 경우

422) 한국거래소가 법 제4조 제2항 각 호의 증권의 매매를 위하여 개설한 증권시장으로서 금융위원회가 정하여 고시하는 증권시장(유가증권시장)에 주권이 상장된 법인을 말한다(자령 제176조의 9 제1항).

423) 유가증권시장을 말한다(자령 제176조의 9 제2항).

424) 자령 제176조의 9 ③ 법 제165조의 7 제2항에 따른 우리사주조합원의 소유주식수는 법 제119조 제1항에 따라 증권의 모집 또는 매출에 관한 신고서를 금융위원회에 제출한 날(법 제119조 제2항 전단에 따른 일괄신고서를 제출하여 증권의 모집 또는 매출에 관한 신고서를 제출하지 아니하는 경우에는 주주총회 또는 이사회의 결의가 있은 날)의 직전일의 주주명부상 우리사주조합의 대표자 명의로 명의개서된 주식에 따라 산정한다. 다만, 「근로복지기본법」 제43조 제1항에 따른 수탁기관이 예탁결제원에 예탁한 주식의 경우에는 법 제310조 제1항에 따른 투자자계좌부에 따라 산정한다.

개정 자본시장법에서는 우리사주조합원에 대한 투자자로서의 지위 보호를 위하여 발행가액 등이 확정된 후의 청약이 가능하도록 하여 청약 시점을 개선하고 있다.[425)]

Ⅵ. 액면미달발행의 특례

상법에서는 자본충실의 원칙에 따라 원칙적으로 주식의 액면미달발행을 제한하고 있다(상법 제330조). 그러나 주식의 실제가치가 액면가에 미치지 못하는 경우에 자본조달에 어려움을 겪을 수 있으므로 주주총회의 특별결의와 법원의 인가를 얻어서 액면미달발행을 할 수 있도록 하고 있다(상법 제417조). 개정 상법에서는 주가가 액면가보다 낮은 경우에도 기업이 주식발행을 통해 자금조달이 가능하도록 무액면주식의 발행을 인정하고 있다(상법 제329조 제1항).

주권상장법인은 상법 제417조에도 불구하고 법원의 인가 없이 주주총회의 특별결의만으로 주식을 액면미달의 가액으로 발행할 수 있다. 다만, 해당 법인이 기존의 액면미달금액의 총액에 대하여 상각을 완료하지 아니한 경우에는 액면미달의 가액으로 발행할 수 없다(자법 제165조의 8 제1항). 주권상장법인은 주주총회에서 다르게 정하는 경우를 제외하고는 액면미달주식을 주주총회의 결의일부터 1개월 이내에 발행하여야 한다(자법 제165조의 8 제3항).

액면미달발행을 위한 주주총회의 결의에서는 주식의 최저발행가액을 정하여야 한다. 이 경우 최저발행가액은 대통령령으로 정하는 방법에 따라 산정한 가격[426)] 이상이어야 한다(자법 제165조의 8 제2항).

---

425) 자본시장법에서는 제3항을 추가하였다. 제165조의 4(우리사주조합원에 대한 주식의 배정 등에 관한 특례) ③ 제165조의 3 제1항 제1호의 방식으로 신주를 발행하는 경우 제1항에 따른 우리사주조합원에 대한 배정분에 대해서는 상법 제419조 제1항부터 제3항까지의 규정을 적용하지 아니한다.

426) 다음의 방법에 따라 산정된 가격 중 높은 가격의 100분의 70을 말한다(자령 제176조의 10). ① 주식의 액면미달가액 발행을 위한 주주총회의 소집을 결정하는 이사회의 결의일 전일부터 과거 1개월간 공표된 매일의 증권시장에서 거래된 최종시세가격의 평균액 ② 주주총회소집을 위한 이사회의 결의일 전일부터 과거 1주일간 공표된 매일의 증권시장에서 거래된 최종시세가격의 평균액 ③ 주주총회소집을 위한 이사회의 결의일 전일의 증권시장에서 거래된 최종시세가격

Ⅶ. 주주에 대한 통지 또는 공고의 특례

주권상장법인이 자본시장법 제165조의 6 또는 상법 제418조 제2항의 방식으로 신주를 배정할 때 금융위원회에 제출한 주요사항보고서가 제163조에 따라 금융위원회와 거래소에 공시된 경우에는 주주에게 통지 등에 관한 상법 제418조 제4항[427)]을 적용하지 아니한다(자법 제165조의 9).

Ⅷ. 사채의 발행 및 배정 등에 관한 특례

상법상 특수한 사채로는 기존에 전환사채(상법 제531조 제1항), 신주인수권부사채(상법 제516조의 2 제1항) 만이 인정되었으나, 상법개정으로 이익참가부사채, 교환사채, 상환사채, 파생결합사채 등 다양한 사채의 발행이 가능하게 되었다(상법 제469조 제2항).

주권상장법인은 정관으로 정하는 바에 따라 이사회의 결의로 상법 제469조 제2항, 제513조 및 제516조의 2에 따른 사채와 다른 종류의 사채로서 해당 사채의 발행 당시 객관적이고 합리적인 기준에 따라 미리 정하는 사유가 발생하는 경우 주식으로 전환되거나 그 사채의 상환과 이자지급의무가 감면된다는 조건이 붙은 사채, 그 밖에 대통령령으로 정하는 사채를 발행할 수 있다(자법 제165조의 11).

이를 조건부자본증권이라고 하며, 특정 발동요건(Trigger Event)이 발생시에 자동적으로 보통주로 전환되거나 상각되는 자본증권을 의미한다.[428)] 이는 상장된 중소·중견기업의 효율적이고 다양한 자금조달·합작투자 등을 위한 것으로, 전자는 전환형 조건부자본증권(자령 제176조의 12)이며, 후자는 상각형 조건부자본증권(자령 제176조의 13)이다.

또한 자본시장법에서는 사채의 발행 및 배정 등에 관한 특례규정을 두어 원칙적으

427) 제2항에 따라 주주 외의 자에게 신주를 배정하는 경우 회사는 제416조 제1호, 제2호, 제2호의 2, 제3호 및 제4호에서 정하는 사항을 그 납입기일의 2주 전까지 주주에게 통지하거나 공고하여야 한다.

428) 전환사채는 채권자가 전환권을 행사할 수 있음에 반하여 조건부자본증권의 경우 일정한 사유 발생이 전환권 행사의 요건이 된다는 점에서 역전환사채, 의무전환사채라고도 한다.

로 주식의 발행 및 배정 등에 관한 특례규정을 따르도록 하고,[429] 신주인수권부사채의 경우 기존에 비분리형만 인정하였지만, 자본시장법 개정으로 사채권자가 신주인수권증권만을 양도할 수 있는 사채를 인정하며, 이때는 사모의 방법으로 발행할 수 없도록 제한한다(자법 제165조의 10 제2항).

원래 자본시장법 개정안에는 신주인수선택권증권(자법 개정안 제165조의 7)의 발행을 허용하였는데, 이는 독립 워런트의 의미를 가지는 것으로 미리 정한 가액 등에 따라 신주의 발행 등을 상장기업에 대해 청구할 수 있는 콜옵션(현행은 BW · CB, 스톡옵션과 같은 특정한 형태로만 허용)이다. 신주인수선택권증권은 기업방어수단으로도 활용될 수 있었지만 개정법에는 채택되지 못하였다.

Ⅸ. 이익배당의 특례

자본시장법에서는 배당투자관행을 정착시킨다는 취지에서 분기배당제도를 도입하고 있다. 상법에서도 중간배당, 즉 영업년도 중 1회에 한하여 배당을 하는 것을 인정하고 있다.

분기배당은 직전 결산기의 재무상태표상의 순자산액에서 다음의 금액을 뺀 금액을 한도로 한다(자법 제165조의 12 제4항).

① 직전 결산기의 자본의 액

② 직전 결산기까지 적립된 자본준비금과 이익준비금의 합계액

③ 직전 결산기의 정기총회에서 이익배당을 하기로 정한 금액

④ 분기배당에 따라 해당 결산기에 적립하여야 할 이익준비금의 합계액

이렇게 배당재원이 당해 연도의 이익이 아니라는 점에서 이익배당과 구별된다. 그 성질에 대해서는 이익배당이 아니고 영업연도 중의 금전의 분배로 본다.

429) 자법 제165조의 10(사채의 발행 및 배정 등에 관한 특례) ① 주권상장법인이 제165조의 11 제1항에 따른 사채(주식으로 전환되는 조건이 붙은 사채에 한한다)와 상법 제469조 제2항 제2호, 제513조 및 제516조의 2에 따른 사채(주권 관련 사채권)를 발행하는 경우에는 제165조의 6 제1항 · 제2항 및 제4항, 제165조의 9를 준용한다.
② 주권상장법인이 상법 제516조의 2 제1항에 따른 사채를 발행할 때 같은 조 제2항 제4호에도 불구하고 사채권자가 신주인수권증권만을 양도할 수 있는 사채는 사모의 방법으로 발행할 수 없다.

Ⅹ. 주식배당의 특례

상법상 주식배당은 이익배당총액의 2분의 1에 상당하는 금액을 초과하지 못한다(상법 제462조의 2 제1항 단서). 그러나 주권상장법인은 이익배당총액에 상당하는 금액까지는 새로 발행하는 주식으로 이익배당을 할 수 있다(자법 제165조의 13 제1항). 다만, 해당 주식의 시가가 액면액에 미치지 못하면 상법의 규제에 따른다.

이때 주식의 시가는 주식배당을 결의한 주주총회일의 직전일부터 소급하여 그 주주총회일이 속하는 사업연도의 개시일까지 사이에 공표된 매일의 증권시장에서 거래된 최종시세가격의 평균액과 그 주주총회일의 직전일의 증권시장에서 거래된 최종시세가격 중 낮은 가액으로 한다(자령 제176조의 14).

Ⅺ. 공공적 법인의 배당

공공적 법인은 이익이나 이자를 배당할 때 정부에 지급할 배당금의 전부 또는 일부를 법인의 주주 중 다음에 해당하는 자가 정부[430]로부터 직접 매수하여 계속 소유하는 주식 수에 따라 배당하는 방법으로 이를 지급할 수 있다(자법 제165조의 14 제1항, 자령 제176조의 15 제1항).

① 해당 주식을 발행한 법인의 우리사주조합원

② 연간소득수준 및 소유재산규모 등을 고려하여 대통령령으로 정하는 기준에 해당하는 자[431]

그러나 현재 공공적 법인으로 한전만이 지정되어 있어, 이 규정이 큰 의미를 가지지 못하고 있다.

---

430) 한국은행, 한국산업은행, 그 밖에 「공공기관의 운영에 관한 법률」에 따른 공공기관 중 금융위원회가 지정하는 기관이 그 소유하는 공공적 법인의 발행주식을 매각한 경우에는 그 기관을 포함한다.

431) 다음 각 호의 어느 하나에 해당하는 자를 말한다(자령 제176조의 15 제2항).
1. 「한국주택금융공사법 시행령」 제2조 제1항에 따른 근로자
2. 「농어가 목돈마련저축에 관한 법률 시행령」 제2조 제1항에 따른 농어민
3. 연간소득금액이 720만원 이하인 자

XII. 의결권이 없거나 제한되는 주식의 특례

상법에 따르면 의결권의 배제 · 제한에 관한 종류주식을 많이 발행하게 되면 소수의 주주가 회사를 지배하게 되므로 이를 방지하기 위하여 발행주식총수의 4분의 1을 초과할 수 없도록 하고 있다(상법 제344조의 3 제2항)

그러나 자본시장법 상 의결권 없는 주식의 총수는 발행주식총수의 2분의 1을 초과할 수 없도록 해서 한도를 넓히고 있다(자법 제165조의 15 제2항).

위 한도 적용시 불산입항목이 인정되어 상법 제370조 제2항에 따른 의결권 없는 주식의 총수에 관한 한도를 적용할 때 주권상장법인이 다음의 어느 하나에 해당하는 경우에 발행하는 의결권이 없거나 제한되는 주식은 그 한도를 계산할 때 산입하지 아니한다(자법 제165조의 15 제1항).

① 대통령령으로 정하는 방법[432]에 따라 외국에서 주식을 발행하거나, 외국에서 발행한 주권관련 사채권 그 밖에 주식과 관련된 증권의 권리행사로 주식을 발행하는 경우

② 국가기간산업 등 국민경제상 중요한 산업을 경영하는 법인 중 대통령령으로 정하는 기준[433]에 해당하는 법인으로서 금융위원회가 의결권 없는 주식의 발행이 필요하다고 인정하는 법인이 주식을 발행하는 경우

XIII. 주권상장법인 재무관리기준

금융위원회는 투자자를 보호하고 공정한 거래질서를 확립하기 위하여 다음의 사항에 관하여 주권상장법인 재무관리기준[434]을 정하여 고시하고 필요한 권고를 할 수 있

432) 상장하기 위하여 주식을 모집 또는 매출하는 법인이 금융위원회가 정하여 고시하는 바에 따라 해외증권을 의결권 없는 주식으로 발행하는 것을 말한다(자령 제176조의 16 제1항).

433) 다음 각 호의 어느 하나에 해당하는 법인을 말한다(자령 제176조의 16 제2항).
1. 정부(한국은행 · 한국산업은행 및 「공공기관의 운영에 관한 법률」에 따른 공공기관을 포함한다)가 주식 또는 지분의 100분의 15 이상을 소유하고 있는 법인
2. 다른 법률에 따라 주식취득 또는 지분참여가 제한되는 사업을 하고 있는 법인

434) 주권상장법인 재무관리기준은 「증권의 발행 및 공시 등에 관한 규정」 제5장 제3절에서 규정하고 있다.

다. 다만, 주권과 관련된 증권예탁증권이 증권시장에 상장된 경우에는 그 주권을 발행한 법인에 대하여는 주권상장법인 재무관리기준을 다르게 정할 수 있다(자법 제165조의 16 제1항).

① 유상증자의 요건에 관한 사항
② 주권 관련 사채권의 발행에 관한 사항
③ 배당에 관한 사항
④ 대통령령으로 정하는 해외증권[435]의 발행에 관한 사항
⑤ 그 밖에 건전한 재무관리에 필요한 것으로서 대통령령으로 정하는 사항

XIV. 이사회의 성별 구성에 관한 특례

최근 사업연도말 현재 자산총액[금융업 또는 보험업을 영위하는 회사의 경우 자본총액(재무상태표상의 자산총액에서 부채총액을 뺀 금액을 말한다) 또는 자본금 중 큰 금액으로 한다]이 2조원 이상인 주권상장법인의 경우 이사회의 이사 전원을 특정 성(性)의 이사로 구성하지 아니하여야 한다(자법 제165조의 20).

435) 주권상장법인이 해외에서 발행하는 주권 · 전환사채권 · 신주인수권부사채권 · 이익참가부사채권 · 교환사채권 · 증권예탁증권, 그 밖에 이와 비슷한 증권을 말한다(자령 제176조의 17 제1항).

제4편

불공정거래규제

제1장 내부자거래

제2장 시세조종 등 불공정거래행위의 금지

제3장 부정거래행위

제4장 시장질서 교란행위의 금지

제1장 내부자거래

제1절 단기매매차익반환제도

Ⅰ. 서설

1. 의의

내부자거래는 증권시장에 대한 신뢰를 손상케 하는 것임에도 불구하고 실제로 그것을 증명하기란 쉽지 않다. 증권시장에서 내부자거래에 대한 소문이나 의혹은 무성하지만 실제로 조사를 통하여 형사처벌을 받거나 손해배상에 이른 예는 그다지 많지 않다. 단기매매차익반환규정은 이러한 내부자거래규제의 어려움을 덜기 위하여 마련된 규정이다.

단기매매차익반환제도는 일정한 내부자에 대하여 단기매매차익을 얻은 경우 내부정보의 이용 여부에 불구하고 당해 법인에 반환하도록 하는 것이다. 자본시장법에서는 "주권상장법인의 임원, 직원(직무상 미공개중요정보를 알 수 있는 자에 한한다) 또는 주요주주가 특정증권 등을 매수한 후 6개월 이내에 매도하거나 특정증권 등을 매도한 후 6개월 이내에 매수하여 이익을 얻은 경우에는 그 법인은 그 임직원 또는 주요주주에게 그 이익을 그 법인에게 반환할 것을 청구할 수 있다."고 규정하고 있다(자법 제172조 제1항).

관련사항 **단기매매차익반환제도와 미공개중요정보 이용행위의 금지제도**

① 단기매매차익반환제도는 일정한 내부자의 신분만 구비하면 실제 미공개정보를 이용하였는가 여부를 불문하고 제한을 가하는 것이다. 그러나 미공개중요정보 이용행위의 금지제도는 내부자의 신분을 가진 자가 미공개중요정보를 이용하여 거래를 해야 규제를 받는다.
② 미공개중요정보 이용행위의 금지제도는 미공개중요정보를 이용한 행위에 비난가능성이 있기 때문에 형사제재를 받는다. 그러나 단기매매차익반환제도는 정보이용의 개연성에만 기초하여 규제하는 것으로 범죄성이 인정되지 않는다. 따라서 매매차익만 반환하게 하여 거래의 이익을 규제할 뿐이다.
③ 단기매매차익제도는 정보이용 가능성에 기초함에 대하여 미공개중요정보 이용행위의 금지제도는 실제로 정보를 이용한 사실을 비난하는 것으로 규제대상인 내부자의 범위를 달리한다. 이에 따라 단기매매차익반환제도는 형식적인 기준에 의하여 그 범위가 제한됨에 반하여 미공개중요정보 이용행위의 금지제도는 정보접근의 가능성이 있는 자를 광범위하게 포함한다.

2. 위헌 여부

단기매매차익반환규정은 이사 등이 매수 후 6개월내에 당해 주식을 매도할 의도를 가졌는가에 상관없이 적용된다. 이사 등이 매수의 시점에서 단기간 내에 당해 주식을 처분할 의도를 가졌는가 여부를 증명하는 것은 불가능하기 때문이다. 따라서 내부정보이용자와 순수한 마음을 가지고 기술적인 오류를 범한 자 사이에 아무런 도덕적 차이를 두지 않으며, 반면에 보다 간교한 내부자는 규정에서 정한 기준을 넘어서지 않음으로서 그 책임을 면할 수 있다는 비판이 가해진다.[436]

이렇게 내부정보의 부당이용에 상관없이 반환의무를 부과하는 것이 재산권 보호에 관한 헌법위반은 아닌가라는 문제가 발생한다. 이에 대해서 헌법재판소는 "증권거래법 제188조 제2항은 단기매매차익을 반환하게 함으로써 일반투자자들의 이익을 보호함과 동시에 증권시장의 공평성, 공정성을 확보함으로써 일반투자자들의 증권시장에 대한 신뢰를 확보하고자 하는데 비하여, 이로 인하여 제한되는 청구인들과 같은 내부자의 재산권에 대한 제한은 내부자에게 일체의 주식거래를 금지하는 것이 아니라 단지 단기매매에 해당하는 경우 그 이익을 회사로 반환하도록 하는데 그치고, 나아가 내부정보를 이용하였다고 하더라도 6월의 기간이 지나면 아무런 제한 없이 주식거래를 할 수 있고 그 차익도 보유할 수 있으므로 이 사건 법률조항에 의한 재산권의 제한이 이로 인하여 달성할 수 있는 공익에 비하여 결코 크다고 볼 수도 없다."고

436) Thomas Lee Hazen, The Law of Securities Regulation(5th ed.), Thomson/West, 2005, p.572.

하여 합헌성을 인정하였다.[437)]

Ⅱ. 적용범위 및 요건

1. 증명의 범위

일반적으로 동조의 반환의무는 구체적인 거래에 있어서 내부정보가 현실적으로 이용되었는지 여부에 상관없이 부과된다. 내부정보를 현실로 이용한 것을 동조의 반환의무의 발생요건으로 하면, 당해 사실을 증명하는 것이 매우 어렵기 때문이다.

일본이나 미국[438)]의 경우 " '비밀을 부당하게 이용하는 것을 방지하기 위하여'라는 문구가 있으므로 내부정보가 현실적으로 이용된 것을 반환의무 발생의 요건으로 해야 하고, 그렇게 해석하지 않으면 동조는 헌법에 저촉될 가능성이 생기게 된다."라거나,[439)] "내부정보의 현실적인 이용을 반환의무 발생의 요건으로 해야 하는 것은 아니라는 점에 대해서는 찬성하지만 부당한 이용의 가능성이 전혀 없는 경우에까지 동조의 반환의무가 생긴다고 해석하는 것은 의문이다."는 견해도 있다.[440)]

미국 판례에서도 그 증명의 범위를 제한하고 있다. 판례를 보면 "16조 (b)항은 내부자에 의해 미공표 된 정보를 이용한 투기적인 단기매매로부터 외부의 주주를 보호하기 위해 제정된 것이다. 따라서 입안자가 이러한 목적을 위해서 유효하다고 생각한 유일의 방법은 객관적인 증명의 기준에 기초해 책임을 과하는 것이다."고 하

---

437) 헌법재판소 2002.12.18. 선고 99헌바105, 2001 헌바48(병합) 결정; 일본 대법원도 동조의 규제수단이 입법목적달성을 위한 수단으로써 필요 또는 합리성을 흠결한 것이 아니고 헌법에 위반한 것은 아니라고 판단함에 있어서 다음과 같이 판시하였다. "동조는 거래의 태양 등을 고려하여 이러한 비밀의 부당이용의 여지가 없다고 생각되는 거래의 유형을 정할 것을 대장성령에 위임한 것이지만 위 목적(내부정보의 부당한 이용)을 달성하기 위해서 동 규정을 적용할 필요가 없는 거래는 대장성령에 정해진 경우에 한하는 것은 아니고 유형적으로 보아서 거래의 태양 자체로 보아 상기 비밀을 부당하게 이용할 것이 인정되지 않는 경우에는 동조는 적용되지 않는다고 해석하는 것이 상당하다."(最高判 平成14.2.23., 民輯56券2號, 332면)고 하였으며, 證券取人法 제164조 제8항에서 적용제외를 규정하고 있는데, 우리나라와 같이 "매수 또는 매도의 태양 기타 사정을 고려하여 대장성령에서 정한 경우"로 하고 있다.

438) 15 U.S.C.A. §78p(b).

439) 佐夕木秀雄, "會社役員に對する不當利益返還請求權發生の要件", 「商事法務」 789號(1977), 31면.

440) 森田 章, 判批(東高判 平成45.5.27.), 「判評」 409號(1995), 217면.

며,[441] "현실적으로 내부정보가 불공정하게 이용되었다는 것을 증명해야 한다는 주관적 증명의 기준에 의하면 6개월내에 이익을 얻을 목적이었는가를 묻지 않는 규정의 취지가 무의미해진다."고 하였고,[442] "객관적 기준은 사실상 법정의 기간내에 생긴 모든 거래에 대해서 내부자의 의도 내지 현실의 투기적 거래의 존재 유무에 상관없이 엄격한 책임을 과하는 것이고, 이러한 접근에 의할 때 증명의 곤란을 완화함으로써 내부정보의 부당한 이용에 의한 투기적 거래를 근절하려는 법의 기능을 최대한으로 발휘시킨다."고 하였다.[443]

통계에 의하면, 이 제도를 위반하는 주체가 임원, 주요주주보다는 내부정보에 접근이 쉽지 않은 직원이 압도적으로 많으며, 그 위반은 또한 제도에 대한 충분한 이해부족에 많은 부분 기인한다며, 적어도 이 제도가 본래의 취지와 다소 동떨어진 방향으로 규제를 실현하는 측면이 있음을 부인할 수 없다고 한다.[444]

그러나 우리나라의 헌법재판소는 이에 대해서 "증권거래법 제188조 제2항이 정하는 단기매매차익반환제도는 문면상 내부자가 실제로 미공개내부정보를 이용하였는지 여부에 관계없이 ① 내부자가 ② 6월 이내의 기간에 ③ 자기회사의 주식 등을 거래하여 ④ 차익이 발생한 경우라는 형식적인 요건에만 해당하면 반환책임이 성립하고, 내부정보를 이용하지 않고 주식거래를 하였다는 등 일체의 반증을 허용하지 않는 내부자에 대한 엄격책임을 부과하고 있다. 이는 미공개내부정보의 이용 유무를 적용의 적극 또는 소극 요건으로 할 경우 그 증명 및 인정이 실제상 극히 곤란하기 때문에 단기매매차익청구권의 신속하고 확실한 행사를 방해하고 결국 입법목적을 잃게 되는 결과를 가져온다는 점 및 일반투자자들의 증권시장에 대한 신뢰의 제고라는 입법목적을 고려한 불가피한 입법적 선택이라 할 것이다."고 하여, 주관적 증명을 요구하지 않는다고 하였다.[445]

대법원도 "단기매매차익 반환제도는 주권상장법인 또는 협회등록법인(현 코스닥상장법인)의 내부자가 6월 이내의 단기간에 그 법인의 주식 등을 사고 파는 경우 미공개내부정보를 이용하였을 개연성이 크다는 점에서 거래 자체는 허용하되 그 대신 내부자가 실제로 미공개내부정보를 이용하였는지 여부나 내부자에게 미공개내부정보

441) Smolowe v. Delendo Corp., 136 F. 2d 231, 235(2nd Cir. 1943), cert. denied 320 U.S. 751.
442) Ibid., p.236.
443) Bershad v. McDonough, 428 F. 2d 693, 696(7th Cir. 1970). cert. denied 400 U.S. 992.
444) 최민용,"단기매매차익의 반환 –매매의 개념을 중심으로–",「상사판례연구」 제19집 제4권(2006), 159면; 자본시장법에서는 직무상 미공개중요정보를 알 수 있는 자로서 대통령령으로 정하는 자에 한한다.
445) 헌법재판소 2002.12.18. 선고 99헌바105, 2001 헌바48(병합) 결정.

를 이용하여 이득을 취하려는 의사가 있었는지 여부를 묻지 않고 내부자로 하여금 그 거래로 얻은 이익을 법인에 반환하도록 하는 엄격한 책임을 인정함으로써 내부자가 미공개내부정보를 이용하여 법인의 주식 등을 거래하는 행위를 간접적으로 규제하려는 제도라 할 것이다."고 하여 증명책임을 제한하고 있다.[446]

2. 차익반환의무자

(1) 주요주주

다음의 경우 주요주주로 본다(자법 제9조 제1항). ① 누구의 명의로 하든지 자기의 계산으로 법인의 의결권 있는 발행주식총수의 100분의 10 이상의 주식(그 주식과 관련된 증권예탁증권을 포함한다)을 소유한 자 ② 임원의 임면(임면) 등의 방법으로 법인의 중요한 경영사항에 대하여 사실상의 영향력을 행사하는 주주로서 대통령령으로 정하는 자

여기서 "대통령령으로 정하는 자"란 다음의 어느 하나에 해당하는 자를 말한다(자령 제9조). ① 단독으로 또는 다른 주주와의 합의 · 계약 등에 따라 대표이사 또는 이사의 과반수를 선임한 주주 ② 경영전략 · 조직변경 등 주요 의사결정이나 업무집행에 지배적인 영향력을 행사한다고 인정되는 자로서 금융위원회가 정하여 고시하는 주주

자본시장법에서는 주요주주에 대하여 "주요주주가 매도 · 매수한 시기 중 어느 한 시기에 있어서 주요주주가 아닌 경우에는 적용하지 아니한다."고 규정하고 있다(자법 제172조 제6항). 이와 관련하여 주요주주가 내부자로 간주되는 시기에 대하여는 견해가 갈린다. 먼저 이전설의 입장은 매도 · 매수한 시기 중 어느 한 시기에 있어서 주요주주가 아닌 경우에는 단기매매차익반환의무를 부담하지 않는다고 한다. 즉 주요주주가 아닌 자가 매수로 인하여 주요주주가 된 경우에는 단기매매차익반환규정이 적용되지 않는다는 것이다. 이에 반해 동시설은 주식을 매수하여 주요주주가 되는 때에도 단기매매차익반환의무가 적용된다는 견해이다. 그러나 후자의 경우 매수 당시에 회사의 내부정보를 이용하였다고 볼 수 없고, 특히 자본시장법 제172조 제6항의 "매수한 시기"를 "매수한 후"로 해석하는 것은 부당하며, 규정의 형식과 취지상 "매수할 당시"로 해석하여야 하므로 이전설의 입장이 타당하다고 본다.[447]

446) 대법원 2004.5.28. 선고 2003다60396 판결.
447) 임재연, 앞의 책, 684면.

참조판례

"내부자로 하여금 그 단기매매차익을 반환할 의무를 부담하도록 하기 위하여서는 그 내부자가 그러한 주식거래의 직접적인 주체이거나, 그 주체가 아닌 경우에는 그 주체의 행위를 그 내부자의 행위와 동일시할 수 있는 경우에 해당하여야 한다."며 처에게 주식거래을 위임한 경우에는 이 규정이 적용된다고 하였다(대법원 2007.11.30. 선고 2007다24459 판결).

(2) 임원과 직원

임원에는 등기이사 · 감사뿐만 아니라 사실상 당해 법인의 이사의 업무를 수행하는 소위 비등기임원도 이에 해당한다. 그리고 상법상 업무집행지시자(상법 제401조의 2)도 포함된다. 직원은 임원 이외의 모든 피용자를 의미한다. 자본시장법에서는 직무상 미공개중요정보를 알 수 있는 자로서 대통령령으로 정하는 자에 한하고 있다.

여기서 "대통령령으로 정하는 자"란 다음의 어느 하나에 해당하는 자로서 증권선물위원회가 미공개중요정보를 알 수 있는 자로 인정하는 자를 말한다(자령 제194조). ① 그 법인에서 자본시장법 제161조 제1항 각 호의 어느 하나에 해당하는 사항의 수립 · 변경 · 추진 · 공시, 그 밖에 이에 관련된 업무에 종사하고 있는 직원 ② 그 법인의 재무 · 회계 · 기획 · 연구개발에 관련된 업무에 종사하고 있는 직원

임원 · 직원이 내부자로 간주되는 시기와 관련하여 주요주주에 대한 것과 같은 규정이 없으므로 매도하거나 매수한 어느 한 시기에만 임 · 직원의 지위에 있으면 적용대상이 된다.

판례는 법인 내부자가 정직처분을 받아 신분 및 임무수행상의 제한을 받는 상태에서 그 법인의 주식을 매수한 경우에도 이 규정의 적용을 받는다고 하였다.[448)]

3. 거래의 유형

자본시장법에 따르면 증권에 대한 매수 및 매도를 행위유형으로 요구하고 있지만, 위 규정은 내부자거래를 규제하여 증권시장의 공정성을 제고하기 위한 것으로서 이를 위해서는 매수 및 매도의 의미를 융통성 있게 해석할 필요가 있다.

미국의 경우 전환사채나 전환우선주식의 보통주식으로의 전환, 합병이나 자본재구성시의 주식의 교환 등 비전형적 거래도 당해 거래유형이 내부정보의 투기적 남용을

448) 대법원 2008.3.13. 선고 2006다73218 판결.

초래하는 것인 한 매수 또는 매도에 해당하는 것으로 해석한다.[449)]

우리나라 법원도 증권거래법상 매수에는 민법상의 전형계약인 매매 외에 신주인수와 같은 비전형적 거래도 포함된다고 하고 있다.[450)] 예를 들면 회사의 악재를 알고 있는 내부자가 주식을 매도한 후에 지배력을 유지하기 위해서 다시 주식을 매입하는 경우에 매수의 방법이 아니고 주주총회나 이사회를 통하여 제3자배정에 의한 유상증자를 시행하게 하여 이를 자신이 인수하는 방법을 이용할 수 있다. 단기매매차익반환규정의 유효성을 확보하기 위해서는 이러한 편법에 대해서도 그 적용을 인정할 필요가 있다.

법원은 이사가 차명계좌를 통하여 공개시장에서 주식을 매도한 후 같은 날 같은 가격으로 매도수량 중 일부를 실명계좌로 다시 매수한 경우, "비록 공개시장에서의 증권예탁에 혼합임치의 성격이 있어 매도 및 매수되는 주식을 특정할 수 없다 할지라도 실질적으로 동일한 시점에 차명계좌로부터 매도주문과 실명계좌로부터의 매수주문이 존재하였다면 차명계좌에서의 매도가격과 실명계좌에서의 매수가격이 정확히 일치하는 수량에 관한 한 증권거래법 제188조 제2항의 적용대상인 매매에 해당하지 아니한다고 보아야 한다."고 판시하였다.[451)]

자본시장법에서는 매매를 옵션을 포함하는 취지로 정의하고 있다. 즉 매수에는 "권리 행사의 상대방이 되는 경우로서 매수자의 지위를 가지게 되는 특정증권 등의 매도"를 포함하고, 매도에는 "권리를 행사할 수 있는 경우로서 매도자의 지위를 가지게 되는 특정증권 등의 매수"를 포함한다. 이는 매도선택권과 그것을 포함한 파생결합증권의 매도 · 매수를 의미한다. 여기에는 매수선택권(콜 옵션)은 포함되지 않는다. 매수선택권의 매수나 매도는 그 자체를 특정증권 등의 매수나 매도로 처리하는 것이 타당하기 때문이다.

그리고 상속이나 증여에 의한 무상취득, 주식배당, 주식분할, 주식병합에 의한 주식취득은 매수 또는 매도에 해당되지 않는다.

---

449) 미국 증권거래법 제3조 (a)항 (13), (14)호가 매수를 매수 혹은 기타 취득을 위한 모든 계약을 포함하는 개념으로, 매도를 매도 또는 기타 처분을 위한 모든 계약을 포함하는 개념으로 정의하고 있다(SEA(1934) §3(a)).

450) 서울지법 2000.6.9. 선고 98가합114133 판결.

451) 대법원 2005.3.25. 선고 2004다30040 판결.

4. 예외의 인정범위

자본시장법 제172조 제6항에 따르면 "매도 또는 매수의 성격 기타 사정 등을 감안하여 대통령이 정한 경우"[452]에 적용제외를 인정하는데, 이는 유형적으로 보아 거래의 태양 자체에서 비밀을 부당하게 이용한 것이 아닌 경우에는 적용제외를 인정하는 것이다.

시행령상의 예외의 범위를 예시적으로 본 하급심 판결이 있지만,[453] 대법원은 "증권거래법 제188조 제2항이 적용되지 아니하는 경우로서 같은 조 제8항 및 이에 근거한 구 증권거래법 시행령 제83조의 6에서 정한 예외사유는 한정적으로 열거된 것으로서 구 시행령에서 정하지 아니한 사유로까지 그 반환책임의 예외사유를 넓힐 것을 예정한 것은 아니다. 다만, 위 조항의 입법목적과 단기매매차익반환의 예외를 정한 구 시행령 제83조의 6의 성격 및 헌법 제23조가 정하는 재산권 보장의 취지를 고려하여 위 예외사유에 해당하지 아니하더라도 내부자거래에 의한 주식거래가 아님이 명백한 경우 즉 거래의 유형상 애당초 내부정보의 이용가능성이 객관적으로 없는 경

---

452) 시행령에서는 단기매매차익반환규정의 적용이 제외되는 거래유형으로 다음의 경우를 들고 있다(자령 제198조).
① 법령에 따라 불가피하게 매수하거나 매도하는 경우
② 정부의 허가 · 인가 · 승인 등이나 문서에 의한 지도 · 권고에 따라 매수하거나 매도하는 경우
③ 안정조작이나 시장조성을 위하여 매수 · 매도 또는 매도 · 매수하는 경우
④ 모집 · 사모 · 매출하는 특정증권 등의 인수에 따라 취득하거나 인수한 특정증권 등을 처분하는 경우
⑤ 주식매수선택권의 행사에 따라 주식을 취득하는 경우
⑥ 이미 소유하고 있는 지분증권, 신주인수권이 표시된 것, 전환사채권 또는 신주인수권부사채권의 권리행사에 따라 주식을 취득하는 경우
⑦ 자본시장법 제172조 제1항 제2호에 따른 증권예탁증권의 예탁계약 해지에 따라 자본시장법 제172조 제1항 제1호에 따른 증권을 취득하는 경우
⑧ 자본시장법 제172조 제1항 제1호에 따른 증권 중 제196조 제1호 라목에 따른 교환사채권 또는 자본시장법 제172조 제1항 제3호에 따른 교환사채권의 권리행사에 따라 증권을 취득하는 경우
⑨ 모집 · 매출하는 특정증권 등의 청약에 따라 취득하는 경우
⑩ 「근로자복지기본법」 제32조에 따라 우리사주조합원에게 우선 배정된 주식의 청약에 따라 취득하는 경우
⑪ 주식매수청구권의 행사에 따라 주식을 처분하는 경우

453) "시행령 제83조의 6의 단기매매차익반환의 예외사유 규정 또한 예외사유를 한정적으로 열거한 것이 아니라 이를 예시한 것으로 봄이 타당하다고 할 것인바, 단기매매차익이 통상적인 주식매매에서 발생한 것이 아니라 합병을 위한 매수, 기업지배권을 획득하기 위한 공개매수, 또는 적대적 M&A를 방어하기 위한 매수 등 비통상적인 매매와 관련하여 발생한 경우에 그 매매가 비자발적인 것이었고 차익의 발생이 내부중요정보의 이용과 상관없는 것이라면 이는 단기매매차익반환대상에서 제외하는 것이 법 제188조 제2항, 제8항에 부합하는 것이다."(서울지법 남부지원 2000.3.24. 선고 99가합7825 판결).

우에는 법 제188조 제2항이 적용되지 아니할 뿐이다."고 하였다.[454)]

대법원은 주요주주가 공개시장을 통하여 주식매수를 통한 기업인수를 시도하였다가 사정상 포기하고 주식을 매도한 경우, "피고가 적대적 주식대량매수자의 지위에서 주식을 거래하였다는 그 외형 자체만으로부터 내부정보에의 접근 가능성이 완전히 배제된다고 볼 수는 없는 점을 고려하면 결국 '내부정보에 대한 부당한 이용의 가능성이 전혀 없는 유형의 거래'에는 해당하지 않는다고 보아야 할 것이므로, 같은 법 제188조 제2항의 적용 대상인 매도에 해당하여 단기매매차익의 반환책임을 피할 수 없다고 할 것이다."고 하여 단기매매차익반환책임을 인정하였다.[455)] 또한 회사가 주가의 하락을 막고 회사에 대한 적대적 기업인수에 대한 방어책으로 주식을 매수했으나, 경영악화로 타 회사에 부득이 회사의 경영권을 양도하기 위한 수단으로 주식을 매도한 경우에도 내부정보의 이용가능성을 인정하였다.[456)]

5. 적용대상 금융투자상품

단기매매차익반환규정이 적용되는 금융투자상품에 대하여 내부자거래규제의 대상이 되는 특정증권 등과 동일하게 규정하여 다음을 들고 있다(자법 제172조 제1항).

① 그 법인이 발행한 증권(대통령령으로 정하는 증권[457)]을 제외한다)

② ①의 증권과 관련된 증권예탁증권

③ 그 법인 외의 자가 발행한 것으로서 ① 또는 ②의 증권과 교환을 청구할 수 있는 교환사채권

④ ①부터 ③까지의 증권만을 기초자산으로 하는 금융투자상품

---

454) 대법원 2004.2.12. 선고 2002다69327 판결; 대법원 2004.5.28. 선고 2003다60396 판결; 헌법재판소도 같은 취지이다(헌법재판소 2002.12.18. 선고 99헌바105, 2001 헌바48(병합) 결정).

455) 대법원 2004.5.28. 선고 2003다60396 판결.

456) 대법원 2004.2.13. 선고 2001다36580 판결.

457) 단기매매차익반환면제증권으로 다음을 든다(자령 제196조).
① 채무증권. 다만, 다음 각 목의 어느 하나에 해당하는 증권은 제외한다
가. 전환사채권
나. 신주인수권부사채권
다. 이익참가부사채권
라. 그 법인이 발행한 지분증권(이와 관련된 증권예탁증권을 포함한다) 또는 가목부터 다목까지의 증권(이와 관련된 증권예탁증권을 포함한다)과 교환을 청구할 수 있는 교환사채권
② 수익증권
③ 파생결합증권(법 제172조 제1항 제4호에 해당하는 파생결합증권은 제외한다)

6. 반환청구권자

단기매매차익반환에 있어서 거래를 통한 손해는 거래상대방이 보게 되는데 반하여 이익의 반환청구권은 회사가 가진다는 특색이 있다. 단기매매차익반환의 1차적인 청구권자는 당해 법인이다. 당해 법인의 주주는 그 법인에 대하여 반환청구를 하도록 요구할 수 있으며, 당해 법인이 그 요구를 받은 날부터 2월내에 그 청구를 하지 아니하는 때에만 그 주주는 당해 법인을 대위하여 그 청구를 할 수 있다(자법 제172조 제2항).

이전에는 증권선물위원회도 법인을 대위하여 청구할 수 있었다. 지금은 이를 삭제하고 증권선물위원회의 해당법인에 대한 통보와 단기매매차익의 공시제도를 도입하여 보완하고 있다(자법 제172조 제3항).

7. 이익의 산정

시행령에서 이익산정에 대한 기준을 제시하고 있는데, 이에 따르면 이익은 원칙적으로 다음과 같이 된다(자령 제195조).

이익 = (매도 평균단가 − 매수평균단가)×매도 수량과 매수 수량 중 적은 값 − 비용

시행령에 따를 때 단순한 주가차이를 기본적인 이익으로 보게 된다. 그러나 주가란 시장상황에 따라서 변동하는 것이므로 그 변동분을 전부 이익으로 볼 수는 없다. 예를 들어 주식시장 상황의 호전으로 주가가 상승한 경우에는 그 상승분은 이익에서 빼야 할 것이다. 따라서 업종평균 변동률을 산정하고 이에 대해서 개별기업의 차별적 변동액을 이익으로 산정하는 것이 타당한 방안일 것이다.

6개월 기간내에 수차례의 거래가 이루어지는 중복거래의 경우에 이익을 어떻게 산정할 것인가도 문제인데, 이에 대해서는 다양한 견해가 있다. ① 수수료 및 거래세를 매도대금총액에서 매수대금총액과의 차액에 의하는 총액차감법 ② 6개월내의 거래량을 가중치로 한 매도평균가격에서 매수평균가격을 공제하여 차익을 산정하는 가중평균법 ③ 매수한 순서와 매도한 순서를 맞추어 순서대로 매도가격에서 매수가격을 공제하여 차액을 산정하는 선입선출법 ④ 6개월내의 매수분은 최저가부터, 매도분은

최고가부터 순서대로 배열하고, 거래량을 가중치로 하여 매도가격에서 매수가격을 공제하여 차익만 합산하고, 차손은 공제하지 않음으로써 가능한 최대의 이익을 산정하는 매수최저가 · 매도최고가방식 등이 있다.[458] 우리나라의 시행령은 선입선출법에 의하고 있다.

법원은 지배주식의 양도와 함께 경영권이 주식양도인으로부터 주식양수인에게 이전하는 경우 "경영권의 이전은 지배주식의 양도에 따르는 부수적인 효과에 불과하고, 그 양도대금은 지배주식 전체에 대하여 지급되는 것으로서 주식 그 자체의 대가임이 분명하다."고 하여,[459] 경영권 프리미엄 또한 주식의 단기매매로 인하여 얻은 이익에 해당한다고 하였다.

또한 법원은 "이사가 차명계좌를 통하여 공개시장에서 주식을 매도한 후 같은 날 같은 가격으로 매도 수량 중 일부를 실명계좌로 다시 매수한 경우, 매도일시 및 가격과 매수일시 및 가격이 일치하는 부분을 제외한 나머지 부분에 대하여만 단기매매차익의 반환을 명해야 한다."고 판시하였다.[460]

8. 단기매매차익의 공시

증권선물위원회는 단기매매차익의 발생사실을 알게 된 때는 해당 법인에 그 사실을 통보하여야 한다. 이 경우 해당 법인은 통보받은 내용을 인터넷 홈페이지 등을 이용하여 이를 공시하여야 한다(자법 제172조 제3항, 자령 제197조).

9. 청구기간

법인(또는 주주)의 이익반환청구권은 이익의 취득이 있는 날로부터 2년내에 행사하지 않으면 소멸한다(자법 제172조 제5호). 이 기간은 제척기간으로 본다.

---

458) 미국의 판례는 대부분 이 방식에 의한다고 한다. 임재연, 앞의 책, 698면.
459) 대법원 2004.2.13. 선고 2001다36580 판결.
460) 대법원 2005.3.25. 선고 2004다30040 판결.

Ⅲ. 실효성

단기매매차익반환규정은 기본적으로 내부정보이용을 규제하기 위한 것이지만 실질적으로 내부정보의 이용에 대한 증명을 요하지 않음으로서 일정한 유형적 거래에 해당하는 한 위 규정의 적용을 받게 된다.

따라서 판례가 인정한 바와 같이 적대적 기업매수를 시도하다가 대상회사의 저항에 부딪쳐 이를 포기하고 매각하는 경우에도 그 내부정보의 이용 여부에 상관없이 이 조항의 적용을 받게 된다. 다만 이 조항이 적용되기 위해서는 매수 · 매도 시점에 모두 10% 이상의 지분을 소유하는 주요주주에 해당하여야 하고, 매수 후 6개월 이내에 매도하는 경우에만 적용할 수 있기 때문에 이에 대한 회피가 쉽게 이루어질 수 있다. 따라서 실질적인 관점에서 그 적용가능성이 크지는 않다. 결과적으로 단기매매차익반환규정보다는 그 적용요건을 넓혀서 그 실효성을 높일 필요성이 있게 되는데, 미국에 있어서 이 법을 근거로 이루어진 이익반환법[461]은 그 입법에 있어서 좋은 예시가 될 것이다.

제2절 미공개중요정보 이용행위의 금지

Ⅰ. 서설

1. 의의

미공개중요정보 이용행위의 금지는 소위 내부자거래의 금지로서 자본시장법에서는 “내부자는 상장법인의 업무 등과 관련된 미공개중요정보, 즉 투자자의 투자판단에 중대한 영향을 미칠 수 있는 정보로서 불특정 다수인이 알 수 있도록 공개되기 전

461) 이익반환법에 따를 때 지배주주가 되기 전 24개월 이내 또는 지배주주가 된 후 18개월내에 주식을 취득한 후 지배주주가 된 후 18개월 이내에 주식의 처분으로 이익을 얻은 경우에 회사에 반환을 요구할 수 있다. 이는 그린메일의 규제를 위한 것으로 단기매매차익반환규정에서 그 연혁을 찾을 수 있다.

의 것을 특정증권 등의 매매, 그 밖의 거래에 이용하거나 타인에게 이용하게 하여서는 아니 된다."(자법 제174조)고 규정하고 있다. 이러한 미공개중요정보의 이용에 대한 규제는 미국 판례상 확립된 '중요성'의 해석기준을 받아들이고 있다.

내부자거래를 금지하는 취지는 내부자가 직무상 알게 된 미공개중요정보를 이용하여 증권을 매매한다면, 이와 같은 정보를 알지 못하는 일반투자자의 희생하에 부당한 이득을 얻는 불공정거래가 되기 때문이다.

2. 내부자거래규제에 대한 찬 · 반

내부자거래의 규제에 반대하는 입장은 효율성을 강조한다. 내부자거래에 의하여 미공개정보가 주가에 조기 반영되어 시장의 효율성 또는 금융자원분배의 효율성이 높아지며, 내부자거래가 없이 정보가 공개된 경우에 비하여 주가가 급격하게 변동하지 않는다고 한다. 이때 내부자와 반대방향의 투자자는 내부자거래가 없을 때에 비하여 조금이라도 고가로 증권을 매도하거나 저가로 증권을 매수할 수 있으므로 실제로는 어느 누구도 피해를 입지 않는다고 한다.

예를 들어 호재가 있으면, 일반거래는 내부자거래에 의해 1차 주가상승이 있게 되고 나중에 정보공개시 2차 상승이 있게 된다. 악재가 있을 때에도 내부자거래에 의하여 1차 하락과 정보공개시 추가하락이 있게 된다. 내부자거래의 규제에 반대하는 입장은 위에서처럼 내부자거래에 의하여 주가가 단계적으로 변동되게 될 때 거래상대방이 1차 상승이나 하락에 의하여 거래할 수 있다는 점을 강조한다.

이에 반해 규제에 찬성하는 견해는 공정성을 강조한다. 내부자거래가 있게 되면 내부정보에 접근하기 어려운 일반투자자가 증권시장을 신뢰하지 못하여 그 시장을 떠나는 결과가 초래되고, 정보가 완전히 공개되었더라면 그 상대방은 보다 고가로 매도하거나 저가로 매수할 수 있었을 것이라는 문제를 제기한다.

3. 내부자거래규제의 이론적 근거

(1) 정보소유이론

공개되지 아니한 정보를 소유화는 자는 정보를 공개하거나 그 정보에 기한 거래를 회피할 의무를 부담하므로, 증권거래자가 공개되지 아니한 정보를 소유하였다는 것 자체가 책임의 근거가 된다는 이론이다. 이는 회사의 내부정보에 직접 · 간접으로 접근할 수 있는 자가 그 정보에 기하여 증권거래에 관여하는 경우에는 거래당사자간에 정보가 불균형한 상태가 된다는 의미에서 정보평등이론이라고도 불린다.[462)]

(2) 신임의무이론

내부자거래로 인한 책임범위가 지나치게 확대되는 문제가 있는 정보소유이론을 보완하기 위하여, 단지 정보를 소유하고 있다는 사실만으로는 규제대상이 아니고, 회사 또는 주주에 대하여 신임의무를 부담하는 내부자와 그 회사 또는 주주 간에 믿음과 신뢰의 관계가 존재하기 때문에 정보의 공개 또는 거래회피의무를 부담한다는 이론이다.

(3) 부정유용이론

내부자의 회사 또는 주주에 대한 신임의무에 더하여 정보원에 대한 신임의무에 위반하여 거래하여서는 아니 된다는 이론이다. 즉 외부자의 미공개정보이용을 규제하기 위한 해결책으로 대두된 것이 부정유용이론으로서, 이는 기존의 신임의무를 배제한 것이기보다는 이를 전제로 규제의 범위를 확대하여 자신에게 정보접근을 허용한 정보원에 대한 신임의무를 위반하면 미공개정보를 유용한 것으로서 위법하다는 이론이다.

(4) 검토

미국은 내부거래자를 포괄적 사기금지규정에 의하여 규제하므로, 내부자거래규제의 이론적 근거 및 내부자의 범위, 내부정보의 범위 등 요건이 판례에 의하여 발전되어 왔다. 이에 반하여 우리나라와 일본은 내부자거래에 관하여 구체적이고 명시적인 금지 규정을 두고 있다. 이처럼 내부자거래의 금지에 대하여 구체적으로 규정하고 있으므로 내부자거래를 금지하는 이론적 근거를 논의할 필요성이 크지 않다. 다만 그 근거를 찾는다면 이는 증권시장의 공정성을 해치는 불공정거래이기 때문에 규제하는 것으로 보아야 한다.

---

462) 대표적인 사례로 Texas Gulf Sulphur 사건을 들고 있다: SEC v. Texas Gulf Sulphur Co. 401 F. 2d 833(2nd Cir 1968), cert denied, 394 U.S. 976(1969).

Ⅱ. 내부자거래 규제요건

1. 규제대상 증권 및 발행인

내부자거래의 규제대상 증권은 "특정증권 등"이라고 하여 단기매매차익반환규정에서의 대상증권과 동일하다(자법 제172조 제1항). 여기서는 상장법인이 발행한 증권은 물론 그 법인 이외의 자가 그 법인과 관련된 증권을 기초자산으로 하여 발행한 신종증권도 포함하고 있다. 다만 당해 법인이 아니면서 일정한 관계에 있는 법인이 발행한 증권은 규제대상이 아니다. 예를 들면 어떤 회사에 호재의 정보가 있는 경우 그 협력업체에게도 호재가 된다. 이때 그 협력업체가 발행한 증권은 대상이 아니다.

개정 자본시장법에서는 규제의 대상에 상장법인뿐만 아니라 상장예정법인도 포함하고 있다(자법 제174조 제1항). 또한 합병 등을 통해 우회상장하려는 기업의 미공개중요정보를 이용하는 행위 등도 미공개중요정보 이용행위금지의 대상이 되게 하여 불공정거래에 관한 규제를 개선하였다.

2. 내부자 또는 정보수령자

내부자거래의 규제의 대상이 거래에 있어서 거래자가 내부자이거나 정보수령자이어야 한다. 이들만이 정보의 공개 또는 내부자거래의 회피의무를 부담하기 때문이다. 여기서 내부자의 범위를 보면 다음과 같다.

(1) 내부자(1차 내부자)

내부자에는 당해 법인(그 계열회사를 포함) 및 임 · 직원과 대리인, 주요주주가 있다. 이들은 내부 정보를 이용하거나 타인으로 하여금 이용하게 하여서는 아니 된다. 당해 법인은 자기주식취득이나 그 처분과정에서 내부정보를 이용할 수 있기 때문에 이를 규제한다.

참조판례

"임직원의 미공개정보 이용행위는 그것이 자신의 이익을 추구할 목적으로 자기의 계산으로 하는 것이든 또는 당해 법인에게 이익이 귀속될 자사주식의 처분처럼 타인의 이익을 위하여 타인의 계산으로 하는 것이든 아무런 제한을 두고 있지 아니하였던 데다가 같은 법 제215조가 법인의 대표자, 대리인 · 사용인 기타 종업원이 그 법인의 업무에 관하여 제207조의 2의 위반행위를 한 때에 행위자를 벌하도록 규정한 것을 보면 당해 법인의 임직원 또는 대리인이 미공개정보를 이용하여 법인의 업무에 관하여 자사의 주식을 매각하는 경우에도 그 법인의 임직원 또는 대리인은 당연히 형사처벌되는 것이라 할 것이므로, 개정된 법률에서 미공개정보 이용행위금지의 주체로 법인을 추가하고 당해 법인의 금지위반행위를 처벌의 대상으로 삼게 되었다고 하여 구법의 규정을 달리 볼 수는 없다."(대법원 2002.4.12. 선고 2000도3350 판결).

(2) 준내부자 (1차 내부자)

당해 법인에 대하여 법령에 의한 허가 · 인가 · 지도 · 감독 기타의 권한을 가지는 자와 당해 법인과 계약을 체결하고 있거나 체결을 교섭하고 있는 자가 준내부자가 된다(자법 제174조 제1항 제3, 4호). 후자에는 외부감사인, 인수계약을 체결한 증권회사, 명의개서대행회사, 거래은행, 변호사 또는 회계사, 컨설팅회사 등이 포함된다.

(3) 내부자의 임 · 직원 및 대리인

주요주주 또는 준내부자의 대리인(이에 해당하는 자가 법인인 경우에는 그 임직원 및 대리인을 포함한다) · 사용인 기타 종업원(내부자의 어느 하나에 해당하는 자가 법인인 경우에는 그 임 · 직원 및 대리인)도 미공개중요정보이용행위가 금지된다(자법 제172조 제1항 5호).

(4) 내부자지위의 연장

위 내부자에 해당하는 자가 이에 해당하지 않게 된 날로부터 1년이 경과하지 아니한 자도 규제대상이다(자법 제172조 제1항).

(5) 직무관련성

내부자가 정보를 알게 된 것이 자신의 직무와 관련성이 있어야 한다. 구체적으로 주요주주의 경우 "권리를 행사하는 과정에서", 준내부자의 경우 "그 권한을 행사하는 과정에서" 혹은 "그 계약을 체결 · 교섭 또는 이행하는 과정에서" 각각 미공개중요정보를 알게 될 것을 요건으로 명시하고 있다.

(6) 정보수령자(2차 내부자)

내부자로부터 중요한 미공개정보를 전달받은 자도 내부자거래의 규제대상이 된다(자법 제172조 제1항 6호).

그리하여 당해 법인이 발행한 증권의 매매 그 밖의 거래와 관련하여 그 정보를 이용하거나 다른 사람으로 하여금 이를 이용하게 하지 못한다. 이때 규제대상의 제한이 필요한데, 제1차 정보수령자로부터 미공개내부정보를 다시 전달받은 제2차 정보수령자가 증권의 매매 그 밖의 거래와 관련하여 전달받은 당해 정보를 직접 이용하는 경우에만 제1차 정보수령자가 처벌대상이 되고(2차 정보수령자는 처벌대상이 아님), 제2차 정보수령자가 그 정보를 직접 이용하지 않고 다시 다른 사람에게 전달하여 이용하게 하는 경우에는 제1자 정보수령자도 처벌대상이 아니다.[463] 그러나 자본시장법의 개정으로 제2차, 제3차 정보수령자는 시장질서 교란행위의 금지조항에 의하여 규제되게 되었다(자법 제178조의 2 제1항).

미국에서는 정보수령자에 대하여 ① 내부자가 신임의무에 위반하여 정보를 제공하였고 ② 정보수령자가 내부자의 신임의무위반을 알거나 알았어야 하고 ③ 정보제공자가 정보수령자로부터 이익을 얻거나 또는 정보수령자에게 경제적 이익을 얻게 할 의사가 있어야 규제대상이 된다고 해석한다.[464] 이와 같이 정보수령자의 책임을 내부자의 신임의무위반에서 파생되는 것이라고 보기 때문에 제2차, 제3차 정보수령자도 규제대상에 포함된다.

정보수령자와 달리 정보생성자는 규제의 대상이 되지 않는다.[465] 예를 들면 M&A를 추진하는 자가 그 추진과정에서 주식을 매수하는 경우도 흔히 볼 수 있는데, 이들은 정보생성자로서 내부자나 준내부자에 해당하지 않고, 정보수령자의 범위에 당해 회사의 인수를 위한 일방 당사자는 포함되지 않는다. 즉, M&A 추진정보는 "상장법

463) 대법원 2002.1.25. 선고 2000도90 판결.

464) Dirks v. S.E.C. 463 U. S. 646(1983). 내부자의 신인의무위반이 되는지 여부는 정보제공의 목적에 의하여 결정된다. 그것은 내부자가 부적절한 정보개시로 인하여 직접, 간접으로 개인적 이익을 얻는지 여부이다. 만일 내부자가 개인적으로 이익을 얻지 못한다면 주주들에 대한 신인의무위반이 되지 않는다고 하였다.

465) 정보생성자도 자본시장법 개정으로 시장질서 교란행위금지조항에 의해 규제되게 된다(자법 제178조의 2 제1항).

인의 업무 등과 관련하여 발생한 정보"에 해당하지 않는다. 다만 정보생성자라 할지라도 공개매수 등의 경우 다음에 보는 바와 같이 일정한 규제규정을 두고 있다.

관련사항 **내부정보이용행위의 규제**

내부자(내부자, 준내부자) → 1차 정보수령자 → 2차 정보수령자 → 3차 정보수령자

처벌 ← 이용시 ↵

처벌 않는다 ← 이용시↵

참조판례

"증권거래법 제188조의2 제1항, 제207조의 2 제1호는 내부자로부터 미공개내부정보를 전달받은 제1차 정보수령자가 유가증권의 매매 기타의 거래에 관련하여 당해 정보를 이용하거나 다른 사람에게 이를 이용하게 하는 행위만을 처벌할 뿐이고, 제1차 정보수령자로부터 제1차 정보수령과는 다른 기회에 미공개내부정보를 다시 전달받은 제2차 정보수령자 이후의 사람이 유가증권의 매매 기타의 거래와 관련하여 전달받은 당해 정보를 이용하거나 다른 사람에게 이용하게 하는 행위는 그 규정조항에 의하여는 처벌되지 않는 취지라고 판단된다."(대법원 2002.1.25. 선고 2000도90 판결).

3. 공개되지 아니한 중요한 정보

내부자거래의 규제가 되는 행위는 "상장법인의 업무 등과 관련하여 일반인에게 공개되지 아니한 중요한 정보를" 이용하는 행위이다. 즉 정보의 중요성과 미공개성의 두 가지 요건을 갖추어야 한다. 여기서 중요성의 요건은 정보의 객관적 내용에 관한 문제이고, 미공개성의 요건은 정보의 시간적 범위에 관한 문제이다.

(1) 업무관련성

상장법인의 업무 등과 관련된 중요한 정보의 이용이 금지되므로 정보가 업무관련성이 있어야 한다. 따라서 주가에 영향을 미치지만 업무와 관련이 없는 시장정보, 즉 특정증권 등에 대한 주가흐름의 분석, 예측 등과 같은 정보는 내부정보가 될 수 없다.

(2) 미공개정보와 대기기간

미공개정보란 일반인에게 공개되어 공개시장에서 광범위하게 유포되기 전의 정보이다. 시행령에서는 정보가 공개된 후 일정한 기간이 경과하기 전까지는 미공개정보로 보고 있다. 일정기간의 경과란 내부자의 입장에서 보면 증권거래를 할 수 있는 대기기간이라 할 수 있다. 이 대기기간은 정보이용의 균형의 관점에서 인정되는 것이다.

대기기간과 관련하여 시행령에서는 다음과 같이 규정하고 있다(자령 제201조 제1항).

① 법령에 따라 금융위원회 또는 거래소에 신고되거나 보고된 서류에 기재되어 있는 정보: 그 내용이 기재되어 있는 서류가 금융위원회 또는 거래소가 정하는 바에 따라 비치된 날부터 1일

② 금융위원회 또는 거래소가 설치 · 운영하는 전자전달매체를 통하여 그 내용이 공개된 정보: 공개된 때부터 3시간

③ 「신문 등의 진흥에 관한 법률」에 따른 일반일간신문 또는 경제 분야의 특수일간신문 중 전국을 보급지역으로 하는 둘 이상의 신문에 그 내용이 게재된 정보: 게재된 날의 다음 날 0시부터 6시간. 다만, 해당 법률에 따른 전자간행물의 형태로 게재된 경우에는 게재된 때부터 6시간으로 한다.

④ 「방송법」에 따른 방송 중 전국에서 시청할 수 있는 지상파방송을 통하여 그 내용이 방송된 정보: 방송된 때부터 6시간

⑤ 「뉴스통신진흥에 관한 법률」에 따른 연합뉴스사를 통하여 그 내용이 제공된 정보: 제공된 때부터 6시간

(3) 중요한 정보

1) 의의

구 증권거래법 제188조의 2 제2항은 "일반인에게 공개되지 아니한 중요한 정보"에 관하여 "제186조 제1항 각 호의 1에 해당하는 사실(수시공시사항에 관한 사실) 등에 관한 정보 중 투자자의 투자판단에 중대한 영향을 미칠 수 있는 것"이라고 규정하고 있었다. 이처럼 내부정보와 수시공시사항을 연결시켜 내부자거래의 규제범위가 과도하게 좁아지는 문제가 있었다. 이에 대하여 대법원은 "제186조 제1항 제1호 내지 제13호 소정의 사실들만을 미공개정보 이용행위금지의 대상이 되는 중요한 정보에 해

당하는 것으로 제한하고자 하는 취지에서가 아니라, 중요한 정보인지의 여부를 판단하는 기준인 '투자자의 투자판단에 중대한 영향을 미칠 수 있는 정보'를 예시하기 위한 목적"이라고 하여,[466] 수시공시사항에 해당해야 한다는 문구를 순전히 예시적인 것으로 해석하였다.

자본시장법에서는 미공개중요정보를 "투자자의 투자판단에 중대한 영향을 미칠 수 있는 정보"라고 하여 수시공시사항과의 관계를 단절하고 있다.

2) 중요한 정보의 범위

미공개중요정보란 투자자의 투자판단에 중대한 영향을 미칠 수 있는 정보로서 대통령령으로 정하는 바에 따라 불특정 다수인이 알 수 있도록 공개되기 전의 것이다.

3) 정보의 중요성 기준

중요한 정보란 반드시 객관적으로 명확한 것만 이용이 금지되는 미공개정보에 해당하는 것이 아니라, 합리적인 투자자라면 그 사실의 중대성과 사실이 발생할 개연성을 함께 고려하여 증권의 거래에 관한 의사를 결정함에 있어서 중요한 가치를 지니는 정보를 가리킨다.[467]

이것은 미국 판례상 제시된 개연성 · 중대성 기준에 따른 것인데,[468] 이에 따를 때 공시의무가 부과되는 사항에 관한 이사회결의가 있거나 최종부도가 발생한 시점 이전이라도 합리적인 투자자가 유가증권의 거래에 관하여 의사결정을 함에 있어서 중요한 정보로 간주할 정도의 정보라면 그 시점에서 이미 중요한 정보가 생성된 것으로 보아야 하고, 그 정보가 반드시 명확하고 확정된 것일 필요는 없다.

---

466) 대법원 2000.11.24. 선고 2000도2827 판결.

467) 대법원 1994.4.26. 선고 93도695 판결 등.

468) SEC v. Texas Gulf Sulphur Co., 401 F. 2d 833(2d Cir. 1968) 판결에서 채택된 것으로 당시 광물시추 견본의 상업성이 확실하지 않아서 공시할 사항이 아니었다는 피고들의 항변에 대하여 법원은 "당해 정보가 사실로 확정될 개연성과 그 정보가 공개될 경우 주가에 영향을 미칠 중대성이 인정되면 중요한 정보로 보아야 한다."고 판시하였다.
TSC Industries, Inc. v. Northway, Inc., 426 U.S. 438(1976)에서 채택한 실질적 개연성 기준도 있다. 이는 합리적인 투자자가 그 정보를 중요하다고 여길 만한 실질적 개연성이 있으면 그 정보는 중요한 정보라는 것이다.

참조판례

① 주식교환방식에 의한 인수 · 합병을 추진하는 주식회사의 대주주이자 상무이사인 피고인이 전환사채의 거래에 앞서 그 인수 회사의 담당 직원에게 내부정보를 미리 알려준 것만으로는 위 인수 회사 혹은 그 자산운영사에게 위 내부정보가 공개된 것으로 볼 수 없으므로 피고인이 미공개내부정보를 위 전환사채 거래에 이용한 것이라고 보았다(대법원 2006.5.11. 선고 2003도4320 판결).

② 甲 제약회사가 자기자본금의 3.07%를 출자하여 국내 최초의 바이오 장기 개발전문회사인 乙 회사의 신주를 인수함으로써 乙 회사의 출자지분 10.24%를 보유하게 된다는 내용의 정보는, 당시 주식시장에 바이오 테마 붐이 일고 있었던 점과 甲 제약회사가 이를 자진하여 공시한 점 등을 종합하면 일반투자자가 甲 제약회사의 유가증권 거래에 관한 의사를 결정하는 데 있어 중요한 가치가 있는 정보라고 보았다(대법원 2010.5.13. 선고 2007도9769 판결).

③ 상장법인 등이 발행한 어음 또는 수표가 부도 처리되었을 때뿐만 아니라, 은행이 부도 처리하기 전에 도저히 자금조달이 어려워 부도 처리될 것이 거의 확실시되는 사정도 당해 법인의 경영에 중대한 영향을 미칠 수 있는 사실로서 합리적인 투자자라면 누구든지 당해 법인의 주식의 거래에 관한 의사를 결정함에 있어서 상당히 중요한 가치를 지니는 것으로 판단할 정보에 해당한다고 하였다(대법원 2000.11.24. 선고 2000도2827 판결).

④ 상장회사의 추정 영업실적이 전년도에 비하여 대폭으로 호전되었다는 사실은 그 회사의 유가증권의 가격에 중대한 영향을 미칠 것임이 분명하므로, 그에 관한 매출액, 순이익 등의 추정 결산실적 등의 정보는 중요한 정보에 해당한다고 하였다(대법원 1995.6.29. 선고 95도467 판결).

4) 투자자의 투자판단에 대한 중대한 영향

여기서 투자자란 합리적 투자자를 가정한다. 대법원은 투자자의 투자판단에 중대한 영향을 미칠 수 있는 정보란 “합리적인 투자자가 해당 유가증권을 매수 또는 계속 보유할 것인지 아니면 처분할 것인지 여부를 결정하는데 있어서 중요한 가치가 있는 정보, 바꾸어 말하면 일반투자자들이 일반적으로 안다고 가정할 경우에 해당 유가증권의 가격에 중대한 영향을 미칠 수 있는 사실”이라고 판시하였다.[469)]

5) 미공개와 적극적 부실표시

자본시장법 제174조는 소위 침묵에 의한 내부자거래를 규제하는 것이고, 정보를 적극적으로 허위기재하거나 누락하는 경우에는 시세조종행위의 규제대상이 된다.

(4) 외부정보

회사의 주가에 영향을 줄 만한 시장정보 또는 회사에 대한 외부로부터의 정보는 규

469) 대법원 1995.6.29. 선고 95도467 판결.

제대상이 아니다. 시장정보는 회사정보 외에 증권시장에서 당해 회사가 발행한 증권의 수급에 영향을 줄 수 있는 사건이나 상황에 관한 정보를 말한다. 공개매수의 대상이 되었다는 사실, 경영권에 영향을 미칠 수 있는 주식 등의 대량처분 · 취득, 기관투자자가 당해 회사의 주식에 대해서 대규모의 매수주문을 냈다는 사실 등이 시장정보의 예이다. 자본시장법은 공개매수정보와 주식 등의 대량처분 · 취득 정보를 이용한 거래에 대해서는 특칙규정을 두어 내부자거래의 규제대상으로 하고 있다. 그 밖의 시장정보는 특정회사의 업무 등과 관련성이 없으므로 내부정보에 해당하지 않는 것으로 본다.

4. 금지행위

금지되는 행위는 내부정보를 특정증권 등의 매매, 그 밖의 거래에 이용하거나 타인에게 이용하게 하는 행위이다. 매매거래 자체가 금지되는 것이 아니라 정보의 이용행위가 금지되는 것이므로 정보를 보유한 상태에서 매매를 하더라도 정보를 이용하지 않은 경우, 즉 내부정보가 거래의 요인이 아닌 경우에는 내부자거래에 해당하지 않는다. 그러나 정보의 보유자가 거래에 나선 경우에는 일응 정보를 이용한 것으로 추정할 수 있을 것이다.

5. 형사상 제재

내부자거래 규제에 위반한 경우에 1년 이상의 유기징역 또는 그 위반행위로 얻은 이익 또는 회피한 손실액의 3배 이상 5배 이하에 상당하는 벌금에 처한다. 다만, 그 위반행위로 얻은 이익 또는 회피한 손실액이 없거나 산정하기 곤란한 경우 또는 그 위반행위로 얻은 이익 또는 회피한 손실액의 5배에 해당하는 금액이 5억원 이하인 경우에는 벌금의 상한액을 5억원으로 한다(자법 제443조 제1항).

Ⅲ. 특칙

1. 공개매수에 관한 특칙

공개매수의 경우 미공개정보는 대상회사의 업무 등과 관련하여 발생한 정보가 아니라 공개매수에 관한 정보이다. 이는 회사외부정보이지만 자본시장법에서는 공개매수자의 내부자가 대상회사 증권을 거래하는 경우도 내부자거래로 보기 위해서 특칙을 두고 있다.

자본시장법에 따를 때 다음의 어느 하나에 해당하는 자(이에 해당하지 아니하게 된 날부터 1년이 경과하지 아니한 자를 포함한다)는 주식 등에 대한 공개매수의 실시 또는 중지에 관한 미공개정보를 그 주식 등과 관련된 특정증권 등의 매매, 그 밖의 거래에 이용하거나 타인에게 이용하게 하여서는 아니 된다. 다만, 공개매수를 하려는 자(공개매수예정자)가 공개매수공고 이후에도 상당한 기간 동안 주식 등을 보유하는 등 주식 등에 대한 공개매수의 실시 또는 중지에 관한 미공개정보를 그 주식 등과 관련된 특정증권 등의 매매, 그 밖의 거래에 이용할 의사가 없다고 인정되는 경우에는 그러하지 아니하다(자법 제174조 제2항).

① 공개매수자(그 계열회사를 포함한다) 및 공개매수자의 임직원 · 대리인으로서 그 직무와 관련하여 공개매수의 실시 또는 중지에 관한 미공개정보를 알게 된 자
② 공개매수자의 주요주주로서 그 권리를 행사하는 과정에서 공개매수의 실시 또는 중지에 관한 미공개정보를 알게 된 자
③ 공개매수자에 대하여 법령에 따른 허가 · 인가 · 지도 · 감독, 그 밖의 권한을 가지는 자로서 그 권한을 행사하는 과정에서 공개매수의 실시 또는 중지에 관한 미공개정보를 알게 된 자
④ 공개매수자와 계약을 체결하고 있거나 체결을 교섭하고 있는 자로서 그 계약을 체결 · 교섭 또는 이행하는 과정에서 공개매수의 실시 또는 중지에 관한 미공개정보를 알게 된 자

2. 주식 등의 대량취득 · 처분에 관한 특칙

주식 등의 대량취득 · 처분은 주가에 중대한 영향을 미치는 거래이기 때문에 그 정

보를 이용한 거래가 행해질 가능성이 높다. 그러나 이것도 회사외부정보이다. 자본시장법은 이러한 거래도 내부자거래로 보기 위해서 주식 등의 대량취 · 처분에 관한 특칙을 두고 있다.

대량취득 · 처분을 하는 자 등은 주식 등의 대량취득 · 처분에 대한 정보이용이 금지된다. 다만, 대량취득 · 처분을 하려는 자가 자본시장법 제149조에 따른 공시 이후에도 상당한 기간 동안 주식 등을 보유하는 등 주식 등에 대한 대량취득 · 처분의 실시 또는 중지에 관한 미공개정보를 그 주식 등과 관련된 특정증권 등의 매매, 그 밖의 거래에 이용할 의사가 없다고 인정되는 경우에는 그러하지 아니하다(자법 제174조 제3항).

제2장 시세조종 등 불공정거래행위의 금지

Ⅰ. 서설

증권시장은 다수의 투자주체가 참여하는 시장으로서, 투자자간의 수요와 공급에 의하여 가격이 형성되는 곳이다. 그러나 때로는 소위 '작전' 등을 통하여 그 가격이 인위적으로 조작되기도 하는데, 이는 시장의 공정한 가격형성을 막고 시장의 신뢰를 저하시키는 것으로서 이에 대한 규제가 요구된다.

시세조종행위란 수요와 공급의 원칙에 의하여 형성되어야 할 시세를 지배 또는 인위적으로 조종하는 것에 의하여 투자자를 기망하는 의도적 또는 고의적인 행위를 말하며, 이에 유인된 투자로 인하여 일반투자자들이 많은 손해를 입게 된다. 이러한 시세조종은 다양한 방법으로 이루어지며, 또한 시세조종행위는 허위공시, 내부자거래 등과 연결되어 일어나는 양상을 보인다.

문제가 되는 것은 주가가 인위적으로 변동된다는 의심이 들지만 시세가 조작되었다는 사실이 명백하지 않은 경우이다. 특히 현실거래에 의한 시세조종의 경우 그 위법성을 인정하기가 어려운 면을 지니고 있다. 이 경우 대체로 대량의 주문에 의하여 시세조종이 이루어지게 되나 시장에는 대량의 주문이 많이 이루어지고 있으며, 이러한 대량주문의 경우 어느 정도 시세에 영향을 미칠 수밖에 없다. 이때 정상적인 투자목적의 거래와 시세조종행위를 구별해 내는 것은 쉽지 않은 일이다.

자본시장법에는 시세조종행위에 대한 규제규정을 두고 있으며, 그로 인한 형사처벌 및 손해배상책임에 관한 규정도 두고 있다. 그러나 시세조종행위에 대한 사적 구제에 어려움이 있다. 이전에 시세조종행위는 위계에 의한 불공정행위를 제외하고는 모두 목적범의 형식의 취하고 있었다.[470] 그러나 목적요건은 주관적인 것으로서 그 목적을 증명하는 것이 쉽지 않다. 또한 시세조종과 손해사이의 인과관계도 증명에 어려움이 있으며, 그 손해는 어떤 금액을 기준으로 할 것인가 등 여러 문제가 발생한다.

470) 자본시장법에서 위계에 의한 불공정행위는 부정거래행위로 시세조종행위와는 구분된다.

증권거래법에서는 위계에 의한 불공정행위를 시세조종행위에 포함하여 규정하였으나, 자본시장법에서는 제178조 부정거래행위 등의 금지로 따로 규정하고 있다.

Ⅱ. 시세조종행위의 유형

1. 위장거래에 의한 시세조종행위

위장거래에 의한 시세조종행위(자법 제176조 제1항)는 거래가 성황을 이루고 있는 듯이 잘못 알게 하거나, 기타 타인으로 하여금 그릇된 판단을 하게 할 목적으로 통정 및 가장매매를 하는 것으로서 이를 통칭하여 위장거래라고 한다. 위장거래는 독립적으로 이루어지기보다는 일반적으로 다른 공모조작행위 등과 연계하여 이루어진다.

먼저 통정매매란 양 당사자가 미리 통정한 후 같은 상장증권이나 장내파생상품에 대하여 같은 시기에 같은 가격으로 매매하는 행위이다. 여기에는 명시적인 통정뿐만 아니라 묵시적인 통정의 경우도 포함한다.[471] 그런데 증권시장에서 과거 자전거래[472]가 많이 이루어졌다. 이러한 자전매매도 시장의 시세와 자전거래 가격이 다를 경우 시세조종의 결과를 유발할 수 있다. 현재는 거래소규정상 대량매매만 허용되고 자전거래는 허용되지 않는다.[473]

다음으로 가장매매란 권리이전을 목적으로 하지 않는 매매행위로서, 예를 들면 동일인이 같은 시기에 매매하여 실질적 소유자에 변화가 없는 경우 등을 말한다.

그리고 이러한 통정 및 가장매매의 위탁 및 수탁행위에 대하여도 책임을 부과한다. 위탁자가 통정 · 가장매매로 나아가지 아니한 경우에 이의 적용을 받고, 실제 통정 · 가장매매로 나아간 경우에는 통정 · 가장매매의 책임을 지게 될 것이다.

---

471) 대법원 1998.12.8. 선고 98도3051 판결.

472) 이는 매매의 쌍방 당사자가 일정한 시점에 동일한 가격과 동일한 수량의 매수 · 매도주문을 내어 매매계약을 체결시키는 행위로서, 경쟁매매과정에서 처리하기 곤란하거나 경쟁매매에 의하면 주가의 급등락이 우려되는 대량거래를 하려는 경우에 주가에 영향을 미치지 않고 대량거래를 성사시킬 수 있는 거래방식이다.

473) 대법원은 "통정행위에 대하여 당해 행위자에게 그 거래가 성황을 이루고 있는 듯이 잘못 알게 하거나 기타 타인으로 하여금 그릇된 판단을 하게 할 목적이라는 불법목적이 있어야 하는 반면, 이러한 시장조작행위라고 하더라도 유가증권의 시세를 고정시키거나 안정시킬 목적으로 하는 경우에는 같은 법 제188조의 4 제3항에 의하여 기간, 간격 및 주체 등에 관한 엄격한 조건하에 예외적으로 허용된다."고 하여 통정매매가 안정조작의 요건을 충족하는 경우에는 적법성을 인정하였다(대법원 1997.12.26. 선고 97도2609 판결).

2. 현실거래에 의한 시세조종행위

현실거래에 의한 시세조종행위(자법 제176조 제2항)는 매매가 성황을 이루고 있는 듯이 잘못 알게 하거나, 그 시세를 변동시키는 행위이다. 이는 실제로 거래행위를 함으로써 시세를 인위적으로 조작하는 것을 말한다. 전형적인 주가조작의 형태이지만, 실제 거래가 이루어지기 때문에 외관상으로는 정상적인 거래행위와 위법한 시세조종행위의 구별이 어렵다. 여기서도 실제 거래가격을 변동시키는 매매거래뿐만 아니고 그 위탁이나 수탁도 금지하고 있는데, 이에 따라서 증권회사가 집행을 하지 않은 경우일지라도 고객이 그러한 위탁을 하는 행위 또는 증권회사가 실제 주문집행을 하지는 않았지만 수탁을 한 경우까지도 금지된다.

현실거래에 의한 시세조종이 되기 위해서는 먼저 객관적 요건으로 피해자는 인위적 가격이 존재함을 나타내 보여야 한다. 다음으로 주관적 요건으로 유인목적의 존재를 증명해야 한다. 인위적 가격에 대하여 미국상품선물거래위원회는 "가격이 특정의 거래가격에 영향을 미치는 수요와 공급 시장과 경제적 힘을 반영하지 못할 때 인위적이 된다. 그것은 경제적 용어로 말할 때 균형을 이루지 못하는 가격이다."고 하였다.[474] 간단히 말하면 수요와 공급에 영향을 미치는 모든 힘이 합법적이면 그 가격은 인위적이지 않게 된다. 반면에 수요와 공급에 영향을 미치는 힘이 불법적이면 그 가격은 필연적으로 인위적인 것이 된다. 따라서 초점은 궁극적인 가격이 아니라 그 가격에 영향을 미치는 힘에 두어져야 한다.

그러나 인위적인 가격의 존재가 인정된다고 하여도 증권가격은 다양한 요인에 의하여 결정되는 복잡한 성격을 지니고 있으므로 시세조종행위를 이유로 손해배상청구를 하는 경우 시세조종 만에 의하여 손해가 발생했다는 것을 증명하는 것은 시세조종 규모의 대소를 불문하고 쉬운 일이 아니다. 이에 따라서 미국에서는 현실거래에 의한 시세조종의 경우 입법으로 이를 규제하지 말아야 한다는 견해도 유력하게 제기되고 있다.[475]

---

474) In re Indiana Farm Bureau, [1982–1984 Rransfer Binder] Comm. Fut. L. Rep.(CCH) at 27,288.

475) 시세조종행위는 자기 규제적이며 또한 이를 강제적으로 금지하는 것은 비용이 드므로 현실거래의 경우 그 거래자의 의도에 상관없이 시세조종적인 것으로서 금지해서는 안된다는 것이다. Daniel R. Fischel & David Ross, "Schould the Law prohibit Manipulation in Financial Market", 105 Harv.L.Rev. 503(1991); 그러나 규제의 필요성을 강조하는 견해도 있다. Steve Thel, "$850,000 in Six Minutes – The Mechanics of Securities Manipulation", 79 Cornell L. Rev. 219(1994), pp.221~224.

여기서 행위주체에 대하여 법문은 "누구든지"라고 하여 주체를 제한하지 않고 있다. 매매거래의 주체는 원칙적으로 당해 매매거래의 효과가 귀속되는 자이나 경우에 따라서는 당해 매매거래를 실행한 자가 주체가 될 수도 있다.

그리고 주관적 요건으로 유인목적이 요구되는데, 판례에 의하면 유인목적이란 인위적인 조작을 가하여 시세를 변동시킴에도 불구하고 투자자에게는 그 시세가 유가증권시장에서 자연적인 수요 · 공급의 원칙에 의하여 형성된 것으로 오인시켜 유가증권의 매매거래에 끌어들이려는 목적을 말한다.[476]

3. 허위표시 등에 의한 시세조종행위

허위표시 등에 의한 시세조종행위(자법 제176조 제2항)는 매매거래를 유인할 목적으로 시세가 자기 또는 타인의 조작에 의하여 변동한다는 말의 유포행위나 허위표시행위, 즉, 유가증권의 매매에 있어 중요한 사실에 관하여 고의로 허위이거나 오해를 유발시키는 표시를 하는 행위를 말한다.

4. 불법적인 안정조작 및 시장조성행위

불법적인 안정조작 및 시장조성행위(자법 제176조 제3항)도 금지된다. 안전조작이란 신주발행시 구주가격을 지지하는 것으로서 일정한 기간 동안 증권의 가격의 안정을 기하여 증권의 모집 또는 매출을 원활하게 하고자 하는 경우에 행하여진다. 이는 구주의 가격이 일정 수준에 미치지 못하면 신주발행에서 대량실권이 발생하여 기업의 자금조달이 어렵게 될 우려가 있기 때문에 행해진다.[477]

시장조성은 기업공개시에 시장조성을 하는 것으로서 모집 또는 매출한 증권의 시장가격을 지지하기 위해서 그 수요 · 공급을 당해 증권의 최초 상장 또는 등록 후 일정기간 조성하는 경우를 말한다. 시장조성을 위한 증권의 매매거래를 할 수 있는 자는 당해 증권의 인수인에 한한다.[478] 여기서도 그 매매거래뿐만 아니라 그 위탁이나

---

476) 대법원 2005.11.10. 선고 2004도1164 판결.

477) 대통령령에 정하는 바에 위반하여 이루어진 유가증권의 시세고정 · 안정목적의 매매거래 등 행위를 처벌하도록 규정한 구 증권거래법 제188조의 4 제3항이 명확성의 원칙에 위반하고, 위임입법의 한계를 일탈하였다며 헌법에 위반된다는 결정을 하였다(헌법재판소 2005.5.26. 선고 2003헌가17 결정).

478) 다음 각 호의 어느 하나에 해당하는 자를 말한다(자령 제203조).
1. 법 제119조 제1항에 따른 신고서를 제출하는 경우에는 그 신고서에 안정조작이나 시장조

수탁을 하는 행위가 규제된다.

관련사항

- 안정조작 : 30일 범위내 ← 청약종료일 = 구주가격을 지지
- 시장조성 : 상장, 등록일 → 6개월 범위내 = 시장가격을 지지

* 이전에는 시장조성의무가 부과되었으나 지금은 이 의무는 폐지되고 합의에 의한 시장조성이 인정된다: 합의위반시 손해배상책임(민법 750조나 자본시장법 125조 1항 "투자설명서 중 중요사항에 대한 허위기재"에 따른 손해배상책임)이 인정된다.

5. 현선연계에 의한 시세조종

상장증권 또는 파생상품의 매매와 관련하여 파생상품과 기초자산 간의 연계시세조종행위, 상장증권 간의 연계시세조종행위 등을 금지한다.

개정 자본시장법에 따를 때 누구든지 증권, 파생상품 또는 그 증권 · 파생상품의 기초자산 중 어느 하나가 거래소에 상장되거나 그 밖에 이에 준하는 경우로서 대통령령으로 정하는 경우[479]에는 그 증권 또는 파생상품에 관한 매매, 그 밖의 거래와 관련하여 다음의 어느 하나에 해당하는 행위를 하여서는 아니 된다(자법 제176조 제4항).

① 파생상품 매매에서 부당한 이익을 얻거나 제삼자에게 부당한 이익을 얻게 할 목적으로 그 파생상품의 기초자산의 시세를 변동 또는 고정시키는 행위

② 파생상품의 기초자산의 매매에서 부당한 이익을 얻거나 제삼자에게 부당한 이익을 얻게 할 목적으로 그 파생상품의 시세를 변동 또는 고정시키는 행위

③ 증권의 매매에서 부당한 이익을 얻거나 제삼자에게 부당한 이익을 얻게 할 목적으로 그 증권과 연계된 증권(자령 제207조)의 시세를 변동 또는 고정시키는 행위

④ 증권의 기초자산의 매매 등에서 부당한 이익을 얻거나 제삼자에게 부당한 이익을 얻게 할 목적으로 그 증권의 시세를 변동 또는 고정시키는 행위

⑤ 파생상품의 매매 등에서 부당한 이익을 얻거나 제삼자에게 부당한 이익을 얻게 할 목적으로 그 파생상품과 기초자산이 동일하거나 유사한 파생상품의 시세를

성을 할 수 있다고 기재된 투자매매업자

2. 법 제119조 제1항에 따른 신고서를 제출하지 아니하는 경우에는 인수계약의 내용에 안정조작이나 시장조성을 할 수 있다고 기재된 투자매매업자

479) 거래소가 그 파생상품을 장내파생상품으로 품목의 결정을 하는 경우를 말한다(자령 제206조의 2).

변동 또는 고정시키는 행위

①은 파생상품 매매에서 부당한 이익을 얻거나 제삼자에게 부당한 이익을 얻게 할 목적으로 그 파생상품의 기초자산의 시세를 변동 또는 고정시키는 행위를 금지한다. 예를 들면 선물, 옵션의 매매에서 부당한 이익을 얻을 목적으로 그 기초자산(증권 또는 상품)의 시세를 변동 또는 고정시키는 행위가 이에 해당한다.

②는 파생상품의 기초자산의 매매에서 부당한 이익을 얻거나 제삼자에게 부당한 이익을 얻게 할 목적으로 그 장내파생상품의 시세를 변동 또는 고정시키는 행위를 금지한다. ①과 반대 방향의 연계시세조종행위를 대상으로 하지만 그 가능성이 크지 않다. 파생상품은 증권에 비하여 그 시세를 변동시키기 곤란하고 선물시장의 규모에 비추어 선물시장에서 시세를 변동시켜 현물시장에서 이익을 얻기 위해서는 필요한 비용이 너무 크기 때문이다.

③은 증권의 매매에서 부당한 이익을 얻거나 제삼자에게 부당한 이익을 얻게 할 목적으로 그 증권과 연계된 증권으로서 대통령령으로 정하는 증권의 시세를 변동 또는 고정시키는 행위(현현연계)를 금지한다. 예를 들면 파생결합증권에 대하여 그 기초자산인 증권의 시세를 변동시키는 것이다. ELS를 예로 들면 만기상환평가일에 기초자산인 주식의 가격을 하락시켜 조기상환조건이 충족되지 않게 하는 경우가 될 수 있다. 그러나 이때 매매의 유인목적을 인정하기 어려울 것이다.

④는 ③과 반대방향의 연계시세조종행위를 대상으로 한다.

⑤는 선선연계시세조종행위에 대한 규제라고 할 수 있다.

참조판례

① "통정매매는 반드시 매도인과 매수인 사이에 직접적인 협의가 이루어져야 하는 것은 아니고 그 중간에 매도인과 매수인을 지배·장악하는 주체가 있어 그가 양자 사이의 거래가 체결되도록 주도적으로 기획·조종한 결과 실제 매매가 체결되는 경우도 포함한다고 해석함이 타당하다."(대법원 2013.9.26. 선고 2013도5214 판결).

② "'매매거래를 유인할 목적'이라 함은 인위적인 조작을 가하여 시세를 변동시킴에도 불구하고 투자자에게는 그 시세가 유가증권시장에서의 자연적인 수요·공급의 원칙에 의하여 형성된 것으로 오인시켜 유가증권의 매매거래에 끌어들이려는 목적을 말하고, 그 제1호 소정의 '유가증권의 매매거래가 성황을 이루고 있는 듯이 잘못 알게 하거나 그 시세를 변동시키는 매매거래'라 함은 본래 정상적인 수요·공급에 따라 자유경쟁시장에서 형성될 시세 및 거래량을 시장요인에 의하지 아니한 다른 요인으로 인위적으로 변동시킬 가능성이 있는 거래를 말하는 것으로서, 이에 해당하는지의 여부는 그 유가증권의 성격과 발행된 유가증권의 총수, 매매거래의 동기와 유형, 그 유가증권 가격의 동향, 종전 및 당시의 거래상황 등을 종합적으로 고려하여 판단하여야 한다."(대법원 2004.3.26. 선고 2003도7112 판결, 대법원 2002.6.14. 선고 2002도1256 판결, 대법원 2001.6.26. 선고 99도2282 판결).

③ "매매계약의 체결에 이르지 아니한 매수청약 또는 매수주문이라 하더라도 그것이 유가증권의 가격을 상승 또는 하락시키는 효과를 가지고 제3자에 의한 유가증권의 매매거래를 유인하는 성질을 가지는 이상 증권거래법 제188조의 4 제2항 제1호 소정의 '유가증권의 매매거래가 성황을 이루고 있는 듯이 잘못 알게 하거나 그 시세를 변동시키는 매매거래 또는 그 위탁이나 수탁을 하는 행위'에 해당하고, 단지 매수주문량이 많은 것처럼 보이기 위하여 매수의사 없이 하는 허수매수주문도 본조 제2항 제1호가 금지하는 이른바 현실거래에 의한 시세조종행위의 유형에 속한다."(대법원 2002.6.14. 선고 2002도1256 판결).

④ "'유가증권의 시세를 변동시키는 매매거래행위'라 함은 유가증권시장에서 수요 · 공급의 원칙에 의하여 형성된 유가증권의 가격을 인위적으로 상승 또는 하락시키는 등의 조작을 가하는 매매거래를 말하는 것으로서, 최초로 상장되는 주식의 경우에는 기형성된 주식가격이 없으므로 비록 상장 당일 매매거래의 가격제한폭의 적용기준인 상장기준가에 영향을 미치는 매매거래라 할지라도 이에 해당한다고 볼 수 없다."(대법원 1994.10.25. 선고 93도2516 판결).

⑤ "유가증권의 모집 · 매출을 원활하게 하기 위한 시장에서의 필요성에 의하여 그 시행 령 제83조의 8 제1항 소정의 안정조작과 시장조성을 그 이하 조항이 정하는 기간 · 가격 및 주체 등에 관한 엄격한 조건하에 예외적으로 허용하는 의미라고 보아야 한다."(대법원 2004.10.28. 선고 2002도3131 판결).

⑥ "시장조성이 이루어지는 대상이 되는 유가증권은 증권거래소나 코스닥증권시장 등 유가증권 유통시장의 특성상 유통시장에서 거래되는 주식 전체가 된다고 하더라도, 그와 같은 시장조성의 보호대상이 되는 유가증권의 보유자로서 시장조성 포기로 인한 손해배상을 구할 수 있는 자는 해당 유가증권의 발행을 주간한 증권사가 모집 또는 매출한 유가증권의 발행에 참가하여 이를 인수한 투자자들과 그들로부터 해당 유가증권을 특정하여 직접 인수한 투자자(공개된 유통시장에서 불특정 주식을 매수한 자는 제외)라고 보는 것이 타당하다."(대법원 2002.5.14. 선고 99다48979 판결, 대법원 2002.9.24. 선고 2001다9311 판결).

Ⅲ. 목적의 존재

시세조종행위란 인위적으로 시세를 조작하는 행위로서 우리나라에서는 모두 목적범의 형식을 취하고 있다. 시세조종행위 안에서도 통정매매나 가장매매의 경우 통상적인 거래가 아니기 때문에 시세조종적 사실이 있으면 위법한 목적의 존재도 인정할 수 있을 것이다. 허위표시에 의한 시세조종의 경우도 그 목적을 인정할 수 있으며, 안정조작이나 시장조성의 경우는 특정한 상황하에서만 이루어지므로 그 요건을 벗어난 경우 위법한 목적을 인정할 수 있을 것이다.

문제는 현실거래에 의한 시세조종의 경우이다. 주식의 매매가 있으면 시세의 변동이 따르게 되므로 정상적인 거래와 시세의 변동을 위한 시세조종적인 행위를 구별하기가 쉽지 않다. 따라서 주관적 요건으로서 유인목적이 중요한 구별기준으로 작용할 수밖에 없다. 그러나 증권의 매매는 투자나 경영권의 확보 등 다양한 목적으로 행하여지고 있으며, 또한 그 목적이라는 것은 내심의 문제이기 때문에 그 증명이 매우 어려운 것이다.

이러한 유인목적의 해석에 대하여 대량매매의 경우 그로 인한 시세의 변동은 당연하기 때문에 현실거래에 있어서 유인목적이란 자기의 매매거래에 의하여 시세가 변동하는 것을 인식하는 것만으로는 부족하고, 그것으로 인하여 타인의 매매거래를 유인할 목적을 가질 것을 요한다고 보며, 다만 유인목적의 증명이 어렵기 때문에 거래의 동기, 거래의 태양 등으로부터 유인목적을 인정하는 견해가 있다.[480)]

유인목적을 좀 더 완화해서 해석하는 견해도 있다. 즉 유인목적을 유가증권시장에서 유가증권의 매매거래 등을 유인할 목적으로 해석하고, 다만 목적은 의도와 같이 적극적일 필요는 없으며 당해 거래의 결과 제3자가 그 매매거래에 유인될지도 모른다는 미필적 인식으로도 충분하다고 본다.[481)]

그러나 자기의 매매거래에 따른 영향으로 타인을 끌어들이지 않을까 하는 인식은 시세조종자가 아니어도 통상 대량의 증권거래를 행하는 자이면 누구나 가지게 되는 것이고, 인식의 정도에 대하여 제3자가 매매거래에 유입될 수 있다는 미필적 인식으로 족하다고 하면 이는 적법행위와 위법거래를 구별하는 기준으로 작용할 수 없는 문제가 발생한다.

이와 달리 어떠한 매매거래도 정도의 차이는 있지만 결과적으로 타인의 매매거래를 유인하므로 그것을 의도하였는가 아닌가에 따라서 구별하는 것은 무리라면서 변동조작죄의 본질은 '인위적 조작목적'에 있다고 보아야 한다는 견해가 있다.[482)] 시세

---

480) 神崎克郎, "現實取引による上場操縦", 「法曹時報」, 第44巻 3號, 13면; 協同飼料事件에 대한 日本最高裁判所(平成 6年7月10日)는 "證券取引法 제125조 제2항 1호 후단(현행법 제159조 제2항 1호 후단)은 유가증권의 시장을 변동시키는 일련의 매매거래 등 모두를 위법이라고 하는 것은 아니고 그 중 유가증권시장에서 유가증권의 매매거래를 유인할 목적, 즉 인위적인 조작을 가해서 시세를 변동시키면서도 투자자에게 그 시세가 자연스런 수급관계에 의하여 형성된 것이라고 잘못 알게 해서 유가증권시장에서 유가증권의 매매거래를 유혹할 목적을 가지고 하는 시세를 변동시킬 가능성이 있는 매매거래를 금지하는 것이다."고 판시하였다.

481) 芝原邦爾, "相場の操縦罪", 「法學敎室」第165號, 98면; 우리나라 대법원도 같은 취지로 유인목적에 대하여 "인위적인 조작을 가하여 시세를 변동시킴에도 불구하고 투자자에게는 그 시세가 유가증권시장에서의 자연적인 수요·공급의 원칙에 의하여 형성된 것으로 오인시켜 유가증권의 매매거래에 끌어들이려는 목적을 말하는데… 유인목적은 다른 목적과의 공존 여부 어느 목적이 주된 것인지는 문제되지 아니하고, 그 목적에 대한 인식의 정도는 적극적 의욕이나 확정적 인식임을 요하지 아니하고, 미필적 인식이 있으면 족하며…"라고 판시하였다(대법원 2003.12.12. 선고 2001도606 판결; 대법원 2005.11.10. 선고 2004도1164 판결; 대법원 2007.11.29. 선고 2007도7471 판결).

482) 加賀讓治, 「證券相場操縱規制論」, 成文堂(2001), 256면: 시세조종의 반사회성이 '증권시장

조종행위가 위법시되는 이유는 제3자의 매매거래를 유인하는 것 자체에 있는 것이 아니고, 자연적인 수급관계에 의해 형성되어야 할 시세에 인위적인 조작을 가한 데에 있다고 하는 것이다.[483)]

보건대, 유인목적을 요구하고 있는 자본시장법의 태도에 비추어 이를 배제하는 해석은 어려움이 있으며, 유인목적을 완화해서 해석할 수밖에 없다고 생각한다. 그렇다면 목적의 요건을 완화해서 제3자로 하여금 당해 유가증권의 매매거래를 하도록 유인할 의도 정도로 해석하고자 한다.

그렇다고 해도 그 증명에 어려움이 있다. 대부분의 경우 시세조종행위에 대하여 형사상의 제재가 가하여진 후 이를 보고 손해배상청구를 하게 될 것이다. 규제기관과 달리 개인의 경우 시세조종사실에 대한 증명은 더욱 어려울 것이기 때문에 판례를 통하여 목적에 대한 추정 유형을 형성할 필요가 있다.[484)] 대법원은 이와 관련해서 "당사자가 이를 자백하지 않더라도 그 유가증권의 성격과 발행된 유가증권의 총수, 매매거래의 동기와 태양(순차적 가격상승주문 또는 가장매매, 시장관여율의 정도, 지속적인 종가관여 등), 그 유가증권의 가격 및 거래량의 동향, 전후의 거래상황, 거래의 경제적 합리성 및 공정성 등의 간접사실을 종합적으로 고려하여 판단할 수 있다." 고 판시하였다.[485)] 미국에서도 연방증권법 성립 이후 판례상 유인목적을 정황증거에 의하여 증명하는 것을 인정하였다. [486)]

의 공정의 파괴'에 있다는 입장에서 말하면 법문상의 유인목적이 있든지 없든지 시세조종행위로서 처벌되어야 한다고 한다; 藤田觀光事件 판결에서도 "그 유인이라는 단어 자체에 의미가 있는 것은 아니고 그것은 매매거래가 번성한 것으로 보이게 하는 것 혹은 유가증권의 시세를 변동시킬 매매거래가 의도적, 목적적으로 행하여 졌다는 것을 추상적으로 표현한 것이므로 인위적으로 매매거래가 번성하다고 보이게 하는 것, 혹은 인위적으로 유가증권의 시세를 조작하려는 목적이라는 말로 바꿀 수 있다."고 하였다(東京地裁判決(平成 5年5月19日)).

483) 미국에서도 상품선물거래위원회는 Indiana Farm Bureau 사건에서 원고는 피고의 인위적인 가격을 형성하고자 하는 목적을 증명해야 한다고 하였다. 위원회는 목적의 요소를 증명하기 위하여 피고가 의도적으로 시장가격의 흐름에 영향을 주어 이것이 합법적인 수요와 공급의 힘을 반영하지 못하도록 하였다는 것을 나타내 보여야 한다고 하였다. In re Indiana Farm Bureau Coop. Ass'n, Inc., [1982-1984 Rransfer Binder] Comm. Fut. L. Rep.(CCH) p. 21,796 at 27,283(CFTC Dec. 17. 1982.

484) 시세조종행위에 대한 증권거래법의 규정이 공문화 되었다며 그 실효성을 보장하기 위하여 이상하다고 생각되는 요소 즉 이상한 객관적 상황이 있는 경우에 거증책임을 전환하는 규정으로 개정할 필요가 있다는 견해도 있다. 안문택, 앞의 책, 448면; "일정의 객관적 상황으로부터 시세조종의 동기가 추정되는 경우는 그러한 목적이 없었다는 것을 시세조종자 측에서 증명하여야 한다."는 주장도 있다. 神崎克郎, "相場操縦の規制"(上), 「商事法務」 第477號 193면.

485) 대법원 2003.12.12. 선고 2001도606 판결, 대법원 2002.6.14. 선고 2002도937 판결 등.

486) Federal Corp. 결정(Federal Corp., 25 SEC 227, 230(1947))에서 SEC는 "사람의 내심을 탐구하는 것은 불가능하므로, 통상의 경우(즉 자백이 없는 경우), 시세조종의 목적의 인정이 정황증거로부터 인출된 추정에 기초할 필요가 있다."라는 정황증거론을 제기하였고, 이는 그 후 자주 인용되어 시세조종행위에 관한 소송에 많은 영향을 미쳤다. Louis Loss & Joel Seligman,

참조판례

"증권거래법 제188조의4 제1항 위반죄가 성립하기 위하여는 통정매매 또는 가장매매 사실 외에 주관적 요건으로 '거래가 성황을 이루고 있는 듯이 잘못 알게 하거나 기타 타인으로 하여금 그릇된 판단을 하게 할 목적'이 있어야 하는데, 이러한 목적은 다른 목적과의 공존 여부나 어느 목적이 주된 것인지는 문제되지 아니하고, 그 목적에 대한 인식의 정도는 적극적 의욕이나 확정적 인식임을 요하지 아니하고 미필적 인식이 있으면 족하며, 투자자의 오해를 실제로 유발하였는지 여부나 타인에게 손해가 발생하였는지 여부 등도 문제가 되지 아니한다."(대법원 2004.3.26. 선고 2003도7112 판결).

Ⅳ. 손해배상청구권

1. 의의

시세조종행위에 대하여는 형사상의 제재[487]가 가하여지고 있으나 투자자의 입장에서 이보다 더 중요한 것은 그 투자로 인한 손해를 보상받는 것이다.

자본시장법 제177조에서 제1항에서 다음의 거래유형에 따라 구분하여 손해배상책임을 인정한다.

① 그 위반행위로 인하여 형성된 가격에 의하여 해당 증권 또는 파생상품에 관한 매매 등을 하거나 그 위탁을 한 자가 그 매매 등 또는 위탁으로 인하여 입은 손해

② ①의 손해 외에 그 위반행위(자법 제176조 제4항 각 호의 어느 하나에 해당하는 행위로 한정한다)로 인하여 가격에 영향을 받은 다른 증권, 파생상품 또는 그 증권·파생상품의 기초자산에 대한 매매 등을 하거나 그 위탁을 한 자가 그 매매 등 또는 위탁으로 인하여 입은 손해

③ ① 및 ②의 손해 외에 그 위반행위(자법 제176조 제4항 각 호의 어느 하나에 해당하는 행위로 한정한다)로 인하여 특정 시점의 가격 또는 수치에 따라 권리행사 또는 조건성취 여부가 결정되거나 금전 등이 결제되는 증권 또는 파생상품과

Securities Regulation, Little, Brown & Co., 3d ed.(1991), p.3968.

487) 시세조종행위규제에 위반한 경우에 1년 이상의 유기징역 또는 그 위반행위로 얻은 이익 또는 회피한 손실액의 3배 이상 5배 이하에 상당하는 벌금에 처한다. 다만, 그 위반행위로 얻은 이익 또는 회피한 손실액이 없거나 산정하기 곤란한 경우 또는 그 위반행위로 얻은 이익 또는 회피한 손실액의 5배에 해당하는 금액이 5억원 이하인 경우에는 벌금의 상한액을 5억원으로 한다(자법 제443조 제1항).

관련하여 그 증권 또는 파생상품을 보유한 자가 그 위반행위로 형성된 가격 또는 수치에 따라 결정되거나 결제됨으로써 입은 손해

②의 경우는 ①의 시세조종의 대상이 된 증권이나 파생상품은 아니지만 그 시세조종행위로 영향받은 다른 증권, 파생상품 또는 그 증권 · 파생상품의 기초자산에 대한 매매 등으로 입은 손해를 보상하기 위한 것이며, ③은 시세조종행위로 가격에 영향을 받은 다른 증권, 파생상품 또는 그 증권 · 파생상품의 기초자산에 대한 매매 등을 하지는 않고 보유만 한 경우에 연계시세조종행위로 인해 입은 손해를 배상하기 위한 것이다.

손해배상책임에 관한 규정을 두고 있지만, 실제 시세조종행위로 인하여 발생한 손해를 배상받는 것은 쉬운 일이 아니다. 이는 먼저 위법한 시세조종행위의 존재가 인정되어야 한다. 그런데 우리나라에서 시세조종행위는 모두 목적범의 형식을 띠고 있다. 목적은 내면의 문제로서 이를 인정하기는 어려운 일이다. 다음으로 이러한 위법한 시세조종행위의 존재가 인정되어도 투자자의 손해와 그 행위 사이의 인과관계가 인정되어야 한다. 이도 역시 어려운 증명의 문제를 지니고 있다. 그리고 이러한 관계가 인정되어도 투자자가 입은 손해는 어떠한 범위에서 인정할 것인가, 즉 손해액은 어떤 가격을 기준으로 할 것인가도 문제이다. 주식의 시세는 항상 변화무쌍한 것으로서 이 중 시세조종행위로 인한 가격변동분을 추출해 낸다는 것은 또한 어려운 일이다.

2. 위법한 시세조종사실의 존재

시세조종사실과 관련하여 시세조종행위의 유형 및 목적의 존재에 대하여는 앞에서 살펴보았다.

3. 시세조종행위와 손해 사이에 인과관계의 존재

자본시장법 제177조에서 제1항에서 "위반행위로 인하여 형성된 가격에 의하여 매매거래를 하였을 때"를 손해배상청구의 요건으로 규정하고 있으므로, 손해배상청구를 하는 원고는 시세조종행위와 손해사이의 인과관계, 즉 시세조종행위로 인하여 부당하게 형성된 가격에 의하여 매매거래를 하였고, 그로 인하여 손해가 발생하였다는 사실을 증명하여야 한다. 이를 부당하게 형성된 가격으로 거래하였을 것을 요하는

거래인과관계와 부당하게 형성된 가격에 의하여 손해가 발생하였다는 손해인과관계로 설명하기도 한다.[488)]

거래인과관계가 인정되기 위해서는 피해자의 주식거래와 주가조작 사이에 견련성이 있어야 한다. 견련성이란 행위자의 허위표시나 오해를 유발시키는 행위를 피해자가 합리적으로 신뢰하여 거래하였을 것을 요구하는 것이다. 다음으로 손해인과관계란 시세조종행위로 인하여 피해자가 손해를 입을 것을 요구하는 것으로, 시세조종행위로 인하여 모든 투자자가 손해를 보는 것은 아니기 때문에 주가조작행위와 피해자의 손해 사이에 인과관계가 인정되기 위해서는 자본시장법 등의 위반행위가 피해자의 손해에 직접적인 원인이 되거나 적어도 위반행위가 필연적으로 손해를 야기할 수밖에 없는 경우라야 한다.

그러나 다수의 당사자간의 경쟁매매에 의하여 가격이 결정되는 주식시장에서 그 시세의 여러 결정요인 중에 피해자의 손해가 시세조종행위로 인한 것임을 이끌어내고, 또한 시세조종행위로 인하여 형성된 가격부분을 산정해 내어 그로 인한 손해를 증명해야 하기 때문에 그 인과관계의 증명이란 매우 어려운 일이다.

따라서 앞에서의 위법한 시세조종행위의 존재가 인정되고, 그로 인하여 형성된 가격으로 거래한 사실이 인정되면 원고의 손해와 피고의 시세조종행위 사이에 인과관계의 존재를 추정할 수 있을 것이고, 이에 대하여 피고가 시세의 변동이 피고의 행위와 무관하게 이루어졌다는 사실을 증명하여 위 추정을 깨뜨릴 수 있다고 해야 할 것이다.[489)]

참고로 시세조종행위에 관한 사례는 아니지만 사업보고서 등을 허위기재한 자의 손해배상책임과 관련한 사례에서 법원은 "유가증권의 취득자는 사업보고서의 허위기재 등과 손해발생간의 인과관계의 존재에 관하여 입증할 필요가 없고, 주권상장법인 등이 책임을 면하기 위하여 이러한 인과관계의 부존재를 입증해야 한다."고 판시하여 증명책임의 전환을 인정하였다.[490)]

---

488) 임재연, 앞의 책, 852면.

489) 임재연, 위의 책, 852면; 김정만, "시세조종행위의 규제, 증권거래에 관한 제문제(하)", 법원행정처(재판자료 91집, 2001.6.), 245면; 김주영 · 김태선, "주가조작에 따른 손해배상청구사건에 있어서 배상액의 산정방법에 관한 고찰", 「증권법연구」 제2권 제1호(2001), 118면.

490) 대법원 2002.10.11. 선고 2002다38521 판결: 그런데 사업보고서의 허위기재 등으로 인한 손해배상청구권에 관한 구 증권거래법 제15조 제2항은 "14조의 규정에 의하여 배상책임을 질 자가 청구권자가 입은 손해액의 전부 또는 일부를 허위로 기재 · 표시하거나 중요한 사항을 기재 · 표시하지 아니함으로써 발생한 것이 아님을 입증한 경우에는 그 부분에 대하여 배상책임을 지지 아니한다."고 하여 증명책임의 전환의 취지를 규정하고 있기에 시세조종행위와 같이 보기는 어렵다.

4. 손해액의 산정

시세조종행위가 있다고 하여도 주식의 시세는 항상 변동하는 것이므로 어떤 가격을 기준으로, 또한 어떤 시점의 가격을 기준으로 해서 손해액을 산정할 것인가가 문제가 된다. 이에 대하여는 견해가 갈리고, 우리나라 하급심 판례의 태도도 일치하지 않았다. 그러나 대법원에서 시세조종행위에 따른 손해배상청구소송에서 그 손해액 산정의 기준을 제시함으로써 판례의 입장을 명확히 하였다.[491)]

1) 학설

제1설은 시세조종행위가 없었다면 형성되었을 정상적인 가격과 시세조종행위의 결과 형성된 가격으로서 원고가 거래한 거래가격과의 차액이 손해라는 견해로서, 여기서 손해는 시세조종행위로 인하여 형성된 불공정한 가격으로 매수함으로써 발생한 손해를 의미하고, 시세조종행위가 없었다면 유가증권을 매수하지 않았을 것인데 시세조종행위로 인하여 매수가 유발되어 입은 손해는 아니라고 한다.[492)]

제2설은 원고가 매수한 시점의 가격과 매도시의 가격의 차액, 또는 아직 매각하지 않은 경우에는 손해배상청구시의 가격의 차액을 손해액으로 보는 견해이다. 원고가 매수한 가격과 손해배상청구시의 가격의 차액을 손해액으로 추정하고, 피고로 하여금 손해배상청구시의 가격이 시세조종행위와 관련이 없다는 사정을 주장 · 증명하게 하여 감액을 인정하자는 견해도 이 범주에 포함시킬 수 있다.[493)]

2) 판례

이에 대하여 대법원은 제1설의 태도를 취하였다. 그리하여 "증권거래법 제188조의 4 제2항 제1호의 시세조종행위로 인하여 형성된 가격에 의하여 유가증권시장 또는 코스닥시장에서 당해 유가증권의 매매거래 또는 위탁을 한 투자자가 그 매매거래 또는 위탁에 관하여 입은 손해를 산정함에 있어서는, 그와 같은 시세조종행위가 없었더라면 매수 당시 형성되었으리라고 인정되는 주가(정상주가)와 시세조종행위로 인

491) 손해배상을 청구하려는 원고가 시세조종기간 중 수차례에 걸쳐 당해 유가증권의 매수와 매도를 하였거나, 종전부터 당해 유가증권을 보유한 상태에서 추가로 매수한 후 매도한 경우에는 선입선출법(먼저 매수한 것부터 매도된 것으로 보는 방법)과 후입선출법 중 어느 방식에 의하는 가에 따라 손해액이 다르게 산정되는데, 이러한 경우에는 후입선출법에 의하여 산정하는 것이 타당하다.

492) 김건식 · 정순섭, 앞의 책, 333면; 임재연, 앞의 책, 854면; 김주영 · 김태선, 앞의 논문, 132면.

493) Investment, 昭和 41年 5, 6月(大阪證券取引所), 118면.

하여 형성된 주가로서 그 투자자가 실제로 매수한 주가(조작주가)와의 차액상당(만약, 정상주가 이상의 가격으로 실제 매도한 경우에는 조작주가와 그 매도주가와의 차액상당)을 손해로 볼 수 있다"고 판시하였다.[494)]

그러나 이와 달리 시세조종행위가 인정되는 경우 원고가 총매수한 가격과 총매도한 가격의 차이를 손해액으로 인정한 판례도 있다. 이에 따르면 "손해액의 산정에 대하여 시세조종 등 불공정거래행위로 인하여 피해자가 주식거래로 입은 손해액은 그 불공정거래행위가 없었더라면 피해자가 매도 또는 매수하였으리라고 인정되는 정상가격과의 차액상당으로 보아야 할 것인바, 주식시장에서의 주식의 정상가격은 그 형성 당시의 당해 회사의 실적, 시장의 수급 상황 등 여러 가지 여건에 의하여 경쟁매매를 통하여 결정되므로 특정시점에서 특정한 행위 또는 조건의 가감에 따른 정상가격을 추정하는 것은 불가능에 가까운 점, 증권거래법 제15조가 유가증권신고서 등의 허위기재로 인하여 그 발행인 등이 같은 법 제14조의 규정에 의하여 손해배상책임을 지는 경우 배상하여야 할 손해액은 피해자가 당해 유가증권을 취득함에 있어서 실지로 지급한 액에서 변론종결 당시의 그 시장가격 또는 변론종결 전에 그 주식을 처분한 때에는 그 처분가격을 공제한 금액으로 한다고 규정하고 있는 점, 원고들의 일련의 매수 및 매도행위가 피고의 단일한 시세조종 등 불공정거래행위로 인한 것인 점 등을 비추어 보면, 원고들의 손해액은 총매수가액에서 총매도가액을 공제하는 방법으로 구하는 것이 적당하다"고 판시하였다.[495)]

---

494) 대법원 2004.5.28. 선고 2003다69607, 69614 판결; 서울고법 2000.12.5. 선고 2000나22456 판결: 다만, 변론종결 전에 정상주가보다 높은 가격에 처분함으로써 매수주가와 처분주가와의 차액이 매수주가와 정상주가의 차액보다 적을 경우에는 그 적은 금액을 손해액으로 인정하고, 정상주가보다 낮은 가격에 매수한 원고들은 그 후 주가가 더 하락함에 따라 손해를 입었디고 하더라도 이는 특별사정으로 인한 손해로 보고 특별사정에 대한 입증이 없는 경우 그 청구를 인용하지 않았다.

참고로, 분식결산에 의하여 회사의 재무제표 등이 허위로 작성되었는데도 감사인이 부실감사로 인하여 이를 발견하지 못한 사안에서 대법원은 "감사인의 부실감사로 손해를 입게 된 주식투자자가 민법상의 불법행위책임에 기하여 배상을 구할 수 있는 손해액의 산정은 구 증권거래법상의 손해배상책임에 있어서의 손해액 산정에 관한 같은 법 제197조 제2항 및 제15조가 적용될 수 없고, 원칙적으로 그 실제매수 또는 매도가액이 아니라 부실감사가 밝혀지기 직전의 정상적인 주가와 부실감사가 밝혀진 후의 거래에서 계속된 하종가가 마감되어 다시 정상적인 주가가 형성되었을 때 그 정상주가와의 차액에 의하여야 할 것이고, 또 그와 같이 주가가 다시 정상적으로 형성되기 이전에 매도가 이루어지고 그 가액이 그 후 다시 형성된 정상적인 주가를 초과하는 경우에는 그 매도가액과의 차액에 의하여야 한다"고 판시하였다(대법원 1999.10.22. 선고 97다26555 판결).

495) 부산고법 1998.8.27. 선고 98나574 판결; 서울지방법원 2000.6.30. 선고 98가합114034 판결.

3) 검토

제2설은 손해액의 산정이 편리하고, 실제 피해자가 입은 실손해액을 반영한다는 점에서 이점이 있다는 것은 인정할 수 있으나, 손해액의 범위를 너무 넓게 인정하는 문제가 있다. 즉 매도시의 가격이란 시세조종뿐만 아니라 여러 다양한 요인에 의하여 결정되는 것인데, 만일 시세가 시황의 영향 등으로 추가 하락한 경우에도 이에 따르면 모두 손해로 인정되게 된다. 또한 주식의 시세란 시시각각 변하는 것인데, 손해액의 산정을 원고의 매도시점 또는 변론종결시를 기준으로 하게 되면 그 손해액이 원고의 개인적 사정에 따라 변하는 불합리성도 있다.

위에서 피고로 하여금 손해배상청구시의 가격이 시세조종행위와 관련이 없다는 사정을 증명하여 손해액의 감액을 인정하자는 주장은 손해에 대한 추정규정을 두자는 입법론으로서는 몰라도 손해액의 증명이 원고의 부담으로 되어 있는 현행법의 해석상으로는 무리이다.

따라서 손해를 일정한 시점을 기준으로 하여 확정할 필요가 있는데 그 시점은 피해자가 주식을 매수한 시점으로 보는 것이 변론종결일이나 처분한 시점으로 보는 것에 비하여 합리적이다. 그러한 입장에서 제1설의 태도가 타당하다고 본다.

그런데 제1설과 입장이 동일한 대법원은 만일 피해자가 정상주가 이상의 가격으로 매각한 경우에는 조작주가와 실제로 매각한 주가와의 차액만을 손해액으로 산정하였다. 그러나 피해자가 정상가보다 높은 가격으로 주식을 매입한 손해가 있음에도 불구하고 사후적으로 취득가보다 높은 가격으로 처분했다고 하여 그 부분을 손해액에서 제외하는 것은 문제가 된다. 이는 정상가와 처분가의 차액부분을 피해자가 아닌 시세조종자의 이익에 귀속시키게 되는 결과를 낳는다. 즉 시세조종자의 경우 정상주가와 조작주가의 차액만큼 이익을 보았음에도 나중에 주가가 정상주가 이상으로 상승하였다고 해서 이를 손해에서 공제하게 되면 결과적으로 시세조종자에게 그 액만큼 이익을 보전시켜 주는 부당한 결과가 된다. 또한 주식의 처분의 시점이나 소제기 시점에 따라 손해배상액이 달라지는 문제도 있다. 물론 피해자의 입장에서 주가가 급변하는 주식을 매입한 과실을 인정할 수 있겠지만 이는 손해액의 산정에서 문제삼을 것이 아니라 추후 과실상계부분에서 그 부분을 공제하면 될 것이다.

반대로 시세조작사실이 드러나면서 주가가 추가로 하락하여 그 처분가격 혹은 변론종결시의 가격과 조작주가와의 차액이 정상주가와 조작주가와의 차액을 넘어가는 경우에는 그 손해를 특별사정으로 인한 손해로 보아 시세조종 등 시세조종행위를 한 자가 그 사정을 알았거나 알 수 있었을 경우에 한하여 손해액에 포함된다고 해석할 것이다.

문제는 정상가격의 산정이다. 손해배상액 산정에 있어서 시세조종행위과 상관없는 다른 요인에 의한 가격변동액만큼 손해액의 산정에서 제외하여야 한다. 따라서 시세조종행위에 영향을 받지 않은 정상가격의 산정을 해내어야 하는데, 이에 대하여 정상주가의 산정이 불가능하다면서, 시세조종행위가 이루어지지 않은 기간 동안의 최고가를 정상주가로 보아 손해액을 산정한 경우도 있다.[496] 그러나 이는 투자자의 손해를 과도하게 축소하는 것으로서 타당하지 않다. 미국에서는 정상주가를 산정하는 방법으로 사건영향분석법을 널리 사용하고 있다.[497] 이는 특정사건이 주가에 미치는 영향을 평가하는 통계적인 기술로서, 특정사건이 발생한 기간 중의 주가동향과 당해 사건이 없었더라면 진행되었을 주가동향을 비교하여 그 차이가 통계적으로 의미를 가지는 경우에 그 차이를 가지고 정상주가를 산정하는 방법이다.

우리나라 대법원도 이를 받아들여 "정상주가의 산정방법으로는, 전문가의 감정을 통하여 그와 같은 시세조종행위가 발생하여 그 영향을 받은 기간(사건기간) 중의 주가동향과 그 사건이 없었더라면 진행되었을 주가동향을 비교한 다음 그 차이가 통계적으로 의미가 있는 경우 시세조종행위의 영향으로 주가가 변동되었다고 보고, 사건기간 이전이나 이후의 일정 기간의 종합주가지수, 업종지수 및 동종업체의 주가 등 공개된 지표 중 가장 적절한 것을 바탕으로 도출한 회귀방정식을 이용하여 사건기간 동안의 정상수익률을 산출한 다음 이를 기초로 사건기간 중의 정상주가를 추정하는 금융경제학적 방식 등의 합리적인 방법에 의할 수 있다."고 판시하였다.[498]

이와 같이 정상주가의 산정에는 주식을 발행한 회사가 가지는 개별적 사정(영업실적, 부채비율, 전망 등), 시장의 상황, 그 회사가 속하는 업계의 상황, 국내 및 국제적 사회 · 경제 전반의 정세 등 여러 요인을 고려해서 판단하여야 한다.

---

496) 서울고법 2000.12.5. 선고 98가합114034 판결.

497) 사건영향분석법은 기본 3단계 절차를 거쳐 행하여지는데 이는 첫째, 사건의 정보가 시장에 도달하는 기간의 정의 둘째, 사건을 둘러싼 비정상적인 주가의 산출 셋째, 비정상적인 주가의 통계적 유의성의 검증이다.

498) 대법원 2004.5.28. 선고 2003다69607, 69614 판결.

참조판례

① "사건연구방식의 분석을 활용하는 경우, 시세조종행위가 발생한 기간(이른바 사건기간) 이전의 일정 기간(이른바 추정기간)의 종합주가지수, 업종지수 및 동종업체의 주가 등 공개된 지표 중 가장 적절한 것을 바탕으로 도출한 회귀방정식을 이용하여 사건기간 동안의 정상수익률을 산출한 다음 이를 기초로 추정한 '사건기간 중의 일자별 정상주가'와 '사건기간 중의 일자별 실제주가'를 비교하여 그 차이가 통계적으로 의미가 있는 경우에 한하여 시세조종행위의 영향으로 인하여 주가가 변동되었다고 보아 상당인과관계가 존재한다는 판단을 하게 되는 것이므로 사건기간과 추정기간을 정확히 설정하는 것이 무엇보다 중요하다 할 것인바, 사건기간의 설정과 관련하여서는 달리 특별한 사정이 없는 한 시세조종행위가 시작된 날을 사건기간의 개시일로 삼음이 상당하고, 다른 한편 사건기간 이전의 특정 기간을 추정기간으로 설정함에 있어서는 정상주가의 산정을 위한 회귀방정식의 신뢰도에 결정적인 문제가 생길 정도로 사건기간으로부터 멀리 떨어진 기간을 추정기간으로 설정하거나 주가의 기대수익률에 큰 영향을 미칠 수 있는 구조적 변화가 일어나기 이전의 기간까지 추정기간에 포함해서는 아니 될 것이다."(대법원 2007.11.30. 선고 2006다58578 판결).

② "'위반행위로 얻은 이익'이라 함은 거기에 함께 규정되어 있는 '손실액'에 반대되는 개념으로서 당해 위반행위로 인하여 행위자가 얻은 이윤 즉 그 거래로 인한 총수입에서 그 거래를 위한 총비용을 공제한 차액을 말하고, 따라서 현실거래로 인한 시세조종행위로 얻은 이익은 그 시세조종행위와 관련된 유가증권 거래의 총 매도금액에서 총 매수금액 외에 그 거래를 위한 매수수수료, 매도수수료, 증권거래세(증권거래소의 경우 농어촌특별세를 포함한다) 등의 거래비용도 공제한 나머지 순매매이익을 의미한다."(대법원 2002.6.14. 선고 2002도1256 판결, 대법원 2002.7.26. 선고 2002도1855 판결). 여기서 "양도소득세"(대법원 2003.11.14. 선고 2003도686 판결), "청약환불금"(대법원 2004.5.28. 선고 2004도1465 판결)은 공제 대상인 거래비용에 포함되지 아니한다.

5. 시효

손해배상청구권은 청구권자가 자본시장법 제176조를 위반한 행위가 있었던 사실을 안 때부터 1년간, 그 행위가 있었던 때부터 3년간 이를 행사하지 아니한 경우에는 시효로 인하여 소멸한다(자법 제177조 제2항).

제3장 부정거래행위

Ⅰ. 서설

부정거래행위에 대하여 자본시장법에서는 금융투자상품의 매매 그 밖의 거래와 관련하여 일정한 부정행위를 금지하는 것과 금융투자상품의 매매, 그 밖의 거래 또는 시세변동을 목적으로 위계의 사용 등을 금지하는 것으로 나누고 있다.[499)]

부정거래행위의 규제에 관한 본 규정이 미국(SEC Rule 10b- 5)이나 일본에 비해서는 미흡하지만 포괄적 사기금지규정의 역할을 한다.

Ⅱ. 매매 등의 거래와 관련한 부정거래행위

1. 적용범위

금융투자상품의 매매 그 밖의 거래와 관련하여 일정한 부정행위를 금지한다. “금융투자상품의 매매 그 밖의 거래”로 되어 있어 상장 여부를 불문하고, 증권의 경우 공모와 사모를 포함한다.

매매 외에 담보제공계약, 합병계약, 교환계약 등도 포함된다.

2. 부정수단의 사용

“부정한 수단, 계획 또는 기교를 사용하는 행위”가 금지된다(자법 제178조 제1항

499) 부정거래행위 위반에 대해서 1년 이상의 유기징역 또는 그 위반행위로 얻은 이익 또는 회피한 손실액의 3배 이상 5배 이하에 상당하는 벌금에 처한다. 다만, 그 위반행위로 얻은 이익 또는 회피한 손실액이 없거나 산정하기 곤란한 경우 또는 그 위반행위로 얻은 이익 또는 회피한 손실액의 5배에 해당하는 금액이 5억원 이하인 경우에는 벌금의 상한액을 5억원으로 한다(자법 제443조 제1항).

제1호). 여기서 '부정한 수단, 계획 또는 기교'란 사회통념상 부정하다고 인정되는 일체의 수단, 계획 또는 기교를 말한다.[500] 그리고 부정성을 사기에 한정하지 않고 사회통념에 반하는 일반적 부정을 포함하는 의미로 본다.[501]

3. 허위표시의 사용

중요사항에 관하여 거짓의 기재 또는 표시를 하거나 타인에게 오해를 유발시키지 아니하기 위하여 필요한 중요사항의 기재 또는 표시가 누락된 문서, 그 밖의 기재 또는 표시를 사용하여 금전, 그 밖의 재산상의 이익을 얻고자 하는 행위는 금지된다(자법 제178조 제1항 2호).

예를 들면 회사 내부자 등이 주식을 매수한 후 허위 재무정보를 기재한 사업보고서를 제출하고, 이를 발표하여 주가를 상승시킨 후 매도하여 부당이득을 취하려는 경우 등이 될 것이다.

참조판례

① "허위사실을 유포하거나 허위의 표시를 하였는지 여부는 공시내용 자체가 허위인지 여부에 의하여 판단하여야 할 것이지 실제로 공시내용을 실현할 의사와 능력이 있었는지 여부에 의하여 판단할 것은 아니다."면서, 주주총회의 결의를 거쳐 회사의 사업목적을 추가하는 정관변경을 한 다음 그 사실을 공시하거나 기사화한 것이 허위사실을 유포하거나 허위의 표시를 한 것으로 볼 수는 없다고 하였다(대법원 2003.11.14. 선고 2003도686 판결).

② "증권거래법 제188조의 4 제4항 제1호의 유가증권의 매매 등 거래와 관련한 행위인지 여부나 허위의 여부 및 부당한 이득 또는 경제적 이익의 취득 도모 여부 등은 그 행위자의 지위, 발행회사의 경영상태와 그 주가의 동향, 그 행위 전후의 제반 사정 등을 종합적으로 고려하여 객관적인 기준에 의하여 판단하여야 한다."면서, 주식회사의 대표이사가 분식결산의 방법으로 작성된 허위의 재무제표에 기초하여 그 회사의 재무에 관하여 허위의 사항을 기재한 사업보고서 등을 증권거래위원회나 증권거래소에 제출하고, 불확실한 사업전망을 마치 확정되었거나 곧 착수할 것처럼 공표하면서 그 내용을 신문보도나 유인물을 통하여 홍보하여 그 회사의 주가가 상승하자 자신이 지배하는 주식을 매도하여 상당한 경제적 이득을 얻었고, 그에 앞서 미리 사모전환사채를 인수하는 방법으로 주식의 매도에 대비하였다가 주식을 매도한 후 그 전환사채를 주식으로 전환하여 그 회사에 대한 자신의 지분율을 유지한 경우, 증권거래법상 사기적 부정거래행위에 해당한다고 하였다(대법원 2001.1.19. 선고 2000도4444 판결).

③ "증권거래법의 목적과 위 규정의 입법취지 등에 비추어 구 증권거래법 제188조의 4 제4항 소정의 부당한 이득은 유가증권의 처분으로 인한 행위자의 개인적이고 유형적인 경제적 이익에 한정되지 않고, 기업의 경영권 획득, 지배권 확보, 회사내에서의 지위상승 등 무형적 이익 및 적극적 이득뿐 아니라 손실을 회피하는 경우와 같은 소극적 이득, 아직 현실화

500) 대법원 2011.10.27. 선고 2011도8109 판결.
501) 김건식 · 정순섭, 앞의 책, 474면.

되지 않는 장래의 이득도 모두 포함하는 포괄적인 개념으로 해석하는 것이 상당하다."(대법원 2003.11.14. 선고 2003도686 판결).
④ "구 증권거래법 제188조의 4 제4항 제2호의'중요한 사항'이란, 미공개정보 이용행위 금지조항인 같은 법 제188조의 2 제2항에서 정한'일반인에게 공개되지 아니한 중요한 정보'와 궤를 같이 하는 것으로서, 당해 법인의 재산 · 경영에 관하여 중대한 영향을 미치거나 유가증권의 공정거래와 투자자 보호를 위하여 필요한 사항으로서 투자자의 투자판단에 영향을 미칠 수 있는 사항을 의미한다. 또한, 위와 같은 중요한 사항에 관하여 허위 또는 부실 표시된 문서를 증권선물거래소를 통하여 이미 공시한 상태에서 이를 단순히 시정하지 않고 방치하는 데 그치는 것이 아니라, 구체적인 상황에서 그 문서가 투자자의 투자판단에 영향을 미칠 수 있는 사항에 관하여 오해를 유발할 수 있는 상황임을 알면서도, 이를 금전 기타 재산상의 이익을 얻는 기회로 삼기 위해서 유사한 취지의 허위 또는 부실 표시 문서를 계속 증권선물거래소에 보고하는 등의 방법으로 적극적으로 활용하는 행위는 위 조항에서 정한 문서의 이용행위에 포함될 수 있다."(대법원 2009.7.9. 선고 2009도1374 판결).
⑤ "언론을 통하여 기업의 사업 추진 현황이나 전망 등에 관한 인터뷰 기사 등이 보도되도록 한 경우, 그것이 단순히 사업과 관련된 의견 또는 평가, 단순한 홍보성 발언에 불과한 것이 아니라, 구 증권거래법 제188조의 4 제4항 제1호에 정한 허위의 사실을 유포하는 행위에 해당하는지 및 그러한 행위가 부당한 이익을 얻기 위한 것인지 여부는, 위 조항의 취지를 염두에 두고 행위자의 지위, 해당 기업의 경영 상태와 그 주가의 동향, 인터뷰 및 보도 내용의 구체적인 표현과 전체적인 취지, 보도의 계기 및 그 계속 · 반복성 여부, 보도 내용과 관련된 기업의 여러 실제 사정 등을 전체적 · 종합적으로 고려하여 객관적인 기준에 의하여 판단하여야 한다."(대법원 2009.7.9. 선고 2009도1374 판결).
⑥ "구 증권거래법 제188조의 4 제4항은 상장유가증권 또는 협회중개시장에 등록된 유가증권은 물론 같은 법 제2조 제1항 각 호와 제2항이 정의한 유가증권에 포함되는 모든 유가증권의 매매 기타 거래에 적용되며, 유가증권시장 또는 협회중개시장에서의 거래는 물론 장외시장에서의 직접 · 대면거래에 대하여도 마찬가지로 적용된다고 봄이 상당하다."면서 "구 증권거래법 제188조의 4 제4항 제2호는 그 문언의 해석상 일단 '타인에게 오해를 유발하게 함으로써 금전 기타 재산상의 이익을 얻기 위하여' 중요한 사항에 관한 허위 · 부실표시 문서를 이용한 이상 그로써 바로 위 조항 위반죄가 성립하는 것이고, 문서 이용행위로 인하여 실제 '타인에게 오해를 유발'하거나 '금전 기타 재산상의 이익을 얻을 것'을 요하지 않으므로, 허위 · 부실표시 문서 이용행위와 타인의 오해 사이의 인과관계 여부는 위 죄의 성립에 아무런 영향을 미치지 않는다."고 판시하였다(대법원 2006.4.14. 선고 2003도6759 판결).

4. 허위시세의 이용

금융투자상품의 매매, 그 밖의 거래를 유인할 목적으로 거짓의 시세를 이용하는 행위는 금지된다(자법 제178조 제1항 3호)

시세조종행위는 적극적으로 허위의 시세를 만들어내는 것인데 비하여 여기서는 그러한 허위시세를 이용하는 행위를 규제한다.

Ⅲ. 매매 등의 거래나 시세변동을 목적으로 하는 부정거래행위

1. 의의

누구든지 금융투자상품의 매매, 그 밖의 거래를 할 목적이나 그 시세의 변동을 도모할 목적으로 풍문의 유포, 위계의 사용, 폭행 또는 협박을 하여서는 아니 된다(자법 제178조 제2항). 이는 소위 위계 등에 의한 부정거래의 금지이다.

2. 적용범위

위계 등에 의한 부정거래행위의 목적이 "금융투자상품의 매매, 그 밖의 거래" 또는 "그 시세의 변동"으로서 그 행위유형이 넓다.

3. 풍문의 유포

풍문이란 진위 여부가 불확실한 소문을 말하며 그 유포에 대한 방법이나 수단에 대한 제한이 없으므로 인터넷, 휴대폰 문자 등 모든 방법이 포함된다. 유포는 일반적으로 불특정 다수인에게 전파하는 행위를 말하지만 특정인에게 전파하는 것도 포함한다.

4. 위계의 사용

위계란 거래상대방이나 불특정투자자를 기망하여 일정한 행위를 유인할 목적의 수단·계획·기교 등을 말한다.[502] 위계의 상대방은 거래의 상대방일 필요가 없고 불특정 다수인이라도 무방하다.

5. 폭행 또는 협박

그 행위의 유형으로 폭행 또는 협박도 포함시킨 것은 부정거래행위의 적용범위에

502) 대법원 2008.5.15. 선고 2007도 11145 판결.

공백이 없도록 하기 위한 것이다.

참조판례

① "'위계'란 거래 상대방이나 불특정 투자자를 기망하여 일정한 행위를 유인할 목적의 수단, 계획, 기교 등을 말하는 것이고, '기망'이라 함은 객관적 사실과 다른 내용의 허위사실을 내세우는 등의 방법으로 타인을 속이는 것을 의미한다."(대법원 2010.12.9. 선고 2009도6411 판결; 대법원 2011.3.10. 선고 2008도6335 판결).

② "상장법인 등이 재무구조에 변경을 초래하는 감자 또는 증자에 관한 정보를 스스로 공표하는 경우, 상장법인 등의 임직원으로서는 그러한 정보의 공표로 인하여 투자자들의 오인·착각을 유발하지 않도록 합리적인 근거에 기초하여 성실하게 정보를 공표하여야 한다. 만일 이와 달리 상장법인 등이 객관적으로 보아 감자 등을 할 법적 또는 경제적 여건을 갖추고 있지 아니하거나 또는 임직원이 감자 등을 진지하고 성실하게 검토·추진하려는 의사를 갖고 있지 않은데도, 감자 등의 검토계획을 공표하면 투자자들이 그 실현가능성이 높은 것으로 판단하여 주식거래에 나설 것이고 이로 인하여 주가의 변동이 초래될 것이라고 인식하면서도 그에 따른 이득을 취할 목적으로 검토계획의 공표에 나아간 경우에는, 이러한 행위는 투자자들의 오인·착각을 이용하여 부당한 이득을 취하려는 기망적인 수단, 계획 내지 기교로서 구 증권거래법 제188조의 4 제4항 제1호에서 정한 '위계를 쓰는 행위'에 해당한다."(대법원 2011.3.10. 선고 2008도6335 판결).[504)]

③ 피고인 甲, 乙이 주가상승을 통한 시세차익을 얻기로 공모한 후 乙의 자금을 이용하여 외국법인 명의 계좌로 丙회사의 주식을 매수하거나 제3자배정 유상증자에 乙소유의 외국 페이퍼컴퍼니 명의로 참여하여 丙회사의 주식을 인수함으로써, 마치 해외기관투자자나 다수의 해외펀드 투자를 유치한 듯한 외양을 갖추는 위계를 사용하였다는 주장에 대하여 "피고인들이 위 주식거래를 함에 있어 관련 외국법인의 실체를 과장하거나 그에 관한 허위의 정보를 제공하는 등 허위사실을 내세웠다는 특별한 사정이 없는 이상, 乙의 위와 같은 투자행태를 법률이 금지하는 위계의 사용에 해당한다고 단정하기에 부족하다."고 하였다(대법원 2010.12.9. 선고 2009도6411 판결).

---

503) 소위 론스타 사건이며, 그 이전에 헤르메스 사건에서 언론사와 인터뷰를 하면서 적대적 기업매수의 가능성을 언급한 것에 대해서 삼성물산의 주가를 의도적으로 끌어올릴 의도로 위계의 사용한 것이 아닌가가 다투어졌는데, 대법원은 이를 인정하지 않았다(대법원 2008.5.15. 선고 2007도11145 판결).

제4장 시장질서 교란행위의 금지

1. 의의

기존 자본시장법상 불공정거래에 대한 규제에 한계가 있다는 지적이 꾸준히 제기되어 왔다. 미공개중요정보 이용행위의 금지에 있어서 정보수령자의 범위를 제1차 정보수령자로 제한하고 있었으며, 시세조종행위의 경우에도 주관적 요건으로 목적성이 요구되어 이를 증명하기에 어려움이 있었다. 이에 자본시장법 개정으로 시장질서 교란행위에 대한 규제조항이 도입되게 되었다.

여기서는 기존 불공정거래행위에 포함되지 않았던 미공개정보 이용행위를 "시장질서 교란행위"로 처벌하는 규정 및 "목적성"이 인정되지 않더라도 시세에 부당한 영향을 주는 시장질서 교란행위를 규제하는 내용의 규정을 신설하였다(자법 제178조의 2).

시장질서 교란행위에 대한 규제의 특징은 기존의 불공정거래가 형사처벌 위주의 규제체계를 가지는데 반하여 과징금 부과에 초점을 두고 있다는 점을 수 있다.

2. 추가된 미공개정보 이용행위

첫째, 미공개중요정보 이용행위의 규제조항하에서는 정부수령자의 경우 제1차 정보수령자만 처벌의 대상이 된다. 그러나 시장질서 교란행위에 대한 규제조항하에서는 2차 · 3차 등 간접적으로 상장법인의 미공개정보를 취득하여 이용한 경우도 규제대상이 된다.

둘째, 해킹 · 절취 등 부정한 방법으로 미공개정보를 얻거나 이 정보를 간접적으로 취득하여 이용한 경우도 규제된다.

셋째, 본인이 생성한 시장정보를 활용하거나 해당 시장정보를 간접적으로 취득하여 주식거래 등을 한 경우도 대상이 된다.

3. 목적성이 인정되지 않는 시세조종성행위

첫째, 시세조종행위는 목적성이 요구됨에 반하여, 목적성이 인정되지 않더라도 시세에 부당한 영향을 주는 행위는 시장질서 교란행위로 규제되게 되었다. 예를 들면 甲이 자동 주문 프로그램을 통하여 A사의 주식을 거래하였는데, 프로그램의 오류로 인하여 주문이 폭주하면서 주가가 급변한 경우 이전에 시세조종행위의 규제에 있어서 목적성이 인정되지 않아 규제가 어려웠지만 이에 대하여도 시장질서 교란행위로 규제할 수 있게 되었다.

둘째, 기존에 시세조종행위 및 부정거래행위 등의 금지에 관한 자본시장법 제176조 및 제178조로 처벌하기 어려운 유형에 대한 규제를 새롭게 도입하고 있다. 이는 다음의 허수호가, 가장매매, 손익이전 또는 조세회피 목적의 통정매매, 풍문의 유포, 거짓으로 계책을 꾸미는 등의 행위이다.

① 허수호가: 거래 성립 가능성이 희박한 호가를 대량으로 제출하거나 호가를 제출한 후 해당 호가를 반복적으로 정정 · 취소하여 시세에 부당한 영향을 주거나 줄 우려가 있는 행위

② 가장매매: 권리의 이전을 목적으로 하지 아니함에도 불구하고 거짓으로 꾸민 매매를 하여 시세에 부당한 영향을 주거나 줄 우려가 있는 행위

③ 손익이전 또는 조세회피 목적의 통정매매: 손익이전 또는 조세회피 목적으로 자기가 매매하는 것과 같은 시기에 그와 같은 가격 또는 약정수치로 타인이 그 상장증권 또는 장내파생상품을 매수할 것을 사전에 그자와 서로 짠 후 매매를 하여 시세에 부당한 영향을 주거나 영향을 줄 우려가 있는 행위

④ 풍문의 유포, 거짓으로 계책을 꾸미는 등의 행위: 풍문을 유포하거나 거짓으로 계책을 꾸미는 등으로 상장증권 또는 장내파생상품의 수요 · 공급 상황이나 그 가격에 대하여 타인에게 잘못된 판단이나 오해를 유발하거나 상장증권 또는 장내파생상품의 가격을 왜곡할 우려가 있는 행위

4. 과징금의 부과

금융위원회는 시장질서 교란행위 금지를 위반한 자에 대하여 5억원 이하의 과징금을 부과할 수 있다. 다만, 그 위반행위와 관련된 거래로 얻은 이익(미실현 이익을 포함한다) 또는 이로 인하여 회피한 손실액에 1.5배에 해당하는 금액이 5억원을 초과

하는 경우에는 그 이익 또는 회피한 손실액의 1.5배에 상당하는 금액 이하의 과징금을 부과할 수 있다(자법 제429조의 2).

과징금은 부당이득이 없어도 시장질서 교란행위에 대하여 부과한다. 과징금은 5억원 이하와 그 이상으로 구분된다. 5억원을 초과하는 경우에는 최대 부당이득액의 1.5배에 상당하는 과징금을 부과할 수 있다.[504)]

부당이득에는 미실현이익이 포함되며, 시장질서 교란행위의 금지위반에 대한 과징금 부과는 고의 또는 중과실을 요건으로 하지 않는다.

504) 이는 불공정거래의 벌금상환(부당이득액의 3배)을 감안하여 이러한 형사처벌 요건보다 낮은 요건을 위반한 시장질서 교란행위에 대하여는 이보다 낮은 1.5배로 규율하는 것으로 볼 수 있다.

제5편

집합투자

제1장 총설

제1절 개관

집합투자란 2인 이상에게 투자권유를 하여 모은 금전 등 또는 「국가재정법」 제81조에 따른 여유자금을 투자자 또는 각 기금관리주체로부터 일상적인 운용지시를 받지 아니하면서 재산적 가치가 있는 투자대상자산을 취득 · 처분, 그 밖의 방법으로 운용하고 그 결과를 투자자 또는 각 기금관리주체에게 배분하여 귀속시키는 것을 말한다(자법 제6조 제5항).

집합투자업이란 집합투자를 영업으로 하는 것을 말한다(자법 제6조 제4항). 자산운용업이나 투자신탁업 등이 이에 해당한다.

제2절 집합투자기구

Ⅰ. 집합투자기구의 종류

1. 집합투자기구의 의의

집합투자기구란 집합투자를 수행하기 위한 기구로서 다음을 말한다. ① 투자신탁 ② 투자회사 ③ 투자유한회사 ④ 투자합자회사 ⑤ 투자합자조합 ⑥ 투자익명조합(자법 제9조 제18항).

2. 집합투자기구의 구분

(1) 법적 구조에 따른 구분

집합투자기구는 법적 구조에 따라 ① 신탁형(투자신탁) ② 회사형(투자회사, 투자유한회사, 투자합자회사) ③ 조합형(투자합자조합, 투자익명조합)으로 나눌 수 있다. 이때 투자자는 신탁형에서는 수익자, 회사형에서는 주주 또는 사원, 조합형에서는 조합원 또는 출자자의 지위를 가진다.

(2) 운용대상에 따른 구분

집합투자기구는 집합투자재산의 운용대상에 따라 다음과 같이 구분한다(자법 제229조).

① 증권집합투자기구: 집합투자재산의 50%를 초과하여 증권에 투자하는 집합투자기구로서 ② 및 ③에 해당하지 아니하는 집합투자기구

② 부동산집합투자기구: 집합투자재산의 50%를 초과하여 부동산[부동산을 기초자산으로 한 파생상품, 부동산 개발과 관련된 법인에 대한 대출, 그 밖에 대통령령으로 정하는 방법[505]으로 부동산 및 대통령령으로 정하는 부동산과 관련된 증권(자령 제240조 제5항)에 투자하는 경우를 포함한다]에 투자하는 집합투자기구

③ 특별자산집합투자기구: 집합투자재산의 50%를 초과하여 특별자산(증권 및 부동산을 제외한 투자대상자산을 말한다)에 투자하는 집합투자기구

④ 혼합자산집합투자기구: 집합투자재산을 운용함에 있어서 ①부터 ③까지의 규정의 제한을 받지 아니하는 집합투자기구

⑤ 단기금융집합투자기구: 집합투자재산 전부를 대통령령으로 정하는 단기금융상

---

505) 다음 각 호의 어느 하나에 해당하는 방법을 말한다(자령 제240조 제4항).
1. 부동산의 개발
2. 부동산의 관리 및 개량
3. 부동산의 임대
4. 지상권 · 지역권 · 전세권 · 임차권 · 분양권 등 부동산 관련 권리의 취득
5. 「기업구조조정 촉진법」 제2조 제1호에 따른 채권금융기관(「금융산업의 구조개선에 관한 법률」에 따른 금융기관이었던 자로서 청산절차 또는 「채무자 회생 및 파산에 관한 법률」에 따른 파산절차가 진행 중인 법인을 포함한다)이 채권자인 금전채권(부동산을 담보로 한 경우만 해당한다)의 취득

품[506]에 투자하는 집합투자기구로서 대통령령으로 정하는 방법(자령 제241조 제2항)으로 운용되는 집합투자기구

Ⅱ. 특수한 형태의 집합투자기구

1. 환매금지형집합투자기구

투자신탁 · 투자유한회사 · 투자합자회사 · 투자유한책임회사 · 투자합자조합 및 투자익명조합을 설정 · 설립하고자 하는 집합투자업자 또는 투자회사의 발기인(집합투자업자 등)은 환매를 보장한 자본시장법 제235조 제1항에도 불구하고 존속기간을 정한 집합투자기구에 대하여만 집합투자증권의 환매를 청구할 수 없는 집합투자기구(환매금지형집합투자기구)를 설정 · 설립할 수 있다(자법 제230조 제1항).

일정한 경우 즉 부동산집합투자기구 등과 같이 집합투자기구의 투자대상자산의 현금화하기 곤란한 사정 등을 고려하여 대통령령으로 정하는 경우(자령 제242조 제2항)에는 집합투자업자 등은 그 집합투자기구를 환매금지형집합투자기구로 설정 · 설립하여야 한다(자법 제230조 제5항).

투자신탁의 집합투자업자 또는 투자회사는 신탁계약 또는 정관에 투자자의 환금성 보장 등을 위한 별도의 방법을 정하지 아니한 경우에는 환매금지형집합투자기구의 집합투자증권을 최초로 발행한 날부터 90일 이내에 그 집합투자증권을 증권시장에 상장하여야 한다(자법 제230조 제3항).

---

506) 원화로 표시된 자산으로서 다음 각 호의 어느 하나에 해당하는 것을 말한다(자령 제241조 제1항).
1. 남은 만기가 6개월 이내인 양도성 예금증서
2. 남은 만기가 5년 이내인 국채증권, 남은 만기가 1년 이내인 지방채증권 · 특수채증권 · 사채권(법 제71조 제4호 나목에 따른 주권 관련 사채권 및 사모의 방법으로 발행된 사채권은 제외한다) · 기업어음증권. 다만, 환매조건부매수의 경우에는 남은 만기의 제한을 받지 아니한다.
3. 남은 만기가 1년 이내인 제79조 제2항 제5호에 따른 어음(기업어음증권은 제외한다)
4. 법 제83조 제4항에 따른 단기대출
5. 만기가 6개월 이내인 제79조 제2항 제5호 각 목의 금융기관에의 예치
6. 다른 단기금융집합투자기구의 집합투자증권

2. 종류형집합투자기구

자본시장법에서는 투자자의 균등한 권리에 관하여 규정하고 있지만(제189조 제2항, 제196조 제5항 및 제208조 제1항 등), 이에도 불구하고 집합투자업자 등은 같은 집합투자기구에서 판매보수의 차이로 인하여 기준가격이 다르거나 판매수수료가 다른 여러 종류의 집합투자증권을 발행하는 집합투자기구(종류형집합투자기구)를 설정 · 설립할 수 있다(자법 제231조 제1항).

3. 전환형집합투자기구

집합투자업자 등은 복수의 집합투자기구 간에 각 집합투자기구의 투자자가 소유하고 있는 집합투자증권을 다른 집합투자기구의 집합투자증권으로 전환할 수 있는 권리를 투자자에게 부여하는 구조의 집합투자기구(전환형집합투자기구)를 설정 · 설립할 수 있다(자법 제232조 제1항).

전환형집합투자기구는 다음의 요건을 모두 충족하여야 한다(자법 제232조 제1항). ① 복수의 집합투자기구간에 공통으로 적용되는 집합투자규약이 있을 것 ② 집합투자규약에 자본시장법 제9조 제18항 제1호부터 제4호까지, 제4호의 2, 제5호, 제6호 및 같은 조 제19항 제1호의 규정에 따른 집합투자기구간의 전환이 금지되어 있을 것

4. 모 · 자형집합투자기구

집합투자업자 등은 다른 집합투자기구(모집합투자기구)가 발행하는 집합투자증권을 취득하는 구조의 집합투자기구(자집합투자기구)를 설정 · 설립할 수 있다(자법 제233조 제1항).

자집합투자기구를 설정 · 설립하는 경우에는 다음의 요건을 모두 충족하여야 한다(자법 제233조 제1항). ① 자집합투자기구가 모집합투자기구의 집합투자증권 외의 다른 집합투자증권을 취득하는 것이 허용되지 아니할 것 ② 자집합투자기구 외의 자가 모집합투자기구의 집합투자증권을 취득하는 것이 허용되지 아니할 것 ③ 자집합투자기구와 모집합투자기구의 집합투자재산을 운용하는 집합투자업자가 동일할 것

5. 상장지수집합투자기구

상장지수집합투자기구는 다음의 요건을 모두 갖춘 집합투자기구를 말한다(자법 제234조 제1항).

① 기초자산의 가격 또는 기초자산의 종류에 따라 다수 종목의 가격수준을 종합적으로 표시하는 지수의 변화에 연동하여 운용하는 것을 목표로 할 것. 이 경우 기초자산의 가격 또는 지수는 대통령령으로 정하는 요건[507]을 갖추어야 한다.

② 수익증권 또는 투자회사 주식의 환매가 허용될 것

③ 수익증권 또는 투자회사 주식이 해당 투자신탁의 설정일 또는 투자회사의 설립일부터 30일 이내에 증권시장에 상장될 것

상장지수집합투자기구의 경우에는 자본시장법 제34조 제1항 1호 · 2호, 제87조 제3항(제186조 제2항에서 준용하는 경우를 포함한다), 제88조, 제147조, 제172조, 제173조 및 제235조부터 제237조까지의 규정은 적용하지 않는다(자법 제234조 제1항).

상장지수집합투자증권의 상장은 증권상장규정에서 정하는 바에 따른다(자령 제250조 제1항). 거래소는 상장지수집합투자기구의 집합투자증권에 대하여 금융위원회가 정하여 고시하는 사유가 발생한 때에는 그 집합투자증권의 상장을 폐지할 수 있다(자령 제250조 제2항). 상장지수투자신탁의 집합투자업자와 상장지수투자회사는 상장지수집합투자기구의 집합투자증권의 상장이 폐지된 경우에는 상장폐지일부터 총리령으로 정하는 기간 이내에 상장지수집합투자기구를 해지하거나 해산하여야 한다(자령 제250조 제3항).

Ⅲ. 집합투자기구의 등록

1. 의의

투자신탁이나 투자익명조합의 집합투자업자 또는 투자회사 · 투자유한회사 · 투자

507) 다음 각 호의 요건을 모두 갖춘 경우를 말한다(자령 제246조).
1. 거래소, 외국 거래소 또는 금융위원회가 정하여 고시하는 시장에서 거래되는 종목의 가격 또는 다수 종목의 가격수준을 종합적으로 표시하는 지수일 것
2. 제1호의 가격 또는 지수가 같은 호의 시장을 통하여 투자자에게 적절하게 공표될 수 있을 것
3. 기초자산의 가격의 요건, 지수의 구성종목 및 지수를 구성하는 종목별 비중, 가격 및 지수의 변화에 연동하기 위하여 필요한 운용방법 등에 관하여 금융위원회가 정하여 고시하는 요건을 충족할 것

합자회사 및 투자합자조합은 집합투자기구가 설정 · 설립된 경우 그 집합투자기구를 금융위원회에 등록하여야 한다(자법 제182조 제1항).

2. 등록요건

집합투자기구의 등록요건은 다음과 같다(자법 제182조 제2항).

① 다음의 자가 업무정지기간 중에 있지 아니할 것

가. 그 집합투자재산을 운용하는 집합투자업자

나. 그 집합투자재산을 보관 · 관리하는 신탁업자

다. 그 집합투자증권을 판매하는 투자매매업자 · 투자중개업자

라. 투자회사인 경우 그 투자회사로부터 업무를 위탁받은 일반사무관리회사

② 집합투자기구가 이 법에 따라 적법하게 설정 · 설립되었을 것

③ 집합투자규약이 법령을 위반하거나 투자자의 이익을 명백히 침해하지 아니할 것

④ 그 밖에 집합투자기구의 형태 등을 고려하여 대통령령으로 정하는 요건[508]을 갖출 것

Ⅳ. 집합투자기구의 업무수행

1. 의결권의 행사

투자신탁재산 또는 투자익명조합재산에 속하는 지분증권(그 지분증권과 관련된 증권예탁증권을 포함한다)의 의결권행사는 그 투자신탁 또는 투자익명조합의 집합투

---

508) 다음 각 호의 요건을 말한다(자령 제209조).

1. 투자회사의 경우: 다음 각 목의 요건. 다만, 법 제279조에 따라 등록하는 외국 집합투자기구 중 법 제279조 제2항 후단에 따라 등록하는 외국 집합투자기구의 경우에는 가목의 요건으로 한정한다.
   가. 감독이사가 법 제24조 각 호의 어느 하나에 해당하지 아니할 것
   나. 등록 신청 당시의 자본금이 1억원 이상으로서 금융위원회가 정하여 고시하는 금액 이상일 것
2. 투자유한회사, 투자합자회사, 투자합자조합 및 투자익명조합의 경우: 등록 신청 당시의 자본금 또는 출자금이 1억원 이상으로서 금융위원회가 정하여 고시하는 금액 이상일 것. 다만, 법 제279조에 따라 등록하는 외국 집합투자기구 중 법 제279조 제2항 후단에 따라 등록하는 외국 집합투자기구는 그러하지 아니하다.

자업자가 수행하여야 하며, 투자회사 등의 집합투자재산에 속하는 지분증권의 의결권행사는 그 투자회사 등이 수행하여야 한다. 다만, 투자회사 등은 그 투자회사 등의 집합투자업자에게 그 투자회사 등의 집합투자재산에 속하는 지분증권의 의결권행사를 위탁할 수 있다(자법 제184조 제1항).

2. 운용업무의 수행

투자신탁재산 또는 투자익명조합재산의 운용업무는 그 투자신탁 또는 투자익명조합의 집합투자업자가 이를 수행하며, 투자회사 등의 집합투자재산 운용업무는 그 투자회사 등의 법인이사 · 업무집행사원 · 업무집행자 또는 업무집행조합원인 집합투자업자가 이를 수행한다(자법 제184조 제2항).

3. 판매계약의 체결

투자신탁이나 투자익명조합의 집합투자업자 또는 투자회사 등은 집합투자기구의 집합투자증권을 판매하고자 하는 경우 투자매매업자와 판매계약을 체결하거나 투자중개업자와 위탁판매계약을 체결하여야 한다. 다만, 투자신탁이나 투자익명조합의 집합투자업자가 투자매매업자 또는 투자중개업자로서 집합투자기구의 집합투자증권을 판매하는 경우에는 판매계약 또는 위탁판매계약을 체결하지 아니한다(자법 제184조 제5항).

4. 투자회사의 업무위탁

투자회사는 투자회사 주식의 발행 및 명의개서 등의 업무를 일반사무관리회사에 위탁하여야 한다(자법 제184조 제6항). 투자회사는 주식회사에 해당하지만 소위 페이퍼 컴퍼니이므로 업무를 위탁하게 된다.

제2장 사모펀드

Ⅰ. 사모집합투자기구

사모집합투자기구란 집합투자증권을 사모로만 발행하는 집합투자기구로서 기관투자자 등 전문투자자를 제외한 투자자의 총수가 100인 이하인 것을 말한다(자법 제9조 제19항, 자령 제14조). 이 경우 100인을 산출할 때 다른 집합투자기구가 그 집합투자기구의 집합투자증권 발행총수의 100분의 10 이상을 취득하는 경우에는 그 다른 집합투자기구의 투자자의 수(자령 제14조 제1항에 따른 투자자)를 합하여 산출한다(자령 제14조 제2항).

사모집합투자기구도 공모집합투자기구와 마찬가지로 신탁형, 회사형, 조합형으로 구성할 수 있다.

사모집합투자기구는 단순투자목적으로 구성하는 것도 가능하지만, 실제로는 기업인수목적이나 기업구조조정목적으로 이용되었다. 구 자본시장법에서는 일반사모펀드 외에 기업인수목적의 집합투자기구로서 사모투자전문회사, 재무구조개선기업의 경영정상화와 재무안정을 위한 기업재무안정사모투자전문회사, 헤지펀드의 구성을 위한 전문사모집합투자기구에 대해서 따로 규정하고 있었지만, 2015년 자본시장법 개정으로 사모집합투자기구는 '운용목적'에 따라서 일반사모펀드와 전문사모집합투자기구를 통합하여 전문투자형 사모집합투자기구로 하고 사업구조 또는 지배구조의 개선 등을 위하여 지분증권 등에 투자 · 운용하는 투자합자회사인 경영참여형 사모집합투자기구의 2 종류로 단순화하였다. 2021년 자본시장법 개정으로 사모집합투자기구는 '투자자의 유형'에 따라 기존의 경영참여형 사모집합투자기구에 해당하는 기관전용 사모집합투자기구, 그 나머지를 일반 사모집합투자기구로 나누고, 그 투자자총수를 100인 이하로 확대하였다(자법 제9조 제19항),

관련사항 **사모의 구분**

① 증권신고서 제출의무가 면제되는 기준: 사모(49인 기준) – 이 법에서 "모집"이란 대통령령으로 정하는 방법에 따라 산출한 50인 이상의 투자자에게 새로 발행되는 증권의 취득의 청약을 권유하는 것을 말한다(자법 제9조 제7항). 이 법에서 "사모"란 새로 발행되는 증권의 취득의 청약을 권유하는 것으로서 모집에 해당하지 아니하는 것을 말한다(자법 제9조 제9항).
② 집합투자기구에 대한 규제가 완화되는 기준: 사모집합투자기구(100인 기준) – 이 법에서 "사모집합투자기구"란 집합투자증권을 사모로만 발행하는 집합투자기구로서 대통령령으로 정하는 투자자의 총수가 대통령령으로 정하는 방법에 따라 산출한 100인 이하인 것을 말한다(자법 제9조 제19항).

Ⅱ. 일반 사모집합투자기구

1. 의의

일반 사모집합투자기구란 기관전용 사모집합투자기구를 제외한 사모집합투자기구를 말한다. 2015년 개정 자본시장법상 사모집합투자기구는 전문투자형 사모집합투자기구와 경영참여형 사모집합투자기구로 구분되었는데, 전문투자형 사모집합투자기구는 그 이전의 일반사모펀드나 전문사모집합투자기구(헤지펀드)를 통합한 것이다. 다만 개정법에 따른 일반 사모집합투자기구나 이전의 전문투자형 사모집합투자기구는 적격투자자만을 대상으로 하므로 그 이전의 전문사모집합투자기구(헤지펀드)의 대체로서의 의미가 강하다.

구 자본시장법상의 전문사모집합투자기구는 투자판단의 전문성과 투자위험에 대한 부담능력을 갖춘 적격투자자만으로 구성된 사모펀드에 대하여 규제를 완화함으로써 소위 헤지펀드를 도입하자는 취지에서 입법화된 것이다.[509] 전문사모집합투자기구의 경우 운용주체를 집합투자업자로 제한하고, 대상 투자자는 적격투자자로 제한하되, 자산운용에 대한 규제는 일반사모펀드에 비하여 완화하고 있었는데,[510] 이 규제가 전

509) 헤지펀드가 성공하기 위해서는 먼저 전담중개업무를 담당할 증권사가 투자자 유치 및 공동투자, 펀드운용 관련 자금지원 및 조사업무 등을 맡아야 한다. 즉 프라임 브로커의 육성이 이루어져야 한다.
510) 전문사모집합투자기구는 집합투자규약에 따라 투자자에 대한 손익의 분배 또는 손익의 순위 등에 관한 사항을 정할 수 있다(구 자본시장법 제249조의 2 제9항).

문투자형 사모집합투자기구를 거쳐 일반 사모집합투자기구에도 반영되고 있다.

2. 일반 사모집합투자업의 등록

"일반 사모집합투자업"이란 집합투자업 중 일반 사모집합투자기구를 통한 집합투자를 영업으로 하는 것을 말한다(자법 제9조 28항). "일반 사모집합투자업자"란 집합투자업자 중 일반 사모집합투자업을 영위하는 자를 말한다(자법 제9조 제29항).

이전에 전문투자형 사모집합투자기구의 운용사는 인가를 받아야 했고, 경영참여형 사모집합투자기구의 업무집행사원은 사전등록을 해야 했다. 그러나 일반 사모집합투자업에 대하여 등록제가 적용되어, 자기자본 10억원과 투자운용인력 3인 이상, 기타 설비요건 등을 갖추면 일반 사모집합투자업의 등록이 가능해졌다(자법 제249조의 3, 자령 제271조의 2).

누구든지 일반 사모집합투자업 등록을 하지 아니하고는 일반 사모집합투자업을 영위해서는 아니 된다(자법 제249조). 이에 위반한 경우에 3년 이하의 징역 또는 1억원 이하의 벌금에 처한다(자법 제445조).[511)]

3. 적격투자자

일반 사모집합투자기구인 투자신탁이나 투자익명조합의 일반 사모집합투자업자 또는 일반 사모집합투자기구인 투자회사 등은 다음의 어느 하나에 해당하는 투자자(적격투자자)에 한정하여 집합투자증권을 발행할 수 있다(자법 제249조의 2).

① 전문투자자로서 대통령령으로 정하는 투자자[512)]

② 1억원 이상으로서 대통령령으로 정하는 금액[513)] 이상을 투자하는 개인 또는 법인, 그 밖의 단체(「국가재정법」별표 2에서 정한 법률에 따른 기금과 집합투자기

511) 기관전용 사모집합투자기구의 경우에는 미등록 영업행위에 관한 규정이 적용되지 않는다(자법 제249조의 20).

512) 다음 각 호의 어느 하나에 해당하는 자를 말한다(자령 제271조 제1항).
1. 국가
2. 한국은행
3. 제10조 제2항 각 호의 어느 하나에 해당하는 자
4. 주권상장법인
5. 제10조 제3항 제1호부터 제8호까지 및 제13호부터 제18호까지의 어느 하나에 해당하는 자

513) 다음 각 호의 구분에 따른 금액을 말한다(자령 제271조 제2항).
1. 법 제249조의 7 제1항 각 호의 금액을 합산한 금액이 일반 사모집합투자기구의 자산총액에서 부채총액을 뺀 가액의 100분의 200을 초과하지 아니하는 일반 사모집합투자기구에

구를 포함한다)

기존에 사모펀드에 투자하기 위해서는 5억원 이상을 투자해야 했지만, 이제는 1억원만 있으면 시장에 참여할 수 있게 완화되었다.

일반 사모집합투자기구의 투자자는 그 집합투자증권을 적격투자자가 아닌 자에게 양도해서는 아니 된다(자법 제249조의 8 제2항).

4. 일반 사모집합투자기구에 대한 영업행위규제

(1) 의의

구 자본시장법상 사모펀드에 대해서도 공모펀드와 동일하게 적합성 · 적정성의 원칙이 부과되고, 광고가 전면금지되며, 운용상품 판매를 위해서는 투자매매 · 투자중개업의 인가를 받아야 했으나, 개정법에서는 사모펀드 판매시 적합성 · 적정성 원칙의 적용을 면제하고, 일부 투자권유광고를 허용하며, 운용상품 직접판매를 허용하고 있다.

(2) 투자권유의 규제

일반 사모집합투자기구의 집합투자증권을 판매하는 금융투자업자는 투자자가 적격투자자인지를 확인하여야 한다(자법 제249조의 4 제1항). 적합성의 원칙(제46조)과 적정성의 원칙(제46조의 2)에 관한 규정은 일반 사모집합투자기구의 집합투자증권을 판매하는 금융투자업자가 그 사모집합투자기구의 집합투자증권을 판매하는 경우에는 적용하지 아니한다. 다만, 적격투자자 중 일반투자자 등 대통령령으로 정하는 자가 요청하는 경우에는 그러하지 아니하다(금융소비자보호법 제17조 제5항, 제18조 제4항). 일반 사모집합투자기구의 집합투자증권을 판매하는 금융투자업자는 적격투자자에게 제46조와 제46조의 2의 적용을 별도로 요청할 수 있음을 미리 알려야 한다(금융소비자보호법 제17조 제6항, 제18조 제5항).

5. 집합투자재산 운용방법

(1) 금전차입 등의 제한

투자하는 경우: 1억원
2. 제1호 외의 일반 사모집합투자기구에 투자하는 경우: 3억원

일반 사모집합투자업자가 일반 사모집합투자기구의 집합투자재산을 운용하는 경우 다음의 금액을 합산한 금액이 일반 사모집합투자기구의 자산총액에서 부채총액을 뺀 가액의 100분의 400 이내에서 대통령령으로 정하는 비율을 초과해서는 아니 된다. 다만, 투자자 보호 및 집합투자재산의 안정적 운용을 해칠 우려가 없는 경우로서 대통령령으로 정하는 일반 사모집합투자기구의 경우에는 ①과 ②를 합산한 금액 또는 제3호의 금액이 각각 일반 사모집합투자기구의 자산총액에서 부채총액을 뺀 가액의 100분의 400 이내에서 대통령령으로 정하는 비율을 초과해서는 아니 된다(자법 제249조의 7 제1항).

① 파생상품에 투자하는 경우 그 파생상품의 매매에 따른 위험평가액[514]

② 집합투자재산으로 해당 일반 사모집합투자기구 외의 자를 위하여 채무보증 또는 담보제공을 하는 방법으로 운용하는 경우 그 채무보증액 또는 담보목적물의 가액

③ 일반 사모집합투자기구의 계산으로 금전을 차입하는 경우 그 차입금의 총액

④ 그 밖에 거래의 실질이 차입에 해당하는 경우로서 대통령령으로 정하는 경우에는 대통령령으로 정하는 방법에 따라 산정한 그 실질적인 차입금의 총액

(2) 재산운용에 대한 제한

일반 사모집합투자업자는 일반 사모집합투자기구의 집합투자재산을 운용할 때 다음의 어느 하나에 해당하는 행위를 해서는 아니 된다(자법 제249조의 7 제2항).

① 부동산을 취득한 후 5년 이내의 범위에서 대통령령으로 정하는 기간 이내에 이를 처분하는 행위. 다만, 부동산개발사업에 따라 조성하거나 설치한 토지·건축물 등을 분양하는 경우, 그 밖에 투자자 보호를 위하여 필요한 경우로서 대통령령으로 정하는 경우는 제외한다.

② 건축물, 그 밖의 공작물이 없는 토지로서 그 토지에 대하여 부동산개발사업을 시행하기 전에 이를 처분하는 행위. 다만, 일반 사모집합투자기구의 합병·해지 또는 해산, 그 밖에 투자자 보호를 위하여 필요한 경우로서 대통령령으로 정하는 경우는 제외한다.

③ 일반 사모집합투자업자가 일반 사모집합투자기구의 집합투자재산을 개인 및 그 밖에 대통령령으로 정하는 자에게 직접 대여하거나 이를 회피할 목적으로 「대부

514) 일반 집합투자업의 경우 집합투자기구의 자산총액에서 부채총액을 뺀 가액의 100분의 100을 초과하여 투자하는 행위는 금지된다(자령 제80조 제6항).

업 등의 등록 및 금융이용자 보호에 관한 법률」 제3조에 따라 등록한 대부업자 등 대통령령으로 정하는 자와의 연계거래 등을 이용하는 행위

④ 일반 사모집합투자업자가 일반 사모집합투자기구의 집합투자재산을 금전의 대여로 운용하는 경우 그 집합투자기구의 집합투자증권을 다음의 자 이외의 자에게 발행하는 행위. 다만, 집합투자재산의 안정적 운용을 해칠 우려가 없는 경우로서 일반 사모집합투자기구가 금전을 대여한 차주의 목적이 대통령령으로 정하는 경우에 해당하는 경우에는 그러하지 아니하다. ⓐ 국가 ⓑ 한국은행 ⓒ 전문투자자 중 대통령령으로 정하는 자

⑤ 일반 사모집합투자업자가 규제를 회피할 목적으로 투자목적회사가 아닌 법인으로서 이와 유사한 목적 또는 형태를 가진 법인을 설립 또는 이용(그 법인이 발행한 지분증권에 투자하는 행위를 포함한다)하는 행위. 다만, 외국 투자대상자산의 취득을 목적으로 설립된 외국법인 등 대통령령으로 정하는 법인을 설립 또는 이용하는 행위는 제외한다.

(3) 경영참여의 제한

일반 사모집합투자업자는 다른 회사(투자목적회사, 투자회사, 투자유한회사, 투자합자회사, 투자유한책임회사, 그 밖에 대통령령으로 정하는 회사는 제외한다)에 대한 경영권 참여, 사업구조 또는 지배구조의 개선 등을 위하여 다음의 어느 하나에 해당하는 방법으로 일반 사모집합투자기구의 집합투자재산을 운용하는 경우(대통령령으로 정하는 방법에 따라 다른 사모집합투자기구와 공동으로 운용하는 경우를 포함한다) 다음의 어느 하나에 해당하는 날부터 15년이 되는 날까지 그 지분증권을 제삼자에게 처분하여야 한다(자법 제249조의 7 제5항).

① 다른 회사의 의결권 있는 발행주식총수 또는 출자총액의 100분의 10 이상을 보유하게 된 날

② 임원의 임면 등 투자하는 회사의 주요 경영사항에 대하여 사실상의 지배력 행사가 가능하도록 하는 투자로서 대통령령으로 정하는 투자를 한 날

(4) 예외적 의결권 행사

일반 사모집합투자업자는 의결권 행사제한에 관한 규정(자법 제87조 제4항)에도 불구하고 다음의 어느 하나에 해당하지 아니하는 일반 사모집합투자기구의 집합투자

재산인 주식과 관련하여 동일종목 투자한도(자법 제81조 제1항)를 초과하여 취득한 주식에 대하여 의결권을 행사할 수 있다(자법 제249조의 7 제6항).

① 상호출자제한기업집단의 계열회사인 일반 사모집합투자업자가 운용하는 일반 사모집합투자기구

② 같은 상호출자제한기업집단에 속하는 금융회사가 집합투자증권 총수의 100분의 30을 초과하여 투자한 일반 사모집합투자기구

Ⅲ. 기관전용 사모집합투자기구

1. 의의

기관전용 사모집합투자기구는 경영권 참여, 사업구조 또는 지배구조의 개선 등을 위하여 지분증권 등에 투자 · 운용하는 투자합자회사로서 지분증권을 사모로만 발행하는 집합투자기구를 말한다(자법 제9조 제19항 1호).

일반적으로 지분증권(Equity)에 투자하는 펀드라는 의미에서 PEF(Private Equity Fund)라고 부른다. 기관전용 사모집합투자기구는 투자합자회사로서 다른 정함이 없으면 상법상 합자회사에 관한 규정이 적용된다.

2. 사원 및 출자

(1) 사원의 구성

기관전용 사모집합투자기구의 사원은 1인 이상의 무한책임사원과 1인 이상의 유한책임사원으로 하되, 사원의 총수는 100인 이하로 한다(자법 제249조의 11 제1항). 사원 총수를 계산함에 있어서 다른 집합투자기구가 그 기관전용 사모집합투자기구의 지분을 100분의 10 이상 취득하는 경우에는 그 다른 집합투자기구의 투자자의 수를 합하여 계산하여야 한다(자법 제249조의 11 제2항). 전문투자자 중 대통령령으로 정하는 자[515]는 사원의 총수 계산에서 제외한다(자법 제249조의 11 제3항).

515) 다음 각 호의 어느 하나에 해당하는 자를 말한다(자령 제271조의 14 제2항).
1. 자령 제10조 제1항 각 호의 어느 하나에 해당하는 자

(2) 유한책임사원에 대한 제한

유한책임사원은 다음에 해당하는 자여야 한다(자법 제249조의 11 제6항). ① 전문투자자로서 대통령령으로 정하는 투자자[516] ② 그 밖에 전문성 또는 위험감수능력 등을 갖춘 자로서 대통령령으로 정하는 투자자[517]

유한책임사원은 기관전용 사모집합투자기구 재산인 주식 또는 지분의 의결권행사 및 대통령령으로 정하는 업무집행사원의 업무[518]에 관여하여서는 아니 된다(자법 제249조의 11 제4항).

(3) 사원의 출자

기관전용 사모집합투자기구 사원의 출자의 목적은 금전에 한한다. 다만, 객관적인 가치평가가 가능하고 사원의 이익을 해할 우려가 없는 경우로서 다른 모든 사원의 동의가 있는 경우에는 증권으로 출자할 수 있다(자법 제249조의 11 제5항).

한국산업은행과 중소기업은행은 그 설립목적에 부합하는 범위에서 기관전용 사모집합투자기구에 출자할 수 있다(자법 제249조의 11 제7항).

기관전용 사모집합투자기구는 그 업무집행사원의 특수관계인인 유한책임사원의 출자지분이 그 기관전용 사모집합투자기구의 전체 출자지분 중 대통령령으로 정하는

---

2. 자령 제10조 제3항 제12호 · 제13호에 해당하는 자 중 금융위원회가 정하여 고시하는 자

516) 다음 각 호의 자를 말한다(자령 제271조의 14 제4항).
1. 국가
2. 한국은행
3. 다음 각 목의 기준을 모두 충족하는 주권상장법인(코넥스시장에 상장된 법인은 제외한다)
   가. 금융위원회에 나목의 기준을 충족하고 있음을 증명하는 자료를 제출할 것
   나. 가목에 따라 자료를 제출한 날의 전날의 금융투자상품 잔고가 100억원(「주식회사 등의 외부감사에 관한 법률」에 따라 외부감사를 받는 주식회사는 50억원) 이상일 것
   다. 가목에 따라 자료를 제출한 날부터 2년이 지나지 않을 것
4. 시행령 제10조 제2항 각 호의 자
5. 시행령 제10조 제3항 제1호부터 제6호까지, 제6호의 2, 제7호부터 제14호까지 또는 같은 항 제18호 각 목의 자. 이 경우 같은 항 제9호의 경우에는 다음 각 목의 집합투자기구로 한정한다.
   가. 기관전용사모십합투자기구
   나. 기관전용사모집합투자기구의 유한책임사원이 집합투자증권 전부를 보유하는 일반사모집합투자기구

517) 이에 해당하는 투자자 중 기관전용 사모집합투자기구의 업무집행사원의 임원 또는 운용인력이 그 기관전용 사모집합투자기구에 투자하는 경우 출자액은 1억원 이상으로 제한된다(자령 제271조의 14 제5항).

518) 자령 제271조의 18 제3항 각 호의 업무를 말한다(자령 제271조의 14 제2항).

비율[519] 이상인 경우 해당 유한책임사원 관련 정보 및 기관전용 사모집합투자기구의 투자 구조 등 대통령령으로 정하는 사항(자령 제271조의 14 제6항)을 대통령령으로 정하는 기간[520] 이내에 금융위원회에 보고하여야 한다(자법 제249조의 11 제8항).

같은 상호출자제한기업집단에 속하는 금융기관이 기관전용 사모집합투자기구에 출자하는 경우에는 기관전용 사모집합투자기구 전체 지분의 100분의 30을 초과하는 방법으로 출자하여서는 아니 된다(자령 제271조의 14 제8항). 다만 기관전용 사모집합투자기구의 투자대상 기업이 오로지 외국 법령에 따라 설립된 회사(설립 중인 회사를 포함한다)인 경우에는 그 기관전용 사모집합투자기구 출자총액의 100분의 30을 초과하여 출자할 수 있다(자령 제271조의 14 제9항).

유한책임사원은 소위 캐피털 콜 방식의 투자가 가능한 것으로, 업무집행사원이 출자의 이행을 요구하는 때에 출자하기로 약정하는 방식으로 출자할 수 있다((자령 제271조의 14 제10항).

3. 기관전용 사모집합투자기구 재산의 운용방법

기관전용 사모집합투자기구의 집합투자재산 운용에 관하여는 일반 사모집합투자기구에 관한 자본시장법 제249조의 7을 준용한다. 다만 금융위원회에 보고에 관한 조항과 의결결 행사에 대한 예외조항은 제외한다(자법 제249조의 12 제1항).

기관전용 사모집합투자기구는 대통령령으로 정하는 방법에 따라 다음 각 호의 사항에 관하여 금융위원회에 보고하여야 한다(자법 제249조의 12 제2항). ① 파생상품 매매 및 그에 따른 위험평가액 현황 ② 채무보증 또는 담보제공 현황 ③ 금전차입 현황 ④ 그 밖에 금융시장의 안정 또는 건전한 거래질서를 위하여 필요한 사항으로서 대통령령으로 정하는 사항

4. 투자목적회사

투자목적회사란 사모집합투자기구와 동일한 투자목적으로 설립된 페이퍼 컴퍼니

519) 100분의 30 이상으로서 금융위원회가 정하여 고시하는 비율을 말한다(자령 제271조의 14 제6항).

520) 기관전용 사모집합투자기구의 업무집행사원의 특수관계인인 유한책임사원의 출자지분이 그 기관전용 사모집합투자기구의 전체 출자지분 중 제5항에 따른 비율에 해당하게 된 날부터 3 영업일을 말한다(자령 제271조의 14 제8항).

를 말한다. 사모집합투자기구는 투자시에 투자목적회사를 중간 연결통로로 이용해서 그 투자목적을 달성할 수 있다.

사모집합투자기구는 투자목적회사의 지분증권에 투자할 수 있다(자법 제249조의 13 제1항). 이에 따라 사모집합투자기구는 복수의 투자목적회사를 통하여 서로 다른 투자대상자산에 투자할 수 있게 된다.

투자목적회사는 다음의 요건을 모두 충족하는 회사를 말한다(자법 제249조의 13 제1항).

① 상법에 따른 주식회사 또는 유한회사일 것

② 특정 법인 또는 특정 자산 등에 대한 효율적인 투자를 목적으로 할 것

③ 그 주주 또는 사원이 다음의 어느 하나에 해당하되, 가에 해당하는 주주 또는 사원의 출자비율이 대통령령으로 정하는 비율(50%) 이상일 것

가. 사모집합투자기구 또는 그 사모집합투자기구가 투자한 투자목적회사

나. 투자목적회사가 투자하는 회사의 임원 또는 대주주

다. 그 밖에 투자목적회사의 효율적 운영을 위하여 투자목적회사의 주주 또는 사원이 될 필요가 있는 자로서 대통령령으로 정하는 자

④ 그 주주 또는 사원인 사모집합투자기구의 투자자 수와 사모집합투자기구가 아닌 주주 또는 사원의 수를 합산한 수가 100인 이내일 것

⑤ 상근임원을 두거나 직원을 고용하지 아니하고, 본점 외에 영업소를 설치하지 아니할 것

투자목적회사 재산의 투자비율 산정방식과 그 밖에 투자목적회사 재산의 운용에 관하여 필요한 사항은 대통령령으로 정한다(자법 제249조의 13 제4항).

투자목적회사에 관하여는 제242조(이익금의 분배), 제249조의 11 제3항(일부 전문투자자를 100인의 사원총수에서 제외) 및 제249조의 18(상호출자제한기업집단의 지분처분)을 준용한다(자법 제249조의 13 제5항).

일반투자자를 대상으로 하는 일반 사모집합투자기구가 주주 또는 사원인 투자목적회사에 관하여는 자본시장법 제184조 제3항 · 제4항(집합투자재산의 보관 · 관리업무를 신탁업자에게 위탁) 및 제249조의 8 제2항 제5호(신탁업자가 다른 신탁업자에게 업무를 위탁한 경우)를 준용한다(자법 제249조의 13 제6항).

상법상 주식회사 및 유한회사의 설립등기사항 중 자본금의 액, 발행주식의 총수, 그 종류와 각종 주식의 내용과 수에 관하 규정(상법 제317조 제2항 제2호 · 제3호 및 제549조 제2항 제2호)은 투자목적회사에는 적용하지 아니한다(자법 제249조의 13 제7항).

투자목적회사는 그 회사의 주주나 사원인 기관전용 사모집합투자기구의 업무집행사원에게 그 회사의 재산의 운용을 위탁하여야 한다(자령 제271조 19 제5항).

5. 업무집행사원

(1) 선임

기관전용 사모집합투자기구는 정관으로 무한책임사원 중 1인 이상을 업무집행사원으로 정하여야 한다. 이 경우 그 업무집행사원이 회사의 업무를 집행할 권리와 의무를 가진다(자법 제249조의 14 제1항). 업무집행사원은 법령과 정관에 따라 기관전용 사모집합투자기구를 위하여 그 직무를 충실히 수행하여야 한다(자법 제249조의 14 제5항).

(2) 금지행위

업무집행사원(법인이 업무집행사원인 경우 ② 및 ③에 대하여는 법인의 임 · 직원을 포함한다)은 다음의 행위를 하여서는 아니 된다(자법 제249조의 14 제6항).

① 기관전용 사모집합투자기구와 거래하는 행위(사원 전원의 동의가 있는 경우를 제외한다)

② 원금 또는 일정한 이익의 보장을 약속하는 등의 방법으로 사원이 될 것을 부당하게 권유하는 행위

③ 사원 전원의 동의 없이 사원의 일부 또는 제삼자의 이익을 위하여 기관전용 사모집합투자기구가 소유한 자산의 명세를 사원이 아닌 자에게 제공하는 행위

④ 그 밖에 기관전용 사모집합투자기구 사원의 보호 및 기관전용 사모집합투자기구재산의 안정성 등을 해할 우려가 있는 경우로서 대통령령으로 정하는 행위[521]

(3) 업무집행사원의 등록

1) 등록요건

521) 다음 각 호의 어느 하나에 해당하는 행위를 말한다(자령 제271조의 20 제2항).
1. 정관을 위반하여 기관전용 사모집합투자기구재산을 운용하는 행위
2. 기관전용 사모집합투자기구재산을 운용할 때 정당한 이유 없이 일반적인 거래조건을 벗어나는 불공정한 조건으로 거래하는 행위

기관전용 사모집합투자기구의 업무집행사원으로서 기관전용 사모집합투자기구재산의 운용업무를 영위하려는 자는 다음의 요건을 갖추어 금융위원회에 등록하여야 한다(자법 제249조의 15 제1항).

① 1억원 이상으로서 대통령령으로 정하는 금액[522] 이상의 자기자본을 갖출 것

② 임원(합자회사의 업무집행사원 등 대통령령으로 정하는 자[523]를 포함한다)이 자본시장법 제24조에 적합할 것

③ 운용인력을 대통령령으로 정하는 수[524] 이상 갖출 것

④ 자본시장법 제44조에 따라 이해상충이 발생할 가능성을 파악 · 평가 · 관리할 수 있는 적절한 내부통제기준을 갖출 것

2) 금융위원회의 조치

금융위원회는 등록신청서를 접수한 경우에는 그 내용을 검토하여 1개월 이내에 등록 여부를 결정하고, 그 결과와 이유를 지체 없이 신청인에게 문서로 통지하여야 한다. 이 경우 등록신청서에 흠결이 있는 때에는 보완을 요구할 수 있다(자법 제249조의 15 제3항). 검토기간을 산정함에 있어서 등록신청서 흠결의 보완기간 등 총리령으로 정하는 기간은 검토기간에 산입하지 아니한다(자법 제249조의 15 제4항).

금융위원회는 등록 여부를 결정함에 있어서 다음의 어느 하나에 해당하는 사유가 없는 한 그 등록을 거부하여서는 아니 된다(자법 제249조의 15 제5항).

① 등록요건을 갖추지 아니한 경우

② 등록신청서를 거짓으로 작성한 경우

③ 보완요구를 이행하지 아니한 경우

---

3. 기관전용 사모집합투자기구재산에 관한 정보를 업무집행사원의 고유재산 운용에 이용하는 행위
4. 특정 기관전용 사모집합투자기구나 투자목적회사의 이익을 해치면서 자기 또는 제3자의 이익을 도모하는 행위
5. 법 제249조의 11부터 제249조의 18까지의 규정에 따른 금지나 제한을 회피할 목적으로 하는 행위로서 장외파생상품거래, 신탁계약, 연계거래 등을 이용하는 행위

522) 1억원을 말한다. 이 경우 자기자본을 산정하는 기준일은 등록 신청일로 한다(자령 제271조의 21 제1항).

523) 다음 각 호의 어느 하나에 해당하는 자를 말한다(자령 제271조의 21 제2항).
1. 합자회사의 업무집행사원
2. 유한책임회사의 업무집행자
3. 유한회사의 이사 또는 합명회사의 업무집행사원

524) 2명을 말한다(자령 제271조의 21 제3항).

3) 등록의 취소

금융위원회는 기관전용 사모집합투자기구의 업무집행사원이 다음의 어느 하나에 해당하는 경우에는 그 업무집행사원의 등록을 취소할 수 있다(자법 제249조의 15 제7항).

① 거짓, 그 밖의 부정한 방법으로 업무집행사원의 등록을 한 경우
② 등록요건의 유지의무를 위반한 경우
③ 업무의 정지기간 중에 업무를 한 경우
④ 금융위원회의 시정명령 또는 중지명령을 이행하지 아니한 경우
⑤ 그 밖에 투자자의 이익을 현저히 해할 우려가 있거나 해당 기관전용 사모집합투자기구재산의 운용업무를 영위하기 곤란하다고 인정되는 경우로서 대통령령으로 정하는 경우[525]

(4) 이해관계인과의 거래제한 등

1) 이해관계인과의 거래제한

업무집행사원은 기관전용 사모집합투자기구의 집합투자재산을 운용할 때 대통령령으로 정하는 이해관계인[526]과 거래행위를 해서는 아니 된다. 다만, 기관전용 사모집합투자기구와 이해가 상충될 우려가 없는 거래로서 다음의 어느 하나에 해당하는 거래의 경우에는 이를 할 수 있다(자법 제249조의 16 제1항).

① 증권시장 등 불특정다수인이 참여하는 공개시장을 통한 거래

---

525) 다음 각 호의 어느 하나에 해당하는 경우를 말한다(자령 제271조의 21 제6항).
1. 법 제249조의 21 제3항 제1호 나목에 따른 직무정지의 조치를 받은 날부터 1개월(직무정지의 조치를 하면서 1개월을 초과하는 보정기간을 정한 경우에는 그 기간) 이내에 해당 조건을 보정하지 아니한 경우
2. 업무와 관련하여 부정한 방법으로 타인으로부터 금전 등을 받거나 타인에게 줄 금전 등을 취득한 경우
3. 같거나 비슷한 위법행위를 계속하거나 반복하는 경우

526) 다음 각 호의 어느 하나에 해당하는 자를 말한다(자령 제271조의 22 제1항).
1. 업무집행사원의 임직원과 그 배우자
2. 업무집행사원의 대주주와 그 배우자
3. 업무집행사원의 계열회사로서 다음 각 목의 어느 하나에 해당하는 회사를 제외한 계열회사
가. 해당 업무집행사원이 그 집합투자재산을 운용하는 기관전용 사모집합투자기구가 투자한 투자대상기업 또는 투자목적회사
나. 가목의 투자대상기업이나 투자목적회사에 대하여 제271조의 15 제1항에 따른 방법으로 공동 운용함으로써 그 투자대상기업이나 투자목적회사에 투자한 다른 기관전용 사모집합투자기구 및 그 업무집행사원
다. 그 밖에 기관전용 사모집합투자기구 사원의 이익 및 건전한 거래질서를 해칠 우려가 없는 회사로서 금융위원회가 정하여 고시하는 회사

② 일반적인 거래조건에 비추어 기관전용 사모집합투자기구에 유리한 거래

③ 그 밖에 대통령령으로 정하는 거래[527)]

3) 업무집행사원의 증권취득제한

업무집행사원은 기관전용 사모집합투자기구의 집합투자재산을 운용할 때 기관전용 사모집합투자기구의 계산으로 그 업무집행사원이 발행한 증권을 취득해서는 아니 된다(자법 제249조의 16 제3항).

업무집행사원은 기관전용 사모집합투자기구의 집합투자재산을 운용할 때 집합투자재산의 100분의 5 이하로서 대통령령으로 정하는 비율[528)]을 초과하여 다음 각 호의 어느 하나에 해당하는 계열회사가 발행한 증권(그 계열회사가 발행한 지분증권과 관련한 증권예탁증권 및 대통령령으로 정하는 투자대상자산[529)]을 포함한다)을 취득해서는 아니 된다. 이 경우 기관전용 사모집합투자기구의 집합투자재산으로 취득하는 증권은 시가로 평가하되 평가의 방법과 절차는 대통령령으로 정하는 바에 따른다(자법 제249조의 16 제4항).

① 그 업무집행사원의 계열회사

② 그 기관전용 사모집합투자기구에 사실상 지배력을 행사하는 유한책임사원으로서 대통령령으로 정하는 자[530)]의 계열회사

6. 지분양도

기관전용 사모집합투자기구의 무한책임사원은 출자한 지분을 타인에게 양도할 수 없다. 다만, 정관으로 정한 경우에는 사원 전원의 동의를 받아 지분을 분할하지 아니하고 타인에게 양도할 수 있다(자법 제249조 17 제1항).

기관전용 사모집합투자기구의 유한책임사원은 무한책임사원 전원의 동의를 받아 출

527) 다음 각 호의 어느 하나에 해당하는 거래를 말한다(자령 제271조의 22 제2항).
1. 자령 제85조 각 호의 어느 하나에 해당하는 거래
2. 그 기관전용 사모집합투자기구 사원 전원이 동의한 거래
3. 그 밖에 기관전용 사모집합투자기구의 사원의 이익 및 건전한 거래질서를 해칠 우려가 없는 거래로서 금융위원회가 정하여 고시하는 거래

528) 100분의 5이다(자령 제271조의 22 제3항).

529) 시행령 제86조 제3항 각 호의 어느 하나에 해당하는 투자대상자산을 말한다(자령 제271조의 22 제4항).

530) 그 기관전용 사모집합투자기구 출자총액의 100분의 30 이상의 출자지분을 보유한 유한책임사원을 말한다(자령 제271조의 22 제6항).

자한 지분을 분할하지 아니하고 타인에게 양도할 수 있다(자법 제249조 17 제2항).

기관전용 사모집합투자기구의 무한책임사원 및 유한책임사원은 양도의 결과 기관전용 사모집합투자기구의 사원 총수가 100인을 초과하지 아니하는 범위에서는 지분을 분할하여 양도할 수 있다(자법 제249조 17 제3항).

기관전용 사모집합투자기구의 유한책임사원은 그 지분을 유한책임사원의 자격(자법 제249조의 11 제6항 각 호)을 가지지 아니하는 자에게 양도해서는 아니 된다(자법 제249조 17 제5항).

7. 특례규정

(1) 상호출자제한기업집단 계열 기관전용 사모집합투자기구에 대한 특례

1) 의의

금융전업집단이나 상호출자제한기업집단의 사모집합투자기구를 이용한 기업지배 등을 억제하기 위하여 상호출자제한기업집단의 계열회사인 기관전용 사모집합투자기구에 대하여 특례규정을 두고 있다.

2) 처분의무

상호출자제한기업집단의 계열회사인 기관전용 사모집합투자기구 또는 상호출자제한기업집단의 계열회사가 무한책임사원인 기관전용 사모집합투자기구는 다른 회사(자법 제9조 제16항 제4호에 따른 외국 기업은 제외한다)를 계열회사로 편입한 경우에는 편입일부터 5년 이내에 그 다른 회사의 지분증권을 그 상호출자제한기업집단의 계열회사가 아닌 자에게 처분하여야 한다(자법 제249조의 18 제1항).

3) 금융전업집단에 대한 특례

위에도 불구하고 기관전용 사모집합투자기구[531] 등을 제외한 상호출자제한기업집단의 계열회사 전체의 자산총액[금융업 또는 보험업을 영위하는 회사의 경우 자본총액(대차대조표상의 자산총액에서 부채총액을 뺀 금액을 말한다) 또는 자본금 중 큰 금액으로 한다]에 대한 금융업 또는 보험업을 영위하는 회사의 자본총액 또는 자본

---

531) 다음의 자를 말한다.
① 기관전용 사모집합투자기구
② ①에 해당하는 자가 투자한 투자목적회사

금 중 큰 금액의 합계액의 비율이 100분의 75 이상으로서 대통령령으로 정하는 비율 이상인 상호출자제한기업집단의 계열회사인 기관전용 사모집합투자기구 또는 상호출자제한기업집단의 계열회사가 무한책임사원인 기관전용 사모집합투자기구가 다른 회사(자법 제9조 제16항 제4호에 따른 외국 기업은 제외한다)를 계열회사로 편입한 경우에는 편입일부터 7년 이내에 그 다른 회사의 지분증권을 그 상호출자제한기업집단의 계열회사가 아닌 자에게 처분하여야 한다. 다만, 대통령령으로 정하는 방법에 따라 금융위원회의 승인을 받은 경우에는 처분기한을 3년 이내에서 연장할 수 있다(자법 제249조의 18 제2항).

4) 계열회사 지분증권의 취득제한

상호출자제한기업집단의 계열회사인 기관전용 사모집합투자기구 또는 상호출자제한기업집단의 계열회사가 무한책임사원인 기관전용 사모집합투자기구는 그 계열회사가 발행한 지분증권을 취득하여서는 아니 된다(자법 제249조의 18 제3항).

5) 금융전업집단의 행위 제한

금융전업집단에 해당하는 상호출자제한기업집단의 계열회사는 다음의 어느 하나에 해당하는 행위를 해서는 아니 된다(자법 제249조의 18 제4항).

① 기관전용 사모집합투자기구등이 기관전용 사모집합투자기구 등이 아닌 계열회사의 지분증권을 취득 또는 소유하는 행위

② 기관전용 사모집합투자기구 등이 아닌 계열회사가 기관전용 사모집합투자기구 등이 투자한 투자대상기업(자법 제249조의 18 제2항 제4호) 또는 그 투자대상기업이 지배하는 회사(자법 제249조의 18 제2항 제5호)의 지분증권을 취득 또는 소유하는 행위

(2) 지주회사 규제의 특례

1) 공정거래법상의 지주회사 규정 적용유예

「독점규제 및 공정거래에 관한 법률」에 따른 지주회사에 관한 규정은 기관전용 사모집합투자기구 또는 투자목적회사가 자본시장법 제249조의 12 제1항 제1호 또는

---

③ ②에 해당하는 자가 투자한 투자목적회사
④ ①부터 ③까지에 해당하는 자가 투자한 투자대상기업
⑤ ④에 해당하는 자가 지배하는 회사

제2호의 요건을 충족하는 경우 그 요건을 충족한 날부터 10년이 되는 날까지는 적용하지 아니한다(자법 제249조의 19 제1항).

2) 금융지주회사법상 금융지주회사 불간주 등

기관전용 사모집합투자기구(기관전용 사모집합투자기구의 무한책임사원 또는 일반 사모집합투자기구의 집합투자업자 중 상호출자제한기업집단 계열회사 또는 금융지주회사가 아닌 자를 포함한다) 및 투자목적회사에 대하여는 자본시장법 제249조의 12 제1항 제1호 또는 제2호의 요건을 충족하는 경우 그 요건을 충족한 날부터 10년이 되는 날까지는 「금융지주회사법」에 따른 금융지주회사로 보지 아니한다. 다만, 기관전용 사모집합투자기구 또는 투자목적회사가 대통령령으로 정하는 1개 이상의 금융기관[532]을 지배하는 경우에는 같은 법 제45조부터 제45조의 4까지 및 제48조를 준용한다(자법 제249조의 19 제3항).

회사가 기관전용 사모집합투자기구의 업무집행사원 또는 일반 사모집합투자기구의 집합투자업자인 경우에는 「금융지주회사법」 제45조의 2부터 제45조의 4까지의 규정(은행지주회사의 주요출자자에 대한 신용공여한도, 주요출자자가 발행한 주식의 취득한도, 주요출자자의 부당한 영향력 행사금지)을 준용한다. 이 경우 "은행지주회사의 주요출자자"는 "업무집행사원 또는 집합투자업자" 또는 "업무집행사원 또는 집합투자업자의 대주주"로 본다(자법 제249조의 19 제4항).

「금융지주회사법」에 따른 자회사는 같은 법 제19조(자회사의 다른 회사지배에 대한 제한)에 불구하고 기관전용 사모집합투자기구의 지분을 취득할 수 있다(자법 제249조의 19 제5항).

(3) 기업재무안정 사모집합투자기구 등에 대한 특례

1) 의의

기업재무안정 사모집합투자기구란 다음에 해당하는 재무구조개선기업(「금융산업의 구조개선에 관한 법률」에서 정하는 금융기관을 제외한다)의 경영정상화 및 재무안정 등을 위하여 그 재산을 투자 · 운용하여 그 수익을 투자자에게 배분하는 것을 목적으로 하는 사모투자전문회사를 말한다(자법 제249조의 22 제1항).

---

532) 금융지주회사법」제2조 제1항 제1호에 따른 1개 이상의 금융기관을 말한다. 다만,「금융지주회사법」 제45조의 2부터 제45조의 4까지의 규정은 기관전용 사모집합투자기구나 투자목적회사가 「은행법」에 따른 은행이 아닌 금융기관만을 지배하는 경우에는 이를 준용하지 아니한다(자령 제271조의 24 제2항).

① 「기업구조조정 촉진법」 제2조 제5호에 따른 부실징후기업
② 「채무자 회생 및 파산에 관한 법률」 제34조 또는 제35조에 따라 법원에 회생절차개시를 신청한 기업
③ 「채무자 회생 및 파산에 관한 법률」 제294조 또는 제295조에 따라 법원에 파산을 신청한 기업
④ 채권금융기관(대통령령으로 정하는 금융기관(자령 제271조의 27 제1항)과 대통령령으로 정하는 재무구조개선을 위한 약정[533]을 체결한 기업
⑤ 법인(그 계열회사를 포함한다)의 합병 · 전환 · 정리 등 대통령령으로 정하는 바에 따라 구조조정 또는 재무구조개선 등을 하려는 기업
⑥ 그 밖에 기업의 재무구조개선 또는 경영정상화의 추진이 필요한 기업으로서 대통령령으로 정하는 요건에 해당하는 기업

2) 재산의 운용

기업재무안정 사모집합투자기구는 그 재산을 운용함에 있어 사원이 출자한 날부터 6개월 이상의 기간으로서 2년 이내에 출자한 금액의 100분의 50 이상을 다음의 방법으로 운용하여야 하고, 그와 같이 운용하고 남은 재산은 대통령령으로 정하는 바에 따라 운용(자령 제271조의 27 제6항)할 수 있다(자법 제249조의 22 제2항).

① 재무구조개선기업이 발행한 증권의 매매
② 재무구조개선기업이 채무자인 대출채권 등 채권, 이에 수반되는 담보권 및 그 밖의 권리의 매매
③ 재무구조개선기업이 보유하고 있는 부동산, 영업권 등 경제적 가치가 있는 자산의 매매
④ 자산총액을 초과하지 아니하는 범위에서의 재무구조개선기업에 대한 자금의 대여 및 지급의 보증
⑤ 투자목적회사의 지분증권에 대한 투자

(4) 창업 · 벤처전문 사모집합투자기구 등에 대한 특례

1) 의의

창업 · 벤처전문 사모집합투자기구란 다음의 어느 하나에 해당하는 기업의 성장기

533) 채권금융기관의 총 채권액 중 100분의 50 이상을 차지하는 채권금융기관이 개별적으로 또는 공동으로 해당기업에 재무구조 개선을 위하여 체결한 약정을 말한다(자령 제271조의 17 제2항).

반 조성 및 건전한 발전을 위하여 집합투자재산을 투자 · 운용하여 그 수익을 투자자에게 배분하는 것을 목적으로 하는 사모집합투자기구를 말한다(자법 제249조의 23 제1항).

① 「중소기업창업 지원법」 제2조 제2호에 따른 창업자. 다만, 해당 창업자가 창업하거나 창업하여 사업을 개시한 중소기업이 「중소기업창업 지원법」 제3조 각 호의 어느 하나에 해당하는 업종의 중소기업인 경우는 제외한다.

② 「벤처기업육성에 관한 특별조치법」 제2조 제1항에 따른 벤처기업

③ 「중소기업 기술혁신 촉진법」 제15조에 따른 기술혁신형 중소기업 또는 같은 법 제15조의 3에 따른 경영혁신형 중소기업

④ 「기술보증기금법」 제2조 제1호에 따른 신기술사업자

⑤ 「소재 · 부품 · 장비산업 경쟁력강화를 위한 특별조치법」 제2조 제5호에 따른 전문기업으로서 「중소기업기본법」 제2조에 따른 중소기업

⑥ 그 밖에 성장기반 조성 및 건전한 발전이 필요한 「중소기업기본법」 제2조에 따른 중소기업으로서 대통령령으로 정하는 기업

2) 재산의 운용

창업 · 벤처전문 사모집합투자기구는 그 집합투자재산을 운용할 때에는 사원이 출자한 날부터 6개월 이상의 기간으로서 대통령령으로 정하는 기간 이내에 출자한 금액의 100분의 50 이상으로서 대통령령으로 정하는 비율 이상을 다음의 어느 하나에 해당하는 방법으로 운용하여야 하며, 그와 같이 운용하고 남은 재산은 대통령령으로 정하는 바에 따라 운용할 수 있다(자법 제249조의 23 제2항).

① 창업 · 벤처기업등이 발행한 증권에 대한 투자

② 제3항에 따른 투자목적회사의 지분증권에 대한 투자

③ 그 밖에 창업 · 벤처기업등에 대한 자금 지원을 위하여 필요한 방법으로서 대통령령으로 정하는 방법

창업 · 벤처전문 사모집합투자기구가 주주 또는 사원인 경우로서 주주 또는 사원의 출자비율이 대통령령으로 정하는 비율 이상인 투자목적회사는 자본시장법 제249조의 13 제1항 제2호에도 불구하고 제2항 제1호 · 제3호 또는 그 밖에 대통령령으로 정하는 방법으로 재산을 운용할 수 있다(자법 제249조의 23 제3항).

제3장 집합투자증권의 환매

Ⅰ. 환매청구 및 방법

1. 환매의 청구

투자자는 언제든지 집합투자증권의 환매를 청구할 수 있다(자법 제235조 제1항). 투자자는 집합투자증권의 환매를 청구하고자 하는 경우에는 그 집합투자증권을 판매한 투자매매업자 또는 투자중개업자에게 청구하여야 한다. 다만, 투자매매업자 또는 투자중개업자가 해산 · 인가취소 또는 업무정지, 그 밖에 대통령령으로 정하는 사유[534]로 인하여 환매청구에 응할 수 없는 경우에는 해당 집합투자기구의 집합투자업자에게 직접 청구할 수 있으며, 환매청구를 받은 집합투자업자가 해산 등으로 인하여 환매에 응할 수 없는 경우에는 해당 집합투자재산을 보관 · 관리하는 신탁업자에게 청구할 수 있다(자법 제235조 제2항).

2. 환매의 방법

환매청구를 받거나 환매에 응할 것을 요구받은 투자신탁이나 투자익명조합의 집합투자업자(해당 집합투자재산을 보관 · 관리하는 신탁업자를 포함한다) 또는 투자회사 등은 그 집합투자기구의 투자대상 자산의 환금성 등을 고려하여 대통령령으로 정하는 경우[535]를 제외하고는 투자자가 환매청구를 한 날부터 15일 이내에 집합투자규약

---

534) 천재지변 등으로 인한 전산장애, 그 밖에 이에 준하는 사유로 인하여 집합투자증권을 판매한 투자매매업자 · 투자중개업자가 정상적으로 업무를 하는 것이 곤란하다고 금융위원회가 인정한 경우를 말한다(자령 제253조).

535) 다음 각 호의 어느 하나에 해당하는 경우로서 집합투자규약에서 환매청구를 받은 날부터 15일을 초과하여 환매일을 정한 경우를 말한다(자령 제254조 제1항).
1. 각 집합투자기구 자산총액의 100분의 10의 범위에서 금융위원회가 정하여 고시하는 비율을 초과하여 금융위원회가 정하여 고시하는 시장성 없는 자산에 투자하는 경우
2. 각 집합투자기구 자산총액의 100분의 50을 초과하여 외화자산에 투자하는 경우

에서 정한 환매일에 환매대금을 지급하여야 한다(자법 제235조 제4항).

환매는 금전지급의 원칙에 따라, 투자신탁이나 투자익명조합의 집합투자업자(해당 집합투자재산을 보관·관리하는 신탁업자를 포함한다) 또는 투자회사 등은 환매대금을 지급하는 경우에는 집합투자재산의 범위에서 집합투자재산으로 소유 중인 금전 또는 집합투자재산을 처분하여 조성한 금전으로만 하여야 한다. 다만, 집합투자기구의 투자자 전원의 동의를 얻은 경우에는 그 집합투자기구에서 소유하고 있는 집합투자재산으로 지급할 수 있다(자법 제235조 제5항).

투자신탁이나 투자익명조합의 집합투자업자(해당 집합투자재산을 보관·관리하는 신탁업자를 포함한다) 또는 투자회사 등은 집합투자증권을 환매한 경우에는 그 집합투자증권을 소각하여야 한다(자법 제235조 제7항).

Ⅱ. 환매의 연기

투자신탁이나 투자익명조합의 집합투자업자 또는 투자회사 등은 집합투자재산인 자산의 처분이 불가능한 경우 등 대통령령으로 정하는 사유(자령 제256조)로 인하여 집합투자규약에서 정한 환매일에 집합투자증권을 환매할 수 없게 된 경우에는 그 집합투자증권의 환매를 연기할 수 있다.

Ⅲ. 일부환매

투자신탁이나 투자익명조합의 집합투자업자 또는 투자회사 등은 집합투자재산의 일부가 환매연기사유에 해당하는 경우 그 일부에 대하여는 환매를 연기하고 나머지에 대하여는 투자자가 소유하고 있는 집합투자증권의 지분에 따라 환매에 응할 수 있다(자법 제237조 제5항).

투자신탁이나 투자익명조합의 집합투자업자 또는 투자회사 등은 환매가 연기된 집합투자재산만으로 별도의 집합투자기구를 설정 또는 설립할 수 있다(자법 제237조 제6항).

Ⅳ. 환매불응사유

투자신탁이나 투자익명조합의 집합투자업자 또는 투자회사 등은 다음에 해당하는 경우에는 환매청구에 응하지 아니할 수 있다(자법 제237조 제8항).

① 집합투자기구(투자신탁을 제외한다)가 해산한 경우

② 투자회사의 순자산액이 정관이 정하는 최저순자산액에 미달하는 경우

③ 법령 또는 법령에 따른 명령에 따라 환매가 제한되는 경우

④ 투자신탁의 수익자, 투자회사의 주주 또는 그 수익자 · 주주의 질권자로서 권리를 행사할 자를 정하기 위하여 상법 제354조 제1항(제189조 제9항에서 준용하는 경우를 포함한다)에 따라 일정한 날을 정하여 수익자명부 또는 주주명부에 기재된 수익자 · 주주 또는 질권자를 그 권리를 행사할 수익자 · 주주 또는 질권자로 보도록 한 경우(기준일)로서 이 일정한 날과 그 권리를 행사할 날의 사이에 환매청구를 한 경우. 이 경우 상법 제354조 제3항을 적용함에 있어서 "3월"을 "2개월"로 한다.

제4장 은행·보험에 대한 특칙

Ⅰ. 은행에 대한 특칙

1. 집합투자업겸영은행

은행으로서 집합투자업에 관한 금융투자업인가를 받은 자, 즉 집합투자업겸영은행은 인가받은 범위에서 투자신탁의 설정 · 해지 및 투자신탁재산의 운용업무를 영위할 수 있다(자법 제250조 제1항).

집합투자업겸영은행은 투자신탁재산의 운용과 관련하여 다음에 해당하는 행위를 하여서는 아니 된다(자법 제250조 제3항).

① 자기가 발행한 투자신탁의 수익증권을 자기의 고유재산으로 취득하는 행위
② 자기가 운용하는 투자신탁의 투자신탁재산에 관한 정보를 다른 집합투자증권의 판매에 이용하는 행위
③ 자기가 운용하는 투자신탁의 수익증권을 다른 은행을 통하여 판매하는 행위
④ 단기금융집합투자기구를 설정하는 행위

2. 집합투자재산의 보관 · 관리업무를 영위하는 은행

집합투자재산의 보관 · 관리업무를 영위하는 은행은 그 집합투자기구의 집합투자재산에 관한 정보를 자기가 운용하는 투자신탁재산의 운용 또는 자기가 판매하는 집합투자증권의 판매를 위하여 이용하여서는 아니 된다(자법 제250조 제4항).

3. 일반사무관리회사의 업무를 영위하는 은행

일반사무관리회사의 업무를 영위하는 은행은 해당 집합투자기구의 집합투자재산에 관한 정보를 자기가 운용하는 투자신탁재산의 운용 또는 자기가 판매하는 집합투

자증권의 판매를 위하여 이용하여서는 아니 된다(자법 제250조 제5항).

4. 집합투자증권의 판매를 영위하는 은행

투자매매업 또는 투자중개업 인가를 받아 집합투자증권의 판매를 영위하는 은행은 다음에 해당하는 행위를 하여서는 아니 된다(자법 제250조 제6항).

① 자기가 판매하는 집합투자증권의 집합투자재산에 관한 정보를 자기가 운용하는 투자신탁재산의 운용 또는 자기가 운용하는 투자신탁의 수익증권의 판매를 위하여 이용하는 행위

② 집합투자증권의 판매업무와 「은행법」에 따른 업무를 연계하여 정당한 사유 없이 고객을 차별하는 행위

5. 이해상충방지

은행[536]이 이 법에 따라 집합투자업, 신탁업(집합투자재산의 보관 · 관리업무를 포함한다) 또는 일반사무관리회사의 업무를 영위하는 경우에는 임원(사실상 임원과 동등한 지위에 있는 자로서 대통령령으로 정하는 자[537]를 포함한다)을 두어야 하고, 임 · 직원에게 ① 「은행법」에 따른 업무(②부터 ④까지의 업무 및 대통령령으로 정하는 업무는 제외한다) ② 집합투자업 ③ 신탁업 ④ 일반사무관리회사의 업무를 겸직하게 하여서는 아니 되며, 전산설비 또는 사무실 등의 공동사용 금지 및 다른 업무를 영위하는 임 · 직원 간의 정보교류 제한 등 대통령령으로 정하는 이해상충방지체계[538]를 갖추어야 한다. 다만, 임원의 경우 ①의 업무 중 ②부터 ④까지의 업무와 이해

536) 보험회사도 준용된다.

537) 상법 제401조의 2 제1항 각 호의 어느 하나에 해당하는 자를 말한다(자령 제272조 제2항).

538) 은행은 법 제250조 제7항 본문에 따라 다음 각 호의 사항을 포함한 이해상충방지체계를 갖추어야 한다(자령 제272조 제3항).

1. 독립된 부서로 구분되어 업무처리와 보고가 독립적으로 이루어질 것
2. 법 제250조 제7항 각 호의 업무 담당자 간에 업무에 관한 회의나 통신을 한 경우에는 내부통제기준이 정하는 방법 및 절차에 따라 그 회의 또는 통신에 관한 사항을 기록 · 유지하고 준법감시인의 확인을 받을 것
3. 법 제250조 제7항 각 호의 업무 간에 직원을 파견하지 아니할 것
4. 집합투자증권의 판매업무를 담당하는 직원이 법 제250조 제7항 제2호부터 제4호까지(제3호의 경우 집합투자재산의 보관 · 관리업무만 해당한다)의 어느 하나에 해당하는 업무를 겸직하지 아니할 것
5. 출입문을 달리하는 등 정보공유를 막을 수 있을 정도로 사무실이 공간적으로 분리될 것
6. 법 제250조 제7항 각 호의 업무에 관한 전산자료가 공유될 수 없도록 독립되어 저장 · 관

상충이 적은 업무로서 대통령령으로 정하는 업무와 ②부터 ④까지의 업무를 겸직할 수 있으며, ③ 및 ④의 업무 간에는 겸직할 수 있다(자법 제250조 제7항).

정보교류차단장치(차이니즈 월)에 대한 규제의 개정에 따라 추후 은행 및 보험회사 등에 대한 과도한 이해상충방지체계 구축의무를 합리적으로 개선하기 위하여 퇴직연금 등의 업무에 대해서는 은행 및 보험회사 등의 이해상충방지체계 구축의무 대상에서 제외하도록 할 예정이다.

Ⅱ. 보험회사에 대한 특칙

1. 의의

보험회사로서 집합투자업에 관한 금융투자업인가를 받은 자를 집합투자업겸영보험회사라 하는데, 자본시장법에서는 이에 대한 특칙규정을 두고 있다.

2. 집합투자업겸영보험회사

보험회사로서 집합투자업에 관한 금융투자업인가를 받은 자(집합투자업겸영보험회사)는 인가받은 범위에서 투자신탁의 설정 · 해지 및 투자신탁재산의 운용업무를 영위할 수 있다. 이 경우 투자신탁의 설정 · 해지 및 투자신탁재산의 운용업무는 「보험업법」 제108조 제1항 제3호에 따른 특별계정(특별계정 내에 각각의 신탁계약에 의하여 설정된 다수의 투자신탁이 있는 경우 각각의 투자신탁을 말한다)에 한하며, 그 특별계정은 이 법에 따른 투자신탁으로 본다(자법 제251조 제1항).

집합투자업겸영은행의 금지행위에 관한 자본시장법 제250조 제3항(제2호에 한한다)은 집합투자업겸영보험회사에 준용하며, 같은 조 제4항부터 제6항까지의 규정은 보험회사에 준용한다. 이 경우 "은행"은 "보험회사"로, "「은행법」"은 "「보험업법」"으로 본다(자법 제251조 제2항).

집합투자업겸영보험회사는 금전대여를 금지하는 자본시장법 제83조 제4항에 불구

리 · 열람될 것

7. 그 밖에 이해상충을 방지하기 위하여 필요한 사항으로서 금융위원회가 정하여 고시하는 사항

하고 투자신탁재산에 속하는 자산을 「보험업법」에서 정하는 방법에 따라 그 보험에 가입한 자에게 대출하는 방법으로 운용할 수 있다(자법 제251조 제4항).

제5장 기타

Ⅰ. 집합투자기구의 관계회사

1. 일반사무관리회사

투자회사의 위탁을 받아 투자회사의 사무처리를 위한 자본시장법 제184조 제6항 각 호의 업무[539]를 영위하려는 자는 다음의 요건을 갖추어 금융위원회에 등록하여야 한다(자법 제254조 제1항, 제2항).

① 다음의 어느 하나에 해당할 것

가. 상법에 따른 주식회사

나. 명의개서대행회사(예탁결제원을 포함한다)

다. 그 밖에 대통령령으로 정하는 금융기관[540]

② 5억원 이상으로서 대통령령으로 정하는 금액(20억) 이상의 자기자본을 갖출 것

③ 상근 임직원 중 대통령령으로 정하는 기준의 전문인력((자령 제276조 제1항)을 보유할 것

④ 전산설비 등 대통령령으로 정하는 물적 설비를 갖출 것[541]

⑤ 임원이 「금융회사의 지배구조에 관한 법률」 제5조에 적합할 것

⑥ 대통령령으로 정하는 이해상충방지체계를 구축하고 있을 것(대통령령으로 정하는 금융업[542]을 영위하고 있는 경우에 한한다)

---

539) 다음의 업무를 말한다.

1. 투자회사 주식의 발행 및 명의개서
2. 투자회사재산의 계산
3. 법령 또는 정관에 의한 통지 및 공고
4. 이사회 및 주주총회의 소집 · 개최 · 의사록 작성 등에 관한 업무
5. 그 밖에 투자회사의 사무를 처리하기 위하여 필요한 업무로서 대통령령으로 정하는 업무

540) 시행령 제16조 제1항 제1호부터 제5호까지의 금융기관을 말한다(자령 제276조 제1항).

541) 다음 각 호의 것을 말한다(자령 제276조 제4항).

1. 일반사무관리회사의 업무를 하는 데에 필요한 전산설비, 업무공간 및 사무장비
2. 정전 · 화재 등의 사고가 발생할 경우에 업무의 연속성을 유지하기 위하여 필요한 보완설비

542) 다음 각 호의 금융업을 말한다(자령 제276조 제6항). 1. 은행업 2. 보험업 3. 금융투자업 4. 종

2. 집합투자기구평가회사

집합투자기구를 평가하고 이를 투자자에게 제공하는 업무를 영위하려는 자는 다음의 요건을 갖추어 금융위원회에 등록하여야 한다(자법 제258조 제1항, 제2항).

① 상법에 따른 주식회사일 것
② 투자매매업자 · 투자중개업자 또는 집합투자업자와 그 계열회사가 아닐 것
③ 1억원 이상으로서 대통령령으로 정하는 금액(5억) 이상의 자기자본을 갖출 것
④ 상근 임 · 직원 중 대통령령으로 정하는 기준의 전문인력[543]을 보유할 것
⑤ 전산설비 등 대통령령으로 정하는 물적 설비[544]를 갖출 것
⑥ 임원이 「금융회사의 지배구조에 관한 법률」 제5조에 적합할 것
⑦ 대통령령으로 정하는 집합투자기구평가체계를 갖출 것
⑧ 대통령령으로 정하는 이해상충방지체계를 구축하고 있을 것(대통령령으로 정하는 금융업을 영위하고 있는 경우에 한한다)

3. 채권평가회사

집합투자재산에 속하는 채권 등 자산의 가격을 평가하고 이를 집합투자기구에게 제공하는 업무를 영위하려는 자는 다음의 요건을 갖추어 금융위원회에 등록하여야 한다(자법 제263조 제1항, 제2항).

① 상법에 따른 주식회사일 것
② 20억원 이상으로서 대통령령으로 정하는 금액(30억) 이상의 자기자본을 갖출 것
③ 상호출자제한기업집단의 출자액 또는 대통령령으로 정하는 금융기관의 출자액이 각각 100분의 10 이하일 것
④ 상근 임 · 직원 중 대통령령으로 정하는 기준의 전문인력[545]을 보유할 것

합금융회사 업무

543) 시행령 제276조 제3항 제1호부터 제3호까지의 기관 또는 집합투자기구평가회사에서 증권 · 집합투자기구 등의 평가 · 분석업무나 기업금융업무(법 제71조 제3호에 따른 기업금융업무를 말한다)에 2년 이상 종사한 경력이 있는 3인 이상의 집합투자기구 평가전문인력을 말한다(자령 제280조 제2항).

544) 다음 각 호의 것을 말한다(자령 제280조 제3항).
1. 집합투자기구평가회사의 업무를 하기에 필요한 전산설비, 업무공간 및 사무장비
2. 정전 · 화재 등의 사고가 발생할 경우 업무의 연속성을 유지하기 위하여 필요한 보완설비

545) 다음 각 호의 어느 하나에 해당하는 증권분석전문인력 3인 이상을 포함하여 증권의 평가 · 분석업무에 상근하는 10인 이상의 집합투자재산 평가전문인력을 말한다(자령 제285조 제3항).
1. 증권분석전문인력의 능력을 검증하기 위하여 협회에서 시행하는 시험에 합격한 자

⑤ 전산설비 등 대통령령으로 정하는 물적 설비를 갖출 것
⑥ 임원이 「금융회사의 지배구조에 관한 법률」 제5조에 적합할 것
⑦ 대통령령으로 정하는 채권 등의 가격평가체계[546]를 갖출 것
⑧ 대통령령으로 정하는 이해상충방지체계를 구축하고 있을 것(대통령령으로 정하는 금융업을 영위하고 있는 경우에 한한다)

Ⅱ. 외국 집합투자증권에 대한 특례

1. 외국 집합투자기구의 등록

외국 투자신탁(투자신탁과 유사한 것으로서 외국 법령에 따라 설정된 투자신탁을 말한다)이나 외국 투자익명조합(투자익명조합과 유사한 것으로서 외국 법령에 따라 설립된 투자익명조합을 말한다)의 외국 집합투자업자(외국 법령에 따라 집합투자업에 상당하는 영업을 영위하는 자를 말한다) 또는 외국 투자회사 등(외국 법령에 따라 설립된 투자회사 등을 말한다)은 외국 집합투자증권(집합투자증권과 유사한 것으로서 외국 법령에 따라 외국에서 발행된 것을 말한다)을 국내에서 판매하고자 하는 경우에는 해당 외국 집합투자기구(집합투자기구와 유사한 것으로서 외국 법령에 따라 설정ㆍ설립된 것을 말한다)를 금융위원회에 등록하여야 한다(자법 제279조 제1항).

외국 투자신탁이나 외국 투자익명조합의 외국 집합투자업자 또는 외국 투자회사 등은 외국 집합투자기구를 등록하고자 하는 경우 대통령령으로 정하는 외국 집합투자업자 적격 요건 및 외국 집합투자증권 판매적격 요건(자령 제301조 제1항)을 갖추어야 한다. 이 경우 전문투자자 중 대통령령으로 정하는 자[547]만을 대상으로 외국 집

2. 시행령 제276조 제3항 제1호부터 제3호까지의 기관이나 채권평가회사에서 증권의 평가ㆍ분석업무에 3년 이상 종사한 자

546) 다음 각 호의 사항에 대한 가격평가체계를 말한다(자령 제285조 제5항).
1. 평가대상 채권 등에 관한 사항
2. 채권 등의 분류기준에 관한 사항
3. 수익률 계산방법
4. 자료제공과 공시 등에 관한 사항

547) 다음 각 호의 어느 하나에 해당하는 전문투자자를 말한다(자령 제301조 제2항).
1. 국가
2. 한국은행
3. 자령 제10조 제2항 제1호부터 제17호까지의 어느 하나에 해당하는 자

합투자증권을 판매하고자 하는 경우에는 외국 집합투자업자 적격 요건 및 외국 집합투자증권 판매적격 요건을 달리 정할 수 있다(자법 제279조 제2항).

2. 외국 집합투자증권의 국내판매

외국 투자신탁이나 외국 투자익명조합의 외국 집합투자업자 또는 외국 투자회사 등은 외국 집합투자증권을 국내에서 판매하는 경우에는 투자매매업자 또는 투자중개업자를 통하여 판매하여야 한다(자법 제280조 제1항).

외국 집합투자업자는 자산운용보고서를 작성하여 3개월마다 1회 이상 해당 외국 집합투자기구의 투자자에게 제공하여야 한다(자법 제280조 제2항).

4. 자령 제10조 제3항 제1호부터 제14호까지의 어느 하나에 해당하는 자

제6편

금융투자상품시장

제1장 금융투자상품거래의 법률관계

Ⅰ. 서설

금융투자상품의 매매는 다음의 두 가지 유형으로 이루어진다. 첫째, 당사자의 직접 교섭을 통한 상대거래로 이루어지는 경우이다. 상대거래는 사법상의 일반매매로서 민법과 상법의 규정이 적용된다. 둘째, 거래소와 같은 시장에서 불특정 상대방과의 사이에서 시장거래로 이루어지는 경우이다. 개인투자자의 경우에는 일반적으로 이러한 시장에서의 거래에 직접 참여하지 못하고 금융투자업자를 통하여 거래하게 된다.

Ⅱ. 매매의 진행단계

1. 의의

증권이나 장내파생상품의 매매는 크게 계약의 체결과 이행의 두 단계로 나눌 수 있다. 계약의 이행을 결제라 한다.

시장거래의 경우에는 계약의 체결과 결제 사이에 결제의 대상인 증권과 대금을 확정하는 절차인 청산이라고 하는 별개의 단계가 개재하는 것이 보통이다.

2. 업무규정

자본시장법은 금융투자상품의 매매에 대하여, 거래소에서 이루어지는 시장거래의 특징인 대량성 · 반복성 · 신속성 · 안전성을 고려하여 거래소의 증권시장업무규정과 파생상품시장업무규정으로 특칙을 정하도록 하고 있다. 이전의 수탁계약준칙은 업무규정에 흡수되었다.

증권시장에서의 매매거래에 관하여 매매거래의 종류 및 수탁에 관한 사항 등에 대하여 거래소의 증권시장업무규정으로 정하여야 한다(자법 제393조 제1항). 이 경우 유가증권시장과 코스닥시장에 대하여 별도의 증권시장업무규정으로 정할 수 있다.

Ⅲ. 거래소에서의 매매거래

1. 의의

거래소에서는 회원인 금융투자업자만이 매매거래를 할 수 있다. 따라서 고객은 금융투자업자와 증권 또는 장내파생상품 매매거래계좌설정계약을 체결하여 매매거래를 하게 된다. 다음 단계로 자금이나 증권을 금융투자업자에게 예탁하고, 매매주문을 하게 되며, 금융투자업자는 문서(주문표)·전화·전보·모사전송·전자우편·컴퓨터 이와 유사한 전자통신의 방법으로 주문을 받을 수 있다(유가증권시장 업무규정 시행규칙 제109조 제1항). 금융투자업자는 주문을 전산프로그램을 통해 거래소가 운영하는 전산시스템에 접수하고, 경쟁매매의 원칙에 따라 매매계약을 체결하게 된다.

거래소는 매매계약이 이루어지게 되면 각 금융투자업자의 매도와 매수의 차감결제자료를 결제기관인 한국예탁결제원에 통보하고, 한국예탁결제원이 결제자료를 금융투자업자에게 통보하면 금융투자업자는 결제를 하고, 투자자에게는 그에 따른 결제 및 수탁수수료를 청구하게 된다. 이후 한국예탁결제원의 고객관리계좌부와 금융투자업자가 작성한 고객계좌부의 기재사항이 변경됨으로써 결제가 완료되게 된다.

2. 매매거래의 종류

(1) 당일결제거래

매매계약을 체결한 당일에 결제하는 거래로 매도자는 매도증권을, 매수자는 매수대금을 상호교부하게 된다.[548] 현재 당일결제거래는 채무증권의 경우에만 행해지고

548) 증권의 교부는 전자등록계좌의 전자등록으로 대체된다.

있다.

(2) 익일결제거래

매매계약을 체결한 날의 다음날로 결제하는 거래로 국채딜러간 매매거래에 적용되고 있다.

(3) 보통거래

매매계약을 체결한 날부터 3영업일째에 결제하는 거래로 현재 거의 대부분의 증권이 이 방식으로 거래된다.

3. 매매체결방법

(1) 딜러시장

딜러시장은 시장조성업무를 담당하는 딜러가 자신이 담당하는 특정 종목에 대하여 매도호가와 매수호가를 지속적으로 제시하여 투자자들과 거래를 체결함으로써 당해 종목의 시장성이 확보되는 시장이다.

딜러는 매도가격과 매수가격의 차액을 수입으로 얻게 된다. 딜러의 호가, 즉 제시가격이 주도하는 시장이라는 의미에서 호가중심시장이라고도 한다.[549]

(2) 경쟁매매시장

경쟁매매시장은 시장조성업무를 담당하는 딜러없이 매도인의 매도주문과 매수인의 매수주문을 경쟁적으로 대응시켜 거래를 성립시키는 시장을 말한다. 투자자의 주문이 주도하는 시장이라는 의미에서 주문중심시장이라고도 한다.

거래소시장은 경쟁매매시장으로 현재는 전부 전산시스템을 통하여 매매거래가 이루어지고 있다.

---

549) 매매거래가 부진한 종목에 대하여 유동성 공급자(Liquidity Provider)로서 LP 계약을 체결한 증권회사가 지속적으로 매도·매수호가를 제시함으로써 안정적인 가격형성을 유도하기도 한다. 자기매매영업을 허가받은 결제회원인 증권회사에 대해서만 LP 자격이 인정된다.

4. 경쟁매매의 원칙

매매거래는 개별경쟁매매의 방법에 의하며, 개별경쟁매매는 단일가격에 의한 개별경쟁매매와 복수가격에 의한 개별경쟁매매로 구분한다(유가증권시장 업무규정 제22조 제1항). 경쟁매매에는 다음의 원칙이 적용된다.

(1) 가격우선의 원칙

낮은 가격의 매도호가는 높은 가격의 매도호가에 우선하고, 높은 가격의 매수호가는 낮은 가격의 매수호가에 우선한다. 다만, 시장가호가는 지정가호가에 가격적으로 우선하되, 매도시장가호가와 하한가의 매도지정가호가, 매수시장가호가와 상한가의 매수지정가호가는 각각 동일한 가격의 호가로 본다(유가증권시장 업무규정 제22조 제2항 1호).

(2) 시간우선의 원칙

동일한 가격호가간의 우선순위와 시장가호가간의 우선순위는 호가가 행하여진 시간의 선후에 따라 먼저 접수된 호가가 뒤에 접수된 호가에 우선한다(유가증권시장 업무규정 제22조 제2항 2호).

(3) 수탁매매우선의 원칙

동시호가[550]간에는 위탁매매가 자기매매에 우선한다(유가증권시장 업무규정 시행세칙 제34조 제1항). 자기매매란 증권의 매매를 자기명의와 자기계산으로 영리를 목적으로 계속적 · 반복적으로 영업으로 하는 행위를 말한다. 거래소에서는 금융투자업자만이 자기명의로 거래를 할 수 있다.

---

550) 시간우선의 원칙에도 불구하고 다음 각 호의 호가는 동시호가로 한다(유가증권시장 업무규정 제22조 제1항).
1. 당해 가격이 상한가로 결정되는 경우 상한가 매수호가. 이 경우 제23조 제3항의 규정에 의하여 상한가로 간주된 시장가호가 및 제37조 제1항에서 정하는 종목의 최초가격결정시 호가할 수 있는 최고호가가격의 호가를 포함한다.
2. 당해 가격이 하한가로 결정되는 경우 하한가 매도호가. 이 경우 제23조 제3항의 규정에 의하여 하한가로 간주된 시장가호가 및 제37조 제1항에서 정하는 종목의 최초가격결정시 호가할 수 있는 최저호가가격의 호가를 포함한다.

(4) 수량우선의 원칙

동시호가의 우선순위에 있어서 위탁매매호가간, 자기매매호가간에는 호가별로 수량이 많은 호가가 수량이 적은 호가(수량이 동일한 때에는 거래소 시스템상의 기록순위로 한다)보다 다음 ①의 수량에 달할 때까지 우선한다(유가증권시장 업무규정 시행세칙 제34조 제2항). ①의 수량을 초과하는 호가는 위와 같은 방법으로 ②부터 순차적으로 적용한다.

① 매매수량단위의 10배
② 매매수량단위의 50배
③ 매매수량단위의 100배
④ 매매수량단위의 200배
⑤ 잔량의 2분의 1. 이 경우 매매수량단위 미만은 매매수량단위로 4사 5입한다.
⑥ 잔량

Ⅳ. 증권위탁매매의 법률관계

1. 위탁매매

위탁매매인이란 자기의 명의로 타인의 계산으로 매매를 하는 자를 말한다. 즉, 매매의 주선을 영업으로 하는 자이다. 금융투자업자의 거래소에서의 매매는 위탁매매로서 금융투자업자가 자기명의와 위탁자의 계산으로 매매를 하게 된다.

2. 위탁계약의 성립시기

(1) 의의

위탁매매계약은 낙성계약이므로 당사자간의 매매주선의 합의로 성립하고 목적물이나 대금의 수수는 그 요건이 아니다. 금융투자업자에 있어서 일반적인 위탁계약의 성립과정을 보면, 위탁자인 고객은 1단계로 먼저 매매거래계좌설정계약을 하고, 다음 단계로 현금이나 대용증권을 예탁하고, 마지막으로 증권 등의 매매주문을 내게 된다. 물론 대부분의 경우는 매매거래계좌설정계약과 동시에 현금 등을 예탁하게 되나 이것이 꼭 일치할 필요는 없다. 그렇다면 이 중 어느 단계에서 위탁계약이 성립되었다고 볼 것인가가 문제된다. 이것은 결국 어느 단계에서 당사자간에 있어서 일정한 권리 · 의무가 발생하는 매매주선의 합의가 있었다고 볼 것인가가 기준이 될 것인데, 이를 각 단계별로 살펴보면 다음과 같다.[551)]

(2) 매매거래계좌설정계약의 체결단계

먼저 1단계에서 고객은 매매거래계좌설정계약을 체결하게 되는데, 이는 고객과 금융투자업자간의 거래관계에 적용될 기본계약으로서 이 계약에 의하여 장차 고객과 금융투자업자가 거래를 할 때 일정한 조건에 따를 의무를 부과할 뿐이고 이것 만에 의하여 고객과 금융투자업자에게 아무런 급부의무를 발생시키지 않는다.

따라서 매매거래계좌설정계약만에 의하여 위탁자와 위탁매매인 사이에 일정한 권리 · 의무를 발생시키는 위탁계약이 성립하였다고 보기 어렵다.

(3) 현금이나 대용증권을 예탁한 단계

다음으로 고객이 현금이나 대용증권을 예탁한 단계인데, 이 단계에 있어서도 고객이 매매를 위탁하였다고 볼 수 없고, 위탁매매인도 특정의 주식을 매입하거나 매도해야 할 의무가 발생하지 않으므로 위탁계약이 성립하였다고 보기 어렵다.

그런데 대법원은 증권회사의 직원이 고객이 예탁한 금원으로 고객 몰래 임의로 매매하고 예탁금을 인출하여 도피한 사안에서 "증권매매거래의 위탁계약의 성립시기는 위탁금이나 위탁증권을 받을 직무상 권한이 있는 직원이 증권매매거래를 위탁한다는 의사로 이를 위탁하는 고객으로부터 금원이나 주식을 수령하면 곧바로 위탁계약이 성립한다고 할 것이고, 그 이후에 그 직원의 금원수납에 관한 처리는 위 계약의 성립에 영향이 없다."고 하였는데,[552)] 위 경우에 당사자간에 있어서 특정주식의 매매에 관한 합의가 있었다고 보기 어렵다고 볼 것이므로 위탁계약의 성립을 인정한 위 판례의 태도는 의문이다. 다만 다음의 포괄적 일임매매의 경우에는 이와 달리 볼 것이다.

---

551) 위탁매매인의 의무: 위탁매매인과 위탁자간의 관계는 위임이므로 위탁매매인은 수임인으로서 위임의 본지에 따라 선량한 관리자의 주의로 사무를 처리하여야 한다.

552) 대법원 1994.4.29. 선고, 94다2688 판결; 대법원 2004.2.27. 선고 2001다38067 판결; 대법원 1997.2.14. 선고 95다19140 판결: 이들은 채권매매에 관한 위탁의 경우이다.

(4) 고객이 매수주문을 낸 단계

마지막으로 고객이 매수주문 등을 낸 단계이다. 이때 위탁매매인인 금융투자업자는 고객의 주문에 따라 유가증권을 매수하거나 매도해야 할 의무를 부담하게 될 것이므로, 일반적으로는 이 단계에 이르러서 비로소 위탁계약이 성립한다고 볼 수 있다. 판례도 같은 태도이다.[553)]

그런데 매매주문의 형태와 관련해서 보면, 고객이 매매주문표를 내거나 전화로 주문을 하는 것과 달리 오늘날 온라인 거래가 많이 이용되는데, 이때는 달리 볼 것인가라는 의문이 생긴다. 그러나 온라인 거래의 경우에도 주식의 매매는 금융투자업자의 서버를 통하여 이루어지는 것이므로 마찬가지로 보아야 한다.

(5) 포괄적 일임매매의 경우

매매목적물, 가격, 매매시기 등에 관하여 금융투자업자에 일임하는 포괄적 일임매매[554)]의 경우에는 위와 달리 보아야 한다. 포괄적 일임매매의 경우에는 현금 등을 예탁하면서 매매에 관하여 포괄위임하는 것으로서 포괄위임시에 증권회사는 유가증권 매매에 관한 의무를 부담하게 된다. 또한 매매주문도 일반적으로 고객이 하지 않고 금융투자업자의 임 · 직원이 하게 된다. 따라서 포괄적 일임매매의 경우에는 예탁금의 수령과 일임매매의 성립시에 매매에 관한 위탁계약이 성립한다고 보아야 한다. 판례도 "증권거래의 문외한이며 초심자들인 원고들이 피고회사인 증권회사의 영업부장 겸 지배인을 통하여 주식투자를 하기로 하고 동인에게 유망한 종목의 주식을 적당한 시기에 적당한 수량을 매입 · 매도하여 이득금을 남기도록 부탁하면서 주식매수대금조로 금전을 지급하였다면, 원고들과 피고회사 사이에 증권매매거래의 위탁계약이 성립된다."거나,[555)] "주식투자자가 증권회사에 대하여 매매를 위탁하는 주식의 종목, 수량, 시기, 가격을 특정하여 주문하지 아니하였다 하여 주식매매위탁계약이 아니라고 할 수 없고, 유망주식을 적당한 시기에 적당한 수량, 가격으로 매입 또는 매각하

553) 대법원 1993.12.28. 선고 93다26632, 26649 판결에서 "고객이 증권회사와 체결하는 매매거래계좌설정계약은 고객과 증권회사간의 계속적인 거래관계에 적용될 기본계약에 불과하므로 특별한 사정이 없는 한 그에 의하여 바로 매매거래에 관한 위탁계약이 이루어지는 것이 아니고, 매매거래계좌설정계약을 토대로 하여 고객이 매수주문을 할 때 비로소 매매거래에 관한 위탁이 이루어지는 것이라고 보아야 한다."고 판시하였다.

554) 자본시장법상으로는 일임매매에 관한 규정이 삭제되었다.

555) 대법원 1980.5.27. 선고 80다418 판결.

여 달라고 위탁할 수도 있다."거나,[556] "원고가 증권회사의 지배인 겸 영업부장실에서 동인에게 적당한 시기에 적당한 증권을 적당량 매입·매도하여 이득금이 남도록 관리하여 달라고 하면서 주식매수대금조로 금전을 교부하고, 그 영업부장의 명함 뒷면이나 위 회사 영업부장용 메모지상에 그 금원을 보관하고 있다는 취지의 보관증을 작성 교부받았다면, 원고와 그 증권회사 사이에 증권매매위탁계약이 성립된 것으로 보아야 한다."고 판시하여[557] 위와 같은 태도를 보이고 있다.

556) 대법원 1979.3.27. 선고 78다2483, 2484 판결.
557) 대법원 1980.11.11. 선고 80다135 판결.

제2장 금융투자상품의 청산·결제

Ⅰ. 서설

다자간매매체결시스템인 거래소를 통하여 이루어지는 금융상품의 장내거래는 거래약정으로부터 거래확인과 청산을 거쳐 증권의 인·수도와 자금의 지급을 통하여 결제되는 다수의 단계를 거쳐 종결된다.

이는 대별하여 청산과 결제의 절차로 나눌 수 있는데, 2006년 8월31일 거래소와 예탁결제원 사이에 이루어진 청산업무와 결제업무의 분리수행에 관한 기본적인 합의에 기초하여 이에 대한 제도의 정비가 이루어졌다.

Ⅱ. 청산·결제의 의의

1. 청산

계약의 체결과 결제 사이에는 청산이라고 하는 별개의 단계가 개재하는 것이 보통이다. 청산이란 결제의 대상인 증권과 대금을 확정하는 절차를 말한다.

2. 결제

결제는 거래당사자가 거래상 부담하는 채무를 이행하는 절차로 인도와 지급의 두 가지 면으로 구성된다. 증권이나 현물상품의 인도가 실제로 일어나는 것은 현물인도에 의한 결제를 조건으로 하는 거래의 경우에 한한다. 그런데 증권의 경우 실물결제를 하지만 장부상 기재에 의한 대체결제를 한다. 파생상품거래는 실물이 없는 상태로 대부분 차액결제방식으로 결제되고 있으므로 증권이나 현물상품의 인도가 행해지는 경우는 별로 없다.

Ⅲ. 청산의 절차

1. 거래확인

거래확인은 거래당사자 사이에 종목 · 가격 · 수량 · 결제일 · 거래상대방 등과 같은 거래조건을 확인하는 과정이다. 확인과정에서 거래조건의 오류가 발견되는 경우에는 그것을 수정하는 절차를 밟거나 거래를 취소하여야 한다. 구체적인 거래확인과정은 거래의 유형에 따라 다르다.

금융투자업자가 자기계산으로 하는 매매는 당사자인 금융투자업자가 거래를 확인함으로써 거래확인이 완료된다. 그러나 금융투자업자가 투자자의 위탁에 의하여 체결하는 위탁매매는 금융투자업자와 투자자간에도 체결통지 · 배분지시 · 거래확인 · 승인의 절차를 밟아야 한다.

거래소 거래에서는 매매가 체결된 시점에 거래를 자동적으로 확인하여 조회가 완료된 것으로 처리하는 이른바 'Locked-in-trade' 시스템을 취하고 있다.

2. 최종결제의무의 확정

최종결제의무의 확정이란 다수의 거래 주체 사이에 복잡하게 발생하는 채권 · 채무를 차감 등을 통하여 단순화하는 최종의 결제의무의 확정과정이다. 아래의 분류는 다음에 보는 결제방법의 분류에도 속한다.

(1) 전량결제

거래의 건별로 증권의 전량을 인도하고 대금의 전액을 지급하는 방식을 말한다. 결제가 일정 시점을 기다리지 않고 즉시 일어날 수 있기 때문에 위험을 최소화할 수 있다. 전량결제는 거래의 건수가 적고 자금의 규모가 큰 시장에 적합한 결제방식으로 주로 장외 채권매매거래에 이용된다.

(2) 차감결제

거래소 각 회원별로 매도증권과 매수증권 또는 매도대금과 매수금액을 각각 차감한 잔량이나 잔액만을 가지고 결제하는 방법이다. 복수의 당사자 사이에 존재하는 복수의 채권 · 채무를 차감함으로써 결제에 필요한 증권과 자금의 규모를 최소화하게 된다. 이렇게 결제규모를 감소시킴으로써 결제에 수반되는 비용과 위험을 최소화하는 측면이 있는 반면에 일정 기간의 결제수요를 일정 시점에 충족시킨다는 점에서 결제를 지연시키는 측면이 있다. 차감결제는 상대차감과 다자간차감으로 나누어 볼 수 있다.

거래소는 중앙청산소로서 회원에 대한 면책적 채무인수를 한 후 차감대상별로 거래소와 회원이 동일한 날에 동일한 종목에 대한 채무를 상호 부담하거나 대금채무를 상호 부담하는 경우에는 동일한 종목 간 및 대금 간에 차감한다(유가증권시장 업무규정 제74조 제1항). 위의 차감을 한 후에 남은 종목의 수량 및 대금의 금액을 거래소와 회원 간에 수수하는 결제증권 및 결제대금으로 확정한다. 결제회원은 결제위탁계약을 체결한 매매전문회원의 확정된 채권을 취득하고 채무를 부담하며, 당해 매매전문회원은 결제회원에 대하여 동일한 내용의 채권을 취득하고 채무를 부담한다(유가증권시장 업무규정 제74조 제3항).

(3) 중앙청산소

다자간차감의 불확실성을 피하기 위하여 고안된 것이 바로 중앙청산소(CCP)[558]이다. 중앙청산소란 모든 증권거래에서 투자자의 상대방이 되는 자를 말한다. 중앙청산소가 도입되면 모든 증권거래는 일반 당사자와 중앙청산소 사이의 거래로 전환되기 때문에 상대차감이 가능해 진다.

중앙청산소가 이미 금융투자상품거래 당사자간에 형성되어 있는 채권채무관계를 자신에게 집중시킬 수 있는 법적 수단으로는 첫째, 경개방식 둘째, 면책적 채무인수방식 셋째, 거래당사자방식의 세가지를 들 수 있다. 자본시장법에서는 "거래소는 증권시장 및 파생상품시장에서의 매매거래를 원활하게 하기 위하여 증권시장업무규정 및 파생상품시장업무규정이 정하는 바에 따라 회원을 대신하여 그 회원의 증권시장 또는 파생상품시장에서의 매매거래에 의한 채권 · 채무에 대하여 그 채권을 행사 또

558) 개념상으로 CCP는 청산의 한가지 방법에 지나지 않지만 흔히 청산을 CCP와 동일시 하기도 한다. 김건식 · 정순섭, 앞의 책, 609면.

는 취득하거나 그 채무를 이행 또는 인수할 수 있다."고 규정하여 면책적 채무인수구조를 취하고 있다(자법 제398조 제1항).[559] 이에 의할 때 잠재적인 매도인과 매수인인 청산회원은 청산기관인 중앙청산소와 청산서비스이용계약을 체결하는 시점에 면책적 채무인수구조에 대한 포괄적인 동의를 제공한 것으로 볼 수 있다.

3. 금융투자상품거래청산업

개정 자본시장법에서는 '금융투자상품거래청산업'을 신설하고 장외파생상품의 중앙청산소(CCP) 설치 근거를 마련하고 있다(자법 제9조 제25항). 여기서는 청산업 인가제를 도입하여 향후 다양한 형태의 청산서비스(장외파생상품, 증권대차, RP 등)가 제공될 수 있도록 하고 있다.[560] 또한 해당 거래의 채무불이행이 시장에 중대한 영향을 줄 우려가 있는 장외파생거래는 청산회사를 통한 청산을 의무화하고 있다(자법 제323조의2).[561]

Ⅳ. 결제의 법적 구조

1. 의의

결제란 계약의 이행행위를 말한다. 증권거래가 대량적 · 집단적 · 반복적으로 이루어지는 증권시장에서 결제의 원활화를 위해서 증권대체결제제도 등 여러 제도를 두고 있다. 청산도 결제의 원활을 위한 전초 단계라고 할 수 있다.

---

559) 유가증권시장 업무규정에서는 명백히 면책적 채무인수를 밝히고 있다.
유가증권시장 업무규정 제73조(면책적 채무인수)
① 거래소는 제72조의 2의 규정에 의하여 확인한 매매거래에 대하여 회원이 상대방인 회원에 부담하는 채무를 인수하고, 당해 회원은 거래소가 인수한 채무와 동일한 내용의 채무를 거래소에 부담한다.
② 제1항의 규정에 의하여 거래소에 채무를 이전한 회원은 이전하기 전에 상대방인 회원에 대하여 부담하는 채무를 면한다.

560) 무인가 청산영업행위는 금지되어"누구든지 이 법에 따른 금융투자상품거래청산업 인가(변경인가를 포함한다)를 받지 아니하고는 금융투자상품거래청산업을 영위하여서는 아니 된다."(자법 제323조의 2).

561) 부칙에 따라 현재 한국거래소가 청산 및 결제기관으로서 업무를 수행한다.

2. 결제방식

결제방식에는 차감유무에 따라 앞에서 본 전량결제와 차감결제로 나눌 수 있고, 반대매매의 허용유무에 따라 실물결제와 차금결제로 나눌 수 있다. 실물결제는 결제일 전 반대매매를 허용하지 않고 결제증권과 결제대금을 실제로 수수하는 결제방식이고, 차금결제는 청산거래나 선물거래 등에서 결제기일 전에 반대매매를 통하여 매매차금만을 수수하는 결제방식이다. 실물결제는 현물결제와 대체결제로 구분할 수 있다. 현물시장에서 차금결제는 거의 이용되지 않는다.

3. 수행주체

(1) 결제회원

시장에서 자기의 명의로 성립된 증권의 매매거래 또는 매매전문회원으로부터 결제를 위탁받은 증권의 매매거래에 대하여 자기의 명의로 결제를 하는 회원을 말한다.

(2) 결제내역의 통지

거래소는 확정된 결제내역 즉 결제증권 및 결제대금의 내역을 회원 및 한국예탁결제원에 통지한다(유가증권시장 업무규정 제75조 제1항).

(3) 거래소와 결제회원 간 증권 및 대금의 수수

결제회원은 통지받은 결제내역에 따라 증권 또는 대금을 예탁결제원의 결제업무규정에 의한 결제시한(16시)까지 거래소에 납부하여야 하고, 거래소는 결제시한 후 결제회원에게 지급한다(유가증권시장 업무규정 제75조-2 제1항).

거래소와 결제회원 간 증권 및 대금의 수수는 예탁결제원계좌와 결제회원계좌 간에 대체하는 방법으로 한다(유가증권시장 업무규정 제75조-2 제2항).

위에서 결제계좌를 통하여 결제회원과 증권 및 대금을 수수하는 것은 직접 거래소계좌를 통하여 결제회원과 증권 및 대금을 수수하는 것과 동일한 효력이 있는 것으로 한다(유가증권시장 업무규정 제75조-2 제3항).

이처럼 결제에 있어서 거래소가 당사자이면서 계좌는 예탁결제원계좌를 이용하는 특색이 있다.

(4) 결제의 불이행

특정회원이 결제를 이행하지 못하는 경우의 위험은 거래소가 부담한다. 자본시장법에서는 회원의 결제불이행이 있는 경우 거래소가 회원의 손해에 대한 배상책임을 지도록 하였다(자법 제399조 제1항). 업무규정상으로는 거래소가 회원의 채무를 면책적으로 인수하여 상대방 회원에 대한 채무자가 된 것으로 보기 때문에 거래소는 손해배상책임이 아닌 결제채무를 부담한다.

거래소는 결제회원이 매매거래의 결제를 이행하지 아니하거나 그 우려가 있다고 인정되는 경우에는, 일정한 기간을 정하거나 그 사유가 소멸될 때까지 다음의 어느 하나에 해당하는 조치를 하거나 당해 결제회원이 부담하는 채무인수를 하지 아니할 수 있다(유가증권시장 업무규정 제76조 제1항).

① 매매거래의 전부 또는 일부의 정지

② 당해 결제회원이 거래소로부터 수령할 예정인 증권의 전부 또는 일부나 현금의 전부 또는 일부의 지급정지

③ 그 밖에 세칙이 정하는 조치

4. 결제계좌

대개 실물이 없는 파생상품시장의 경우에는 거래소가 청산과 결제를 맡게 되므로 업무담당기관의 문제는 발생하지 않는다. 증권시장의 경우에 업무로서의 결제의 수행주체는 예탁결제원(전자등록기관)이다. 그런데 증권시장에서의 매매거래에 따른 채권·채무의 이행 및 종결절차로서의 '결제의 당사자'는 거래의 당사자인 청산기관(거래소)이라고 보아야 한다. 그러나 자본시장법에서 결제기관으로 예탁결제원을 명시하고 있고, 이를 반영하여 결제계좌명의와 관련해서 양 기관이 합의하여 "거래소시장에서의 결제를 위한 증권의 인·수도와 대금의 지급·수령은 거래소 계좌를 대신하여 예탁결제원 계좌를 통하여 이루어진다는 내용을 거래소 및 예탁결제원 규정에 명시한다."고 하였다.

자본시장법상 청산 · 결제기관

청산기관업무	결제기관업무
제378조 ① 증권시장 및 파생상품시장에서의 매매거래에 따른 매매확인, 채무인수, 차감, 결제증권 · 결제품목 · 결제금액의 확정, 결제이행보증, 결제불이행에 따른 처리 및 결제지시업무는 청산기관으로서 거래소가 수행한다.	제297조(증권시장 결제기관) 증권시장에서의 매매거래에 따른 증권인도 및 대금지급 업무는 결제기관으로서 전자등록기관이 수행한다. 제378조 ② 파생상품시장에서의 품목인도 및 대금지급업무는 결제기관으로서 거래소가 수행한다.

제7편

증권감독기관과 관계기관

제1장 증권감독기관

Ⅰ. 금융위원회

1. 의의

「금융위원회 설치 등에 관한 법률」(금융위원회법)에 따르면 “금융정책, 외국환업무 취급기관의 건전성 감독 및 금융감독에 관한 업무를 수행하게 하기 위하여 국무총리 소속하에 금융위원회를 둔다.”고 규정하고 있다(금융위원회법 제3조 제1항).[562]

금융위원회와 금융감독원의 설치는 금융산업의 선진화와 금융시장의 안정을 도모하고 건전한 신용질서와 공정한 금융거래관행을 확립하며 예금자 및 투자자 등 금융수요자를 보호함으로써 국민경제의 발전에 기여함을 목적으로 한다(금융위원회법 제1조).

2. 업무

(1) 금융위원회법상 업무

1) 금융위원회의 소관사무

금융위원회의 소관사무는 다음과 같다(금융위원회법 제17조).

① 금융에 관한 정책 및 제도에 관한 사항

② 금융기관 감독 및 검사·제재에 관한 사항

③ 금융기관의 설립, 합병, 전환, 영업 양수·도 및 경영 등의 인·허가에 관한 사항

④ 자본시장의 관리·감독 및 감시 등에 관한 사항

---

562) 금융위원회는 대통령에 의해 임명되는 임명직 위원 5인과 당연직 위원 4인을 포함한 9인의 위원으로 구성된다(금융위원회법 제4조 제1항, 제2항, 제3항). 당연직 위원은 기획재정부 차관, 금융감독원 원장, 예금보험공사 사장, 한국은행 부총재 등 4인이다(금융위원회법 제4조 제1항).

⑤ 금융중심지의 조성 · 발전에 관한 사항
⑥ ①부터 ⑤까지의 사항에 관련된 법령 및 규정의 제 · 개정 및 폐지에 관한 사항
⑦ 금융 및 외국환업무취급기관의 건전성 감독에 관한 양자 · 다자간 협상 및 국제 협력에 관한 사항
⑧ 외국환업무취급기관의 건전성 감독에 관한 사항
⑨ 그 밖에 다른 법령에서 금융위원회의 소관으로 규정된 사항

2) 금융감독원에 대한 지도 · 감독

금융위원회는 이 법과 다른 법령이 규정하는 바에 따라 금융감독원의 업무 · 운영 · 관리에 대한 지도 · 감독을 하며, 다음의 사항을 심의 · 의결한다(금융위원회법 제18조).

① 금융감독원의 정관변경에 대한 승인
② 금융감독원의 예산 및 결산 승인
③ 기타 금융감독원을 지도 · 감독하기 위하여 필요한 사항

(2) 자본시장법상 업무

1) 감독

금융위원회는 투자자를 보호하고 건전한 거래질서를 유지하기 위하여 금융투자업자가 이 법 또는 이 법에 따른 명령이나 처분을 적절히 준수하는지 여부를 감독하여야 한다(자법 제415조).

2) 금융위원회의 조치명령권

금융위원회는 투자자를 보호하고 건전한 거래질서를 유지하기 위하여 금융투자업자에게 다음의 사항에 관하여 필요한 조치를 명할 수 있다. 다만, ⑦의 장내파생상품의 거래규모의 제한에 관한 사항에 관하여는 위탁자에게도 필요한 조치를 명할 수 있다(자법 제416조).

① 금융투자업자의 고유재산 운용에 관한 사항
② 투자자 재산의 보관 · 관리에 관한 사항
③ 금융투자업자의 경영 및 업무개선에 관한 사항
④ 각종 공시에 관한 사항

⑤ 영업의 질서유지에 관한 사항
⑥ 영업방법에 관한 사항
⑦ 장내파생상품 및 장외파생상품의 거래규모의 제한에 관한 사항
⑧ 그 밖에 투자자 보호 또는 건전한 거래질서를 위하여 필요한 사항으로서 대통령령으로 정하는 사항

3) 승인사항

금융투자업자는 다음의 어느 하나에 해당하는 행위(겸영금융투자업자의 경우에는 ④부터 ⑦까지에 한한다)를 하고자 하는 경우에는 금융위원회의 승인을 받아야 한다(자법 제417조 제1항).

① 합병, 분할 또는 분할합병
② 주식의 포괄적 교환 또는 이전
③ 해산
④ 자본시장법 제6조 제1항 제1호부터 제3호까지 및 제6호의 어느 하나에 해당하는 금융투자업 전부(이에 준하는 경우를 포함한다)의 양도 또는 양수
⑤ 자본시장법법 제6조 제1항 제4호 및 제5호의 어느 하나에 해당하는 금융투자업 전부(이에 준하는 경우를 포함한다)의 양도 또는 양수
⑥ 자본시장법법 제6조 제1항 제1호부터 제3호까지 및 제6호의 어느 하나에 해당하는 금융투자업 전부(이에 준하는 경우를 포함한다)의 폐지
⑦ 자본시장법법 제6조 제1항 제4호 및 제5호의 어느 하나에 해당하는 금융투자업 전부(이에 준하는 경우를 포함한다)의 폐지
⑧ 그 밖에 투자자 보호 또는 채권자 보호 등을 위하여 필요한 사항으로서 대통령령으로 정하는 행위[563]

금융위원회는 위의 승인을 한 경우 그 내용을 관보 및 인터넷 홈페이지 등에 공고하여야 한다(자법 제417조 제2항).

4) 보고사항

금융투자업자는 상호를 변경한 경우 등 일정한 경우에는 대통령령으로 정하는 방법에 따라 그 사실을 금융위원회에 보고하여야 한다(자법 제418조).

---

563) 자본금감소를 말한다(자령 제370조 제1항).

Ⅱ. 증권선물위원회

1. 금융위원회법상 업무와 권한

다음의 업무를 수행하기 위하여 금융위원회에 증권선물위원회를 둔다(금융위원회법 제19조).[564)]

① 자본시장의 불공정거래 조사
② 기업회계의 기준 및 회계감리에 관한 업무
③ 금융위원회 소관사무 중 자본시장의 관리 · 감독 및 감시 등과 관련된 주요사항에 대한 사전심의
④ 자본시장의 관리 · 감독 및 감시 등을 위하여 금융위원회로부터 위임받은 업무
⑤ 기타 다른 법령에서 증권선물위원회에 부여된 업무

2. 자본시장법상 권한

자본시장법상 증권선물위원회는 주로 내부자거래 또는 시세조종행위 등 불공정거래행위의 단속에 관한 권한을 가진다.

구체적으로 내부자의 단기매매차익의 발생 사실을 알게 된 경우 그 법인에 통보할 권한(자법 제172조), 불공정거래 조사권한(자법 제427조), 금융위원회 권한 중 중요한 사항의 사전 심의(자법 제439조), 금융위원회가 위임한 사항(자법 제438조 제2항), 그리고 불공정행위를 사전에 차단하기 위해 공시토록 하고 있는 상장법인 임원 및 주요주주의 주식소유상황 보고 접수 및 비치의 권한(자법 제173조 제2항) 등을 가진다.

3. 「주식회사의 외부감사에 관한 법」상의 권한

「주식회사의 외부감사에 관한 법」상 증권선물위원회는 감사인지정(외감법 제4조의 3), 회계처리기준 심의(외감법 제13조 제1항), 회계감리업무(외감법 제15조), 감사

---

564) 증권선물위원회는 5인의 위원으로 구성되어 있으며, 위원장은 금융위원회 부위원장이 겸임한다(금융위원회법 제20조 제1항, 제2항).

인 등에 대한 등록취소 등의 조치권(외감법 제16조) 등에 관한 권한을 가진다.

Ⅲ. 금융감독원

1. 업무

금융위원회 또는 증권선물위원회의 지도 · 감독을 받아 금융기관에 대한 검사 · 감독업무 등을 수행하기 위하여 금융감독원을 설립한다(금융위원회법 제24조 제1항).

금융감독원은 이 법과 다른 법령이 규정하는 바에 따라 다음의 업무를 수행한다(금융위원회법 제37조).

① 금융위원회법 제38조 각 호의 기관의 업무 및 재산상황에 대한 검사

② 위의 검사결과에 따른 이 법과 다른 법령의 규정에 의한 제재

③ 금융위원회 및 소속기관에 대한 업무지원

④ 기타 이 법과 다른 법령에서 금융감독원이 수행하도록 하는 업무

2. 자료의 제출요구 등

금융감독원장은 금융위원회법 제38조 각 호의 기관 또는 다른 법령의 규정에 의하여 금융감독원에 검사가 위탁된 대상기관에 대하여 업무수행상 필요하다고 인정하는 때에는 그 기관에 대하여 업무 또는 재산에 관한 보고, 자료의 제출, 관계자의 출석 및 진술을 요구할 수 있다(금융위원회법 제40조 제1항).

3. 감독에 따른 규제

(1) 시정명령 및 징계요구

금융감독원장은 금융위원회법 제38조 각 호에 해당하는 기관의 임 · 직원이 다음에 해당하는 경우에는 당해 기관의 장에게 이를 시정하게 하거나 당해 직원의 징계를 요구할 수 있다(금융위원회법 제41조 제1항).

① 이 법 또는 이 법에 의한 규정 · 명령 또는 지시를 위반한 경우
② 이 법에 의하여 원장이 요구하는 보고서 또는 자료를 허위로 작성하거나 그 제출을 태만히 한 경우
③ 이 법에 의한 금융감독원의 감독과 검사업무의 수행을 거부 · 방해 또는 기피한 경우
④ 원장의 시정명령이나 징계요구에 대한 이행을 태만히 한 경우

(2) 임원의 해임권고 등

금융감독원장은 금융위원회법 제38조 각 호에 해당하는 기관의 임원이 이 법 또는 이 법에 의한 규정 · 명령 또는 지시를 고의로 위반한 때에는 당해 임원의 해임을 임면권자에게 권고할 수 있으며, 당해 임원의 업무집행의 정지를 명할 것을 금융위원회에 건의할 수 있다(금융위원회법 제42조).

(3) 영업정지 등

금융감독원장은 금융위원회법 제38조 각 호의 기관이 이 법 또는 이 법에 의한 규정 · 명령 또는 지시를 계속 위반하여 위법 또는 불건전한 방법으로 영업하는 경우에는 금융위원회에 다음을 명할 것을 건의할 수 있다(금융위원회법 제42조).
① 당해 기관의 위법행위 또는 비행의 중지
② 6월의 범위내에서의 업무의 전부 또는 일부 정지

4. 금융분쟁의 조정

종전에 한국은행과 증권감독원, 보험감독원에 각각 관련 분쟁조정위원회가 설치되어 있었는데, 금융감독기관이 통합됨에 따라 각 금융감독기관에 속해 있던 분쟁조정기관도 통합되어 금융감독원에 금융분쟁조정위원회가 설치되었다.

조정위원회는 심사대상기관과 예금자 등 금융수요자 기타 이해관계인 사이에 발생하는 금융관련분쟁의 조정에 관한 사항을 심의 · 의결하는 기구이다(금융위원회법 제51조).

이때 분쟁당사자가 조정위원회의 조정안을 수락한 경우, 당해 조정안은 재판상의 화해와 동일한 효력을 가진다(금융위원회법 제55조). 그러나 금융감독원장의 합의권고에 의해 당사자가 합의하는 경우에는 계약의 효력만이 발생하게 된다.

제2장 금융투자업 관계기관

제1절 한국금융투자협회

Ⅰ. 설립

1. 목적

회원 상호간의 업무질서 유지 및 공정한 거래를 확립하고 투자자를 보호하며 금융투자업의 건전한 발전을 위하여 한국금융투자협회를 설립한다(자법 제283조 제1항). 협회는 회원조직으로서의 법인으로 한다(자법 제283조 제2항).

종래 증권거래법하에서는 증권업협회, 자산운용협회 및 선물협회 등과 같이 복수의 자율규제기관이 필요하였으나, 자본시장법에서는 기능별규율체제를 도입하고 금융투자업의 겸영이 허용됨에 따라 자율규제기관을 한국금융투자협회로 통합하였다.

2. 회원

협회의 회원이 될 수 있는 자는 금융투자업자, 그 밖에 금융투자업과 관련된 업무를 영위하는 자로서 대통령령으로 정하는 자[565]로 한다(자법 제285조 제1항).

협회가 아닌 자는 "금융투자협회", "증권협회", "선물협회", "자산운용협회" 또는 이와 유사한 명칭을 사용하여서는 아니 된다(자법 제284조).

565) 대통령령으로 정하는 자란 다음과 같은 자를 말한다(자령 제306조)
   1. 일반사무관리회사
   2. 집합투자기구평가회사
   3. 채권평가회사

Ⅱ. 업무

1. 업무의 범위

협회는 정관이 정하는 바에 따라 다음의 업무를 행한다. 협회는 각 업무를 행함에 있어 ①, ② 및 ④의 업무가 다른 업무와 독립적으로 운영되도록 하여야 하며, 이를 위하여 별도의 조직을 갖추어야 한다(자법 제286조 제1항, 제2항).

① 회원 간의 건전한 영업질서 유지 및 투자자 보호를 위한 자율규제업무

② 회원의 영업행위와 관련된 분쟁의 자율조정에 관한 업무

③ 다음의 주요직무 종사자의 등록 및 관리에 관한 업무

가. 투자권유자문인력

나. 조사분석인력

다. 투자운용인력

라. 그 밖에 투자자 보호 또는 건전한 거래질서를 위하여 대통령령으로 정하는 주요직무 종사자

④ 금융투자업자가 다음의 어느 하나에 해당하는 장외파생상품을 신규로 취급하는 경우 그 사전심의업무

가. 기초자산이 자본시장법 제4조 제10항 제4호 또는 제5호에 해당하는 장외파생상품

나. 일반투자자를 대상으로 하는 장외파생상품

⑤ 증권시장에 상장되지 아니한 주권의 장외매매거래에 관한 업무

⑥ 금융투자업 관련제도의 조사 · 연구에 관한 업무

⑦ 투자자 교육 및 이를 위한 재단의 설립 · 운영에 관한 업무

⑧ 금융투자업 관련 연수업무

⑨ 자본시장법 또는 다른 법령에 따라 위탁받은 업무

⑩ ①부터 ⑨까지의 업무 외에 대통령령으로 정하는 업무

⑪ ①부터 ⑩까지의 업무에 부수되는 업무

2. 분쟁의 자율조정

협회는 분쟁의 자율조정을 위하여 필요한 분쟁조정규정을 정한다(자법 제288조 제1항). 협회는 분쟁의 조정을 위하여 필요하다고 인정되는 경우에는 당사자에 대하여 사실의 확인 또는 자료의 제출 등을 요구할 수 있으며, 협회는 당사자, 그 밖의 이해관계인의 의견을 들을 필요가 있다고 인정되는 경우에는 이들에게 회의에 출석하여 의견을 진술할 것을 요청할 수 있다.

Ⅲ. 감독

협회는 업무에 관한 규정을 제정 · 변경하거나 폐지한 경우에는 지체 없이 금융위원회에 이를 보고하여야 한다(자법 제290조).

금융감독원장의 금융투자업자에 대한 검사권을 규정한 자본시장법 제419조(제2항부터 제4항까지 및 제8항을 제외한다)는 협회에 대한 검사에 관하여 준용한다(자법 제292조).

금융위원회는 협회에 대한 업무정지 등의 조치(자법 제293조 제1항), 협회의 임원에 대한 해임 등의 조치를 할 수 있다(자법 제293조 제2항).

제2절 한국예탁결제원

Ⅰ. 서설

한국예탁결제원은 "증권 등의 집중예탁과 계좌간 대체, 매매거래에 따른 결제업무 및 유통의 원활을 위하여" 설립되었다(자법 제294조 제1항). 예탁결제원은 법인으로 한다(자법 제294조 제2항).

그 연혁을 보면 1973년 증권거래법상 증권대체결제제도의 근거 규정(증권거래법 제127조의 2)이 신설되고, 1974년부터 주식회사로서 한국증권대체결제주식회사가 유가증권의 예탁 · 결제업무를 증권거래소의 위임에 의하여 수행하여 왔다. 이후 1994년 개정 증권거래법상 유가증권의 집중예탁과 계좌간 대체 및 유통의 원활을 목적으로 하는 특수법인으로서 증권예탁결제원이 설립되었으며, 증권예탁원은 2004년 개정된 증권거래법상 증권예탁결제원으로 명칭이 변경되었고, 자본시장법상 한국예탁결제원으로 다시 명칭이 바뀌게 되었다.[566)]

한국예탁결제원의 법적 성격은 자본시장법에 의하여 설립된 특수법인으로 본다(자법 제294조 제2항). 또한 한국예탁결제원이 아닌 자는 예탁결제업무 등을 영위할 수 없도록 규정함으로써, 단일한 중앙예탁결제기관으로서의 지위를 명확히 하고 있다(자법 제298조).

이후 주식 · 사채 등의 전자등록에 관한 법률이 시행되게 됨으로써 한국예탁결제원은 증권의 예탁기관으로서의 의미보다는 전자등록기관으로서의 지위가 강해지게 되었다.

관련사항 증권예탁결제제도의 개요

- 투자자는 증권을 예탁자(법인으로 한정 – 예탁결제원에 계좌를 개설한 자)에게 예탁 → 예탁결제원에 재예탁하는 예탁자는 투자자계좌부 작성(기재시 예탁결제원에 예탁된 것으로 본다) → 예탁결제원에 재예탁 → 예탁자계좌부 작성[568)]
- 예탁의 강제: 투자매매업자 · 투자중개업자가 보관하는 투자자 소유의 증권(자법 제75조), 금융투자업자가 고유재산운용에 따라 소유하는 증권(자법 제61조), 투자자계좌부 작성시(자법 제310조)[569)]

566) 자본시장법의 규율대상이 "증권"에서 "증권 등"으로 확대됨에 따라 증권 이외의 원화표시 양도성예금서(CD)와 기업어음(CP) 등의 금융상품도 예탁대상증권으로 취급할 수 있게 되었기 때문에 상호에서 증권을 제외하게 되었다.

567) 이후의 권리이전은 증권의 실물을 이동함이 없이 계좌부상의 대체기재만으로 이루어진다. 권리행사도 계좌부의 기재를 기초로 이루어지며, 반환시에는 증권자체가 아니라 예탁된 증권과 동종 · 동량의 증권을 반환한다.

568) 투자자로부터 예탁받은 증권 등을 예탁결제원에 다시 예탁하는 예탁자는 투자자계좌부를 작성하여야 한다(자법 제310조). 이전에는 금융투자업자가 반환청구에 대비하기 위해 일정량은 자체보관이 가능했지만 1997년 이래 예탁이 강제되었다.

Ⅱ. 업무

1. 의의

(1) 고유업무

예탁결제원은 그 목적을 달성하기 위하여 고유업무로서 다음의 업무를 행한다(자법 제296조 제1항).

① 증권 등의 집중예탁업무

② 증권 등의 계좌간 대체업무

③ 증권시장 밖에서의 증권 등의 매매거래(다자간매매체결회사에서의 증권의 매매거래는 제외한다)에 따른 증권 등의 인도와 대금의 지급에 관한 업무

④ 예탁결제원과 유사한 업무를 영위하는 외국 법인(외국예탁결제기관)과의 계좌설정을 통한 증권 등의 예탁, 계좌간 대체 및 매매거래에 따른 증권 등의 인도와 대금의 지급에 관한 업무

여기서 ③은 다자간매매체결회사를 포함한 증권시장에서의 매매거래에 따른 결제업무를 제외한 그 외 장외시장, 예컨대 금융투자협회가 운영하는 K-OTC, 자본시장법 제78조에 의한 전자증권중개회사에서의 매매거래 및 투자중개업자와 투자자 또는 기관투자자간의 매매거래 등의 결제를 말한다.

주식을 자국 외에서 상장하는 경우에는 원주상장과 주식예탁증권상장(DR) 방식이 이용된다. 원주상장은 다시 외국주식의 실물주권을 상장국가에서 직접 유통시키는 방식과 중앙예탁결제기관간의 업무제휴에 의한 상장으로 구분된다. 후자는 상장국가의 중앙예탁결제기관이 본국의 중앙예탁결제기관에 상장국가의 중앙예탁결제기관 명의의 계좌를 개설하여 주권은 본국 중앙예탁결제기관에 보관하고, 상장국가에서는 계좌간 대체의 방식에 의하는 것이다. ④는 바로 이 중앙예탁결기관간의 업무제휴에 의한 예탁결제업무를 말한다.

(2) 부수업무

한국예탁결제원은 정관에서 정하는 바에 따라 고유업무에 부수하는 업무로서 다음의 업무를 행한다(자법 제296조 제2항).

① 증권 등의 보호예수업무
② 예탁증권 등의 담보관리에 관한 업무
③ 자본시장법 제80조에 따라 집합투자업자 · 투자일임업자와 집합투자재산을 보관 · 관리하는 신탁업자 등 사이에서 이루어지는 집합투자재산의 취득 · 처분 등에 관한 지시 등을 처리하는 업무[569)]
④ 그 밖에 금융위원회로부터 승인을 받은 업무

관련사항 **보호예수**

증권의 소유자가 임의로 보관을 의뢰하는 일반보호예수(증권의 안전 보관이 주목적)와 유가증권의 수급 안정 및 거래의 공정성 확보를 위하여 관련규정에 따라 의무적으로 보관을 의뢰하는 의무보호예수가 있다. 예탁결제원이 수행하는 보호예수업무는 대부분 법령에서 보호예수가 강제된 의무보호예수이다. 보호예수기간이 만료되면 동종의 증권 실물을 반환받은 것으로서, 분리보관 및 단독소유권이 인정된다. 보호예수의 경우 예탁결제원은 증권을 종목별로 혼합보관하지 않고 그 의뢰인별로 분리 보관한다.

(3) 겸영업무

한국예탁결제원은 정관에서 정하는 바에 따라 다음의 겸영업무를 영위할 수 있다(자법 제296조 제2항).

① 다음 각 목의 어느 하나에 해당하는 업무. 이 경우 이 법 또는 다른 법률에서 인가 · 허가 · 등록 · 신고 등이 필요한 경우에는 인가 · 허가 등을 받거나 등록 · 신고 등을 하여야 한다.
  가. 증권의 명의개서대행업무
  나. 증권대차의 중개 또는 주선업무
  다. 그 밖에 금융위원회의 승인을 받은 업무
② 이 법 또는 다른 법령에서 예탁결제원의 업무로 규정한 업무
③ 그 밖에 금융위원회로부터 승인을 받은 업무

---

569) 한국예탁결제원은 2004년 펀드넷(FundNet)이라는 표준화 · 자동화된 전산시스템의 구축을 통해 이 업무를 수행하고 있다. 이를 통해 집합투자증권은 예탁결제원에 집중예탁되고, 집합투자재산으로 운용되는 증권은 위 시스템 내에서 집합투자기구별로 구분관리 및 결제되도록 하고 있다.

2. 집중예탁제도[570)]

(1) 고객의 예탁

1) 임의예탁 · 의무예탁

증권의 보유자는 본인의 의사에 따라 금융투자업자 · 은행 · 보험회사 · 일정한 기관투자자 · 외국예탁결제기관 · 외국금융기관 등 보관기관에 증권을 예탁할 수 있다. 투자자의 예탁은 본인의 의사 여부에 따르는 임의적인 것이다. 대주주나 기관투자자는 증권을 예탁하지 않고 개인 또는 회사금고에 보관하기도 한다.

그러나 증권의 보유자가 거래소에서 매매거래를 하기 위해서는 의무적으로 증권을 예탁결제원에 집중예탁하여야 한다.

2) 예탁의 강제

예탁자는 자기가 소유하고 있는 증권 등과 투자자로부터 예탁받은 증권 등을 투자자의 동의를 얻어 예탁결제원에 예탁할 수 있다(자법 제309조 제2항). 즉 임의예탁이 가능하다. 그러나 다음의 경우에는 예탁결제원에의 예탁이 강제된다.

(가) 투자자 예탁증권의 예탁

투자매매업자 또는 투자중개업자는 금융투자상품의 매매, 그 밖의 거래에 따라 보관하게 되는 투자자 소유의 증권(대통령령으로 정하는 것을 포함한다)을 예탁결제원에 지체 없이 예탁하여야 한다. 다만, 투자자가 소유한 증권이 외화증권인 경우로서 대통령령으로 정하는 경우에는 예탁결제원에 예탁하지 아니할 수 있다(자법 제75조).

(나) 소유증권의 예탁

금융투자업자는 그 고유재산을 운용함에 따라 소유하는 증권을 예탁결제원에 지체 없이 예탁하여야 한다. 다만, 투자자가 소유한 증권이 외화증권인 경우로서 대통령령으로 정하는 경우에는 예탁결제원에 예탁하지 아니할 수 있다(자법 제61조).[571)]

---

570) 실물이 발행되지 않는 전자등록된 주식 등의 경우에 예탁은 의미가 없다.

571) 의무예탁이 면제되는 되는 것은 자본시장법 또는 법 시행령이나 다른 법령에 따라 해당 증권을 예탁결제원에 예탁할 수 있는 증권 또는 증서로 발행할 수 없는 경우, 발행인이 투자자와 해당 증권을 예탁결제원에 예탁할 수 있는 증권 또는 증서로 발행하지 않을 것을 발행조건 등에 따라 약정한 경우, 외화증권을 예탁결제원이 지정한 외국보관기관에 지정할 수 없어 금융위원회가 고시하는 외국보관기관에 예탁하는 경우 및 그 밖에 증권의 성격이나 권리의 내용

(다) 투자자계좌부에 기재한 경우

투자자로부터 예탁받은 증권 등을 예탁결제원에 다시 예탁하는 예탁자는 투자자계좌부를 작성하여야 하는데, 투자자가 예탁한 증권 등을 예탁결제원에 다시 예탁하는 예탁자가 투자자계좌부에 기재한 때에도 지체 없이 이를 예탁결제원에 예탁하여야 한다(자법 제310조 제2항)

3) 예탁가능한 증권

예탁결제원에 예탁가능한 증권은 대체가능성이 있으면 된다. 자본시장법상의 증권과 동일할 필요는 없다. 이에 대하여 "예탁대상증권 등"이라는 용어를 사용하며 이는 예탁결제원이 지정하게 된다(자법 제308조). 예탁결제원은 주식, 사채 등 전형적인 증권 외에 어음과 같은 사법상의 유가증권도 예탁대상증권에 포함시키고 있다.

4) 투자자계좌부의 작성

집중예탁제도는 증권의 원소유자 · 예탁자(중간보관기관) · 중앙예탁기관 등 3자간의 계좌에 의하여 이루어지는데, 예탁자가 고객으로부터 예탁받은 증권을 예탁결제원에 재예탁하려면 ① 투자자의 성명 및 주소 ② 예탁유가증권의 종류 및 수와 그 발행인의 명칭 ③ 기타 총리령이 정하는 사항 등을 기재한 투자자계좌부를 작성 · 비치하여야 한다(자법 제310조 제1항).

투자자가 예탁한 증권을 투자자계좌부에 기재한 때에는 지체 없이 이를 예탁결제원에 예탁해야 하며(자법 제310조 제2항), 예탁자는 증권을 예탁결제원에 재예탁할 때까지는 자기소유분과 구분하여 보관하여야 한다(자법 제310조 제3항). 투자자계좌부에 기재된 증권 등은 그 기재를 한 때에 예탁결제원에 예탁된 것으로 본다(자법 제310조 제4항).

(2) 예탁자의 예탁결제원에의 재예탁

1) 예탁자

예탁자는 예탁결제원에 계좌를 개설한 자로 현재 금융투자업자 · 은행 · 보험회사 · 일정한 기관투자자 · 외국예탁결제기관 · 외국금융기관 등이 예탁결제원에 계좌

등을 고려할 때 예탁이 부적합한 경우로서, 투자계약증권, 집합투자증권을 제외한 합자회사, 유한책임회사, 합자조합, 익명조합의 출자지분이 표시된 것 및 만기가 3일 이내인 어음이다(자법 시행령 63조 2항 및 자법 시행규칙 7조의 2).

를 개설할 수 있는 예탁자로 되어 있다. 즉 법인만 예탁자 자격을 가진다.

우리사주조합에 우선 배정되어 조합원이 취득하는 주식에 대해서는 증권금융회사가 우리사주조합으로부터 일괄 예탁받아 예탁결제원에 계좌를 개설하여 예탁하게 되는 것으로서, 증권금융회사가 예탁자의 지위를 가지게 된다.

2) 예탁자계좌부의 기재사항 및 구분

예탁결제원은 다음의 사항을 기재하여 예탁자계좌부를 작성 · 비치하되, 예탁자의 자기소유분과 투자자예탁분이 구분될 수 있도록 하여야 한다(자법 제309조 제3항).

① 예탁자의 명칭 및 주소

② 예탁받은 증권의 종류 및 수와 그 발행인의 명칭

③ 그 밖에 총리령이 정하는 사항

(3) 계좌부 기재의 효력

투자자계좌부와 예탁자계좌부에 기재된 자는 각각 그 증권 등을 점유하는 것으로 본다(자법 제311조 제1항). 따라서 주권의 점유자로서 적법한 소지인으로 추정된다.

투자자계좌부 또는 예탁자계좌부에 증권 등의 양도를 목적으로 계좌 간 대체의 기재를 하거나 질권설정을 목적으로 질물인 뜻과 질권자를 기재한 경우에는 증권 등의 교부가 있었던 것으로 본다(자법 제311조 제2항).

예탁증권 등의 신탁은 「신탁법」 제3조 제2항[572]에 불구하고 예탁자계좌부 또는 투자자계좌부에 신탁재산인 뜻을 기재함으로써 제삼자에게 대항할 수 있다(자법 제311조 제3항).

---

572) 「신탁법」 제3조 (신탁의 공시) ② 유가증권에 관하여는 신탁은 대통령령의 정하는 바에 의하여 증권에 신탁재산인 사실을 표시하고 주권과 사채권에 관하여는 또한 주주명부 또는 사채원부에 신탁재산인 사실을 기재함으로써 제삼자에게 대항할 수 있다.

참조판례

"증권거래법 제174조의 3 제1항, 제2항의 규정은 고객의 증권회사 또는 대체결제회사에 대한 관계를 규율하기 위한 것이지 고객의 발행회사에 대한 관계를 규율하기 위한 규정으로 볼 수 없고, 같은 법 제174조의 8 제1항, 제2항이 대체결제회사의 통지와 발행회사의 실질주주명부 기재를 요건으로 하여 주식의 명의개서의 효력을 인정하고 있는 점들을 종합하여 볼 때, 증권회사의 고객계좌부나 대체결제회사의 예탁자계좌부에 한 기재만으로 주식의 명의개서와 동일한 효력을 인정할 수는 없는 법리이므로, 타인 명의로 주식을 매입한 경우 단순히 증권회사의 고객계좌부나 대체결제회사의 예탁자계좌부에 한 기재만으로 구 상속세 및 증여세법 제41조의 2 제1항에서 요구하는 주식의 명의개서의 효력이 있다고 할 수 없다."(대법원 2007.2.8. 선고 2005두10200 판결).

3. 예탁의 종류

(1) 일반예탁

일반예탁은 예탁자가 고객으로부터 예탁받은 증권이나 자기 소유증권을 예탁결제원에 예탁하는 통상의 실물예탁방식이다.

(2) 의제예탁

투자자계좌부에 기재된 증권은 실물증권이 아직 예탁결제원에 예탁되지 않더라도 그 기재시에 예탁결제원에 예탁된 것으로 본다(자법 제310조 제4항). 이에 따라 투자자는 투자자계좌부에 기재된 것만으로도 예탁결제원에 예탁된 것으로 보아, 그 투자자가 증권을 점유하는 것으로 간주하고, 이에 따른 공유지분을 가지는 것으로 추정하게 된다.

의제예탁은 증권의 도난 · 분실시에 투자자 보호를 위한 것으로 예탁자와 예탁결제원의 연대보전의무를 인정한다(자법 제313조 제1항).

(3) 권리예탁

권리예탁은 신규발행주식의 예탁으로서, 예탁주식의 권리행사로 새로 발행되는 주식(신주발행 · 무상증자 · 주식배당 등)은 ① 예탁결제원이 예탁자계좌부에 권리예탁으로 기재하고 ② 당해 예탁자에게 통지하고 ③ 실질주주에게 배정되어 발행되는 주권의 명의는 예탁결제원명의로 일괄발행되며[573] ④ 이를 예탁결제원이 일괄수령하여

573) 주주명부에 기재된 주주의 경우는 그 명의로 신주가 발행될 것이다. 전자증권법에 의할 때 유

예탁자계좌부에 권리예탁에서 증권예탁으로 계정대체하여 예탁처리하고 ⑤ 당해 예탁자에게 통지한다. 신주인수인은 주금납입 다음날부터 주주로서의 지위를 취득한다. 이때 일괄예탁에 의하면 주권발행 전에도 예탁자계좌부에 기재함으로써 예탁된 것으로 간주할 수 있다.

(4) 증권의 일괄예탁

예탁자 또는 그의 투자자가 증권 등을 인수 또는 청약하거나 기타의 사유로 새로이 증권 등의 발행을 청구하는 경우에 당해 증권 등의 발행인은 예탁자 또는 그의 투자자의 신청에 의하여 이들에 갈음하여 예탁결제원을 명의인으로 하여 당해 증권 등을 발행할 수 있다(자법 제309조 제5항).[574)]

이는 증권발행비용의 절감과 집중예탁의 효율을 높이기 위하여 청약자의 사전신청이 있는 경우에는 예탁결제원명의로 주권을 일괄 발행하는 것이다. 이때 주식이나 채권의 경우에는 전자등록법에 따른 전자등록의 방법으로 실물의 발행을 피할 수 있다. 전자등록된 주식에 대한 예탁결제원 명의로의 명의개서는 인정되지 않는다.

4. 증권예탁의 법적 성질

(1) 혼합보관

예탁결제원은 예탁자가 예탁한 증권을 다른 예탁자가 예탁한 증권과 분리하지 않고 종류 · 종목별로 혼합하여 보관할 수 있고(자법 제309조 제4항), 혼합보관에 의하여 예탁유가증권에 대한 고객이나 예탁자의 단독소유권이 소멸되고 공유지분권으로 변경된다(자법 제312조 제1항).

예탁결제원은 혼합보관된 예탁증권의 권리의 이전 · 변경 · 소멸 등을 계좌부상 계좌대체방식에 의하여 관리하게 된다.

이 예탁은 혼장임치와 위임의 혼합계약의 성질을 가진다.

(2) 혼장임치

증권예탁은 대체물의 임치에 있어서 수치인이 임치된 물건과 동종 · 동질의 다른

통제한등록을 하게 된다. 이때 발행인과 예탁결제원이 유통일을 정하게 된다.

574) 전자등록된 주식에 대한 예탁결제원 명의로의 명의개서는 인정되지 않는다.

임치물과 혼합하여 보관하고, 반환할 때에는 임치된 것과 동량을 반환하면 된다는 특약이 있는 임치이다.

(3) 위임

예탁결제원은 증권에 관한 사무처리의 수임인으로서 위임인인 예탁자 또는 투자자를 위하여 위임사무를 처리하는 것이다.

5. 예탁증권의 반환

(1) 반환청구권자

예탁자의 투자자나 그 질권자는 예탁자에 대하여, 예탁자는 예탁결제원에 대하여 언제든지 공유지분에 해당하는 예탁증권 등의 반환을 청구할 수 있다. 이 경우 질권의 목적으로 되어 있는 예탁증권 등에 대하여는 질권자의 동의가 있어야 한다(자법 제312조 제2항).

(2) 반환의 제한

예탁결제원은 예탁자의 파산 · 해산, 그 밖에 대통령령으로 정하는 사유[575]가 발생한 경우 총리령으로 정하는 기준 및 방법에 따라 예탁증권 등 중 투자자 예탁분의 반환 또는 계좌 간 대체를 제한할 수 있다(자법 제312조 제3항).

6. 예탁증권 등의 연대보전의무

예탁증권 등이 부족하게 된 경우에는 예탁결제원 및 예탁자가 연대하여 이를 보전하여야 한다. 이 경우 예탁결제원 및 예탁자는 그 부족에 대한 책임이 있는 자에 대하여 구상권을 행사할 수 있다(자법 제313조 제1항, 시행령 제315조 제2항).

예탁자와 투자자는 예탁결제원에 혼장임치된 예탁증권 등에 대하여 공유지분을 가지게 된다. 그러므로 예탁증권 등이 부족하게 된 경우 부족이 발생한 예탁증권 등을

---

575) 다음 각 호의 어느 하나에 해당하는 사유를 말한다(자령 제314조).
1. 예탁자에 대한 인가 · 허가 · 등록 등의 취소 또는 업무의 정지
2. 예탁자의 파산 · 해산 또는 제1호에 준하는 경우

소유하는 모든 공유자의 지분은 비례적으로 줄어들게 된다. 이때 발생한 손실을 투자자에게만 감당하게 할 경우 예탁제도의 운영에 상당한 걸림돌로 작용할 우려가 있다. 따라서 예탁증권 등의 부족이 발생하면, 과실 유무를 묻지 않고 예탁결제원과 투자자를 가지고 있는 예탁자 즉, 투자자계좌부를 작성 · 비치할 의무가 있는 예탁자가 연대하여 이를 보전하도록 하는 무과실연대책임을 인정하게 되었다.

7. 대체결제제도

예탁결제원을 통하여 증권대체결제가 이루어지는데, 이는 유가증권의 매매거래에 있어서 투자자 · 증권회사 · 금융기관 등이 소유하는 유가증권을 미리 일정한 기관에 예탁함으로써 매매거래 등에 따른 유가증권의 수수를 실물의 교부에 의하지 않고, 미리 설정한 예탁기관의 계좌 사이에서 대체함으로써(장부상의 기재) 결제를 완료하는 제도이다. 이에 의하여 증권소유자는 실물보관에 따른 분실 · 도난 등 사고를 예방할 수 있고, 증권시장 전체로서는 실물이동 없는 계좌간 이체에 의하여 결제가 신속 · 정확하고 증권거래의 안정성과 유동성이 높아지게 된다.

증권 등의 전자등록제의 시행으로 증권 등은 실물 발행없이 전자등록기관의 전자등록부에 등록되며 주식의 양도는 전자등록계좌의 대체등록이 되어야 효력이 발생한다(전자증권법 제35조 제2항). 전자등록계좌는 자본시장법상 예탁자계좌부, 투자자계좌부와 같은 의미를 가지는 것으로 대체결제의 취지는 동일하다고 하겠다.

* 주식 등의 전자등록[576)][577)]

주식 · 사채 등의 전자등록에 관한 법률 시행령이 2019.9.16.부터 시행되게 되었다. 이에 따라 주식 · 사채 등을 전자적으로 등록해 상장주식 등 증권의 발행 · 유통

---

576) 상법 제356조의 2(주식의 전자등록)
① 회사는 주권을 발행하는 대신 정관에서 정하는 바에 따라 전자등록기관(유가증권 등의 전자등록 업무를 취급하도록 지정된 기관을 말한다)의 전자등록부에 주식을 등록할 수 있다.
② 전자등록부에 등록된 주식의 양도나 입질은 전자등록부에 등록하여야 효력이 발생한다.
③ 전자등록부에 주식을 등록한 자는 그 등록된 주식에 대한 권리를 적법하게 보유한 것으로 추정하며, 이러한 전자등록부를 선의로, 그리고 중대한 과실 없이 신뢰하고 제2항의 등록에 따라 권리를 취득한 자는 그 권리를 적법하게 취득한다.
④ 전자등록의 절차 · 방법 및 효과, 전자등록기관의 지정 · 감독 등 주식의 전자등록에 관하여 필요한 사항은 대통령령으로 정한다.

577) 2016. 3. 22. "주식 · 사채 등의 전자등록에 관한 법률"이 제정되었다. 이 법의 시행으로 공사채등록법은 폐지되게 되었다.

및 권리행사가 전면 실물없이 이루어지게 되었다. 이전에 주식 · 사채를 실물증권으로 발행하면서 유통과정에서 위험이 따를 뿐 아니라 불투명한 음성적 거래가 만연하였다. 주식의 전자등록을 도입한 것은 주식을 전자적으로 발행 · 유통할 수 있도록 하여 이용자의 편의를 도모하고 자본시장이 투명하도록 하기 위한 것이다.[578)]

주식의 전자등록에 의할 때 회사는 주권을 발행하는 대신 정관에서 정하는 바에 따라 전자등록기관의 전자등록부에 주식을 등록할 수 있다(상법 제356조의 2 제1항).[579)] 전자등록은 발행인이나 권리자가 단독으로 신청하게 된다(전자증권법 제30조 제1항).[580)] 전자등록부에 등록된 주식의 양도나 입질은 전자등록부에 등록하여야 효력이 발생한다(전자증권법 제35조 제2항, 제3항).[581)][582)] 이는 전자등록에 대하여 주권의 교부와 같은 효력을 인정하는 것이다.

전자등록계좌부에 등록된 경우 적법하게 증권상 권리를 갖는 것으로 추정하며(전자증권법 제35조 제1항), 이러한 전자등록부를 선의로 중대한 과실 없이 전자등록계좌부의 권리 내용을 신뢰하고 소유자 또는 질권자로 전자등록된 자는 해당 전자등록주식 등에 대한 권리를 적법하게 취득한다(전자증권법 제35조 제5항).

전자등록제도는 전자등록 당사자 및 구성, 업무, 계좌간 대체 절차, 결제 시스템 등 절차법적 측면이 강하다. 이는 시행령에 위임되고 있다.

회사가 전자등록기관의 전자등록부를 전자주주명부(상법 제352조의 2)로 이용한다면, 상법상 기명주식의 명의개서, 약식질, 명의개서대리인, 주주명부의 폐쇄 등의 규정은 적용될 여지가 없고, 또한 실질주주와 명의주주는 언제나 일치하게 되어 실질주주와 명의주주의 불일치에서 발생하는 문제는 없게 된다.[583)]

---

578) 사채의 경우도 같은 취지로 전자등록제도를 도입하고 있다(상법 제478소 제3항).

579) 발행인은 전자등록의 방법으로 주식 등을 새로 발행하거나 이미 주권 등이 발행된 주식 등을 권리자에게 보유하게 하거나 취득하게 하려는 경우에 신규 전자등록을 신청할 수 있다(전자증권법 제25조).

580) 전자등록 신청을 받은 전자등록기관 또는 계좌관리기관은 지체 없이 전자등록계좌부에 해당 전자등록주식 등의 계좌간 대체의 전자등록을 하여야 한다(전자증권법 제30조 제2항).

581) 양도하는 경우에는 계좌간 대체의 전자등록을 하게 된다.

582) 기준일상의 실질주주와 명의주주가 일치하게 되며, 때문에 주주명부폐쇄의 절차가 필요하지 않게 된다.

583) 현행 규정상으로는 엄연히 구분되지만 전자등록기관이 발행회사에게 주주명세를 통보하여 주주명부를 작성하는 것보다는 전자등록기관이 주주명부를 작성하여 이를 발행회사에 통보하는 것이 효율적이고 간명하다는 주장도 있다. 실제 2007년 상법개정안에는 전자등록부를 주주명부로 본다는 규정이 있었다(개정안 356조의 2 제1항).

관련사항

- 전자주주명부: 회사가 관리하고 회사에 대한 효력이 중심이 된다.
- 전자등록부:전자등록기관이 관리하고 제3자에 대한 효력이 중심이 된다. 회사는 주주명부와 달리 법률상 근거없이 그 기록 내용을 볼 수 없다.
- 고객계좌: 권리자가 되려는 자는 계좌관리기관에 고객계좌를 개설하여야 한다(위탁계좌의 의미). 고객계좌는 금융투자업자가 만들어 준다.
- 고객계좌부: 계좌관리기관은 권리자별로 고객계좌부를 작성하여야 한다(투자자계좌부에 대비).
- 계좌관리기관: 금융투자업자 등이다. 고객계좌부에 따른 주식 등의 전자등록에 관한 업무 등을 행한다.
- 고객관리계좌부: 계좌관리기관은 전자등록기관에 고객관리계좌를 개설하여야 하고, 전자등록기관은 계좌관리기관별로 고객관리계좌부를 작성하여야 한다(위탁자계좌부에 대비). 계좌관리기관은 고객계좌부에 전자등록된 전자등록주식 등의 총수량 또는 총금액을 관리한다.
- 자기계좌(부): 계좌관리기관 등이 전자등록주식 등의 권리자가 되려는 경우에 개설, 작성한다.
- 전자등록계좌: 전자등록되는 고객계좌나 계좌관리기관 등의 자기계좌(투자자계좌부에 대비). 주식의 양도는 전자등록계좌간 대체로 이루어진다.
- 발행인관리계좌: 주식 등을 전자등록의 방법으로 새로 발행하거나 기존 주식을 변경하려는 자는 전자등록기관에 발행인관리계좌를 개설하여야 한다.

관련사항 **전자등록 의무화 대상증권(상장주식 등)**

증권			시행 당시 전환방법
의무화 대상증권	사채권 및 무기명 증권을 제외한 의무화 대상 증권(상장주식)		시행 당시 일괄 전환
	사채권 및 무기명증권	예탁분	시행 당시 일괄 전환
		미예탁분	공사채 등록법에 따라 등록 발행된 경우에 한해 소유자 신청을 받아 전환
의무화 대상 외 증권	사채권을 제외한 예탁증권(예탁비상장주식)		발행인의 신청에 따라 전환

전자등록의 적용대상은 주식 · 사채 등 대부분의 증권이다. 양도성예금증서, 은행법 · 금융지주회사법상 조건부자본증권, 주식워런트증권(ELW), 국내증권예탁증권(KDR)도 적용대상이 된다.

상장증권[585] 등은 시행 후에는 실물없이 전자등록 방식으로만 발행할 수 있고, 전자등록이 된 후에는 실물발행이 금지되며, 이를 위반하여 발행되면 그 효력이 인정되지 않는다.[586] 비상장주식과 같은 의무화 대상 외의 증권은 발행인이 신청하면 전자등록이 된다. 신청하지 않을 경우에 현행 실물의 유효성은 유지된다.

전자증권법에 따르면 발행회사가 전자등록기관에 소유자명세의 작성을 요청하여 이를 통지받아 주주명부 등을 작성하게 된다.[587] 권리자는 전자등록기관의 소유자명세를 기초로 작성되는 주주명부 등을 통해 권리를 행사할 수 있고, 전자등록기관의 소유자증명서[588]를 통해서도 개별적으로 권리를 행사할 수 있다.

Ⅲ. 예탁결제원의 권리행사

1. 예탁자 또는 고객의 신청

예탁주권에 대한 권리행사는 발행회사가 작성하는 실질주주명부에 기재된 실질주주가 직접 행사하는 것이 원칙이지만, 예탁결제원은 예탁자 또는 투자자의 신청에 의하여 예탁증권 등에 관한 권리를 행사할 수 있다(자법 제314조 제1항).

그러나 예탁결제원은 예탁증권 등에 대하여 자기명의로 명의개서를 청구할 수 있는데(자법 제314조 제2항),[588] 자기명의로 명의개서된 주권에 대하여 주권불소지, 주주명부, 주권에 관하여 실질주주의 신청이 없는 경우에도 주주로서 권리를 행사할 수 있다(자법 제314조 제3항).

2. 의결권의 행사

구 자본시장법상 예탁결제원의 명의로 명의개서된 주권을 소유하고 있는 주주가 주주총회일의 5일전까지 예탁결제원에 그 의결권의 직접행사 · 대리행사 또는 불행사의 뜻을 표시하지 아니하는 경우에는 예탁결제원이 그 의결권을 행사할 수 있다(자법 제314조 제5항)고 하였으며, 예탁결제원의 의결권행사에 대하여 구 시행령에

---

584) K-OTC는 해당되지 않는다.

585) 이미 주권 등이 발행된 주식 등의 신규 전자등록에 따른 조치(전자증권법 제27조) ① 발행인이 이미 주권 등이 발행된 주식 등의 신규 전자등록을 신청하는 경우에는 신규 전자등록을 하려는 날(기준일)의 직전 영업일을 말일로 1개월 이상의 기간을 정하여 다음 각 호의 사항을 공고하고, 주주명부 등에 권리자로 기재되어 있는 자에게 그 사항을 통지하여야 한다.
1. 기준일부터 주권 등이 그 효력을 잃는다는 뜻
2. 권리자는 기준일의 직전 영업일까지 발행인에게 주식 등이 전자등록되는 고객계좌 또는 계좌관리기관 등 자기계좌(전자등록계좌)를 통지하고 주권 등을 제출하여야 한다는 뜻
3. 발행인은 기준일의 직전 영업일에 주주명부 등에 기재된 권리자를 기준으로 전자등록기관에 신규 전자등록의 신청을 한다는 뜻

586) 기준일을 정한 경우 등과 시행령에 따를 때 발행회사는 분기별(3개월)로 전자등록주식 등의 소유자를 파악하려는 경우에 소유자명세 작성을 요청할 수 있게 되어 회사의 주주 상황을 좀 더 빨리 파악할 수 있게 되었다(전자증권법 제37조). 이는 M&A 등에 대응이 용이해졌다는 의미가 있다.

587) 전자등록기관은 전자등록주식 등의 소유자가 자신의 권리를 행사하기 위하여 소유자증명서의 발행을 신청하는 경우에는 이를 발행하여야 한다. 소유자는 계좌관리기관을 통하여 신청하여야 한다(전자증권법 제39조 제1항).

588) 전자등록된 주식에 대한 예탁결제원 명의로의 명의개서는 인정되지 않는다.

서는 중립적 의결권행사제도(Shadow Voting)에 대하여 규정하고 있었다.

개정 자본시장법에서는 위에서 언급한 의결권행사에 관한 조항을 삭제하였으며, 또한 상장기업 주주총회의 내실 있는 운영을 위하여 주주총회활성화의 장애요인으로 작용하던 예탁결제원의 중립적 의결권행사제도를 2015년부터 폐지하기로 하였다(자법 제314조).[589] 결과적으로 예탁결제원의 의결권행사는 인정되지 않으며, 이는 주주총회성립을 지원하기 위한 중립적 의결권행사제도가 경영진에 의한 남용으로 주주총회 활성화의 장애요인이 되어 온 점, 2010년부터 전자투표제가 시행된 점 등을 종합적으로 감안한 것이다.

3. 조건부자본증권에 대한 권리행사

조건부자본증권은 사채의 발행 당시 객관적이고 합리적인 기준에 따라 미리 정한 사유가 발생하는 경우 주식으로 전환되는 조건이 붙은 전환형조건부자본증권과 그 사채의 상환과 이자지급의무가 감면된다는 조건이 붙은 상각형조건부자본증권으로 구분된다(자법 제165조의 11, 자령 제176조의 12, 13).

구 자본시장법에서는 조건부자본증권에 대해 전환형의 경우에는 주식전환사유, 상각형의 경우에는 채무재조정사유가 발생하였을 경우 이를 예탁결제원에 지체 없이 통지 하도록 하여 예탁결제원이 관련 업무를 준비할 수 있도록 하였으나(자법 제165조의 11 제8항, 자령 제317조의2 제1항), 이 조항도 삭제되었다.

4. 실기주의 권리행사

종래 예탁결제원은 실기주에 대하여 권리가 배정될 경우에 민법 제734조의 사무관리인으로서 권리행사를 하여왔다. 자본시장법에서는 예탁결제원이 실기주와 실기주과실을 관리할 수 있는 근거를 마련하고 있다. 예탁결제원은 예탁자를 통하여 투자자에게 반환된 후 투자자의 명의로 명의개서가 되지 않은 예탁결제원 명의의 주권의 권리행사에 따라 발행인으로부터 주권을 수령한 경우 그 주권 중 수령일부터 1년이 지난 주권은 금융투자협회를 통한 장외매매거래의 방법으로 매각하여 현금으로 관리할 수 있다. 다만, 협회를 통한 주권의 장외매매거래가 불가능한 경우 등 금융위원회

---

589) 집합투자업자와 달리 예탁결제원에 대하여 유예기간을 주었으며, 추가적으로 주주총회성립의 어려움 등을 감안하여, 전자투표의 도입과 전주주대상 위임장권유제도 시행을 조건으로 3년간 이를 더 유예하였다.

가 정하여 고시하는 경우에는 그 주식의 수령일부터 1년이 지나지 않은 경우에도 증권시장 등을 통하여 이를 매각할 수 있다(자령 제317조의 2).

Ⅳ. 실질주주제도

1. 의의

실질주주는 예탁결제원에 주권을 예탁한 자로서 실질주주명부에 주소와 성명이 개재된 자이다. 실질주주가 아닌 주주, 즉 주주명부에 등재된 주주를 명부주주라고 부른다. 예탁결제원은 예탁증권 등에 대하여 자기명의로 명의개서 또는 등록을 청구할 수 있는데(자법 제314조 제2항), 예탁에 의하여 예탁결제원 명의로 명의개서된 주식의 실질적인 소유자가 실질주주이다. 자본시장법에서는 “예탁증권 등 중 주식의 공유자”라고 하며, 주주로서의 권리행사에 있어서는 각각 자본시장법 제312조 제1항에 따른 공유지분에 상당하는 주식을 가지는 것으로 본다(자법 제315조 제1항).

2. 실질주주의 인식

실질주주에게 권리행사의 기회를 제공하기 위해서는 발행인이 누가 실질주주인가를 인식하여야 한다. 그런데 주주명부상으로는 예탁결제원이 주주로 등재되어 있으므로 주주명부를 가지고는 실질주주를 파악할 수 없다. 매일 주주의 변동은 무수히 일어나므로 실질주주를 파악하기 위하여 실질주주명부를 작성하게 되는데, 실질주주명부는 집단적 권리행사를 위한 주주명부폐쇄나 기준일 설정시에만 작성한다.

3. 실질주주명부의 작성절차

실질주주명부의 작성[590)]을 위한 절차를 보면 다음과 같다.

---

590) 전자증권법에 의할 때 소유자명세를 작성하게 된다. 소유자명세에 기초하여 주주명부를 작성하게 되는데, 기준일을 정한 경우 등과 시행령에 따를 때 발행회사는 분기별(3개월)로 전자등록주식 등의 소유자를 파악하려는 경우에 소유자명세 작성을 요청할 수 있게 되어 회사의 주주 상황을 좀 더 빨리 파악할 수 있게 되었다(전자증권법 제37조).

첫째, 예탁증권 등 중 주권의 발행인은 주주권을 행사할 자를 정하기 위하여 주주명부를 폐쇄하거나 기준일을 정한 때에는 예탁결제원에 지체 없이 통지하여야 한다(자법 제315조 제3항).

둘째, 고객인 실질주주는 예탁자가 작성한 고객계좌부에만 나타나기 때문에 예탁결제원은 발행인에 실질주주를 통지해 주기 위하여, 예탁자에 대해 실질주주에 관한 사항을 통보해 줄 것을 요청할 수 있으며, 이에 따라 예탁자는 지체 없이 통보하여야 한다(자법 제315조 제4항).

셋째, 예탁결제원은 폐쇄기간의 초일 또는 기준일의 실질주주에 관하여 다음의 사항을 지체 없이 주권의 발행인 또는 명의개서대행회사에 통지하여야 한다(자법 제315조 제3항 후단).

① 성명 및 주소

② 실질주주가 갖는 공유지분에 상당하는 주식의 종류와 수

넷째, 예탁결제원으로부터 실질주주에 관한 사항을 통지받은 발행인은(또는 명의개서를 대행하는 회사) 그 통지를 받은 사항과 통지 연월일를 기재하여 실질주주명부를 작성·비치하여야 한다(자법 제316조 제1항).

관련사항

- 발행인(주주명부폐쇄나 기준일 설정시) → 통지 → 예탁결제원
- 예탁결제원 → 예탁자에게 실질주주에 대한 통보요청 → 예탁결제원에 통보
- 예탁결제원 → 발행자나 명의개서대리인에게 실질주주 통지 → 실질주주명부 작성(발행인 + 명의개서대행인)

4. 실질주주명부 기재의 효과

실질주주명부에의 기재는 주주명부에의 기재와 동일한 효력을 가진다(자법 제316조 제2항). 따라서 주주명부의 효력인 대항력, 자격수여적 효력, 면책적 효력 등이 인정된다.

5. 주식수의 합산

발행인 또는 명의개서를 대리하는 회사는 주주명부에 주주로 기재된 자와 실질주주명부에 실질주주로 기재된 자가 동일인이라고 인정되는 때에는 주주로서의 권리행

사에 있어서 주주명부의 주식수와 실질주주명부의 주식수를 합산하여야 한다(자법 제316조 제3항).

6. 실질주주명부의 비치

실질주주명부는 발행인의 본점 또는 명의개서대행회사의 영업소에 비치하여야 한다.

7. 실질주주의 권리행사

자본시장법은 실질주주제도를 도입하고 상장법인의 실질주주명부작성을 의무화하여 상법이 요구하는 명의개서절차를 거치지 않고 고객이 주주권을 행사할 수 있는 길을 열어 놓고 있다.

실질주주는 주주로서의 권리행사를 함에 있어서 각각 고객계좌부에 기재된 예탁유가증권에 대한 공유지분에 상당하는 주식을 가지는 것으로 보므로, 의결권 · 신주인수권 · 이익배당청구권 등 상법상의 공익권과 자익권을 가진다. 그러나 자본시장법 제314조 제3항의 주권불소지, 주주명부, 주권에 관한 권리는 행사할 수 없다. 다만, 회사의 주주에 대한 통지 및 상법 제396조 제2항에 따른 주주명부의 열람 또는 등사청구에 대하여는 그 권리를 행사할 수 있다.[591]

또한 주주명부에의 등재를 전제로 하는 주주총회소집권, 대표소송제기권, 이사의 위법행위유지청구권, 위법한 신주발행유지청구권 등은 여전히 예탁자를 통하여 예탁결제원으로부터 주권을 반환받아 발행회사에 명의개서를 청구하여 주주명부상 주주로 등재된 후에만 행사할 수 있다.

위와 같은 불합리를 피하기 위하여 자본시장법에서는 실질주주증명서제도[592]를 도입하고 있다. 예탁결제원은 예탁자 또는 그 투자자가 주주로서의 권리를 행사하기 위하여 증권 등의 예탁을 증명하는 문서(실질주주증명서)의 발행을 신청하는 경우에는 총리령으로 정하는 방법에 따라 이를 발행하여야 하며, 이 경우 투자자의 신청은 예탁자를 거쳐야 한다(자법 제318조 제1항). 예탁자 또는 그 투자자가 실질주주증명서를 발행인에게 제출한 경우에는 주식이전의 대항요건에 관한 상법 제337조 제1항

591) 여기서 주주명부열람신청에 실질주주명부는 포함되지 않는다.
592) 전자증권법에서는 소유자증명서제도로 규정하고 있다(전자증권법 제39조).

에 불구하고 발행인에게 대항할 수 있다(자법 제318조 제3항).

실질주주증명서는 행사하고자 하는 주주권의 내용과 행사기간을 적시하여 발행하기 때문에 증명서에 따른 주주권의 행사목적과 기간에 제한을 받는다.

제3절 금융투자상품거래청산회사

1. 의의

자본시장법에서는 '금융투자상품거래청산업'[593]을 신설하고 제6편 제2장의 2 금융투자상품거래청산회사에 관한 장을 두어 장외파생상품의 중앙청산소(CCP) 설치 근거를 마련하고 있다.[594]

여기서는 금융투자상품거래청산업 인가제를 도입하여 향후 다양한 형태의 청산서비스(장외파생상품, 증권대차, RP 등)가 제공될 수 있도록 하고 있다. 또한 장외파생거래 등의 결제불이행 위험을 축소하기 위한 글로벌시장에서의 노력을 국내에 수용하기 위하여 금융투자업자의 채무불이행이 국내 자본시장에 중대한 영향을 줄 우려가 있는 장외파생상품의 매매 등에 대해서는 금융투자상품거래청산회사에서 의무적으로 청산하도록 하고 있다.

자본시장법에 따를 때 증권시장 및 파생상품시장에서의 매매거래(다자간매매체결회사에서의 거래를 포함)에 따른 청산업무는 청산기관으로서 금융위원회가 지정하는 거래소가 수행하며, 파생상품시장에서의 결제업무는 결제기관으로서 금융위원회가 지정하는 거래소가 수행한다(자법 제378조). 부칙에 따르면 한국거래소에 대해서 금융위원회가 청산기관 및 결제기관으로 지정한 것으로 본다(부칙 제15조 제3항).

따라서 위 조항에 따를 때 금융투자상품거래청산회사는 증권시장 및 파생상품시장에서의 매매거래 및 다자간매매체결회사에서의 거래를 제외한 거래, 즉 장외거래를 대상으로 한 청산만을 담당할 수 있다.

---

593) 금융투자상품거래청산업이란 금융투자상품거래청산회사가 금융투자업자, 그 밖에 대통령령으로 정하는 자(청산대상업자)를 상대방으로 하여, 청산대상업자가 대통령령으로 정하는 금융투자상품의 거래(청산대상거래)를 함에 따라 발생하는 채무를 채무인수, 경개, 그 밖의 방법으로 부담하는 것을 영업으로 하는 것을 말한다(자법 제9조 제25항).

594) 자본시장법 개정이 되면서 IRS 등 청산의무거래 대상인 장외파생상품 CCP는 한국거래소(KRX)에 인가하였다.

2. 금융투자상품거래청산업의 인가

금융투자상품거래청산업을 영위하려는 자는 청산대상거래 및 청산대상업자를 구성요소로 하여 청산업 인가업무 단위의 전부나 일부를 선택하여 금융위원회로부터 하나의 금융투자상품거래청산업인가를 받아야 한다(자법 제323조의 3 제1항).

금융투자상품거래청산업인가를 받으려는 자는 "청산업 인가업무 단위별로 200억원 이상으로서 대통령령으로 정하는 금액 이상의 자기자본을 갖출 것"등 인가요건을 모두 갖추어야 한다(자법 제323조의 3 제2항).

금융투자상품거래청산회사는 인가받은 청산업 인가업무 단위 외에 다른 청산업 인가업무 단위를 추가하여 금융투자상품거래청산업을 영위하려는 경우에는 금융위원회의 변경인가를 받아야 한다. 이 경우 예비인가에 관한 자본시장법 제323조의 5를 적용한다(자법 제323조의 7 제2항).

3. 무인가 청산영업행위 금지

누구든지 금융투자상품거래청산업인가(변경인가를 포함한다)를 받지 아니하고는 금융투자상품거래청산업을 영위하여서는 아니 된다(자법 제323조의 2).

유사한 명칭의 사용도 금지되어, 금융투자상품거래청산회사가 아닌 자는 "금융투자상품거래청산", "금융투자상품청산", "증권거래청산", "증권청산", "파생상품거래청산", "파생상품청산" 또는 이와 유사한 명칭을 사용하여서는 아니 된다(자법 제323조의 8).

4. 금융투자상품거래청산회사의 업무

금융투자상품거래청산회사는 정관으로 정하는 바에 따라 다음의 업무를 행한다(자법 제323조의 10 제1항).

① 청산대상거래의 확인업무
② 청산대상거래에 따른 채무의 채무인수, 경개, 그 밖의 방법에 따른 채무부담업무
③ 청산대상거래에서 발생하는 다수의 채권 및 채무에 대한 차감업무
④ 결제목적물 · 결제금액의 확정 및 결제기관에 대한 결제지시업무
⑤ 결제불이행에 따른 처리업무

⑥ ①부터 ⑤까지의 규정에 따른 업무에 수반되는 부수업무로서 금융위원회로부터 승인을 받은 업무

금융투자상품거래청산회사는 위의 업무 외에 다른 업무를 할 수 없다. 다만, 다음의 어느 하나에 해당하는 경우에는 그러하지 아니하다(자법 제323조의 10 제2항).

① 자본시장법 또는 다른 법령에서 금융투자상품거래청산회사의 업무로 규정한 업무를 행하는 경우

② 자본시장법 또는 다른 법률에서 정하는 바에 따라 거래소, 그 밖에 대통령령으로 정하는 금융투자업관계기관이 금융투자상품거래청산업무를 하는 경우

5. 주식소유의 제한

누구든지 다음의 어느 하나에 해당하는 경우를 제외하고는 금융투자상품거래청산회사의 의결권 있는 발행주식총수의 100분의 20을 초과하여 금융투자상품거래청산회사가 발행한 주식을 소유할 수 없다. 이 경우 거래소 주식소유 제한에 관한 제406조 제2항부터 제4항까지 및 제407조(이행강제금)를 준용한다(자법 제323조의 18).

① 정부가 소유하는 경우

② 그 밖에 대통령령으로 정하는 바에 따라 금융위원회의 승인을 받은 경우

6. 장외거래의 청산

금융투자업자는 거래상대방과 장외파생상품의 매매, 그 밖에 그 거래에 따른 채무의 불이행이 국내 자본시장에 중대한 영향을 줄 우려가 있는 장외거래를 하는 경우, 이는 청산의무거래에 속하는 것으로서 금융투자상품거래청산회사, 그 밖에 이에 준하는 자로서 대통령령으로 정하는 자에게 청산의무거래에 따른 자기와 거래상대방의 채무를 채무인수, 경개, 그 밖의 방법으로 부담하게 하여야 한다(자법 제166조의 3).

제4절 증권금융회사

증권금융회사는 금융투자상품의 매도 · 매수 등과 관련하여 투자매매업자 또는 투자중개업자에 대하여 필요한 자금 또는 증권의 대여 등을 하는 것으로서, 금융위원회의 인가를 받고 증권금융업무를 영위할 수 있다(자법 제323조의 21). 다만, 투자자 보호 및 건전한 거래질서를 해할 우려가 없는 경우로서 대통령령으로 정하는 경우[595]는 예외로 한다.

증권금융업무를 영위하려는 자는 금융위원회의 인가를 받아야 하며, 인가를 받으려는 자는 500억원의 이상의 자기자본의 요건 등을 갖추어야 한다(자법 제324조 제2항).

제5절 신용평가회사

개정 자본시장법에서는 금융투자상품 등에 대하여 공정한 신용평가를 함으로써 보다 신뢰성 있는 투자자 보호가 이루어지도록 신용평가회사에 관한 규제를 현행 「신용정보의 보호 및 이용에 관한 법률」에서 자본시장법으로 이관하면서 신용평가회사의 평가방법 및 신용평가서 등의 투자자에 대한 공시의무를 확대하고 있다.

무인가 신용평가는 금지되어, 누구든지 신용평가업인가를 받지 아니하고는 신용평가업을 영위하여서는 아니 된다. 다만, 투자자 보호 및 건전한 거래질서를 해할 우려가 없는 경우로서 대통령령으로 정하는 경우를 제외한다(자법 제335조의 2).

신용평가업인가를 받으려는 자는 "50억원 이상의 자기자본을 갖출 것" 등 인가요건을 모두 갖추어야 한다(자법 제335조의 3 제2항).

595) 자본시장법 제326조 제1항 제1호 또는 제3호에 해당하는 업무를 영위하는 경우를 말한다(자령 제318조의 12).

제6절 명의개서대행회사

Ⅰ. 상법상 명의개서대리인

발행인만이 주주명부의 작성, 주주에 대한 통보업무를 수행할 수 있다면 이로 인한 업무처리절차가 복잡해지므로 명의개서대리인제도가 필요하다. 상법에서는 정관이 정하는 바에 따라 명의개서대리인을 둘 수 있도록 하였다(상법 제337조).

Ⅱ. 자본시장법상 명의개서대리인

1. 의의

거래소 상장예정회사 또는 금융투자협회 K-OTC 예정회사는 상장예비심사 또는 상장신청시 명의개서대행계약서를 제출하여야 한다(유가증권시장상장규정세칙 제20조 및 제22조, 코스닥시장상장규정세칙 제3조 제2항, 장외주식의 호가중개에 관한 규정 제3조 제3호).[596] 이처럼 상장요건으로서 명의개서대행계약의 체결이 요구됨으로써 상장법인은 의무적으로 명의개서대리인을 두게 된다.

실질적으로 상장기업의 경우 주식이 대량으로 발행되고 그 분산도가 높아 발행인이 스스로 명의개서업무를 수행하기에는 어려움이 있으므로 명의개서대리인을 두게 된다. 또한 명의개서대리인제도는 통일규격증권용지의 사용을 통하여 증권의 위·변조를 방지하고, 발행회사의 가장납입과 주식초과발행을 방지하는 역할도 한다.

2. 명의개서대행회사의 등록

증권의 명의개서를 대행하는 업무를 영위하려는 자는 금융위원회에 등록하여야 한다(자법 제365조 제1항).

596) 유가증권 상장규정 제32조 제1항 제15호와 코스닥 상장규정 제6조 제1항 제10호는 삭제되었다.

등록을 하려는 자는 다음의 요건을 모두 갖추어야 한다(자법 제365조 제2항).

① 예탁결제원 또는 전국적인 점포망을 갖춘 은행일 것

② 전산설비 등 대통령령으로 정하는 물적 설비를 갖출 것

③ 대통령령으로 정하는 이해상충방지체계를 구축하고 있을 것

다만, 한국예탁결제원의 경우에는 자본시장법에 따라 증권의 명의개서대행업무를 법상 겸영업무로서 당연히 취급하므로(자법 제296조 제6호), 명의개서대행업무의 영위를 위하여 별도로 금융위원회에 등록할 필요는 없다.

명의개서대행회사는 등록 이후 그 영업을 영위함에 있어서 위의 각 등록요건을 계속 유지하여야 한다(자법 제365조 제8항). 만약 이를 충족하지 못하는 경우에는 금융위원회는 그 등록을 취소할 수 있다.

현재 명의개서대행회사의 자격을 가진 자는 하나은행, 국민은행, 한국예탁결제원이다.

3. 명의개서대행회사의 부수업무

명의개서대행회사는 명의개서대행업무 외에 증권발행회사와의 계약에 기하여 증권의 배당 · 이자 및 상환금의 지급을 대행하는 업무와 증권의 발행을 대행하는 업무를 영위할 수 있다(자법 제366조).

여기서 증권의 배당지급을 대행하는 업무는 주식의 현금배당금 및 주식배당의 지급을 대행하는 업무를 말하며, 증권의 이자지급업무는 채권 이자의 지급을 대행하는 업무를 말한다. 그리고 증권의 상환금지급업무는 채권 또는 수익증권 등의 원금의 상환을 대행하는 업무를 말한다.

4. 발행인과 명의개서대리인의 관계

발행인과 명의개서대리인의 관계는 위임관계로 명의개서대리인은 선량한 관리자의 주의의무로 명의개서대행업무을 수행하여야 한다.

5. 명의개서의 효력발생시기

발행회사가 명의개서대리인을 둔 경우 명의개서대리인이 취득자의 성명과 주소를

기명주식의 경우에는 주주명부에, 기명식 채권의 경우에는 사채원부에 기재한 때에 명의개서한 것으로 본다.

제7절 기타 회사

1. 종합금융회사

종합금융회사는 기업에 대한 종합적인 금융지원을 원활하게 하기 위하여 설립된 회사로서 금융위원회의 인가를 받아 업무를 행할 수 있다. 종합금융회사의 주요업무는 ① 1년 이내에 만기가 도래하는 어음의 발행 · 할인 · 매매 · 중개 · 인수 및 보증 ② 설비 또는 운전자금의 투융자 ③ 증권의 인수 · 매출 또는 모집 · 매출의 중개 · 주선 · 대리 ④ 외자도입, 해외 투자, 그 밖의 국제금융의 주선과 외자의 차입 및 전대 ⑤ 채권의 발행 ⑥ 기업의 경영 상담과 기업인수 또는 합병 등에 관한 용역 ⑦ 지급보증 ⑧ 위의 업무에 부수되는 업무로서 대통령령으로 정하는 업무이다(자법 제336조 제1항).

종합금융회사는 위의 업무 외에 다음의 어느 하나에 해당하는 업무를 이 법 또는 해당 법률이 정하는 바에 따라 인가 · 허가 · 등록 등을 받아 영위할 수 있다(자법 제336조 제2항). ① 「여신전문금융업법」에 따른 시설대여업무 ② 집합투자업(투자신탁의 설정 · 해지 및 투자신탁재산의 운용업무에 한한다) ③ 금전신탁 외의 신탁업 ④ 증권을 대상으로 하는 투자매매업 및 투자중개업(증권의 인수 · 매출 또는 모집 · 매출의 중개 · 주선 · 대리에 관한 업무는 제외한다) ⑤ 「외국환거래법」에 따른 외국환업무 ⑥ 그 밖에 위의 업무와 관련된 업무로서 대통령령으로 정하는 업무

2. 자금중개회사

자금중개회사는 금융기관 등 간 자금거래의 중개업무를 영위하는 것으로 금융위원회의 인가를 받아야 한다. 자금중개회사의 인가를 받기 위해서는 20억원 이상의 자기자본 등 인가요건을 갖추어야 한다(자법 제355조 제2항).

자금중개회사의 주요 업무로는 금융기관간 콜자금거래 중개와 대차, 단기자금거래

중개와 대차, 채권매매 중개, 금중개와 외국환중개 등이 있다.

3. 단기금융회사

단기금융회사는 단기금융업무, 즉 1년 이내에 만기가 도래하는 어음의 발행 · 할인 · 매매 · 중개 · 인수 및 보증업무와 그 부대업무로서 대통령령으로 정하는 업무[597]를 영위하는 것으로서, 금융위원회의 인가를 받아 업무를 행한다(자법 제360조 제1항).

투자매매업 또는 투자중개업에 관한 금융투자업인가를 받은 자가 기업어음증권에 대한 투자매매업 또는 투자중개업을 영위하는 경우에는 이를 단기금융업무로 보지 아니한다(자법 제362조 제1항). 반대로 단기금융회사(종합금융회사를 포함한다)가 해당 업무를 영위하는 경우에는 이를 기업어음증권에 대한 투자매매업 또는 투자중개업으로 보지 아니한다(자법 제362조 제2항).

597) 어음을 담보로 한 대출업무를 말한다(자령 제348조 제2항).

판례색인

【헌법재판소 결정】

【대법원 판결】

【하급심판결】

국문색인

【ㅇ】

【ㅈ】

【ㅊ】

【ㅋ】

【ㅌ】

【ㅍ】

【ㅎ】

저자 **김택주**

• 서울대학교 법과대학(법학과) 졸업
• 서울대학교 대학원(법학석사)
• 부산대학교 대학원(법학박사)
• 미국 듀크대학교, 보스턴 칼리지 법과대학에서 연구(Visiting Scholar)
• 동아대학교 법과대학 교수 역임
• 사법시험, 행정고시, 공인회계사 시험위원
• 현 국민대학교 법과대학 교수

자본시장법강의

가격 31,000원

초판인쇄일 2022년 2월 25일
초판발행일 2022년 2월 28일
저자 김택주
발행인 임홍재
발행처 국민대학교 출판부
주소 서울시 성북구 정릉로 77
전화 02-910-4242
팩스 02-910-4240
등록년월일 1975. 6. 17
등록번호 제6-33호
인쇄 동방인쇄공사

 ISBN 978-89-7812-509-3